丰泽年鉴

FENGZE YEARBOOK

2021

中共泉州市丰泽区委党史和地方志研究室 编

方志出版社
Publishing House of Local Records

图书在版编目（CIP）数据

丰泽年鉴. 2021 / 中共泉州市丰泽区委党史和地方志研究室编. —北京 ： 方志出版社，2021.12
ISBN 978-7-5144-5090-3

Ⅰ. ①丰… Ⅱ. ①中… Ⅲ. ①区（城市）－泉州－2021－年鉴 Ⅳ. ①Z525.73

中国版本图书馆CIP数据核字（2021）第265581号

责任编辑：王娜
责任校对：刘玉霞
责任印制：梅中英
出 版 者：方志出版社
地　　址：北京市朝阳区潘家园东里9号（国家方志馆4层）
邮　　编：100021
网　　址：http://www.zgfzcb.cn
发　　行：方志出版社图书营销中心（010-67110500）
印　　刷：福州报业鸿升印刷有限责任公司
开　　本：889毫米×1194毫米　1/16
印　　张：19.25印张　　插页：1.25印张　　地图：1幅
字　　数：746千字
版　　次：2021年12月第1版
印　　次：2021年12月第1次印刷
定　　价：280.00元

泉州市丰泽区地方志编纂委员会暨《丰泽年鉴2021》编纂委员会

《丰泽年鉴2021》编辑部

编辑说明

一、《丰泽年鉴》是中共丰泽区委、丰泽区人民政府主办，中共泉州市丰泽区委党史和地方志研究室组织编纂的地方综合年鉴。

二、《丰泽年鉴（2021）》以马克思列宁主义、毛泽东思想、邓小平理论、“三个代表”重要思想、科学发展观、习近平新时代中国特色社会主义思想为指导，坚持辩证唯物主义和历史唯物主义的立场、观点和方法，实事求是地记载丰泽区自然、政治、经济、文化和社会的建设发展状况，反映物质文明、精神文明、政治文明、生态文明建设的新成就、新经验，以及出现的新情况、新问题，为社会各界和海外人士了解丰泽、研究丰泽、置业丰泽、旅游丰泽尽可能提供全面、翔实的地情资料。

三、《丰泽年鉴（2021）》采用小编结构分类编辑。本卷设有特载、年度焦点热点、大事记、速览丰泽、领导机构、民主党派、群众团体、法治 军事、应急管理、行政事务、综合经济管理、园区建设、生态环境、社会事业、街道概况、人物名表、统计表 统计公报等，类目下根据内容需要设分（子）目，条目为内容的基本载体形式。

四、本年鉴文字、标点符号、计量单位均依国家现行标准和规范（部分保留“亩”的旧称）；文中凡简称“党员”均指中国共产党党员，“省”“全省”均指福建省，“市”“全市”均指泉州市，“区”“全区”均指丰泽区；人物所及男性、汉族均不注。

五、本卷统计数据采用《丰泽统计公报》和《丰泽统计年鉴》的数据；统计局统计范围之外的数据出自各供稿单位，因各单位统计口径不尽相同，个别数据可能有差异，读者引用时务请区别使用。

编制单位：福建省地图出版社　审图号：泉S〔2021〕36号　资料截至：2020年12月

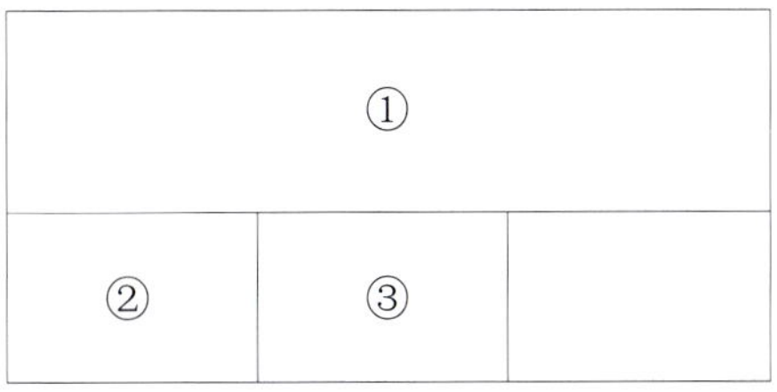

① 东海片区（许哲宗 摄）

② 蟳埔晚霞（陈起拓 摄）

③ 红色教育主题公园（吴嘉晓 摄）

“菊舞斗艳•悦享金秋”2020年鲜花港菊花节暨丰泽区汽车“花海”嘉年华在泉州鲜花港举办

泉州江滨路

和谐生态西湖

（区摄影协会 供）

（周成贵 摄）

泉州夜景　　（区摄影协会 供）

泉州夜生活　　（区摄影协会 供）

泉州海丝城　　（陈起拓 摄）

2020年1月11日，以“聆听花开的声音”为主题的丰泽区2020年新春音乐会暨“素馨花”合唱音乐会，在泉州大剧院音乐厅举行（区融媒体中心 供）

2020年1月，“不忘初心 墨香献礼”2020年迎新春送春联活动在丰泽街道丰泽社区文化公园举行（区融媒体中心 供）

2020年8月4日，丰泽区“我为祖国抗击疫情骄傲，争做新时代优秀青少年”主题教育宣讲首场报告在城东街道浔美社区青少年社会教育活动中心举行 （区融媒体中心 供）

2020年8月22日，“全闽乐购”福建省促消费行动启动仪式在丰泽区中骏世界城购物广场举行 （区融媒体中心 供）

2020年9月29日，滨城社区与东海南音社、社区南音志愿者服务队联合开展“欢度我们的节日中秋”南音主题联欢会
（区融媒体中心 供）

2020年11月7日，在泉州南音艺苑，经策划、整编和排练的梨园戏传统剧目《商辂》成功首演
（区融媒体中心 供）

2020年11月，市“乡村记忆文化”项目建设试点社区新铺社区项目通过市档案局、市委党史方志室验收

（区委党史和地方志研究室 供）

2020年12月18日，丰泽区太极拳协会承办的2020年丰泽区全民健身运动暨“翡柯杯”丰泽区第十六届太极拳比赛在泉州少林寺演武厅举行，来自丰泽区各太极拳辅导站、区老体协等15支队伍共115人参加

（区融媒体中心 供）

2020年12月，泉秀街道泉淮社区党总支、居委会在社造中心前广场举办“2020我们的节日——温暖泉淮 幸福冬至”主题系列活动

（区融媒体中心 供）

2020年10月29日，丰泽区“点亮童心”领航校长成长工作坊专题交流会活动在东星实验小学举行　（区融媒体中心　供）

2020年7月1日，丰泽区举办庆祝中国共产党成立99周年主题党日活动（区融媒体中心　供）

2020年7月15日，以“文明创城志愿同行”为主题的2020年泉州市“志愿服务集中活动周”丰泽分会场启动仪式在南益广场举行　（区融媒体中心　供）

2020年7月31日，以“美丽社区在行动”“环境保护、生态文明”为主题的环境保护宣传实践活动在江滨公园田安园举行　（区融媒体中心　供）

2020年9月9日，丰泽区2020年新兵入伍欢送仪式在泉州闽南工贸学校举行　（区融媒体中心 供）

2020年9月22日，新时代文明实践——“决胜全民小康 践行科技为民”全国科普日主题广场活动在丰泽区云谷小区科普广场举办
（区融媒体中心 供）

2020年10月，丰泽区表彰一批优秀教师、先进教育工作者、优秀班主任和先进德育工作者（区融媒体中心 供）

2020年11月21日，两岸暨港澳大学生足球邀请赛在丰泽区举行

（区融媒体中心 供）

丰泽区河长、区委书记黄景春和区长高金全签发丰泽区2020年1号河长令，在全区开展以提升流域水质、整治河湖“四乱”为重点的“碧水清河”专项整治行动，图为东干渠一角

（区融媒体中心 供）

2020年，圣湖社区将小区公共区域改造成“法治文化园”　（区融媒体中心 供）

2020年5月24日，泉州首个高品质科创社区&泉州产业加速器、“知创福建”泉州领秀科创园工作站在雀幸联合·上东区启动，“城市科创生态体系建设”沙龙同期举行

（区融媒体中心 供）

2020年6月4日，丰泽区融媒体中心启用　　（区融媒体中心 供）

2020年7月23日，泉州短视频+直播基地揭牌仪式在泉州影像中心举行

（区融媒体中心 供）

2020年8月18日，泉州东海跨境电商生态圈二期发布，供应链中心一期工程和跨境办公区落成
（区融媒体中心 供）

2020年10月12日，第三届数字中国建设峰会智能制造分论坛在福州举行 （区融媒体中心 供）

2020年11月24日，丰泽区举行东海片区高端楼宇经济区招商合作签约暨授牌仪式 （区融媒体中心 供）

2020年1月3日，交警丰泽大队组织开展不礼让斑马线违法行为专项整治
（区融媒体中心 供）

2020年6月3日，以“水上安全教育及现场应急救护知识进学校活动”为主题的培训在丰泽区第七中心小学举行
（区融媒体中心 供）

2020年6月12日，丰泽区开展“6·14”世界献血者日暨平安建设“三率”宣传活动 （区融媒体中心 供）

2020年6月，以“平安社区人人共建，社区平安人人共享”为主题的平安建设宣传活动在华城小区3号门门口举办 （区融媒体中心 供）

2020年7月15日，丰泽区在东海街道大坪社区郭建家厝后地质灾害隐患点开展地质灾害应急演练　　　　（区融媒体中心 供）

2020年11月12日，丰泽区“119消防宣传月”启动仪式暨第九届社区微型消防站业务技能竞赛在海峡体育中心举行　　　　（区融媒体中心 供）

2020年11月17日，丰泽区2020年社区治理现场会在圣湖社区召开　　　　（区融媒体中心 供）

2020年1月24日，丰泽区相关人员在一线抗疫　　　　（区融媒体中心 供）

总目

目录

特载

年度焦点热点

大事记

速览丰泽

领导机构

民主党派

群众团体

法治 军事

应急管理

行政事务

综合经济管理

园区建设

生态环境

社会事业

街道概况

人物名表

统计表 统计公报

索 引

泉州市丰泽区人民代表大会常务委员会工作报告

——2021年1月26日在泉州市丰泽区第五届人民代表大会第五次会议上

泉州市丰泽区人大常委会主任 林建扬

各位代表：

我受区人大常委会委托，向大会报告工作，请予审议，并请列席会议的同志提出意见。

2020年的主要工作

过去一年，在中共泉州市丰泽区委的坚强领导下，区人大常委会坚持以习近平新时代中国特色社会主义思想为指导，全面贯彻党的十九大和十九届二中、三中、四中、五中全会精神，坚持党的领导、人民当家作主、依法治国有机统一，紧紧依靠全区人大代表，依法认真行使监督权、决定权、任免权，为我区统筹推进疫情防控和经济社会发展、全方位推动高质量发展超越作出积极贡献。一年来，共听取和审议专项工作报告12项，开展执法检查3次、工作评议1次、专题询问1次，进行审议意见处理情况满意度测评5次，开展专题调研和工作视察 25次；作出决议决定10件；督促执行大会决议7件、办理代表建议118件，较好地完成了区五届人大四次会议确定的各项工作任务。

一、强化政治引领，坚定坚持党的领导

常委会坚持把政治建设摆在首要位置，增强“四个意识”、坚定“四个自信”、做到“两个维护”，牢牢把握人大工作正确的政治方向。

（一）切实增强政治定力。常委会党组召开12次集体学习会，坚持不懈抓好理论武装，巩固深化“不忘初心、牢记使命”主题教育，深入学习贯彻习近平新时代中国特色社会主义思想，深刻领会习近平总书记关于坚持和完善人民代表大会制度的重要思想和对地方人大及其常委会工作的重要指示精神，深度开展《习近平在福建》等系列采访实录专题研讨，把准政治方向，站稳政治立场，增强常委会做好人大工作的思想自觉和行动自觉。及时传达学习党的十九届五中全会精神以及省委、市委、区委全会决策部署，认真贯彻《中共福建省委关于加强新时代人大工作和建设的决定》，提请区委研究建立责任落实台账，推动完善支持和保证人大依法履职的体制机制，切实增强做好新时代人大工作的责任感和使命感。

（二）主动服务全区大局。紧扣区委决策部署谋划人大工作，坚持重大事项请示报告制度，自觉把区委的领导贯穿于人大工作全过程、把区委的意图落实到人大工作各领域。一年来向区委综合报告1次，请示报告10件次，使人大工作与全区中心大局同步合拍。坚持党管干部与人大依法选举任

免相统一，规范执行拟任职人员任前法律知识考试、任职表态发言、宪法宣誓等程序，全年选举任免国家机关工作人员53人次，人事任免的法定性、严肃性不断增强。常委会班子成员积极参与重点项目、强基促稳、安全生产、创城创卫、招商引资等中心任务，机关干部、基层人大代表被抽调重点项目征迁工作第一线担当作为，推动区委中心突击任务的落实。

（三）积极投身疫情防控。认真贯彻省、市人大相关决定，及时作出《关于依法全力做好新型冠状病毒肺炎疫情防控工作的实施意见》，为我区科学有序防控疫情提供法律支持。常委会领导班子成员带头深入基层，带领督导组靠前督导，机关13名党员干部奋战于社区、农贸市场、动车站等抗疫一线。全区各级人大代表在不同战线上各负其责、各展所长，助推复工复产，落实常态化防控措施，同时踊跃捐款捐物，传递抗疫正能量，用实际行动诠释了“人民选我当代表，我当代表为人民”的庄严承诺。疫情防控以来，全区各级人大代表共捐款捐物1300多万元，1名区人大代表荣获全国抗疫先进个人荣誉称号。

二、强化务实监督，助力发展精准有效

常委会坚持在正确监督、有效监督的原则下，突出重点、精准发力，更好助力经济社会发展和改革攻坚任务。

（一）推动经济平稳运行。把经济平稳健康发展作为财经监督重点，听取和审议财政决算报告、审计工作报告和半年预算执行情况报告，批准三批政府债务限额转贷收支方案和政府性基金等本级预算调整方案，要求规范预算管理，把钱用在刀刃上，为统筹疫情防控和经济社会发展做足财政资金保障。抓好预算动态监督，持续推进人大预算审查监督重点向支出预算和政策拓展。听取和审议行政事业性国有资产管理情况专项工作报告，建议政府提升国有资产管理意识，强化行政事业单位基础管理，盘活存量资产，最大限度地发挥国有资产的效益。

（二）助推高质量发展。听取审议上半年计划执行情况报告，开展重点项目、为民办实事项目专项检查，推动强化项目引领、助企纾困解难，全力稳住经济基本盘。开展安全生产、区人民法院金融审判、税收依法征管等3项报告审议意见处理情况的满意度测评，督促安全生产监管“防线”进一步织密、金融风险防范“堤坝”进一步夯实、惠企利企政策“红利”进一步释放。听取和审议高科技产业发展及多元支柱产业培育专项工作报告，深入调研智慧丰泽项目建设情况，围绕增强我区产业支撑韧劲，提出注重科技创新、转换发展动能、优化营商环境等意见建议。对城市精细化管理专题询问审议意见处理情况进行满意度测评，持续助推城市建设管理水平提升。听取和审议“十四五”规划纲要编制情况报告，要求广开言路、科学谋划，坚持目标导向与问题导向相统一、综合规划与专项规划相协调，确保高水准编制“十四五”规划。

（三）关注民生急事难事。以专题询问的形式，促进区五届人大二次会议《关于进一步加快丰泽区学前教育发展的决议》执行增力提效，三年来，公办幼儿园占比和普惠性幼儿园覆盖率分别提高12.9%和53.9%。听取审议2019年度环境状况和环保目标完成情况报告，对区政府关于《中华人民共和国水污染防治法》执法检查报告审议意见处理情况进行满意度测评，推动中央、省环保督查反馈问题整改落实、生态文明试验区加快创建步伐。开展疫苗预防接种管理工作评议意见落实情况跟踪检查，促进全区疫苗接种管理服务工作更加优化。开展妇女儿童发展纲要（2011—2020年）实施情况调研，建议通过补齐短板、精准惠民、优配资源、广聚合力，高质量完成纲要目标。对国土资源和城乡规划管理工作情况进行调研，助推政府部门履行新增工作职能，更好地回应既有住宅加装电梯、个人建房审批等群众关切问题。

（四）聚焦法治丰泽建设。继续联合开展国家宪法日宣传活动，不断增强广大市民群众的宪法意识。听取和审议“七五”普法规划实施情况报告，举办《中华人民共和国民法典》专题讲座，依托各代表联系群众活动室开展《中华人民共和国民法典》宣传教育，推动法治宣传深入开展、法治观念深入人心。省、市、区人大联动开展食品安全“一法一例”执法检查，理顺监管机制、形成执法合力，提高食品安全依法监管能力，切实保障人民群众“舌尖上的安全”。检查《中华人民共和国教师法》执法检查报告审议意见处理情况并进行满意度测评，促进教师合法权益保障得到提升。对区检察院法律监督工作进行评议，督促完善监督机制，增强法律监督效能。调研“国旗、宪法和法律法规、社会主义核心价值观、中华优秀传统文化”进各宗教活动场所工作情况，推动宗教领域营造更加浓厚的法治氛围。对6件规范性文件依法备案审查，较好维护国家法制统一。转办督办人大信访件24件，切实维护群众合法权益。

三、强化主体意识，心系民生履职为民

常委会坚持以发挥代表主体作用为主线，拓渠道、优服务、强保障，努力激发代表工作活力，不断提升代表履职实效。

（一）优化平台促履职。各街道人大工委充分发挥沟通联系、服务保障作用，全力推进全区28个代表联系群众活动室提标扩面，进一步落实“八有、八制度”，构筑起强有力的代表履职支撑平台。全区200余名省、市、区三级人大代表混合编组进驻活动室，开展接待群众、走访选民活动，“双联”工作走向常态化制度化。一年来，常委会组成人员联系代表85人次，代表接待群众55场63人次，联系选民群众225人次，各街道代表小组开展调研19次，收集意见建议163条，相关部门办理反馈117条，万达商圈道路拥堵、小区健身器材不足、老旧小区物业管理水平不高等一些民生问题得到改善。用好省三级人大代表履职服务平台，规范落实代表履职登记制度，

增强代表履职意识，促进代表为民履职。

（二）强化保障促履职。组织市、区人大代表开展学习培训和年中年末集中视察；邀请更多代表参与常委会组织的执法检查、工作调研等活动，不断扩大代表参与面；大力支持代表参与信访调解、旁听案件庭审和“一府两院”有关活动。一年来，人大代表列席人大常委会会议30人次，参加视察调研检查254人次，参与“一府一委两院”接访活动35人次，努力为代表履职创造更多条件。

（三）办实建议促履职。坚持重点建议件领导挂钩督办制度和建议办后再督办制度，在主任会议上听取代表建议办后重点再督办落实情况报告，在常委会会议上对2件建议重点督办件办理情况进行满意度测评，继续评选6件优秀代表建议，以点带面，促进代表建议提出质量和办理质量双提升，有力推动清源社区吃水难、霞美新天沟污染治理、社区医养结合居家养老服务体系等重点、难点项目落地见效。区五届人大四次会议118件代表建议全部按期办理答复，已经解决或正在解决的建议占比继续上升，代表满意和基本满意率达100%。

四、强化责任担当，内外兼修塑新形象

常委会牢牢把握新时代人大工作新要求，坚持不懈抓好自身建设，着力打造让党放心、让人民满意的模范机关。

（一）紧抓党建不放松。抓好“不忘初心、牢记使命”主题教育发现问题的整改落实，切实将教育成效转化为履职尽责的强大动力。推进机关党的建设，严肃规范过好党内组织生活，扎实开展“众志成城、抗击疫情”等多场特色主题党日活动，深化推进党建共建和文明志愿服务行动，进一步增强党支部的凝聚力、战斗力和号召力。增强政治自觉，认真配合区委对人大机关开展巡察，支持驻人大机关纪检组建立人大机关重要岗位廉政档案，每季度组织一次集体廉洁警示教育，全年抓住重要时间节点开展廉政谈话10次，切实拉紧拒腐防变“防控网”。

（二）改进作风不停步。高标准落实中央八项规定及其实施细则精神，严格执行“三重一大”集体研究制度。持续整治形式主义、官僚主义，从严治理“文山会海”，除法定会议外，没有实质性内容的会议一律不开，全年印发文件同比明显下降。进一步练好调查研究基本功，以精细调研配合全面视察，拓展常委会监督议题会前调研的广度和深度，为常委会审议和区委区政府决策提供有益参考。加大对人大常委会审议意见的跟踪监督力度，坚持处理情况满意度测评全覆盖，切实增强人大监督实效。

（三）提升能力不懈怠。依托干部网络学院、“学习强国”学习平台，进一步掀起“大学习”热潮，举办3场法律专题讲座，提升常委会履职能力。在区委的关心支持下，人大机关干部配置进一步到位，常委会各工作机构干部年轻化、专业化问题得到明显改善。认真学习贯彻《中国共产党宣传工作条例》，守好意识形态责任田，人大工作宣传扩大影响力，人大制度研究取得新成果，换届以来，参与省人大重点课题研究获三等奖2次、优秀奖1次。强化文明建设与效能管理，人大机关创建新一轮省级文明单位通过验收，机关绩效考评连续三年位居全区前列。

各位代表！过去一年常委会取得的成绩，是区委正确领导的结果，是常委会组成人员、各专门委员会组成人员、各街道人大工委和全体人大代表共同努力的结果，是区政府、区政协、区监委、区人民法院、区人民检察院密切配合、团结协作的结果，也是全区人民充分信任和社会各界大力支持的结果。在此，我代表区人大常委会表示衷心的感谢！

回顾过去一年的工作，我们也清醒地看到一些差距和不足，主要表现在：监督工作的针对性、实效性还需进一步增强；常委会组成人员联系代表、代表联系人民群众还需进一步紧密，代表主体作用还需进一步发挥；常委会及机关创造性开展工作的能力还需进一步提高。对此，我们将虚心听取代表和各方面意见建议，采取有力措施，认真加以解决。

2021年的主要任务

2021年是中国共产党成立100周年，是“十四五”开局之年，也是人大的换届之年。区人大常委会将坚持以习近平新时代中国特色社会主义思想为统领，深入学习贯彻习近平总书记关于坚持和完善人民代表大会制度的重要思想和党的十九届五中全会精神，坚持党的领导、人民当家作主、依法治国有机统一，增强“四个意识”，坚定“四个自信”，做到“两个维护”，紧紧围绕区委工作部署和全区工作大局，创造性开展人大各项工作，努力把人民代表大会的制度优势转化为治理效能，为我区全方位高质量发展超越、全面建设现代化城市核心区提供更加有力到位的民主法治保障。

一、要为“十四五”良好开局贡献人大力量

立足人大职能，更加有力地发挥制度优势、工作优势，全力推动我区经济发展高质量、民生红利实打实。一要加强党的领导。紧紧围绕区委经济工作会议、区委五届十二次全会作出的决策部署，依法履行监督、决定、任免三项职权，始终沿着正确政治方向，发挥好围绕中心、服务大局、促进高质量发展的积极作用，确保区委的主张通过法定程序转化为全区人民的共同意志和自觉行动。坚持重大事项向区委请示报告，启动人大督查工作，切实发挥人大制度效能，推动区委决策部署落到实处。二要促进协调发展。着眼实施科创兴区战略，听取审议新兴产业园区建设工作报告，着重推动知创园、软件园两个市

级基地加快建设步伐，力促中心城区转换发展动能。关注家政服务发展，监督促进义务教育补短板增学位、基层公共卫生体系优化升级，坚持生态环保“年检”制度，调研丰台联络联谊融合发展工作情况，同时发挥人大职能作用，督促政府防范化解债务风险，努力为丰泽高质量发展增强保障、增添动力。三要督促依法治区。强化法律法规执行监督，努力提升规范性文件备案审查能力，推动“一府一委两院”依法行政、依法监察、公正司法。注重开展《泉州市市区内沟河保护管理条例》执法检查，进一步推动地方性法规从纸上落到行动中，为中心城区城市治理提供针对性更强的法治引领。四要增强工作实效。坚持正确监督、有效监督，注重应用多形式、多层次联动监督，打好人大监督组合拳，发挥监督叠加效应，不断提高人大监督质量，力促改进工作和解决问题。把重视代表、联系代表、充分发挥代表作用作为强化监督的重要支撑，实施代表联系群众活动室提档升级行动，将活动室建成民意汇聚的桥梁、民主协商的平台和民生关注的窗口，使人大监督更好体现人民利益、反映人民意愿、增进人民福祉。

二、要为民主政治发展进步发挥职能作用

认真贯彻执行新修正的选举法和即将修正的组织法，充分发挥地方国家权力机关的作用，稳步推进丰泽民主政治建设。一要着力营造民主法治氛围。紧密结合“八五”普法启动年，加大社会主义民主法治宣传教育力度，通过开展宪法法律和人民代表大会制度主题宣传、集中宣传活动，进一步增强全社会的宪法意识、人大意识和法治观念。二要依法推进人大换届选举。按照便于选举、倾向基层、兼顾代表结构和利于选后联系活动等原则，完善选区划分机制。组织开展区人大代表届末述职评议和履职情况综合评价，评选通报一批履职优秀的代表，在此基础上切实负起连任代表提名推荐职责，让更多政治素质好、履职能力强的人大代表留任，为整体提升代表履职能力打下基础。坚持依法依章办事，走好换届选举每一个该走的法定程序，守好每一条该守的纪律规矩。三要积极引导公民有序政治参与。研究实施区人大及其常委会会议公民旁听办法，拓宽人民群众参与管理国家事务的渠道，推进社会主义民主建设进程。积极推进“阳光人大”建设，有计划地邀请更多的公民和利益相关方参与区人大常委会组织的调研视察活动，对社会关注度高的监督、讨论决定事项，向社会公开征求意见，引导社会公众合理表达诉求。

三、要为人大工作与时俱进夯实制度基础

认真贯彻执行《中共福建省委关于加强新时代人大工作和建设的决定》及市委、区委加强新时代人大工作的意见，主动适应新时代对人大工作的新要求，强化人大制度建设，推动人大工作完善发展。在运行规则方面。健全党领导人大工作的机制，细化人大“三重一大”集体研究制度，更好落实“四个善于”要求。启动区人民代表大会议事规则修订工作，健全区人大常委会组成人员工作守则，促进区人大及其常委会更好履行法定职责。建立人大各专门委员会议事规则，明晰和理顺人大各专委与人大常委会各工委的关系，切实有效发挥人大专门委员会作用。在职权行使方面，探索重大民生实事项目代表票决制，推动人大行使重大事项决定权更加实在化、具体化。总结专题询问、工作评议、审议意见满意度测评等监督制度运行取得的实效和存在的不足，从制度上固化好经验好做法，强化改进措施，提升人大监督实效。建立法官和检察官履职评议办法，探索实行政府组成部门主要负责人履职报告制度，为加强人大对任后干部的监督提供制度支持。在代表工作方面，建立代表约见制度实施办法，完善代表建议办理规定，健全代表收集的群众意见处理反馈机制，制定代表参与人大常委会活动和列席人大常委会会议工作安排，积极为人大代表多渠道履职创造条件。完善人大常委会组成人员联系人大代表、人大代表联系人民群众“双联”机制，探索建立区人大代表履职量化考评机制和代表届中调整、退出机制，开展代表履职满意度测评，努力推动人大代表工作迈上新台阶。

四、要为紧跟时代砥砺前行锤炼履职能力

扣准时代脉搏，落实有力举措，从严从实加强“两个机关”（工作机关、代表机关）自身建设，打牢优化服务保障的工作根基。一要致力党建业务两促进。突出政治引领，严格落实全面从严治党要求，不折不扣做好省委巡视、区委巡察反馈问题的整改，提升人大机关党建工作质量，转化推动人大工作高质量发展。加强党风廉政建设，严格落实中央八项规定精神和省、市、区委有关规定，完善廉政风险防控机制，持续改进工作作风，打造忠诚干净担当的干部队伍。二要致力能力素质双提升。落实省委决定关于加强人大自身建设的要求，结合换届选举，着力推动优化常委会和专委会组成人员结构，提升人大议事能力和议事质量。推行“一月一学法”“每月一讲堂”学习制度，有针对性地开展专题理论学习和人大业务培训，持续增强干部队伍依法履职素质和能力。三要致力守正创新同发力。牢牢把握做好新时代人大工作的根本遵循，坚守人民立场，坚定制度自信，“依照法定职责、限于法定范围、遵守法定程序”，更加准确地履行“两个机关”职责。加强人大制度研究与宣传，深入挖掘人大工作亮点，以群众喜闻乐见的方式讲好人大故事，充分展现人大制度的丰泽实践，推动人大制度深入人心。

各位代表！新征程已开启，新使命看担当。让我们更加紧密地团结在以习近平同志为核心的党中央周围，在区委的坚强领导下，切实增强政治担当和责任担当，不忘初心、牢记使命，依法履职、主动作为，高标准高质量做好新时代人大工作，为开创丰泽高质量发展超越新局面、开启全面建设社会主义现代化新征程做出新的更大贡献，以优异的成绩向建党100周年献礼！

泉州市丰泽区人民政府工作报告

——2021年1月26日在泉州市丰泽区第五届人民代表大会第五次会议上

泉州市丰泽区人民政府区长 高金全

各位代表：

现在，我代表区人民政府向大会作工作报告，请予审议，并请区政协委员和其他列席人员提出意见。

2020年和“十三五”时期工作回顾

2020年是极不平凡的一年，突如其来的疫情给人民生命健康和经济社会发展带来了巨大挑战。在以习近平同志为核心的党中央坚强领导下，在市委、市政府和区委的直接领导下，在区人大、区政协的监督支持下，我们团结和依靠全区人民，从容应考、沉着应战，交出了一份同心协力、实干担当的历史答卷。这一年，尤为不易的是，我们打赢了疫情防控总体战。全区广大党员干部和医务人员冲锋在前、日夜奋战，港澳台侨乡亲、企业家心系故土、捐资捐物，市民群众主动参与、守望相助，筑起了疫情防控的人民防线，全区实现确诊病例零死亡、医务人员零感染、境外疫情零输入。倍感欣慰的是，我们稳住了经济发展基本盘。先后开展促“六稳六保”、畅通“双循环”年终冲刺等专项行动，在疫情对第三产业影响较大的情况下，地区生产总值由一季度下降11.5%快速扭负转正，全年增长3.9%、居全市第五。更加可喜的是，我们增进了人民群众幸福感。在财政压力加大的情况下，民生领域投入20.65亿元，占总支出的76.3%，全面建成小康社会胜利在望。令人振奋的是，我们凝聚了干事创业精气神。经过疫情防控、复工复产、安全生产大排查大整治、片区更新征迁等一系列考验，全区干部队伍强化了担当意识、提升了斗争本领、锤炼了工作作风，极大地增强了我们战胜一切艰难险阻的信心决心。主要工作和成效是：

一、经济运行难中有进。

稳企稳岗有新作为。建立复工复产“五个一”工作机制，强化政企互动，合力打通“五难”操作链，“四上”企业、重点项目实现100%复工，零售餐饮、文化旅游等服务行业有序复市。出台“稳企12条”等一系列政策，累计兑现帮扶资金4.22亿元，落实各项减免税费10.9亿元，新增企业1.2万户，增长18.9%。帮助中小微企业获省级专项纾困贷款资金3.46亿元，安通控股成功司法重整，不良贷款率控制在1.29%。率先推出企业“共享食堂”“共享员工”等措施，为2.4万家小微企业购买复工险，帮助企业点对点接回省外员工5000余人。项目攻坚有新突破。精心组织“项目攻坚2020”活动，89个在建重点项目完成投资182.7亿元，16个项目开工建设，30个项目竣工投产。“五个一批”新增入库项目93个，总投资610.9亿元。积极争取地方政府专项债2亿元、为历年最高。突破一批征迁遗留问题，城东至北峰快速通道等9个项目实现征迁清零，完成土地征收486.3亩、房屋征迁89万平方米、土地招拍挂8宗。率先推行“云签约”招商模式，引进招航物流等项目191个、总投资285亿元。内需拉动有新成效。率先举办“乐购嘉年华”等系列主题消费活动，发放消费券4000万元，撬动消费10亿元，完成社会消费品零售总额412亿元，新增限上商贸企业49家。打造“夜浦西”“夜色领秀”等一批市级夜间经济示范区。加快发展网红经济、平台经济，引进小米谷仓“科技+消费”等基地，限上电商零售额增长27.5%。培育“泉州伯勒小镇”等特色文旅品牌，策划生成15条精品旅游线路，领秀文旅集团获评“中国最佳文旅产业服务商”。

二、产业转型步伐加快。

传统产业步向高端化。着力科技创新赋能，完成技改投资10.6亿元、增长26.8%。完成“两化融合”项目6个，总投资1.7亿元，入选泉州市“数控一代”示范项目5个、“两化融合”贯标体系企业5家，匹克态极运动鞋入列“第一批省工业和信息重点新产品推广目录”。加快制造业主辅分离，8家企业获评“市级服务型制造企业”。聚焦规模效应，9家企业入选省、市级龙头企业，南方路机等12家企业入选“上市及场外市场挂牌后备企业名单”。新兴产业迈向集群化。制定数字丰泽建设发展规划，5个省级重点数字经济项目完成投资35.7亿元，建成703个5G基站，数字经济规模居全市第二。参与全市新基建新经济比拼，软件与工业设计基地新引进项目44个，总投资18.3亿元，实现税收增长137.7%；知创产业基地完成总体规划，建设中国（泉州）知识产权保护中心，建成三大技术检测公共服务平台，新引进项目14个，总投资7.1亿元。现代服务业跨向多元化。深化“第三产业提升年”活动，67个在建重点项目完成投资167亿元，第三产业增加值增长5%。科学布局建筑服务、中介服务、数字经济等一批小微产业园，泉州建筑服务产业园入驻企业90家、实现产值15亿元。建成8栋高端商务楼宇，全区纳税千万元楼宇38幢，东海总部经济区加速繁荣。房地产市场平稳健康发展，商品房销售面积增长25%。创新发展供应链金融，鑫润航达等一批项目落地见效，金融机构存贷款余额增长14.3%，金融业增加值增长5.9%。

三、改革开放协同发力

重点改革更有深度。“放管服”改革扎实推进，“一趟不用跑”事项同比增加25%，推出17项“一件事”集成套餐服务，企业开办时限压缩至1个工作日，在全省首创个性化智能电子告知单，疫情期间“不见面审批” 8.1万余件。全面推行部门联合“双随机、一公开”市场监管。街道机构改革全面完成。国有企业改革取得突破，区城建、国投两大集团资产总额达127亿元。探索街道、社区资产管理机制，盘活社区集体资产、资金。创新驱动更具力度。实施区级科技计划项目34个，新认定国家高新技术企业79家、省级科技小巨人领军企业4家，高新技术企业实现产值150亿元。引进西安交通大学国家技术转移中心等一批科技平台，华创空间入选“国家备案众创空间名单”，领SHOW天地入选“国家小微企业创新创业示范区”。科技成果加速转化，专利授权3361件，认定登记技术合同118项，成交额2.5亿元、居全市第一。深入推进人才“港湾计划”，新冠肺炎疫情期间率先出台人才引进十条措施，新增省、市高层次人才269人，引进国内外高校本硕博人才154名。开放合作更显广度。拓展“一带一路”沿线国家市场，引进外资项目38个，实际利用外资2.28亿元，东海跨境电商生态圈获评第四批“泉州市现代服务业集聚示范区”。深化对台港澳、外事、侨务工作，“海归E谷”留学生创业园签约入驻项目6个、总投资13.4亿元。加强与顺昌县交流协作，落实帮扶资金1200万元，顺丰共建产业园居全省扶贫重点县园区联合考评第二名。

四、都市形象清新靓丽

颜值再提级。开展“基础设施建设提速”系列行动，21个城建项目完成投资16亿元。全力推动片区改造，西华洋片区完成签约99.5%，南滨江片区完成签约93.5%，后埔、南埔山等片区动迁工作全面提速，后渚、金凤屿片区改造前期工作有序推进。加速老城区有机更新，获中央专项补助资金2.1亿元，完成40个老旧小区、9个城中村、23条背街小巷综合整治，培育“美丽社区”示范点4个；打通“断头路”3条，修复破损1622处，改造公厕18座、农贸市场4个，新设便民摊点18处，新增公共停车泊位800余个。完善“创城”“创卫”常态长效机制，顺利通过“创城”总评和“创卫”省级复审。完成第三次国土资源调查。管理再提效。数字城管采集立案数突破17万件、案件处置率99.56%，200个停车场使用智慧停车管理系统。分类处置安全隐患房屋1343栋，拆除违建面积22.2万平方米。全面推动生活垃圾分类，升级改造分类投放点230处，丰泽街道获评“福建省首批生活垃圾分类示范片区”。推广成立出租房屋管理协会，实现街居两级全覆盖。完善城市管理体制，道路保洁、公厕管理等实现市场化运营。“智慧丰泽”一期PPP项目被中国信息协会授予“2020政府信息化管理创新奖”。作为全省唯一的县（市、区）获评第四批“全国少数民族流动人口服务管理示范城市”。生态再提质。按时完成中央和省、市生态环保督察反馈问题整改。实施10个大气减排项目，加强油烟监管、喷雾抑尘等专项整治，空气质量超标天数同比减少54.5%。严格落实河（湖）长制，完成截污改造、雨污分流、排污整治项目76个，北渠饮用水源水质达Ⅱ类标准。加强土壤污染防治，开展水土流失综合治理，完成1000亩土壤安全利用。严厉打击环境违法行为，投诉件下降34%。完成植树造林118亩，提升绿化景观20.3万平方米。

五、民生福祉持续增进

社会保障托底有力。疫情开始即设专班，协调重点保供企业扩大库存、拓展货源，做好各类生活物资保供稳价。实施就业稳岗暖心服务行动，发放稳岗返还资金1.06亿元、失业保险待遇1409万元，减、免征社会保险费7亿元，新增城镇就业2.46万人、居全市第一。低保标准提高到每人每月775元，人均补助水平居全市前列。被征地人员养老保障金标准提高至每人每月237元，实现“六连涨”。发放各类救助补助金2214万元。新建、提升居家社区养老服务照料中心2个，区福利中心建设前期工作有序推进。完成区、街、社区三级退役军人服务机构建设。社会事业群众有感。教育发展更加优质均衡，顺利通过省级“教育强区”考核；新改扩建校舍工程22个，新增优质学位4500个，学前教育普惠率超86%；省级义务教育管理标准化学校数量居全市第一，中考成绩连续十三年居全市前列，高考成绩再创新高；课后延时服务惠及1.2万名学生；新成立5个学校董事会、促进会。卫生健康资源供给持续扩大，泉州正骨医院北峰院区、疾控中心妇幼保健院等项目有序推进，正骨医院获评“全国2020年群众满意的医疗机构”；完善基层医疗卫生服务体系，新增医疗机构41家，率先在全市推行“互联网+常态化核酸检测”信息化管理，核酸日检测能力达2.8万份以上。推进创建“国家公共文化服务体系示范区”工作，新增社区综合文化服务中心示范点2个、多功能运动场所7处，区图书馆项目竣工。社会环境稳定有序。深入推进“强基促稳”三年行动，成功排查调处矛盾纠纷2294起，化解历史信访积案101件。打好扫黑除恶专项斗争收官战，刑事警情下降10.1%，平安建设“三率”稳步提升。推进安全生产隐患大排查大整治，组织实施“扫雷”系列行动，事故起数、死亡人数、受伤人数实现“三下降”，被评为泉州市年度安全生产和消防安全目标责任制“双优秀”单位。加强“餐桌污染”治理，开展药械安全专项整治，有效保障食品药品安全。自然资源、防汛防火、民族宗教、地方志、国防双拥、老干老龄、工青妇儿、红十字、残疾人等工作取得新成效。

六、自身建设不断加强

坚定政治方向。始终把政治建设摆在首位，巩固“不忘初心、牢记使命”主题教育成果，以实际行动增强“四个意识”，坚定“四个自信”，做到“两个维护”。纵深推进政府系统全面从严治党，严格落实中央八项规定及其实施细则精神，风清气正、担当作为的氛围更加浓厚。坚守法治思维。加快法治政府建设，自觉接受区人大法律监督和工作监督，主动接受区政协民主监督，认真办理109件人大代表建议、99件政协委员提案，满意、基本满意率100%。“七五”普法顺利通过验收，组建援企法律服务团队，成立律师行业委员会，区级“民主法治示范社区”创建率100%。深化政务公开，权力运行更加规范。坚持务实作风。持之以恒纠正“四风”，积极为基层减负，区本级文件、会议分别压减30%和16%。“三公”经费支出持续下降。开展突破“难硬重新”行动，推动政府工作再上新台阶。积极回应群众关切，行政审批事项提前办结率85.2%，“12345”诉求件办理满意率98%。第七次全国人口普查现场登记工作全面完成。

各位代表！新冠肺炎疫情的冲击前所未有，我们战胜了诸多困难，扛住了严峻考验，“十三五”规划顺利收官，经济社会发展成绩可圈可点。五年来，经济实力显著增强。累计实施重点项目185个、完成投资900亿元。经济总量从2015年的460.03亿元提高到763.9亿元，提前完成“十三五”规划目标。数字经济、总部经济、电子商务、智能制造、科技服务等新兴业态成形成势，我区成为全省第四个第三产业占区生产总值比重超80%的县（市、区）。五年来，发展活力加速释放。行政审批、机构改革、综合执法、国资国企、教育医疗等重点领域改革多点突破。入选“国家双创示范基地”，建设成效获国务院办公厅督查激励表扬，人才总量17.61万人，国家级高新技术企业数量居全市第三；市场主体从2015年的2.8万户增加到2020年的16万户。坚持“走出去、引进来”，外贸出口395.2亿元，引进外资项目144个。五年来，城市面貌焕然一新。累计实施重点城建项目85个，泉州公共文化中心等一批项目投入使用。人居环境综合整治深入开展，生态连绵带建设有力推进，荣获“国家生态文明试验区”。公共停车位、农贸市场、污水管网等设施配套逐步完善。“智慧丰泽”（一期）项目投入使用，城市运行更加智慧便捷。五年来，民生事业再创佳绩。区本级民生支出84.6亿元，年均增长8.9%。城镇累计新增就业8.45万人，居民人均可支配收入6.01万元，低保、医保等补助标准持续提高。扎实开展民生“XIN”行动，新增优质学位1万余个、医疗卫生机构床位975张、保障性住房1005套，荣获“福建省首批教育强区”“全国基层中医药先进单位”等称号。平安建设成效显著，未发生重特大安全事故，消防火灾起数降至十年来最低值。蝉联省级双拥模范城“六连冠”。

各位代表，“十三五”时期的发展成绩来之不易，这是习近平新时代中国特色社会主义思想科学指引的结果，是市委、市政府和区委正确领导的结果，是全区人民团结拼搏、共同奋斗的结果。在此，我谨代表区人民政府，向广大干部群众，向人大代表、政协委员、离退休老同志，向各民主党派、工商联、各人民团体和社会各界人士，向各级驻丰直属单位和部队官兵、公安干警，向港澳同胞、台湾同胞和海外侨胞、海内外朋友们，向所有参与、关心和支持丰泽疫情防控和经济社会发展的各界朋友，表示衷心感谢和崇高敬意！

我们深知丰泽发展面临的挑战和政府工作存在的不足，主要是受疫情影响，地区生产总值、财政两项收入等指标未能完成年度目标，主导产业不够突出，重大项目支撑不足，现代产业体系还不健全；城市基础设施欠账较多，管理水平不高，教育、医疗、养老等方面与群众期盼有差距，核心区的集聚辐射效应有待进一步释放；安全生产、社会治安等领域还有不少风险点，应急管理体系仍需进一步完善；极少数干部担当作为还不够，“四风”问题仍时有发生。我们将增强忧患意识，采取有力措施加以解决。

“十四五”时期展望

“十四五”时期是我国开启全面建设社会主义现代化国家新征程的第一个五年，也是我区全方位推动高质量发展超越的关键五年。按照区委五届十二次全会通过的“十四五”规划和2035年远景目标的建议，区政府编制了“十四五”规划和2035年远景目标的纲要（草案）。总体要求是：高举习近平新时代中国特色社会主义思想伟大旗帜，深入贯彻党的十九大和十九届二中、三中、四中、五中全会精神，坚持党的全面领导，贯彻新发展理念，立足新发展阶段，积极服务并融入新发展格局，坚持稳中求进工作总基调，在全方位推动高质量发展超越过程中，统筹发展和安全，着力提升中心城区的创新高度、经济密度、服务温度、幸福厚度，努力打造“产业高端化、功能完善化、环境生态化、生活品质化”的现代化中心城市核心区。

“十四五”经济社会发展的主要目标是到2025年全区生产总值迈进千亿元大关，产业竞争力走在全市前列，城市品质明显提高，社会民生全面进步。

一是打造科技创新先行区。发挥国家级“双创”示范基地效应，构建以企业为主体、市场为导向、人才为支撑的创新体系，推动传统产业向高端化、智能化发展，力争到2025年，规上工业企业R&D经费年均增长17%以上，每万人发明专利拥有量26件以上，国家高新技术企业突破200家。大力发展软件与工业设计、知创产业，改造提升北峰、浔美工业园区，培优做强软件信息、知识产权、数字经济、智能制造等主导产业。

二是打造都市产业集聚区。聚焦第三方综合服务、供应链管理、大数据分析等重点产业，加快培育电子商务、现代物流、绿色建筑、金融服务等新兴产业集群，力争到2025年，第三产业增加值占区生产总值比重提高2个百分点。加快盘活总部、楼宇、园区等闲置载体，引进一批技术密集型、资金密集型、人才密集型的产业类项目，形成集生产制造、研发设计、中试成果转化、产品展示和生产配套功能于一体的都市型全产业链条。

三是打造时尚休闲引领区。依托十大商圈、各类创意产业园区，支持各类时尚品牌总部落户丰泽，引进一批时尚设计、时尚买手、时尚品牌运营等高端人才，培育一批服务功能完善、服务模式创新、服务内容个性化的时尚服务载体，全面满足大众化、个性化休闲需求。鼓励举办和承接时尚盛会及赛事，大力培育网红经济、首店经济、夜间经济，做强时尚元素辐射与带动功能。

四是打造区域交往中心区。发挥市行政中心所在地优势，用好驻丰泽区的单位、行业商协会、金融机构等资源，提高中心城区在区域之间的联络、交往、服务等综合承载功能。打造一批特色小微产业园区，集聚壮大金融、法务、中介、检验检测等公共服务平台，主动承接信息增值、系统解决方案、产品全生命周期管理等服务型制造业务。加快东海高端中央商务区建设，布局总部经济、精品会展、商贸交流、高端论坛等业态，构建商务交流集聚地。

五是打造宜居宜业样板区。高标准推进成片区、城中村、老旧小区更新改造，布局建设社区养老、农贸市场、停车场等基础设施，推动治理体系和治理能力现代化水平迈出新步伐，建设温暖、幸福、平安的宜居家园。构建高质量教育体系，实施“健康丰泽”战略，完善多层次社会保障机制，努力提高基本公共服务均等化水平，力争至2025年，居民人均可支配收入年均增长6.5%以上。全面树立绿色发展导向，生产生活方式加快向绿色低碳转变，努力实现生态环境更优美。

各位代表，未来五年是丰泽大建设、大提升的关键时期。我们相信，有上级党委政府的坚强领导，有历届班子及全区上下打下的良好基础，有社会各界的鼎力支持，丰泽一定能够实现高质量发展超越，全面完成“十四五”奋斗目标。

2021年工作目标任务

2021年是中国共产党成立100周年，是“十四五”规划开局之年，我们要在区委的正确领导下迈好第一步、见到新气象。经济社会发展主要预期目标是：地区生产总值增长8%左右；工业增加值增长5%左右，第三产业增加值增长8.5%左右；一般公共预算总收入增长4%左右，地方一般公共预算收入增长3%左右；全社会固定资产投资增长8.5%左右；社会消费品零售总额增长8.5%左右；实际利用外资增长8%左右；出口总额增长8%左右；居民人均可支配收入与经济增长基本同步；完成节能减排降碳任务。实现上述目标，做好疫情防控是前提和基础。我们将弘扬伟大抗疫精神，坚持常态化精准防控和局部应急处置有机结合，为经济社会发展创造良好条件。2021年主要任务是：

一、坚持高端高质，在构建现代经济体系中抢占先局

顺应产业跨界融合趋势，打通转型升级关键环节，推动产业向价值链中高端攀升，构筑经济高质量发展新增长极。

聚焦科技创新，做强产业能级。坚持科技赋能实体经济，鼓励企业开展科技攻关，促进产业链、创新链双向融合，加快中小微企业创新发展，做大做强南威软件、匹克集团、烟草机械等龙头企业，推动南方路机首次公开发行股份并上市。实施重点技改项目9个，总投资10亿元，认定国家高新技术企业50家以上，培育众创空间、科技企业孵化器3个以上。坚持政府引导、市场运作，建立政用产学研协同创新体系，加快哈工大工程研究院、光子研究院、天津大学研究院等平台建设，支持西安交通大学国家技术转移泉州中心等各类技术转移机构建设，力争科技成果转化率翻一番。全力推进软件与工业设计基地一期招商和二期开发建设，开工建设丰泽机器人产业园，引进10个以上优质产业项目。完善知创产业基地总体规划，加快配套设施建设，正式运行中国（泉州）知识产权保护中心，推进知识产权服务业集聚区建设，引进2家高端运营服务机构和10家以上知识产权服务机构。深入实施“人才港湾”计划，完善“人才+团队+项目”引才模式，推进企业高层次人才自主评价工作，评选区级技能大师和技能大师工作室，引进高层次人才280名、高技能人才50名以上。落实科技特派员制度。

瞄准主攻方向，优化产业结构。大力推动生产性服务业向专业化高端化发展、生活性服务业向品质化多样化发展。加快数字经济发展，培育数字经济示范应用场景10个，新

建5G基站350个。推进制造业主辅分离，新增市级以上服务型制造企业（平台）3家。积极发展现代物流业，加快物流公共信息平台和货物配载中心建设，促进批发市场、商贸企业转型升级。加快发展普惠金融、绿色金融、供应链金融，重点做大海丝基金小镇，力争引入基金企业30家，基金管理规模60亿元以上。着力壮大文化创意产业，扩大海西国家广告产业园区虹吸效应，集聚发展影视传播、文化传媒、动漫游戏等文创产业。实施“内循环”攻坚，加快刺桐港商业中心、东海湾城市综合体等商贸项目建设，培育若干个夜间经济示范区，办好第九届丰泽购物节，力争新增限上商贸企业50家；大力发展“网上餐厅”“网上超市”，规范发展网红经济、社区电商；开发时尚购物游、文化体验游等旅游新模式，推进镜山文创园、和乐电影梦工场等文化影视项目落地运营，带动住宿、餐饮等行业加快恢复增长。

*拓展载体空间，提升产业密度。*推动北峰、浔美两个保留工业性质园区的改造，盘活各类土地资源、闲置低效厂房，提升园区单位面积的效益。规范发展特色小微产业园，探索园区发展考核体系和准入退出机制，推动资源共享、协同共进，培育医疗器械、影视文化、休闲创意等一批高质高效特色园区；加快丰泽中介服务产业园建设招商，集聚壮大资产评估、会计、审计、法务等服务业态；完善提升泉州建筑服务产业园，做好市政基础设施、产业链培育、综合服务平台、市场化专业运营等工作，策划生成二期项目，力争入驻企业120家、实现产值30亿元以上。发挥总部经济配套政策“撬动”效应，打造东海总部楼宇经济核心区，引进企业总部类、金融类、平台类项目50个以上。

二、坚持先行先试，在提升城区综合实力中率先破局

把好改革开放“方向盘”，做强项目支撑“引擎器”，注入营商环境“加速剂”，全面集聚“换道赛车”各项动能，推动发展质效换挡提速、蓄力领跑。

*向改革开放要动能。*深化国企改革，完善企业法人治理结构，支持参与片区园区开发、公共事业和公共服务运营，推动城建集团获评AA主体信用等级，组建区文旅、教育集团。强化资本要素改革，推广项目市场化运作模式，撬动社会资本进入教育、医疗、养老等重点领域。加强政府债务管理，有效防范政府债务风险。推进区、街、社区三级卫生保洁、公厕管理、道路管养等城管机制改革，构建权责清晰、运行高效的工作体系。积极融入“一带一路”建设，抢抓RCEP协议签订、自贸实验区扩区等机遇，对接落实跨境贸易提效降费减时措施，壮大东海跨境电商生态圈。密切与港澳台侨、异地商会和驻丰各商协会的双向交流，推动科创资源、产业平台、要素市场等领域互联互通互融。

*向项目支撑要动能。*完善重点项目领导挂钩、跟踪督办等工作机制，对重大项目实施全周期跟进，优化手续办理、要素供给、配套保障等关键环节，做到“落地即可开工”。全年实施重点项目142个，总投资187.2亿元，力争新开工建设泉州农商银行总部大楼等28个项目，竣工投产城建·水墨芳林等29个项目。策划生成教育、医疗卫生、农贸市场、停车场等项目包，按照“成熟一个、落地一个”的原则滚动推进。落实好国家逆周期调节政策，积极争取地方政府专项债券6亿元以上。成立10个招商工作小组，探索以商招商、平台招商、产业链招商等模式，瞄准科技创新、数字经济、平台经济等投资方向，积极对接硅基光芯片、影视文化、现代物流等项目，力争引进超亿元项目68个，总投资275亿元以上，其中超5亿元项目20个以上。

*向营商环境要动能。*开展“营商环境提升年”活动，扩容“一件事”集成套餐清单，实现政务服务“好差评”线上管理全覆盖，“一趟不用跑”事项占比提升至70%以上。完善信用监管、大数据监管、包容审慎监管，推进“双随机、一公开”跨部门联合抽查，营造各类市场主体公平竞争的发展环境。拓展减税降费成效，推行惠企政策“免申即享”，探索企业家参与政策制定机制。实施产业信贷投放“增户扩面”行动，推动“普惠金融大数据”平台建设，引导银行业金融机构提高首贷户和信用贷比重，更好缓解中小微企业融资难、融资贵问题。

三、坚持精建精管，在打造宜居宜业家园中前瞻布局

主动融入全市“跨江发展、跨域融合”战略，强化城市有机更新，优化城市微型改造，深化城市精细管理，努力打造“来了就不想走”的城市新区。

*聚力“成片区”更新。*实施22个城市建设项目，不断优化城市空间布局。重点实施六大片区更新改造项目。南埔山片区完成安置房主体工程封顶和配套幼儿园工程初验，开工建设片区市政道路及其配套工程；西华洋片区启动总投资约20亿元的安置房建设，实施总投资约11亿元的5个市政道路工程项目，推动优先布局学校、医院等项目，引进一批产业落地，提升泉州北大门形象；南滨江片区建设3条市政道路，助推泉州市第二实验小学城东校区加快方案设计及前期工作；全面完成后埔、金凤屿两个片区征迁任务，抓紧金崎、后渚、云山、西福、新华路北拓等改造前期工作，适时启动片区征迁，拓展城市发展新空间。

*加快“微改造”步伐。*安排3.15亿元，完成第二批42个、开工第三批105个老旧小区改造，重点实施铭湖、东湖、华丰、东美、丰泽新村等五大老旧片区成片、系统改造，打造15分钟慢生活圈。培育一批“美丽社区”“美丽街巷”。鼓励多层住宅加装电梯，力争完工启用70台以上。畅通城市交通微循环，推进国道G324线泉州大桥及接线丰泽段扩宽改造、东海、百崎、金屿通道等市政道路建设，实施改造“断头路”3条以上。推动区管道路配套管网修复三期项目建设，

新铺设污水管网5公里，整治积水点3处。开展城市风貌提升行动，完成世中会景观综合整治，新建、改造一批口袋公园，新增绿地面积6公顷以上。

突出“精细化”管理。贯彻实施《泉州市市容和环境卫生管理条例》等地方性法规，强化占道经营、餐饮业油烟、渣土车运输、电动自行车乱停放等整治。充分发挥“智慧丰泽”（一期）项目在城市运营、政务管理、社会服务、平安建设等方面的应用功能，全面提升城市管理质效水平。探索公众参与机制，用好“市民随手拍”平台，鼓励群众监督城市运营管理。健全生活垃圾分类投放、收运体系，推动生活垃圾“四分类”全覆盖。加强房屋建筑工程建设精细管控，建立“条块结合、以块为主”的网格化巡查管理制度。保持查处“两违”高压态势。实施最严格的生态环境保护制度，逐项整改销号环保督察交办问题，力争全年空气质量优良天数稳定在97.5%以上。落实河长制、湖长制，加强北高干渠等河道监管，确保集中式饮用水源地水质达标率保持100%。坚决贯彻落实“土十条”，加强对重点监管企业监测，降低水土流失率。深入推进新时代公民道德建设和未成年人爱国主义教育，加快社会信用体系建设，持续提高公民文明素养和社会文明程度。

四、坚持用心用情，在不断增进民生福祉中开创新局

民生无小事，枝叶总关情。我们将安排3.29亿元办好54项民生实事，着力解决一批群众关注的痛点、堵点、难点问题，让市民的幸福在家门口升级。

多渠道增加居民收入。进一步稳定和扩大就业，规范发展灵活就业、新形态就业，帮扶残疾人和零就业家庭就业，开展技能培训2.5万人次，力争新增城镇就业2.3万人以上，帮扶登记失业人员再就业800人以上。全面落实创业补贴政策，开展多层次创业培训，促进以创业带动就业。实施城镇职工、高级人才、困难群众“三大群体增收计划”，积极拓宽群众工资性、经营性、财产性、转移性收入渠道，确保居民人均可支配收入增幅不低于生产总值增幅。

多维度完善保障体系。深入实施全民参保计划，力争新增“五险”参保人数2.3万人以上。完善社会救助政策，做好低保户和特困人员等群体动态管理。关爱妇女、儿童，做好新一轮“两纲”编制。开工建设区社会福利中心，加强居家社区养老服务照料中心运营，鼓励引进专业化服务机构，落地一批医养融合项目。完善住房保障体系，重点培育发展住房租赁市场，解决好外来务工人员等群体住房问题。加强退役军人服务保障，争创省级双拥模范城“七连冠”和省级军民融合示范区。支持驻丰部队练兵备战，强化国防动员和后备力量建设。深化与顺昌县对口帮扶工作。

多层次拓展公共资源。促进北峰、城东、刺桐、东海四大组团教育资源均衡配置，推动总投资10亿元的泉州九中城东校区、区实验小学毓才校区等11个新改扩建项目建设，加快东海中学新校区项目前期工作，新增优质学位6500个。推进多模式集团化办学，优先支持国企办学，强化与华侨大学、泉州师范学院等高校战略合作，争创“福建省基础教育改革发展试验区”，新增“省级义务教育管理标准化学校”5所。探索编外教师规范管理机制。加强未成年人心理健康建设。实施“健康丰泽”战略，加快正骨医院北峰院区项目建设，区疾控中心、妇幼保健院竣工使用。纵深推进“三医联动”改革，完善医联体机制、中医药服务体系，加快总投资7.7亿元的社区卫生服务中心项目工程包建设，创建首家3岁以下婴幼儿照护服务试点。毫不松懈落实常态化疫情防控，全面提升流行病学调查、预防治疗以及核酸检测、疫苗接种等能力，健全突发公共卫生事件应急工作机制。巩固国家公共文化服务体系示范区创建成果，开工建设区少体校，完善全民健身服务体系；加强文化资源保护活化利用，盘活真武庙、东门碗窑、蟳埔民俗文化村等资源，提升文化知名度和影响力。

五、坚持共治共享，在强化社会治理效能中有序展局

统筹共建资源，凝聚共治合力，释放共享红利，着力形成法治、德治和自治相结合的基层治理新格局。

全面深化基层基础建设。推广“红色物业”“小社区大物业”等管理模式，成立国企物业管理公司，推动物业服务向多元化、规范化发展。完成社区组织换届选举，开展社区干部任期和离任经济责任审计，加强社区工作者队伍规范化、职业化建设，提高社区工作者待遇。创新社区治理，深化“三社”联动，推广丰泽、圣湖市级重点社区治理工作经验，提升63个社区综合服务站功能。落实基层分类减负，强化“三资”监管，盘活街道、社区资产资源，增强基层社区自身“造血”功能。大力倡导和实践“新丰泽人”理念，建成新时代文明实践中心5个。抓好外事侨台、老干老龄、地方志等工作，支持工会、共青团、妇联、关工委、计生协会、老体协、老年大学等人民团体和群众组织发挥更大作用。

全力维护社会和谐稳定。接续推进“强基促稳”行动，推进扫黑除恶专项斗争常态化长效化，监管重点向网络空间、新兴行业领域延伸覆盖。推动“警格+网格”深度融合，完善立体化、信息化、智能化社会治安防控体系，确保全区刑事案件持续下降。严格落实“四门四访”、领导包案等制度，深化“大数据+人民调解”模式，力争省、市交办的历史积案办结化解率100%，重复信访率下降10%以上。开展“根治欠薪”专项行动，严厉打击恶意欠薪犯罪行为。加强企业“两链”风险排摸，大力打击金融领域犯罪，有效防范金融风险。积极引导专业组织和社会力量参与社区矫正。依法管理宗教事务，促进民族团结进步。

全域守住安全生产红线。扎实开展安全生产专项整治三年行动，构建安全风险分级管控、隐患排查治理双重预防体

系，深化道路交通、房屋安全、建筑施工、消防安全等领域隐患整治，坚决防范和遏制较大以上事故发生。推进应急管理体系和能力现代化建设，建成区应急指挥中心，完成自然灾害风险普查。落实“四个最严”要求，完善全程追溯机制，持续治理“餐桌污染”，守住食品药品安全底线。

六、坚持从严从实，在建设人民满意政府中拓展格局

任重千钧，唯有担当。我们将旗帜鲜明讲政治，只争朝夕抓落实，夙夜在公为人民，坚决扛起新时代赋予政府的历史使命。

始终做到对党忠诚。坚持把学习贯彻习近平新时代中国特色社会主义思想作为首要政治任务，巩固“不忘初心、牢记使命”主题教育成果，把全方位推动高质量发展超越的部署要求落实到政府具体工作中，以实绩实效体现增强“四个意识”、坚定“四个自信”、做到“两个维护”。坚持党对政府工作的全面领导，贯彻新时代党的建设总要求，严肃党内政治生活，严守政治纪律和政治规矩，按时保质全力抓好省委巡视九组巡视丰泽涉及政府系统的问题整改工作。严格落实意识形态工作责任制，守牢意识形态阵地。

始终做到依法行政。严格遵守宪法和法律，拓展“法治政府建设年”成效，完善规范性文件备案审查制度，推动政府工作全面进入法治轨道。启动实施“八五”普法，推进《中华人民共和国民法典》贯彻实施，健全公共法律服务体系。认真执行区人大及其常委会决议决定，依法接受人大监督，自觉接受政协民主监督，高质量办好人大建议和政协提案。广泛听取各民主党派、人民团体和社会各界意见建议。扎实抓好上级审计发现的问题整改，加强对公共资金使用、财政资金分配、重大项目建设、国有资产等重点领域的审计监督。

始终做到务实清廉。践行“四下基层”“马上就办、真抓实干”等优良作风，深入开展突破“难硬重新”工作行动，集中力量破解经济社会发展中的困难和挑战。强化政务和效能督查，提高政府执行力。坚持严管和厚爱相结合，完善奖优罚劣和容错纠错机制，给干事者鼓劲，为担当者撑腰。强化政府系统党风廉政建设和反腐败工作，严格落实中央八项规定及其实施细则精神，大力纠治“四风”，严肃整治形式主义、官僚主义新表现。继续压减政府部门一般性支出，努力用政府的“紧日子”换来百姓的“好日子”。

各位代表！美好蓝图已经绘就，新的征程全面开启。让我们更加紧密地团结在以习近平同志为核心的党中央周围，在市委、市政府和区委的坚强领导下，同心同德、开拓奋进，为泉州高质量发展超越探索更多丰泽经验、贡献更多丰泽力量，以优异成绩庆祝中国共产党成立100周年！

中国人民政治协商会议
第五届泉州市丰泽区委员会常务委员会工作报告

（2021 年 1 月 25 日在政协第五届泉州市丰泽区委员会第五次会议上）

上官蓝波

各位委员、同志们：

我代表第五届泉州市丰泽区政协常务委员会向大会报告工作，请予审议，并请列席会议的同志提出意见。

2020 年工作回顾

过去的一年，在中共泉州市丰泽区委坚强领导下，我们坚持以习近平新时代中国特色社会主义思想为指导，认真贯彻中共十九大和十九届二中、三中、四中、五中全会精神，深入贯彻中央、省委、市委、区委政协工作会议精神，坚持发扬民主和增进团结相互贯通、建言资政和凝聚共识双向发力，充分发挥协商民主重要渠道和专门协商机构作用，围绕中心、服务大局，建言献策、履职尽责，在助推我区现代化城市核心区建设中贡献政协力量，展示政协作为。

一、突出思想引领，切实增强政治定力

我们始终坚持政治组织定位，自觉强化政治担当，把持续深入学习宣传贯彻习近平新时代中国特色社会主义思想作为首要政治任务，不断强化思想政治引领，增强“四个意识”、坚定“四个自信”、做到“两个维护”。

强化理论武装。深入学习贯彻习近平总书记关于加强和改进人民政协工作的重要思想，结合学习贯彻中共十九大和十九届二中、三中、四中、五中全会精神，及时跟进学习习近平总书记最新重要讲话、重要指示批示精神，努力在拓展学习深度和广度上下功夫。坚持统筹抓好党内和党外学习、委员和机关学习，开展政协机关“学原文、悟原理”理论学习月活动，把学习《习近平在宁德》《习近平在厦门》《习近平在福州》《习近平在福建》采访实录和《习近平谈治国理政》作为重点学习内容，引领带动委员队伍“多读书、善读书、读好书”，不断增进对中国共产党和中国特色社会主义的政治认同、思想认同、理论认同、情感认同，夯实团结奋斗的共同思想政治基础。

强化党建引领。认真贯彻新时代党的建设总要求，以党的政治建设为统领推进政协党的各项建设，将履行主体责任与推动政协工作结合起来，做到两手抓、两促进。落实意识形态工作责任制，加强政协意识形态阵地建设管理。完善基层政协党的组织设置，在八个街道政协委员联络组分别设立党员委员党小组，实现政协系统党建“两个全覆盖”。凸显政协组织政治性，坚持常态化宣传党的基本理论、基本路线、基本方略，多角度展示政协协商民主独特优势，切实把党的主张转化为党派团体和社会各界人士的思想政治共识。

强化政治自觉。自觉接受区委的领导，做到重大事项及时请示、重要活动及时汇报、重要精神及时传达，把坚持党的全面领导融入政协工作的全过程。充分发挥区政协党组把方向、管大局、保落实的领导核心作用，团结带领政协委员和政协各参加单位坚决贯彻执行党的路线方针政策，不折不扣落实中央和省委、市委、区委的决策部署。坚持聚焦区委、区政府中心工作，议大事、聚人心、当参谋、造声势，做到区委工作推进到哪里，政协工作就跟进到哪里，与区委同频共振、同向同行。认真履行“一岗双责”，全面落实党风廉政建设责任制，夯实党风廉政建设基础。全力支持派驻政协机关纪检监察组履行纪检监察职责，用好监督执纪“四种形态”，以自觉接受并全力配合巡视巡察为契机，以着力整改存在问题为抓手，强化日常监督与开展警示教育、廉政提醒相结合，营造风清气正的政治生态。

二、突出服务大局，围绕中心献计出力

我们主动服从服务全区发展大局，认真履职尽责、积极担当作为。《人民政协报》以《建言资政 凝心聚力 助推现代化城市核心区建设》为题，专题报道了区政协履职成效。

助力发展主动作为。强化大局观念、前瞻意识，坚持在区委、区政府工作全局中谋划和推进区政协工作。立足“党政所需、政协所能、群众所盼”，认真制定实施年度《民主协商与监督工作计划》，围绕推动我区经济社会发展和民生改善保障凝聚共识、建言献策。组织开展“构建产才融合体制机制、助力我区高质量发展”和“加快发展小微园区经济、增强经济发展动能”专题调研，与区委、区政府开展议政性专题协商，提出“人才集聚与产业转型深度契合、人才发展

与机制创新深度对接”和“形成鲜明政策导向、优化营商环境、加大园区招引力度”等有价值有见地的意见建议，并广泛发动政协委员积极投身经济建设主战场，在助推产业转型升级、疫情防控、复工复产中当先锋、作表率，全区政协委员全年招商引资、增资扩营项目10个，总投资达40.4亿元。助力推动全区安全隐患大排查大整治，组织政协委员开展视察监督，提出“关于进一步加强我区安全生产工作的建议”。立足政协职能特点，发挥人才荟萃、智力密集的独特优势，广泛发动政协委员积极建言我区“十四五”规划编制，共同谋划我区未来发展。

关注民生站位全局。聚焦民生改善保障和社会热点难点，精心选题、精深调研、精准建言，贡献政协智慧力量。围绕“加快我区智慧城区建设”“大力发展产教融合模式的装饰职业教育”“建设儿童文化产业园、助推丰泽儿童产业发展”“打造高水平专业化实训基地、培养新时期丰泽工匠”“加强食品药品监管”“推进丰泽数字经济发展、打造泉州数字经济创新高地”“发挥协商民主在基层社会治理中的作用”“加快推进丰泽旅游文化夜间经济”等议题开展广泛协商，谋长远之计、建睿智之言、献务实之策。针对“入公办园难、入民办园贵”问题，组织视察调研，精准建言献策。市政协李转生主席批示肯定，教育事业一直是群众关注的热点问题，丰泽区政协献策学前教育、助推破解民生难题的做法，值得学习借鉴。

履职为民勇于担当。围绕助力统筹推进常态化疫情防控和经济社会发展，以组织开展“我是委员我带头”主题活动为载体，全面发动政协各参加单位、广大委员和全体政协机关干部积极投身疫情防控一线，精心组织专题调研、视察监督、协商建言、督查督导等履职活动，把履职为民落实到实际行动上。据不完全统计，全区政协委员累计捐款112万元，捐赠口罩10.9万个、医用手套1万多双、护目镜100副及消毒用品、红外测温仪、防护服等其他防疫物资500多件套。“立足优势、贡献力量——丰泽区政协战‘疫’在行动”，被中国网、人民网等多家新闻媒体报道转载。支持政协委员参与法院诉讼调解、人民调解和旁听庭审，担任特邀监督员和政风、行风评议代表，参加区领导信访接访活动。选派10名政协委员担任区人民法院矛盾纠纷多元化解“分中心”特邀调解员，协力做好解疑释惑、宣传政策、理顺情绪、化解矛盾工作，共同维护和谐稳定的社会局面。

三、突出职能优势，健全机制双向发力

我们坚持在建言资政和凝聚共识上积极作为，不断拓展政协协商广度和深度，促进政协协商提质增效。省《政协天地》杂志第七期以《献策学前教育 破解民生难题》为题报道了区政协协商的经验做法。

协商机制日益完善。深化协商选题机制，推动政协协商从源头上提高针对性，在协商结果上提高“命中率”。建立协商会前学习制度和协商会中互动交流机制，推动在共商中集思广益、在互动中增进共识。完善视察调研、反映社情民意、提案办理、成果反馈机制，健全以全体会议协商为龙头，专题议政性常委会会议和专题协商会议为重点，专题协商、对口协商、提案办理协商为常态的政协协商格局，推动协商民主制度化。搭建协商平台，扩大协商议政参与面，根据协商主题邀请相关界别委员、专家学者、企业界代表和职能部门单位负责人，共同开展灵活多样的对口协商、界别协商。健全协商议题提出、组织衔接机制，加强政协协商与区委、区政府工作的有效衔接，坚持重要协商活动议题提前进行协商沟通，强化对各种履职方式的集成运用。

协商重点更加突出。聚焦协商主责主业，更好发挥政协组织及其协商平台、机制程序作用。紧扣创新创业创造、新产业培育、营商环境建设等中心工作以及教育、医疗卫生、强基促稳等居民群众关心的热点难点问题，开展调研协商，建言资政，广集良策促进决策优化，广汇共识推动决策实施，广聚合力助推决策落实。准确把握提案工作全局性定位，在提高提案质量和办理质量上下功夫，突出抓好“加快推动丰泽区老旧小区改造提升的建议”“关于加快我区新型‘智慧城区’建设的建议”等6个重点提案办理协商，落实区委、区政府、区政协领导领衔督办制度，将协商民主贯穿于提案提出、立案、交办、督办、评议全过程，一批提案办理成果得到转化落实。界别协商扎实深入，紧扣“教师队伍建设”“居家社区养老”“解困扶持中小企业”等主题，深入一线开展界别协商，有效发挥界别委员在集中意见、反映情况、协调关系、化解矛盾方面的重要作用。对口协商注重实效，各专委会发挥专业优势，紧扣“以建设生态宜居中心城区为目标、推进我区精细化管理工作”与对口部门开展协商交流，推动提升我区城市管理水平。

协商能力不断提升。以改革思维、创新理念、务实举措大力推进协商能力建设。注重引导委员强化协商意识，遵守协商规则，拓展协商深度，形成既畅所欲言、各抒己见，又理性有度、合法依章的良好协商氛围。完善调研机制，做深做细协商前的调查研究，练好“会协商、善议政”和解决问题的内功，在提高协商议政质量上狠下功夫。组织课题组、邀请区有关部门、专家学者、企业界代表深入园区现场、基层一线，实地开展调研视察，形成调研报告47篇，提出一批富有建设性的意见建议，得到了区委、区政府主要领导的批示肯定，批转相关部门办理落实。注重协商成果运用，将政协重点协商活动落实情况列入区委、区政府督查事项，建立健全调研协商成果报送反馈和跟踪问效机制，促进协商意见、工作建议更好地转化为区委、区政府推进相关工作、民生改善保障的具体举措。

四、突出两大主题，团结合作凝心聚力

我们坚持大团结大联合，把加强思想政治引领、广泛凝聚共识作为工作的中心环节，汇聚团结奋斗的正能量。省《政协天地》杂志第一期以《汇聚侨智 助力“双创”》为题报道了区政协党组引领委员凝心聚力、创新创业的探索实践。

合作共事增添动力。通过理论学习、视察考察、调查研究、协商履职等各种形式和渠道，加强与民主党派、工商联和无党派人士的联系沟通和团结协作，营造平等协商、合作议事的浓厚氛围。完善民主党派和无党派人士在政协开展经常性工作机制，落实民主党派区工委、工商联负责人和无党派人士列席区政协常委会、参与政协大会发言、参加“委员活动日”活动等一系列制度，支持其参与全区重大决策讨论，以知情明政为基础，在政协提案、反映社情民意等方面发挥积极作用，确保各民主党派、工商联和无党派人士在政协履职有平台、优势能发挥、意见受重视。一年来，各民主党派、工商联和无党派人士提交的大会发言、提案和社情民意，分别占政协年度全会发言、提案和社情民意总数的51.7%、34.5%和28%，展示了党派团体在政协舞台务实担当、履职尽责的良好形象。

凝聚共识汇聚合力。注重加强政协与领军人才、党外知识分子、非公有制经济人士和“两新”组织的团结联谊，推动构建“亲、清”新型政商关系。坚持用政协语言宣传宣讲中共中央大政方针和省委、市委、区委重大决策部署，不断巩固和发展最广泛的爱国统一战线。落实区政协领导挂钩联系党派、界别、常委和委员的工作制度，经常走访看望民主党派团体、各界别人士，交流看法、沟通思想、回应关切、增进共识，致力营造和衷共济、团结奋进的浓厚氛围。建立委员联系界别群众制度，发挥界别优势，主动担当作为，切实担负起“把党中央决策部署和对政协工作要求落实下去，把海内外中华儿女实现中华民族伟大复兴的智慧力量凝聚起来”的政治责任，不断推动人民政协更好成为坚持和加强党对各项工作领导的重要阵地、用党的创新理论团结教育引导各族各界代表人士的重要平台、在共同思想政治基础上化解矛盾和凝聚共识的重要渠道。

联谊交往激发活力。密切与民族宗教界的沟通联系，发挥民族宗教界委员带头引领作用，促进宗教和顺、社会和谐。加强与异地丰泽商会的联系交流，助力我区招商引资、招才引智，充分发挥侨资、侨智和“新丰泽人”在服务、参与、推动我区经济和社会发展中的积极作用。主动参与省、市政协重点履职活动协同调研、联动监督、联合协商，配合做好省政协“推动泉台文创产业交流合作”、“企业复工复产”、“加强城乡基层社会治理制度创新”和市政协“城市少数民族流动人口服务与管理”、“谁执法、谁普法”、“未成年人思想道德建设随机测评”等专题调研视察活动。加强与兄弟县（市、区）政协的联谊交往，做好山东省淄博市政协、广东省广州市天河区政协、福州大学省政协委员小组和永春县政协到我区开展“做大做强信息产业”“发展文旅产业”等调研考察活动，在交流互动中讲好丰泽故事，传播丰泽声音。编辑、交流《丰泽文史资料》，发挥政协文史资料“存史、资政、团结、育人”的作用。

五、突出自身建设，提升履职尽责能力

我们坚持把加强自身建设作为重要的基础性工作来抓，努力使政协工作符合发展要求，不断提质增效。

精心打造履职平台。加强专门委员会工作制度建设，发挥专委会在广泛凝聚智慧力量、服务改革发展稳定大局中的基础性作用，建立“以党建为统领、以协商为载体、以民生为导向、以合作为基础”的专委会履职新机制，把建言资政和凝聚共识融入专委会视察考察、调查研究等履职活动中，把双向发力贯穿到政协委员履职为民、担当作为的全过程。立足“突出功能定位，体现政协特色”，以各专委会和界别为主体，设立首批六个政协委员联系服务群众工作室，打造区政协工作向基层延伸的“桥头堡”和发挥统战作用的“先锋岗”，助推委员“沉下去”、履职“实起来”，以有力的平台支撑和丰富的活动载体，有效提升了委员履职质效。

加强委员队伍建设。围绕建设“懂政协、会协商、善议政，守纪律、讲规矩、重品行”委员队伍，加强委员学习培训和服务管理。用好线上线下学习平台，开展政治理论和业务知识培训，不断提升委员履职素质能力。完善联系服务委员制度，尊重和支持委员依照政协章程履行职责，坚持为委员订阅履职报纸杂志，及时通报政协重大活动、重要会议、重点工作情况，为委员在本职岗位和政协工作中“双责担当、双岗奉献”提供有力保障。着眼“委员作业”高质量，健全完善《丰泽区政协委员履职情况量化考评办法》，建立委员履职档案，通报委员履职考评结果，切实发挥委员在政协履职中的主体作用、本职工作中的带头作用和界别群众中的代表作用。强化委员做好党的统战工作和群众工作的责任担当，积极宣传党和国家方针政策，带头践行社会主义核心价值观，自觉锤炼道德品行，团结界别群众跟党走，以实际行动展示新时代政协委员新风貌。

提升机关整体效能。认真贯彻落实区委“关于进一步强化担当作为、推动工作落实”的部署要求，围绕增强“八种本领”，打造不忘初心、担当尽责、爱岗敬业、勤勉工作的高素质机关干部队伍。健全完善基层调研帮扶制度，带头落实区委关于推进落实解决形式主义突出问题、切实为基层减负二十条措施，带领机关干部在参与、推进、督促督导挂钩街道社区疫情防控、创城创卫等工作中接受教育、改进作风。重视加强政协机关干部队伍建设，坚持用好“学习强国”“看丰泽”等平台载体，认真落实集体学习制度，持续巩固拓展

"不忘初心、牢记使命"主题教育成果，扎实推进"两学一做"学习教育常态化制度化，不断提高政协机关干部的思想理论水平和业务能力。以创建省级文明单位为契机，深入推进"四型"机关建设，大力弘扬"马上就办、真抓实干"优良作风，干出新时代政协机关的新样子。

各位委员、同志们，区政协常委会工作所取得的成绩得益于区委的坚强领导，得益于全体委员的共同努力，得益于区政府及各有关单位的支持帮助，得益于社会各界人士、港澳侨台同胞的关心关注。在此，我谨代表区政协常委会向所有关心、支持政协工作，为政协事业发展作出积极贡献的同志们、朋友们表示衷心的感谢，并致以崇高的敬意！

成绩属于过去，未来任重道远。我们也清醒地看到工作存在一些短板和不足，主要有：民主协商和监督方式有待进一步改进，委员活动平台载体建设有待进一步加强，民主监督职能作用有待进一步发挥，等等。对此，我们将高度重视，认真研究解决。

2021年工作思路

今年是中国共产党百年华诞，是"十四五"规划实施的开局之年。区政协常委会将高举习近平新时代中国特色社会主义思想伟大旗帜，全面贯彻落实中共十九大和十九届二中、三中、四中、五中全会精神，深入贯彻落实中央和省委、市委、区委政协工作会议精神，牢牢把握新时代人民政协的新方位新使命，坚持团结民主两大主题，坚持建言资政和凝聚共识双向发力，为促进我区全方位推动高质量发展超越、加快现代化城市核心区建设做出新的更大贡献。

一、深入学习新思想，着力巩固共同思想政治基础

坚持党的领导，坚定不移走中国特色社会主义发展道路，确保人民政协事业始终沿着正确方向前进。坚持用新思想武装头脑指导实践。持续深入学习贯彻习近平新时代中国特色社会主义思想，认真学习宣传贯彻党的十九届五中全会精神，把五中全会确定的重大方针、重大战略落实到政协履职工作全过程、各方面，增强"四个意识"，坚定"四个自信"，做到"两个维护"。持续开展习近平总书记关于加强和改进人民政协工作的重要思想"大学习、大讨论、大落实"活动，促进理论学习常态化，把加强思想政治引领贯穿到履职实践之中。坚持党对政协工作的全面领导。深入学习贯彻中共中央和省委、市委、区委重要决策部署以及对政协工作的要求，牢牢把握新时代政协工作的方向原则和着力重点，自觉把政协工作置于区委领导之下，进一步推动区委《关于新时代加强和改进人民政协工作的实施意见》的落实。坚持准确把握人民政协职能定位。全面贯彻落实习近平总书记关于加强和改进人民政协工作的重要思想，认真落实新时代社会主义协商民主、统一战线、人民政协工作新要求，把人民政协制度坚持好、把人民政协事业发展好，凝聚共识、汇聚力量，团结各界人士奋力开创新时代我区人民政协事业新局面。

二、切实扛起新使命，着力发挥专门协商机构作用

强化主责主业意识，聚焦产业发展、民生保障、城市管理、社会热点以及"十四五"开局起步等进行前瞻性调研协商，充分发挥专门协商机构作用。致力于协商成果精品化。坚持调研于协商之前，按照"专业、精准、深刻、管用"的原则，瞄准发展大局，聚焦民生关切，开展体验式调研、融入性视察，深入协商集中议政，提升协商水准，强化监督助推落实，把协商议政的着力点放在从"做了什么""做了多少"向"做出了什么效果"的转变上，不断推动政协协商提质增效。致力于协商机制规范化。健全议政性专题协商制度，完善专题协商、对口协商、界别协商、提案办理协商等工作机制，积极推动政协协商向基层延伸，创新基层协商载体和方式，继续推动设立委员联系服务群众活动室和冠名政协委员工作室，搭建更开放、更专业的协商平台。致力于协商方式网络化。适应互联网发展新趋势，运用开放性思维，深度融合互联网优势与人民政协协商特色，强化网络履职技术支撑，在网上建言、视频调研等方面探索创新实践，构建常态化、有特色的网上履职平台，实现线上与线下有效衔接，提升政协履职的质量与水平。

三、认真落实新要求，着力彰显人民政协制度优势

坚持把加强思想政治引领、广泛凝聚共识作为履职工作的中心环节，在"双向发力"中彰显制度优势。把党派团体更好地团结起来。深化与党派团体的合作共事，建立与民主党派、工商联和无党派人士联席会议制度，探索建立区政协机关党支部和民主党派支部共建制度，拓宽与党派团体的交流渠道，为党派团体更好地发挥作用创造条件、提供保障。把各界人士更好地动员起来。积极发挥界别联系群众的作用，协助党委、政府把各方面的思想和认识统一起来，努力增进最大共识度，形成最大向心力。强化对界别活动的指导，健全界别调研、界别视察、界别发言、界别信息、界别与党政部门对话等协商机制，增强政协界别代表性。把社会力量更好地凝聚起来。密切同党外知识分子、非公经济人士、新的社会阶层人士、少数民族和宗教界人士的沟通联系，做好大团结、大联合工作，凝聚维护稳定、促进和谐、推动发展的最广泛共识和最磅礴力量。加强与港澳台同胞、海外侨胞、在外丰泽商会、丰泽籍企业家、乡贤人士的联系联谊，主动搭建创新创业平台，让新的社会阶层人士和更多因疫情滞留在国内的留学人员以及已归国的留学人员积极参与到创新创业的队伍中来，增强家国情怀、永葆赤子之心，服务社会、回报家乡。

四、全面展现新作为，着力助推党政决策部署落地落实

坚持立足本职，发挥优势，为大局而谋、为大局而干，展现新时代人民政协风采和作为。紧扣高质量发展协商议政。认真贯彻落实区委五届十二次全会精神，围绕我区“全方位推动高质量发展超越、全面加快现代化城市核心区建设”战略部署和“十四五”规划实施工作，认真谋划实施好《2021年度民主协商与监督工作计划》，推动重点协商活动纳入区委、区政府总体工作部署。紧扣党政部署调研监督。深入街道、社区、基层一线，紧扣民生改善开展调查研究，提出符合客观规律和发展实际的管用意见，为区委、区政府提供决策参考。充分发挥民主监督优势，助推区委、区政府决策部署落地生效。紧扣中心工作担当作为。按照区委、区政府工作部署，扎实做好疫情防控、经济发展、民生保障、等中心工作，履职担当，主动作为，确保各项工作任务落到实处、取得实效。

五、积极打造新形象，着力加强自身建设

坚持以时代要求和发展实践为坐标，强化自身建设，提升履职能力水平，全面展示新时代人民政协新风貌。强化委员主体作用。坚持以“一线”标准和要求加强委员队伍建设，引导委员务实担当，当好改革开放、团结奋进和人民政协制度的参与者、实践者、推动者。以委员履职活动为抓手，加强对委员的教育管理、联系服务和履职考核，提升委员履职实效。加强委员线上线下学习培训力度，进一步提升委员履职能力。强化专委会基础作用。进一步加强政协专门委员会履职规范化建设，突出政协专门委员会“专”的优势、“联”的特点、“精”的实效。健全专委会联系界别委员制度，强化专委会组织协调功能，使专委会工作更富活力、更具实力。强化机关保障作用。压紧压实从严治党主体责任，严格落实“一岗双责”，完善党内组织生活制度，支持派驻政协机关纪检监察组工作。加强干部理论学习教育，巩固深化“不忘初心、牢记使命”主题教育成果，扎实推进“两学一做”学习教育常态化制度化，努力学习统一战线和人民政协理论，着力建设服务型、学习型、廉洁型政协机关队伍，以崭新的风貌践行政协履职初心使命。

各位委员，同志们！新时代赋予人民政协新使命。让我们更加紧密地团结在以习近平同志为核心的党中央周围，在区委的坚强领导下，不忘初心、牢记使命，忠实履职、扎实工作，把智慧和力量汇聚到服务、参与和推动我区经济社会发展上来，为助力全方位推动高质量发展超越，加快建设现代化城市核心区做出积极贡献！

肩负新使命 迈向新征程 为奋力谱写全面建设社会主义现代化国家丰泽篇章提供坚实保障

——在中共泉州市丰泽区第五届纪律检查委员会第六次全体会议上的工作报告

（2021年2月7日）

林添盛

同志们：

我代表中共泉州市丰泽区第五届纪律检查委员会常务委员会向第六次全体会议作工作报告，请予审议。

这次全会的主要任务是：以习近平新时代中国特色社会主义思想为指导，全面贯彻党的十九大和十九届二中、三中、四中、五中全会精神，认真落实中央、省、市纪委全会部署和区委五届十二次全会要求，回顾2020年纪检监察工作，部署2021年任务。

一、2020年工作回顾

过去一年，在市纪委监委和区委的坚强领导下，区纪委监委自觉以习近平新时代中国特色社会主义思想为指引，牢牢把握新时代全面从严治党新要求，增强“四个意识”，坚定“四个自信”，做到“两个维护”，紧扣推动高质量发展主题主线，坚定不移、一以贯之推动全面从严治党、党风廉政建设和反腐败斗争压倒性胜利巩固发展，各项工作在高质量发展上迈出新步伐，为全区疫情防控和经济社会发展提供坚强纪法保障。

（一）突出“两个维护”，把党的政治建设摆在首位

牢牢把握政治机关定位，自觉担负“两个维护”历史使命和重大政治责任，持续强化政治监督。深化政治理论学习。坚持把学习贯彻习近平新时代中国特色社会主义思想摆在首位，开展《习近平谈治国理政》和《习近平在福建》等系列采访实录专题研讨，抓好带头学习、系统学习、常态学习、深度学习，不断提高政治站位、政治格局、政治能力，进一步增强“两个维护”的理性认同、情感认同和行动自觉。坚持把学习领会中共十九届四中、五中全会精神作为重要政治任务，建立跟进学习习近平总书记重要讲话重要指示批示精神的长效机制，深化运用省委“三四八”机制，立足职能职责抓好创造性贯彻落实。坚持服务保障大局。聚焦上级重大决策部署，找准切入点，抓住关键事，发挥监督保障执行作用。在疫情面前闻令即动，迅速抽调18名机关干部组成5个专项督导组，引导80名社区纪检委员、277名社区廉情员，深入一线督导疫情防控、复工复产复学、“六稳”“六保”等工作，梳理薄弱环节2419条，发现问题686条，提出意见建议470条，查处防控工作不力1件1人，给予党内警告处分1人。紧扣区委重点工作，跟进监督涉及我区的13个“难、硬、重、新”项目。督促稳企纾困政策红利落地落实，助推惠企资金兑现。探索“334”模式推进政治监督。牢牢把握省纪委监委政治监督“见人见事、精准高效”要求，探索建立部署清单、责任清单、任务清单等“三张清单”，贯通两档案、两调研、两报告等“三个环节”，突出重要部署、发现线索、作风问题、成果运用等“四个紧盯”，推动政治生态和发展环境持续向好。制发《加强“关键少数”政治监督责任分工方案》《政治监督工作指南》，形成对“关键少数”的分级分类监督格局，覆盖全区8个街道、67个区直单位、488名区管干部。编印《政治监督工作手册》，规范日常操作指引，专门设置资料档案柜，做到“一事一档”“一室一柜”。“334”做法被中央纪委《华东之窗》刊载，市纪委监委主要领导专门作了批示给予肯定。

（二）突出“再监督”，扛起管党治党政治责任

切实履行好协助职责和监督专责，发挥“监督的再监督”作用，为党委主体作用发挥提供有效载体、当好参谋助手。压实主体责任。抓好省、市委落实全面从严治党主体责任检查问题清单的整改，通过交办清单、座谈反馈、督查督办等方式，推动省委、市委检查反馈的34个问题、1个问责建议全部按时整改到位。紧盯失职失责等突出问题，查处落实全面从严治党主体责任不力问题2起、问责科级干部2人。协助区委迎接省委巡视工作，对全区热点难点问题开展大排查大整治，化解一批群众关注的积案。迅速跟进监督省委巡视反馈问题的整改，压紧压实巡视整改主体责任，推动整改清仓见底。抓牢意识形态。将意识形态工作纳入巡察、监督执纪问责的重要内容，强化监督检查，发挥监督执纪和审查调查职能，从严追责问责，倒逼主体责任落实。推进廉洁文化

建设，注重家风建设，引导党员干部修身律己、廉洁齐家。整合辖区文旅资源，深挖历史名人孝廉、家风故事，打造市区首条“孝廉文化研学线路”，被列为区委党校现场教学点和区中小学研学基地。以清官廉吏故事为支撑，编印《丰泽廉吏》。策划制作2组微信表情包，倡导孝廉勤俭文明新风。开展线上线下廉政教育，先后组织2900多名党员干部接受警示教育，用好反面典型“活教材”。把脉政治生态。深化政治生态动态评估，完善“两档案”“两报告”监督活页，制定“两调研”路线图，明确分析研判的工作标准、统一模板，着力推动政治生态评估制度化、经常化、效用最大化。严把选人用人政治关、廉洁关，组织47名拟提任科级干部进行任前廉政法规知识测试、检查剖析自身廉政情况，对418名党员干部进行廉政鉴定。

（三）突出“人民至上”，推动从严治党向基层延伸

把群众难点堵点作为正风肃纪反腐的着眼点着力点，推动解决好群众最关心最直接最现实的“急难愁盼”问题。开展民生领域专项治理。聚焦教育、医疗、环保、食品安全、药品安全5个重点，开展漠视侵害群众利益问题专项整治，及时处理违规违纪问题，给予批评教育36件38人，党纪政务处分8起8人。聚焦安全生产责任制落实，开展8个街道安全生产“1+X”全交叉专项督导，发现反馈问题131个，实施2轮督导“验收”推动整改，严肃查处1名街道科级干部违反工作纪律、3名社区“两委”履职不到位问题。深入开展人防系统整治、自然和文化遗产保护、制止餐饮浪费、耕地“非农化”等专项监督检查，督促相关问题落实到位。打赢扫黑除恶收官战。深化违纪查办“三个同步”协同协作和“1+X”联动机制，综合运用直查直办、提级办理、挂牌督办等措施，全面实施“惩腐打伞”专项攻势行动，加大“重点案”“钉子案”攻坚力度，坚持一查到底。立案查处涉黑涉恶腐败和“保护伞”案件13件13人，处分13人，实现已立案件全部清零。严肃查处泉秀派出所民警充当涉黑“保护伞”案件。特别是最后十天攻坚战，精准认定、处置2起失职失责案件，做到“应立则立、应结尽结”。持之以恒纠“四风”。锲而不舍推动落实中央八项规定及实施细则精神，紧盯形式主义、官僚主义突出表现，督促推进“低级红、高级黑”自查自纠，查处形式主义官僚主义问题9件10人，群众身边腐败问题14件14人。紧盯享乐主义奢靡之风多发节点，先后开展“舌尖上的浪费”“一桌餐”“利用名贵特产谋取私利”等专项整治，深挖细查顶风违纪、隐形变异问题，开展各种监督检查155次，明察暗访60多个单位、场所，发现疑似问题12条，督促清退违规发放津补贴327万元，督促36个单位整改办公用房超标问题，查处城东（华大）卫生服务中心主任违规滥发津（补）贴、区市场监督管理局城东所所长违规接受宴请等违反中央八项规定精神典型问题6件6人。深入查纠基层疫情防控表格乱象问题，摸排全区各类表格112种，清理废止35种。

（四）突出“标本兼治”，一体推进“三不”机制

保持惩治腐败政治定力，坚持重遏制、强高压、长震慑，深化以案促改、以案促治，不断提高治理腐败整体效能。释放惩腐高压震慑。持续盯紧重点领域、重点对象，全年立案50件52人，同比增长2%，其中涉及乡科级干部案件数9件，同比上升50%；给予党纪政务处分52人；留置1人，移送司法机关1件1人。坚持把思想政治工作贯穿始终，开展处分人员跟踪回访教育11人次，帮助改正错误、积极工作。坚持办案、整改、治理协同推进，持续跟踪问效，共发出纪检监察建议书17份，有力推动完善相关单位权力监督和制约机制，进一步促进依法行政、依法办事融入日常、形成习惯。推动信访矛盾化解。落实省纪委监委“十百千”“找差距、抓落实、解难题、化积案”专项行动，推进检举举报平台建设，深入开展“四访”活动，基层矛盾化解效能明显提升，实现主要数据“五降”。接收信访举报304件，同比下降18.7%；检控类信访举报180件，同比下降32.6%；检控类初信初访87件，同比下降28.1%，办结56件，立案7件7人；检控类重复举报93件，同比下降36.3%；赴省访信访举报2件，同比下降50%。开展纪委监委班子成员实地“带信下访”7件，入户走访收集群众反映业务内问题9个，全部化解。深化运用“四种形态”。强化精准监督，运用“四种形态”处理243人次，用足用好第一种形态，“四种形态”分别占比78.2%、14.4 %、4.5%、2.9%。落实函询了结制度，督促被谈话函询的党员领导干部在民主（组织）生活会上作出说明。坚持容错纠错并举，严格遵循“三个区分开来”，准确把握政策界限，及时澄清正名4件不实举报，保护党员干部干事创业积极性。织密审查调查“安全网”。坚持把安全教育覆盖至全体纪检监察干部，延伸到审查调查各个环节，制定《疫情防控期间“走读式”谈话安全工作指引》《谈话室监控值班制度》等操作规范，开展各类审查调查安全专项检查8次。定期分析研判全区反腐败形势，健全与公检法、审计、金融等部门的联动协作机制。

（五）突出“有形有效”，高质量完成巡察全覆盖

坚守巡察政治站位，顺利完成一届党委任期内巡察全覆盖任务，实现有形全覆盖和有效全覆盖相统一。推进巡察全覆盖。对标“三个聚焦”监督要求，结合我区改革发展实际，梳理重点巡察内容，精准发力、靶向治疗，发挥助力发展作用。区委巡察启动以来，共开展18轮常规巡察，巡察163个党组织，实现覆盖率100%，反馈问题2630个，移交问题线索138件177人，运用“四种形态”处理95人，其中给予党纪政务处分14人。加强联动协同。制定区委巡察机构工作规则等工作制度，整合党内监督力量，建立巡察机构与纪检监察、组织、宣传、审计、信访等部门的协调协作机制，形成监督合力，构

建层层负责、环环相扣的责任闭合链条。制定《区委巡察人才库管理办法》，充实区委巡察人才库，从全区遴选258名优秀干部、专业人才纳入巡察人才库，优化巡察队伍选配和管理。拧紧整改发条。制定《关于加强巡察整改日常监督工作的办法》，进一步压实整改主体责任和日常监督责任。完善问题、线索和建议台账，对反馈问题整改落实情况实行全程追踪，确保整改清仓见底。开展社区巡察整改拉网式回访督查，完成社区巡察反馈问题整改1814个，整改完成率96.43%。

（六）突出"严管厚爱"，打造高素质专业化纪检铁军

深化纪检监察体制改革，着力提高政治能力和专业化水平，建设忠诚干净担当、敢于善于斗争的纪检监察铁军。锤炼政治能力。大力加强忠诚教育和政治历练，不断提升政治判断力、政治领悟力、政治执行力，使践行"两个维护"融入思想、见诸行动。坚持以文明滋养精神、塑形铸魂，融合推进模范机关建设，显著提升干部敢拼会赢、真抓实干精气神。锻造业务能力。制定"强党性学业务提素质"年度学习计划，实行"月课程＋季测试"模式，分级分类开展全员培训。举办全区纪检监察干部能力建设培训班，进一步提升纪检监察干部监督执纪问责和调查处置专业化能力。全年组织业务培训32场次1178人次，抽调40余人次参与监督检查、审查调查、巡察、跟班、考察工作。涵养优良作风。认真执行"六带头、六严禁"，建立健全内控机制，严格审批权限、规范工作流程，认真执行请示报告制度，打听案情、干预执纪审查报告制度，禁酒令和家访制度，出台"3+2"周例会、月汇报、季度考核等机关管理制度，加强对干部日常的监督，架起"高压线"，建好"防火墙"。

在肯定成绩的同时，也要清醒认识到工作中存在的问题和不足，主要是：对新时代纪检监察工作规律把握不准，有的思想认识跟不上形势需要；在履行协助职责和监督责任方面，方法不多，开展工作不够精准有效，持续跟踪问效手段不多；对群众身边腐败和作风问题发现查处还不够及时，形式主义、官僚主义问题未得到有效根治；少数干部担当精神和工作作风还有欠缺，思想观念、能力素质、方法措施方面还存在脱节或不到位等问题；等等。对这些问题，我们必须高度重视，不断在实践中加以解决、改进提升。

二、2021年主要工作

2021年是实施"十四五"规划、开启全面建设社会主义现代化国家新征程的第一年，也是中国共产党成立100周年，做好纪检监察工作意义重大。总体要求是：以习近平新时代中国特色社会主义思想为指导，深入贯彻党的十九大和十九届二中、三中、四中、五中全会精神，认真落实中央、省、市纪委全会和市委十二届十三次全会、区委五届十二次全会要求，增强"四个意识"、坚定"四个自信"、做到"两个维护"，坚持稳中求进工作总基调，推动积极服务并深度融入新发展格局，坚定不移全面从严治党，坚持和完善党和国家监督体系，忠实履行党章宪法赋予的职责，以确保党中央决策部署和省委、市委、区委工作要求有效落实为首要任务，以高质量发展为主题，紧扣党和国家工作大局、区域改革发展稳定任务，发挥监督保障执行、促进完善发展作用，一体推进不敢腐、不能腐、不想腐，扎实推进纪检监察工作规范化法治化建设和高素质专业化干部队伍建设，为全方位推动高质量发展超越、奋力谱写全面建设社会主义现代化国家的丰泽篇章提供坚实保障，以优异成绩庆祝中国共产党成立100周年。

党的十九届五中全会对"十四五"时期我国发展作出战略部署，对全面从严治党、党风廉政建设和反腐败斗争提出新的要求。全区纪检监察机关要把深入学习贯彻五中全会精神作为当前和今后一个时期重要政治任务，紧扣中央、省、市纪委全会和市委十二届十三次全会、区委五届十二次全会部署，贯通落实"五个更加突出"要求，找准纪检监察机关服务保障现代化建设的结合点、着力点，在完成新时代新阶段党的历史使命中实现更大作为。要胸怀大局，坚定政治方向。立足新发展阶段的新特征新要求、新矛盾新挑战，全面系统思考谋划工作，在学思践悟中提高政治判断力、政治领悟力、政治执行力，使正风肃纪反腐政策措施与现代化建设需要相契合相适应，把准纪检监察工作政治方向。要判明局势，把握职责定位。善于审势顺势，因时因势跟进学习贯彻习近平总书记重要讲话重要指示批示精神，认真履行推动落实"两个维护"的根本政治责任，履行推动中国特色社会主义监督制度转化为治理效能的重大战略任务，履行监督保障执行、促进完善发展的基本职能职责。要聚焦大事，发挥应有作用。自觉监督保障党的路线方针政策落实，围绕捍卫制度、落实决策、履行责任、行使权力情况，跟进监督、精准监督、做实监督，督促各级党员干部齐心协力做好各项工作。把握党风廉政建设和反腐败斗争形势任务和阶段性特征，一以贯之坚持"严"的主基调，为落实"十四五"规划营造良好的政治生态和发展环境。

（一）强化政治监督，保障新征程开局起步

政治监督是保障执行的关键抓手，必须要抓牢抓实，推动党中央决策部署和省委、市委、区委工作要求落到实处。提高政治站位。以庆祝建党100周年为契机，把学习习近平新时代中国特色社会主义思想，与学习党史、新中国史、改革开放史、社会主义发展史贯通起来，与工作实际、自身职责、正在做的事情联系起来，以学促知、以知促行，不断巩

固深化“不忘初心、牢记使命”主题教育成果。做实政治监督。进一步推进政治监督具体化常态化，紧盯“关键少数”做到“见人”，聚焦监督重点做到“见事”，打通“最后一公里”做到“见效”。围绕丰泽区“十四五”规划实施、拓展疫情防控和经济社会发展成果、重点项目建设、“难、硬、重、新”攻坚突破、优化营商环境等重点任务，加强跟进监督，保障落实落地。严明政治纪律。提高政治敏锐性和政治鉴别力，及时发现和纠正有令不行、有禁不止行为，加强对敢担当善作为干部的激励保护，督促各级党员领导干部特别是“关键少数”带头同党中央要求对标对表，切实做到党中央提倡的坚决响应，党中央决定的坚决执行，党中央禁止的绝对不做，汇聚攻坚克难的强大力量。

（二）贯通“三不”机制，推动反腐败斗争常态长效

一体推进“三不”是反腐败斗争的基本方针，也是新时代全面从严治党的重要方略，要不断放大“三不”一体叠加效应，提高反腐败工作质量和水平。保持惩的态势。聚焦政策、资金、资源集中的领域和环境，坚决查处新型基础设施、重大工程建设中的腐败问题，以及“雅贿”“影子股东”等隐性腐败。依法行使职权，保障民事权利不受侵犯，保护和激发市场主体活力。分类精准施策，加大对涉腐洗钱行为为打击力度。加大治的力度。坚持标治本统筹融合，实施巡察监督、专项监督、案件查办“总结复盘”机制，常态长效推进促改促治。健全纪检监察建议落实的跟踪督促、反馈评价、约谈问责等闭环机制，推动财政金融、审批监管、工程建设及物资采购招投标等重点领域监督机制改革和制度建设。强化教的功能。坚持分层级分领域分行业开展警示教育，增强查处一案、警示一片效果。围绕“十四五”规划开局之年、庆祝建党100周年、换届选举等重大主题，精心策划宣传活动，推动常态化廉洁教育向“绝大多数”延伸。

（三）弘扬新风正气，纠治“四风”顽疾沉疴

新征程要有好风气，要以反复抓、抓反复的韧劲贯彻中央八项规定精神、整治“四风”。坚持问题导向。紧盯贯彻党中央决策部署做选择、搞变通、打折扣等突出问题，特别是搞“包装式”落实、“标签式”落实、“割据式”落实等形式主义官僚主义突出表现，准确画像、精准施治。密切关注享乐主义、奢靡之风违规违纪新问题、新表现，持续完善重点明察和“点穴式”暗访等方式，加大查处问责和通报曝光力度，坚决防反弹回潮、防隐形变异、防疲劳厌战。把监督厉行节约、坚决制止餐饮浪费行为作为重要任务，坚决遏制公款消费中的违规违纪违法现象。坚持长效治理。用好“四风”监督举报平台，更好发挥群众监督和舆论监督作用。对反复出现、普遍发生的问题，从制度机制上找原因，督促职能部门健全落实中央八项规定精神、纠治“四风”的长效机制，探索建立“正负面清单”。推动基层减负常态化，完善“直通车”机制，发挥基层联系点作用，以下看上、靶向纠治，巩固拓展整治文山会海、优化改进督查检查考核等成果，确保广大党员干部有更多时间和精力抓落实。坚持纠建并举。教育督促党员干部自觉加强党性修养、作风养成，自觉反对特权思想和特权行为，严格管好家人、亲属，带头履行社会责任和践行文明新风，艰苦奋斗、勤俭节约、苦干实干、勇于奉献，以良好的党风政风带动民风社风向上向善。

（四）厚植执政根基，打通从严治党“最后一公里”

纪检监察工作是政治工作、人心工作，必须紧扣民心这个最大政治，持续整治群众身边腐败和不正之风。回应群众关切。聚焦群众关注度高、参与单位多、涉及面广的项目，坚持“小切口”切入，分领域分类别坚决纠治教育医疗、就业创业、养老社保、环境保护、食品药品安全等领域腐败和作风问题，建立“惩腐打伞”常态化机制。按照“群众点题、部门整治、纪委监督、社会参与”要求，完善民生领域损害群众利益问题“点题整治”机制。推动监督下沉。传承“四下基层”“四个万家”优良作风，纵深推进“强基促稳”三年行动，深化“打通‘末梢神经’监督全覆盖”和“纪检监察服务基层化解矛盾”专项行动，深入发现查处群众反映强烈突出问题，推动矛盾就地化解。加大力度推进街居小微权力清单化信息化监督，创新交叉监督、巡回监察等方式，深入开展社区“三资”提级监督，不断完善整合运用基层监督力量的有效机制。

（五）深化政治巡察，一体做好经验总结和创新发展

巩固提升五届区委巡察全覆盖成效，在总结经验中不断探索，谋划实施六届区委巡察工作。提升全覆盖成色。探索建立巡察整改评估机制、促进机制，聚焦问题整改和成果运用开展巡察“回头看”，对责任落实不力、问题反弹回潮的盯住不放、一抓到底，增强巡察监督严肃性公信力。加强系统性、区域性、倾向性问题的综合分析并提出对策建议，助推解决体制性障碍、机制性梗阻和政策性创新等方面问题。彰显制度优势。全面总结“常专”结合、多方协同、交叉延伸等有效做法，深入谋划实施下一个五年巡察工作，完善巡察发现问题、整改落实、成果运用等各环节制度。细化落实上下联动的领导体制、工作机制和指导督导措施。进一步理顺巡察监督过程中各监督主体协调配合流程，形成系统集成、协同高效监督网络。清单化明确巡察整改的监督责任、监督事项和监督方式，推进巡察“后半篇文章”制度化常态化长效化。

（六）扛牢监督首责，规范权力正确运行

监督是纪委监委的基本职责、第一职责，要推进常态监督、精准监督、创新监督，不断强化对权力运行的制约和监督。压实主体责任。紧盯主体责任、第一责任人责任和“一岗双责”落实情况加强监督检查，协助区委做好全面从严治党主体责任检查考核工作，常态化抓好约谈提醒、追责问责、通报曝

光，对责任不明确、不全面、不落实等问题严肃追责问责，推动管党治党政治责任落深落细落实。破解监督难题。健全政治生态监测研判、评价纠偏和政治监督成果运用长效机制，加强对同级党委和下级党组织落实“两个维护”、落实全面从严治党责任、正确行使权力、自身作风建设等情况的监督。完善对领导班子特别是“一把手”监督机制，探索构建政治监督谈话制度，以政治监督谈话加强对“一把手”和领导班子监督，使监督和被监督成为自觉。强化日常监督。深入实施信访举报“五抓五服务”，细化落实定期综合分析制度，加大信访监督力度。强化监督信息整合分析，深化运用“四种形态”，坚持“三个区分开来”，严格执行党员权利保障条例，为受到诬告陷害的干部澄清正名，激励党员干部担当作为。准确把握纪检监察证据标准，精准规范用好问责利器，常态化做好被问责和受处分人员跟踪回访教育，促进干部从“有错”向“有为”转变。加强换届选举纪律监督，落实“纪检监察机关意见必听，线索具体的信访举报必查”要求，严肃查处拉票贿选、说情打招呼等行为，确保风清气正。

（七）推进体制改革，构建全方位监督格局

发挥改革在新征程中的突破先导作用，持续深化纪检监察体制改革，使制度优势不断转化为治理效能。做实双重领导。围绕监督检查、审查调查等关键环节，加强对街道纪工委、派驻机构的领导。坚持系统集成、分类施策，加快推进纪检监察体制改革，高质量完成派驻机构改革任务。促进法治化规范化。细化监察权运行机制，健全纪检监察业务运行制度体系，把握党的领导、政策策略、纪法标准内在统一性，在执纪执法中尊重保障民法典赋予的相关权利，依法依规、稳妥有序做好监委向本级人大常委会报告专项工作。强化实践探索。建立健全各类监督责任整合、工作整合协调机制，增强监督合力。依托“智慧丰泽”大数据平台，加强与行政监督、审计监督等外部监督数据共享共用，持续优化检举举报平台建设，以信息化赋能提升监督质效。

（八）狠抓自身建设，打造高素质纪检监察铁军

紧扣“打铁必须自身硬”的政治要求，以高标准、严纪律、硬措施，确保纪检监察队伍始终保持忠诚干净担当的政治本色。打造模范机关。坚持把政治建设摆在首位，深入开展“再学习、再调研、再落实”活动，不断提高政治判断力、政治领悟力、政治执行力，知责于心、担责于身、履责于行。认真落实意识形态工作责任制，巩固文明创建成果，带领全区纪检监察干部在学思践悟上走在前、作表率，不断提高政治领悟力、政治判断力、政治执行力。打造一流队伍。全面贯彻新时代党的组织路线，统筹谋划好纪委换届工作，选优配强领导班子。完善干部选育用管制度体系，拓宽选人用人视野，严把“入口关”。探索干部交流任职、跟踪培养，落实人文关怀、正向激励等政策措施，逐步形成结构合理的干部梯队。多形式分层次组织开展干部培训，健全教学练战一体化素质提升机制，在实训实战中提升干部“七种能力”。打造严密防线。深入贯彻加强纪检监察干部监督工作的意见，持续完善自身权力运行的制约监督体系，严格执行执纪规则、执法规定，坚决落实防止打听干预、违规请托有关制度，常态化开展内部督查、安全检查、案件质量评查，确保安全文明执纪执法。自觉接受最严格的约束和监督，加大严管严治、自我净化力度，持续防治“灯下黑”，以铁一般的纪律作风锻造纪检监察铁军。

同志们，奋进新时代，开启新征程。让我们更加紧密地团结在以习近平同志为核心的党中央周围，在市纪委和区委的正确领导下，深入传承弘扬“晋江经验”，铆足干劲再出发，推动全面从严治党、党风廉政建设和反腐败斗争向纵深发展，为隆重庆祝中国共产党成立100周年、全方位推动高质量发展超越、奋力谱写全面建设社会主义现代化国家的丰泽篇章做出更大贡献！

丰泽区2020年度重点建设项目完成情况通报

一、基本情况

2020年丰泽区组织实施89个在建重点项目，年度计划投资174.8亿元，累计完成投资182.7亿元，完成年度计划的104.5%；16个项目新开工建设，30个项目建成（或部分建成）。

我区分级管理的26个列入市级在建重点项目年度计划投资63.8亿元，累计完成投资69.6亿元，完成年度计划的109.1%。其中，泉州东海悦华酒店、丰泽力标·新都汇、泉州菲莉喜来登大酒店等4个项目新开工建设，完成市下达开工任务的133.3%；复星集团泉州城东商贸中心项目、丰泽对讲机“模转数”产业化项目（国家新型工业化示范基地建设）、泉州银行总部大楼、泉州市丰泽区第二实验小学东海校区等8个项目建成投产，完成市下达竣工任务的114.3%。

二、滞后的项目

1. 未按计划开工的项目（9个）

（1）泉州市北峰片区小滞洪区连通渠新建工程，主要是项目用地问题尚未完全解决，未能开工建设；

（2）丰泽区少年儿童业余体育学校，主要是项目建设及运营模式尚未确定，未能开工建设；

（3）泉州师范学院第二附属小学扩建用地项目，主要是征迁扫尾问题拖延至10月完成及前期工作问题，未能开工建设；

（4）华腾总部商务办公楼、北京流体力学研究院（泉州）总部大楼、万安华科电子总部大楼、泉州九中城东校区、丰泽区第五中心小学毓才校区、虎都建筑创意园6个项目，主要是前期工作不够扎实，未能开工建设。

2. 未完成年度投资计划的项目（2个）

（1）泉州软件园，主要是因建设平衡用地未能完成出让及二期项目尚未启动，影响项目建设和投资进度；

（2）“聚巢清源”生态旅游文化产业园，主要是因施工手续尚未办理完整导致暂时停工，影响项目建设和投资进度。

关于泉州市丰泽区2020年国民经济和社会发展计划执行情况及2021年国民经济和社会发展计划草案的报告

泉州市丰泽区人民政府

各位代表：

受区人民政府的委托，现向大会报告2020年国民经济和社会发展计划执行情况及2021年国民经济和社会发展计划草案，请予审议，并请区政协委员和列席人员提出意见。

一、2020年国民经济和社会发展计划执行情况

2020年是实施“十三五”规划的收官之年，也是全面建成小康社会和三年赶超发展行动的落子定局之年，面对突如其来的新冠肺炎疫情，全区上下在区委、区政府的正确领导下，在区人大的法律监督和区政协的民主监督以及大力支持下，认真贯彻落实中央、省、市一系列决策部署，扎实做好“六稳”工作、落实“六保”任务，统筹推进常态化疫情防控和经济社会发展，努力克服疫情带来的不利影响，攻坚克难，负重前行，全力推动全区经济社会秩序加快恢复、趋稳向好，年度主要目标完成情况虽不如预期，但大盘得以稳住，信心加快恢复，后劲不断积蓄。（主要预期目标完成情况见附表）

2020年全区三次产业比重调整为0.22：19.47：80.31，国民经济和社会发展成效主要体现在五个方面：

（一）齐发力，“六稳六保”全面落实

出台“六稳六保”实施方案，开展推动产业链供应链提质增效等六大领域35个专项行动，在常态化疫情防控中恢复正常经济社会秩序。畅通产业链条。及时梳理、解决产业链供应链堵点，在疫情初期为匹克、星勇纺织等8家转产防疫物资的企业做好服务，口罩日产量达300万只，有力保障企业防疫物资需求。推广使用“企业供需协作信息对接平台”，引导中小微企业积极融入匹克、南方路机、南威软件等龙头企业供应链。鼓励企业积极参加泉州市制鞋产业智能制造现场推介会、首届泉州装备智造云展等产销对接活动。畅顺政企沟通。开展“千名干部深入服务万家企业”活动，实时掌握企业需求情况，通过区领导挂钩包干解决机制，逐一打通“五难”操作链，提振企业发展信心。分行业分领域出台促进电商、平台经济、建筑业发展等一系列政策措施，累计兑现帮扶资金4.22亿元，落实国务院减税降费政策，减免各项税费10.9亿元，为2.4万家小微企业购买复工险。持续加大对中小微企业金融保障力度，帮助中小微企业获省级专项纾困贷款资金3.46亿元，针对“招工难”“稳工难”等问题，发放返岗用工补贴、失业保险、补助救助资金，减、免征社会保险费7亿元，全区“四上”企业、重点项目实现100%复工。保障运转基础。推出“企业共享食堂”“企业共享员工”等创新举措，合理推动疫情期间人力资源配置，通过“智联招聘”“海峡人才”等平台打造线上“春风行动”，累计组织线上招聘活动32场，线下招聘会3场，达成就业意向3625人，全年新增就业人数24612人，下岗失业人员再就业7638人，城镇登记失业率2.25%。开展清单式管理，压降企业信贷风险，2020年共处置银行业不良贷款10亿元，全区不良率控制在1.2%以下，集中有限财力统筹支持疫情防控、“六稳六保”等重点任务，民生领域投入20.65亿元，占总支出的76.3%。

（二）促转型，产业结构持续优化

工业转型加快推进。鼓励企业加大技术改造力度、提升品牌质量，增强工业转型升级的推动力。完成技改投资10.61亿元，增长26.8%，匹克、南方路机生产线改造等2个技改项目已投产，新增产值2300万元。南方路机企业经营智能分析平台、科立讯专网通信设备智能制造改造项目等6个两化融合项目建设稳步推进，匹克态极运动鞋入列“第一批省工业和信息重点新产品推广目录”，9家企业入选省、市级龙头企业。建筑产业集聚提质。推动泉州建筑服务产业园开园运营，出台专项扶持政策，引进90家涵盖房建、市政、装饰装修等领域的优质企业入驻，汇聚形成全市建筑业产业集聚中心，完成产值15亿元。成立丰泽区建筑行业协会，拓展企业与政府部门以及企业间的合作与交流，强化行业自律性、公平性。制定“一企一策”领导挂钩帮扶台账清单，重点扶持中建远南集团有限公司、福建省泉州市东海建筑有限公司等企业，全年完成建筑业产值143.7亿元。商贸服务持续回暖。创新举办“丰泽区首届线上购物节”，探索发展“宅家经济”“云销售”等线上消费，引导泉州市网商（虚拟）产业园、领SHOW天地等专业园区错位发展，东海跨境电商生态圈获评市级现代服务业集聚示范区。加快线下消费市场复苏，优化布局夜间经济，打造“夜浦西”“夜色领秀”等一批市级夜间经济示范区，持续开展“丰泽消费券”“丰泽区乐购嘉年华”等活动，联合企业发放消费券4000万元，撬动消费10亿元，社会消费品零售总额完成412亿元。总部楼宇聚能蓄势。汇总整理全区总部楼宇信息，出台近年来扶持力度最大的东海高端楼宇经济区发展政策，引导辖区金

融机构全力支持总部楼宇建设，积极发挥金融服务实体经济的保障作用，顺利举办东海高端楼宇经济区招商合作签约暨授牌仪式活动，楼宇业主主动拿出6.56万平方米的楼宇面积参与招商战略合作，共同吸引首批21家企业聚集入驻。数字经济延续优势。出台《丰泽区加快数字经济园区集聚发展规定》，着力打造丰泽区首栋数字经济特色楼宇“领SHOW天地Q座”，推动数字经济与实体经济深度融合，抢抓疫情防控期间互联网产业在资源配置、消费模式、供需对接的优势特性，鼓励远程协同办公、信息平台等为代表的信息消费业态发展，30家规模以上软件信息企业主营业务收入约23亿元，增长5%，数字经济总量突破300亿元，规模居全市第2。

（三）强支撑，项目攻坚落地见效

聚势项目建设。89个在建重点项目完成投资182.7亿元，完成年度计划的104.5%，整体进展态势良好。高新技术、工业、现代服务业、基础设施、社会事业等行业均按序时进度完成年度投资计划，丰泽区宝盖安置区建设项目、泉州东海悦华酒店、泉州菲莉喜来登酒店等16个项目新开工建设；丰泽中介服务产业园（一期）、泉州银行总部大楼、悦智中心、梦想公寓等30个项目建成（或部分建成），获地方政府专项债2亿元额度，有力保障项目进度。聚焦征迁攻坚。成建制推进后埔、南埔山、南滨江等片区改造，全年完成房屋征迁89万平方米、土地征收486.3亩、坟墓迁移115个、回迁安置91739.78平方米，有序保障辖区内省、市重点项目的顺利推进。东海片区经八路北段及支十四路延伸段市政道路工程、东海片区支十五路至十八路市政道路工程、泉州师范学院第二附属小学扩建用地项目等9个项目全部完成征迁任务。聚力招商引资。持续完善全区招商机制、优化招商环境，修订出台丰泽区招商引资质效考核方案，围绕产业链条“建链、强链、补链”，谋划生成一批重大产业链招商项目，制作《丰泽区重点招商项目手册》。围绕基础设施、民生补短板等领域成立10个招商工作小组，区领导先后4次带队到北京、上海、深圳、杭州等地招商，新签约泉州特种机器人研发中心、福建省招航物流管理等项目191个、总投资285亿元，其中超亿元项目66个。

（四）增后劲，发展动能加速转换

改革措施蹄疾步稳。贯彻落实国家商事登记制度改革要求，推动辖区市场准入更加便捷，市场主体更加繁荣，新增市场主体22033户。实施企业注销便利化，扩大简易注销适用范围，大幅缩减企业设立或变更（注销）等事项的程序、时间和成本，简易注销登记公告由45天压缩至20天。全省首创“智能电子告知单”服务，全市首创跨系统智能表单，推出企业开办“零成本”和便民“服务礼包”，免费为新开办企业提供刻制印章、寄送证照等服务。全力推行“网上办、自助办、邮寄办、预约办”等不见面审批方式，“一趟不用跑”事项占比提高25个百分点。启动城乡居民养老保险村级便民信息化平台建设，实现基层平台全覆盖。小微培育成效初显。出台《丰泽区关于加快小微企业转型升级的若干措施》《丰泽区加快发展小微园区经济的实施意见》等政策措施，助力企业转型升级，建立行业、街道“四转”数据库，培育完成“下转上”企业64家，“个转企”企业47家，“无转有”企业321家，确立“分转独”目标企业11家。出台总部楼宇、建筑服务产业、中介服务产业等系列招商政策，插花式培育发展一批建筑、电商、数字经济等特色主题小微产业园。成立两个工作专班，加快推进软件与工业设计基地（入驻企业139家）、知创产业基地建设（新引进项目14个），推动高端新兴业态向中心城区聚集，推进北峰、浔美两个保留工业性质的老旧园区及政府主导的8个产业园区改造提升，努力盘活园区内企业腾退后留下的空间。“双创”工作纵深拓展。持续发挥国家“双创”示范基地品牌效应，积极争取中央预算内投资“双创”支撑平台专项第二笔资金1500万元，支持华创园、蜻蜓停车等2个“双创”支撑平台建设。征集蓝企鹅、乐意帮等6个社会服务领域“双创”带动就业示范项目上报国家发改委，带动主体贴近内需市场创新创业。积极引进西安交通大学国家技术转移泉州中心，领SHOW天地文化创意产业园入选2020年度国家小型微型企业创业创新示范基地名单，新增国家级众创空间1家，新增高新技术、科技小巨人领军企业83家，认定登记技术合同118项，技术合同成交金额共2.5亿元（其中技术交易额1.9亿元），居全市第1。

（五）补短板，民生福祉持续增进

城市形象日新月异。推进市政设施管理精细化，及时修复损坏的城市部件1622起，实施美桐街、湖美酒店东侧道路、丰泽区第三实小周边市政道路打通工程等断头路改造工程，加快中心城区背街小巷道路破损修补，改造公厕18座，提升农贸市场4个。全面推动生活垃圾分类，完成撤桶并点工作，升级改造分类投放点230处。争取老旧小区改造中央专项补助资金2.1亿元，完成40个老旧小区、9个城中村、23条背街小巷综合整治，培育“美丽社区”示范点4个。教育事业均衡发展。实施教育扩容提质工程，完成临海小学1#教学综合楼项目、泉州师范学院第二附属小学科研楼项目、一中心少林校区教学综合楼项目、二实小东海校区项目和二实幼等教育项目建设，新增建筑面积约5万平方米，新增优质学位近4500个；全区普惠性幼儿园新增至85所，覆盖率达86%；中小学通过省义务教育管理标准化学校数量占比居全市首位，中考成绩连续13年名列泉州市前列；2020年城东中学本科上线率86.3%，泉州九中本科上线率78.1%，泉州工商旅游学校高分顺利通过“泉州市中职学校A类特色学校”中期评估验收。卫生医疗扩面提质。认真贯彻落实“外防输入、内防反弹”的新冠疫情防控分区分级常态化防控总要求，坚持人物同防，强化“大数据+网络化”条块结合的社区精准防控策略，率先在全市推行核酸检测“互联网+”信息化全程管理新模式，开展大人群核酸检测应急演练，严格落实核酸检测“应检尽检”和“一线两重点”监测，全区实现确诊病例零死亡、医务人员零感染、境外疫情零输入。鼓励民办医疗机构走“专、精、特”路子，补齐丰泽区医疗资源领域短板；新增医疗机构41家，千人均床位数达4.0张；千人均执业（助理）医师数、千人均注册护士数分别达2.92人、3.10人。改造完成正骨文化馆、2家区级核酸检测机构。设立泉州市第三医院精神卫生专科联盟、老年人心理卫生服务点。实施“呵护母婴健康工程”为民办实事项目，免费提供妇女“两癌”检查1000人、产前筛查800人。持续开展关爱女孩“五项工程”行动和计生关爱工程，累计发放扶助资金1434.6万元，受益8294人次。社保水平稳步提高。深入实施“同舟计划”“全民参保计划”，全区参加城镇职工养老、失业、工伤保险人数分别达到16.38万人、12.72万人、13.99万人；城镇居民养老保险参保6.045万人，参保率99.85%。充分发挥社保“稳定器”作用，兜牢民生保障底线，累计发放失业保险待遇1409万元，发放各类救助补助资金2214万元，发放价格临时补贴5698人次52.49万元，自加压力确定的100户扶贫攻坚对象全部实现“两不愁三保障”。公共文化提质升级。坚持以创建国家公共文化服务体系示范区工作为目标和主线，推动公共文化“硬件”“软件”提质升级，区图书馆项目竣工。建成市级社区综合性文化服务中心示范点2个、多功能运动场7处、3个健身驿站建设点。深入开展文体惠民工程，拓展政府购买公共文化服务深度、广度，以打造“文化有约”“艺动丰泽”“全民健身”等公共文体服务品牌为抓手，不断满足群众文化服务需求。生态环境不断优化。以打好污染防治攻坚战为重点，以河长制平台为抓手，落实巡河护河，深入推进全区环境综合整治，努力提升巩固蟳埔断面水质，完成大气减排精准治理项目10个，全年环境空气质量超标天数为10天，同比下降54.5%；北渠饮用水源水质达《地表水环境质量标准》（GB 3838-2002）表1中Ⅱ类标准，达标率100%。强化环境执法抓手，出动执法人员870人次，查处、办结群众投诉件290件，办结率100%；双随机任务办结132件，移动执法系统办结361件；第二轮中央督察信访件办结66件，办结率100%，通过市级验收销号65件，销号率98.48%。社会保持和谐稳定。树立底线思维，盯紧重点地区、重点场所、重点人群和关键环节，落实落细落地各项安全防控措施。以“强基促稳”三年行动为抓手，成功排查调处矛盾纠纷2294起，化解历史信访积案101件。扫黑除恶“六清行动”成效明显，破获涉黑恶案件98起，群众安全感持续提升。扎实开展安全生产大排查大整治，累计排查场所3.5万家次，发现隐患2.5万条，整改完成率98%，全年生产安全事故起数、死亡人数、受伤人数实现“三下降”，被评定为泉州市年度安全生产和消防安全目标责任制“双优秀”单位。

各位代表，2020年全区经济社会在新冠肺炎疫情的冲击下，仍然保持了较好的发展态势，但也应当看到，经济社会发展中一些难点和问题仍较突出。主要表现在：一是受疫情及中美贸易摩擦加剧的影响，外贸企业客流和订单流失严重、损失较大，消费端的大型商超、店铺商户因成本提升大面积的撤场及空置，旅游企业、文娱产业受消费信心及限制措施影响，回归到往年水平仍需时日，且支撑经济发展的大项目、产业项目少，多因叠加导致部分经济指标未能实现预期目标。二是教育、医疗、文体资源扩容速度难以跟上人口流入速度，民生领域短板待补，社会治理、医疗、教育、文体等方面的群众获得感和满意度仍需提升。三是丰泽作为中心城市核心区的首位度有待提升，自身经济总量实力不够强，集聚效应不明显，龙头企业偏少，对周边地区的辐射带动能力仍较有限。

二、2021年经济社会发展总体要求和主要目标

2021年是中国共产党成立100周年，是“十四五”规划开局之年，面对全面建设社会主义现代化国家第一个五年的新局面，要以习近平新时代中国特色社会主义思想为指导，全面贯彻党的十九大和十九届二中、三中、四中、五中全会精神，紧紧围绕统筹推进“五位一体”总体布局，坚持稳中求进工作总基调，坚持新发展理念，坚持以供给侧结构性改革为主线，坚持以改革开放为动力，做好“六稳”工作、落实“六保”任务，不断满足人民群众对美好生活的需要，实现全方位高质量发展超越目标，奋力推动丰泽现代化中心城市核心区建设再上新台阶。

按照上述总体要求，综合考虑国内外经济形势和丰泽区发展实际，并与“十四五”规划纲要相衔接，提出2021年经济社会发展主要目标：

——地区生产总值增长8%左右

——一般公共预算总收入增长4%

——一般公共预算收入增长3%

——工业增加值增长5%左右

——第三产业增加值增长8.5%左右

——固定资产投资增长8.5%左右

——社会消费品零售总额增长8.5%左右

——实际利用外资（验资口径）增长8%

——出口总额（海关口径）增长8%

——居民人均可支配收入增长与经济增长基本同步

——城镇登记失业率控制在4%以内

——人口自然增长率完成上级下达的任务

——完成年度节能减排任务

三、2021 年经济社会发展主要任务和工作措施

为确保实现上述经济社会发展目标，2021 年要切实抓好以下工作：

（一）扎实推进新旧动能转换

加快传统产业升级赋能。实施传统产业高端化改造计划，推动纺织服装、包袋制鞋、树脂工艺等传统产业向高端化、差异化、高技术、高附加值发展，产品向个性化、定制化、功能化发展，全年实施重点技改项目 9 个、总投资 10 亿元以上。进一步完善提升泉州建筑服务产业园，做好市政基础设施、产业链培育、综合服务平台、市场化专业运营等工作，策划生成二期项目，力争入驻企业 120 家、实现产值 30 亿元以上。促进高新技术企业集聚提升。支持南威科技园招大引强，重点培育大数据、云计算等数字科技企业及项目。落实科技特派员制度，培育、发展好我区现有国家高新技术企业，帮扶规下、限下高新企业转为规上、限上企业，力争 2021 年认定国家高新技术企业 50 家以上，累计保有量 150 家以上。支持西安交通大学国家技术转移中心泉州中心、环宇通科技成果转化中心等技术转移机构建设，争取引进机械工业经济管理研究院、浙江大学在我区设立技术转移中心，促进高校、科研机构科技成果向企业转移转化，力争科技成果转化率翻一番。大力发展平台经济。促进现代服务业与制造业深度融合，发挥讯网、六合儿童等 15 个国家级平台和 30 个省级平台作用，大力发展设计服务、网络化协同制造服务、信息增值服务。落实《丰泽区推进平台经济加快发展实施意见》等政策措施，加快企业数字化转型，培育跨境电商、多元消费、创业服务、线上教育等 14 个平台，实施区领导挂钩联系重点企业、重点平台制度，主动下沉服务，及时协调解决平台发展过程中遇到的新问题，推动平台经济高质量发展。推动商贸消费扩张。持续发挥《关于促进商贸业发展的若干措施》《丰泽区关于加快电子商务发展的若干措施》的政策效应，支持兰研直播基地、“星聚惠”平台等一批“网红直播带货”“老总直播带货”的新业态发展，鼓励实体商业发展直播电商、社交营销，大力发展“网上餐厅”“网上超市”，培育壮大在线教育、远程问诊、远程办公等新业态。继续开展丰泽购物节、文旅嘉年华等系列活动，优化布局夜间经济，打造中骏世界城“乐活里”、泉秀“星光•不夜城”等一批示范样板，形成一批管理规范、特色鲜明、功能完善、人气集聚的“夜丰泽”地标、“夜消费”街区和“夜都市”商圈，进一步营造丰泽消费氛围。提升金融服务质效。重点建好海丝基金小镇，力争引入基金企业 30 家，新增基金管理规模 60 亿元以上。利用央行对实体经济货币支持力度加大的有利时机，加大省中小微企业纾困专项资金贴息等优惠政策宣传力度，扩大民营和小微企业续贷覆盖面，用好金融“活水”滋养、让利实体经济。紧扣“双创”、制造业及小微企业三大重点，积极发挥政银企沟通“桥梁”作用，引导银行关注重点信贷大户，倾斜信贷资源，加快推动“银税互动”“助保贷”“科创贷”等政银合作项目做大规模，持续提升金融服务实体经济质效。加快文旅融合发展。进一步挖掘丰泽海丝文化开发要素，以“泉州：宋元中国的世界海洋商贸中心”申遗和遗产旅游开发为契机，整合丰泽区非物质文化遗产、南少林寺、急公尚义坊、清源山等文旅资源，推动丰泽区形成“一心三带”的旅游发展空间格局。加快蟳埔民俗文化村、丰泽区少体校项目建设，支持“东海•玩聚场”项目持续开展节事活动，加快“有范生活家”平台等项目进度，支持 IP+ 文化 + 旅游贯通发展，激发文化和旅游产业的互促提升潜力。

（二）强力实施项目带动战略

强化招商引资。坚持围绕智能制造、现代服务业、数字经济、总部经济等主导产业路线进行精准对接，有针对性地招大引强，壮大集群规模，增强招商敏锐性、抢抓先机，将潜在机遇转化为实战招商成果，进一步夯实我区招商引资项目储备。充分发挥辖区出台的各项建筑业、数字经济、电子商务等优惠政策及国家取消银行外资股比限制、放宽外资金融机构限制等政策红利，进一步梳理、摸清本辖区载体“家底”，充分运用微信朋友圈、网络平台等新媒体、流媒体优势，多箭齐发宣传我区地理优势、闲置载体及优惠政策，积极对接抖购科技、积分信息科技、全业态影视生态链等项目，力争引进数字经济、平台经济、高端服务业等招商项目 190 个以上，总投资 275 亿元以上。推进项目建设。组织 2021 年区级重点项目 142 个，年度投资 187.2 亿元，深入开展“项目攻坚 2021”活动，贯彻落实区领导挂钩重点项目责任制，从项目策划、生成、推介、招商、签约、审批、征迁、开工、竣工等全过程覆盖。加快推进山水秋鸣、泉州东海悦华酒店、泉州市正骨医院北峰院区等区级在建重点项目建设；跟踪服务 2020-7、2020-8、2020-9 等新出让地块项目建设，启动 2010-01 号储备用地（泉州软件园建设平衡用地）建设项目、泉州市金融小镇建设项目、泉州市鹤山小学扩建项目等一批前期工作较成熟的区级预备重点项目，力促项目提前开工建设。攻坚要素保障。聚力攻坚后埔片区、南滨江片区、南埔山片区、后渚片区、万安片区（金屿社区）、西福片区、云山片区、快速通道（高速公路连接线）东星刘敦新村、青莲寺公园等一批新启动或即将启动的辖区内市管重点项目涉及我区的征迁工作，确保按时完成征迁任务，为项目建设腾出更多土地资源。引导和生成一批引领性、带动性、根植性强、增强中心城区发展后劲的重大项目，充分利用市重大项目调度会等平台，及时研究解决项目推进、招商落地等难题，积极向上争取专项债额度和中央、省级预算内资金补助。

（三）内外兼修提升城市品质

优化营商环境。采取压时间、减程序、优流程、放权力等方法，实现“防控不松懈，服务不见面、不打折”，强化政务窗口服务效能，鼓励和引导与投资项目关联密切的技术审查、

中介机构等进驻行政服务中心，建成进驻齐全、功能齐备的综合一体化服务载体。全面推广“一件事集成套餐”服务模式，实现政务服务“好差评”线上管理全覆盖，确保“一趟不用跑”事项占比提升至70%以上。丰富双创内涵。结合区情实际发布新一批双创政策包和产业急需紧缺人才目录，推动哈工大工研院、光子研究院等平台建设，鼓励雀幸联合共享办公、小米谷仓“科技+消费”孵化基地等众创空间、科技企业孵化器提供更加便捷的创业创新服务，有效降低辖区创新创业门槛，加快推进软件与工业设计基地一期招商和二期开发建设，完善知创产业基地整体规划和基础设施，正式运行中国（泉州）知识产权保护中心，实现以高水平科研能力带动实体经济转型升级。通过新媒体和传统媒体等平台营造“爱拼敢赢、开放包容”的双创氛围，推动“双创周”“创响中国”等活动继续举办，积极向上级部门争取新一批双创支撑平台项目纳入中央预算内投资支持范围，鼓励社会资源投入双创事业，增强辖区创新创业创造发展后劲。提升市容市貌。重点实施铭湖、东湖、华丰、东美、丰泽新村等五大老旧片区“串联成片”改造，打造15分钟慢行生活圈。通过“网格化+专人值守”的方式，加强流动摊点、店外店占道经营等城市管理问题的监管力度，重点加强户外广告、夜市大排档和烧烤摊、焚烧垃圾和农贸市场、校园周边等治理，实施专业化清理、管控、维护，实现精细化、无缝隙管理。畅通城市交通微循环，加快推进国道G324线泉州大桥及接线丰泽段扩宽改造、南埔山、西华洋、后埔等片区市政道路建设，打通断头路3条。全面开展管网设施排查、疏浚、修复，推动区管道路配套管网修复三期项目建设，新铺设污水管网5公里以上，进一步提升群众生活舒适度。

（四）夯实筑牢社会稳定基石

织密保障体系。推进“强基促稳”专项行动，认真落实降低缴费费率、社保补贴、稳岗补贴等一系列惠企利民政策措施，重点开展建筑施工单位安全生产暨工伤预防宣传活动和社会保险扩面工作，确保按进度完成各项任务。进一步健全完善社保基金管理风险防控工作，从做实内控、定期抽查、自我完善三个方面同步发力，推进经办流程、业务办理、档案管理规范完善，持续组织开展欠薪隐患排查，拖欠农民工工资问题得到根本遏制，劳动关系和谐稳定。坚持教育均衡。进一步优化中心市区教育资源布局，充分考虑幼儿园、小学、中学生源的接续需求，深化“名校办分校”、“名园办分园”和办学典型升格模式，继续布点建设和培育一批区直属实验性小学，抓紧丰泽区第二实验小学东海校区、泉州九中城东校区建设项目和丰泽区第五中心小学毓才校区建设项目进度，新增学位6500个以上。加快培育“一校一品”，争创“福建省基础教育改革发展试验区”，新增“省级义务教育管理标准化学校”5所。完善医疗卫生服务体系。汲取新冠肺炎疫情带来的经验教训，进一步织密筑牢“数据化+网格化”“横向到底、纵向到边”的防疫网格，坚持联防联控、医防融合、平战结合，完善重大疫情防控体制机制，提高公共卫生领域风险预警和处置能力。预留设立1～2处可在应急状态时转为集中医学隔离观察点、方舱医院或后备救济救灾场所的公共建筑。纵深推进“三医联动”改革，深化医联体协作机制，建设“健康丰泽”。加快正骨医院北峰院区建设，区疾控中心、妇幼保健院竣工使用；持续改善基层就医环境，建成8个预防接种数字化门诊，加快总投资7.71亿元的社区卫生服务中心项目工程包建设。推广中医适宜技术和康复服务，设立社区卫生服务中心治未病服务站试点，打造泉州南少林正骨品牌。提升人口家庭发展和“一老一小”服务水平，创建源淮社区省级老年人心理健康关爱试点，建成首家3岁以下婴幼儿照护服务试点。深化文体服务。结合创建公共文化服务体系示范区工作成果，拓展文化服务的广度和深度，深化文化馆、图书馆总分馆制度建设，推进场馆服务全面开放，持续开展文化惠民工程，推动数字化建设；加强体育基础设施建设，做好社区全民健身路径安装维护，组织参加各级体育竞赛，做好武术之乡“六进”推进工作，促进体育事业繁荣发展。优化生态环境。持续推进污染防治攻坚战，开展重点流域（含近海水域）水环境综合整治，加强空气质量监测点位的管理与维护，落实污染地块调查评估制度，逐步实现监测项目覆盖丰泽区重点污染源和地表水监测的全部指标，深化河湖长制的建设，加强河湖（含内河）的综合治理，努力使水环境持续向好。积极开展多元化环境宣教活动和各类专项执法检查，指导企事业单位、学校和社区因地制宜开展各类生态环境保护主题活动，加强对重点排污单位的监督性监测，严厉打击环境违法行为，做到软宣传与硬监管相互促进，相得益彰。抓牢安全生产。推进应急管理体系和能力现代化建设，建成区应急指挥中心，加强应急预案、监管人员能力、应急力量、装备和物资等方面准备，重新修订辖区风险辨识评估报告，做到应急队伍管用、应急物资够用。持续开展安全生产专项整治三年行动，采取部门检查、网格排查、专家指导模式，推进全区各领域安全隐患排查整治有序开展，推动企业主体、政府监管、监督检查责任有效落实，实现安全隐患“一抓到底、见底清零”。持续治理“餐桌污染”，坚决守住食品药品安全底线。坚持依法行政。严格遵守宪法和法律，坚持依法行政，全面落实重大行政决策法定程序，深入推进法治政府建设。制定“八五”普法规划，推进民法典贯彻实施。

各位代表，做好2021年全区经济社会发展工作，保持经济平稳较快发展和社会和谐稳定，任务艰巨、意义重大！我们要认真贯彻落实区委的各项决策部署，在区人大法律监督、工作监督下，在区政协民主监督及各民主党派和社会各界的积极参与下，抢抓机遇，开拓进取，为“十四五”起好步、开好局，努力实现丰泽新一轮科学发展、跨越前进！

附表：

丰泽区2020年国民经济和社会发展主要指标完成情况及2021年预期目标安排表

表1

指标名称	单位	2020年				2021年	
		区计划数	计划增长(%)	完成数	实际增长(%)	区计划数	计划增长(%)
地区生产总值	亿元	778.09	7.5	763.92	3.9	825.03	8左右
一般公共预算总收入	亿元	34.65	5.0	25.65	-22.3	26.68	4
一般公共预算收入	亿元	20.70	3.0	16.08	-19.8	16.56	3
农、林、牧、渔业总产值	亿元	3.47	1.0	4.04	9.6	4.12	2左右
工业增加值	亿元	95.48	5.5	83.65	-2.1	87.83	5左右
第三产业增加值	亿元	616.00	8.7	613.47	5.0	665.61	8.5左右
固定资产投资	亿元	233.93	8.0	—	-14.8	—	8.5左右
实际利用外资（验资口径）	亿元	2.26	持平	2.29	1.1	2.47	8
进出口总额（海关口径）	亿元	111.90	5.0	—	—	—	8（出口总额）
社会消费品零售总额	亿元	464.00	11.0	412.12	-0.7	447.15	8.5左右
居民人均可支配收入	元	61909	6.0	59573	2.0	64338	与经济增长基本同步

丰泽区 2020 年度重点建设项目完成情况表

表 2　　单位：万元

序号	项目名称	建设单位	协办单位	挂钩领导	责任人	项目性质	建设规模	建设起止年限	总投资	资金来源	2020 年计划投资	2020 年年度目标	完成情况
合计											1748100		1827000 万元（完成年度投资计划的 104.5%）
1	丰泽区城东霞美新天沟整治工程	城东街道	城市管理局	邱朝阳	褚江波 林长青	续列	新天沟排洪渠全长约 1.3 千米，拟铺设管径 500 的截污管道 1299 米，跨北渠挂管径 200 的压力管 327 米，修建一个截污井和污水泵站，并将霞新路现状污水管网接入管径 300 的排污管道 88 米，与渠内污水一并排入东辅路市政污水管道内	2019—2020 年	2000	区财政拨款	2000	第一季度：完成污水主管道铺设；第二季度：完成污水支管接入及附属工程；第三季度：竣工验收	基本完成项目建设。 完成投资 2100 万元
2	泉州市城东片区八拦坝排洪渠建设工程	城市管理局	城东街道	黄泽鹏	林长青 褚江波	新申报	八拦坝排洪渠为城东片区桃花山西侧山洪的主要排洪通道，该排洪渠流域面积 1.52 平方千米。八拦坝排洪渠建设工程建设渠道长约 560 米，沿渠两侧铺设 640 米截污管道，埋设 570 米初期雨水排放管道，将污染严重的初期雨水排放至玉兰渠，以避免北渠水质污染	2019—2020 年	3100	区财政拨款	3100	第一季度：完成招投标工作，进场施工；第二季度、第三季度：进行工程施工；第四季度：施工扫尾，进行竣工验收	基本完成项目建设。 完成投资 3100 万元
3	泉州南少林寺片区旅游综合体	美加房地产有限公司 福建兆基置业有限公司 泉州南少林寺	文体旅游局 东湖街道	林建扬 林希妍	王少容 杜谋宗 吴明山 陈俊淞 林宝华	续列	用地面积 800 亩，总建筑面积约 52 万平方米	2007—2020 年	240000	业主自筹	40000	南洋壹号：第一季度主体全部封顶；第二季度完成二次结构并进行装修、安装、室外等工程；第三季度装修及安装工程收尾；第四季度室外工程收尾	进行砌体施工、内外装修。 完成投资 44000 万元

续表 2

序号	项目名称	建设单位	协办单位	挂钩领导	责任人	项目性质	建设规模	建设起止年限	总投资	资金来源	2020 年计划投资	2020 年年度目标	完成情况
4	丰泽区沉洲路积水改造工程	泉秀街道	城市管理局	黄泽鹏	白志雄 林长青	续列	新建 DN1200 雨水管，穿过宝洲街与坪山路交叉口，接至坪山路桥下浦西滞洪区二期；局部道路加高至 4 米左右，高于内涝水位；增设 DN400 污水管，自北向南沿沉洲路、温秀街、长鑫路，接入宝洲街污水主干管，实现雨污分流；结合道路加高，将现状破损的水泥路面改造为沥青路面	2019—2020 年	1000	区财政拨款	500	第一季度：沉洲路横穿宝洲路雨水管铺设并接入坪山路雨水井；第二季度：竣工验收	完成项目建设。 完成投资 750 万元
5	泉州市北峰片区小滞洪区连通渠新建工程	清源街道	城市管理局	周顺安	王聪义 林长青	续列	修建渠道总长约 320 米，包括梯形生态护坡明渠 235 米，钢筋混凝土矩形箱涵 85 米，12 米宽水闸，以及排水工程、电气工程等	2019—2020 年	2500	区财政拨款	2500	第一季度：完成修建渠道工程量的 20%；第二季度：完成修建渠道工程量 50%；第三季度：完成修建渠道工程量 80%；第四季度：竣工验收	进行工程规划许可证办理。（因前期工作滞后导致未能开工建设，影响项目建设和投资进度） 完成投资 500 万元
6	丰泽区黑臭水体治理后期管养服务政府采购项目	城市管理局	城东街道 北峰街道 华大街道 清源街道	黄泽鹏	林长青 褚江波 陈景博 邵 凡 王聪义	新申报	浔美渠、庄任社区水塘、C 段排洪渠、义成沟等 4 条已整治的黑臭水体后期管养服务，包括周边市政管道清淤维护、渠道部分节点清淤、排放口和水体断面的水质监测、直排口和雨污混流节点的监测，部分雨污混接点的整改，渠道周边曝气系统、截污泵站的运行维护管养等	2020—2022 年	1500	区财政拨款	500	第一季度：完成黑臭水体后期管养服务政府采购方案；第二季度：完成政府采购；第三季度、第四季度：进行四条黑臭水体后期管养，并对管养效果进行监督考核	已进场实施管养。 完成投资 500 万元
7	丰泽区宝盖安置区建设项目（2019-7 号地块）	泉州中泽房地产开发有限公司	东海街道	曾国家	黄文耀 陈永灵	续列	占地面积 93.89 亩，容积率 2.8 以下，计容面积约 17.5 万平方米，用地性质为商住用地	2019—2022 年	150000	业主自筹	40000	第一季度：用地手续办理；第二季度：方案设计以及施工手续办理；第三季度：桩基及地下室施工；第四季度：主体施工	进行基础施工。 完成投资 45000 万元

续表 2

序号	项目名称	建设单位	协办单位	挂钩领导	责任人	项目性质	建设规模	建设起止年限	总投资	资金来源	2020 年计划投资	2020 年年度目标	完成情况
8	华大南埔山片区改造	泉州市丰泽丰泉商务区开发建设有限公司	城东街道 华大街道	黄泽鹏	陈晓龙 杨式链 郑永强	续列	规划用地面积约 1433 亩，总建筑面积约 150 万平方米，规划建设以居住为主导，彰显生态与人文特色的综合片区	2015—2022 年	450000	业主自筹	15000	安置房项目第一季度：基本完成砌体施工，进入内墙粉刷、公共部分装饰及外墙粉刷及装饰；第二季度：全面进入内墙粉刷、公共部分装饰及外墙粉刷及装饰；第三季度：基本完成内墙粉刷、公共部分装饰及外墙粉刷及装饰；第四季度：陆续拆除塔吊及施工电梯，进入工程收尾，初验整改及竣工验收	进入装修装饰阶段，进行内墙粉刷、公共部分装饰，楼栋外架基本拆除完毕，部分塔吊开始拆除。 完成投资 16000 万元
9	万创中国•创新创业服务云平台	南威软件股份有限公司	东海街道	曾国家	苏伟强 徐春梅	续列	利用互联网、云计算、大数据等新一代信息技术，建设包含万创服务、万创招商、万创帮等业务板块的平台，打造“创新创业服务最小闭环”，形成一站式创新创业服务体系	2018—2020 年	100000	业主自筹	50000	完成项目建设并推广应用	完成项目建设。 完成投资 55000 万元
10	公共安全管理平台建设项目	南威软件股份有限公司	东海街道	曾国家	苏伟强 徐春梅	续列	升级现有研发环境，增强、增多现有公共安全业务功能模块，重点优化数据挖掘及数据碰撞功能，升级应用层面的智能化，打造新一代公共安全管理平台，以满足公安机关对信息化建设多功能、差异化、智慧化的全方位要求	2019—2021 年	24724	业主自筹	20000	第一季度：完成天网、天算（一朵云）建设；第二季度：完成天算警务大数据中心建设；第三季度：完成天智应用中心平台建设；第四季度：完成天智公共安全应用建设进度的 50%。	进行天算警务大数据中心建设。 完成投资 20000 万元
11	泉州软件园	泉州软件园建设发展有限公司	软件园领导小组办公室 北峰街道	柯晓晖	侯侨海 陈景博	续列	用地面积 1017 亩，其中一期 500 亩，二期 517 亩。建设研发启动区及市政道路等配套设施，研发启动区总建筑面积约 17 万平方米	2009—2022 年	240000	业主自筹	40000	第一季度：完成泉州软件园二期方案设计；第二季度：完成二期征迁扫尾及平衡用地出让；第三季度：完成商务配套区建设并投入使用；第四季度：加大招商力度，力争入园企业超 140 家。	泉州软件园二期建设规划指标已提交市政府常务会研究，平衡用地正在进行电力迁改、土壤检测、文物考古等工作。目前，园区入驻企业达 130 家。（因泉州软件园建设平衡用地未能完成出让，影响项目建设和投资进度） 完成投资 25000 万元

续表 2

序号	项目名称	建设单位	协办单位	挂钩领导	责任人	项目性质	建设规模	建设起止年限	总投资	资金来源	2020 年计划投资	2020 年年度目标	完成情况
12	对讲机“模转数”产业化项目（国家新型工业化示范基地建设）	福建移动通讯产业联盟	工信 科技局 华大街道 高新园区管委会	韩卫华	陈继红 邵　凡 苏国伟	续列	用地面积 53 亩，建筑面积 90000 平方米。依托数字对讲机芯片技术的研发、生产为龙头，引进数字对讲机及其配套企业，构建数字对讲机研发、检测、生产中心，推动专网通信“模转数”产业化进程	2010—2020 年	100000	业主自筹	10000	第一季度：引导和推进优质企业及行业协会加强深度合作；第二季度：引导企业加快车间升级，购置新设备；第三季度：引导企业加大研发力度；第四季度：引导企业开拓新市场；全年计划引进 3-4 家优质企业	完成项目建设。 完成投资 10000 万元
13	人脸分析与情绪追踪综合人工智能应用	阅脸人工智能科技有限责任公司	华大街道	黄泽鹏	邵　凡 林栋梁	续列	研发基于人工智能、机器视觉，机器深度学习、大数据分析处理等高新技术，功能涵盖身份认证、行为分析、心理预测、健康分析等为一体的人脸分析与情绪追踪综合人工智能应用	2018—2020 年	10000	业主自筹	5000	第一季度：完成本系统算法模型建设；第二季度：结合手机 APP 连接终端，实现商用转化；第三季度：完成人脸识别数据库建设，充实完善数据库基础样本；第四季度：完成项目建设	完成项目建设。 完成投资 5500 万元
14	泉州市区网络接入工程	福建省力天网络科技股份有限公司	东湖街道	李木火	蔡和杰 施剑峰	续列	建设辐射鲤城、丰泽、洛江、清濛开发区的光纤宽带线路铺设，实现整个泉州市中心城区光纤全覆盖	2018—2020 年	5500	业主自筹	2000	完成项目建设并投入使用	完成项目建设。 完成投资 2500 万元
15	泉州市网商（虚拟）产业园	泉州市网商虚拟产业园运营公司	商务局 泉秀街道	洪奕蓉	黄海峰 白志雄 林宏楠	续列	建设网商虚拟产业园网络平台及服务平台，吸引入驻企业超过 50000 家	2016—2021 年	5000	业主自筹	3000	建设网商虚拟产业园网络平台及服务平台，吸引入驻企业超过 90000 家	截至目前，入驻企业 103983 家，泉智汇平台企业注册用户达 34151 家，为创业者提供 21972 次需求服务。 完成投资 3300 万元
16	匹克鞋业生产线改造项目	泉州匹克鞋业有限公司	工信 科技局 东海街道	曾国家 葛　超	陈继红 苏伟强 许景南	续列	引进自动化生产技术，购置大型无刀模切割机、电脑花样机，引进照射线、小型快速生产线，全自动吊挂系统等	2018—2020 年	1200	业主自筹	700	第一季度：引进照射线；第二季度：引进小型流水线；第三季度：投入设备更新维护；第四季度：提升环保设施	完成项目建设。 完成投资 700 万元

续表 2

序号	项目名称	建设单位	协办单位	挂钩领导	责任人	项目性质	建设规模	建设起止年限	总投资	资金来源	2020 年计划投资	2020 年年度目标	完成情况
17	瑞风鞋业运动鞋生产项目	福建省瑞风鞋业有限公司	工信 科技局 城东街道	曾国家 葛　超	陈继红 褚江波 朱占伟	新申报	利用现有厂房，购置 2 条 70m 长制鞋流水线，实现年产运动鞋 100 万双	2019—2020 年	1000	业主自筹	800	第一季度：产品研发测试；第二季度：产品优化升级；第三季度：产品批量生产；第四季度：产品推广应用	完成项目建设。 完成投资 800 万元
18	南方路机生产线智能化改造项目	福建南方路面机械有限公司	工信 科技局 华大街道	曾国家 葛　超	陈继红 邵　凡 方庆熙	新申报	购置先进设备进行研发生产，年增干式制砂设备、移动破碎设备和再生材料处理设备 15 台（套）	2019—2020 年	1500	业主自筹	1000	第一季度：产品研发测试；第二季度：产品优化升级；第三季度：产品批量生产；第四季度：产品推广应用	完成项目建设。 完成投资 1000 万元
19	东海湾城市综合体	泉州东海开发有限公司	东海街道	上官 蓝波	黄文耀 姚道义	续列	用地面积 790 亩，总建筑面积 220 万平方米	2011—2021 年	600000	业主自筹	80000	①蟳埔 A 地块：第一季度主体封顶；第二季度内外装修；第三季度内外装修；第四季度室外配套工程建设 ②蟳埔 B 地块：第一季度基础施工；第二季度基础施工，部分进入主体施工；第三季度主体施工；第四季度主体封顶，内外装修	蟳埔 A 地块进行内外装修及室外工程建设；蟳埔 B 地块进行主体施工。 完成投资 90000 万元
20	香缤东海新城	泉州市香缤置业发展有限公司	东海街道	韩卫华	黄文耀 许细雪	续列	用地面积 220 亩，总建筑面积约 30 万平方米	2010—2021 年	250000	业主自筹	40000	第一季度：完成桩基工程；第二季度：完成地下室工程；第三季度：完成主体工程；第四季度：完成外立面装修	6# 地块酒店进行规划设计方案报批。 完成投资 40000 万元

续表 2

序号	项目名称	建设单位	协办单位	挂钩领导	责任人	项目性质	建设规模	建设起止年限	总投资	资金来源	2020年计划投资	2020年年度目标	完成情况
21	泉州上实系列项目	泉州上实投资发展有限公司	东海街道	韩卫华	黄文耀 侯建聪 唐耀琪 杨建辉	续列	用地面积 600 亩，共 13 个地块，建筑面积约 161 万平方米，建设大型城市综合体	2013—2022 年	1200000	业主自筹	150000	①“海上海”：第一季度 C-8-1 地块砌体施工，C-7 地块住宅主体施工；第二季度 C-8-1 地块内外装修，C-7 地块住宅主体施工；第三季度 C-8-1 地块内外装修，C-7 地块住宅砌体施工、公建桩基施工；第四季度 C-8-1 地块内外装修，C-7 地块住宅外装修、公建地下室施工 ②“万科城市之光”：第一季度 B-5 地块公区装修及园建施工，C-6-1 地块主体施工，C-5 地块前期工作；第二季度 B-5 地块竣工验收，C-6-1 地块部分主体封顶，C-5 地块前期工作；第三季度、第四季度 C-6-1 地块主体封顶、砌体完成，C-5 地块开工建设	①“海上海”：C-8-1 地块主体封顶，进行内墙抹灰施工；C-7 地块基础施工。 ②万科城市之光：C-5 地块 38#-40# 完成桩基施工，进行土方开挖完成 65%；B-5 地块进行扫尾工作。 ③海宸尊域：B-1 地块、C-3-1 地块内外墙装饰施工；C-3-2 地块基础施工。 ④碧桂园天玺湾：二期主体结构封顶，砌体完成，完成内墙抹灰施工。 完成投资 165000 万元
		泉州上实置业有限公司										“海宸尊域”：第一季度 C-3-1 地块二期内外墙装饰施工，B-1 地块主体结构施工及内外墙装饰施工，C-3-2 地块基础施工；第二季度 C-3-1 地块二期内外墙装饰施工，B-1 地块主体结构封顶及内外墙装饰施工，C-3-2 地块基础施工；第三季度 C-3-1 地块二期内外墙装饰施工、室外景观及配套施工，B-1 地块内外墙装饰施工，C-3-2 地块基础施工；第四季度 C-3-1 地块二期竣工验收，B-1 地块内外墙装饰施工、室外景观工程及配套施工，C-3-2 地块商业及住宅主体结构施工	

续表 2

序号	项目名称	建设单位	协办单位	挂钩领导	责任人	项目性质	建设规模	建设起止年限	总投资	资金来源	2020 年计划投资	2020 年年度目标	完成情况
21	泉州上实系列项目	福建上实地产开发有限公司	东海街道	韩卫华	黄文耀 侯建聪 唐耀琪 杨建辉	续列	用地面积 600 亩，共 13 个地块，建筑面积约 161 万平方米，建设大型城市综合体	2013—2022 年	1200000	业主自筹	150000	“碧桂园·天玺湾”：第一季度三期基础施工；第二季度三期主体施工；第三季度三期主体封顶，砌体施工；第四季度三期内外装修	①“海上海”：C-8-1 地块主体封顶，进行内墙抹灰施工；C-7 地块基础施工。 ②万科城市之光：C-5 地块 38-40# 完成桩基施工，进行土方开挖完成 65%；B-5 地块进行扫尾工作。 ③海宸尊域：B-1 地块、C-3-1 地块内外墙装饰施工；C-3-2 地块基础施工。 ④碧桂园天玺湾：二期主体结构封顶，砌体完成，完成内墙抹灰施工。 完成投资 165000 万元
22	恒大都市广场	泉州仁建置业有限公司	东海街道	韩卫华	苏伟强 吕天文	续列	用地面积 21 亩，建筑面积 14.8 万平方米，地下室 3 层，将建设 3 幢楼，其中 2 幢主楼各 30 层，1 幢裙楼 3 层	2013—2021 年	100000	业主自筹	30000	第一季度：完成外立面幕墙 60%；第二季度：完成外立面幕墙 80%、公区装修 30%、配套 40%；第三季度：完成外立面幕墙 100%、公区装修 70%，配套 80%；第四季度：全部完成公区装修、室外景观、配套	进行外立面幕墙施工。 完成投资 33000 万元
23	桃源山庄四期（融创桃花园）	泉州新建汇房地产开发有限公司	东海街道	许志达	黄文耀 肖至伟	续列	用地面积 57 亩，总建筑面积 7.2 万平方米	2017—2021 年	120000	业主自筹	50000	第一季度：桩基施工；第二季度：地下室施工；第三季度：主体施工；第四季度：力争主体封顶	进行基础施工。 完成投资 55000 万元

续表 2

序号	项目名称	建设单位	协办单位	挂钩领导	责任人	项目性质	建设规模	建设起止年限	总投资	资金来源	2020 年计划投资	2020 年年度目标	完成情况
24	海韵山居	泉州联成房地产有限公司	东海街道	林希妍	苏伟强 曾文解	续列	总建筑面积约 10 万平方米	2017—2021 年	30000	业主自筹	15000	第一季度：主体结构封顶；第二季度：砌体施工，内外装修；第三季度：内外装修；第四季度：公共部分装修，进行市政配套天然气、自来水、供电、局部景观等施工	主体结构封顶，进行砌体及装修施工。 完成投资 17000 万元
25	泉州东海悦华酒店	泉州泉悦酒店投资有限公司	东海街道	林希妍	苏伟强 肖秀新	续列	总建筑面积约 4.8 万平方米，拟在东海片区金融总部地块建设五星级悦华酒店	2017—2021 年	50000	业主自筹	20000	第一季度：开工建设；第二季度：基坑围护施工及土方开挖；第三季度桩基施工；第四季度：地下室施工，力争进入主体施工	进行基础施工。 完成投资 21000 万元
26	泰山石化总部基地	泰山石化（福建）有限公司	东海街道	赖尾兴	苏伟强 吴有鸣	续列	占地约 40 亩，总建筑面积约 12 万平方米，将建设企业办公大楼及生活配套用房等	2017—2021 年	40000	业主自筹	20000	第一季度：开工建设；第二季度：基坑围护施工及土方开挖；第三季度桩基施工；第四季度：地下室施工，力争进入主体施工	进行基坑围护施工、土方开挖以及桩基施工。 完成投资 21000 万元
27	泉州市昊宇医疗健康产业园	福建康富医疗产业有限公司	住建局 卫健局 东海街道	洪奕蓉	陈晓龙 邱朝晖 苏伟强 方庆熙 王　冀	续列	通过旧厂房改造，改造后建筑面积 10 万平方米，建设集养老、教育、医疗于一体的健康产业园	2017—2022 年	80000	业主自筹	20000	第一季度：康复医院前期工作；二季度：康复医院开工建设；第三季度：康复医院桩基施工；第四季度：康复医院地下室施工	康复医院进行基础及主体施工。 完成投资 22000 万元
28	悦智中心（星悦城）	福建省泉州紫欣工贸有限公司	住建局 东海街道	曾国家	陈晓龙 苏伟强 洪琼华	续列	通过旧厂房改造，改造后建筑面积约 4 万平方米，建设培训服务产业园区及配套设施	2017—2020 年	15000	业主自筹	10000	第一季度：竣工验收，进行招商；第二季度：招商及二次装饰；第三季度、第四季度：招商及二次装饰，开业运营	完成项目建设。 完成投资 11000 万元

续表 2

序号	项目名称	建设单位	协办单位	挂钩领导	责任人	项目性质	建设规模	建设起止年限	总投资	资金来源	2020 年计划投资	2020 年年度目标	完成情况
29	丰泽中介服务产业园	福建省瀚桥创业投资有限公司	东海街道	上官蓝波	苏伟强 庄惠忠	续列	占地约 14 亩，一期建设一栋 17 层 1 万平方米写字楼；二期建设一栋 30 层 2 万平方米写字楼；三期建设一栋 30 层 2 万平方米写字楼；室外配套停车位 300 个，地下停车位 150 个，打造集律师事务、会计事务、造价事务等中介机构办公区域	2018—2022 年	105000	业主自筹	20000	第一季度：一期内外装修；第二季度：一期内外装修，二期规划设计；第三季度：一期装修扫尾，二期开工建设；第四季度：一期完工交付使用，二期基础施工	完成一期项目建设。 完成投资 22000 万元
30	泉州海景国际花园荣域	泉州市碧桂园海景房地产开发有限公司	东海街道	曾国家	苏伟强 杨志忠	续列	建设用地面积 28511 平方米，总建筑面积 61706.79 平方米，建设住宅及其配套设施	2018—2020 年	62000	业主自筹	15000	第一季度：完成室外工程；第二季度、第三季度：竣工验收；第四季度：完工交房	完成项目建设。 完成投资 17000 万元
31	中国泉州艺术博览城	福建首冠置业有限公司	东海街道	叶春泉	黄文耀 陈银川	新申报	用地面积 40 亩，总建筑面积约 10 万平方米，构建以展销、拍卖、科研教学和文化交流等综合型商业模式，把金银珠宝、名表名包、轻奢饰品、书画古玩、木雕、玉雕、家具工艺各民间特色工艺品等几大行业集聚起来，集大成展现和推广泉州传统和工艺美术	2016—2020 年	90000	业主自筹	30000	第一季度：完成建筑土建、建筑幕墙施工；第二季度：完成建筑装饰安装工程和设备安装调试；第三季度：进行设备设施联机运行；第四季度：进行项目竣工验收	A 区进行屋面砌体及粉刷施工，B 区进行砌体施工。 完成投资 30000 万元
32	中渌广场	中建富泉股份有限公司	东海街道	赖尾兴	苏伟强 张荣滨	新申报	占地面积 10.3 亩，总建筑面积约 7.3 万平方米，将建设商业、办公、公寓等及其附属配套设施	2019—2021 年	55000	业主自筹	30000	第一季度：地下室工程；第二季度：主体结构施工；第三季度：主体封顶，砌体施工；第四季度：砌体施工，外立面装修	进行主体结构施工。 完成投资 33000 万元

续表 2

序号	项目名称	建设单位	协办单位	挂钩领导	责任人	项目性质	建设规模	建设起止年限	总投资	资金来源	2020 年计划投资	2020 年年度目标	完成情况
33	东海跨境电商生态圈二期扩建	泉州纵鑫投资有限公司	东海街道	曾国家	苏伟强 许志达	新申报	总建筑面积 2 万平方米，将建设机械式立体停车大楼 1 楼、2 楼，为 100～150 家跨境相关企业提供载体支撑	2019—2020 年	15000	业主自筹	10000	第一季度：基础工程；第二季度：主体工程；第三季度：内外装修；第四季度：内外装修	完成项目建设。 完成投资 10500 万元
34	泉州海峡箱包物流商城	泉州海峡箱包物流商城有限公司	商务局 城东街道	洪奕蓉	黄海峰 褚江波 林平凡	续列	用地面积 137 亩，总建筑面积 220000 平方米	2011—2021 年	130000	业主自筹	5000	开展招商工作，争取一层主街区商铺入驻率达 90% 以上，逐步推进二层商铺招商	截至目前，一层入驻商户 75 家 110 间，入驻率 48%；二层入驻商户 10 家 15 间，入驻率 3%。 完成投资 5000 万元
35	碧桂园·汇悦台	泉州市碧桂园海峡房地产开发有限公司	城东街道	柯晓晖	褚江波 杨志忠	续列	占地面积约 60 亩，建筑面积约 115155 平方米，建设住宅及附属配套设施	2017—2020 年	133700	业主自筹	20000	第一季度：内外装修及室外配套设施建设；第二季度：竣工验收	基本完成项目建设。 完成投资 22000 万元
36	复星集团泉州城东商贸中心	上海星浩投资有限公司	城东街道	林建扬	杨式链 秦　毅	续列	用地 177 亩，总建筑面积约 77.56 万平方米，建设商业、办公及配套设施	2014—2020 年	457557	业主自筹	15000	第一季度：1 幢甲写内外装修；第二季度：1 幢甲写内外装修；第三季度：1 幢甲写室外配套设施建设；第四季度：1 幢甲写竣工验收	完成项目建设。 完成投资 17000 万元
37	泉州保利城	泉州中泽房地产开发有限公司	城东街道	柯晓晖	杨式链 陈永灵	续列	总建筑面积 56.3 万平方米，其中一期建筑面积 14.2 万平方米，将建设住宅及商业、公共服务等配套设施；二期建筑面积 42.1 万平方米，将建设商业、办公、住宅及配套设施	2016—2020 年	560000	业主自筹	50000	二期 A 地块第一季度内外装修及室外配套设施建设；第二季度竣工验收	完成项目建设。 完成投资 55000 万元
38	中骏·御金台	泉州聚祥财富投资发展有限公司	城东街道	林建扬	褚江波 陈元来	续列	用地面积 121 亩，总建筑面积 20.6 万平方米，建设商业、办公、酒店及其配套设施等	2016—2020 年	110000	业主自筹	30000	第一季度：内外装修及室外配套设施建设；第二季度：竣工验收	完成项目建设。 完成投资 33000 万元

续表 2

序号	项目名称	建设单位	协办单位	挂钩领导	责任人	项目性质	建设规模	建设起止年限	总投资	资金来源	2020 年计划投资	2020 年年度目标	完成情况
39	城建·水墨芳林	泉州城建集团芳林地产有限公司	城东街道	蔡宁波	褚江波 杨志忠	续列	用地面积 28703 平方米，总建筑面积 132000 平方米，拟建设 4 幢 30-33 层住宅，2 幢 20 层 SOHO 办公楼，1 幢商业及其配套设施	2018—2021 年	183000	业主自筹	60000	第一季度：完成主体结构 90%；第二季度：主体结构封顶，砌体施工；第三季度：完成外立面装修 60%；第四季度：完成外立面装修并落架，进行室内装修及安装工程施工	进行主体施工，部分楼栋主体封顶。 完成投资 65000 万元
40	泉州市城东西福花苑（棚户区 A-1、A-2 地块）	泉州市城建国有资产投资有限公司	城东街道	邱朝阳	褚江波 杨国平	续列	用地面积 18942.7 平方米，建筑面积 66608.2 平方米（A-1 地块 61402.5 平方米、A-2 地块 5302.7 平方米），将建设安置房、商业配套及停车场、道路、绿化、给排水等室外配套工程	2019—2021 年	28866	业主自筹	20000	第一季度：完成主体至 12 层；第二季度：完成主体至 21 层；第三季度：主体封顶；第四季度：完成外墙下架及初步预验收	幼儿园主体结构封顶、砌体完成，外墙粉刷铺贴完成；1 号楼、2 号楼主体结构封顶、砌体完成、粉刷完成 90%；3 号楼主体结构施工至 27 层封顶、砌体完成、粉刷完成 60%。 完成投资 21000 万元
41	泉州菲莉喜来登大酒店	泉州市聚祥财富投资发展有限公司	城东街道	柯晓晖	杨式链 侯建聪	新申报	总建筑面积 4.1 万平方米，引进国际顶级酒店公司万豪国际集团旗下的喜来登品牌，拟建设成集度假旅游、城市商务、休闲娱乐于一体的国际五星级酒店	2019—2021 年	100000	业主自筹	35000	第一季度：桩基及地下室工程；第二季度：主体结构第 4 层；第三季度：主体结构第 13 层；第四季度：主体结构封顶	地下室土方开挖完成 80%；基础承台及地下室结构施工完成 40%。 完成投资 38000 万元
42	泉州众和豪生大酒店	泉州众和豪生大酒店有限公司	城东街道	林建扬	杨式链 吴维晃	新申报	总建筑面积 5.3 万平方米，系温德姆集团授权泉州地区国际顶级的五星级酒店，包括五星级标准客房、综合配套群楼、会议宴会、餐饮等，其中客房设置 320 间，拟打造成为泉州丰泽、洛江区域新高端生活、文化辐射中心	2019—2020 年	60000	业主自筹	20000	第一季度：完成二次消防机电空调给排水施工；第二季度：完成大理石铺装吊顶施工；第三季度：完成固装暖装照明施工；第四季度：完工投入使用	进行内部装修。 完成投资 21000 万元

续表 2

序号	项目名称	建设单位	协办单位	挂钩领导	责任人	项目性质	建设规模	建设起止年限	总投资	资金来源	2020 年计划投资	2020 年年度目标	完成情况
43	盛荣产业园	泉州市盛道投资发展有限公司	城东街道	柯晓晖	褚江波 周志强	新申报	总建筑面积 75441.95 平方米，将建设 5 幢厂房及公共配套设施，打造集建筑、家具用金属配件制造为一体的产业园区	2019—2021 年	50000	业主自筹	30000	第一季度：桩基及地下室工程；第二季度：主体结构施工；第三季度：主体封顶，砌体施工；第四季度：砌体施工，外立面装修	主体结构封顶，砌体施工，开始装修施工。 完成投资 33000 万元
44	虎都建筑创意园	虎都（中国）实业有限公司	城东街道 住建局	柯晓晖	褚江波 陈晓龙 郭建新	新申报	利用旧厂房改造成建筑创意园，建筑面积 67031 平方米，涵盖研发设计空间、产品展示销售平台和商业服务平台	2019—2021 年	30000	业主自筹	15000	第一季度：前期手续办理；第二季度：开工建设；第三季度：外立面装修改造；第四季度：内部装修改造	进行施工许可证办理。（因前期工作滞后导致未能开工建设，影响项目建设和投资进度。） 完成投资 8000 万元
45	城东片区埭头安置小区	泉州市城建国有资产投资有限公司	城东街道	邱朝阳	褚江波 杨国平	新申报	总建筑面积约 22 万平方米，建设 6 幢 27-30 层高层住宅及配套公共服务设施	2018—2021 年	68682	业主自筹	15000	第一季度完成桩基工程；第二季度：完成地下室结构 80%；第三季度：完成地下室结构，地上主体结构完成 20%（3 号楼、5 号楼除外）；第四季度：地上主体结构完成 50%	进行主体施工。 完成投资 16000 万元

续表 2

序号	项目名称	建设单位	协办单位	挂钩领导	责任人	项目性质	建设规模	建设起止年限	总投资	资金来源	2020 年计划投资	2020 年年度目标	完成情况
46	正祥丰屋（潘山安置房）	泉州住宅开发建设总公司 泉州正祥置业发展有限公司	北峰街道	叶春泉	陈景博 王艳周	续列	总建筑面积约 17 万平方米，将建设住宅、商业、社区服务中心（含社区服务站、文化活动中心、社区卫生服务站、养老服务设施用房、青少年活动室）及室外活动场所、农贸市场、公厕等	2017—2020 年	56000	业主自筹	10000	第一季度：工程各项专业验收、竣工验收及备案；第二季度：完工交房	完成项目建设。 完成投资 11000 万元
47	万科麓城	泉州市万科云峰房地产有限公司	北峰街道	黄琪金	陈景博 陈志扬	续列	项目总用地面积 40200.9 平方米，总建筑面积约 104731 平方米，计容面积约 72361 平方米	2019—2020 年	81000	业主自筹	35000	第一季度：竣工验收备案工作；第二季度：内部模拟验收及整改；第三季度：室内及室外所有收尾工作；第四季度：集中交付	完成项目建设。 完成投资 40000 万元
48	力标·新都汇	泉州市力标房地产有限公司	北峰街道	黄琪金	陈景博 杜炎煌	续列	总建筑面积约 14 万平方米，建设集酒店、写字楼、商业为一体的综合体	2019—2021 年	60000	业主自筹	30000	第一季度：开工建设；第二季度：桩基施工；第三季度：地下室施工；第四季度：主体施工	进行桩基施工，部分开始地下室施工。 完成投资 33000 万元
49	华大泰禾广场	泉州华大泰禾广场投资有限公司	华大街道	黄泽鹏	郑永强 李卫东	续列	用地面积约 189 亩，建筑面积约 75 万平方米。建设集酒店、广场、SOHO、商业街区、幼儿园和高尚居住区等为一体的现代城市综合体	2013—2021 年	650000	业主自筹	30000	第一季度：A1 园筑楼 2-A 及所属商铺建设；第二季度：A2 商铺建设；第三季度：A3 酒店建设；第四季度：A3 写字楼建设	A1:2-A 二层梁板施工接近尾声，部分三层梁柱钢筋绑扎中。2-B 号楼外墙涂料施工；3 号楼外墙涂料施工；A3：地块报批报建中。A4：南段外墙砌体基本完成，北段拆迁完成。 完成投资 30000 万元

续表 2

序号	项目名称	建设单位	协办单位	挂钩领导	责任人	项目性质	建设规模	建设起止年限	总投资	资金来源	2020 年计划投资	2020 年年度目标	完成情况
50	华大电子商务产业园	泉州盈瑞富联电子商务有限公司	商务局 华大街道	洪奕蓉	黄海峰 邵　凡 陈钻石	续列	用地面积约 410 亩，建设改造工业厂房面积 36 万平方米，整合树脂工艺、箱包、鞋服等传统产业带，将华大工业园改造升级为集办公、研发、培训、商展、休闲娱乐为一体电子商务产业园区	2015—2022 年	43200	业主自筹	20000	第一季度：海归 E 谷完成项目建设并投入运营；第二季度：金亨大厦进行改造；第三季度：通用大厦前期报批；第四季度：通用大厦进行改造	完成海归 E 谷改造；通用生产部分进行搬迁。 完成投资 20000 万元
51	泉州刺桐港商业中心	福建宝德集团有限公司	东湖街道	李木火	蔡和杰 林向阳	续列	用地面积 35.6 亩，总建筑面积 12 万平方米，建设大型商场、酒店、金融商务中心、停车场及附属配套设施	2014—2021 年	120000	业主自筹	60000	第一季度：完成 1 号楼、2 号楼、3 号楼外立面装修，进行景观绿化，配套施工；第二季度：完成 1 号楼、2 号楼、3 号楼水电工程等，进行竣工验收；第三季度：SOHO 内部精装修；第四季度：SOHO 内部精装修	1 号楼、2 号楼、3 号楼进行部分砌体及内外装修施工。 完成投资 65000 万元
52	梦想公寓	泉州梦想归谷文化投资有限公司	东湖街道	张维斌	蔡和杰 刘文芬	新申报	建筑面积 17000 平方米，改造 3 栋楼房，建设高端轻奢公寓及网红民宿，并配套健身房、书吧、咖啡厅等休闲交流空间	2019—2020 年	15000	业主自筹	10000	第一季度：外立面改造；第二季度：内部装修；第三季度：内部装修；第四季度：配套设施建设	完成项目建设。 完成投资 10500 万元
53	泰和广场	泉州泰丰实业有限公司	丰泽街道	陈政实	王娇茵 林克想	续列	用地面积 17.5 亩，总建筑面积 11.7 万平方米	2013—2021 年	100000	业主自筹	25000	第一季度：主体施工；第二季度：主体施工；第三季度：主体施工；第四季度：力争主体封顶	主楼施工至 32 层，附楼 18 层封顶。 完成投资 25000 万元

续表 2

序号	项目名称	建设单位	协办单位	挂钩领导	责任人	项目性质	建设规模	建设起止年限	总投资	资金来源	2020 年计划投资	2020 年年度目标	完成情况
54	盛冠·海富国际	泉州盛冠置业有限公司	丰泽街道	陈政实	林清宏 黄跃忠	新申报	用地面积 5316.3 平方米，总建筑面积 27105.63 平方米，主要建设新增商住楼	2019—2021 年	50000	业主自筹	27000	第一季度：桩基施工；第二季度：地下室施工；第三季度：主体施工；第四季度：主体施工，力争主体封顶	进行桩基施工。 完成投资 28000 万元
55	东涂街片区拆迁城东安置用地（成东书香苑）	泉州市丰泽区丰泽街道东涂社区居民委员会	丰泽街道 城东街道	林世川	王娇茵 褚江波 林蔚萍	新申报	总用地面积 16200 平方米，总建筑面积 48600 平方米，将建设商住楼及其配套设施	2019—2021 年	25000	业主自筹	10000	第一季度：桩基施工；第二季度：地下室施工；第三季度：主体施工；第四季度：主体施工	1 号楼：地下室负一层主体施工。2 号楼：地下室负一层主体施工。3 号楼：地下室负一层施工完成。 完成投资 11000 万元
56	刺桐 1 号	泉州市宝洲商品批发市场开发有限公司	泉秀街道	洪奕蓉	白志雄 陈志雄	续列	用地面积约 1.45 万平方米，总建筑面积约 10.2 万平方米	2016—2020 年	90000	业主自筹	10000	第一季度：工程各项专业验收、竣工验收及备案；第二季度：完工交房	完成项目建设。 完成投资 11000 万元
57	银领国际中心	安通房地产开发有限公司	泉秀街道	胡祥辉	白志雄 陈志雄	续列	用地面积约 8.54 亩，总建筑面积约 2.4 万平方米，其中，地上建筑面积 20000 平方米，地下建筑面积 4000 平方米	2017—2020 年	40000	业主自筹	10000	第一季度：外墙拆架和幕墙面施工；第二季度：幕墙面施工、主体外墙装修；第三季度：室外广场施工及绿化；第四季度：竣工验收	完成项目建设。 完成投资 10500 万元
58	天悦壹号院	泉州市港都贸易发展有限公司	泉秀街道	洪奕蓉	白志雄 王丽杯	续列	占地面积约 15 亩，总建筑面积 2.3 万平方米，将建设住宅及配套设施	2017—2020 年	20000	业主自筹	10000	第一季度：幕墙面施工、主体外墙装修；第二季度：室外广场施工及绿化；第三季度：竣工验收	完成项目建设。 完成投资 11000 万元

续表 2

序号	项目名称	建设单位	协办单位	挂钩领导	责任人	项目性质	建设规模	建设起止年限	总投资	资金来源	2020 年计划投资	2020 年年度目标	完成情况
59	福建海西国家广告产业园区东区（成洲工业区）改造建设工程	广告园区管委会东区各业主	泉秀街道 东海街道	韩卫华	陈一峰 吴志福 黄文耀	续列	改造占地约 104 亩，改造面积约 20 万平方米，涉及 25 幢旧厂房改造	2017—2021 年	30000	业主自筹	10000	第一季度：启动 3# 楼、11# 楼及立兴楼改造；第二季度：配套完善园区市政道路管网设施，明日集团“海西生活美学创意中心”项目开工建设；第三季度：启动 1 号楼、2 号楼及马甲楼改造；第四季度完成 3 号楼、11 号楼及立兴楼改造;全年做好招商引资工作	基本完成青年创意中心（3 号楼领东联合)改造，同步进行招商。 完成投资 10500 万元
60	浦西时尚商业街区	厦门梦想归谷管理有限公司	泉秀街道	洪奕蓉	吴志福 闫　芹	续列	整合浦西安置房近 5 万平方米商业载体，实行统一运营、招商、管理，建成以时尚为主基调、以创新创业为驱动力的现代服务业小总部聚集区	2018—2020 年	20000	业主自筹	10000	第一季度：完成街区项目浦西花园、宝新花园地下排污管道及化粪池相关工程改造；第二季度：完成众创空间装修工程施工；第三季度：完成对街区项目网红打卡区域摄影打卡，网红经典的补充替换，提升整体街景效果；第四季度：根据项目整体规划做局部工程调整	基本完成项目建设。 完成投资 11000 万元
61	丰泽区法务综合产业园（二期）	匡泽（福建）商务服务有限公司	司法局 广告园区管委会 泉秀街道	谢希圣	李黎萌 陈一峰 吴志福 徐冬妹	新申报	建筑面积约 9894.39 平方米，建设丰泽区法务综合服务产业园及配套设施，规划为办公区、泊车区、共享区	2019—2020 年	10000	业主自筹	10000	第一季度：开工建设；第二季度：外立面改造；第三季度：内部公共部分装修；第四季度：入驻企业据需进行内部装修	完成外立面装修及 1～3 层内部装修，现作为泉州市建筑服务产业园招商；4～5 层进行内部装修。 完成投资 10000 万元
62	“聚巢清源”生态旅游文化产业园	泉州智源旅游投资有限公司	清源街道	周顺安	颜晓雄 张振山	续列	种植花圃、龙眼公园，装修建设餐厅、客房等 4840 平方米，打造集科普、休闲、保健等为一体的聚巢清源生态园	2016—2020 年	8800	业主自筹	2000	第一季度：完成住宿装修；第二季度：商业广场进驻运营	因房屋安全问题已暂停施工，正抓紧补办工程建设手续。（因施工手续未办理完整导致暂时停工，影响项目建设和投资进度） 完成投资 800 万元

续表 2

序号	项目名称	建设单位	协办单位	挂钩领导	责任人	项目性质	建设规模	建设起止年限	总投资	资金来源	2020 年计划投资	2020 年年度目标	完成情况
63	泉州东海片区滨海企业总部区项目	滨海总部区各企业	发改局 东海街道	韩卫华	辛楚阳 黄文耀 各企业主	续列	建设 15 栋企业总部大楼及配套设施，总建筑面积 138 万平方米	2010—2022 年	623000	业主自筹	80000	匹克总部大楼进行招商工作，入驻企业据需进行内部装修；菲莉总部大楼进行装修扫尾，完成项目建设并进行招商工作；七匹狼（汇金国际中心）、海天（富豪广场）总部大楼进行砌体施工及内外装修；富贵鸟（和富中心）、安踏（海悦中心）总部大楼进行主体施工；特步、达利、金鹿总部大楼进行桩基及地下室施工，力争进入主体施工	特步、达利、金鹿总部大楼进行桩基及地下室施工；富贵鸟（和富中心）、安踏（海悦中心）总部大楼进行主体施工；七匹狼（汇金国际中心）、海天（富豪广场）主体封顶，进行砌体施工及内外装修。 完成投资 85000 万元
64	泉州银行总部大楼	泉州银行	东海街道	韩卫华	苏伟强 张一帆	续列	总建筑面积 7 万平方米	2014—2020 年	40000	业主自筹	5000	第一季度：内外装修及室外配套设施建设；第二季度：竣工验收	完成项目建设。 完成投资 5500 万元
65	中国民生银行泉州分行民生大厦	中国民生银行泉州分行	东海街道	韩卫华	苏伟强 杨志栋	续列	总建筑面积 7.28 万平方米	2016—2021 年	75000	业主自筹	30000	第一季度：主体封顶；第二季度：砌体施工；第三季度：内外装修；第四季度：内外装修及室外配套设施建设	进行内外装修及配套设施建设。 完成投资 32000 万元
66	厦门银行泉州分行大厦	厦门银行泉州分行	东海街道	韩卫华	苏伟强 李华仁	续列	总建筑面积 7.9 万平方米，建设金融保险、证券等综合性商务大楼，地下 4 层，地上 31 层	2017—2021 年	40000	业主自筹	15000	第一季度：主体封顶；第二季度：砌体施工；第三季度：内外装修；第四季度：内外装修及室外配套设施建设	进行内外装修及水电配套施工。 完成投资 16000 万元
67	华大产业研发大厦	福建万古安防节能科技有限公司	住建局 东海街道	曾国家	陈晓龙 苏伟强 陈灿灿	续列	通过旧厂房改造，改造后建筑面积 2.6 万平方米，建设华大产业研发大厦及研发车间	2017—2021 年	10000	业主自筹	5000	第一季度桩基施工；第二季度地下室施工；第三季度、第四季度主体施工	进行地下室施工。 完成投资 5100 万元

续表 2

序号	项目名称	建设单位	协办单位	挂钩领导	责任人	项目性质	建设规模	建设起止年限	总投资	资金来源	2020 年计划投资	2020 年年度目标	完成情况
68	泉州市荣誉酒店广场	泉州市荣誉实业投资有限公司	发改局 东海街道	韩卫华	辛楚阳 黄文耀 胡国荣	新申报	建筑面积 69500 平方米，将建设泉州市荣誉酒店广场，包括酒店、办公等	2019—2021 年	50000	业主自筹	20000	第一季度：桩基及地下室工程；第二季度：桩基及地下室工程；第三季度：主体结构施工；第四季度：主体结构施工，力争封顶	进行基础施工。 完成投资 21000 万元
69	泉州奇龙物流电商大厦	泉州奇龙物流有限公司	城东街道	柯晓晖	褚江波 黄国进	预备转在建	占地面积 11.7 亩，建筑面积 40666.67 平方米，拟建设集办公、营销、金融、信息、设计、仓储、配送等为一体的一站式商业办公用房	2020—2021 年	45000	业主自筹	25000	第一季度：桩基及地下室工程；第二季度：桩基及地下室工程；第三季度：主体结构施工、封顶；第四季度：主体结构施工、封顶、砌体施工	进行基础施工。 完成投资 27000 万元
70	华腾总部商务办公楼	福建省华腾汽车用品有限公司	北峰街道	叶春泉	陈景博 黄达威	续列	占地面积 6.5 亩，建筑面积 9493.92 平方米（其中地上 6566.25 平方米，地下 2927.67 平方米），将建设集汽车销售、电子产品研发、员工培训、车辆停放为一体的商务综合办公大楼	2019—2021 年	10000	业主自筹	8000	第一季度：完成地下室一层；第二季度：完成地上建筑 1-4 层；第三季度：完成地上建筑 5-9 层；第四季度：完成室外装修	进行规划许可证和施工许可证办理。（因前期工作滞后导致未能开工建设，影响项目建设和投资进度。） 完成投资 6000 万元
71	北京流体力学研究院（泉州）总部大楼	泉州市丰源工贸有限公司	北峰街道	黄琪金	陈景博 张白雪	预备转在建	占地 15 亩，拟建 1.2 万平方米总部大楼，首期投资 6000 万元。主要研究项目为消防泵技术研发、工程设计、安装调试、产品制作，解决高层建筑消防泵压力不足、灭火困难等问题	2019—2021 年	10000	业主自筹	5000	第一季度：前期工作；第二季度：开工建设；第三季度：桩基施工；第四季度：主体建筑施工	进行施工许可证办理。（因前期工作滞后导致未能开工建设，影响项目建设和投资进度） 完成投资 3380 万元
72	烟草机械综合楼	福建烟草机械有限公司	北峰街道	叶春泉	陈景博 吴为荣	预备转在建	建筑面积合计 22000 平方米（其中地上建筑 12000 平方米，地下建筑 10000 平方米），建设科研大楼、艾格眼科医院各一栋	2019—2021 年	30000	业主自筹	20000	第一季度：地上主体结构工程施工；第二季度：主体结构封顶；第三季度：外立面装饰工程施工；第四季度：配套及道路景观工程施工	进行主体施工。 完成投资 21000 万元

续表 2

序号	项目名称	建设单位	协办单位	挂钩领导	责任人	项目性质	建设规模	建设起止年限	总投资	资金来源	2020 年计划投资	2020 年年度目标	完成情况
73	万安华科电子总部大楼	福建万安华科电子科技有限公司	北峰街道	叶春泉	陈景博 蔡贤玉	预备转在建	占地面积约 1 万平方米，拟建设万安华科总部。项目建成后，设于北京的展示、研发、办公等将迁回泉州	2019—2021 年	20000	业主自筹	10000	第一季度：桩基及地下室建设；第二季度、第三季度：主体施工；第四季度：主体外装修	进行规划报批相关工作。（因前期工作滞后导致未能开工建设，影响项目建设和投资进度） 完成投资 2000 万元
74	鑫都大厦	泉州市金鑫建德置业有限公司	东湖街道	林希妍	蔡和杰 吴达龙	续列	将建设一幢企业总部办公楼，总建筑面积 18402 平方米，其中，商业建筑面积约 920 平方米，办公建筑面积约 17483 平方米	2017—2020 年	30000	业主自筹	5000	第一季度：工程扫尾；第二季度：竣工验收	完成项目建设。 完成投资 6000 万元
75	同裕总部大楼招商项目	泉州程居商业物业管理有限公司	泉秀街道	洪奕蓉	白志雄 郑建玮	续列	用地面积 5244.8 平方米，总建筑面积 2 万多平方米，其中，地下三层配套约 300 个停车位，拟建设四星级酒店及商业配套	2018—2020 年	50000	业主自筹	20000	第一季度：品牌商超入驻装修，酒店配套品牌中餐进驻；第二季度：银行机构落地，企业总部经济办公入驻装修	基本完成项目建设。 完成投资 20000 万元
76	时颖南风商厦跨境电商运营总部	泉州时颖服饰有限公司	泉秀街道	洪奕蓉	白志雄 林时乐	续列	建筑面积 9300 平方米，建设 9 层集开发、设计、营销、品牌、IT、采购、人力、财务等职能管理于一体的跨境电商办公总部大楼，并配套跨境电商商务交流场所及服务业态	2018—2020 年	10000	业主自筹	5000	第一季度：完成外立面改造；第二季度：完成室内装修，并进行招商入驻办公	完成项目建设。 完成投资 5500 万元
77	海丝时代创意总部	福建金鑫集团有限公司	泉秀街道	洪奕蓉	陈晓龙 白志雄 庄少典	续列	通过旧厂房改造，建设一栋企业总部办公大楼，占地面积 9200 平方米，总建筑面积 26000 平方米	2018—2020 年	30000	业主自筹	10000	第一季度：主体施工；第二季度：主体封顶；第三季度：内外装修；第四季度：内外装修及室外配套工程建设	完成项目建设。 完成投资 10500 万元
78	灯星综合楼附属楼文化创意园	泉州市丰泽区灯星运输有限公司	泉秀街道	洪奕蓉	白志雄 梁继进	预备转在建	用地面积约 4000 平方米，总建筑面积约 1.2 万平方米	2019—2021 年	10000	业主自筹	5000	第一季度：完成地下室基坑开挖护坡，地下室层砍砖等；第二季度：地下室及一层基础建造；第三季度：二至五层主体建造；第四季度：六至八层主体建造	主体封顶，进行砌体施工及内外装修。 完成投资 5500 万元

续表 2

序号	项目名称	建设单位	协办单位	挂钩领导	责任人	项目性质	建设规模	建设起止年限	总投资	资金来源	2020 年计划投资	2020 年年度目标	完成情况
79	泉州市丰泽区第二实验小学东海校区建设工程	泉州市丰泽区第二实验小学	教育局 东海街道	邱朝阳	李晓灿 苏伟强	续列	用地面积 33.6 亩，建筑面积 2.7 万平方米，拟建设教学楼、办公综合楼、多功能体育馆及运动场等附属配套设施	2017—2020 年	21000	区财政拨款	11000	第一季度：主体施工；第二季度：内外装修；第三季度：室外装修及室内二次装修；第四季度：竣工验收	完成项目建设。 完成投资 11000 万元
80	泉州师范学院第二附属小学扩建用地项目	泉州师范学院第二附属小学	教育局 东海街道	邱朝阳	李晓灿 苏伟强	续列	用地面积约 25 亩，建设教学楼、综合楼、图书馆体育馆等校舍及大门、围墙、广场、景观绿化等附属配套设施	2017—2021 年	18000	区财政拨款	6000	第一季度：桩基施工；第二季度：基础施工；第三季度：基础及主体施工；第四季度：主体施工	进行图纸设计。（因征迁扫尾问题及前期工作滞后导致未能开工建设，影响项目建设和投资进度） 完成投资 2500 万元
81	泉州市丰泽区第二实验幼儿园建设项目	泉州市丰泽区第二实验幼儿园	教育局 东海街道	邱朝阳	李晓灿 苏伟强	续列	建筑面积约 5700 平方米，包括教学楼、综合楼等附属配套设施	2017—2020 年	3500	区财政拨款	2300	第一季度：内外装修；第二季度：室外装修；第三季度：二次装修；第四季度：竣工验收	完成项目建设。 完成投资 2500 万元
82	泉州市临海小学 1# 教学综合楼	泉州市临海小学	教育局 东海街道	曾国家	李晓灿 苏伟强	续列	建筑面积约 5500 平方米，将建设教学综合楼	2018—2020 年	1900	区财政拨款	500	第一季度：内外装修；第二季度：竣工验收	完成项目建设。 完成投资 950 万元

续表 2

序号	项目名称	建设单位	协办单位	挂钩领导	责任人	项目性质	建设规模	建设起止年限	总投资	资金来源	2020 年计划投资	2020 年年度目标	完成情况
83	丰泽区疾病预防控制中心、妇幼保健所工作场所建设项目	丰泽区疾病预防控制中心	卫健局 城东街道	洪奕蓉	邱朝晖 褚江波	续列	用地面积 7.5 亩，建筑面积 1.8 万平方米	2016—2020 年	10500	区财政拨款	6600	第一季度：完成主体妇幼保健院普装，室外工程及景观设计招标工作，电梯采购安装；第二季度：完成主体疾控中心普装，疾控中心和妇幼保健院检验室、手术室、实验室二装工程招标，空调设备采购；第三季度：完成空调系统安装，立体停车场采购安装，污水处理设备安装；第四季度：完成供水供电系统的接入，疾控和妇幼二装，办公用品等采购，组织对整个工程建设项目进行验收	因妇幼保健院用房调整，施工图纸进行修改；疾控中心和妇幼保健院（实验室、检验室、手术室）二装图纸正在审图；中央空调、立体停车场等设备市场询价中。 完成投资 7000 万元
84	泉州九中城东校区	泉州市第九中学	教育局 城东街道	邱朝阳 曾国家	李晓灿 褚江波	续列	用地面积约 60 亩，地面建筑面积约 40000 平方米	2019—2021 年	36000	区财政拨款	100	开展前期工作，力争年底前开工建设	正根据专家评审意见对可行性研究报告进行修改。（因前期工作滞后导致未能开工建设，影响项目建设和投资进度） 完成投资 20 万元
85	丰泽区少年儿童业余体育学校	文体旅游局	城东街道	葛　超	王少容 褚江波	续列	用地面积 30 亩，规划建筑面积约 5 万平方米，其中地下建筑面积约 2 万平方米	2018—2021 年	23000	区财政拨款	10000	第一季度：前期报批手续；第二季度：开工建设；第三季度：桩基施工；第四季度：地下室施工，力争进入主体施工	丰泽国投集团与新加坡童心万向国际教育集团合作建设运营工作方案已呈报区领导审阅。（因前期工作进展缓慢导致未能开工建设，影响项目建设和投资进度） 完成投资 1800 万元

续表 2

序号	项目名称	建设单位	协办单位	挂钩领导	责任人	项目性质	建设规模	建设起止年限	总投资	资金来源	2020 年计划投资	2020 年年度目标	完成情况
86	丰泽区第五中心小学毓才校区	丰泽区第五中心小学	教育局 城东街道	邱朝阳 曾国家	李晓灿 褚江波	预备转在建	用地面积约 28 亩，建设教学楼、综合楼、图书馆体育馆等校舍及大门、围墙、广场、景观绿化等附属配套设施	2019—2021 年	18000	区财政拨款	1500	第一季度：方案设计、审批，地质勘查；第二季度：施工图设计；第三季度：施工图审查，场地平整，土方开挖，概算审核；第四季度：桩基施工	完成建设方案“多评合一”联合审查会。（因前期工作进展缓慢导致未能开工建设，影响项目建设和投资进度） 完成投资 300 万元
87	丰泽区档案馆	泉州市丰泽区档案馆	区档案馆建设工作领导小组 北峰街道	黄琪金	李忠恩 陈景博	续列	用地面积 9 亩，建筑面积 12200 平方米	2018—2020 年	7000	区财政拨款	3000	第一季度：档案馆主体工程竣工验收；第二季度：档案馆专用设备施工安装；第三季度：档案馆专用设备施工安装；第四季度：档案馆专用设备施工安装并投入使用。	基本完成项目建设。 完成投资 3000 万元
88	泉州市正骨医院北峰院区建设项目	泉州市正骨医院	卫健局 北峰街道	柯晓晖 洪奕蓉	邱朝晖 陈景博 陈长贤	续列	用地面积约 100 亩，总建筑面积约 15 万平方米（地上 10 万平方米，地下 5 万平方米），将建设门急诊医技综合大楼、住院大楼、科研教学楼、行政后勤辅助用房等	2017—2021 年	150000	区财政拨款	25000	第一季度：完成桩基工程，地下室土方开挖完成 90%，地下室底板完成 20%；第二季度：地下室顶板全部完成，完成 1# 楼 2 层梁板；第三季度：1 号楼主体结构封顶，完成 2 ～ 5 号楼 6 层梁板；第四季度：2 ～ 5 号楼主体结构全部封顶，完成砌体工程	进行地下室施工，部分进入主体施工。 完成投资 27000 万元

续表 2

序号	项目名称	建设单位	协办单位	挂钩领导	责任人	项目性质	建设规模	建设起止年限	总投资	资金来源	2020 年计划投资	2020 年年度目标	完成情况
89	丰泽区图书馆	文体旅游局	华大街道	洪奕蓉	王少容 邵　凡	续列	建筑面积约 12000 平方米，拟利用原华城小区商场建设区级图书馆	2019—2020 年	6200	区财政拨款	4000	第一季度：开展图书馆家具采购工作；第二季度：开展图书采购编录工作；第三季度：完成消防验收、竣工验收；第四季度：迎接国家创建办检查	完成项目建设。 完成投资 4000 万元

2020年丰泽区新冠肺炎疫情防控工作情况汇报

2020年，自发生新冠肺炎疫情以来，丰泽区坚决贯彻落实习近平总书记重要指示批示精神和党中央决策部署，按照科学防治、精准施策和“人、物同防”的总体防控策略，层层压实“四方责任”，扎实抓好“外防输入、内防反弹”各项常态化疫情防控措施，全方位抓实抓细疫情防控与经济社会发展“双线战役”各项工作。2020年丰泽区累计确诊的4例新冠肺炎病例全部康复出院。自2020年2月11日以来，全区连续300多天无新增新冠肺炎确诊和疑似病例，无发生死亡病例和二代病例。全区被福建省委、省政府授予全省抗击新冠肺炎疫情先进集体2个、先进个人4人。具体情况汇报如下：

一、落实政府责任，强化组织领导。一是健全完善防控指挥调度体系。贯彻落实省、市重大突发公共卫生事件一级响应机制，及时将全区防控组织架构升格转为指挥部运作体系，由区委、区政府主要领导任总指挥长，抽调64名精干力量充实到各职能组。及时跟进防控新部署新要求调整优化防控指挥部一办十二组工作职责。依托“智慧丰泽”等平台，搭建云视讯防控会议系统22套，确保防控指挥调度、会商快速高效运作。建立专班工作责任制，强化党政主要负责同志亲自抓，相关负责同志分兵把守，整合各部门力量，扁平化运行，确保应急指挥体系高效运作，确保常态化防控各项措施有人管、有人抓。二是多渠道充实一线防控力量。在全省启动一级应急响应机制后，丰泽区卫健康部门第一时间快速反应，立即吹响一线防疫队伍“集结号”，所有卫健系统人员全面取消休假，筛选124名执业医师、351人“民营医院后备队”、148名社区人口健康助理员组成防控医护梯队库，抽调13名具有SARS防控或公共卫生安全处置经验的专家顾问团。成立区直机关、街道党员先锋队13支411人、党员干部攻坚队2支82人、社区党员摸排小分队80支1655人，充实到一线防控力量。三是建立24小时应急值班机制。建立由区委区政府主要领导为指挥长、相关应急专班分管区领导为副总指挥长的24小时疫情防控应急指挥体系，调整6个防控应急工作专班，启动24小时疫情防控值班制度，建立各防控职能组“一线”“二线”备勤工作制度。统筹安排20辆卫生应急转运车辆（13辆具有实验室生物安全转运资质救护车、7辆应急救护车），实行每天24小时应急轮班值班制度，确保卫生应急处置需要。四是全面提升卫生应急能力。新建10支60人的卫生应急队伍、200支1200人的核酸采样队伍；80支720人的社区“1+8”采样网格工作组；成立区级流调会商专班；组建50名专业流调队伍；8支278人的街道流调工作小组。强化全员培训和实战演练，先后组织开展卫生应急处置、流调等专项培训36场次，参训1250人次；防控综合应急演练4场次，率先在全市举行大人群核酸检测应急演练，强化多部门联防联控机制，全面提高疫情防控应急处置能力。五是加强后勤应急保障。优化财政支出结构，加大疫情防控专项经费保障，2020年区财政共下达抗疫专项资金7568.36万元。鼓励支持8家具备条件的本土企业通过技改投资转产疫情防控物资，可实现最高日产民用口罩300万只、防护服日产1500件。建立以实物储备、保值储备、产能储备并行的多元化物资储备体系，区防控后勤保障组、有关医疗机构、疾控机构的医疗防疫物资储备满足既往疫情高峰期30天的使用量。提前选定预留10个集中医学观察点酒店（常态化启用1～2个点）、1个密切接触者的集中医学观察点。成立集中隔离点工作专班，重点加强集中隔离场所内部安全防范、监督性健康管理和生活垃圾规范处理。

二、加强联防联控，全方位织密筑牢“防护墙”。一是筑牢社区联防联控网。建立社区疫情防控责任网格679个，构建“街道党工委—社区党组织—网格党小组—党员楼栋长—党员中心户”五级防控组织体系。建立区四套班子领导分包街道、街道干部分包社区、社区干部分包户的“三包一”三级网格分包体系。二是构建“海、陆、空”立体防控网。严把交通“入口”关，在疫情一级应急响应阶段，在各交通要道设立临时交通卫生检疫；在重点港口设置7个驻勤点，强化24小时驻守执勤巡查，强化海上入境管控驻守执勤巡查和联勤协作、分片管理，构筑“海上查、岸边堵、路上截”的立体防控体系，严防海上偷私渡，累计检查渔船1050多船次；成立机场工作专班，加强境外入丰人员从“国门”到“家门”的闭环管理，落实落细从机场、动车站、街道社区的闭环管理，严格实行“14+7”健康管理措施，严防境外疫情输入。三是强化多点触发监测预警。建立多部门监测预警机制，发挥多数据、全方位、广覆盖的人—物多点触发预警作用，各系统每月对监测的数据适时分析，对异常信息及时预警、报告，提高重大疫情研判、评估以及多部门协同作战效能，全面提升重大疫情监测预警能力和信息共享、快速反应机制。充分利用疾控机构的重点传染病监测预警系统、“常态化核酸检测管理系统”、泉州市进口冷链食品溯源监管“一品一码”系统等信息化系统，加强公共卫生相关数据的汇聚共享，规范开展医疗机构、零售药店、进口冷链食品、学校和托幼机构、监管场所、农贸市场、社区等多渠道监测和多点触发预警，及时发现疫情线索，落实落细“四早”措施。四是深入开展爱国卫生运动。结合创城、创卫工作，集中开展13次环境卫生整治和除四害消杀行动，加强病媒生物防制，加大对城中村、城乡接合部、背街小巷等薄弱环节环境卫生清理。累计开展环境卫生整治和除“四害”消杀行动13次，清除农贸市场卫生死角328处，清理卫生盲区和死角垃圾225吨，消杀面积达73.7万平方米，发放等除“四害”药物8310公斤，灭鼠筒15000个。

三、坚持“人、物同防”，强化重点行业防控。各行业主管部门持续加大对农贸市场、商超、酒店、文化娱乐、医院、药店、养老机构等重点场所的执法检查，强化“四方”（属地、行业主管、单位、个人）责任，抓实各项防控措施，全面推广应用“八闽健康码”扫码+亮码，使用率超90%。一是加强人群聚集性重点场所管控。制定《丰泽区关于进一步加强人群聚集性活动疫情防控管理的通知》等文件，强化行业主管部门、属地街道要督促主办方、承办方履行疫情防控主体责任，制定应急处置预案。严格执行聚集性活动疫情防控报批制度，严格控制大型商业性聚集性文娱活动、节日祈福、庙会灯会等群众性活动，引导居民简办“红白事”集体聚餐，严格要求景区、娱乐场所等公共场所执行接纳量不超过75%的防控措施。加强对人群密集重点场所的执法检查，督促问题整改89条，约谈大型餐饮服务单位14家，取消50人以上活动230场次，取消、退订宴席7488桌（其中大型餐饮店5500桌、星级酒店1988桌）。二是抓严抓实医疗机构疫情防控。规范设置发热门诊和预检分诊点，实行发热门诊24小时值班制度，从严抓好发热病人首诊负责制和闭环管理，严格落实发热患者早识别、早报告和规范转诊。全面加强院感控制管理，鼓励有条件的医疗机构实行“三员共管”（院感分管领导、院感专员和院感督导员），加强专人专岗抓落实。严格住院病区的陪护和探视管理，加强院内环境消毒、空气净化和医废管理实时监控，做到人物同防、人物同检。严格抓好医疗机构从业人员（在原上级要求每15天一次的基础上，丰泽区自加压力，调整为每7天一次）、患者及陪护人员（每7天检测一次）、医疗机构发热门诊和预检分诊等重点区域的外环境（每个月至少一次）的常态化定期核酸检测。加大专项监督检查，检查医疗机构530户次，督促整改问题361个，立案查处4家。发布违规收治发热病人有奖举报电话。三是扎实抓好进口冷链食品全链条防控。12月5日，在隆凯冻库设立进口冷链食品集中监管仓，成立工作专班进仓集中办公，引入第三方检测机构加强专业消毒和核酸检测等，严格落实批批检测、件件消毒等防控要求。截至12月30日，累计进仓监管进口冷链食品11批次、4.22吨。加强进口冷链食品“一品一码”溯源监管，加大从进入辖区到零售各流通环节、全链条的闭环监管。累计查处违规企业11家、违规采购进口冷链食品12批次；约谈14家快递企业负责人，督促强化疫情防控主体责任。四是落实进口高风险非冷链集装箱货物防控措施。制定《丰泽区进口高风险非冷链集装箱货物新冠病毒核酸检测和预防性消毒工作实施方案》，按照“谁的货物谁负责，谁作业谁组织消毒”的原则，由行业主管部门区商务局负责督促各企业落实疫情防控主体责任，已协调联系第三方专业机构对入丰我区的2批次进口高风险非冷链集装箱货物进行新冠病毒核酸检测和预防性消毒。五是规范药品零售企业常态化防控。全面启用购药信息实名登记小程序登记退热、止咳药购药信息，对有发热、咳嗽等症状的购药人员（含用药人员），一律停售退热、止咳药，并劝导其到就近的医疗机构发热门诊就诊，累计报送退热、止咳药实名制销售登记信息15.33万条。公布举报热线，对查实线索给予500元奖励。六是加强学校疫情防控校地联动。建立区疫情防控教育分指挥部，建立由区领导挂钩、教育分指挥部具体负责的8个片区的疫情防控负责制，明确教育、卫健、街道、学校等单位的校地联防联控机制。压实“四方”责任，实行区领导挂钩学校和“双线四包”联防联控机制（“双线”即教育防控线和卫生防疫线，“四包”即班子成员包保学校、校领导包保年级、教师包保班级、学校职工包保公共区域）。落实落细重点场所、关键部位、重要环节的疫情防控，严格落实“日报告”“零报告”等健康管理制度，推行错峰上下学、错峰用餐、场所定期消杀等防控措施。组织辖区复学师生及其共同居住者申领“八闽健康码”44.95万人。加强师生心理疏导，组建心理疏导专班，配备专兼职心理教师91名。七是严格交通检疫和客流量控制。成立动车组工作专班，加强泉州动车站交通检疫防控工作，强化重点人员、重点区域防控措施，严格落实公共交通运输工具实名购票、对号入座等要求，适时防控形势要求增开重点地区来泉旅客设置出站专用通道，实行专人引导，加强交通检疫场所的定期专业消毒。

四、分步分类实施，加强常态化核酸检测和疫苗接种。一是全面提升核酸检测能力。改进提升区疾控中心和正骨医院2家区级核酸检测机构，设立5个“应检尽检”采样点，9个“愿检尽检”采样点、1家第三方检测机构。加快核酸检测应检尽检。建立采样标本快速转运检测机制，借助“互联网+常态化核酸检测”信息化管理新模式，实现重点人群“应检尽检”的实时动态监测、信息部门共享和全程追踪溯源，调增部分高暴露重点岗位人群加密检测频次。二是稳步推进重点人群新冠疫苗紧急接种。按照新冠疫苗紧急接种部署要求，分批分类实施重点人群新冠疫苗紧急接种工作。全区共设置9个新冠疫苗接种点、36个接种台，月接种能力达

3.5万剂次。截至2020年12月31日，全区已累计接种新冠疫苗5167剂次。

五、营造氛围，画好社会“同心圆”。一是加强正向激励。区委区政府对一批表现突出的区管干部给予晋级或提拔使用，对在疫情防控阻击战中表现突出的一些先进基层党组织和先进个人给予通报表扬，提振一线攻坚士气。开设“战疫先锋”“一线风采”专栏，先后刊发50多期防疫一线好经验、好典型。集中力量突出主题报道，通过“看丰泽”报道丰泽区疫情防控565篇。全区抗疫报道在央视一套、党建网、学习强国等中央、省、市主流媒体刊发740篇次。二是关心关爱一线人员。制发《关于进一步激励关爱奋战在新冠肺炎疫情防控一线基层党员干部和医务工作者的若干措施》，细化五个“暖心套餐”。为全区卫健系统1511名抗疫一线人员无偿捐赠为期一年的新冠肺炎传染病特定保险保障；正骨医院赠送自制益气固表、利湿祛邪中药汤5815包；志愿者、爱心企业为抗疫一线人员赠送“爱心餐”2400多份、义务理发350多人次。丰泽移动公司为隔离区医护及工作人员提供“和对讲”业务，方便隔离区工作人员的即时通信，助力防控工作。三是加强舆论宣传引导。通过“看丰泽”“听丰泽”“播丰泽”“耕丰泽”（抖音），以及大型商场、酒店、医院等户外LED大屏幕显示屏、流动广播车等，多形式加大疫情防控宣传，在社区、公园、商超、交通路口等公共场所持续滚动播放防疫措施、健康提示等防控宣传。结合民间习俗、语言习惯，制作“蟳埔女”宣传漫画、闽南歌音频、抖音、闽南四句等特色防控宣传作品；在全市公交车上制作播放“健康与您同行”车载宣传视频；推送防控短信、彩铃950万多条；累计印发各类宣传海报、宣传单等宣传材料55万份，“听丰泽”喜马拉雅音频电台荣获“喜马拉雅政务电台抗疫主题全国优秀案例”。四是全力化解矛盾风险。加强舆情监测处置，落实“1+N”敏感舆情应对处置工作机制，综合运用人工巡查+系统监测等手段，及时回应有关疫情谣言信息，遏制社会恐慌情绪。共查处“关帝爷巡境”等有关疫情谣言、不实信息6起，落地查人6人。设立24小时有奖举报电话，核查线索29条。发出《致全区广大企业家朋友们的一封信》，指导企业申办不可抗力相关的事实性证明，减少贸易纠纷。五是实施心理危机干预。将心理危机干预纳入防控总体部署，成立抗疫心理援助团队，开通心理援助热线6条，通过QQ、微信在线咨询服务，开展心理疏导、情绪支持、保障支持等服务，疏导缓解社会紧张情绪。制作发送心理疏导小视频，多形式为医务人员及其家属、隔离留观人员提供心理疏导，定期精神科专业医生对集中留观人员进行心理疏导，消除负面情绪。民政部门开通24小时困难儿童救助保护热线，及时为困难儿童提供个案转介、资源链接、临时照料等五类帮扶救助保护。共组织心理服务志愿者55人，接受线上、电话心理咨询259人次。

六、坚持“两手抓”，统筹推进经济社会发展与疫情防控。一是坚持政企联动促发展。成立8个复工复产帮扶小组，抽调区直机关、街道、社区、网格员等1449人，深入开展“千名干部深入服务万家企业”活动；组建39支283名医务人员的复工复产服务团队，深入开展“千医连万企”服务企业复工复产专业指导，合力打通企业疫情防控、用工、交通物流、供应链、市场拓展等“五难”操作链，确保防疫、发展“两手抓”。建立“1+N”政策体系，出台35条“六稳”等系列政策措施，兑现各类惠企资金2.5亿元，其中区级资金1亿元，帮助54家受疫情影响的中小微企业新增授信2.6亿元，在全市率先为疫情影响下的小微企业集体缴纳或补助受损保险费。新增市场主体1.9万户。针对“招工难”“稳工难”等问题，出台引才“10条”措施，创新“3+N”用工保障机制，推出丰泽“企业人力资源共享平台”，积极打造2020年“春风行动”线上招聘活动，发放返岗用工补贴、失业保险、补助救助资金近千万元。创新推行“企业共享食堂”，着力解决2020年疫情防控初期企业用餐难问题，配送套餐超10万余份，为抗疫一线人员提供爱心捐餐9000多份。二是坚持消费拉动稳增长。举办“乐购嘉年华”等各类主题消费活动50多场次，拉动消费近4亿元。持续提升浦西万达广场、中骏世界城、东海泰禾广场等一批夜间消费点，各商圈客流量、营业额已基本恢复去年同期水平。顺应新消费趋势，推进东海跨境电商发展，联合新媒体矩阵开展直播带货活动，全区电商销售额达17.1亿元，同比增长19.9%。三是开展行业自助互助。领秀文旅集团发起“灯塔行动”，面向产业体系商户制定一企一策的租金减免延补政策，为体系内商户、企业定制供应链品牌团购方案，并投入500万元流动资金用于体系内商户供链免息金融。全力整合不同区域、不同行业、不同服务体系资源优势，依托街道、社区城市基层党建联席会和成员单位架起“资源共享桥”。东海供销社主动对接西福蔬菜基地400多亩西红柿滞销难题，发起“助农销售——丰泽供销在行动”活动，解决了农户燃眉之急。安通集团关注辖区企业生产运输供应链不畅的“卡脖子”问题，运用海上航运、铁路等多种手段构建“绿色运输通道”，先后为15家企业提供1万余吨的生产材料、工业产品。

年度焦点热点

两会热点

【关于老旧小区改造的问题】 2020年7月20日，国务院办公厅印发《关于全面推进城镇老旧小区改造工作的指导意见》，要求按照党中央、国务院决策部署，全面推进城镇老旧小区改造工作，满足人民群众美好生活需要，推动惠民生扩内需，推进城市更新和开发建设方式转型，促进经济高质量发展。2020年，丰泽区争取老旧小区改造中央专项补助资金1.5亿元，完成40个老旧小区、9个城中村、23条背街小巷综合整治，培育“美丽社区”示范点4个。2021年，丰泽区分批分次、滚动推进老旧小区微改造，安排3.15亿元，完成第二批42个老旧小区改造，开工105个老旧小区改造，重点实施铭湖、东湖、华丰、东美、丰泽新村五大老旧片区“串联成片”改造，打造15分钟慢行生活圈。这是民生工程，也是为民办实事工程，也是满足人民群众美好生活需要。要把好事办好、把实事办实。区人大代表建议：1. 科学制定改造方案；2. 多渠道向上争取资金；3. 加强组织领导。

【关于北峰工业区改造升级的问题】 北峰工业区占地6.67万平方米，厂房面积约100万平方米，在20世纪90年代曾是市区重要产业发展区。经过近30年的发展历程，目前工业区存在产业层次不高、产能落后、厂房空置率高、企业纳税额度低等问题，在市场竞争日趋激烈和产业转型升级加速推进的形势下，北峰工业区迫切需要改造。区人大代表有以下方面建议。1. 对接泉州软件园和全市信息服务业，配套发展以硬件制造生产为主、高科技、无污染的产业链前沿后伸项目。2. 盘活空置与低效能厂房资源，改造为市区医院器械库房及医疗物资配送服务中心，既能缓解市区医院库房紧张问题又能满足医院的物资输送需求。3. 随着城市建设的发展，建材需求量日益扩大，目前泉州市区建材市场分散且缺少大型新型建材批发市场。可借鉴南安泛家居市场模式，将工业区改造为线上、线下相结合，从设计到装修一站式服务的大型新型建材批发市场。4. 以建设全市游客集散中心为切入点，依托西湖、西街、闽台缘博物馆等旅游资源，将北峰工业区改造为与西街步行街、西湖公园融为一体的以休闲、健身为主体的文旅休闲区。改造策略如下：政府牵头组织工业区改造，可采用征收或长租厂房或与厂房业主合作运营的模式，公共设施由政府投资，引进运营商实施运营操作，打造建设环境优美、产业高效、生态和谐的现代化园区。

【关于社区文化建设的问题】 伴随着丰泽区城市化步伐的推进，不少社区在城市化进程中实现了集体资产增值、集体经济发展壮大，广大居民群众在经济社会快速发展和物质生活条件改善过程中，精神生活需求不断增长。加强社区文化建设，开展各种文化活动，发挥社区文化建设的引导功能、约束功能、凝聚功能、娱乐功能、激励功能、改造功能，提升居民生活质量，增强居民满足感与获得感，维护社会稳定，化解社会风险的作用。净化社会环境，改善社区居民的精神风貌，提高社区管理工作效率上发挥了重要作用。区人大代表有以下几方面建议。1. 鼓励各社区创建自己的特色文化。2. 提升文体活动档次。3. 将社区工作者的培训纳入区级培训计划。

【关于全面开展中小学校内午托的问题】 晚上睡不够，中午睡不了——这是困扰很多学生特别是中学生的问题。随着课业的加重，许多家长都盼着学校可以开设午托，一来让孩子们减少路途奔波，可以多些休息时间，二来也可以让忙于上班的家长减少奔走接送之苦。目前，在学校周边，校外午托数量众多但质量良莠不齐，安全性难以保证，对此家长们顾虑重重。无论是从青少年身心健康出发，还是从减少家长接送之苦来看，全面开展校内午托都显得十分必要。为此，区人大代表有以下几方面建议。1. 对于新建设的校区，合理规划午托场地及相应配套设施。2. 对于现有的学校，新建食堂和学生午托休息场所，允许进行合理收费。3. 对于现有学校，条件不允许的情况下，可考虑选择校外配餐送到学校；午休场所可考虑在上课教室，配备老师或者家长轮流义务进行值班维持纪律（参考培元中学的做法）。4. 对于条件不允许的现有学校，也可考虑与校外精选的午托机构进行合作挂钩，由学校对托管机构进行规范和监督。

【关于整治丰泽区商住楼酒吧的问题】 随着丰泽区社会经济的高速发展，高楼大厦如雨后春笋般拔地而起，鳞次栉比，成为现代城市的亮丽风景线。丰泽区纯商业写字楼相对稀缺，无法满足社会经济活动需求。在这种情况下，大量商住楼、居民住宅区因交通便利，租金便宜，客源丰富，吸引了一些市场主体在其中开展经营活动，形成了独特的“楼宇经济”。但个别经营者未经相关职能部门许可，未经利害关系业主同意，擅自“住改商”，在商住楼、居民住宅区、校园周边开设酒吧，从事餐饮及娱乐活动，由此引发的一系列问题亟须加强监管整治。为此，区人大代表有以下几方面建议。1. 相关职能部门对违法经营的酒吧坚决开展联合清理整治。2. 发挥业主委员会自治作用，开展物业保障管理，强化主体责任。

【关于市区公共场所加强犬类管理的问题】 近年来，区政府相关职能部门已加强对市区公共场所养犬行为的管理，但从日常了解的情况来看，市区主次干道、公园、广场、休闲步道等公共场所仍时常有宠物犬和流浪犬出没其中，随意遛狗、放任取乐、任意排泄、随处游走现象屡见不鲜，恶犬袭人、狗吠扰民、误踩狗屎也频频发生，对途径群众的人身安全造成了威胁，市民群众深恶痛绝、唯恐避之不及，都希望政府能采取切实有效的措施，下力气纠正这些不文明养犬行为，消除危害市民群众人身安全的“狗患”问题。区人大代表有以下几方面建议。1. 要立足丰泽区中心城区实际，及时建章立制，出台中心城区养犬相关规定，促进丰泽区养犬规范化制度化管理。2. 要以问题为导向，针对目前存在的诸多“狗患”问题，认真吸纳其他城市管犬的成功经验和做法，不等不靠，及时出台一些可操作、管用的措施，尽早消除“狗患”问题。3. 是否建立一支“兼职”的专业打狗队伍，加强日常巡查，定期或不定期地开展专项整治活动，对无证犬、流浪犬进行捕杀；并通过设立举报电话，张贴宣传广告，让市民群众熟知政府管犬的规定和措施，及时举报违规养犬行为，及时报告遗弃犬、流浪犬出没的地方，以方便打狗队伍及时清除四处游荡的遗弃犬、流浪犬，还市民群众一个相对安全的活动环境。

1月

7日，国家禁毒委员会、国务院港澳事务办公室副主任邓中华等一行到丰泽区督导检查禁毒工作，区领导高金全、邱朝阳、谢希圣等陪同。

8日，区委召开“不忘初心、牢记使命”主题教育工作重要会议，参加对象为区委、区人大、区政府、区政协领导班子成员，区人民法院院长、人民检察院检察长等。

9日，区委、区政府举行丰泽区近期完成征迁项目以及2019年下半年招商引资优秀单位插红旗仪式。

10日，区社区矫正管理局、福建省监狱参与社区矫正工作警察丰泽大队、区人民法院、区人民检察院、丰泽公安分局在泉州市桃花山法治文化公园（城东桃花山宪法公园）联合组织开展社区矫正对象集中点验和节前安全警示教育活动。

15日，市政府副市长朱启平带队到泉秀街道泉秀花园东区老旧小区改造项目现场，察看小区路面基础改造及线缆规整等情况。

16日，泉州市正骨医院北峰院区“丹斯里李深静楼”捐赠仪式在海丝博亚国际酒店举行。泉州市委常委、统战部部长林万明，马来西亚丹斯里拿督李深静哲嗣、IOI产业集团董事长李耀昇，福建省委统战部海外处处长张志英，市委统战部常务副部长、市侨办主任黄碧煌，丰泽区领导黄景春、高金全、张维斌、洪奕蓉、李木火等参加，区委常委、统战部部长陈政实主持仪式。

29日，市新冠肺炎疫情应急指挥部召开视频会议，部署新冠肺炎疫情防控工作，丰泽区设立分会场收听收看，区领导黄景春、高金全、陈政实、林希妍、林添盛、洪奕蓉等参加活动。

同日，国务院应对新冠肺炎疫情联防联控机制综合组到丰泽区开展新型冠状病毒感染的肺炎疫情防控工作督导。

2月

3日，泉州市中级人民法院党组书记、院长陈明到丰泽区人民法院实地检查疫情防控工作落实情况，并与丰泽区人民法院部分班子成员开展座谈。

4日，区新冠肺炎疫情防控工作一线指挥部召开视频会议，研究部署防控工作，各街道设立分会场，参加对象为区领导黄景春、高金全、林建扬、上官蓝波、陈政实、林希妍、林添盛等。

6日，区新冠肺炎疫情防控工作指挥部指挥长、区委书记黄景春检查辖区企业返工疫情防控工作情况（国网电力泉州供电公司），陪同参加对象为区领导柯晓晖等。

8日，区委黄景春书记主持召开指挥部工作会议，研究部署企业复工和联防联控工作。

11日，区新冠肺炎疫情防控工作指挥部指挥长、区委书记黄景春检查企业复工疫情防控工作情况，协调解决企业困难问题并检查交通要道防控工作情况（泉州之星汽车销售公司、南方路机），区领导柯晓晖等陪同参加。

17日，市人大常委会主任陈灿辉到丰泽区调研区新冠肺炎疫情防控工作和企业复工情况（匹克集团、中骏世界城、城东社区），并看望市人大常委会下派干部，陪同参加对象为区领导林建扬等。

21日，省纪委领导到丰泽区开展省市重点项目、重点企业复工复产督导工作。

24日，区新冠肺炎疫情防控工作一线指挥部召开指挥部第25次会议，听取督导工作情况汇报，研究部署疫情防控和复工复产工作。

27日，为贯彻中共十九大和中共十九届二中、三中、四中全会精神，以及中央、省委农村工作会议、全国扶贫工作会议精神、总结2019年工作，部署2020年重点任务，市里召开市委农村工作会议，丰泽区设立分会场组织收听收看。

3月

11日，省委组织部公务员二处二级调研员林武及区委常委、组织部部长林希妍一行到东湖街道松林社区检查指导社区党建引领疫情防控等工作情况。

18日，省里举行全省重大项目视频连线集中开工活动和全省安全隐患大排查大整治工作暨统筹疫情和复工复产视频会议，丰泽区设立分会场。

20日，市副市长李伙金到北峰街道东南眼科医院开展安全生产检查工作。

21日，市委书记康涛到丰泽区督导检查疫情防控和安全生产工作。在丰泽区，康涛主持召开座谈会，听取丰泽区工作开展情况汇报，并就下阶段疫情防控和安全生产重难点问题、工作举措、责任落实等进行强调部署。

23日，省委召开全省决战决胜脱贫攻坚座谈会，丰泽区设立分会场。

26日，区新型冠状病毒感染的肺炎疫情防控工作一线指挥部召开丰泽区应对境外疫情输入防控工作会议，研究部署涉外人员摸排和闭环管理有关工作。

4月

1日，省政协副主席薛卫民带队到丰泽区南威软件有限公司调研复工复产情况，区政协主席上官蓝波陪同调研。

1日，区委书记黄景春主持召开部署新冠肺炎无症状感染者疫情防控有关工作。

9日，泉州市委常委、政法委书记林锦明到丰泽区人民法院调研指导工作。

13日，泉州市人大常委会副主任吴友才带领市人大常委会部分组成人员到丰泽区人民法院开展执行工作专题调研活动。泉州市中院副院长高智辉、副院长谢希鹏、执行局局长黄川龙和丰泽区人民法院院长庄能宗等相关领导参加调研。

14日，省住建厅二级巡视员柳文定带领省政府安全隐患大排查大整治指导服务工作组，到丰泽区指导服务大排查大整治工作。区长高金全代表丰泽区委区政府，作全区安全隐患大排查大整治工作汇报，随后指导组查阅丰泽区大排查大整治内页资料。

16日，省指导组到北峰街道开展安全隐患大排查大整治指导服务工作。

18日，市委书记康涛带队到丰泽区，调研督导房屋安全隐患排查整治开展情况，并实地走访检查上海大厦。随后主持召开座谈会，听取丰泽区工作情况汇报，并就下阶段安全隐患排查整治工作进行强调部署。副市长朱启平，市直部门领导张志铭、钟文成、蔡海鸿参加调研。

5月

6日，市委、市政府召开全市抓好“三农”领域重点工作，确保如期实现全面小康推进会，丰泽区设分会场。

13日，市防控疫情应急指挥部召开视频会议，部署加强常态化精准化疫情防控，加快推进经济社会发展工作，丰泽区设立分会场。市视频会议结束后，丰泽区接续召开会议贯彻落实。

18日，区委黄景春书记召开指挥部联合会商会，听取各指挥部有关工作情况汇报，研究部署疫情防控、复工复产、房屋安全、消防安全及返校复学等各项重点工作。

19日，省禁毒办专职副主任林群带队到丰泽区检查禁毒工作。检查组先后到泉秀街道禁毒品牌社区、泉秀街道社区戒毒社区康复管理工作站等地，通过实地查看、现场提问、查阅台账等形式，了解丰泽区禁毒工作开展情况。

28日，市政协副主席陈铭福率“推动泉台文创产业交流合作”课题组到丰泽区领SHOW天地调研文创园建设和与台文创产业交流合作情况，区政协副主席李木火陪同。

29日，省公安厅副厅长许耀鹏在省厅科通处处长洪黄忠、市局副局长曾志敏、科通处处长戴莎军等陪同下到分局调研公安信息化建设工作。

6月

3日，区委、区政府主要领导听取六大片区（后埔片区、后渚片区、金屿片区、南滨江片区、南埔山片区、西华洋滞洪片区）征迁工作情况汇报，研究部署下阶段工作。

4日，区委、区政府举行丰泽区融媒体中心揭牌仪式暨“平台+”产业项目“云签约”活动。

10日，省人民法院法警总队警政室主任曾还彪、警训室副主任吴志杰一行在泉州中级人民法院法警支队警政室科长曾世良、大队长郝贵斌陪同下到丰泽法院检查“六专四室”建设工作。

12日，泉州市政协副主席王瑞强、泉州市民宗局副局长兰德志等一行五人到丰泽区调研城市少数民族流动人口服务与管理情况，区政协、区委统战部相关人员陪同调研。调研采取实地考察、听取介绍、座谈访谈、征求意见等方式，了解少数民族流动人口基本情况、服务与管理现状、存在的主要问题等内容。

13日，市政府朱启平副市长到华大街道辖区内润柏香港城、海归E谷、高新产业园区调研知创产业园有关工作，街道办事处主任邵凡陪同调研。

13日，为贯彻落实创建全国文明城市和国家卫生城市视频会精神，确保各项工作任务落实到位，召开全区创城和创卫工作视频会。

23日，中共丰泽区委统战部与中共泉州市委宣传部、委统战部、市直机关工作委员会、文明办、泉州市民宗局共同主办的“文明泉州 爱卫同行”走进民族乡村宣传周活动在东海街道大坪回族社区——丰泽区唯一一个少数民族聚居社区举行。

30日，丰泽区档案新馆举行竣工

仪式。

7月

1日，副市长、公安局局长李伙金到丰泽派出所检查指导工作。

10日，泉州市中院党组书记、院长陈明到丰泽区法院调研指导审判执行工作。

14日，区委书记、区新冠肺炎防控工作一线指挥部指挥长黄景春听取教育系统防控分指挥部关于中考迎考备考、秋季招生信访化解情况汇报，研究部署下阶段工作，区领导邱朝阳、曾国家等陪同参加。

15—16日，福建省民族与宗教事务厅、福建省体育局有关领导到丰泽区泉州师范学院、泉州市剑影实验学校调研考察丰泽区少数民族传统体育项目训练工作。

22日，福建省委统战部、省民政厅、省新阶联有关领导到丰泽区开展“新的社会阶层人士统战工作组织化及参政议政问题研究”课题调研，泉州市委统战部、市新阶联有关领导陪同调研。

23日，省政协副主席许维泽带领调研组到丰泽区开展“加强城乡基层社会治理制度创新”专题调研。市政协党组副书记、副主席王瑞强，政协社会和法制委员会主任张继红，政协社会法制委员会社会法制科科长余治国，丰泽区委书记黄景春，区委政法委常务副书记林电机，区委政法委副书记薛晋，丰泽公安分局政委刘光宇，公安分局副局长骆华林等领导陪同。并率队来丰泽区开展“加强城乡基层社会治理制度创新”专题调研。

同日，泉州市建筑服务产业园举行开园仪式，吸引29家建筑业企业入驻。

28日，省委政法委调研组到华大城东社区综治中心开展实地督导工作，街道党工委副书记陪同调研。

31日，泉州市副市长、公安局局长李伙金到市行政中心警务室检查指导工作。李伙金实地查看警务室人员配置、装备配备等情况，听取警务室勤务运作、应急处置等工作情况的汇报，并代表市局党委对2020年尤其是疫情防控工作开展以来，警务室全体执勤单位人员在维护市行政中心安全稳定方面取得的工作成效给予肯定和感谢。

8月

3日，泉州市人大常委会主任陈灿辉到丰泽区督导创城工作。参加对象为区领导高金全、林建扬、周顺安等。

5日，市人大常委会主任陈灿辉带队到浦西万达广场实地检查广场周边停车乱象整治工作。区领导黄景春、高金全等陪同。

8日，市政府副市长朱启平一行到辖区东湖新村调研老旧小区改造工作。

10日，市政府市长王永礼到辖区东湖菜市场检查创城工作。

12日，市委书记康涛带队到丰泽区，调研创城、创卫、安全生产工作，听取丰泽区近期安全生产、房屋安全、消防安全、创城、创卫工作情况汇报。

25日，泉州市政协副主席王瑞强，市司法局党组成员、副局长陈生校及市政协委员等一行20余人到丰泽区视察调研“谁执法谁普法”普法责任制落实情况。

同日，泉州厦门两地新阶联组织建设和实践创新基地建设等方面经验交流会在丰泽新阶联同心•实践创新基地“伯勒小镇”召开。

9月

4日，副市长、公安局局长李伙金到丰泽公安分局督导重点工作，副区长、丰泽公安分局局长谢希圣，分局政委刘光宇参加汇报。在听取分局关于公安工作和队伍建设情况汇报后，副市长李伙金对抓好当前重点工作提出要求。

13日，泉州市委书记康涛带队前往华丰社区华丰新村、泉秀新村等地，调研中心市区老旧小区改造工作。

17日，山东省淄博市政协副主席董学武带队到丰泽区开展“做大做强信息产业”考察活动。

18日，迎接市纪委监委主要负责人到丰泽区开展关于政治生态专题调研。

25日，全国人大民族委员会副主任委员史大刚一行6人到丰泽区调研建立健全新时代民族团结进步创建工作机制体制、促进各民族交往交流交融、依法治理民族事务及民族团结进步宣传教育等情况，调研重点走访丰泽区丰泽街道源淮社区。省、市、区相关领导陪同调研。

同日，区委区政府举行丰泽区东海后埔片区改造项目土地与房屋征收工作指挥部揭牌仪式。

10月

6日，城乡规划学家、中国工程院院士吴志强到辖区华侨历史博物馆调研。

10日，区委、区政府走访后埔片区征迁指挥部并召开座谈会，协调解决困难问题。

20日，省委巡视九组召开巡视泉州市丰泽区工作汇报会，参加对象为省委巡视九组领导、区委和区人大常委会、政府、政协领导班子成员等。

21日，省司法厅党委委员、副厅长林德明带领省委全面依法治省委员会守法普法协调小组评估调研组到丰泽区开展“七五”普法总结验收实地检查工作。检查组走访泉州市公安局丰泽分局和青莲寺法治文化园，分别检查丰泽区开展国家机关“谁执法谁普法”履职评议和“法律进宗教场所”工作情况。

27日，市长王永礼带队到华大街道辖区内海归E谷、环宇通成果转化中心调研新基建新经济基地建设工作。

28日，迎接省委巡视办对丰泽区巡察工作开展的专项检查。

同日，副市长、公安局局长李伙金到北峰派出所及泉州动车站检查指导工作，李伙金实地查看该所接处警、户籍办证服务大厅、办案区、加固工程施工现场等处，看望慰问一线执勤民警、辅警，并与所领导班子成员进行座谈。

29日，市委乡村振兴办召开全市实施乡村振兴战略暨巩固脱贫攻坚成果补齐农村短板现场推进会为区委、区政府主要领导及分管领导，区人大常委会、区政协领导等参加会议。

11月

2日，区委、区政府召开座谈会，就进一步做好丰泽区“十四五”规划工作开展座谈交流，征集意见建议。区领导黄景春、高金全、林建扬、上官蓝波、韩卫华、吴志朴、谢希圣、洪奕蓉、柯晓晖、曾国家、黄泽鹏、葛超等参加。

6日，泉州市中级法院党组书记、院长陈明到丰泽区法院调研指导矛盾纠纷多元化解工作。

10日 省委巡视组意识形态专项检查组全体人员，区领导周顺安在丰泽区开展调研活动，其中到华大街道辖区内伯勒小镇时尚文化创意产业园察看时尚文化创意产业发展情况，街道办事处主任邵凡陪同调研。

17日，国家民委办公厅下发文件，授予丰泽区第四批全国“少数民族流动人口服务管理示范城市”称号，这是继2019年丰泽区获得第七批“全国民族团结进步示范区”之后的又一殊荣，也是2020年福建省唯一一个获评单位。

18日，市人大常委会主任陈灿辉、副市长李伙金带队到建筑产业园，实地察看重点项目推进情况，并现场协调解决项目实施中遇到的困难和问题。区领导高金全等陪同。

19日，区委、区政府召开座谈会，就进一步做好丰泽区“十四五”规划工作开展座谈交流，征集意见建议。参会人员有区领导高金全、林建扬、上官蓝波、韩卫华、吴志朴、谢希圣、洪奕蓉、柯晓晖、曾国家、黄泽鹏、葛超等参加。

24日，区委、区政府举行东海高端楼宇经济区招商合作签约暨授牌仪式活动。参会人员有区领导高金全、林建扬、上官蓝波、周顺安、吴志朴、叶春泉、曾国家等出席。

12月

8日，国道G324线泉州大桥及接线扩宽改造工程丰泽段启动征迁协议签订。首日，已签约71宗，完成87%。其中，民宅共42宗，已签约31宗；房改房共40宗，已签约40宗。

10日，国道G324线泉州大桥及接线扩宽改造工程丰泽段征迁房屋拆除工作启动，“第一锤”在泉秀街道灯洲社区后田自然村已腾空的房屋敲下。

同日，全省新的社会阶层人士统战工作实践创新基地建设经验会人员调研省幸联合、网商虚拟产业园等创新基地。省委统战部副部长章正祥参加调研。

同日，区委、区政府举行泉州市软件与工业设计基地招商项目集中签约仪式。区领导高金全、林建扬、上官蓝波、周顺安、吴志朴、叶春泉、曾国家等参加。

30日，泉州中院党组书记、院长陈明到丰泽法院督导清案工作。

2020年，丰泽区对外公开招考14名公务员及参照公务员管理人员，这是丰泽区1997年建区以来第一次对外公开招考。

同年，丰泽区没有台风正面登陆或受台风外围影响。

速览丰泽

建置沿革、区位面积、区划人口

【建置沿革】 有史以来至1958年8月，丰泽区今域的北峰街道大部属于南安县，1958年9月起属于泉州市（县级）；唐开元六年（718）至1950年，丰泽区今域的北峰街道小部及清源街道、东湖街道、丰泽街道、泉秀街道、城东街道、华大街道、东海街道属于晋江县，1951年，属于泉州市（县级）；1986年起，丰泽区今域归属鲤城区，1997年7月经国务院批准，原泉州市鲤城区“一分为三”，设立鲤城区、丰泽区、洛江区，1997年9月29日，丰泽区人民政府挂牌成立。

【地理位置、面积】 丰泽区地处泉州市区中心区域，介于北纬24°51′～25°00′、东经118°32′～118°41′。东与惠安县隔洛阳江相望，西与鲤城区、南安市毗邻，南与晋江市隔晋江相邻，北与洛江区接壤，东南濒临台湾海峡。全区面积129.63平方千米（东西距离16010米，南北距离16569米），陆地面积105.84平方千米，城市建成区面积55.54平方千米，现有森林蓄积量23.16万立方米，森林覆盖率30.73%，林地面积3170公顷。省级自然保护区总面积1179.24公顷，省级以上森林公园1个、面积380公顷。水域面积23.79平方千米，海岸线长16.6千米。

【行政区划、人口】 2020年，丰泽区辖东湖、丰泽、泉秀、华大、清源、东海、城东、北峰8个街道、82个社区。常住人口69.86万人，户籍人口299298人，男性143516人，女性155782人。出生4508人，死亡1429人，人口自然增长率10.5‰，迁入20122人，迁出8861人。丰泽区实际耕地面积330.64公顷，基本农田保护面积463.91亩（30.93公顷），均高于上级下达的耕地保有量指标。粮食产量23.1万千克。2020年全区生产总值763.9亿元，比上年增长3.9%。其中：第一产业1.69亿元，增加8.6%；第二产业148.76亿元，下降0.5%；第三产业613.47亿元，增长5.0%。人均地区生产总值122065元，增长5.0%。规模以上工业产值259.8亿元，增长1.2%。农林牧渔业总产值3.43亿元，下降1.1%。固定资产增长9.9%。社会消费品零售总额529.35亿元，增长11.4%。外贸投资总额5.33亿元；企业实际到资22631万元，增长5.1%，海关出口总值100.2亿元，增长29.0%。一般公共预算总收入25.6亿元，下降22.3%，其中地方一般公共预算收入16.1亿元，下降19.8%。城镇居民人均可支配收入60100元，增长2.9%。

地形、地貌、环境、资源

【地形地貌】 丰泽区地处泉州市区中心区域，西北高，东南较平坦，境内主要有清源山、大坪山、桃花山三山，其中清源山海拔最高，达498米。晋江、洛阳江两江如玉带缠腰，两江出海口在境内东南部的泉州湾。丰泽境内最大的河流为晋江，从西北至东南流经境内北峰、清源、泉秀、东海4个街道，在东海街道蟳埔社区出城入海。

【气候】 2020年，丰泽区属亚热带海洋性季风气候，夏无酷暑，冬无严寒，雨量充足，四季常青。唐末诗人韩偓《登南神光寺塔院》诗云：“四序有花长见雨，一冬无雪却闻雷”，道出丰泽气候温暖宜人的特点。年平均气温18.8℃，常年最冷月份为2月，月平均气温10～12.2℃；最热月为7月，月平均气温24.5～28.6℃。年日照4422小时，年平均降水量1236.1毫米，极端年份最大降水量2201毫米（1939年），极端年份最少降水量744.6毫米（1976 年）。

【空气质量】 泉州市丰泽区空气质量功能区为二类区，评价标准是 GB 3095—2012《环境空气质量标准》表 1 二级标准。2020 年丰泽区空气质量状况总体良好，空气质量优良以上天数为 355 天（其中优天数为 193 天），占全年总监测天数(365 天)的97.3%。2020 年，丰泽区空气首要污染物为臭氧（O_3）。

【地表水质量】 2020 年，丰泽区地表水环境质量及饮用水源地水质均能按功能分区稳定达标。其中，北渠地表水评价标准是《地表水环境质量标准》（GB 3838—2002）表 1 中Ⅱ类标准（总氮、粪大肠菌群不参与评价），地表水水质达标率 100%；饮用水源评价标准是《地表水环境质量标准》（GB 3838—2002）表 1 中Ⅲ类标准（总氮、粪大肠菌群不参与评价）及《地表水环境质量标准》（GB 3838—2002）表 2 中集中式生活饮用水地表水源地补充项目标准限值，北水厂饮用水源达标率均为 100%。

【噪声监测】 2020 年，丰泽区区域环境噪声监测结果为年平均值昼间 56.4 分贝，可达区域环境噪声 2 类区标准。交通噪声监测结果为昼间 69.0 分贝，稳定在交通噪声二级以上水平。

【自然资源】 2020 年，境内已探明的矿产以非金属矿产资源（花岗岩、辉绿岩）为主，小矿种有地热、矿泉水等。辖区地处泉州市中心城区，在《泉州市矿产资源开发与保护规划》中列为非金属矿产资源禁止开采区、矿山地质环境保护与恢复治理重点区。境内已批准的采矿权仅有丰泽区涌泉矿泉水公司 1 家，核定开采量 24 米^3/日，矿泉水水质类型为偏硅酸饮用天然矿泉水。森林覆盖率 30.73%，林地面积 3170 公顷，以杉木、马尾松及阔叶树树木为主，野生动植物资源较为丰富。

【旅游资源】 丰泽区依山傍海，北据蜚声中外的国家重点风景名胜区清源山，东揽古代海上丝绸之路起点后渚港，旅游资源十分丰富。辖区国家级、省级人文自然景观星罗棋布，2020 年，有国家级重点文物保护单位 4 处，省级文物保护单位 6 处，市级以上文物保护单位共 44 处。其中有老君岩、弥陀岩、三世佛、灵山圣墓、南少林寺、海印寺、真武庙、东湖公园、西湖公园、森林公园、刺桐公园、水上乐园、海外交通史博物馆、华侨历史博物馆、泉州博物馆、闽台缘博物馆、万维生邮票艺术馆、虫寻埔民俗文化村、真武庙旅游美食城以及南戏、南音、南建筑、南少林武术等珍贵的文化遗产。辖区旅游综合服务完善，有三星级以上酒店 18 家，经济型旅社、招待所近 50 家；海陆空交通网络全面形成，十分便捷；丰泽的风味佳肴独具特色，清淡爽口，丰泽美食让游客流连忘返。

经济社会发展成就

【丰泽区经济发展】 2020 年，丰泽区经济运行难中有进，建立复工复产"五个一"工作机制，强化政企互动，合力打通"五难"操作链，"四上"企业、重点项目实现 100% 复工，零售餐饮、文化旅游等服务行业有序复市。出台"稳企 12 条"等一系列政策，兑现帮扶资金 4.22 亿元，落实各项减免税费 10.9 亿元，新增企业 1.2 万户，增长 18.9%。帮助中小微企业获省级专项纾困贷款资金 3.46 亿元，安通控股成功司法重整，不良贷款率控制在 1.29%。率先推出企业"共享食堂""共享员工"等措施，为 2.4 万家小微企业购买复工险，帮助企业点对点接回省外员工 5000 余人。组织"项目攻坚 2020"活动，89 个在建重点项目完成投资 182.7 亿元，16 个项目开工建设，30 个项目竣工投产。"五个一批"新增入库项目 93 个，总投资 610.9 亿元。争取地方政府专项债 2 亿元，为历年最高。突破一批征迁遗留问题，城东至北峰快速通道等 9 个项目实现征迁清零，完成土地征收32.42 公顷、房屋征迁89 万平方米、土地招拍挂 8 宗。推行"云签约"招商模式，引进招航物流等项目 191 个，总投资 285 亿元。举办"乐购嘉年华"等系列主题消费活动，发放消费券 4000 万元，撬动消费 10 亿元，完成社会消费品零售总额 412 亿元，新增限上商贸企业 49 家。打造"夜浦西""夜色领秀"等一批市级夜间经济示范区。加快发展网红经济、平台经济，引进小米谷仓"科技 + 消费"等基地，限上电商零售额增长 27.6%。培育"泉州伯勒小镇"等特色文旅品牌，策划生成 15 条精品旅游线路，领秀文旅集团获评"中国最佳文旅产业服务商"。产业转型步伐加快，科技创新赋能，完成技改投资 10.6 亿元，增长 26.8%。完成"两化融合"项目 6 个，总投资 1.7 亿元，入选泉州市"数控一代"示范项目 5 个、"两化融合"贯标体系企业 5 家，匹克态极运动鞋列入"第一批省工业和信息重点新产品推广目录"，加快制造业主辅分离，8 家企业获评"市级服务型制造企业"，聚焦规模效应，9 家企业入选省、市级龙头企业，南方路机等 12 家企业入选"上市及场外市场挂牌后备企业名单"。制定数字丰泽建设发展规划，5 个省级重点数字经济项目完成投资 35.7 亿元，建成 703 个 5G 基站，数字经济规模居全市第二。参与全市新基建新经济比拼，软件与工业设计基地新引进项目 44 个，总投资 18.3 亿元，实现税收增长 137.7%；知创产业基地完成总体规划，建设中国（泉州）知识产权保护中心，建成三大技术检测公共服务平台，新引进项目 14 个，总投资 7.1 亿元。深化"第三产业提升年"活动，

67个在建重点项目完成投资167亿元，第三产业增加值增长5%。科学布局建筑服务、中介服务、数字经济等一批小微产业园，泉州建筑服务产业园入驻企业90家，实现产值15亿元。建成8栋高端商务楼宇，全区纳税千万元楼宇38幢，东海总部经济区加速繁荣。房地产市场平稳健康发展，商品房销售面积增长25%。创新发展供应链金融，鑫润航达等一批项目落地见效，金融机构存贷款余额增长14.3%，金融业增加值增长5.9%。改革开放协同发力，“放管服”改革扎实推进，“一趟不用跑”事项同比增长25%，推出17项“一件事”集成套餐服务，企业开办时限压缩至1个工作日，在全省首创个性化智能电子告知单，疫情期间“不见面审批”8.1万余件。全面推行部门联合“双随机、一公开”市场监管。街道机构改革全面完成。国有企业改革取得突破，区城建、国投两大集团资产总额达127亿元。探索街道、社区资产管理机制，盘活社区集体资产、资金。实施区级科技计划项目34个，新认定国家高新技术企业79家、省级科技小巨人领军企业4家，高新技术企业实现产值150亿元。引进西安交通大学国家技术转移中心等一批科技平台，华创空间入选“国家备案众创空间名单”，领SHOW天地入选“国家小微企业创新创业示范区”。科技成果加速转化，专利授权3361件，认定登记技术合同118项，成交额2.5亿元，居全市第一。推进人才“港湾计划”，疫情期间出台人才引进十条措施，新增省、市高层次人才269名，引进国内外高校本硕博人才154名。拓展“一带一路”沿线国家市场，引进外资项目38个，实际利用外资2.28亿元，东海跨境电商生态圈获评第四批“泉州市现代服务业集聚示范区”。深化外事侨务、对中国台港澳工作，“海归E谷”留学生创业园签约入驻项目6个，总投资13.4亿元。加强与顺昌县交流协作，落实帮扶资金1200万元，顺丰共建产业园居全省扶贫重点县园区联合考评第二名。

【丰泽区城区建设】 2020年，丰泽区开展“基础设施建设提速”系列行动，21个城建项目完成投资16亿元。推动片区改造，西华洋片区完成签约99.5%，南滨江片区完成签约93.5%，后埔、南埔山等片区动迁工作全面提速，后渚、金凤屿片区改造前期工作有序推进。加速老城区有机更新，获中央专项补助资金2.1亿元，完成40个老旧小区、9个城中村、23条背街小巷综合整治，培育“美丽社区”示范点4个；打通“断头路”3条，修复破损1622处，改造公厕18座、农贸市场4个，新设便民摊点18处，新增公共停车泊位800余个。完善“创城”“创卫”常态长效机制，通过“创城”总评和“创卫”省级复审。完成第三次国土资源调查，数字城管采集立案数突破17万件，案件处置率99.56%，200个停车场使用智慧停车管理系统。分类处置安全隐患房屋1343栋，拆除违建面积22.2万平方米。推动生活垃圾分类，升级改造分类投放点230处，丰泽街道获评“福建省首批生活垃圾分类示范片区”。推广成立出租房屋管理协会，实现街居两级全覆盖，完善城市管理体制，道路保洁、公厕管理等实现市场化运营。“智慧丰泽”一期PPP项目被中国信息协会授予“2020政府信息化管理创新奖”，作为全省唯一的县（市、区）获评第四批“全国少数民族流动人口服务管理示范城市”。按时完成中央和省、市生态环保督察反馈问题整改，实施10个大气减排项目，加强油烟监管、喷雾抑尘等专项整治，空气质量超标天数同比减少54.5%。落实河（湖）长制，完成截污改造、雨污分流、排污整治项目76个，北渠饮用水源水质达Ⅱ类标准。加强土壤污染防治，开展水土流失综合治理，完成66.67公顷土壤安全利用。打击环境违法行为，投诉件下降34%。完成植树造林7.87公顷，提升绿化景观20.3万平方米。

【丰泽区社会事业】 2020年，丰泽区民生福祉持续增进，疫情开始即设专班，协调重点保供企业扩大库存、拓展货源，做好各类生活物资保供稳价。实施就业稳岗暖心服务行动，发放稳岗返还资金1.06亿元、失业保险待遇1409万元，减、免征社会保险费7亿元，新增城镇就业2.46万人，居全市第一。低保标准提高到每人每月775元，人均补助水平居全市前列。被征地人员养老保障金标准提高至每人每月237元，实现“六连涨”。发放各类救助补助金2214万元。新建、提升居家社区养老服务照料中心2个，区福利中心建设前期工作有序推进。完成区、街、社区三级退役军人服务机构建设，教育发展更加优质均衡，通过省级“教育强区”考核；新改扩建校舍工程22个，新增优质学位4500个，学前教育普惠率超86%；省级义务教育管理标准化学校数量居全市第一，中考成绩连续十三年居全市前列，高考成绩再创新高；课后延时服务惠及1.2万名学生；新成立5个学校董事会、促进会。卫生健康资源供给持续扩大，泉州正骨医院北峰院区、疾控中心妇幼保健院等项目有序推进，正骨医院获评“全国2020年群众满意的医疗机构”；完善基层医疗卫生服务体系，新增医疗机构41家，率先在全市推行“互联网+常态化核酸检测”信息化管理，核酸日检测能力达2.8万份以上。推进创建“国家公共文化服务体系示范区”工作，新增社区综合文化服务中心示范点2个、多功能运动场所7处，区图书馆项目竣工。推进“强基促稳”三年行动，排查调处矛盾纠纷2294起，化解历史信访积案101件。打好扫黑除恶专项斗争收官战，刑事警情下降10.1%，平安建设“三率”稳步提升。推进安全生产隐患大排查大整治，组织实施“扫雷”系列行动，事故起数、死亡人数、受伤人数实现“三下降”，被评为泉州市年度安全生产和消防安全目标责任制“双优秀”单位。加强“餐桌污染”治理，开展药械安全专项整治，保障食品药品安全。自然资源、防汛防火、民族宗教、地方志、国防双拥、老干老龄、工青妇儿、红十字、残疾人等工作取得新成效。

党建工作

【党风廉政建设】 2020年，区委在谋划和推动现代化城市核心区建设的同时，坚定不移推进党风廉政建设和反腐败斗争。抓好省、市委落实全面从严治党主体责任检查问题清单的整改，通过交办清单、座谈反馈、督查督办等方式，推动省委、市委检查反馈的34个问题、1个问责建议全部按时整改到位。紧盯失职失责等突出问题，查处落实全面从严治党主体责任不力问题2起、问责科级干部2人。

【区委巡察】 2020年，区委开展常规巡察3轮5批次，巡察23个单位党组织。五届区委计划巡察163个单位，已开展巡察163个单位，对8个街道、47个区直部门、26个区管事业单位、2个国企及82个社区进行巡察，覆盖率100%。共反馈问题2630条，已整改2474条，整改率97.05%（不含未到整改期限）；移交问题线索138件177人，已办结128件164人；运用“四种形态”处理95人，其中给予党纪政务处分13人，有力发挥巡察利剑作用。

领导机构

中共丰泽区委员会

区委重要决策和会议

【区委常委（扩大）会议】 2020年1月21日，区委召开常委（扩大）会议暨集体交心谈心，区委常委、区政府副区长等参加会议。

1月31日，区委召开常委（扩大）会议，研究疫情防控工作专题会。

11月2日，区委召开常委（扩大）会议，传达贯彻中共十九届五中全会和省委常委（扩大）会议，市委常委（扩大）会议精神。

【区委常委会会议】 2020年1月17日，区委召开五届区委常委第147次会议，会议传达学习中央和省委、市委“不忘初心、牢记使命”主题教育总结会精神，研究提出丰泽区贯彻意见（同时作为区委主题教育领导小组第七次会议）；传达学习习近平总书记为国家综合性消防救援队伍授旗训词精神和省委常委会、市委常委会会议精神，研究提出丰泽区贯彻意见；研究人事调配事项；研究审定《丰泽区公务员职级晋升工作的有关要求》；研究有关干部工作。

1月21日，区委召开五届区委常委第148次会议，区委常委出席。会议传达中央和省、市纪委全会精神，研究提出丰泽区贯彻意见；传达省十三届人大三次会议、省政协十二届三次会议和市十六届人大五次会议、市政协十二届四次会议精神，研究提出丰泽区贯彻意见；听取区人大常委会、区政府、区政协党组和区纪委监委及区法院、区检察院党组2019年度工作开展情况汇报；传达学习国家和省、市新冠肺炎疫情防控工作会议精神，研究提出丰泽区贯彻意见；研究审定《丰泽区2019年重点项目绩效考核办法》；研究审定《丰泽区街道机构改革实施方案》；研究丰泽区生产经营类事业单位改制事项；研究审定“担当作为好干部”评选程序建议方案。

2月6日，区委召开五届区委常委会第150次会议，会议传达贯彻中央政治局常委会和省委常委会、市委常委会研究加强新冠肺炎疫情防控工作会议精

2020年6月4日，丰泽区融媒体中心举行新址揭牌仪式，区委书记黄景春、区长高金全为中心揭牌、讲话

神，研究部署丰泽区相关工作（同时作为区新冠肺炎疫情防控工作一线指挥部第十一次会议）。

2月15日，区委召开五届区委常委会第151次会议。会议传达贯彻习近平总书记在北京市调研指导新冠肺炎疫情防控工作时的重要讲话、中央政治局常委会会议和省委常委会、市委常委会会议精神，研究加强疫情防控工作。

2月19日，区委召开五届区委常委会第152次会议。会议传达学习习近平总书记在全国民族团结进步表彰大会上的重要讲话精神和中央两办《关于全面深入持久开展民族团结进步创建工作铸牢中华民族共同体意识的意见》，及省委常委会、市委常委会会议精神，研究提出丰泽区贯彻意见；传达学习市委书记康涛、市政府市长王永礼到丰泽调研讲话精神，研究部署丰泽区复工复产和疫情防控工作（同时作为区新冠肺炎疫情防控工作一线指挥部会议）；研究进一步规范社区专职工作者奖励待遇事项；研究成立律师行业党委相关事宜。

2月26日，区委书记召开五届区委常委会第153次会议。会议研究贯彻习近平总书记在中央政治局会议、全国统筹推进新冠肺炎疫情防控和经济社会发展工作部署会议上的重要讲话和习近平总书记就关心爱护参与疫情防控工作的医务人员专门作出的重要指示精神，以及省委常委会、市委常委会精神（同时作为区新冠肺炎防控工作一线指挥部第二十七次会议）。

3月6日，区委召开五届区委常委第154次会议，会议传达贯彻习近平总书记在中央政治局常委会会议上的重要讲话，及省委常委会、市委常委会会议精神，研究部署近期防控重点工作（同时作为区新冠肺炎疫情防控工作一线指挥部第二十八次会议）；传达学习习近平总书记关于“三农”工作的重要论述以及省委、市委农村工作会议精神，研究提出丰泽区贯彻意见；传达学习全省、全市组织部长会议精神，研究提出丰泽区贯彻意见；传达学习全国统战部长会议、全国民委主任会议、省委常委会会议、全省统战部长会议、全省民族宗教局长会议、市委常委会、市委统战部长会议、市民族宗教局长会议主要精神，研究提出丰泽区贯彻意见（同时作为区委统一战线工作领导小组会议）；研究审定《中共泉州市丰泽区委常委会2020年工作要点》，通报区2019年度“强基促稳”考评情况，研究先进集体和先进个人名单。

3月13日，区委召开五届区委常委第155次会议。会议传达学习市委常委会（扩大）会议精神，听取丰泽区疫情期间安全生产和消防工作大排查大整治情况汇报，研究部署下阶段工作（同时作为丰泽区安全生产工作会议）；传达学习全省、全市公安局长会议精神，研究提出丰泽区贯彻意见；传达学习中央和省、市政法工作会议精神，研究提出丰泽区贯彻意见；传达学习全国、全省、全市宣传部长会议精神，研究提出丰泽区贯彻意见；研究评选全区疫情防控和复工复产工作先进基层党组织、先进集体和先进个人事项。

4月10日，区委召开五届区委常委会第157次会议。会议传达学习习近平总书记在中央政治局会议、出席二十国集团领导人应对新冠肺炎疫情特别峰会、浙江考察时的重要讲话，和省委常委会（扩大）会议、市委常委会会议精神，听取疫情防控、复工复产、学校复学情况汇报，研究部署下阶段工作（同时作为区新冠肺炎疫情防控工作一线指挥部第三十二次会议）；传达学习习近平总书记对四川西昌市经久乡森林火灾作出的重要指示和省委常委会（扩大）会议、全市安全隐患大排查大整治和疫情防控重点工作视频会议精神，听取区大排查大整治总指挥部及各街道指挥部工作情况汇报，研究部署下阶段工作（同时作为区房屋安全、消防工作、安全生产大排查大整治工作总指挥部第三次会议）；听取2019年度街道、区直机关绩效评估工作情况汇报；传达学习2019年度市委全面从严治党主体责任落实情况检查集体约谈会精神，研究审定《关于落实市委检查组移交的“丰泽区2019年度全面从严治党主体责任落实情况的问题清单和问责建议”整改任务分解方案》；传达学习中央网信委第三次会议、省委网信委第三次会议、市委网信委第三次会议精神，研究2020年网信工作要点（同时作为区委网信委第二次会议）；听取2019年度丰泽区党委（党工委、党组）落实意识形态工作责任制专题督查情况汇报，研究部署下阶段工作；听取2019年度丰泽区委巡察工作情况汇报，研究审定五届区委第十六轮巡察工作实施方案。

4月16日，区委召开五届区委常委会第158次会议，会议传达中央对原福建省委常委、副省长张某涉嫌严重违纪违法进行纪律审查和监察调查的决定，传达学习省委常委会、市委常委会会议精神；传达学习全国和全省、全市抓党建促决胜脱贫攻坚电视电话会议精神，研究提出丰泽区贯彻意见；传达学习省委常委会、全省退役军人工作会议和市委常委会、全市双拥共建工作领导小组第28次会议暨争创全国双拥模范城“九连冠”迎检工作会议精神，研究提出丰泽区贯彻意见（同时作为2020年区委退役军人事务工作领导小组第一次全体会议）；传达学习省、市2020年生态环境保护工作会议精神，研究部署2020年全区生态环境保护工作（同时作为2020年度街道党政领导生态环境保护目标责任书签订、全区2020年生态环境保护工作会议）；研究审定《泉州市丰泽区政协常委会2020年度民主协商与监督工作计划》；研究审定《区管领导班子和区管干部2019年度考核工作方案》；研究审定《区管优秀年轻干部人选推荐考察工作方案》。

4月24日，区委召开五届区委常委会第159次会议，会议传达学习习近平总书记对审计工作的重要指示，和全国、全省审计工作会议、省委书记于伟国在省委常委会暨省委审计委员会第三次会议上的讲话、省长唐登杰对审计的批示以及市委审计委员会第二次会议精神，听取全区2019年审计工作情况汇报，研究2020年度审计项目计划安排（同时作为区委审计委员会第二次会议）；传达学习全省、全市经济运行分析会会议精神，听取全区第一季度经济运行分析情况汇报，研究部署下阶段经济工作；研究确定2020年区级重点企业名单和2019年度财政贡献大户、进出口大户企业名单；听取丰泽区“两违”综合治理工作和违建别墅清理情况汇报，研究部署下阶段工作。

4月30日，区委召开五届区委常委会第160次会议，会议传达学习习近平总书记在中央政治局会议、中央政治局常委会会议上的重要讲话，和省委常委（扩大）会、省委常委会、全省统筹推进常态化疫情防控和经济社会发展工作部署会议、市委常委会、全市视频会会议精神，研究部署丰泽区抓紧抓实抓细常态化疫情防控工作和当前经济工作（同时作为区新冠肺炎疫情防控工作一线指挥部第三十三次会议）；传达学习习近平总书记对安全生产作出的重要指示，和全国安全生产电视电话会议、省委常委会、市委常委会会议以及省、市安全生产工作视频会会议精神，研究部署丰泽区安全生产工作（同时作为区房屋安全、消防工作、安全生产大排查大整治工作总指挥部第七次会议）；传达学习省委全面依法治省委员会、市委全面依法治市委员会第四次、第五次会议精神，研究审定《中共泉州市丰泽区委全面依法治区委员会关于依法防控新冠肺炎疫情 切实保障人民群众生命健康安全的实施方案（送审稿）》，研究提出丰泽区贯彻意见（同时作为区委全面依法治区委员会第三次会议）；听取2019年度全区禁毒工作汇报，研究审定《丰泽区突出毒品问题整治方案（2020—2022年）》，部署下一阶段工作（同时作为区禁毒委员会第二次会议）；研究有关干部工作。

5月12日，区委召开五届区委常委会第161次会议，会议传达学习全省深入学习贯彻落实习近平总书记重要讲话重要指示批示精神情况通报暨部署会和市委常委会会议精神，研究部署近期有关工作；传达学习中央主题教育总结报告、省委常委会暨省委主题教育领导小组第十五次会议、市委常委会暨市委主题教育领导小组第八次会议精神，听取丰泽区主题教育工作情况汇报（同时作为区委主题教育领导小组第八次会议）；传达学习中央统一战线工作领导小组《贯彻落实习近平总书记重要批示精神持续抓好宗教工作督查整改的情况报告》《宗教工作督查“回头看”对福建省的反馈意见》精神，研究审定《中共泉州市丰泽区委统一战线工作领导小组工作规则》和《中共泉州市丰泽区委统一战线工作领导小组办公室工作细则》（同时作为区委统一战线工作领导小组会议）；传达学习中央办公厅《关于持续解决困扰基层的形式主义问题为决胜全面建成小康社会提供坚强作风保证的通知》和省委常委会、市委常委会会议精神，研究提出丰泽区贯彻意见；传达学习省、市研究部署扩大核酸检测范围、学校疫情防控工作视频会议精神，听取丰泽区工作情况汇报，研究部署下一阶段工作（同时作为区新冠肺炎疫情防控工作一线指挥部第三十四次会议）；传达学习全省、全市基层党建工作重点任务推进会精神，研究提出丰泽区贯彻意见；传达学习《各民主党派中央关于建立健全领导班子民主生活会制度座谈会纪要》《各民主党派中央关于加强内部监督工作座谈会纪要》精神，研究提出丰泽区贯彻意见。

5月25日，区委召开五届区委常委会第162次会议，会议传达学习习近平总书记在中央政治局常委会会议上的重要讲话、在山西考察时的重要讲话和在国际护士节作出的重要指示精神，以及省委常委会（扩大）会议、省委常委会会议、市委常委会会议精神（同时作为区新冠肺炎疫情防控工作一线指挥部第三十四次会议）；学习传达全国信访部门电视电话会议及做好2020年全国信访保障工作的通知文件精神，研究提出丰泽区贯彻意见；研究审定《盘活社区居委会、原村集体资产组存量货币资产的方案》；研究丰泽区2019年重点项目绩效评估结果；研究审定《泉州市丰泽区国有不动产划转移交和管理工作实施方案》；传达学习2020年省、市对台工作会议精神，研究提出丰泽区贯彻意见；研究审定《关于新时代加强和改进人民政协工作的实施意见》。

6月2日，区委召开五届区委常委会第163次会议，会议传达学习中央和省、市深改有关会议精神，研究审定《中共泉州市丰泽区委全面深化改革委员会2020年工作要点》（同时作为区委全面深化改革委员会第八次会议）；传达学习中央、省委、市委国安委有关会议精神，研究审定区委国安委《关于建立国家安全重点领域工作协调机制的方案》和《2020年工作要点》；传达学习2020年省、市对台工作会议精神，研究提出丰泽区贯彻意见；研究审定《盘活社区居委会、原村集体资产组存量货币资产的方案》；研究审定《泉州市丰泽区国有不动产划转移交和管理工作实施方案》；研究审定《关于新时代加强和改进人民政协工作的实施意见》。

6月18日，区委召开五届区委常委会第164次会议，会议传达学习上级有关文件精神；传达贯彻习近平总书记在中央财经委员会第六次会议上的重要讲话，和省委财经委员会、市委财经委员会会议精神，研究审定《中共泉州市丰泽区委财经委员会2020年工作要点》（同时作为区财经委员会第三次会议）；

传达贯彻省委全面依法治省委员会第六次会议和市委全面依法治市委员会第六次会议精神，研究审定《中共丰泽区委全面依法治区委员会2020年工作要点（送审稿）》（同时作为区委全面依法治区委员会第四次会议）；听取近期安全生产工作情况汇报，研究审定《丰泽区安全生产专项整治三年行动实施方案》（同时作为区房屋安全、消防工作、安全生产大排查大整治工作总指挥部第八次会议）。

7月2日，区委召开五届区委常委会第165次会议，会议传达学习习近平总书记在宁夏考察时的重要讲话精神，以及省委常委会（扩大）会议、市委常委会会议精神，研究提出丰泽区贯彻意见；传达学习《中共中央、国务院关于加强禁毒工作的意见》和《中共中央办公厅、国务院办公厅关于印发毒品问题严重地区责任考评办法的通知》文件精神，以及省禁毒委到丰泽区检查验收禁毒工作情况的反馈意见（同时作为区禁毒委员会第三次会议）；传达学习习近平总书记关于反恐怖工作的指示精神和全国、全省、全市反恐怖工作电视电话会议精神，研究提出丰泽区贯彻意见；传达学习省委常委会、市委常委会暨中央环境保护督察整改工作领导小组会议精神，研究审定《泉州市丰泽区贯彻落实第二轮中央生态环境保护督察反馈意见整改方案（送审稿）》；传达学习中央和省委巡视巡察有关会议精神，研究提出丰泽区贯彻意见，研究审议区委第十七轮巡察工作方案；研究成立北峰街道万科城社区居委会事项。

7月9日，区委召开五届区委常委会第166次会议，会议传达学习习近平总书记在中央政治局第二十次集体学习时的重要讲话精神，以及省委常委会会议、省委理论学习中心组学习会、市委常委会会议精神，研究提出丰泽区贯彻意见；传达学习习近平总书记对禁毒工作的重要指示精神以及全国禁毒工作先进集体和先进个人表彰会议、省委常委会、市委常委会会议精神，研究提出丰泽区贯彻意见（同时作为区禁毒委员会第四次会议）；传达学习省委、市委贯彻《中国共产党宣传工作条例》专题会议精神，研究提出丰泽区贯彻意见；研究有关干部工作。

7月22日，区委召开五届区委常委会第167次会议，会议传达学习习近平总书记在中央政治局第21次集体学习、中央政治局会议审议《中国共产党基层组织选举工作条例》时重要讲话、给复旦大学青年师生回信，和省委常委会会议、市委常委会会议精神，研究提出丰泽区贯彻意见；传达学习习近平总书记关于防汛救灾工作重要讲话重要指示精神和全省、全市防汛防台风视频会议有关精神，研究提出丰泽区贯彻意见；传达学习国务院批复的福建省泉州市欣佳酒店“3·7”坍塌事故调查报告和省委批准、中央纪委国家监委同意的追责问责处理意见以及市委常委会会议精神，听取丰泽区安全生产大排查大整治工作情况汇报，研究部署贯彻落实工作（同时作为区房屋安全、消防工作、安全生产大排查大整治工作总指挥部第九次会议）；传达学习省委常委会、市委常委会会议精神，研究部署统筹推进常态化疫情防控和经济社会发展有关工作（同时作为区新冠肺炎疫情防控工作一线指挥部第三十八次会议）；研究审定《泉州市丰泽区委落实全面从严治党主体责任清单》（同时作为区委党建工作领导小组会议）。

8月21日，区委召开五届区委常委第169次会议，会议传达学习习近平总书记在中央政治局常委会会议和中共中央党外人士座谈会上的重要讲话、在吉林考察的重要讲话、在企业家座谈会上的重要讲话、给中国石油大学克拉玛依校区毕业生回信、对“十四五”规划编制工作作出重要指示，及省委常委会（扩大）会议、市委常委会（扩大）会议精神，研究提出我区贯彻意见；传达学习省委河（湖）长制工作推进会会议精神，研究提出丰泽区贯彻意见；研究调整社区党组织书记有关事宜，部署社区组织建设工作；研究审定《泉州市丰泽区残疾人联合会机构改革方案（送审稿）》；传达学习全市年轻干部培养工作座谈会、组织部部长专题工作座谈会以及《泉州市贯彻落实〈2019—2023年全国党政领导班子建设规划纲要〉实施方案》精神，研究提出丰泽区贯彻意见；研究有关人事调配事项；研究有关干部工作。

8月24日，区委召开五届区委常委第170次会议，会议宣布市委干部任免决定，研究干部有关事项；研究部署近期有关工作。

9月7日，区委召开五届区委常委会第171次会议，会议传达学习习近平总书记在安徽考察和主持召开扎实推进长三角一体化发展座谈会时的重要讲话、在中国医师节到来之际向全国广大医务工作者致以节日祝贺和诚挚慰问时的重要指示，及省委常委会会议、市委常委会会议精神，研究提出丰泽区贯彻意见；传达学习习近平总书记致中国少年先锋队第八次全国代表大会的贺信，与第八次全国少代会精神及省委常委会、市委常委会会议精神，研究提出丰泽区贯彻意见；传达学习《中国共产党基层组织选举工作条例》主要精神，研究提出丰泽区贯彻意见；传达学习省委十届十次全会、市委十二届十二次全会精神，研究召开区委五届十一次全会方案及会议文件（本议题为涉密议题，同时作为区委理论学习中心组会议）；研究2020年福建省公费师范生招聘及任教学校选择情况。

9月11日，区委召开五届区委常委会第172次会议，会议传达学习习近平总书记在中央第七次西藏工作座谈会、经济社会领域专家座谈会上的重要讲话精神和《不断开拓当代中国马克思主义思想政治经济学新境界》重要文章，以及省委常委会、市委常委会会议精神，研究提出丰泽区贯彻意见；传达学习习近平总书记关于制止餐饮浪费行为的重要指示，省委、市委有关会议精神，研究提出丰泽区贯彻意见；研究审定《2020年全区治理“餐桌污染”建设“食品放心工程”工作方案》；研究有关干部工作。

9月27日，区委召开五届区委常委会第173次会议，会议传达学习习近平总书记在纪念中国人民抗日战争暨世界反法西斯战争胜利75周年座谈会上的重要讲话、在科学家座谈会上的重要讲话、在2020年中国国际服务贸易交易会全球服务贸易峰会上的致辞、在全国抗击新冠肺炎疫情表彰大会上的重要讲话、在教师节到来之际向全国广大教师和教育工作者致以节日祝贺和诚挚慰问时的重要指示、在湖南考察时的重要讲话、在基层代表座谈会上的重要讲话、致中国延安精神研究会第六次会员大会的贺信精神，以及省委常委会（扩大）会议、省委常委会会议、市委常委会会议精神，研究提出丰泽区贯彻意见并部署秋冬季疫情防控等工作；传达学习习近平总书记向人民警察队伍授旗时的重要训词精神，和省委常委会会议、市委常委会会议精神，研究提出我区贯彻意见；研究2020年度街道、区直机关绩效评估工作方案；听取2019年度科级干部年度考核情况汇报，研究考核优秀记功、嘉奖事项；听取巡视迎检工作情况汇报，研究部署丰泽区巡视迎检有关工作。

10月9日，区委召开五届区委常委会第174次会议，会议传达贯彻中央、省委巡视有关会议精神，研究审议丰泽区巡视迎检有关材料。

10月23日，区委召开五届区委常委第175次会议，会议传达学习习近平总书记在第三次中央新疆工作座谈会上的重要讲话、在教育文化卫生体育领域专家代表座谈会上的重要讲话、在9月28日中央政治局会议上的重要讲话、对“十四五”规划编制工作网上意见征求活动作出的重要指示、对供销合作社工作作出的重要指示、在第三个“中国农民丰收节”到来之际向全国广大农民和工作在“三农”战线上的工作人员致以节日祝贺和诚挚慰问时的重要指示精神，以及省委常委会（扩大）会议、省委常委会会议、市委常委会会议精神，研究提出丰泽区贯彻意见；传达学习习近平总书记在中央政治局第二十三次集体学习时的重要讲话精神，和省委常委会、市委常委会会议精神，研究提出丰泽区贯彻意见；研究召开区五届人大五次会议有关事项；研究召开区政协五届五次会议有关事项。

11月2日，区委召开五届区委常委会第176次会议，会议传达学习习近平总书记在深圳经济特区建立40周年庆祝大会上、在广东考察时和在中央党校（国家行政学院）中青年干部培训班开班式上的重要讲话精神以及省委常委会（扩大）会议、省委常委会会议、市委常委会会议精神，研究提出丰泽区贯彻意见；传达学习习近平总书记关于脱贫攻坚工作重要指示精神，研究提出丰泽区贯彻意见；分析研判当前丰泽区意识形态领域情况，研究下一步工作举措。

11月16日，区委召开五届区委常委会第178次会议。会议传达学习习近平总书记在10月22日中央政治局常委会会议和中央政治局第二十四次集体学习时、在纪念中国人民志愿军抗美援朝出国作战70周年大会上的重要讲话和给四川省革命伤残军人休养院全体干部回信、致第三届数字中国建设峰会的贺信精神，以及数字福建20周年座谈会、省委常委会会议、市委常委会会议精神，研究提出丰泽区贯彻意见；研究审定《泉州市丰泽区深化改革加强食品安全工作实施方案》；研究审定《丰泽区2020年度公开招聘城市基层党群工作者方案》；传达学习全省、全市第四季度防范重特大生产安全事故视频会议精神，研究部署下阶段安全生产工作；研究部署文明城区创建有关工作。

11月27日，区委召开五届区委常委会第179次会议，会议传达学习习近平总书记在浦东开发开放30周年庆祝大会、江苏考察调研、全面推动长江经济带发展座谈会、出席金砖国家领导人第12次会晤时的重要讲话、在第三届中国国际进口博览会开幕式上的主旨演讲、对建设更高水平的平安中国和对推进农村土地制度改革、做好农村承包地管理工作作出的重要指示和向博鳌亚洲论坛国际科技与创新论坛首届大会开幕致贺信精神，及省委常委会会议、市委常委会会议精神，研究提出丰泽区贯彻意见；研究贯彻执行《中共福建省委关于加强新时代人大工作和建设的决定》意见措施；传达学习全省党校（行政学院）校（院）长会议精神，研究提出丰泽区贯彻意见；研究审议区委第十八轮巡察工作方案。

12月10日，区委召开五届区委常委会第180次会议，会议研究丰泽区推荐2018—2020年度省级文明单位（校园、社区）参评对象。

12月14日，区委召开五届区委常委会第181次会议，会议传达学习省委常委会（扩大）会议、市委全面依法治市委员会会议精神，研究提出丰泽区贯彻意见（同时作为区委全面依法治区委员会第五次会议）；研究市、区两级人大代表补选工作建议方案；研究有关干部处分工作。

12月15日，区委召开五届区委常委会第182次会议，会议宣布市委干部任免决定，研究人事任免工作。

12月17日，区委召开五届区委常委会第183次会议，会议宣布市委干部任免决定，研究人事任免工作。

12月25日，区委召开五届区委常委会第184次会议，会议传达学习中央和省委、市委经济工作会议精神，研究提出丰泽区贯彻意见。

中共丰泽区委办公室

【概况】 2020年，区委办以习近平新时代中国特色社会主义思想为指导，贯彻落实习近平总书记对党委办公厅（室）的“五个坚持”指示精神，围绕打造区委“坚强前哨”和“巩固后院”的目标，按照“政治强、业务精、纪律严、作风实、服务好”的总体要求，坚持实干实绩导向，做好“三服务”工作，较好完成各项工作任务；特别是面对新冠肺炎疫情，区委办的干部勇于奉献，投身到疫情防控一线指挥部秘书组、指令组等重要职能工作；牵头负责省委巡视九组巡视期间区委的后勤保障、材料收集、工作汇报等重点工作，完成迎检工作后又接续牵头省委巡视区委反馈问题整改，获得包括区委领导、区直单位在内的多方肯定；区委办1名干部被区委提拔使用为副科级干部，1人晋升职务职级，提拔使用股级干部8人。绩效考评优秀且排名靠前，蝉联新一届省级文明单位，获评全区疫情防控和复工复产“先进基层党组织”；多名干部获得全区疫情防控、复工复产先进个人和丰泽区优秀共青团员等个人荣誉。

【把握正确方向】 2020年，区委办把党的政治建设摆在首位，贯彻落实习近平总书记重要讲话重要指示批示精神和中共中央决策部署，把“两个维护”作为最高政治原则和根本政治规矩，深化落实省委“五抓五看”“八个坚定不移”具体部署，对标对表、抓实抓细，始终在思想上政治上行动上同以习近平同志为核心的党中央保持高度一致，对习近平总书记的重要讲话重要指示批示精神，及时通过班子室务会、党小组学习会、集中学习观看等形式认真学习领会，通过层层传导、人人学习，迅速形成落实好“两个维护”的思想共识和行动共识，引导全办党员干部提升学习深度和广度；学习宣传贯彻中共十九届五中全会精神，中共十九届五中全会召开后，及时开会进行传达，并研究部署学习宣传贯彻措施，安排时间进行集中学习，安排5场专题辅导、8个专题集中学习研讨、7场支部集中学习、8场主题党课，注重理论与实际相结合，把学习全会精神与当前工作相结合，做到“两不误，两促进”，确保各项工作扎实有序推进，取得阶段性成效；落实意识形态工作，学习贯彻关于坚持和巩固党对意识形态工作的领导有关精神，研究部署本办意识形态工作，及时调整充实意识形态工作领导小组，主要负责人主动承担“第一责任人”职责，落实意识形态工作责任制，做到重要工作部署、重要问题过问，对重大事件、重要社情民意中的倾向性苗头性问题，有针对性地进行引导。

【提升文稿质量】 2020年，区委办强化主动服务，发挥以文辅政作用，注重从全局高度来谋划，提高针对性、指导性和可操作性，全年高质量完成区委全会、省委巡视动员会、经济工作会等区级重要会议上的领导讲话，全年共起草区委领导讲话稿、报告、工作汇报、要点、方案及区委文件等材料300余份，撰写区委常委会会议纪要、专题会议纪要50份，结合丰泽实际，起草区委财经委员会2020年工作要点，明确推进产业链提质增效、产城人融合发展、创造一流营商环境3个方面29个重点突破事项，逐条逐项细化分解，明确具体责任单位，建立跟踪督导机制，推动财经工作各项任务落到实处；以《丰泽信息》为载体，针对疫情防控、安全生产、省委巡视等重点工作，采取主题策划、开辟专栏、重点约稿、深度调研等形式，坚持问题导向，体现党委特点，围绕大局反映情况，力求当好“千里眼、顺风耳”，编发正刊27期，增刊、专报件18期，工作交流、强基促稳、改革财经专刊36期，业务通报6期，先后向省委《八闽快讯》、市委《侨区快讯》上报一批展示丰泽新亮点、新特色、新作为的精品信息746条，《丰泽区：保存量挖增量 助力经济逆势增长》《丰泽区：发挥“双创”积极作用综合施策减负稳岗扩就业》《丰泽区推行“四个一”打造无欠薪项目》《丰泽区全力以赴做好防控疫情工作》等多篇文章更是获得省、市相关领导的批示22条次；完善区委深改委工作机制，召开区委全面深化改革委员会会议，传达学习中央和省委、市委改革工作会议精神，研究部署改革重点工作。结合丰泽实际，起草区委全面深化改革委员会《2020年工作要点》，形成九大领域57项重点突破改革事项，细化分解改革任务，明确改革事项目标、节点、责任、措施，同时建立跟踪督导机制，定期不定期督导检查各专项工作小组改革事项推进情况，确保各项改革举措落地落实；做好全区“强基促稳”工作的统筹规划，研究吃透上级决策部署，结合丰泽区实际精心策划工作重点，谋划扎实推进举措，结合疫情防控工作，及时谋划和具体落实以战疫实践检验“强基促稳”工作成效、运用“强基促稳”机制抓实常态化疫情防控加快经济社会发展等思路举措，立足“强基促稳”19个专项行动和各相关单位年度拟培育特色典型，筛选实施丰泽区“强基促稳”八大重点项目，筛选推进25个典型培育项目，发出信息约稿8次，提炼刊发28期“强基促稳”案例信息，牵头筛选提炼的出租房行业协会、原村集体经济“345”工作法、征迁信访矛盾化解3大案例被评为市优秀案例。

【业务工作运转】 2020年，区委办在公文的科学化、规范化、特色化、制度化方面下功夫，严把发文关、政策关、全局关、文字关、格式关，起草、审核、制发区委、区委办文件173份，合理安排工作力量，及时签收、办理通过政务内网发往区委办的省、市、区文件3000多份；完善区委常委会会议、全区性会议会务工作流程及领导调研、视察、活动安排流程，做好各环节的衔接，组织安排好区委各类会议和活动，先后确保省委巡视工作动员会，区委五届十一次、十二次全会，区委中心组学习会，区委常委会，常委扩大会等区委重要会议，以及疫情防控、安全生产和各级领导视察调研等90多场次会议活动顺利开展；增强服务意识、提高协调能力，合理调配、使用人、财、物，为区委提供高效、优质后勤保障，严格执行预算，严禁超预算或者无预算安排支出，严禁虚列支出、转移或者套取预算资金，严格控制国内差旅费、因公临时出国（境）费、公务接待费、公务用车购置及运行费、会议费、培训费等支出。严格遵守中央八项规定，严格控制各项费用支出，不存在超标“三公”费用；发挥办公室“沟通上下、协调左右”的职能作用，坚持提前介入，主动谋划，畅通纵向对接、横向衔接、内外承接各个环节，纵向上，做好与市委办的协调对接工作，坚持每周跟进了解上级重要会议活动安排，通过上下左右高效有序合力协调推进，较好完成30余次省、市领导到丰泽调研、慰问困难群众、帮扶企业活动、开竣工活动的沟通衔接、服务保障工作，横向上，发挥牵头揽总作用，加强“四办”之间的相互交流情况，通报重点工作，使区委的决策部署在各套班子之间得到有效衔接，形成以贯彻区委决策为核心，政令畅通、协调联动的工作体系。巡视巡察方面，完成省委巡视的后勤服务保障、联络对接等各项工作。

【决策部署落实推进】 2020年，区委办推动区委重要决策部署的督促落实，加强对区委重要决策和中心工作的督查，定期梳理《重要决策部署落实暨区委领导批示件办理情况通报》，对《中共泉州市丰泽区委2020年工作要点》进行分解，同时加强日常督查，推动区委决策部署落实到位；对区委常委会、专题会、指挥部联合会商会等会议议定事项进行督查，并及时向区委和区委主要领导汇报完成（进展）情况，制定督查专报23份、督查通报13份；组织协调区直有关部门对全区8个街道2020年度各项工作目标任务完成情况进行统一检查考评；推动党委领导批示事项的督办落实，对省、市、区党委领导批示（交办）事项和上级督查部门交办件，按照“批则必办、办则必果”要求，通过现场督办，电话督办，回访当事人等方式督促协调各责任单位，确保领导批示（交办）事项每一件都落到实处。承办领导批示抄清15件、批示（交办）事项督办件33件；推动重难点工作的专项督查，开展专项督查或联合督查活动50多场次，加大对智慧丰泽一期项目建设、西华洋滞洪片区征迁项目等重点项目的专项督查力度；加大对疫情防控的督查力度，抽调3人参加区新冠肺炎疫情防控（安全排查整治）督导工作，撰写135份督导情况报告，督查薄弱环节整改反馈429个，发现问题249个，提出工作建议91条；推动“基层减负年”活动的深入开展，坚持“控制总量、只减不增”原则，抓好督检考规范管理，坚决防止文山会海反弹回潮，丰泽区督查检查考核计划项目17项，比2019年减少15%；全区制发文件总数276件，比2019年减少47%；召开各类会议总数230场，比2019年减少37%。

【档案业务建设】 2020年，加大全区档案的监督和指导工作，深入全区64个副科级以上全宗单位开展档案监督指导，开展双随机档案专项执法检查，12月下旬开展执法检查，促进档案工作的落实，指导渔人码头重点项目的档案收集整理工作，指导丰泽区第二次全国污染源普查办公室完成第二次全国污染源普查档案的收集归档工作，并通过省第二次全国污染源普查办公室和省档案局的验收；落实到期档案移交和档案登记工作，规范档案移交工作程序，履行档案保管利用职能，接收食品药品监督管理局丰泽分局等单位档案13419件，区直单位2020年档案登记、档案目录数据报送完成率达80%。

【党内法规和文件备案审查】 2020年，区委办抓好学习宣传，学习习近平总书记关于加强党内法规制度建设的重要指示，增强党内法规学习教育的主动性和针对性，在党员干部中开展党内法规学习宣传贯彻活动，使党员、干部准确把握基本精神、主要内容和工作要求，认

2020年6月30日，泉州市丰泽区档案新馆举行竣工仪式 （区档案馆 供）

真遵照执行；落实民主集中制，严格按程序决策、按规矩办事，把资金安排、评先评优、干部提拔、人事调动等重大事项提交室务会集体研究决定，规范党内法规工作联席会议制度，每半年召开一次联席会加强工作沟通配合；抓好备案审查，落实前置审核机制，提请审议的90多份文件均进行前置审核；开展下备一级工作；1份由市委发函建议修改调整的文件，按时限要求督促拟文部门整改并及时上报回复，审核区委文件59份、区委办文件62份、各街道及区直单位文件约10份，做到有件必备、按时报送和规范报备，有效带动全区党内法规建设。

【与台港澳之间交流合作】 2020年，区委办完善丰泽区港澳工作机制，于2020年6月成立中共泉州市丰泽区港澳工作领导小组，7月牵头召开进一步加强海上涉台风险防范工作专题会议，建立工作职责明确分工、协同配合的高效机制，参与疫情防控，协助联系台商台企为疫情防控捐资捐物，捐赠医用口罩2万个，加强丰泽与台湾地区经贸合作，推动两岸产业融合发展，引导台企在丰投资医疗健康产业、养老服务、文化创意等新业态项目，申请中国台湾青年就业创业补助专项资金21万元，落实各项惠台利民政策，发放老龄台胞补助5.46万元，帮助5名台企员工子女及台胞子女办理就近入学手续，办理台湾子女中考加分证明5人次。

【做好机要保密工作】 2020年，区委办贯彻落实上级关于机要、保密、国安工作的各项规定，以规范化管理为工作切入点，防止任何泄密事件的发生；以提升密码通信服务保障能力为重点，推进基层机要密码工作科学化、规范化，严格按照《机要文件管理工作制度》管理要求，精心组织紧急重要电报译传办理，重点抓好重大活动期间密码通信服务保障工作，完善和优化应急密码通信保障机制，组织开展应急密码通信实战演练，提升快速反应能力，2020年共收到上级通过机要系统发往丰泽区的文件共计800多份，未发生过失密、泄密事件；推进保密教育进党校以及各类干部培训计划，组织开展全区范围内保密工作专题辅导讲座，增强保密意识、纪律意识，提升保密综合防范能力，组织开展2020年度机关、单位保密自查自评工作，加大督促检查力度，重点开展党政机关核心要害部门的保密检查，提出整改措施，限时整改；落实网络安全保密主体责任，重点检查互联网门户网站、微信公众号、互联网政务邮箱，严格执行信息公开保密审查审批制度，防止在互联网发布、上传涉密信息。规范涉密人员管理，指导区直各单位按标准确定涉密岗位和人员；先后制定多项规章制度，开展国家安全宣传教育活动，向市委国安办报送工作信息，共报送工作信息36篇，被上级采用8篇。

【全面从严治党向纵深发展】 2020年，区委办坚持不懈抓好党风廉政建设，严格落实管党治党主体责任，对照省委"五抓五看""八个坚定不移"要求，主要负责人主动扛起"第一责任人"职责，组织班子成员和全办党员干部专题学习《中国共产党廉洁自律准则》《中国共产党纪律处分条例》等党内法规，以及中央和省、市、区有关会议精神，专题学习党章党规以及违反中央八项规定精神典型案例通报，先后组织观看《黄大年》《党员登记表》《金刚川》《秀美人生》等红色影片，班子成员开展常态化廉政提醒谈话60多人次，对新任和调整的股级干部全部进行任前廉政谈话，筑牢廉政自律防线，对于存在的苗头性、倾向性问题，及时抓早抓小、防微杜渐，不折不扣抓好区委巡察整改，以及区委办牵头负责的中央、省委巡视反馈涉及问题整改；驰而不息抓好党员队伍教育管理，利用"党员e家""学习强国"等平台，组织党员干部深入学习习近平新时代中国特色社会主义思想，中共十九届四中、五中全会精神和党章党规，增强"四个意识"、坚定"四个自信"、坚决做到"两个维护"，做到始终与中央、省、市、区委保持高度一致，巩固拓展"不忘初心、牢记使命"主题教育成果，丰富学习内容、创新学习形式，加强政治理论学习，坚定干部理想信念；加强写作、调研、督查、信息、办文办会等业务知识学习，提高干部职工的综合水平；支持干部职工参加各类业务培训和学历再教育，提高业务水平和服务决策的能力；夯实党建工作基础，围绕上级党建工作部署，联系部门实际，制定党建工作计划，落实党建目标责任书任务，先后召开支委会16次，支部党员大会7次，上党课10次，主题党日活动14次，严肃党内政治生活，严格落实"三会一课"、民主评议党员等制度，办公室领导干部主动参加双重组织生活，落实谈心谈话制度，用好批评和自我批评武器，形成良好政治生态；注重发展党员培养，转正1名预备党员，规范逐月足额党费收缴工作，开展党员"承诺、践诺、评诺"工作，组织全体党员填写《2020年度党员承诺书》，结合开展"项目一线党旗红""主题党日""党员志愿服务"等活动，与北峰街道群山、群石社区签订共建协议，投入教育培训和结对帮扶共建活动经费4万元，发挥在履行岗位职责和服务社会等方面发挥作用，促进机关作风转变，党支部根据区委的指示要求深入街道、社区、企业、动车站等宣传指导防控疫情，用行动践行共产党人初心使命，领导干部率先垂范，以上率下，投身街道、社区、督导防控疫情，指导企业复工复产；班子成员、党员干部带头上一线做表率；机关干部职工主动请战、勇于担当，在防控疫情一线发挥共产党员的先锋模范作用，机关共派出10多名党员干部到社区、农贸市场、动车站等一线连续奋战30余天，张贴各类防控疫情宣传单3000多份，走访指导200多家企业、"五小"行业复工复产，鉴定《安全生产责任书》200多份，为打赢疫情防控阻击战和推动复工复产作出应有的贡献。

（杨振春 傅晴 李英东撰 林宏志审）

组织工作

【概况】 2020年，全区组织系统以习近平新时代中国特色社会主义思想为指导，贯彻全国、全省、全市组织部部长会议和全区工作会议精神，坚持和加强党的全面领导，坚持党要管党、全面从严治党，以党的政治建设为统领，把不忘初心、牢记使命作为加强党的建设的永恒课题和全体党员干部的终身课题，开展“末端落实精耕年”活动，践行新时代党的组织路线，推进党的组织体系建设，培养忠诚干净担当的高素质干部队伍，集聚爱国奉献的各方面优秀人才，以深入开展组织工作“末端落实精耕年”活动为抓手，在服务大局大势中履职尽责、担当作为。全区组织工作经验做法在“学习强国”、《八闽快讯》《中国组织人事报》、人民网和《福建日报》等主流刊物、媒体刊发超100次，《守初心要五音谐振》获评全国组织系统优秀网络正能量作品，近邻党建相关经验在省委《八闽快讯》刊发，市委书记康涛和市委常委、组织部部长孔繁军批示肯定。

截至2020年年底，全区共有处级领导干部33名、区管干部492名，其中女性136名；基层党组织813个，其中，党委55个，党总支28个，党支部730个，共有党员14911名。区直机关党工委，下辖党委11个（9个系统党委、2个直属党委等）、党总支5个、党支部168个，区直机关党员3153名；丰泽公安分局党委1个，下设支部14个，党员585名（含派出所）。社区党组织80个，其中党委20个，党总支部22个，党支部38个，社区党员8405名。非公企业党组织313个，其中党委9个，党支部304个，非公企业党员2348名；社会组织党组织48个，其中党委2个，党支部46个，社会组织党员464名。2020年新发展党员105名。

【主题教育】 2020年，区委组织部巩固“不忘初心、牢记使命”主题教育成果，落实党内组织生活制度各项要求，运用主题教育列出专题开展集中研讨的有效做法，跟进学习习近平总书记在“不忘初心、牢记使命”主题教育总结大会、决战决胜脱贫攻坚座谈会等最新重要讲话重要指示批示精神，征订发放《习近平在厦门》《习近平在宁德》《习近平在福州》采访实录和《习近平谈治国理政》第三卷、《习近平关于统筹疫情防控和经济社会发展重要论述选编》等各类学习资料27000多套，探索在社区、园区、企业等开辟“学习强国”学习平台线下活动空间，用好用活党内组织生活纪实管理系统，依托红色教育主题公园、红色有声图书馆等载体，通过专家授课、辅导报告、专题研讨、集中学习等多种形式，组织开展庆祝中国共产党成立99周年系列活动，引导广大党员、干部深学细悟、融会贯通，进一步筑牢守初心、担使命的思想根基。

【干部教育培训】 2020年，区委组织部把学习贯彻习近平新时代中国特色社会主义思想与学习中共十九届四中、五中全会精神结合起来，采取全面学、专题学、研讨学等方式，确保学习效果。依托福建干部网络学院等平台，采取线上线下结合方式，先后组织培训全区党员干部500多人次，围绕学习贯彻中共十九届四中全会精神，组织市管干部开展2个专题研讨，督促各单位开展专题研讨会130多场次。完成上级调训任务，先后组织3名处级干部，6名科级干部参与省委党校和市委党校的主体班次学习。发挥党校主阵地作用，主动加强与区委党校的沟通联络，联合党校举办科级干部培训班和优秀年轻干部（含选调生）培训班等班次，共培训区管干部和优秀年轻干部74人。

【干部担当作为激励】 2020年，区委组织部开展“担当作为好干部”评选活动，评选一批“政治素质过硬、实干能力突出、工作敢抓敢管、履职成效明显、群众口碑良好、清正廉洁务实”的“担当作为好干部”，设定5条倾斜一线评选原则和6个实绩考评指标，从有一线经历的干部中选出20名“担当作为好干部”候选人，组织开展考察和公众评议工作，择优确定10名“担当作为好干部”，营造比学赶超的良好氛围。注重发挥“考核指挥棒”作用，重点评出“好”“差”两头干部，考准考实干部，以考核倒逼干部主动作为。

【年轻干部精细化培养】 2020年，区委组织部压实培养主体责任，创新培养工作举措，搭建实践锻炼平台，助推年轻干部快速成长。先后抽调100余名年轻干部到西华洋片区参与征迁，抽调120多名年轻干部参与疫情防控、复工复产、安全生产等一线工作，抽调140名干部参与东海后埔、南滨江和南埔山片区征迁工作，选派10多名有专业背景但缺乏实战经验的年轻干部赴国企、经济、信访等部门挂职学习，实现年轻干部培养与重难点工作攻坚双促进。组织开展区管优秀年轻干部推荐考察工作，推行30岁以下优秀年轻干部积分管理，实施“一把手”和导师帮带制度，建立信息库和积分培养档案，强化年轻干部培养管理。8月，丰泽区年轻干部培养工作在全市年轻干部培养工作座谈会上作交流发言，并在《侨区快讯》专刊报道，得到上级领导肯定。

【干部监督管理】 2020年，区委组织部严格执行重大事项请示报告、“凡提四必”等制度，制定出台区管干部分工报备制度，规范区管干部和非区管干部的职级晋升程序，强化干部选任全程监督。强化干部日常监督管理，开展领导干部配偶、子女及其配偶经商办企业集中规范，组织全区市管干部和区管二级调研员职级公务员填报领导干部个人有关事项报告，做好出国（境）政审备案工作，开展提醒、谈话等工作。注重整合执纪执法部门力量，推动干部日常监督管理信息沟通机制有效运行，实现干部日常监管全覆盖，累计收集干部监督管理信息8条。

【基层治理体系建设】 2020年，区委组织部探索“区块链+党建”社区治理新模式，整合智慧社区、平安丰泽等线上治理云平台，建立“街居吹哨、部门报到”、党员参与社会治理积分管理等5项配套措施，提升党建引领城市基层现代化治理“智治”水平，被《人民日报》关注报道。推行社区民主议事协商、党员街巷长、党员楼长等制度，全区党员领导干部主动下沉到105个基层党支部，14名省、市、区党代表试点开展挂钩联系党支部工作，培育各类典型示范点20多个。开展“联一帮二带三”（联系1个街道或社区，帮扶2户困难党员或群众，带头共办3件好事实事）等活动，党员干部直插一线走访调研、现场办公，撰写民情工作日记，征求意见300多条，认领“微心愿”、回应“微诉求”、作出“微承诺”3000多个。健全社区物业联席机制，率先在泉州市推动党建工作写入业委会章程，组织开展各类活动1400余场次，依托200多个“红色小区”、53个“红色业委会”和37个“红色物业”，对症化解群众反映的“急难愁盼”问题800余件，物业投诉量同比下降20%左右。探索推行积分量化管理办法，根据共建单位、在职党员、信息采集、日常巡查、事件处置和任务完成等工作情况积分，评价结果纳入评选党建、文明、平安先进单位的重要内容，与年度绩效考核挂钩，强化城市基层党建“共同体”意识。

【基层基础建设】 2020年，区委组织部推进街道机构改革，研究制定街道“三定”工作方案，确保基层有人、有能力、有资源为群众服务。先后出台社区工作者临时性工作补助、专项绩效奖励、关心关爱防一线社区专职工作者16条等激励措施，在2019年人均月增资900元基础上再增资400多元，提振社区工作者精气神。发展社区集体经济，持续深化“党建+金融”联合行动，52名社区“金融助理”深入社区一线共谋集体经济发展项目，《坚持党建引领，大力发展城市原村集体经济》在《八闽快讯》上刊发。加大城市基层党群工作者队伍建设力度，开展社区专职工作者、基层党建专职工作者数量调查摸底，分类制定招聘方案。落实80名社区党组织书记区级备案制度，制发《关于加强社区后备力量建设的实施意见》，每个社区确定1～3名后备人选，为2021年社区组织换届夯实基础。

【“两新”党建工作】 2020年，区委组织部实施“两个覆盖”专项工作，在全省率先成立首个县区级律师行业党委，新成立“两新”党组织6家，整改空壳化或半空壳化“两新”党组织12家，覆盖率分别为82.0%、70.0%。推进民营企业“1533”工作机制和党建入章工作，实施企业红领精英培育工程，依托8个街道党工委对295名非公企业党组织书记轮训一遍，在南威承办全省两新党务干部示范培训班，重点抓好路港、燃气等两新领域新示范点培育，新建、改建2个非公企业党建展厅（燃气、路港），对党建工作开展较好、疫情防控比较到位的4个企业党组织给予补助5万元，打造可学习、可借鉴、可复制、可推广的丰泽“1533”工作机制和党建入章特色品牌。推动“两个覆盖”、助力企业返工复产等经验做法先后十多次被《非公有制企业党建》、“学习强国”学习平台、《福建组工通讯》、省“两新”公众号等全国、省市媒体关注报道，南威软件集团党委、领SHOW天地园区党委入选福建省2020—2022年度（共21家）非公企业和社会组织党建工作实训基地。

【公务员队伍管理】 2020年，区委组织部严把人员进出关，结合丰泽区编制紧张的实际情况，推行精准考录，分析结构队伍情况，征求用人单位需求，会商区委编办等部门科学提出年度招考计划，梳理完善干部调动流程图，规范人员调入程序，严把相关资格条件，过细审核调动干部的调动表、人事档案等入口材料。全区共招考公务员15名、党群序列事业单位工作人员4名，安置军转干部3名，区外调入公务员6名和党群事业干部1名。探索平时考核办法。贯彻落实《公务员平时考核办法（试行）》，结合区情实际，探索非区管干部职工的平时考核办法，商区人社等有关部门，起草制定《丰泽区机关事业单位工作人员平时考核实施意见（试行）》，通过每季度个人小结、审核评鉴、评定等次、公示、结果反馈等程序动态掌握考核对象在日常工作中特别是重要关头、关键时刻的现实表现。分批分期择优晋级。在全面梳理全区公务员任职年限、年度考核、表彰奖惩等信息数据的基础上，提前做好晋升方案推演，适当进行职数使用总量的控制，合理把握晋升节奏，大致按照从高职级到底职级开展晋升工作，有计划、有步骤、有梯次地分批分期推进。先后开展五个批次涉及64人次公务员的职级晋升工作。

【人才总量提升】 2020年，区委组织部开展产才融合专题调研，编制发布《丰泽区2020—2021年度产业紧缺急需人才引进指导目录》，率先推出“企业人力资源共享员工”平台，联合“智联招聘”等知名网站，分行业开展线上线下招聘会32场次，吸引求职人数19231人次，兑现补助资金983万元。在区行政服务中心设立人才服务专窗，在重点园区建立人才服务站，配备人才服务专员，构建“一专窗、多站点”联动服务体系，新核定省级以上高层次人才 85 人，入选市高层次人才认定 314 人、市高层次人才团队 2 个。举办校企人才对接活动 7 场次，新引进高校毕业生 1640 人，其中引进高水平高校毕业生任务完成率位居全市第一位。

【引才聚才】 2020 年，区委组织部出台疫情期间“引才 10 条”、稳岗招工“暖企 15 条”、高校毕业生就业创业“24 条”等 6 份政策，推动人才指标前置纳入《优化产业结构行动计划》《科技创新行动计划》等 9 份文件，整合区发改、工信科技、商务等涉企部门政策包，以及省市区级人才政策，上门服务逐一细化解读，新申报核定省级以上高层次人才 85 人，入选市高层次人才 314 人，人才数量连续两年实现倍增。推出丰泽区“企业人力资源共享员工”平台，联合“智联招聘”举办线上线下招聘会，鼓励企业通过人力资源服务机构、猎头中介和招聘网站等市场化手段开展精准引才，兑现政策补助资金 983 万元。

【人才平台建设】 2020 年，区委组织部深化全国“双创”示范基地建设，推动大院大所、众创空间、企业科技孵化器等人才创新创业平台提档升级，助力企业转型，相关做法获市领导批示肯定。联动推进招商引智，新引进落地西安交大国家技术转移中心、中科院宏芯科技、福建省增材制造创新中心等市级以上科创平台 17 个，新增市高层次人才团队 2 个、硕博人才 65 人。建设中国（泉州）知识产权保护中心，签约落地实验室 1 个、研究院创新平台 2 个、涵盖智能科技、知识产权运营和服务等领域重大项目 16 个，认定省、市高层次人才 121 人，带动形成环华侨大学战略性新兴产业带。

【人才服务】 2020 年，区委组织部针对网红经济、产业直播等新业态发展，引进“星聚汇”等文创产业链，举办网红主播、跨境电商等产业人才培训 23 期。推动海丝基金小镇开展定制化融资对接，吸引基金类企业 65 家。区党政领导挂钩联系 173 家规上企业和 85 名专家人才，示范带动各街道、部门加强人才日常服务。指导南威软件等 6 家企业开展人才自主认定，协调解决子女入学、住房安居、医疗保健等“关键小事”855 人次，企业尊才重才的氛围明显增强。依托市、区两级 9 个“人才之家”常态化举办人才研学活动、技能培训、政策宣讲等主题活动 33 场，重点打造领SHOW雀幸联合“国际人才社区”，落地产学研人才合作项目 9 个、科技创新项目 16 个、核心技术 34 项，入驻企业（科创团队）41 家。

【干部队伍建设】 2020 年，区委组织部突出政治引领，突出政治忠诚和公道正派，巩固“不忘初心、牢记使命”主题教育成果，引导组工干部做新时代党的组织路线坚定践行者。深化机关党的政治建设，坚持每月一次至两次集中学习，为每名组工干部订购《习近平在福州》、《习近平在厦门》、《习近平在宁德》、《习近平谈治国理政》第三卷，围绕学习习近平新时代中国特色社会主义思想、新时代党的组织路线等主题，组织专题学习活动 12 场。结合疫情防控工作，组织部机关党员开展“战‘疫’有我，我承诺”“我的战‘疫’报告”等主题党日活动。注重能力提升，结合疫情防控 5 名部务会成员和 9 名年轻组工干部划片联系 8 个街道 80 个社区，组成 4 支一线考核组，建立干部考核日记，当好疫情防控的政治宣传员、常识讲解员、情况信息员和干部考察员。深化“强基攻坚”，聚焦重点项目，制定出台组织工作“末端落实精耕年”项目落实方案，推动实施 10 个组织工作重点项目，促进组织工作质量提升。加强组工信息和网络宣传工作，推广“红色丰泽”微信公众号，走在全市组织系统前列。健全工作机制，制定《组织部年度工作要点》及任务分解表，把全年目标任务分解落实到每名组工干部，推动组织工作从“软任务”变成“硬指标”。贯彻落实中央“基层减负年”和省级、市级相关部署要求，带头精减文件、会议，规范督查检查考核等，为基层减负。开展志愿服务和垃圾分类工作以及文明单位、平安单位创建活动，推进妇女“两纲”贯彻落实，做好挂钩贫困户结对帮扶、挂钩街道社区综治维稳、创城创卫和普法宣传等工作，部机关被评为丰泽区平安单位、区直单位垃圾分类先进单位，连续五届被省委、省政府评为“省级文明单位”。

（洪俊雍 郑乐增 黄柳东 黄丽玲 林达里撰 黄建石 王峰华 陈胄审）

宣传思想文化

【概况】 2020 年，丰泽区委宣传部贯彻落实中央、省委、市委的部署要求，以习近平新时代中国特色社会主义思想为指导，贯彻落实中共十九大和中共十九届二中、三中、四中、五中全会精神，贯彻落实《中国共产党宣传工作条例》，把握正确的政治方向和价值取向，将疫情防控宣传工作作为一项重要工作，压紧工作责任，落实落细工作措施，各项工作取得新进展新成效。

【理论武装】 2020 年，丰泽区委宣传部制定并落实《丰泽区委理论学习中心组 2020 年学习计划》，把习近平新时代中国特色社会主义思想纳入中心组学习、“三会一课”、干部培训轮训的重要内容，发挥中心组领学示范作用，组织区委中心组学习 27 次，其中学习研讨 13 次；推进“学习强国”学习平台的推广使用，全区参与党员数超万人，实现 60 岁及以下党员全覆盖，日人均积分超 30 分，党员在线学习新思想成为新常态、新风尚，并在辖区非公企业、社区建成多个“学习强国”线下体验中心；制发《关于进一步推动学习宣传贯彻习近平新时代中国特色社会主义思想走深走实的工作方案》等，分阶段、分层次组织开展主题学习宣传活动，引领广大党员干部群众把思想行动统一到新思想上来；精心组织开展宣讲工作，制发《关于开展学习贯彻党的十九届五中全会宣讲的通知》，区委常委委员以上率下，结合区委、区政府中心任务，深入分管领域、挂钩单位、项目一线开展宣讲活动，各街道、各部门主要领导也结合“创城”“创卫”、项目攻坚等中心工作开展灵活多样的宣讲活动；组建中共十九届五中全会精神宣讲小分队，多次开展集中备课和培训，深入各行各业开展宣讲；创新宣讲方式，采取“微宣讲”形式，以身边实例、生动典型和朴实故事，宣讲习近平新时代中国特色社会主义思想和中共十九届五中全会精神，讲述生活新变化新气象，并在宣讲过程中穿插文艺会演、互动有奖问答等，让百姓喜闻乐见；推荐优秀宣讲员和宣讲课件报送市委宣传部，报送优秀宣讲员6名、宣讲素材4份，并拍摄宣讲短视频2篇到市委宣传部，发动各级各部门组织党员、群众积极收听收看“泉民开讲”开播。

【思想宣传】 2020年，丰泽区委宣传部做好中共十九届五中全会精神宣传，推出专题专栏，展现各级各部门学习贯彻落实全会精神的生动实践，讲好丰泽发展故事，围绕疫情防控形势变化，加强主题策划，完善和丰富新闻报道的形式和内容，《新形势下招商宣传工作探讨》典型案例在市委《泉州通讯》刊发，《丰泽区宣传造势助推招商引资推介出成效》在《侨区快讯（专报）》刊发，并得到市委领导的批示肯定。加快推进区融媒体中心建设，形成“一次采集、多元生成、多渠道传播”局面，通过省委宣传部验收，区融媒体中心已克服辖区无报纸、电视台等传统媒体的劣势，借助新媒体，构建起“4+N”宣传矩阵，重点打造出四个自主宣传阵地，包括看丰泽（官方微信）、播丰泽（广电高清）、听丰泽（喜马拉雅手机App）以及“讲丰泽”宣讲团等四个自主宣传阵地，通过“看、听、播、讲”的聚合，形成新闻矩阵中心，辐射丰泽新闻网、“丰泽微新闻”新浪微博、“看丰泽”头条号、“耕丰泽”抖音号等自有新媒体平台。构筑全平台传播矩阵，链接东南网、泉州网、闽南网等省市媒体平台，形成疫情防控宣传集中声势。创新网络传播手段方式，“听丰泽”喜马拉雅音频电台获得“喜马拉雅政务电台抗疫主题全国优秀案例”。突出安全生产隐患大排查大整治宣传，推出“排查整治”专栏，反映各级各部门房屋安全、消防工作和安全生产大排查大整治的具体行动，围绕“六稳六保”做好疫情常态化防控主题宣传，做好全国“两会”、国家级双创示范基地建设、项目攻坚、产业转型升级、“强基促稳”、招商引资、“创城”“创卫”、移风易俗等主题宣传。开展社会宣传，社会宣传全面覆盖，印发通知及宣传材料，累计印发系列通告、防控知识、“八闽健康码”等印刷品55万张。2000张桌面提示牌，推广使用“八闽健康码”。创新宣传方式，制作“蟳埔女阿香”“加减乘除”系列宣传海报，创作“答嘴鼓”抗疫宣传，更新制作宣传横幅、刊播LED屏标语，累计发送500多万条防控短信，开展“创城”“创卫”社会宣传，牵头在丰泽广场建筑工地围挡、坪山路、温陵路等主次干道、过街天桥、建筑围挡、商业大街、农贸市场等处设置一批“创城”“创卫”主题的公益广告等，在安吉路、江滨北路等主次干道设置2000多根“创城”“创卫”公益广告灯杆旗，营造良好的宣传氛围，将疫情防控宣传督查、创城宣传督导与公共领域宣传载体检查紧密结合，组织开展四次的宣传检查活动，推动工作落到实处，创新宣传方式，组织开展决胜全面小康·开启崭新征程——丰泽区学习宣传中共十九届五中全会精神“微宣讲+志愿服务”三下乡活动4场次。

【文化环境净化】 2020年，丰泽区委宣传部部署开展“扫黄打非·新风”“扫黄打非·正道”集中行动以及“绿书签行动”，完善“扫黄打非”基层站点规范化标准化建设，开展校园周边出版物市场专项整治，集中清缴整治宣扬自杀的少儿出版物和有害出版物，共检查各类出版物经营单位74家次，及时下架各类不宜青少年阅读的出版物120多种，推进新闻出版行业各项工作，开展2020年丰泽区出版物发行单位统计年报工作、2020年丰泽区印刷企业年度报告和统计工作。做好电影院疫情防控检查，召开复工复映专题培训会，确保影院顺利复工复映。加大版权保护力度，抓好版权法律法规宣传，开展无证无照印刷经营活动专项整治，检查各类企业22家，开展新闻出版行业安全生产大排查大整治，共检查行业企业186家，发现各类隐患298项，均已全部整改完成，针对2起无证印刷经营活动，1起未经著作权人许可发行其作品，1起网上购买政治性有害出版物行为进行立案查处，按照法律法规进行相应处理。

【精神文明创建】 2020年，丰泽区委宣传部以疫情防控作为中心主线，以深化移风易俗和广泛开展志愿服务活动为主要抓手，汇聚精神文明力量，助力疫情防控，发布《疫情防控期间移风易俗工作重点提醒》，严格疫情防控期间操办丧事规范，明确街道、社区职责，开展广泛宣传，确保疫情防控期间移风易俗深入人心，做好移风易俗，组织2次“三率”提升活动，根据市对区最新调查，丰泽区移风易俗支持率97%，满意率95%，知晓率92%，“三率”均达到年初既定目标。疫情防控期间，共取消或推迟喜事120多起，简办164起，

2020年12月10日，丰泽区开展学习宣传党的十九届五中全会精神“微宣讲+志愿服务”示范活动 （华丰社区）

开通防疫心理援助热线，对32名受疫情影响的未成年人提供专业化的心理健康指导服务，将心理咨询室纳入学校少年宫建设项目，实现中小学心理咨询室全覆盖，配备专兼职心理咨询师，发动志愿者开展疫情防控志愿服务活动，全区约350个志愿服务团队3.5万人次志愿者参与防控疫情志愿服务。推进文明城市（区）创建活动，通过开展“文明天气图”常态巡查、3+1专项整治攻坚行动等创城活动，探索“三七八”网格化模式融入创城工作，提升城市精细化管理水平，鼓励、倡导“两新”组织参与，共有27家“两新”组织参与申报文明单位。推进文明实践提质增效，建设1个区级新时代文明实践中心（筹建中）、街道8个文明实践所以及社区、小区、学校及公共场所等95个文明实践站（点），形成区、街道、社区三级贯通，中心、所、站密切联动的工作格局，壮大丰泽区志愿者队伍，丰泽区现有实名认证志愿者97121人，注册团体737个，共登记发布项目4201个，服务总时长达88万小时，志愿服务成为新时尚，打造“街长制”“小口袋 大公益”等常态化志愿服务品牌，共开展文明引导、保护环境、助老帮困等公益活动335场。推进公民道德建设深入人心，将《新时代公民道德建设实施纲要》纳入区委中心组学习内容，强化各级党政领导抓公民道德建设的意识，推进各级各部门切实抓好落实，形成整体合力，常态长效开展公民道德建设，评选第六届丰泽区道德模范，评选表彰10名第六届丰泽区道德模范，组织丰泽区文艺家志愿服务队对新当选道德模范的先进事迹进行总结提炼，大力宣传，弘扬社会正气，传播正能量。

【文化强区建设】 2020年，丰泽区文化事业蓬勃发展，东美、群峰社区2个市级社区综合性文化服务中心示范点完成建设，东湖、泉秀街道文化站改造完成投入使用，全区8个街道均设有文化站，推进区图书馆建设，工程主体已竣工，进入收尾清场阶段，春节前开馆，结合疫情联防联控工作，创新文艺服务形式，疫情期间开展“声”援抗疫朗诵作品特辑、“‘童’心协力，共抗疫情”丰泽区防控抗击疫情少儿主题美术作品微信展等线上文体活动14项，共计46场次，在防疫防控下有序开展文化有约系列活动，“文化有约”公益讲堂及公益培训班分为暑假班和秋季班，共举办24期公益讲座和16个公益培训班，服务群众上千名。文化产业集聚发展，开展丰泽区文化产业发展工作，获得2019年全市文化产业发展工作绩效考核第三名，推荐十余家文创企业获得各级扶持资金200多万元，缓解文创企业融资难问题，推荐软众数字科技、泉州迪特工业产品设计2家优秀文化企业获评2020年度省级“最具成长性文化企业”，推荐领秀文旅集团有限公司获2020年度“福建省文化企业十强提名奖”，助推龙头文化企业成长，推荐3名文创人才获评市级优秀文化产业人才、文化艺术人才等，推动文创人才队伍壮大。文艺事业繁荣发展，创作出一批新的文艺作品，组织创作《星火燎原》《党旗飘在东海边》等一批庆祝中国共产党成立100周年主题美术作品，组织创作推出一批现实题材文艺作品，在市级以上各类媒体刊发刊播，创作疫情防控主题歌曲《天使的微笑》，并推送至“播丰泽”和“学习强国”平台，创作抗疫文章100多篇。

精神文明建设

【移风易俗成风成规】 2020年，区委文明办组织2次“三率”（支持率、满意率、知晓率）提升活动，了解社情民意，收集群众对丰泽区移风易俗工作的意见，及时宣传引导，从根本上提升居民群众对丰泽区移风易俗工作的“三率”，根据市对区最新调查，丰泽区移风易俗支持率97%、满意率95%、知晓率92%，“三率”均达到2020年年初既定目标；针对丰泽区中心城区存在的操办丧事占道扰民现象，各社区重新规划殡葬路线，并纳入移风易俗居规民约，区移风办与宏福园建立联动机制，利用丰泽区移风易俗工作动态微信群督促街道、社区加强入户宣传劝导，杜绝大规模操办丧事，不上主干道影响交通，共省办简办丧事835起；开展“文明家庭”“好婆媳、好妯娌、好邻居”评选，共推选省级文明家庭1户、市级文明家庭6户，评选“好婆媳、好妯娌、好邻居”各80对，发挥好家风家训教育阵地的传承作用，其中浔美社区家风家训馆目前争创建设为省级家风家训馆，西福社区魏氏宗祠、城东社区家风家训馆争创市级家风家训馆，“传家训、立家规、扬家风”活动持续深化，促进家风浸润民风，家风带动乡风。

【文明创建有序长效】 2020年，区委文明办以推动创建全国文明城市、全省文明城区为主线，综合治理城市不文明现象，通过增加基础配套设施、进行常态化文明劝导等方式，柔性治理扰乱交通、影响秩序、破坏环境等不文明行为，同时有效减少执法者与群众“对立”情况的发生，如源淮社区在东云路设置了80多个便民摊点，通过深入宣传引导，马路市场井然有序，同时治理困扰东云路多年来的拥堵问题，也避免加强执法可能出现的冲突发生；深挖单位（校园、社区）精神文明创建内涵，守法、安全、综治、诚信等均作为一票否决内容，创建文明单位成为推动丰泽区整体文明提升的有效途径，丰泽区有文明单位109个；文明校园57个，占比82%；文明社区65个，占比81.25%，打破文明单位评选由体制内单位参与的模式，鼓励、倡导“两新”组织参与，有27家“两新”组织参与申报文明单位，文明创建已成为组织、团体、个人的新时尚、新追求。

【文明实践提质增效】 2020年，区委文明办建设1个区级新时代文明实践中心（筹建中）、街道8个文明实践所以及社区、小区、学校、公共场所等95个文明实践站（点），形成区、街道、社区三级贯通，中心、所、站密切联动的工作格局；通过正面影响带动，壮大丰泽区志愿者队伍，志愿服务成为新时尚，丰泽区现有实名认证志愿者97121人，注册团体737个，登记发布项目4201个，服务总时长达877164.5小时；在助力泉州市创建全国文明城市的基础上，打造“街长制”“美丽河湖”“净滩行动”“小口袋 大公益”等常态化志愿服务品牌，共开展文明引导、保护环境、助老帮困等公益活动335场。

【公民道德向好向善】 2020年，区委文明办在主次干道、社区小区、商超广场、建筑围墙、户内户外屏幕广告、微信公众号等媒介广泛刊播社会主义核心价值观、“讲文明树新风”、“文明健康 有你有我”、“制止餐饮浪费行为”等公益广告，形成浓厚宣传氛围，促进社会主义核心价值观入眼、入脑、入心；各级各单位在端午、重阳、中秋等中华传统节日开展形式多样、内容丰富的主题活动共200多场，通过传统的风俗活动制造市民内心共鸣，拉近邻里距离，构筑全社会和谐友善的浓厚氛围；开展第六届丰泽区道德模范遴选活动，对10名在道德领域表现突出的个人进行表彰，同时利用参与、举办道德典型故事会演，先进事迹基层巡讲，每月开展“身边好人”评议等方式，形成“德者有得、好人好报”的正面导向。

【未成年人育德树人】 2020年，区委文明办组织开展清明“网上祭英烈”、“新时代好少年”评选、童心向党歌咏、十一“向国旗敬礼”等主题活动，评选10名“新时代好少年”并广泛宣传先进事迹，引导各学校、社区广泛开展优秀童谣传唱、经典诵读等具有时代性的主题活动，社会主义核心价值观在未成年中进一步入脑入心；落实市委、市政府为民办实事项目，规范化建设2020年度的9个社区未成年人文体活动设施、场所项目，巩固提升已建成的45个社区未成年人文体活动设施、场所项目，为社区未成年人提供规范、安全的活动场所，丰富未成年人校外活动；依托区未成年人心理健康辅导站积极开展心理健康辅导“三进”，举办各类特色活动，活动组织48场，其中进学校3场，进社区3场，进企业1场，辅导站专题心理健康辅导、培训41场，共吸引3000多名未成年人及家长参与；连续15年举办“暑期乐园”活动，克服返校学生由于疫情防控无法参与的困难，采用分期举办，共有55个活动营，招募志愿者171人，营员超2000名，引导更多有条件的社区、企业等开展四点半乐园和周末乐园，形成全社会共同关心未成年人成长的良好氛围。

（区委文明办供稿）

2020年8月25日，泉州、厦门两地新阶联组织建设和实践创新基地建设等方面经验交流会在丰泽新阶联同心·实践创新基地“伯勒小镇”召开（区委统战部 供）

统一战线工作

【民主党派工作】 2020年，区委统战部加强参政党建设，巩固政治共识；支

2020年3月12日，全区统战工作会议召开　（区委统战部 供）

持、指导各民主党派学习贯彻习近平新时代中国特色社会主义思想，中共十九届四中、五中全会精神；完善区直部门、街道与民主党派区工委会对口联系制度，用委托调研等形式支持各民主党派参政议政；引导各民主党派落实民主生活会制度，制定出台丰泽区民主党派活动经费使用管理规定等；搭建参政议政平台，提升履职能力，拓宽建言献策渠道，形成高质量调研报告16篇；制定并实施2020年度政党协商计划，围绕城市精细化管理体系及“十四五”规划等座谈主题听取意见建议；构建才能施展平台，推动建立组织部门与统战部门联席会议制度；指导各民主党派建立“党（盟、会、社）员之家”。

【非公有制领域统战工作】 2020年，区委统战部发挥工商联（总商会）桥梁纽带作用，制定印发《关于营造企业家健康成长环境弘扬优秀企业家精神更好发挥企业家作用的实施方案》《丰泽区党政领导与企业家恳谈会制度》《丰泽区非公有制企业诉求受理处置反馈工作机制》；健全完善“亲清护企”——政法机关与工商联季谈会制度，组织民营企业家参加“服务‘六稳’‘六保’护航民企发展”检察开放日活动，推动基层商会工作，东海街道商会、丰泽区闽清商会顺利完成换届工作，支持指导筹建“深圳市福建丰泽商会”，通过“回归创业”工程招商引进“联鼎新科技园”“联玖熙中国营运总部”等项目，投资总额25.5亿元。

【民族工作】 2020年，区委统战部成立民族工作联席会，出台丰泽区《全面深化“全国民族团结进步示范区”创建工作铸牢中华民族共同体意识的实施意见》，4月组织对少数民族困难群众帮扶慰问；5月举办宣传民族理论政策法规暨精神文明知识网络有奖竞答活动；6月成功举办“文明泉州 爱卫同行”走进民族乡村宣传周活动；9月开展丰泽区第十三个民族团结进步宣传月活动，优化外来少数民族流动人口服务管理工作，组织各街道、社区对丰泽区外来少数民族流动人口进行摸底，并先后迎接全国人大民委、省委统战部、市政协、市委统战部到丰泽区调研活动，与新疆驻福建省工作组泉州地区联络人和丰泽区联络人沟通，共同致力于解决新疆到丰泽人员遇到的问题和困难。丰泽区被评为国家第四批“少数民族流动人口服务管理示范城市”（2020年福建省唯一获评单位）。

【宗教工作】 2020年，区委统战部把宗教工作纳入党委重要议事日程。先后召开2次区委常委会传达贯彻中央和省、市宗教有关会议精神；把落实宗教工作责任制纳入党的建设、平安建设、综治工作考评的重要内容，下达年度绩效评估指标，并根据评估结果实行绩效奖惩；纳入重要学习内容，把习近平总书记关于宗教问题和宗教工作的系列重要论述及宗教政策法规纳入区委中心组及党校教学内容，邀请省民宗厅领导赴中心组开展《党的宗教政策概说》专题

2020年6月28日，丰泽区召开政法机关“亲清”护企座谈会议

（区委政法委 供）

讲座；建立宗教工作三级网络，全区8个街道均成立民族宗教工作领导小组，配备三级网络联络员89名，建立宗教工作三级网格化体系，全区共配备宗教团体网格员106人，实现100%覆盖。对所有宗教活动场所和189处民间信仰场所负责人、家庭情况进行排摸，并登记在册；宗教场所安全生产工作获得市委常委林万明签批表彰；成立排查治理工作专班。所有宗教活动场所实现“电子蜡烛”代替明火燃烧。

【海外统战】 2020年，区委统战部建立海外侨胞微信联络群，向7个国家（地区）5个侨团组织开展新冠肺炎疫情防控宣传引导工作，受众1000多人次。购置30份“源和堂”家乡特产送到隔离点，工作人员分送至侨胞手中。举办2020年海丝青少年足球精英赛，共促交流。指导新秀社区和新铺社区开展创建省级“侨胞之家”和省侨联系统“五好”示范点活动。区侨联联合华侨大学旅游学院开展“一带一路”沿线境外新生泉城寻根之旅研学考察活动。东美社区开展“凝侨心聚侨力，促和谐共发展暨纪念侨法颁布30周年”宣传活动，入户慰问困难归侨侨眷。

【台港澳统战】 向香港丰泽总会捐赠5000只医用口罩，组织对在丰泽当地酒店集中隔离的12名中国港澳台同胞开展人文关怀，分发慰问信45份，赠送爱心礼物45份，发放健康服务卡45张。

（蔡小兰撰 黄舜贤审）

老干部工作

【概况】 2020年，丰泽区有离休干部5人，“5·12”退休干部2人，原任县处级以上退休干部20人，享受县处级以上退休干部12人，共39人。离休干部遗属14人（其中无工作遗属8人）。全区离退休党组织19个，其中区委离退休干部党工委1个，离退休干部党支部17个、临时党支部1个。丰泽区老干部工作以习近平新时代中国特色社会主义思想为指导，学习贯彻中共十九大和中共十九届四中、五中全会精神及习近平总书记系列重要讲话，特别是关于老干部工作的重要指示精神，深化“不忘初心、牢记使命”主题教育成果，运用信息化手段，对标规范化要求，以实现精准化为目标，提升服务离退休干部水平，发挥老干部在推动丰泽区经济社会发展中的作用。

2020年6月23日，中共丰泽区委统战部在大坪山公园山线绿道开展“文明泉州 爱卫同行”走进民族乡村宣传周活动 （区委统战部 供）

【重视老干部工作】 2020年，区委、区政府继续把老干部工作摆上重要位置，始终坚持将老干部工作与全区工作同研究、共部署，将老干部工作重要事项、重大活动纳入全区统一安排，每逢区委、区政府重大事项、重要活动和重大决策都邀请离退休干部参与讨论，征求和听取意见、建议。春节期间，区四套班子领导分组走访慰问原任县处级以上老干部，送去新春祝福。8月，区委书记黄景春在全区老干部工作通报会上强调区直相关部门和各街道要落实好老干部政治待遇和生活待遇，用心用情做好老干部服务保障工作，特别是对生活上有特殊困难的老干部，要通过各项措施多为大家排忧解难。11月，区长高金全走访关心多个涉老工作单位，明确强调老干部工作无小事，协调解决老干部工作中遇到的问题。区四套班子分别与原任县处级领导的老干部建立挂钩联系制度，不定期与老干部开展座谈、登门走访，征求工作意见，帮助解决困难、沟通思想、联络感情、促进工作。

【立足本业防控疫情】 2020年，新冠肺炎疫情发生后，区委老干局立即组织关停老年大学、老干部活动中心等各类“老”字号活动场所，加强对离退休干部的提醒服务，最大化减少因人员流动和聚集产生的疫情传播风险，保障广大离退休干部身体健康和生命安全。第一时间对老干部开展电话慰问，了解离退休干部身体情况和生活状况，普及基本防护常识。针对老干部、老党员特点，制作防控疫情沙画视频，下发至各个离退休党组织，倡导离退休老干部和老党员以身作则，带头不聚集、不聚餐、不聚会，管好身边人和身边事，带头不信谣，不传谣，共同维护疫情期间的社会公共秩序。该视频于2月5日发布在“学习强国”平台。

【服务老干部】 2020年，区委老干

2020 年 1 月，区长高金全（中）慰问老干部　（区委老干局 供）

局按照省委、市委老干部局部署，更新录入福建省离退休干部管理信息系统，为“一人一策”精准服务提供信息支撑。完成与丰泽区东湖、北峰街道，鲤城区开元街道的离休干部所在社区医疗保健挂钩服务协议续签工作，建立医疗挂钩反馈机制，根据老干部医疗服务评价体系对服务质量高的医生进行表扬，将服务质量不高的医生向中心反馈，不合适的建议及时进行调换。与泉州禾康智慧养老产业有限公司续签离休干部“居家养老”服务购买合同，适当提高离休干部每月实体服务标准，委托机构为离休干部开展居家养老援助服务。组织服务管理的老干部进行健康体检，完善老干部健康档案。健全离休干部联系服务制度，印发《关于做好离退休干部挂钩联系工作的通知》，根据离休干部实际情况调整“一对一”挂钩人员名单，要求工作人员扎实做好“五必访”，每月走访或电话慰问一次并及时汇报挂钩联系老干部情况。结合实际制定《丰泽区委老干部局走访慰问离退休干部管理规定》，明确走访慰问对象、慰问事由、慰问标准及审批程序。在春节、“七一”中国共产党建党节、重阳、老干部生日等节日对老干部进行走访慰问，增强老同志的认同感与归属感。累计走访老干部及遗属 130 余人次，发放慰问金、慰问品价值 18 万余元。

【离退休干部党建】 2020 年，区委老干局从组织高度抓好离退休党组织建设，出台《丰泽区离退休干部党组织建设和党的工作覆盖三年行动计划（2020—2022 年）》，进一步落实《中国共产党支部工作条例》和福建省《机关事业单位离退休干部党支部建设若干措施》要求。通过开展重温一次入党誓词、举办一场专题讲座、组织一次志愿服务等“六个一”活动，真正使离退休老党员从思想上、心理上、感情上对党组织产生归属感。围绕习近平新时代中国特色社会主义思想，主动采取送学上门的方式，为离退休党员干部送去《中国共产党历史》《习近平谈治国理政》第三卷等学习读本。同时通过线上用好“学习强国”App、“福建老干部”App、“离退休干部工作”微信公众号等载体平台，帮助离退休党员干部开展学习教育。先后组织离退休党员干部线上收看疫情防控报告会、全国“两会”、八闽舞台剧、民法典解读和“我看脱贫攻坚新成就”专题讲座等，开展《习近平在福建》学习交流活动，征集离退休党员干部学习感想、感悟。在广泛遴选、充分调研的基础上，着重培育圣湖社区离退休党支部、区人大退休支部、区市场监管局退休支部、泉淮社区退休支部及地质社区老党员服务站、东美社区老党员之家作为“桑榆党旗红”离退休干部党建示范典型，发挥各自优势探索离退休干部党建工作机制。人大、市场监管局、泉淮社区 3 个离退休干部党支部获得市级示范，圣湖社区离退休干部党支部获得省级示范。

【老干部正能量发挥】 2020 年，区委老干局根据离退休干部的身体状况、志趣爱好和专业特长，引导老干部为社区或丰泽经济社会发展特定项目提

2020 年 1 月，区委书记黄景春（中）慰问老干部　（区委老干局 供）

供独特的、优质的红色爱心服务，组建34支“银领丰泽红”老干部志愿服务队。疫情期间，各行业、各社区老干部志愿服务队发挥先锋模范作用，先后有38名离退休干部参与到社区防控一线，大部分老党员积极参与到捐款捐物中，累计捐献款物价值30余万元。原区人大常委会副主任刘圣树、原区教育局局长赖辉煌等同志还深入街道、社区、学校、企业中开展“弘扬抗疫精神，当好时代新人”主题宣讲，受到居民、学生或员工的好评。同时在“看丰泽”微信公众号平台推送“抗疫正能量”系列专刊，宣传老干部、老党员在疫情防控中的先进事迹，讲好老干部战疫故事，展现老党员、老干部的高尚精神风貌。联合区关工委开展五老好家风家训家教名言、故事征集活动，会同区档案馆上门征集离退休老党员先进事迹资料以供展览收藏，宣传丰泽区先进老党员及好家风的“五老”家庭典型，发挥辐射带动作用。

2020年8月26日，老干部工作通报会召开 （区委老干局 供）

【老年教育】 2020年，区委老干局依托福建老年教育新媒体电视平台，开通电视端、电脑端、手机端在线学习渠道，让全区老年学员在疫情期间足不出户就能学习各种知识和技能。线上平台涵盖音乐、舞蹈、书画、养生等内容，多渠道、多课程满足不同层次、不同需求的老年学员。持续关注学员“停课不停学”情况，通过各班微信群沟通交流线上学习效果和体会，鼓励师生在家开展诗词、书画等创作。根据省级老年大学达标校评估标准完成校训、校徽、校歌创作。确定“忠诚、团结、活跃、修身、创新”十字校训，校徽、校歌充分彰显福建泉州侨乡本地特色，集思广益，把创作的过程当作在校1500多名师生凝集智慧、奋发向上的过程。以市级为民办实事项目——老年远程教育提升工程为契机，选取霞淮、松林、灯洲、东凤四个社区开展老年远程教育示范点建设，扩宽老年远程教育的受众面，让更多老年朋友“老有所学”，取得良好社会效益。

（郭鑫撰 尤咏鲤审）

2020年8月13日，圣湖社区省级离退休干部“示范党支部”授牌仪式举行 （区委老干局 供）

区直机关工委工作

【概况】 2020年，中共泉州市丰泽区委区直机关工作委员会（简称“区直机关工委”），下辖党委17个（9个系统党委，2个直属党委等），168个支部，3346名党员（区直机关3153名、企业界193名）。以政治建设统领机关党的建设，学习宣传贯彻习近平新时代中国特色社会主义思想，中共十九大，中共十九届四中、五中全会精神，抓好《中国共产党党和国家机关基层组织工作条例》《中国共产党支部工作条例》等的贯彻落实，破解机关党建存在的种种难题，在落实推进重大项目、业务工作等“急难险重”任务时发挥机关党建政治保障作用，提高新时代机关党建工作质量和水平。

【机关干部教育】 2020年，区直机关工委把深入学习贯彻习近平新时代中国特色社会主义思想作为重中之重，致力学以致用、知行合一，加强意识形态（网络意识形态）工作，引导党员干部增强践行“两个维护”的政治定力和政治能力。在2020年区直机关各级党组织书记暨党务干部党建实务专题培训班上，区委副书记、区直机关工委书记韩卫华突出政治教育，带头宣讲中共十九届五中全会精神，向区直机关各级党组织赠送《习近平在厦门》等系列采访实录等学习书籍共计15519本，定期编制《机关党员学习材料》和《政治理论学习安排表》，指导机关、企事业单位党组织结合单位实际开展党组（党委）中心组理论学习和支部党员学习，采取周提醒、月通报、年总结的方式推动“学习强国”成为党员干部“掌中宝”，引导区直广大党员和干部职工养成每日学习的日常习惯，截至2020年12月30日，区直机关各级党组织学员数2944名，日人均积分44.11分。与区总工会联合组织开展“党的十九届五中全会精神答题竞赛”，开展区直机关学习《习近平谈治国理政》第三卷线上有奖知识竞答活动，共有2979名党员群众参与答题，累计答题次数33211次。

【机关党建】 2020年，区直机关工委从加强机关党建规范化建设入手，夯实机关党建基础，发挥机关基层党组织战斗堡垒作用，凝心聚力，强基固本，推进区委高质量发展要求落实落地。下发10份督促整改函，推进基层党组织撤、并、转、改，优化基层党组织结构，理顺党组织隶属关系。选优配强党组织书记、委员和党务工作者，对未严格落实“由部门主要党员负责人担任机关党组织书记” 的6个行政机关单位党组织和未配备党办主任的3个系统党委督促落实整改，明确区直机关各级党组织宣传委员负责宣传工作，推动宣传工作（意识形态）主体责任落实，严把发展党员关，审阅（退回）发展党员档案65人次，通过14人。举办区直机关各级党组织书记暨党务干部党建实务专题培训，力促政治理论水平和业务能力提高。为机关各级党组织量身定制“党日菜单”，组织开展“我的战‘疫’日记”“学习十九届五中全会精神”等主题党日活动。开展“海丝先锋”达标创星专项行动，评定44个先进等次党组织，推动支部创先争优，结合年度绩效评定开展机关党建专项核查，重点检查党费收缴、发展党员和组织生活开展情况，发出检查通报2份并督促落实整改。将意识形态工作纳入重要议事日程，纳入机关党建工作要点、纳入民主生活会、领导干部述职内容，结合“三会一课”“主题党日”制度落实，掌握好党员政治思想情况，注重从源头上管人、管事、管阵地，旗帜鲜明反对各种错误观点。

2020年12月22日，丰泽区直机关党组织书记暨党务干部党建实务专题培训举办 （区委老干局 供）

【机关党建与中心工作融合】 2020年，区直机关工委响应中共中央和省委、市委、区委各项决策部署，注重在落实推进业务工作、重大项目，遇到急难险重、处置突发事件各项任务时充分发挥党建工作的政治保障作用，把党的领导落实到战斗一线。在疫情防控工作指挥部成立联防联控、医疗救治等9个临时党支部，发挥疫情防控的中枢作用。组建疫情防控机关党员先锋队，组织机关党员积极投身到联防联控、社会维稳、市场监管、后勤保障等防疫一线。组织开展组织党员自愿捐款支持疫情防控工作，共收到区直机关3327名党员干部捐款339916.64元。“七一”中国共产党建党日活动期间，开展“担当使命，奏响战役之歌”为主题的征文、摄影、专题讨论等系列主题活动，总结宣传在疫情防控工作中的先进典型和感人事迹，凝聚抗击疫情的强大正能量。组织区直机关各级党组织和党员开展安全生产隐患大排查大整治和房屋安全“百日大整治”行动，自查自纠并填写“四个带头、六个不准”承诺书，自查问题2个，已整改1个，正在整改1个。同时，抽调区直机关42名党员干部下沉到各街道企业中，推进全区安全生产大隐患大排查整治工作。在区直机关组织开展“创城创卫·机关党员在行动”“邻里同心同梦、家园共治共享”主题党日活动，常态化开展党员志愿服务，筑牢机关党员公仆意识。深化机关单位党组织和在职党员“双报到”制度，推进机关和企事业单位在职党员到居住地的社区、小区报到服务，联系服务群众。2438名机关党员认领服务，结对帮扶困难党员群众735名，为社区办好事实事1102件。发挥机关党建引领作用，促进机关党建和业务深度融合，深化党建重点工作项目化管理和党员“三诺（承诺、践诺、

2020年9月27日，丰泽区机关干部职工运动会在侨乡体育馆举办

（区直机关工委 供）

评诺）”活动，运用好机关党建特色活动载体。丰泽区在全市“推进机制活、建设新福建”泉州市机关体制机制创新优秀案例征集评选活动获二等奖1个、三等奖3个，区直机关工委获优秀组织奖；在全市机关特色党建项目评展中获优秀奖1个。

（陈伟才撰 张国兴审）

信访工作

【概况】 2020年，区信访局以习近平新时代中国特色社会主义思想为指导，学习贯彻中共十九大和中共十九届四中、五中全会精神，贯彻落实习近平总书记关于加强和改进人民信访工作的重要思想和关于信访工作重要指示批示精神，以人民为中心的发展思想依据《习近平论新发展理念》中写到的“坚持以人民为中心的发展思想”“坚持新发展理念”，按照建立和完善国家治理体系和治理能力现代化的要求，围绕“疫情期间”和“后疫情时代”的信访工作要求，不断完善拓展“七项机制”，推进信访工作制度改革创新，在“打基础、攻难点、补短板”三个方面发力，以“治重化积”为主线，推进“强基促稳”三年行动，全区信访重点矛盾问题逐一落实，“强基促稳”信访攻坚战扎实推进，信访基础业务建设日益规范，依法分类处理形成普遍共识。全区信访秩序良好。

【信访办理】 2020年，各级信访机构登记丰泽区群众信访事项 3037件（含涉疫情174件），比2019年增加37.5%，全区各职能部门办理办结省信访信息系统信访事项纯件数1548件，及时受理率100%，按期办结率100%；群众对有权处理机关的满意率92.6%，比2019年增加29%；满意度参评率74.3%，比2019年增加44.3%。丰泽区群众到各级上访量为380批841人次，含集体访26批218人次。区委、区政府领导接访群众36批75人，其中主要领导接访群众29批36人。

【“12345”政务服务平台】 2020年，丰泽区共受理诉求件10926件，办结10926件，按时办结率100%，及时查阅率99.97%，及时回复率99.85%，满意率98.9%，沟通率99.24%，一次性办结率99.33%。平台总体运行情况良好，满意率、沟通率水平达到市年终考核目标要求。

【信访业务】 2020年，丰泽区网上信访信息系统建设较为完善，信访办理部门的系统运行更稳定、数据交换更畅通。市、区两级相继开展信访基础业务及网上办理的培训，提高业务人员熟练掌握系统应用操作技能。按照“应录尽录”的原则，将信访事项全部录入省信访信息系统中，及时受理率99.9%，有权机关履行办理责任，通过调查、依法办理，及时出具处理答复意见，及时送达凭证，按期办结率99.9%，群众对有权处理机关满意度参评率74.3%，满意率92.6%。引导群众参与满意度评价，提高群众参评率，提高信访事项处理群众满意率。将“最多投一次”的办理作为“马上就办、一线推进、办出实效”和转变作风提效能活动重要手段之一，按照“八个精准”流程、“一事一分析”登记办理，截至12月底，全区纳入“最多投一次”信访件1182件，纳入率80%，一次性办结率91.3%，平均办理天数11.7天。

【信访规范】 2020年，区信访局按照日常摸排、重点时段摸排，全区相继对重点问题和重点领域进行全方位梳理摸排，排查47件和146件信访突出问题，建立区、街道两级重信重访和积案化解治理动态台账；对排查出来的重复信访、信访积案分三年期限按层级实行区、街道和社区领导包案化解？推进“销号管理”目标，逐案推进化解；全面分析和研判重复信访问题，对合理诉求部分纳入领导包案清单，并限期一次性解决；对于一时难以解决的复杂信访事项，提交街道信访工作联席会议研究，协调推进化解，部分纳入信访评理，推动矛盾疏导；按照诉访分离原则，对涉法涉诉案件移交公检法等政法部门，及时妥善解决。全区《2020年泉州市重复事项化解任务清单》案件3件，已全部化解，根据《中央信访工作联席会议关于开展集中治理重复信访、化解信访积案专项工作的意见》，排查梳理重复、积案共146件，并按照总体目标、阶段目标和区域目标，在2020年年底已化解 96 件，超出预定目标 50%。

【“强基促稳”推进】 2020 年，区信访局推进民意诉求回应机制创新专项行动，制定《关于加强“12345”便民服务平台工作的意见》，对有权办理单位的工作职责、工作要求、办理的时效要求以及效能问责等方面提出较为具体的工作意见，指导办理单位提高投诉件的办理质量和水平，提高群众的满意率；全区“12345”平台诉求查阅率 100%，办理群众满意率 98.9%；严格落实初信初访事项首办责任制，打造精准信访工作模式，推动信访事项实体性问题解决到位；推进逐级走访强化信访案件化解攻坚专项行动，推进信访积案化解，对历史遗留的历史积案进行筛选甄别，全区 5 件信访积案纳入“强基促稳”信访积案三年攻坚目标，按照“五个一”工作机制，通过领导包案化解，推进“案结事了”；5 件信访积案办结化解率达 100%，息诉息访率达 80% 以上；突出线索摸排，深化扫黑除恶专项斗争纵深发展，利用群众来访来信、省信访信息系统和上级督查督办信访件等渠道，健全完善日常排查发现机制，加大涉黑涉恶线索的排摸，全年摸排 2 条疑似问题线索，移交区扫黑办和公安部门。

【“三无”创建】 2020 年，区信访局以信访基础工作为抓手，夯实基础业务和基层基础，及时就地协调解决基层矛盾隐患，弘扬“枫桥经验”和“访调对接”，把矛盾隐患消除在萌芽状态，把矛盾化解在基层，把重点人员吸附在本地，确保信访矛盾不“上行外溢”。全区 8 个街道和 82 个社区无进京越级上访现象，“三无”创建 工作扎实有序推进；全区各街道全部挂牌成立信访联席会议，制定工作制度，并开始发挥联席会议制度的统筹协调突出信访问题疏导和化解的作用；区和街道、社区三级全部建立信访评理室，区一级评理室 1 个，评理员 80 名；街道评理室 8 个，评理员 175 个；社区评理室 82 个，评理员 893 个。区和街道、社区均开展信访评理工作，三级开展信访评理 187 件。

【综合研判】 2020 年，区信访局围绕涉疫情信访问题和涉社会稳定的信息等意识形态方面的分析研判，及时将高危的风险点、隐患点实行点对点通报交办相关单位。及时研判苗头性、行动性问题，快速启动预警预防和应急处置机制；发挥区、街道信访联席会议机制作用，发挥综合研判和政策协调、落实作用，为区委区政府的决策部署提供参考依据。

（黄宇珊撰 洪志强审）

党校工作

【概况】 2020 年，丰泽区委党校贯彻落实习近平总书记关于党校办学治校系列重要指示精神和《中国共产党党校（行政学院）工作条例》，坚持“党校姓党”根本原则，发挥好党员干部培训“主渠道”、思想理论建设“主阵地”和决策咨询服务“思想库”作用，推动党校各项工作再上新台阶。

【培训轮训】 2020 年，丰泽区委党校突出理论武装、党性修养、作风建设和领导能力提升，打造“忠诚、干净、担当”的领导干部队伍。举办主体培训班 2 期，合计 74 人次参加培训学习。借助“福建干部网络学院”平台举办 1 期区管干部学习贯彻中共十九届四中全会精神专题培训，为期 1 个月，全区 490 多名区管干部参训；抓实基层党员干部培训，突出理想信念、群众观念、基层党建和能力本领强化，打造“爱岗、敬业、奉献”的基层党员干部队伍，举办短训班 7 期，合计 537 人次参加培训学习。

【街道党校】 2020 年，丰泽区委党校联合区委组织部建设街道党校，将各街道党校与党群服务中心、图书室、会议室等现有党群服务场所有机衔接和拓展，打造党员教育和党员服务实践、党性学习和文化培养、课堂教育和现场教学相结合的“大党校”阵地。强化业务指导，组织领导班子成员定期到挂钩联系街道指导工作，帮助提升办学水平和培训质量。

【特色办学】 2020 年，丰泽区委党校坚持以全面从严治党的高度把强化党性教育贯穿于党校教学、管理的全过程，通过精心设置课程，开设独立的党性教育单元，设置党性教育模块，引导学员高扬党的旗帜，增强看齐意识；围绕理想信念、群众路线、公仆意识、革命传统等主题，创建无领导小组讨论室，推行多功能情景模拟教学案例实训，推进现场实境式教学。

【调研科研】 2020 年，丰泽区委党校作为基层党校，研究探索新型培训方式及教学模式，将党校各项职责有机融合，以教学促科研，以培训促咨政，发挥党校干部培训、思想引领、理论建设、决策咨询作用，丰泽区第十八期区管干部培训班组织全体学员围绕《提高“平安丰泽”建设水平》开展研讨，学员们运用“头脑风暴法”、团队列名法等方法进行交流，邀请市委党校教授牵头使用鱼骨图分析法、比较法对研讨成果进行科学分析；研讨成果经汇编成《丰泽区情报告》专题报告，呈报区委、区政府四套领导班子及相关领导审阅。

【区委巡察】 2020 年 4 月 20 日至 5 月 21 日，区委巡察三组对丰泽区委党校开展巡察，并于 9 月 8 日向丰泽区委党校反馈巡察情况，丰泽区委党校深入学习贯彻习近平总书记关于巡视工作重要论述，积极配合区委巡察三组各项工作，以求真务实的态度，扎实做好巡察整改“后半篇文章”。针对反馈的43个问题，逐条研究，制定整改措施106条，先后召开4次校委会、4次校办公会议和3次专题分析会，压实责任、督促制定、落实整改，已全部完成整改问题。

（郑婷瑜撰 刘志伟审）

党史方志研究

【概况】 2020年，丰泽区委党史方志室以习近平新时代中国特色社会主义思想为指导，学习贯彻中共十九大和中共十九届四中、五中全会精神，围绕区委、区政府中心工作，重点推进《泉州市丰泽区志》《丰泽年鉴（2019）》《中共泉州市丰泽区历史大事记（2013—2017年）》三大史志编纂工程，推进党史、地方志工作高质量发展。

【党史编研】 2020年，丰泽区委党史方志室完成《中共泉州市丰泽区历史大事记（2013—2017年）》编写工作，为全区党员干部提供党史教育读本及资政服务；围绕改革开放主题，体现丰泽区特点，重点聚焦本地改革开放发展的重大成果，富有特色和亮点的重要事情，本地先进典型人物的亲历亲见亲闻等史料进行征集、编写。

【志书编修】 2020年，丰泽区委党史方志室按照市室的审查意见，组织专家学者进行补充修改，与方志出版社沟通联系，报送方志出版社审编出版；街道社区志是地方志书的重要组成部分，是省、市、县（区）三级志书的延伸和补充，将指导街道社区志编修工作作为重要任务，下基层了解情况、指导编写工作，对《蟳埔社区志》初稿编写进行指导，要求社区按市、区审稿意见进行补充完善，进行出版，《凤山社区志》完成资料征编并着手进行编修，《新埔社区志》完成初稿；社区志编写较全面盘点当地地理、历史、经济、风俗、文化、教育、物产、人物等状况，追溯历史渊源，总结发展经验，汇集乡村文化资源，展现地域文化特色，激发人民群众热爱家乡、建设家园的热情；编写《丰泽日记》，即时反映丰泽变化、传播丰泽声音、展示丰泽形象，为全区各级领导和各部门单位提供资政参考，逐日采编，每周汇集，次周在丰泽方志办微信公众号发表，年终汇总，具有细节丰富、紧贴时事、资料及时、内容可读、便于查阅等特点。

【综合年鉴编修】 2020年，丰泽区委党史方志室组织相关人员学习业务知识，提高编修人员业务素质，突出加大创新力度，突出反映时代特色、年度特点和区域特性，增强可读性、扩大受众面，完成编修任务，区综合年鉴实现公开出版发行，实现“两全”目标；按照省、市委党史方志室的要求，将省、市年鉴丰泽部分材料的供稿任务落实到人，制定编纂方案，通过编辑人员的精心收集、筛选、整理、撰写，完成省、市年鉴丰泽区部分的供稿任务。

【史料征集】 2020年，丰泽区委党史方志室着眼掌握丰富、完整、翔实、可靠、生动的史料，推进党史方志资料征编工作，履行好为党和国家存史的使命；按照省、市收集地方党史图书资料（音像）工作要求，强化党委、政府、人大、政协等部门的资料征集，并注重征集港、澳、台和侨史资料，重点做好历任、现任各级领导人到丰泽视察指导及其在丰泽工作期间相关史料的征集和整理，全面收集整理丰泽区建区以来的党史资料，并继续征集建区前新民主主义革命时期及社会主义革命时期丰泽区的党史资料，全面收集反映本区域地理、历史、经济、风俗、文化、教育、物产、人物等状况，记录农业文明和农村文化；参与保护红色资源、传承红色基因、弘扬革命传统的新实践，组织开展革命英烈事迹展览内容排查整改工作，做好革命遗址遗迹普查工作，深入社区收集整理与党史事件、党史人物有关的资料，做好红色资源的保护、开发和利用工作。协助区委组织部做好红色教育基地《泉州党史》专版的编写，协助区纪委做好廉政有关宣传工作，全区党组织参观学习反映良好，起到资政教育作用；为迎接中国共产党成立100周年，按照市委组织部、市委党史和地方志研究室的要求，征集新民主主义革命、社会主义革命和建设、改革开放、新时代中国特色社会主义四个历史时期发生在本地的能够体现党性光辉的历史决策、历史事件，涌现出的能够表现党性光辉的优秀党组织和党员英雄模范人物的材料（包括文字图片实物等）。

【党史方志宣传教育】 2020年，丰泽区委党史方志室围绕全区中心任务，挖掘党史方志宣传教育资源，创新党史方志宣传教育形式，发挥党史方志资政育人作用，提升党史方志宣传教育工作水平，把党史纳入区委党校教学体系，对科级干部、入党积极分子等进行党史教育，结合区委中心组不定期开展党史专题学习，在广大干部群众中广泛开展党史宣传教育，在泉州革命烈士纪念馆、区委党校设立党史教育基地，推动党史教育进课堂，不定期将《丰泽年鉴》《中共泉州市丰泽区历史大事记》《福建党史月刊》《泉州党史月刊》《泉州月志》等史志读本分批次送至部分机关、校园、企业、社区、农村等；围绕“七一”中国共产党建党节、“十一”国庆节等重大节庆纪念日、重要党史人物的诞辰纪念日等重大活动，参与、配合中央和省、市开展征文及征集保护红色资源、传承红色基因、弘扬革命传统等活动，激发社会各界参与热情，组织开展《中国共产党福建省泉州市历史第二卷（1949—1978）》宣传教育活动，把学习《中国共产党福建省泉州市历史第二卷（1949—1978）》纳入学习型党组织建设，纳入党组织学习计划，作为领导干部学习的重要内容，围绕中国共产党建党100周年开展党史宣传，引导党员、干部和青少年学习党史，铭记党史，做到知史爱党，知史爱国；开辟党史方志宣传教育新渠道，扩大党史方志宣传教育的覆盖面，在《丰泽信息》上刊登党史工作简报，在“丰泽方志办”微信公众号广泛宣传党的历史、党史重大活动、党史工作动态，及时将党史信息、党史优秀成果推向社会。

【资政职能履行】 2020年，丰泽区委党史方志室协助区纪委做好全区廉政文化调研工作，对照史书收集整理党史人物、廉政人物及事迹资料，汇总给区纪委、区委组织部，党史方志书籍为市、区相关单位提供翔实资料，做好资政工作；根据泉州市委、市政府关于实施乡村振兴战略的实施意见，2018年方志办与档案局及时行动，报送蟳埔社区、新铺社区2个社区作为“乡村记忆文化”示范社区，参与乡村纪念馆建设，新铺社区已顺利通过市委党史方志室、市委档案局的验收。

（区委党史和地方志研究供稿）

档案工作

【概况】 2020年，丰泽区档案工作以习近平新时代中国特色社会主义思想为指导，认识和把握档案机构改革带来的新机遇、新变化、新动力，把握“局运作、馆协助”的分工协作机制，解决好人员编制和人员配备等问题，统筹做好疫情防控和档案事业发展，履行好“为党管档、为国守史、为民服务”的神圣职责，为丰泽区全面建设现代化城市核心区提供优质服务。

【档案治理】 2020年，丰泽区档案工作针对改革后的新形势，加快工作转型，实现职能转变、到位，重点做到工作机制完善、权责清单厘清、严格执法检查、服务管理规范、服务机构走访、档案登记督促“六个到位”。学习《中华人民共和国档案法》《福建省档案条例》《机关档案管理规定》等有关规定。指导各单位制定机关文件归档范围和文书档案保管期限表，指导自然资源局、退役军人事务局、文化体育和旅游局等8个新组建和合并的单位开展机关文件材料归档范围和文书档案保管期限表修订工作，促进其健全档案工作机制，提升档案业务水平，深化档案行政审批服务工作，在建立“最多跑一趟”“一趟不用跑”审批服务事项清单的基础上，依托省网上办事大厅及市行政服务中心审批管理平台，做好行政权力清单、公共服务事项和权责清单梳理等工作，共梳理行政审批事项31项取消行政审批事项2项，总的共31项纳入权责清单管理事项，坚持问题导向，结合“双随机一公开”机制开展档案执法检查，走访检查纪委、法院、丰泽街道等20个单位，重点查看档案登记和档案目录电子数据报送，档案规章制度、业务规范的建立，文件材料的收集、归档，档案规范化管理，十年档案移交和档案信息化等情况。抽查中发现的共性问题有3个：档案法治意识不强、档案安全保管存在隐患及档案信息化建设不足，个性问题体现为：重大活动相关档案未登记、缺乏文书档案借阅登记表、无单独的档案库房等。针对各个单位存在问题开具整改通知书，就如何改进进行现场指导，帮助提出加强档案规范化、信息化建设的建议和要求。深入全区64个副科级以上全宗单位指导做好各种门类、各种载体档案的收集、整理、移交、扫描、清点等工作，促进各单位档案管理规范化。加强全区重点建设项目档案的前端监管和跟踪服务，依法做好重点项目、重大活动、重大会议等“三重”档案的监督指导，指导渔人码头、沈海高速重点项目的档案收集整理工作，指导丰泽区第二次全国污染源普查办公室完成第二次全国污染源普查档案的收集归档工作，并通过第二次全国污染源普查办公室和省档案局的验收。主动联系辖区档案服务机构，开展档案工作宣传和指导，探讨如何提高服务质量和水平，提升丰泽区档案规范化管理水平。在市、区的档案服务机构有10家，其中参与丰泽区机关档案整理的有6家，参与社区档案整理的2家，具有保密资质的3家。依法开展区直单位2020年档案登记、档案目录数据报送、到期档案移交进馆工作，强化依法管档力度。区级机关单位2020年档案登记工作完成率90%，完成丰泽区第二实验小学东海校区、正骨医院北峰院区、丰泽华大南埔山片区改造建设3个项目工程档案登记工作，其他单位均已基本完成整档和扫描工作。

【新馆建设与业务工作】 2020年，丰泽区全力推进新馆建设，通过六个方面业务建设努力打造新亮点，新馆位于北峰街道纬七路（泉州软件园边），项目总用地面积6000平方米，总建筑面积12200平方米，于2018年12月25日开工建设，现项目主体工程基本完工，正在开展库房消防设备、密集架等设备采购建设以及展厅设计建设等工作；收藏丰泽区各个时期社会、经济、文化等各方面历史资料，馆藏档案13883卷、85748件，其中特色档案主要征集到侯宗宾、陈祥耀、何锦龙、蔡宗伟等一批名家书画作品60多件，陈敬聪等摄影家所摄泉州市城市和乡村建设变迁新老照片2357张、泉州市地方文献作品2000多册以及牌匾、锦旗、纪念品等实物档案200多件；面向社会各界公开征集新冠肺炎疫情防控相关档案资料，共征集到防护服、口罩等实物档案10件，抗击疫情主题书法美术作品74件。在“6·9”国际档案日来临之际，从征集到的抗击疫情主题书法作品中精选出部分优秀作品，与区委宣传部、区文联等共同举办“丰泽区抗击疫情主题书法作品网络展”和“丰泽区抗击疫情主题美术作品网络展”，歌颂、致敬和鼓舞奋战在防控一线的广大干部群众，弘扬主旋律，传播正能量，增强战胜疫情的信心和决心；制定《泉州市丰泽区档案馆档案查阅利用制度》，提升丰泽区档案公共服务能力；新冠肺炎疫情期间，及时开通电话查档服务，对确有到馆查阅利用需要的，安排预约查档，确保疫情防控与查档服务两不误。为组织人事、党史地方志等部门落实政策、编史修志、解决历史遗留问题等提供查档工作支持，全年提供群众查档服务510人次。在2020年“6·9”国际档案日期间，通过看丰泽微信公众号在全区开展档案普法知识有奖竞答活动，用好新媒体创新档案普法方式，开展国际档案日主题征文活动，多措并举助力脱贫攻坚，与挂钩街道、社区沟通，通过入户走访、座谈交流、发放慰问金等形式，帮助贫困户解决实际困难，展现档案人助力脱贫攻坚的决心；新铺社区“乡村记忆文化项目”顺利完成验收。与市局和新铺社区签订三方项目建设协议书，明确责任单位与责任人，推进示范项目建设。协助社区制定档案管理相关制度，指导社区收集整理特色档案，新铺社区建立两个特色档案，分别为古驿道和郑添文名人档案。强化新铺社区档案室(30平方米）规范化建设，新铺社区共整理文书档案174卷、3113件，专门档案14卷、1012件，科技档案87卷，会计档案356卷，实物档案25个。指导新铺社区建设“乡村记忆文化”展馆，展馆由原知青楼修缮改造，面积约80平方米，通过文字、图片、实物、视频等载体展现社区的历史起源，农耕文化、生活习俗、历史古迹。

（黄鸿寿撰 林宏志审）

丰泽区人民代表大会

人民代表大会

丰泽区第五届人民代表大会第五次会议于2021年1月26—27日召开。出席会议代表169名。

大会听取和审议丰泽区人民政府工作报告，“十四五”规划及2035年远景目标纲要，审查和批准丰泽区2020年国民经济和社会发展计划执行情况的报告及2021年国民经济和社会发展计划，审查和批准丰泽区2020年财政预算执行情况的报告及2021年财政预算，听取和审议丰泽区人大常委会工作报告，听取和审议丰泽区人民法院工作报告，听取和审议丰泽区人民检察院工作报告。大会在听取和审议各项工作报告后，作出相应决议。选举刘烨明为泉州市丰泽区人大常委会主任，林志铭为泉州市丰泽区人民检察院检察长（须报往泉州市人民检察院检察长提请泉州市人大常委会批准），施莹为泉州市丰泽区人大常委会委员，新当选的主任、委员向宪法庄严宣誓。

人大常委会主要工作和活动

【概况】 2020年，区人大常委会坚持以习近平新时代中国特色社会主义思想为指导，全面贯彻中共十九大和十九届二中、三中、四中、五中全会精神，坚持共产党领导、人民当家作主、依法治国有机统一，依靠全区人大代表，依法行使监督权、决定权、任免权，为丰泽区统筹推进疫情防控和经济社会发展、推动高质量发展超越作出积极贡献。共听取和审议专项工作报告12项，开展执法检查3次、工作评议1次、专题询问1次，进行审议意见处理情况满意度测评5次，开展专题调研和工作视察25次，作出决议决定10件，督促执行大会决议7件、办理代表建议118件，完成区五届人大四次会议确定的各项工作任务。

【人事任免】 2020年，区人大常委会坚持党管干部与人大依法选举任免相统一，依法做好选举和人事任免，选举任免国家机关工作人员53人次，保证区委人事意图的实现和国家机关工作的正常运转。

【监督工作】 2020年，区人大常委会加强计划和预算执行情况的监督。6月30日，区五届人大常委会第29次会议听取审议区政府2019年预算执行、决算和审计工作报告，审查批准2019年本级决算，审议通过2020年地方政府债券转贷收支及调整预算方案的议案。9月29日，区五届人大常委会第31次会议听取审议区政府上半年计划、预算执行情况报告，提出坚定信心，应对挑战和困难，助企纾困，稳住经济基本盘的思想，加强项目引领，推动高质

2021年1月25日，丰泽区第五届人民代表大会第五次会议召开，图为代表行使表决权

（区人大办 供）

量发展，厉行节约，把资金用在“刀刃”上等意见建议，促进提高宏观经济运行质量。11月27日，区五届人大常委会第33次会议，根据当前经济走势的复杂性和客观存在的经济下行压力，依法审查批准2020年政府性基金预算调整方案。研究制定关于依法全力做好新冠肺炎疫情防控工作的实施意见。贯彻习近平总书记关于新冠肺炎疫情防控工作的重要讲话重要指示批示和在中央全面依法治国委员会第三次会议上的重要讲话精神，落实党中央关于疫情防控工作的决策部署和省、市、区委工作要求，做好当前新冠肺炎疫情防控工作，依法保障人民群众生命健康安全，坚决打赢疫情防控阻击战。2月12日，区人大常委会根据《中华人民共和国传染病防治法》《中华人民共和国突发事件应对法》《突发公共卫生事件应急条例》等法律、行政法规和《福建省人民代表大会常务委员会关于依法全力做好新型冠状病毒肺炎疫情防控工作的决定》《泉州市人民代表大会常务委员会关于依法防控新型冠状病毒肺炎疫情 切实保障人民群众生命健康安全的决定》要求，结合本区实际情况，研究提出如下疫情防控实施意见。一是区人大常委会要进一步把思想和行动统一到习近平总书记重要讲话和重要指示批示精神上来，统一到党中央、国务院决策部署上来，统一到省委、市委和区委的各项防控措施和工作要求上来，把疫情防控工作作为重大政治任务和当前最重要的工作，增强“四个意识”，坚定“四个自信”，做到“两个维护”。坚持以人民为中心的发展思想，按照坚定信心、同舟共济、科学防治、精准施策的要求，坚持依法依规、有序规范的原则，采取管用有效的措施，推动区人民政府、区监察委员会、区人民法院、区人民检察院提高依法防控依法治理能力，切实保障人民群众生命健康安全。二是根据《福建省人民代表大会常务委员会关于依法全力做好新冠肺炎疫情防控工作的决定》，区人民政府可以在不与宪法、法律、行政法规相抵触，不与我省、泉州市地方性法规基本原则相违背的前提下，在医疗卫生、防疫管理、隔离观察、交通运输、道口管理、社区管理、市场管理、场所管理、生产经营、劳动保障、市容环境、野生动物管理等方面，规定临时性应急行政管理措施，并报区人大常委会和泉州市人民政府备案。三是区人民政府及其有关部门应当按照有关法律法规和《福建省人民代表大会常务委员会关于依法全力做好新冠肺炎疫情防控工作的决定》《泉州市人民代表大会常务委员会关于依法防控新冠肺炎疫情 切实保障人民群众生命健康安全的决定》要求，全面依法履行职责，加大资金保障力度，逐级落实疫情防控工作责任。建立健全区、街道、社区等防护网络，形成跨部门、跨层级、跨区域防控体系，做好疫情监测、排查、预警、防控工作，防输入、防传播、防扩散，落实联防联控机制。同时，要在做好疫情防控工作前提下，统筹抓好改革、发展、稳定各项工作，采取扶持企业生产经营的政策措施，支持、推动各类生产企业复工复产，促进经济社会平稳有序运行。区人民法院、人民检察院应当积极履行职责，依法处理各类疫情防控相关民商事纠纷，依法严惩各类妨碍疫情防控的违法犯罪行为，为疫情防控及时提供司法保障。在疫情防控工作中，任何单位和个人，违反有关法律法规和省、市人大常委会的决定，由公安机关等有关部门依法给予处罚；给他人人身、财产造成损害的，依法承担民事责任；构成犯罪的，依法追究刑事责任。个人有隐瞒病史、重点地区旅行史、与患者或疑似患者接触史，逃避隔离医学观察等行为，依法严格追究相应法律责任。各街道人大工委要广泛发动各级人大代表发挥主体作用，带头遵守疫情防控有关规定，密切联系人民群众，汇集、反映人民群众的意见和建议，督促有关方面落实疫情防控的各项工作；要引导发挥各行各业人大代表的作用，特别是医疗、企业、基层一线的人大代表，投身疫情防控、群防群治等工作，打赢疫情防控阻击战；要进一步挖掘、宣传在疫情防控一线的人大代表先进典型，充分运用媒体宣传先进事迹，传递抗击疫情的正能量。区人大常委会将充分发挥职能作用，认真行使监督、决定等职权，加强省、市人大常委会决定和实施意见执行情况的监督，全力支持区行政机关、监察机关、司法机关依法行使职权，推动各项规定落地落实，切实加强疫情依法科学防控，有序推进企业项目复工复产工作。对《中华人民共和国食品安全法》及《福建省食品安全条例》实施情况进行执法检查。5月，区五届人大常委会第45次主任会议研究通过执法检查实施方案。2个多月来，执法检查组邀请专家解读做好执法前专题学法，采取征求意见、明察暗访、听取汇报、专题交流等方式，广泛了解区政府及相关职能部门执行“一法一例”基本情况，共收集食品安全管理及法律修改等问题及建议29条。6月11日，执法检查组分组开展集中检查，并召开座谈会。6月30日，区五届人大常委会第29次会议听取了区人大常委会检查组的执法检查报告，常委会组成人员在肯定丰泽区“一法一例”取得明显成效的同时提出如下审议意见。理顺监管机制。压实政府属地管理责任和行业主管部门监管责任。创新薄弱环节、重点领域食品监管模式。加强“一法一例”普法宣传。副区长曾国家表示，区政府将认真研究区人大常委会提出的审议意见。有重点、有针对性地抓好整改落实，按照“四个最严”要求，推进联合行动，常态化开展食品监督抽查，加大普法执法力度，切实保障人民群众“舌尖上的安全”。

检查丰泽区“七五”普法规划实施情况。6月，区五届人大常委会组成调研组，对泉州市丰泽区人民政府（以下简称区政府）“七五”普法规划实施情况进行专项调研，为常委会专项听取和审议该项工作报告做准备。6月16日，人大常委会主任林建扬带领调研组开展专题调研。7月31日，区五届人大常委会第30次会议听取区政府《关于“七五”普法规划实施情况的报告》。常委会组成人员经审议，提出如下意见：一、加强组织领导，提高法治思想认识。二、补齐工作短板，推进普法均衡发展。三、强化协作配合，形成普法整体合力。四、坚持普治并举，增强普法工作实效。

听取和审议区政府关于《中华人民共和国教师法》及省实施办法执法检查报告审议意见处理情况的报告，并开展满意度测评。9月29日，区第五届人大常委会第31次会议听取和审议了区政府关于《丰泽区人大常委会检查〈中华人民共和国教师法〉及福建省实施情况的审议意见》的处理情况报告及区人大常委会检查组的检查报告。根据《泉州市丰泽区人大常委会关于审议意见研究处理情况满意度测评的办法》，21名常委会组成人员以无记名表决的方式，对区政府研究处理该审议意见的情况进行满意度测评，其中，满意20票、基本满意1票，综合测评结果为满意。

对丰泽区《关于进一步加快丰泽区学前教育发展的决议》（以下简称《决议》）执行情况开展专题询问。4—5月，区人大常委会专题询问调研组依托“代表活动室”及“双联”等平台，组织代表围绕贯彻落实《决议》情况，听取和收集群众意见建议。通过网上公开征集意见、明察暗访、听取职能部门工作汇报、召开座谈会、开展实地调研、查阅相关资料等方式了解区政府执行《决议》的工作情况。5月28日，区五届人大常委会第28次会议听取副区长曾国家代表区政府对《决议》执行情况的报告，并进行专题询问。区人大常委会组成人员就《决议》执行情况相关问题进行询问，区发改局、教育局、财政局、人社局、住建局、卫健局、市场监督管理局，以及丰泽公安分局、市交警支队丰泽大队等部门主要负责人，回答常委会组成人员的询问。常委会组成人员认为，2017年12月28日，区第五届人大第二次会议通过《决议》后，区政府高度重视，把执行《决议》作为推动丰泽区教育高质量发展的重要任务和重大民生工程。明确措施，责任到人，推进学前教育工作，缓解群众“入园难、入园贵”的问题，取得阶段性成效。但仍存在结合仍然存在学前教育资源结构不尽合理，与目标要求有差距；政府财政支撑学前教育建设资金力度不够；住宅小区配建幼儿园的力度不大；非在编教师占比高，素质有待提高等问题和薄弱环节，提出如下审议意见。一要提高认识，把学前教育作为重要民生工程抓好抓实。二要落实责任，着力推动学前教育的规范有序发展。三要主动作为，积极解决学前教育存在难题。四要提升质量，加强师德师风建设。

对区检察院法律监督工作开展评议。6月，区人大常委会主任会议通过对区检察院开展法律监督工作情况进行工作评议的实施方案，成立评议工作组。6月以来，评议工作组依托区政府公众信息网、看丰泽等平台发布公告，广泛征集广大市民及人大代表对区检察院法律监督工作的意见建议，并要求区检察院对照评议内容进行全面自查。7月15—17日，评议工作组通过听取汇报、座谈交流、问卷调查、查阅有关卷宗资料等方式，分别对区法院、区司法局、区公安分局接受配合区检察院开展法律监督工作的情况进行调研。8月18日，林建扬主任带领常委会组成人员、部分区人大代表和内司委聘任委员到区检察院集中开展视察调研。根据《泉州市丰泽区人大常委会工作评议办法（暂行）》的规定，9月29日，区五届人大常委会第31次会议对丰泽区法院法律监督工作进行评议，现场进行无记名测评表决。参加评议测评的区人大常委会组成人员21人、区人大代表2名，测评情况为“满意”23票，“基本满意”0票，“不满意”0票，测评结果为“满意”。常委会组成人员审议认为，2018年来，区检察院立足检察机关法律定位，依法开展法律监督工作，取得较好的工作成效。一是开展刑事检察工作，着力维护社会和谐稳定。二是开展民事、行政检察工作，着力维护司法公正权威。三是开展公益诉讼检察工作，着力维护社会公共利益。四是开展强检队伍建设，着力增强法律监督能力。经评议，常委会组成人员指出法律监督工作仍存在困难和问题：思想认识不够到位；监督机制尚需完善；监督实效还需提升。就进一步加强法律监督工作，常委会组成人员提出如下评议意见。一是加大宣传，进一步提高思想认识。二是立足实际，进一步完善工作机制。三是补齐短板，进一步增强监督效果。许金约检察长表示区检察院将逐条认真研究区人大常委会提出的评议意见，扎实抓好整改，以整改的实际成效，取信于民，为丰泽区经济社会发展营造良好的法治环境。

听取审议区区高科技产业发展及多元支柱产业培育专项工作报告。9月15日，区人大常委会调研组，深入一线企业，对丰泽区高科技产业发展及多元支柱产业培育工作情况进行专题视察调研。10月29日，区五届人大常委会第32次会议听取区人民政府关于丰泽区高科技产业发展及多元支柱产业培育工作情况的报告，常委会组成人员结合丰泽区高科技产业发展及多元支柱产业培育的现状和存在问题，提出如下审议意见。一要坚持科技创新，增强自主创新能力，加强科技领域开放合作，促进丰泽区高质量发展。二要明确目标方向，强化规划引领，持续提升城区能级和核心竞争力；完善机制，聚焦主攻方向，营造适宜新兴支柱产业发展的良好生态环境；转换动能，培育新增长极，推动优势产业向闲置载体集群发展、集聚壮大；找准方向，打造多元支柱产业体系。三要强化保障，优化营商环境，持续提升丰泽区综合承载力、区域影响力和辐射带动力。

听取和审议区政府关于国有资产管理情况专项工作报告。为贯彻落实《中共泉州市丰泽区委关于建立区政府向区人大常委会报告国有资产管理情况制度的意见》（泉丰委〔2019〕41号文）精神，9月29日，泉州市丰泽区第五届人民代表大会常务委员会第31次会议听取了区财政局局长吴志聪受区人民政府委托所作的《关于丰泽区2019年度行政事业性国有资产管理情况的报告》。常委会组成人员认为，近年来，区政府进一步规范和加强国有资产管理，维护国有资产的安全完整，防止国有资产流失，合理配置和有效利用国有资产，有效推进国有资产优化整合，提高国有资产使用效益。加强全区行政事业单位资产全过程监督和管理，总体情况良好。但是，丰泽区在行政事业性国有资产管理过程中还存在一些不足和问题。主要是部分单位的主要负责人存在"重资金、轻资产"的思想，对国有资产管理的重要性认识不足；部分单位基础性工作不够扎实等现象；部分单位资产配置流动性不佳，未实现有效利用等问题；个别单位资产历史遗留问题有待进一步研究解决等困难，需要区政府在以后的工作中积极采取有效措施加以改进和解决。常委会组成人员经审议，提出如下意见。一要提高管理意识，严格落实责任。二要加强基础管理，提升管理效能。三要激活存量资产，发挥资产效益。四要强化监督检查，提升监督实效。副区长曾国家表示，区政府将提高思想认识，主动接受监督，推动工作开展，深入推进行政事业性国资监管工作，做大做强做优国有企业，为服务丰泽区经济社会又好又快发展作出应有的贡献。

【代表工作】 2020年，区人大常委会优化平台促履职，各街道人大工委发挥沟通联系、服务保障作用，推进全区28个代表联系群众活动室提标扩面，落实"八有"（有场地、有挂牌、有人员、有制度、有运作、有经费、有记录、有实效）、"八制度"（代表活动工作制度、代表联系群众制度、代表学习宣传制度、代表视察调研制度、代表履职公开制度、代表履职报告制度、代表履职登记制度、代表履职请假制度），构筑起强有力的代表履职支撑平台。全区200余名省、市、区三级人大代表混合编组进驻活动室，开展接待群众、走访选民活动，"双联"工作走向常态化制度化。常委会组成人员联系代表85人次；代表接待群众55场63人次，联系选民群众225人次，各街道代表小组开展调研19次，收集意见建议163条，相关部门办理反馈117条，万达商圈道路拥堵、小区健身器材不足、老旧小区物业管理水平不高等一些民生问题得到改善。用好省三级人大代表履职服务平台，规范落实代表履职登记制度，增强代表履职意识，促进代表为民履职。强化保障促履职，组织市、区人大代表开展学习培训和年中年末集中视察；邀请更多代表参与常委会组织的执法检查、工作调研等活动，扩大代表参与面；支持代表参与信访调解、旁听案件庭审和"一府两院"有关活动。2020年，人大代表列席人大常委会会议30人次，参加视察调研检查254人次，参与"一府一委两院"接访活动35人次，努力为代表履职创造更多条件。办实建议促履职，坚持重点建议件领导挂钩督办制度和建议办后再督办制度，在主任会议上听取代表建议办后重点再督办落实情况报告，在常委会会议上对2件建议重点督办件办理情况进行满意度测评，评选6件优秀代表建议，以点带面，促进代表建议提出质量和办理质量双提升，推动清源社区吃水难、霞美新天沟污染治理、社区医养结合居家养老服务体系等重点、难点项目落地见效。区五届人大四次会议118件代表建议全部按期办理答复，已经解决或正在解决的建议占比继续上升，代表满意和基本满意率100%。

（陈章镇撰 苏墨林审）

丰泽区人民政府

区政府常务会议与区长办公会议

【区政府常务会议】 2020年1月19日，区政府召开区政府五届70次常务会议，会议传达贯彻《关于印发国家重大政策落实情况跟踪审计实施办法（试行）》，同时研究《关于建立社区专职工作者工资待遇激励机制的通知》的补充说明、《共建华侨大学（丰泽）"一带一路"侨泽园协议书》《中央"双创"补助资金（华创园项目首期）使用框架方案》、2020年公共财政预算专项资金分解审

2021年1月26日，区领导与区人大常委会组成人员合影 （区人大办 供）

批等事宜。

2月7日，区政府召开区政府五届71次常务会议，会议研究《关于应对疫情支持中小微企业共度时艰的十二条措施》等事宜。

2月28日，区政府召开区政府五届72次常务会议，会议研究修订《关于扶持重点企业发展的若干规定》、提高城镇居民养老保险被征地人员养老保险金标准、研究《2020年第一批新增一般债务限额分配方案》、研究丰泽区图书馆社会化运营等事宜。

3月26日，区政府召开区政府五届73次常务会议，会议传达学习习近平总书记在中央政治局常委会会议上和在北京市、湖北省考察时的重要讲话精神以及省委常委会会议、全省视频会议、市委常委会会议、区委常委会会议精神，部署近期疫情防控和复工复产重点工作；传达学习国务院福建省泉州市欣佳酒店“3·7”坍塌事故调查组第一次全体会议、省委常委会会议、全省安全隐患大排查大整治工作视频会议和市委常委会会议、市委安全生产专题会议、区委常委会会议精神，部署房屋安全、消防工作和安全生产大排查大整治工作；传达学习中央和全省、全市决战决胜脱贫攻坚推进会议精神以及全省脱贫攻坚暨防汛抗旱工作专题培训会议精神，研究丰泽区初步贯彻意见。

4月21日，区政府召开区政府五届74次常务会议，会上听取丰泽区创建“国家公共文化服务体系示范区”工作汇报、研究西华洋滞洪片区（丰泽段）改造项目房屋征收签约期限延期事宜、传达学习“4·10”全国安全生产电视电话会议及全市安全生产会议、区委常委会会议精神，研究丰泽区初步贯彻意见、研究《丰泽区突出毒品问题整治方案（2020—2022年）》，部署全区禁毒工作；研究确定2020年区级重点企业名单和表彰2019年度财政贡献大户和进出口大户企业名单；传达贯彻习近平总书记对审计工作的重要指示精神、全国、全省审计工作会议精神、省委书记于伟国在省委常委会暨省委审计委员会第三次会议上的讲话精神和省长唐登杰对审计的批示精神、市委审计委员会第二次会议精神，研究丰泽区初步贯彻意见和2020年度审计项目计划。

5月8日，区政府召开区政府五届75次常务会议，研究《丰泽区扎实推进“六稳”“六保”实施方案》、研究《丰泽区争取上级专项资金考核办法》、研究《丰泽区关于加快小微企业转型升级的若干措施》、研究《丰泽区推进平台经济加快发展实施意见》、研究兑现《丰泽区2019年度惠企政策奖励资金》、传达学习全市抓好“三农”领域重点工作，确保如期完成全小康推进会精神及我区初步贯彻意见、听取全区复工复产工作情况汇报，研究下一步工作相关事宜。

5月21日，区政府召开区政府五届76次常务会议，会上研究丰泽区2019重点项目绩效评估结果、《盘活社区居委会、原村集体资产组存量货币资产的方案》《丰泽区国有不动产划转移交和管理工作方案》事宜。

6月2日，区政府召开区政府五届77次常务会议，会上研究《关于进一步加强统计工作的若干意见》《关于贯彻落实〈福建省消防安全责任制实施办法〉若干意见的通知》《丰泽区建筑产业园招商暂行办法》《关于促进商贸业发展的若干措施》《关于加快电子商务发展的若干措施》《丰泽区2020年促进外贸发展若干措施》，研究兑现2019年度知识产权护航计划优惠政策，研究2020年第二批新增专项债务限额分配方案，关于适当提高中小学、幼儿园教师奖励性绩效工资总量的建议。

6月17日，区政府召开区政府五届78次常务会议，会上研究《全区安全生产专项整治三年行动实施方案》，研究成立北峰街道万科城社区居委会事宜，研究兑现华创园有关优惠政策，研究《丰泽区2019年财政决算（草案）》，同时传达学习省、市常委会暨中央环境保护督察整改工作领导小组会议精神，研究《丰泽区贯彻落实第二轮中央生态环境保护督察反馈意见整改方案（送审稿）》。

6月26日，区政府召开区政府五届79次常务会议，会上听取房屋安全、消防工作专项指挥部汇报，2020年秋季招生工作有关情况汇报，研究2020年秋季中小学、幼儿园招生事宜。

7月20日，区政府召开区政府五

2021年1月25日，泉州市丰泽区第五届人民代表大会第五次会议主席团会议召开
（区人大办 供）

届 80 次常务会议，会上研究兑现 2019 年度创意楼宇等政策，研究《丰泽区加快数字经济园区集聚发展规定》，研究东海教育项目工程总承包（EPC）建设事宜。

8 月 14 日，区政府召开区政府五届 81 次常务会议，会上传达学习国务院批复的福建省泉州市欣佳酒店“3•7”坍塌事故调查报告和福建省委批准、中央纪委国家监委同意的追责问责处理意见以及市委常委会、区委常委会会议精神，听取房屋安全、消防工作、安全生产、工业企业和重点项目专项指挥部以及交通安全、自然灾害、小作坊小加工厂整治组工作汇报，研究《2020 年全区治理“餐桌污染”建设“食品放心工程”工作方案》，研究 2020 年度丰泽区科技计划项目立项事宜，研究兑现丰泽区鼓励疫情防控物资生产企业达产扩产政策，研究将陈长贤等 8 人列入丰泽区级非遗代表性传承人并推荐申报泉州市第八批非遗代表性传承人有关事宜。

9 月 6 日，区政府召开区政府五届 82 次常务会议，会上研究《丰泽区全方位推动高质量发展超越科技创新行动计划》《丰泽区全方位推动高质量发展超越优化产业结构行动计划》《丰泽区全方位推动高质量发展超越促进居民增收行动计划》，研究《关于开展全区自建房加工场所消防安全专项整治的通告》《全区自建房加工场所消防安全整治攻坚行动方案》，研究东海嘉年华项目推进有关事宜，研究《关于促进东海片区高端楼宇经济区加快发展的若干意见》。

9 月 22 日，区政府召开区政府五届 83 次常务会议，会上研究 2020 年第三批地方政府债务限额分配方案，研究《丰泽区街道社区协税护税奖励方案（试行）》。

10 月 12 日，区政府召开区政府五届 84 次常务会议，会上研究《丰泽区加快中介服务产业园区集聚发展规定》，研究拨付“智慧丰泽”（一期）项目运营期首年度（2018—2019）服务费用事宜，研究《区城建集团及区国投集团参与安通控股重整方案》。

11 月 6 日，区政府召开区政府五届 85 次常务会议，会上研究《城东南滨江片区改造项目房屋征收补偿安置实施方案》及补充实施细则（送审稿），听取全区房屋安全、消防工作和安全生产大排查大整治阶段性整治汇报，研究部署下阶段整治工作，研究《深化改革加强食品安全工作实施方案》，听取全区促进增产增效、稳外贸稳外资促消费推进经济发展情况，部署下一步工作措施，研究《丰泽区畅通“双循环”年终冲刺行动方案》。

11 月 19 日，区政府召开区政府五届 86 次常务会议，会上研究《2020 年政府性基金预算调整方案》，研究提高丰泽区被征地人员养老保障金标准事宜，研究社会福利中心项目代建事宜，研究《后埔片区改造项目房屋征收补偿实施方案》及补充细则、《后埔片区改造项目房屋征收社会稳定风险评估报告》《后埔片区改造项目房屋征收决定》，听取 2020 年老旧小区工作汇报，研究下一步工作措施，研究《国道 G324 线泉州大桥及接线扩宽改造工程丰泽段房屋征收补偿安置实施方案》及补充实施细则。

12 月 10 日，区政府召开区政府五届 87 次常务会议，会上研究《南埔山片区（棚户区）改造建设项目房屋征收补偿安置实施方案（送审稿）》及其补充细则，研究修订《丰泽区 2020 年促进外贸发展若干措施》有关市场采购条款事宜，研究提高非义务教育阶段教师奖励性绩效工资事宜。

12 月 30 日，区政府召开区政府五届 88 次常务会议，会上传达全国、全省、全市安全生产工作视频会议精神，研究丰泽区贯彻意见；研究提高丰泽区城镇居民养老保险基础养老金标准事宜，研究浦西时尚商业街区招商运营方案及相关奖励政策调整事宜。

【区长办公会议】 2 月 28 日，区长高金全召开区政府五届 15 次区长办公会，会议研究《区政府与黎明职业大学共建宝觉书院协议书》、研究与泉州网商（虚拟）产业园续签备忘录事宜。

7 月 20 日，区长高金全召开区政府五届 16 次区长办公会，会上研究回收碧水湾小区配套幼儿园事宜。

9 月 6 日，区长高金全召开区政府五届 17 次区长办公会，研究与阿里巴巴签订合作框架协议事宜。

11 月 23 日，区长高金全召开区政府五届 18 次区长办公会，研究与泉州上实投资发展有限公司签订招商战略合作框架协议事宜。

区人民政府办公室

【概况】 2020 年，丰泽区政府办公室站在全区工作大局，聚焦各项中心工作，以强烈的责任意识和进取精神，齐心协力，扎实工作，履行参谋助手、督促检查、综合协调、后勤保障、疫情防控等职能，班子建设成效明显、干部队伍团结成长、业务工作亮点频闪、后勤保障更有温度，完成各种目标任务，保障区委区政府政令高效传递、工作及时落实；相继获得 2019—2020 年节约型公共机构示范单位、泉州市 2017—2019 年度文明单位、2019 年度全市政府系统信息工作先进单位、全区疫情防控和复工复产先进集体等表彰。

【“三服务”水平】 2020 年，丰泽区政府办公室班子成员把思想政治建设贯穿办公室工作全过程，通过党组理论学习中心组、“学习强国”App 和专题研讨等形式，学习中共十九大、中共十九届系列全会精神，以及习近平总书记系列重要讲话重要指示批示精神，《习近平谈治国理政》《习近平在福建》系列采访实录，把握新发展理念、国内国际双循环和供给侧结构性改革等发展新理念新思想，强化政治引领，树牢“四个意识”，坚定“四个自信”，做到“两个维护”，引领干部职工坚持用习近平新时代中国特色社会主义思想武装头脑、指导实践、推动工作，善于从政治上看问题，提高政治判断力、政治领悟力、政治执行力，把握办公室各项工作正确政治方向，全年累计召开专题学习研讨9场次，支委会14次，支部党员大会8次，上党课4次，法律法规、党风廉政与机关效能建设集中学习20余次；班子成员把贯彻落实上级决策部署、对接转化上级政策措施作为重要的政治责任，做到思想上自觉、政治上清醒、行动上坚定，研究上级全方位推动高质量发展超越，做好“六稳”“六保”，统筹“疫情”防控和经济社会发展的一系列决策部署，对接各级重要会议精神及区委、区政府工作思路，对落实促“六稳”“六保”追赶行动、畅通双循环、突破难硬重新专项、疫情防控等重点工作，发挥参谋、督查、服务作用，进行细化分解，落实到具体部门并督办落实，当好区政府的坚强“前哨”、巩固“后院”和高效“中枢”；班子成员贯彻执行民主集中制，对分管领域涉及干部任免、人事调配、评先评优、大额经费开支等“三重一大”事项，均事先征求党员干部职工意见后，提交党组会充分讨论、集体决策，并邀请派驻纪检组全程参与决策监督，体现集体领导与个人分工相结合，防止“一言堂”，班子决策更加科学民主、程序规范，领导力、凝聚力、执行力不断增强；班子成员推进“两学一做”常态化制度化、扎实开展“不忘初心、牢记使命”主题教育，抓好集中学习、个人自学与专题研讨，补足精神之“钙”，坚定理想信念，重点聚焦群众反映最强烈、意见最集中的城区自来水、老旧小区改造等民生热难点问题，进行跟踪督查促落实，弘扬“四下基层”“马上就办，真抓实干”，随同区领导深入项目、深入社区，现场督办、一线协调。

【办公室参谋助手作用】 2020年，丰泽区政府办公室发挥办公室承上启下、联系内外、协调各方的作用，以区委、区政府的安排部署为工作主轴，加强与区委办、人大办、政协办的沟通协调，与区直部门、街道的协作配合，从有利全区发展的大局出发，对基层和部门请示政府的事项，对部门之间需要沟通的问题，进行协商，反馈意见，形成全区上下一盘棋的良好工作格局，确保政令畅通，已协调推动项目建设、招商工作、生态环保、安全生产等紧急工作；把调研工作作为服务区政府领导的重要环节抓紧抓好，紧扣项目攻坚、疫情防控、复工复产、房屋安全隐患大排查大整治等方面，服务政府领导深入一线、深入基层调研，解决问题；做好区政府领导参加重要活动组织协调，与各部门沟通，做细活动环节，事先安排好车辆调度、调研（视察）点准备、路线和公务接待等工作；疫情防控期间，共借调给疫情防控指挥部22人，担负区疫情防控指挥部办公室、外事组、复工复产综合协调组文电运转、文稿起草、人员信息排查、信息编报、工作部署会议会务及对接各级各类检查督导等日常工作，协调各项疫情防控工作落实情况，保障区委区政府各项指令、政令贯彻落实；把以文辅政作为办公室的头等要务，紧盯中央和省、市、区重大决策部署，把握领导思路，树立精品意识，精心组稿，严格把关，高质量起草《区政府工作报告》、经济分析会、政府全体成员会、疫情防控、创城创卫、安全生产等各类综合性文稿120余篇，撰写常务会议纪要、区长办公室会议纪要23份；随同区政府领导调研，把握基层动态、领会领导意图，把调研得出解决问题的好思路、好举措转化为践行新发展理念、推动高质量发展实际行动，为领导决策提供翔实、科学、前瞻的基础材料和决策参考；把收集和报送信息的视角对上放在各级的方针政策上，对下涵盖到基层经济发展、社会稳定、民生改善上，形成有思想、有价值、有分量的决策信息，向省办编报信息600余篇，被省《今日要讯》

2020年6月30日，五届区政协常委会第二十次会议召开，传达学习全国政协十三届三次会议精神 （区政协办 供）

采用30篇，成绩在全省85个县（市、区）中排名第9位，其中：《丰泽区大力推动本质安全型企业建设》被省政府办公厅《今日要讯》专刊录用；被福建信息录用（综合采用）65篇，国办综合采用16条、单独采用1条；向市办编报信息680余条，被市《泉州要讯》采用169篇，在全市12个县（市、区）政府办中排名第4位，其中泉州要事专报8篇，3篇获市政府主要领导批示，泉州政务（微信公众号）推送22条；丰泽区府办信息科参与报送的《福建省残疾预防和康复工作存在的难点》被国务院办公厅《专报信息》采用；发挥App“丰泽公务通”在办文方面作用，对于一些非密级文件和简报利用平台分发，减少纸质文件数量，在政府系统倡导务实高效作风，可以通过电话或当面沟通传递的，不制发纸质文件，不发“隐形文件”；执行《关于推进落实解决形式主义突出问题切实为基层减负二十条措施的通知》（泉丰委办〔2019〕96号），对于14种不以区委、区政府名义发文的情况从严把关，从源头上减少文件数量，以区政府、区政府办名义印发的公文同比下降20%，实现“只减不增”；压缩会议数量，可开可不开的会议坚决不开，严禁提格开会，尽可能合并开会、套开会议、开视频会，确保2020年会议数量较2019年减少16%，同时，切实提高会议质效，严格控制会议时间和人数；分解下达2020年区《政府工作报告》和涉及丰泽区的省、市《政府工作报告》目标任务并及时通报工作进展；抓好2020年涉及丰泽区的省、市级为民办实事项目的跟踪督促，牵头征集2020年区委区政府为民办实事项目并组织实施（共11个大项53个小项，总投资3.08亿元，其中区财政投入6604.01万元），每季度及时通报项目工作进展并对进度滞后的项目进行专项督查；做好区政府常务会、专题会、区长办公会等议定事项的跟踪落实；参加每月15日区长接访日活动并抓好议定事项的督促落实；会同区效能办、区委督查室等部门共同做好疫情报控、创城创卫等全区各种专项督查工作；采取逐件登记、迅速转办、限期办理、定期催办等措施，做好领导批示件的办理和反馈工作，做到件件有着落，事事有结果，共办理各级领导批示件21件，办结率100%；围绕区委、区政府的决策部署和中心任务、重点工作，推动区委、区政府重要决策部署的督促落实，对区委常委会以及区政府2020年工作要点、经济运行分析和经济工作部署会议、指挥部联合会商会等确定的中心任务、重点工作等进行梳理、分解细化，明确责任区领导、责任单位和责任人，逐项建立分管区领导和职能部门抓落实责任制，并实行跟进督促检查，注重区委、区政府主要领导调研活动要求的交办督办，并加强跟进落实与反馈；共承办领导批示抄清8件、批示（交办）事项督办件27件、跟踪件20件、转办件11件，重点开展疫情防控、复工复产、安全生产、房屋安全和干部作风等方面督查，开展各项各类督查250多次，在全区范围内发出《效能督查情况通报》4份、《整改通知书》2份、《效能提醒函》10份，约谈相关责任人6人次，推进各项工作有序开展；将区政府大院安全保卫、卫生保洁、会务服务、绿化养护、水电和消防设施维护5个后勤服务项目推向社会化，建设区政府机关大院停车管理系统，实施区政府大院垃圾分类和原有给水管改造提升工程，办公环境更加安全有序、优美整洁、舒适便利，坚持“绿水青山就是金山银山”的理念，提高机关院内能源资源利用效率，2020年12月获得国管局、国家发展改革委、财政部2019—2020节约型公共机构示范单位的表彰；规范全区各级各部门带班值班及突发事件信息报送工作，健全突发性事件快速联动反应机制，共接报各类突发事件1888条次，上报市突发信息71件，稳妥处置流行病疫情防控、老兵上访、讨薪维权等突发事件；重新签约中闽百汇（中国）零售集团有限公司、新华都购物广场等6家物资供应商和丰泽大酒店、滨海大酒店等7家快速食品供应点，加强与签约供应商和快速食品供应点的沟通，及时掌握情况，确保对支前物资供应实施动态管理，支持驻丰泽部队生产

2020年7月31日，区人民法院、区人民检察院通报上半年工作情况

（区政协办 供）

生活建设项目5个，申请专项资金40万元，对晒衣场改造、营区篮球场及羽毛球场升级改造等急需项目重点予以补助扶持。

【党风廉政建设和反腐败斗争】 2020年，丰泽区政府办公室落实班子成员党建分工责任制，完善“一把手总负责，分管领导各负其责，纪检组监督落实”的责任体系，厘清党建工作职责任务，细化量化年度党建工作要点，逐人逐项逐条列出责任清单，做到以责定单、照单履责，形成责任明确、齐抓共管、推动有力的党建工作格局；班子成员落实“一岗双责”，对重点岗位、重点人员、重点事项实行重点监督，真正做到管好关键人、管到关键处、管住关键事、管在关键时。配合做好省委巡视区委工作，巡察期间，要求政府办各相关股室提高政治站位、严肃认真对待，针对巡察组开出的交办单，务必第一时间办理和答复，保障巡察工作高效有序开展。累计报送相关材料20余次，包括区政府常务会议纪要、以区政府办名义发文目录及文件等；班子成员落实党风廉政建设主体责任，强化廉洁从政意识，排查自身廉政风险，按规定报告个人事项，接受群众监督，从思想上、源头上预防腐败行为，远离不正之风，贯彻新形势下党内政治生活若干准则，执行“三会一课”、双重组织生活、述责述廉、民主评议、党员“三诺”、主题党日等基本制度，严肃党内政治生活；班子成员执行意识形态工作“七个纳入”机制，让落实意识形态工作责任制成为干部职工的思想自觉和行动自觉；加大意识形态阵地管控力度，做好全国两会、中共十九届五中全会等关键节点、重点时期涉疫、涉房地产等值班突发事件信息舆情收集、风险点研判、分析和处置工作，正确引导舆论，化解不稳定因素。

（丰泽区政府办公室撰）

政协丰泽区委员会

重要会议

【常委会会议】 6月30日，区政协召开区政协五届常委会第20次会议。区政协各专委会主任，各民主党派区工委、工商联负责人，机关全体干部列席会议。会议传达学习全国政协十三届三次会议精神，学习贯彻落实中共泉州市丰泽区委《关于新时代加强和改进人民政协工作的实施意见》，协商通过人事事项等。9月30日，区政协主席上官蓝波主持召开区政协五届常委会第21次会议。会议传达学习省委十届十次全会、市委十二届十二次全会、区委五届十一次全会精神，协商通过有关人事事项。

【政协活动】 1月3—6日，区政协主席上官蓝波、副主席许志达出席泉州市政协十二届四次会议。1月7日，区政协党组书记、主席上官蓝波主持召开区政协领导班子 “学习《习近平在福州》采访实录”专题集中交流研讨会议，区政协领导班子成员、副处级干部及机关各办主任逐一发言交流。1月10—14日，区政协主席上官蓝波列席省政协十二届三次会议。1月15日，区政协党组书记、主席上官蓝波主持召开区政协领导班子“学习贯彻习近平总书记在中央政治局专题民主生活会上重要讲话精神”专题集中交流研讨会议，区政协领导班子成员、副处级干部及机关各办主任逐一发言交流。1月22日，区政协党组书记、主席上官蓝波主持召开区政协党组和机关“不忘初心、牢记使命”主题教育总结会议并作总结讲话，区委主题教育第八巡回指导组莅会指导，区政协副主席戴在平、李木火、许志达、赖尾兴，机关全体党员干部参加会议。6月5日，区政协副主席赖尾兴带队开展走访慰问丰泽区困难残疾人活动，区政协经济法制与人口资源环境办公室主任黄国富、副主任潘广藤，部分区政协社会和法制委委员参加活动。6月11日，区政协副主席李木火带队开展区政协五届四次会议提案办理情况督查活动，实地督查区市场监督管理局、区住建局、区工信科技局，区政协提案与社会文史办公室主任杜荣华、副主任黄亚雄、二级主任科员洪志斌，部分区政协提案委委员参加活动。6月30日，区委与区政协围绕“构

2020年6月30日，区委与区政协围绕“构建产才融合体制机制，助力丰泽区高质量发展”主题，开展议政性专题协商 （区政协 供）

建产才融合体制机制，助力我区高质量发展”议题开展专题协商。区委书记黄景春，区政协主席上官蓝波，区委常委、统战部部长陈政实，区委常委、宣传部部长周顺安，区委常委、组织部部长林希妍，区委常委张雄，区政协副主席戴在平、李木火、许志达、赖尾兴，四级调研员王远曦，区政协常委出席会议。区委组织部（人才办）、区发改局、工信科技局、财政局、商务局、人社局、各园区管委会负责人、区政协各专委会主任，各民主党派区工委、工商联负责人，机关全体干部列席会议。7月31日，区政协主席上官蓝波主持召开会议，听取区人民法院、区人民检察院通报上半年工作情况，区人民法院院长庄能宗、区人民检察院检察长许金约到会通报，区政协副主席戴在平、李木火、许志达、赖尾兴，四级调研员王远曦，部分区政协常委、委员，机关各办主任参加会议。8月13日，区政协副主席戴在平主持召开“丰泽区高水平教师队伍建设成效与改进措施”界别协商座谈会，区政协文化文史和学习委部分委员、区教育局分管领导、中小学校校长代表、教学一线的骨干教师代表参加会议。9月30日，区政府与区政协围绕“加快发展小微园区经济，增强经济发展动能”议题开展专题协商。区政府区长高金全，区政协主席上官蓝波，区政府常务副区长吴志朴，区政府副区长谢希圣、曾国家，区政协副主席戴在平、李木火、许志达、赖尾兴，区政协常委出席会议。区发改局、工信科技局、财政局、人社局、商务局、住建局、高新产业园区管委会、泉州软件园管委会、海西国家广告产业园区（泉州园）管委会负责人，区政协各专委会主任，各民主党派区工委、工商联负责人，机关全体干部列席会议。10月22日，区政府副区长柯晓晖、区政协副主席李木火带领区政协教科卫体委委员与区人社局开展“打造高水平专业化实训基地，着力培养新时期‘丰泽工匠’”专题协商活动。区政协台港澳侨与民族宗教办公室主任黄单向、副主任陈姝娜参加活动。11月5日，区政协主席上官蓝波主持召开丰泽区《丰泽区国民经济和社会发展第十四个五年规划》征求意见会，区政协副主席戴在平、李木火、赖尾兴，四级调研员王远曦，机关各办主任，部分区政协委员参加。

【委员活动日】 5月27日，区政协在城东街道主持开展以“加快企业复工复产，促进经济平稳运行”为主题的“委员活动日”活动，先后调研云玳智能科技（福建）有限公司和丰泽家装市场，并召开座谈会。6月18日，区政协在东湖街道开展以“整合文旅资源、促进融合发展” 为主题的“委员活动日”活动，先后调研东湖公园、泉州少林寺、丰泽区第一中心幼儿园、宜家装饰有限公司，并召开座谈会。7月16日，区政协在泉秀街道开展以“坚持创新驱动释放发展活力”为主题的“委员活动日”活动，实地视察雀幸联合•上东区项目、海丝基金小镇，并召开座谈会。9月9日，区政协在华大街道主持开展以“发展夜间经济，深化美丽社区建设”为主题的“委员活动日”活动。11月18日，区政协在丰泽街道开展以“参与垃圾分类共创美好家园”为主题的“委员活动日”活动，实地视察丰泽区经典名门小区、丰泽区机关幼儿园、丰泽新邨小区垃圾分类工作。

【协商议政】 2020年，政协丰泽区委员会强化大局观念、前瞻意识，坚持在区委、区政府工作全局中谋划和推进区政协工作，立足“党政所需、政协所能、群众所盼”，制订实施年度《民主协商与监督工作计划》，围绕推动丰泽区经济社会发展和民生改善保障凝聚共识、建言献策。组织开展“构建产才融合体制机制 助力丰泽区高质量发展”和“加快发展小微园区经济 增强经济发展动能”专题调研，与区委、区政府开展议政性专题协商，提出“人才集聚与产业转型深度契合、人才发展与机制创新深度对接”和“形成鲜明政策导向，优化营商环境，加大园区招引力度”等意见建议，并发动政协委员投身经济建设主战场，在助推产业转型升级、复工复产中当先锋、作表率，全区政协委员全年招商引资、增资扩营项目10个，总投资达40.4亿元。推动全区安全隐患大排查大整治，组织政协委员开展视察监督，提出《关于进一步加强我区安全生产工作的建议》，区长高金全批转相关部门抓好落实。立足政协职能特点，发挥人才荟萃、智力密集的独特优势，发动政协委员建言丰泽区“十四五”规划编制，共同谋划丰泽区未来发展。

【调研视察】 1月9日，区政协副主席李木火率队开展区政协提案委第一季度专委会活动，参观委员企业，到泉州高速支队听取交通安全文明讲解。5月13日，区政协主席上官蓝波带队开展“构建产才融合体制机制，助力丰泽区高质量发展”专题调研暨区政协文化文史和学习委员会第二季度专委会活动，实地参观丰泽区法务综合产业园、海归E谷（辉艺鹏企业）。5月15日，区政协副主席李木火、赖尾兴带领区政协港澳台侨联络委员会委员开展以“走访委员企业，关注企业复工复产”为主题的专委会活动，区政协机关科级干部参加活动。6月28日，区政协部分区政协经济和农业农村委、社会与法制委委员，开展“全区安全隐患大排查大整治工作情况” 监督性视察活动，实地视察丰泽区东湖街道凤山社区城中村消防改造、城东街道浔美社区东辅路危房拆除及华润雪花啤酒厂安全生产工作情况，随后召开座谈会，听取区安全隐患大排查大整治工作汇报，政协委员和有关职能部门根据现场视察结果，建言献策。7月21日，区政协主席上官蓝波带队到东海后埔片区规划改造项目开展实地视察，详细了解片区现状、规划改造范围、征迁前期工作开展等情况，并召开座谈会。8月12日，区政协副主席李木火、赖尾兴带队开展“加快发展小微园区经济，增强经济发展动能”专题调研活动。8月19日，区政协四级调研员王远曦带队开展“加快发展居家社区养老服务”专题协商活动暨区政协港澳台侨联络委第三季度专委会活动。8月27日，区政府副区长柯晓晖、区政协副主席李木火带领区政协教科卫体委委员开展 “加强食品药品监管”专题调研协商活动。9月25日，区政协副主席戴在平主持召开“以建设生态宜居中心城区为目标，推进丰泽区精细化管理工作”专题调研座谈会，区政协文化文史和学习委部分委员，区城管局、住建局、农业农村水利局、自然资源局分管领导参加会议。11月3日，区政协组织市政协委员丰泽组开展年度视察活动，前往永春县参观泉州市政治生活体验馆，并调研视察美丽乡村建设情况。11月30日，区政协副主席戴在平带领区政协文化文史和学习委委员开展“以新业态新模式引领新型消费加快发展”为主题的专委会活动，实地视察泉州力天加鸿轩尼诗体验馆、泉州移动大厦移动5G体验馆、泉州众次方众创空间。

2020年7月21日，区政协到东海后埔片区，调研片区规划建设和征迁工作进展情况 （区政协办 供）

【反映社情民意】 2020年，政协丰泽区委员会聚焦民生改善保障和社会热点难点，精心选题、精深调研、精准建言，贡献政协智慧力量。围绕“加快我区智慧城区建设”“大力发展产教融合模式的装饰职业教育”“建设儿童文化产业园 助推丰泽儿童产业发展”“打造高水平专业化实训基地培养新时期丰泽工匠”“加强食品药品监管”“推进丰泽数字经济发展 打造泉州数字经济创新高地”“发挥协商民主在基层社会治理中的作用”“加快推进丰泽旅游文化夜间经济”等议题开展协商，谋长远之计、建睿智之言、献务实之策。针对“入公办园难、入民办园贵”问题，组织视察调研，精准建言献策。市政协主席李转生批示指出，教育事业一直是群众关注的热点问题，丰泽区政协献策学前教育、助推破解民生难题的做法，值得学习借鉴。

2020年9月30日，区政府与区政协围绕“加快发展小微园区经济，增强经济发展动能”议题开展专题协商 （区政协 供）

【提案工作】 2020年，区政协五届四次会议以来，政协委员、政协各参加单位和各专门委员会以习近平新时代中国特色社会主义思想为指导，学习贯彻落实习近平总书记关于加强和改进人民政协工作的重要思想和中央、省、市、区委政协工作会议精神，围绕中心、服务大局，运用提案履职担当。提案委员会从提交的126件提案中审查立案116件，立案率92.1%。其中，委员个人提案76件，占立案的65.5%；民主党派、人民团体、政协专门委员会的集体提案40件，占立案的34.5%。根据职责分工、归口办理原则，区委办、区政府办会同区政协提案委及时将提案交由33个单位（部门）进行办理。各承办单位坚持把提案办理与业务工作同谋划、同部署、同推进、同落实，提案所提建议已经解决或采纳的69件，占立案的59.5%；正在解决或列入计划解决的44件，占立案的37.9%；因条件限制暂时无法解决的3件，占立案的2.6%。委员对提案办理满意率99.1%，基本满意率0.9%。上述提案议题广泛、内容丰富、针对性较强，凝聚着广大政协委员和政协各参加单位的智慧和汗水，反映社会各界的心声和期待，体现政协特色和时代特征，为推动丰泽区经济社会高质量发展和社会和谐稳定发挥了积极作用。

【联谊活动】 2020年，政协丰泽区委员会密切与民族宗教界的沟通联系，发挥宗教界委员作用，引导宗教界人士积极投身丰泽区经济社会建设，促进宗教和顺、社会和谐。加强与异地丰泽商会的联系交流，助力丰泽区招商引资、招才引智，发挥侨资、侨智和“新丰泽人”在服务、参与、推动丰泽区经济和社会发展中的积极作用。主动参与省、市政协重点履职活动协同调研、联动监督、联合协商，配合做好省政协“推动泉台文创产业交流合作”“企业复工复产”“加强城乡基层社会治理制度创新”和市政协“城市少数民族流动人口服务与管理”“谁执法、谁普法”“未成年人思想道德建设随机测评”等专题调研视察活动。加强与兄弟县（市、区）政协的联谊交往，做好山东省淄博市政协、广东省广州市天河区政协、福州大学省政协委员小组和永春县政协到丰泽区开展“做大做强信息产业”“发展文旅产业”等调研考察活动，在交流互动中讲好丰泽故事，传播丰泽声音。发挥政协文史资料“存史、资政、团结、育人”的作用，做好《丰泽文史资料》编辑工作。

【委员履职】 2020年，政协丰泽区委员会围绕助力统筹推进常态化疫情防控和经济社会发展，以组织开展“我是委员我带头”主题活动为载体，全面发动政协各参加单位、广大委员和全体政协机关干部投身“疫情”防控一线，精心组织专题调研、视察监督、协商建言、督查督导等履职活动，把履职为民落实到实际行动上。据不完全统计，全区政协委员累计捐款112万元、捐赠口罩10.9万个、医用手套1万多双、护目镜100副及消毒用品、红外测温仪、防护服等其他防疫物资500多件套。“立足优势 贡献力量——丰泽区政协战‘疫’在行动”，被中国网、人民网等多家新闻媒体报道转载。支持政协委员参与法院诉讼调解、人民调解和旁听庭审，担任特邀监督员和政风、行风评议代表，参加区领导信访接访活动。选派10名政协委员担任区法院矛盾纠纷多元化解“分中心”特邀调解员，协力做好解疑释惑、宣传政策、理顺情绪、化解矛盾工作，共同维护和谐稳定的社会局面。

2020年6月28日，区政协组织委员围绕“全区安全隐患大排查大整治工作”开展视察监督 （区政协办 供）

【各地政协调研视察】 4月1日，省政协副主席薛卫民带队到丰泽区南威软件有限公司调研复工复产情况，区政协主席上官蓝波、办公室主任王锐陪同调研。5月28日，市政协副主席陈铭福率“推动泉台文创产业交流合作”课题组到丰泽区领SHOW天地调研文创园建设和与台文创产业交流合作情况。6月12日，市政协副主席王瑞强带队到丰泽区城东街道浔美社区开展“城市少数民族流动人口服务与管理”调研活动。7月23日，省政协副主席许维泽率队到丰泽区开展“加强城乡基层社会治理制度创新”专题调研，区政协主席上官蓝波、副主席许志达、经济法制与人口资源环境办公室主任黄国富陪同。7月29日，福州大学省政协委员小组一行到泉州开展“福建省数字经济创新发展”专题调研，实地考察丰泽区南威软件有限公司并召开调研座谈会。9月17日，山东省淄博市政协副主席董学武带队到丰泽区开展“做大做强信息产业”考察活动，实地考察南威集团等企业，区政协副主席李木火陪同考察。

（吴丹萍撰 杜月兰审）

中共丰泽区纪律检查委员会区监察委员会

党风廉政建设

【概况】 2020年，区委在谋划和推动现代化城市核心区建设的同时，坚定不移推进党风廉政建设和反腐败斗争；抓好省、市委落实全面从严治党主体责任检查问题清单的整改，通过交办清单、座谈反馈、督查督办等方式，推动省委、市委检查反馈的34个问题、1个问责建议全部按时整改到位；紧盯失职失责等突出问题，查处落实全面从严治党主体责任不力问题2起、问责科级干部2人。

2020年2月8日，丰泽区纪委书记林添盛（左二）到社区开展防疫检查 （区纪委 供）

【惩治和预防腐败】 2020年，丰泽区委纪委监委保持惩治腐败政治定力，坚持重遏制、强高压、长震慑，深化以案促改、以案促治，提高治理腐败整体效能。

【重点领域整治】 2020年，丰泽区委纪委监委盯紧重点领域、重点对象，全年立案50件52人，同比增长2%，其中涉及乡科级干部案件数9件，同比上升50%；给予党纪政务处分52人，留置1人，移送司法机关1件1人；把思想政治工作贯穿始终，开展处分人员跟踪回访教育11人次，帮助改正错误、积极工作；坚持办案、整改、治理协同推进，持续跟踪问效，共发出纪检监察建议书17份，推动完善相关单位权力监督和制约机制，促进依法行政、依法办事融入日常、形成习惯。

【信访矛盾化解】 2020年，丰泽区委纪委监委落实省纪委监委“十百千”“找差距、抓落实、解难题、化积案”专项行动，推进检举举报平台建设，开展“四访”活动，基层矛盾化解效能明显提升，实现主要数据“五降”：接收信访举报304件，同比下降18.7%，检控类信访举报180件，同比下降32.6%；检控类初信初访87件，同比下降28.1%，办结56件，立案7件7人；检控类重复举报93件，同比下降36.3%；赴省访信访举报2件，同比下降50%；开展纪委监委班子成员实地“带信下访”7件，入户走访收集群众反映业务内问题9个，全部化解。

【“四种形态”运用】 2020年，丰泽区委纪委监委强化精准监督，运用“四种形态”处理243人次，用足用好第一种形态，“四种形态”分别占比78.2%、14.4%、4.5%、2.9%。落实函询了结制度，督促被谈话函询的党员领导干部在民主（组织）生活会上作出说明；坚持容错纠错并举，严格遵循“三个区分开来”，准确把握政策界限，及时澄清正名4件不实举报，保护党员干部干事创业积极性。2020年，丰泽区委纪委监委严把选人用人政治关、廉洁关，组织47名拟提任科级干部进行任前廉政法规知识测试、检查剖析自身廉政情况，对418名党员干部进行廉政鉴定；强化精准监督，运用“四种形态”处理243人次，用足用好第一种形态，“四

2020年2月25日，丰泽区纪委监委到社区防疫专项监督检查 （区纪委 供）

种形态”分别占比78.2%、14.4%、4.5%、2.9%。落实函询了结制度，督促被谈话函询的党员领导干部在民主（组织）生活会上作出说明；坚持容错纠错并举，严格遵循“三个区分开来”，准确把握政策界限，及时澄清正名4件不实举报，保护党员干部干事创业积极性。

【提升业务能力】 2020年，丰泽区委纪委监委制定“强党性学业务提素质”年度学习计划，实行“月课程+季测试”模式，分级分类开展全员培训；举办全区纪检监察干部能力建设培训班，提升纪检监察干部监督执纪问责和调查处置专业化能力。全年组织业务培训32场次1178人次，抽调40余人次参与监督检查、审查调查、巡察、跟班、考察工作。

（林思玲撰 江伟审）

2020年2月9日，丰泽区纪委到社区开展防疫检查 （区纪委 供）

中国国民党革命委员会泉州市丰泽区工作委员会

【概况】 民革丰泽区工委会成立于2001年12月7日，所辖5个支部：丰泽机关支部、丰泽教育一支部、丰泽教育二支部、丰泽企业支部、卫生支部。截至2020年12月，民革丰泽区工委会共有中高级职称党员60人，政府及事业单位副科级以上7人，区政协委员3人，其中常委1人，市政协委员1人。

【参政议政】 2020年，民革丰泽区工委会以各级政协会议为主要平台，参政履职，围绕中共丰泽区委区政府提出的中心工作，开展调研，完成调研文章5篇，提案11份，

【组织活动】 2020年，民革丰泽区工委会3月27日，响应中共丰泽区委统战部号召，组织党员赴泉州南少林寺参加植树造林活动，7月12日，组织机关、卫生、企业党员赴福州陈绍宽故居开展“观故居，走多党合作之路”活动，10月29日，召开“不忘合作初心，继续携手前进”主题教育活动动员部署会，民革丰泽工委领导班子、各支部委员及骨干党员共27人参加会议，11月6日，前往永春泉州市党内政治生活体验馆开展“不忘合作初心，继续携手前进”主题教育实践活动。

2020年，民革泉州市委会主委樊美清（右）向丰泽民革党员之家赠书

（民革区工委 供）

中国民主同盟泉州市丰泽区工作委员会

【概况】 2020年，民盟丰泽区工作委员会下辖9个支部：泉州第九中学支部，泉州东海中学支部，丰泽区教育综合支部，泉州城东中学支部，丰泽区综合支部，丰泽区综合二支部，丰泽区书画支部，丰泽区法律支部，丰泽区城建支部，有盟员157名，其中担任泉州市政协委员1名，丰泽区人大代表1名，丰泽区政协委员3名。民盟丰泽区工委会带领全区盟员深入学习贯彻习近平新时代中国特色社会主义思想、中共十九大和中共十九届四中、五中全会精神，努力做到学懂弄通，用新思想指导实践、提升水平，形成新的工作合力，推动盟务各项工作有序开展；围绕丰泽区委、区政府的中心工作，认真履行职责，参政议政，建言献策，发挥参政党的职能作用，提出若干具有前瞻性、全局性、

务实性的意见和建议，做好中国共产党的“好参谋、好帮手、好同事”，同时区工委在全面推进自身思想建设、组织建设、制度建设和社会服务等方面均取得一定的成绩，做出贡献，彰显作为，得到上级组织的好评。

【学习培训】 2020年，民盟丰泽区工委会注重政治理论学习和盟员培训学习工作，把学习宣传贯彻上级各种会议精神作为首要政治任务，组织全区盟员深入学习贯彻习近平新时代中国特色社会主义思想、中共十九大和中共十九届四中、五中全会精神，学习《中国共产党统一战线工作条例》，提升全区盟员思想政治水平，夯实多党合作思想政治基础，通过学习《中央盟讯》《福建民盟》《泉州民盟》等，增强盟员的政治责任感和使命感；提升全盟思想政治认识水平，夯实多党合作思想政治基础，每年度组织新盟员参加盟市委举办的《盟章》《盟史》培训学习，选派骨干盟员参加省、市、区社会主义学院举办的统战理论知识培训班学习，把思想和行动统一到中共丰泽区委、区政府的重大工作决策部署上来，为丰泽区经济社会发展献计献策。1月区教育综合支部举行元旦座谈会，4月举行线上“教学的得与失”座谈。6月举办学期总结“新形势下如何做好本职工作”座谈。8月，区书画支部组织书画家盟员前往永春县苏坑镇开展捐资助学书画采风活动，书画家盟员并向苏坑镇贫困大学生捐款4800元。9月，区教育综合支部举行教师节座谈会，庆祝教师节活动。10月21日，区城建支部组织部分盟员参加“泉州民盟助力乡村振兴走进泉港区峰尾镇诚平小学”活动。11月1日，由民盟丰泽区工委会、泉州市威远楼文物保管所、福建省智善慈航公益服务中心主办，福建省智善慈航公益服务中心书画院、泉州市紫砚堂文化传播有限公司、民盟丰泽区书画支部承办的“翰墨抒情 爱心助学”书画美术作品义卖在泉州市威远楼二楼展厅展览，国画作品30幅义卖所得23800元全部捐给福建省智善慈航公益活动中心用于资助贫困大学生。11月6日，区城建支部组织支部部分盟员前往“围头八二三战地公园”参观，开展“缅怀革命先烈，践行初心使命”活动。10—11月，区法律支部组织盟员开展《中华人民共和国民法典》学习，并参加各自单位开展的《中华人民共和国民法典》泉州地区、全省的比赛、竞赛活动。12月17日，民盟丰泽区综合二支部组织到源和1916开展文创产业调研活动。12月25日，民盟丰泽区工委会在丰泽民盟“盟员之家”召开2020年领导班子民主生活会。12月25日，民盟丰泽区工委会在丰泽民盟“盟员之家”召开学习贯彻中共十九届五中全会精神专题学习会，盟员共50余人参加会议。

【参政议政】 2020年，民盟丰泽区工委向政协大会提交集体提案6份，向区委统战部提交调研文章2篇，向区政府相关部门提出意见或建议33条，组织盟员深入基层调查研究，走访有关部门或单位，组织撰写调研文章，有2篇调研文章在区委统战部年度建言献策论坛交流，其中由区综合二支部撰写的《深化产教融合推动我市职业教育高质量发展的建议》作交流发言、九中支部撰写的《关于加强我区公共卫生体系建设促进基层公共卫生服务均等化的建议》等调研文章由区委统委部统一汇编成册，盟员李劲松撰写《丰泽区现代服务业标准化建设的建议》调研课题，获得2019年度丰泽区党外人士建言献策优秀调研文章评选优秀奖，2020年12月7日盟员庄碧兰撰写《关于加强我区公共卫生体系建设促进基层公共卫生服务均等化的建议》调研课题，获得2020年度丰泽区党外人士建言献策优秀调研文章评选二等奖等，区工委的集体提案和建议均被采纳，在区政协及党外人士座谈会上，曾聪明主委代表区工委会提出相关的建议和意见，得到区委、区政府、区政协领导的高度重视和充分肯定。

【自身建设】 2020年，民盟丰泽区工委会先后召开四次主委会议、两次工委会（扩大）会议和一次参政议政座谈会，对盟务工作进行部署和安排，取得成效，区工委以思想建设为核心，以组织建设为基础，以制度建设为保障，按“内强素质、外塑形象”的工作思路，开展盟的自身建设和“人才强盟”工作，根据《盟章》相关规定，做好组织发展工作，吸收4名有政治信仰、作风正派、学有专长、富有生气的优秀人士入盟。8月4日，组织召开民盟丰泽区综合二支部、书画支部2个支部换届大会，基层组织发展健康有序。

【社会服务】 2020年，民盟丰泽区工委会组织盟员参加区委、区政府群众来访日和区政协主席接待日活动，选派律师界的盟员参加区委统战部组织的医卫、科技、法律“三下乡”活动，关心退休老盟员，在重阳节期间组织慰问退休教师盟员，向教育助学、扶贫济困、光彩事业等社会团体捐款共计7.166万元。其中区工委向福建省智善慈航公益活动中心捐款5000元用于资助贫困大学生；书画支部盟员向苏坑镇贫困大学生捐款4800元，捐献义卖国画作品30幅，并将义卖所得23800元全部捐给福建省智善慈航公益活动中心用于资助贫困学生。

（董伦专撰 曾聪明审）

中国民主建国会泉州市丰泽区工作委员会

【概况】 中国民主建国会（简称“民建”）主要由经济界人士组成，是中国共产党领导的多党合作和政治协商制度中的参政党，民建丰泽区工委会由11名委员组成领导班子，现任主委

2020年11月14日，民建丰泽区工委会第二次扩大会议召开（民建区工委 供）

张保强，工委会下设第一、第二、第三、第四、第五、第六支部，2020年有会员136名，会员中有高级工程师、高级经济师、注册会计师、注册资产评估师、税务师、律师、教师等专业人士。2020年，民建丰泽区工委会学习宣传贯彻习近平新时代中国特色社会主义思想，中共十九大全会，中共十九届二中、三中、四中、五中全会精神，不忘“四个意识”，坚定“四个自信”，对照“三好”“四新”要求，围绕丰泽区委、区政府大局决策和工作部署，履行参政党职能，加强自身各项建设，为促进丰泽区建设现代化城市核心区目标的实现做出一份贡献。

【思想政治建设】 2020年，民建丰泽区工委会按照上级的要求与部署，通过专题会议、学习、培训、支部活动等多种形式，组织会员开展各项政治理论、文件精神学习，引导会员学习领悟贯彻习近平新时代中国特色社会主义思想，提高全区会员的思想政治素质。7月25日，工委会领导班子、各支部正副主委及第一支部全体会员到会员黄添辉企业——清境桃源生态文旅综合体进行美丽乡村建设调研考察，并组织全体会员学习《中共中央关于坚持和完善中国特色社会主义制度 推进国家治理体系和治理能力现代化若干重大问题的决定》《中国共产党第十九届中央委员会第四次全体会议公报》等文件。7月26日，工委会领导班子、各支部正副主委参加第二支部组织开展的学习活动，第二支部主委陈宗平在会上向与会会员传达中共十九届四中全会精神、习近平总书记在党外人士座谈会上的重要讲话精神、关于国家治理体系和治理能力现代化的重要论述以及在企业家座谈会上的重要讲话精神。10月18日下午，工委会召开2020年第二次全体（扩大）会议。工委会领导班子成员、各支部正副主委、部分骨干会员近30人参加会议，会议带领大家重点学习《郝明金在民建十一届十二次中常会议上的讲话》《中共福建省委十届十次全会举行深入学习贯彻习近平总书记重要讲话重要指示批示精神全方位推动高质量发展超越》，传达民建中央、中共福建省委文件核心内容及精神。11月22日下午，工委会召开学习贯彻中共十九届五中全会精神学习会暨民主生活会，工委会正副主委、工委委员、各支部正副主委、部分骨干会员共近30人参加会议，会上工委会主委张保强、副主委黄清华带领大家一起全面学习中共十九届五中全会精神文件。

【组织建设】 2020年，民建丰泽区工委会在增加会员数量的同时，注重新会员质量，优化会员各个领域结构，为履行参政党各项职能打好多方、宽域的人才基础，吸收11位优秀新会员入会，会员人数已达到136名，二支部、一支部和五支部、六支部，也相继通过民主选举，各增补支部副主委一名，及支部委员一至两名，补充各支部领导班子力量。

【参政议政】 2020年，民建丰泽区工委会各支部会员参与丰泽区统战部调研文章撰写任务，提交9篇调研文章，经过15人评委团的集体评选，一支部副主委黄金星撰写的《新冠肺炎疫情下，泉州市丰泽区公共卫生服务能力调研报告及建议》和二支部副主委黄于兰撰写的《完善和提升社区治理体系和治理效能的思考》2篇调研文章被推选参加2020年丰泽区统一战线调研文章评比活动，工委会还提交了区政协专题调研文章

2020年11月14日，民建丰泽区工委会学习中共十九届五中全会暨民主生活会（民建区工委 供）

2020 年 5 月 20 日，民建丰泽区工委会第三支部捐赠安溪半林小学体育器材及电脑 （民建区工委 供）

1 篇，区政协大会发言材料 1 篇，向民建市委会提交专题调研文章 2 篇。撰写 2021 年两会提案 4 篇等，会员林元章撰写的《充分运用大数据助推我市商业银行信贷业务发展与风险管理创新》被丰泽区政协采纳使用作为大会发言材料。

【社会公益】 2020 年，民建丰泽区工委会广大会员响应民建中央、省民建、市民建的号召与要求，踊跃捐款，捐建河北丰宁贫困户光伏电站一户 2.42 万元，在抗疫方面，工委会各个支部及会员个人、会员企业切实担当担责，累计捐款捐物超 50 万元，第一支部组织支部会员参加协办垃圾分类宣传活动，以及参加协办市政府举办的“全国科普日活动”、泉州市禁毒、反毒的科普教育宣传活动、“水土保持、水利保护、农药使用”农业法律宣传教育等活动，第五支部主委彭秀珍在教师节分别到丰泽东海第四中心小学和泉州市渚江小学送上节日慰问金，重阳节期间，支部会员郭东幸带领其公司员工到惠安县涂寨镇下郭村慰问 60 周岁及以上老人，送上爱心大米及爱心食油，价值 2 万余元，委员黄航航捐 5000 元支持开元街道老体协开展“康乐杯”老人地掷球邀请赛，新会员吴强先后向“泉州市鲤城区红十字会人道求助”共计捐款 1500 元，彭秀珍作为泉州真情在线公益协会副会长，做了十几年的教育义工、志愿者，获评“社会服务工作优秀个人”等称号，真情在线公益协会捐 5 万余元作为敬老、助学、环保等公益活动，连续五年被泉州真情在线公益团队评为“特别贡献爱心个人”。2020 年 8 月，彭秀珍加入泉州市社会救援联勤中心服务队，呼吁加强社会救援队伍建设，完善社会救援体系，整合社会救援力量参与各类灾害救援，守护百姓生命和财产的安全。11 月，彭秀珍参与策划泉州市举办 2020 年“119” 消防宣传月暨消防救援文化节活动，带领真情家人当志愿者并带队捐款捐物 2 万余元，同时带领本支部会员吴文乔、黄航航、吴森林等会员参加活动，第六支部 1 月赴福建永安贡川镇开展扶贫活动，深入扶贫一线，进行帮扶活动，支部全体会员累计为永安贡川镇扶贫项目捐资 12000 元。9 月，支部主委黄少荣参加泉州市“同心安居工程”建设，捐助 1 万元，支部委员周文英家庭响应“减办丧事”的号召，向当地公益基金捐赠 25 万元。

（民建丰泽区工委会供稿）

中国民主促进会泉州市丰泽区工作委员会

【概况】 2020 年，中国民主促进会丰泽区工作委员会学习贯彻中共十九届四中全会、五中全会精神，学习贯彻民进十二大会议精神，以习近平新时代中国特色社会主义思想为指导，围绕中共丰泽区委、区政府中心工作，加强自身建设，履行参政党职能，参政议政、服务社会，坚持高标准、严要求，完成上级布置的各项工作任务。

【理论学习】 2020 年，中国民主促进会丰泽区工作委员会坚持把政治学习当作思想建设的着力点，利用工委扩大会、专题研讨会、学习会、参观考察等时机，学习贯彻中共十九届四中全会、五中全会精神和习近平新时代中国特色社会主义思想，学习贯彻民进十二大会议精神，把学习理论、总结经验、指导实践结合起来，落实到各项实际工作中。不忘合作初心，继续携手前进，自觉接受中国共产党的领导，全面领会和实践习近平新时代中国特色社会主义思想，把握政治方向，不断增强政治定力，夯实思想政治基础。7 月 18 日，工委会召开中共十九届四中全会精神学习会，要求广大会员要把握全会的重大意义、精神实质和丰富内涵，把学习贯彻中共十九届四中全会精神与“不忘合作初心，继续携手前进”主题教育活动结合起来，增强“四个意识”、坚定“四个自信”、做到“两个维护”，提高履职能力。11 月 8 日，工委会召开学习贯彻中共十九届五中全会精神会议，要求各支部要迅速行动起来，切实把思想和行动统一到中共中央决策部署上来，要把认真学习宣传贯彻习近平总书记在中共十九届五中全会上的重要讲话和全会精神，作为当前和今后一个时期的重要政治任务，围绕中心，密切关注经济社会发展热点、重点、难点问题建言献策。

【自身建设】 2020年，中国民主促进会丰泽区工作委员会为巩固和深化“不忘合作初心，继续携手前进”主题教育活动成果，组织会员开展“主题教育活动”。8月30日，在工委会主委庄婉珠的带领下，到丰泽华大街道开展主题教育暨高新产业调研活动。9月26日，民进市委会举办羽毛球团体比赛。工委会选派一支代表队参加比赛，并取得殿军的优秀成绩。在新春佳节到来之际，工委领导看望、慰问5名民进老会员及一位患病会员，热心询问民进老会员的身体健康情况和日常生活情况，并向民进老会员送上组织的问候、祝福和慰问品，把民进组织的关怀和温暖送到民进老会员的心坎上。工委按照新时代中国特色社会主义参政党的要求，以组织建设为基础，以制度建设为保障，加强人才队伍建设，提升组织活力，为自身建设再上新台阶奠定坚实基础。工委重视参议政队伍建设，参加区统战部和民进市委会组织的培训班、研讨会。4月23日，工委会选派王燕婷、倪洁红参加2020年参政议政调研选题指导会。5月13日，工委会选派王燕婷、林雄文、刘仲栋、蔡佩娜参加省社情民意信息员培训研讨会。9月5日，新入会的会员刘仲栋、庄璐玲、吴耀斌参加民进市委会举办的2020年度新会员培训班。民进丰泽区工委会成立“会员之家”，地点位于东海大街东海湾御文阁二期一栋B梯903室。12月11日下午，民进丰泽区工委会举行“会员之家”揭牌仪式。工委会领导班子成员围绕学习贯彻中共十九届五中全会精神，结合工作实际，交流学习体会，并对照《中共中央关于加强中国特色社会主义参政党建设的意见》和民进会章有关要求，就领导班子自身建设、履行职责等方面开展批评与自我批评。工委会主委庄婉珠对近一年来工委会的工作情况予以汇报总结，并结合具体问题开展坦诚、深入的批评与自我批评。工委会领导班子成员逐一发言，围绕主题进行对照检查，作出批评与自我批评。

【履行参政党职能】 2020年，中国民主促进会丰泽区工作委员会参加中共丰泽区委、区人大、区政协、区委统战部以及有关部门召开的各种协商会、征求意见会。组织会员深入调查研究，围绕公共卫生、乡村建设、教育文化等方面，进行深入调研，向民进市委会、区统战部、区政协提交4篇调研文章及13篇提案。其中符忠执笔的《提升中心城区公共卫生服务能力的调研报告——从服务机构与人才机制上提升与完善》获得区委统战部2020年度丰泽区党外人士建言献策评选三等奖；王燕婷执笔的《凝聚乡贤力量 助推泉州美丽乡村建设》建言献策评选优秀奖；刘仲栋执笔的提案《关于加快盘活实体店经济发展的建议》被民进市委会录用。工委会还就美丽乡村建设，赴永春实地调研。10月18日，工委会在主委庄婉珠的带领下到“中国永春拳第一村”——永春县五里街镇大羽村开展乡村振兴调研。会员们对大羽村开展美丽乡村建设取得的成效给予充分肯定，大羽村在美丽乡村建设方面有许多成功经验值得大家学习借鉴。

【社会服务工作】 2020年，中国民主促进会丰泽区工作委员会发挥界别优势、资源优势与人才优势，组织开展社会服务工作。面对突如其来的新冠肺炎疫情，丰泽工委坚定支持并贯彻落实省、市各个阶段重要决策部署，立足本职，集智聚力，捐资捐物，投身疫情防控工作。医卫界会员坚守本职岗位奋战抗疫一线；教育界会员因材施教进行线上教学活动；工委会响应市委会抗疫捐款捐物的号召，共筹集5800元爱心款用于疫情防控工作。在疫情防控时期，工委会主委庄婉珠多次开展线上婴幼儿常见病及日常护理咨询活动，让居民足不出户就能系统了解到更多婴幼儿常见病相关的护理知识。9月11日，庄婉珠代表丰泽工委参加泉港扶贫捐书、送教下乡活动，并作健康教育讲座。金融支部邹德清为江西崇仁县中小学疫情防控捐赠6吨“84消毒水”，并为崇仁县孙坊镇捐款14500元购买打印复印一体机，助力疫情防控工作。

（李鹏丽撰 庄婉珠审）

中国农工民主党泉州市丰泽区工作委员会

【概况】 2020年，农工党丰泽区工委下辖4个支部：正骨医院支部、城东中学支部、丰泽支部和东海支部，党员总数139人，其中男82人，女57人；医药界64人，教育界40人，其他界别35人。党员中有农工党泉州市委委员4人，其中副主任委员1人；泉州市人大代表2人，其中常委1人；泉州市政协委员1人；丰泽区人大代表2人，另有特邀代表3人；丰泽区政协委员5人，其中常委1人，另有特邀委员2人，2人担任街道社区卫生服务中心主任。

【建设学习型参政党】 2020年，农工党丰泽区工委把学习教育贯穿始终，领导班子成员以上率下，发挥表率作用，利用扩大会、参政议政会、专题学习会、讨论会等形式，以会促学，凝聚共识，把准时代脉搏，紧跟时代步伐，以强烈的责任担当、务实的工作作风，加强自身建设，坚定中国特色社会主义道路自信、理论自信、制度自信、文化自信，夯实多党合作的共同思想政治基础，提高思想认识，打牢理论根基，实现理论学习入脑入心，增强党员思想政治上的获得感。以习近平新时代中国特色社会主义思想为指导，掀起学习宣传贯彻中共十九届五中全会精神的热潮。1月7日，工委会组织召开学习中共十九届四中全会、中共福建省委十届九次全会和农工党十六届三次中全会精神学习会。11月7日，工委会结合开展2020年“同心助医助学”实践活动，组织召开学习贯彻中共十九届五中全会专题学习会。

11月28日，工委会结合开展“关爱健康 情暖社区”义诊扶贫活动，组织参政议政领导小组成员召开学习贯彻中共十九届五中全会专题学习会。12月5日，东海支部召开学习贯彻中共十九届五中全会精神专题学习会。

【参政议政和民主监督】 2020年，农工党丰泽区工委贯彻《中共中央关于加强中国特色社会主义参政党建设的意见》精神，多次受邀参加中共丰泽区委、区政府、区政协、区委统战部以及有关部门召开的政党协商专题座谈会、通报会、征求意见会以及考察调研，主动融入全局、服务全局，提高政治站位，并就丰泽区“十四五”规划和全方位推动高质量发展超越，围绕“完善和提升城市精细化管理工作机制”等提出意见建议，为丰泽区经济社会发展建设献策出力。按照区委统战部的调研要求，组织各支部召开建言献策工作布置会，坚持问题导向，找准课题，聚焦工作大局，调查研究，共产生7件高质量的调研报告，蔡东海执笔的《现代化治理背景下丰泽区社区卫生服务中心提升公共卫生危机应对能力的研究》、李伟军执笔的《加强丰泽区乡村医生队伍建设助力新常态化疫情防控工作战略实施》入选《各民主党派丰泽区工作委员会2020年度调研文章汇编》，蔡东海执笔的《现代化治理背景下丰泽区社区卫生服务中心提升公共卫生危机应对能力的研究》获得2020年丰泽区统战系统优秀调研文章评选“三等奖”，李伟军执笔的《加强丰泽区乡医队伍建设助力新常态化疫情防控工作战略实施》获得“优秀奖”；工委会党员中的市、区两级人大代表、政协委员，围绕党和国家大政方针，党委、政府中心工作和政治建设、经济建设、文化建设、社会建设、生态文明建设中的重要问题以及人民群众普遍关心的热点问题等方面进行选题建言，在市人大第十六届五次会议上，市人大常委、工委会主委庄刚毅就泉州市城市建设、经济、民生、文化等方面领衔提出建议7件，《关于加快城市快速通道规划建设推动重大交通设施互联互通的建议》被列为2020年度市人大代表建议重点督办案，市人大代表、工委会委员张嫚嫚提交建议3件，附议5件，《关于加强城乡居民医保基金使用管理的建议》被列为2020年度市人大代表建议重点督办案，在市政协十二届四次会议上，市政协委员、工委会副主委刘国雄提交个人提案3件，在丰泽区政协第五届第五次会议上，工委会共提交集体提案9件，个人提案7件，内容涉及疫情防控、医疗卫生、旅游交通、人才建设、城市精细化管理等诸多方面，蔡东海执笔的《现代化治理背景下丰泽区社区卫生服务中心提升公共卫生危机应对能力的研究》入选大会发言，蔡榕年副主委代表工委会在区政协第五届五次会议上作重点发言；工委会向上级各部门反映社情民意信息，共被农工党泉州市委采用25件，经编辑、整理，通过农工党省委会、市委会、市政协、统战部等信息渠道向各有关单位报送。其中，李伟军荣获市委会2020年度宣传工作“先进个人”称号；康智伟荣获市委会2020年度社情民意信息工作“先进个人”称号。

【自身建设】 2020年，农工党丰泽区工委贯彻落实农工党中央、省、市委会工作会议精神，以工委会班子建设和新党员的发展、培训工作为抓手，加强领导班子自身建设，按照《关于开展农工党廉洁风险预警提示活动的通知》，提高廉洁自律意识，筑牢防腐拒变道德防线，结合民主生活会，坚持边学边查边改，对工作中存在的问题、调研中发现的问题、党员反映强烈的问题等，组织班子成员查找不足、共同提高，把整改提高与建章立制结合起来，促进整改措施制度化、整改成果长效化。加强与区直单位、街道办事处的对口联系工作，建立对口联系制度，更好地发挥参政议政和民主监督作用，树立团结协作，开拓进取，勇于探索的队伍形象；贯彻《福建省各民主党派组织发展工作程序》和“三个为主”原则，实施政治建党战略、人才强党战略、履职兴党战略、作风固党战略、制度治党战略，以建设新时代中国特色社会主义参政党为目标，抓好组织发展工作，特别是发展一批有代表性、素质高的干部加入农工民主党队伍，发展党员3人，截至2020年12月，共有党员139人；按照农工党中央《关于中国农工民主党党费收缴、使用和管理的规定》、农工党泉州市委会《关于直属基层组织、专委会活动经费管理办法（暂行）》和区委统战部《关于丰泽区民主党派工委会专项业务经费使用管理规定》的要求，加强和改进专项业务经费、党费收缴、使用和管理工作，统一部署，加强管理，遵照执行；强化党员自学能力，提升党员意识，增强基层支部凝聚力、战斗力、向心力，加强支部标准化、规范化建设，落实责任，真正把每一个基层支部建设成旗帜鲜明讲政治、担当实干促发展的坚强战斗堡垒；鼓励和推动全区党员立足本职工作，开拓创新，积极进取，勤奋工作，争创先进，傅志迎被泉州市妇女联合会评为“泉州市三八红旗手”荣誉称号，陈燕华在慢性病综合防控工作优秀案例征集中，撰写的《慢性病管理“一条龙”“家门口”服务显实效》获得优秀奖，张志民的《泉州正骨疗法（张氏）》被收录于第一批至第五批市级非物质文化遗产代表性项目名录扩展项目名录，王妤娜参加并任核心成员的全国教育科学“十三五”规划2017年度立项课题《小学多学科渗透儿童哲学教育的行动研究》（课题编号：FHB170521）顺利通过结题验收，《小学语文渗透儿童哲学教育的多模态教学模式》发表于《福建基础教育研究》（CN 35—1298/G4），《家庭教育立法背景下，推进区域落地式家校共育工程——以丰泽区家庭教育工作为例》获得泉州市家庭教育优秀论文二等奖，并被推选为泉州市家庭教育研究会会员，蔡东海在春季疫情防控期间，参加泉州市教育局组织的网络授课志愿者行动，通过市教育资源公共服务平台面向全市公开分享了两堂公开课“用经济生活核心思想提高主观题解题能力”“辩证法专题复习与典题解析”，参加泉州市马甲中学举行的“城东中学送教下乡”活动，开设“我国外交政策的基本目标和宗旨”公开课，获得丰泽区教育系统2019—2020学年度优秀班主任，高中政治微课“培养经济生活核心思想”在丰泽区2020年“小微课 大学问”评选活动中获二等奖，获2019年泉州市政治学科第五届命题竞赛一等奖，龚志兵当选福建省医师协会骨科医师分会第一届委员会骨叶瘤专业委员会（学组）委员，苏锦治论文《“翻煎饼”结合三位一体手术排台在手术配合中的效率研究》发表于中国卫生标准管理CHSM 2020年第10期，“移动无影灯产生的菌落数量状况分析”通过福建中医药大学校管科研课题一项，庄爱萍获得2019—2020年度丰泽区“优秀教师”荣誉称号，郑尤辉、黄妙萍、唐海燕、苏锦治通过卫生系列副高级专业技术职务任职资格。

【服务社会】 2020年，农工党丰泽区工委发挥医卫界别优势，做好品牌项目，9月28日，工委会携手丰泽区政协赴北峰街道群峰社区开展“关爱社区慢性病患者”慰问送医活动，为社区慢性病患者带来节日的问候，并为3名患者送上慰问金1500元。11月7日，工委会联合多部门赴南安市蓬华镇联合开展2020年“同心助医助学”活动，为当地300余名群众提供义诊赠药及健康咨询服务，合计赠送药品3000多元，并前往蓬华镇蓬岛中心小学看望慰问当地10名特困学生，合计捐献助学金10000元。11月28日，联合多部门赴丰泽区清源街道环山社区开展“关爱健康 情暖社区”义诊扶贫活动暨丰泽工委会参政议政领导小组实地调研活动，共接诊村民200余人次，免费发放价值近5000元的药品，并前往环山社区居委会看望慰问当地5名贫困群众，捐赠帮扶资金5000元。1月16日，工委会组织部分党员走进泉州市丰泽区社会福利中心，开展“不忘合作初心、携手前进”主题教育活动暨“牵手献爱心、情暖福利中心”慰问活动，向丰泽区社会福利中心捐赠了热水器、打印机、儿童书刊、纸尿布、蛋糕等价值13000元的爱心物资。6月1日，工委会组织党员再次到丰泽区社会福利中心开展“六一”国际儿童节爱心慰问活动，为丰泽区社会福利中心购买4台电热水器、玩具等合计3000元爱心物品。6月5日，工委会分别在丰泽社区、源淮社区开展“农工党2020年环境与健康宣传周”活动暨“美丽中国，我是行动者”主题宣传活动。共向社区捐献3000元活动经费，工委会响应农工党泉州市委会号召，在中共泉州市委统战部牵头开展的2020年“同心助学 松柏成才”活动中捐款15000元；吴聪义为环山社区环贤路建设及泉州一中奖教助学等项目合计捐献22.1万元。

（农工党丰泽区工委供稿）

中国致公党泉州市丰泽区工作委员会

【思想建设】 2020年，致公党泉州市丰泽区工委会按照丰泽区委统战部和致公党泉州市委会的统一部署，以习近平新时代中国特色社会主义思想为指示，学习贯彻中共十九大和中共十九届五中全会精神，按照致公党中央、省委、市委部署安排，通过下发学习材料、专题讲座培训班等形式，带领党员结合自身工作实际学习贯彻，组织工委会、各支部班子成员和骨干党员集中学习教育，建立第二家致公党丰泽区工委主题教育活动基地，开展“党员之家”建家活动，发扬党员的主人翁精神，依靠党员自己的力量，在选址建设“党员之家”时，以把“党员之家”打造成温馨之家、友谊之家、议政之家为标准，在党员高文平所办企业的品尚电商大楼内设立建设第二家丰泽致公“党员之家”，初步建成基本设施完备、满足党员开展各种活动的具有丰泽致公特色的“党员之家”。

【自身建设】 2020年，致公党泉州市丰泽区工委会做好组织发展工作，注重对政治素质优、参政议政能力强以及热心党派工作的高层次人才的吸收，新发展党员10人，所发展的新党员主要为机关事业干部、非公经济人士、归侨华人、留学生、中介服务行业等新的社会阶层人士，特色明显，转入2人，调出22人，现有党员数108人；工委会因组织发展需要，合理调整支部基层组织结构，将原有4个支部调整为6个支部，但因致公党泉州市委会工作需要，21名区工委第一支部的党员调出，转入市委会直属市直机关总支部，为致公党泉州市委会成立特色专业支部输送新生力量。

【参政议政】 2020年，致公党泉州市丰泽区工委会发挥党员参政议政积极性，通过各级人大、政协的参政议政平台，履行参政党职能，郭桂峰撰写的1篇提案入编致公党中央宣传部《助力“双循环”致公党为构建新发展格局建言》，柯翔撰写的1篇提案《强化知识产权创造保护和运用大力推动我市制造业高质量发展》获登省政协常委会口头发言和市政协专题协商书面材料，张文亮撰写的1篇调研报告在福建省十三届人大五次会议上作报告，吴阿如1件提案在丰泽区五届人大五次会议上作报告，在致公党泉州市委会开展“提案质量年”活动中，调动党员的积极性和专业特长，提高调研成果质量，提案工作提质增效成效显著，黄晓良3篇、林春蓉1篇、陈新绿1篇，共提交5篇调研报告以市委会的党派集体提案和大会发言材料分别提交泉州市政协十二届四次全会，黄晓良的提案《关于完善我市工匠技能提升培养体系的建议》获选登重要提案摘报，并获泉州市委书记康涛和副市长吕刚批示，黄晓良撰写的《关于进一步缓解我市民营企业融资难的建议》党派提案是政协重点提案；完善“一支部一提案”活动机制，林春蓉和权凤兰各提交了1篇调研报告给丰泽区委统战部，其中权凤兰撰写的《关于规范我市校外培训机构管理整治市场乱象的建议》获得丰泽区委统战部颁发的丰泽区2020年党外人士优秀调研文章评选一等奖，并接受《泉州晚报》《海峡都市报》等媒体的专题报道；在丰泽区五届四次大会中，林春蓉1篇、柯军炜1篇、黄晓良8篇、吴志辉1篇、柯翔2篇、高文平1篇、林文佳1篇调研报告以丰泽区工委的党派集体提案和大会发言材料分别提交丰泽区政协五届四次会议。

【服务社会】 2020年，致公党泉州市丰泽区工委会响应参与社会服务和慈善事业，参与防疫、助贫、助学、助老、助残、慈善等社会公益活动，组织党员参加中国致公党中央委员会发起的支援海外华侨华人的爱心小包裹捐款活动，筹集捐款达15355.75元，党员参与新型冠状病毒感染的肺炎疫情防控工作中，高文平、黄小虎、朱滨通过丰泽区新阶联分别捐款5000元、1100元、1000元；张勇和林树坚通过泉州市包袋同业商会分别捐款10000元和8000元，吴志辉通过同乡会向泉州红十字基金会捐款1万元，黄火英通过厦门银行捐款2500元，上官天贵、庄从福通过侨青联分别捐款300元和500元，林冰建所在德化水口商会向德化县红十字会防控疫情捐款2万元，郭桂峰捐赠晋江多镇115吨蔬菜，折合人民币达58万元，黄小虎通过丰州镇公共医疗健康事业基金会捐款2100元，张文亮通过民营企业商会捐款10000元，捐赠中共东石镇委员会、东石镇人民政府、东石镇慈善总会10万元，张文亮个人捐赠省光彩事业促进会支持千企帮千村扶贫活动，捐赠三明清流县林畲镇石下村10万元帮扶村建，捐赠晋江潘径小学10万元等，2020年总捐款86.4万元，郭桂峰给德化县公安局民警捐赠300个口罩，张文亮组织安排为社区、学校等捐赠消毒水115桶，林连芳任华侨大学陕西校友会会长，华侨大学泉州校友会名誉会长，向母校慨捐款50万元，其中40万元用于襄建泉州校区第二自修室，10万元用于襄建泉州校区工商管理学院实验室机房，黄火英捐给泉州九中教育基金会贫困助学金5万元，郭桂峰组织德化南安两地助学，德化林地村慰问17名固定建卡贫困户，参与泉州市侨青助学活动，南安市政协慰问百岁老人活动，参加致公党福建省委会、欢乐车友公益协会、世界泉州青年联谊会、南安市欧美同学会、泉州市侨界青年联合会、福建省力豪现代农业有限公司的捐款捐赠活动；林春蓉为福建省第五建筑公司专技人员继续教育培训班学员宣讲《后疫情时代建筑行业智能化态势探析》和《建筑行业从业人员职业道德漫谈》，《晋江经验文化解码及时代启示》获评福建省2020年度百场社科讲座，吴伟莉参与新门社区疫情防控劝导工作，疫情期间，协助单位向宣传部、上级单位及新闻媒体报送、刊发基层防疫先进经验和典型做法30多条，柯翔疫情初期参与市市场监督局疫情防控工作专班，负责物资保障与管理，史传鑫借调泉州市卫健委规信科工作，参与卫生建设项目复工复产。

【联络联谊】 2020年，致公党泉州市丰泽区工委会开展“不忘合作初心，继续携手前进”主题教育活动组织三、五、六支部联合到永春苏坑开展爱心捐赠和联谊三下乡活动，与永春县苏坑镇举行结对共建签约暨捐赠仪式，向苏坑镇捐赠旅游开发明信片，苏坑镇卫生院化验室和免疫接种室空调，嵩安村太阳能路灯，嵩山村“同心书屋”藏书等，并走访慰问苏坑镇20户建档立卡贫困户；捐款达6万多元，张文亮接待福建省检察院到泉州开展“护航民企发展”走访活动、郭桂峰参加闽宁经贸交流座谈会、闽宁对口协作帮扶活动、世泉青澳门分会、澳门泉州青年商会成立、南安新阶联成立、石狮留联创新创业活动、市委统战部侨联惠屿岛公益活动、承办致公党福建省委农业农村专委会晋江调研活动、受聘为泉州市公安局和晋江市公安局网络民意监督员。

（致公党泉州市丰泽区工委会供稿）

九三学社泉州市丰泽区工作委员会

【概况】 2020年，九三学社丰泽区工作委员会（简称“丰泽区工委会”）有社员 104名，其中：泉州市政协副主席1名、委员2名，丰泽区政协委员3名（其中常委1名），丰泽区人大代表2名（其中常委1名）。丰泽工委会围绕区委、区政府改革发展稳定大局，夯实多党合作共同思想政治基础，履行参政议政和民主监督职能，融入“五个泉州”建设大局，紧扣“打赢疫情攻坚战”做出应有的贡献；主委郑凤华参与社会服务，被社中央授予“2016—2020年社会服务先进个人”称号。陈永攀被社省委授予“2020年度优秀社员”称号，沈艺程被社省委授予“2020年度参政议政先进个人”称号，吴辉庆被社省委授予“2020年度全省宣传思想工作先进个人”称号。

【参政议政】 2020年，九三学社丰泽区工委会围绕市委、市政府及区委、区政府的总体部署和中心工作，组织重点课题调研工作，运用政协提案、调研报告等形式，反映社员的意见建议，提交各级两会提案、建议25篇；沈艺程撰写的《关于优化洛江北部公交线路的建议》《关于进一步发挥住房公积金住房保障作用的建议》被列入市政协第十二届第四次会议集体提案，郑凤华撰写的

《关于推进工程领域法制建设、做大做强企业提高企业的竞争力》《关于闻馨一品纳入丰泽区第三实验小学城东校区招生范围的建议》《关于在市区公园建设塑胶跑道的建议》，沈艺程撰写的《关于加强我市先进制造实训基地建设的建议》等被列入市政协第十二届四次大会提案，翁城武撰写的《关于我区深化危化品安全综合治理的建议》、郑凤华撰写的《关于增设社区过期药品回收站的建议》被列入区政协第五届第四次大会集体提案，陈文柱撰写的《关于加强老旧小区消防通道管理的建议》等被列入区第五届政协第四次会议提案，陆翠萍撰写的《关于执业学校加大培养乡村振兴战略人才的建议》、朱萍萍撰写的《关于博东路拓宽改造及提升的建议》《关于加大智能网联汽车应用领域扶持力度的建议》被列入丰泽区人大第五届第四次建议，工委员多次组织社员到企业调研，形成、提交调研报告4篇；沈艺程完成《关于加快培育壮大我省数字产业的建议》社省委立项调研课题，黄伟熔撰写的《关于加快推进我市半导体产业发展的建议》被列入市政协第二季度常委会专题协商会，许振良撰写的《丰泽区营商环境分析与建议》、何其南撰写的《抗击疫情大考，推进第三产业转型升级》调研文章被列入丰泽区2020年度调研报告汇编，其中何其南撰写的《抗击疫情大考，推进第三产业转型升级》获区委统战部年度建言献策评比三等奖，郑凤华撰写的《构建公共平台、助推高新产业集聚发展》在区政协第五届第四次大会上发言。

【开展活动】 2020年，九三学社丰泽区工委会贯彻中共十九届五中全会精神，开展活动，促进社员间的交流，提升全体社员的归属感和凝聚力。10月1日，在福建晟誉工程管理咨询有限公司举行“社员之家”揭牌仪式。11月21日，组织部分骨干社员到德化县雷锋镇潘祠、李溪村开展调研活动，并捐助九三学社泉州市委乡村振兴帮扶基地—潘祠村1万元，鼓励社员主动作为，加强调研，积极致力于为执政党建言、为国家建设助力、为社会民生服务，增强自觉履行参政党职能的使命感和责任感。

【慈善公益事业】 2020年，九三学社丰泽区工委会在抗击新冠肺炎疫情期间，组织社员捐资、捐物，发动社员捐款、捐物约17.7万元。4月，到泉港区清源庵开展“弘扬‘五四’爱国精神暨抗击疫情、爱心慰问活动”，看望庵内的残疾儿童或弃婴，送生活必需品及慰问金约0.4万元。6月，闻悉泉州黎明大学土木工程学院1名同学家庭突发意外且家境困难，组织热心社员筹集3万元爱心善款帮助这名同学解决燃眉之急，谢根旺、吴世昌、林志卿等社员每年资助困难学生和慈善机构捐赠约10万元。

（九三学社丰泽区工委会供稿）

台湾民主自治同盟泉州市丰泽区工作委员会

【概况】 2020年，台湾民主自治同盟丰泽区工作委员会(简称“丰泽区台盟”)有盟员54名，约占全市盟员的29%，均为大专以上学历，全国政协委员1人、市政协委员4人、区人大代表1人、区政协委员2人，各类特约监督员5人，台湾民主自治同盟丰泽区工作委员会深入基层一线了解民情，倾听群众呼声诉求，发挥专业特长，履行咨政建言和民主监督职责，为党政部门畅通民意、改进工作发挥重要作用。

【学习培训】 2020年，台湾民主自治同盟丰泽区工作委员会加强政治理论学习，组织领导班子成员、各支部盟员在“盟员之家”举办多场学习会，系统学习习近平中国特色社会主义理论、统一战线方针政策，统战工作会议和台盟重要会议精神，开展盟章盟史教育，选派盟员参加福建省统战部组织的民主党派代表人士训班，盟员张丘莎在台湾民主自治同盟中央委员会开展的“我的支部我的家”基层组织建设征文活动中荣获三等奖。

【参政议政】 2020年，丰泽区台盟中的人大代表、政协委员围绕改革发展重难点问题和民生热点，调查研究，建诤言、献良策，向市、区两级政协提交党派提案3篇、个人提案16篇，被列入区政党协商2篇，区政协大会发言3篇，工委会紧贴区委区政府重点工作和经济社会发展关键领域选题，提高调研的针对性和实效性，向区统战部提交3篇调研报告，工委会还发挥特色优势，紧扣对台工作建言献策，围绕社会热点问题和重大事件撰写信息，向各级党委政府提出施政建议，报送台盟市委会社情民意信息共20篇，盟员傅旭儒在丰泽区党外人士建言献策优秀调研文章评选中获优秀奖。

【盟务活动】 2020年，丰泽区台盟在丰泽区草埕花园举行“盟员之家”揭牌仪式，台盟中央两岸交流委员会、台盟泉州市委会、丰泽区委统战部共同在台盟丰泽区工委会“盟员之家”举办“书香台盟·我爱阅读”暨台海出版社赠书活动启动仪式，工委会组织中秋联谊、国庆座谈等活动以增进盟员之间的交流，工委会盟员为赫章县金银山街道儿童活动中心建设捐款4800元，盟员洪文章在疫情防控期间捐赠口罩1000余个，还作为盟员中新社会阶层的代表通过丰泽区新阶联捐款2000元。

【对台工作】 2020年，丰泽区台盟张敏、颜少芬担任泉州台联会常务理事，林希璇、陈宇、张凌燕、张辉跃、傅旭儒担任丰泽区台联会常务理事，配合各级台办、台联会，在推动两岸交流合作、维护台胞合法权益方面做了大量工作。

（台湾民主自治同盟丰泽区工作委员会供稿）

丰泽区总工会

【概况】 2020年，丰泽区总工会以习近平新时代中国特色社会主义思想为指导，贯彻落实中共十九大，中共十九届二中、三中、四中、五中全会精神，突出“围绕中心、服务大局、强化基层、着力创新”的工作主线，落实“战疫情、促发展、抓安全”各项措施，发挥工会优势，调动工会资源，以更加完善的工会服务新体系为丰泽区高质量发展超越凝心聚力，团结带领广大劳模、职工群众为“十四五”顺利开局贡献力量。区总工会被评为“全省工会财会工作先进单位”“泉州市模范职工之家”，近10家单位工会及多名职工个人获得“全国模范职工之家”“福建省工人先锋号”“泉州市产业工人技能培训基地”“泉州工匠”等荣誉称号，并获得“福建省五一劳动奖”。

【“六保六稳”】 2020年，丰泽区总工会围绕中共丰泽区委、区政府落实“六保”任务，做好“六稳”工作部署，推出发放消费券、举办“网购节”等多项措施刺激消费，为职工谋取更多福利。制发《关于核拨专项资金加强防疫工作的通知》，核拨30万元作为专项资金，用于慰问关怀一线医务人员及家属，支持企业工会加强口罩、酒精、消毒剂等防疫物资保障，要求各街道总工会安排10万元、系统工会安排5万元作为专项资金，统筹用于疫情防控和复工复产，纳入收支预算，专款专用。联合区商务局等部门，采取政府补贴、银行投入、商家让利的方式，在全区发行1000万元消费券，涵盖购物中心、餐饮、百货、家电、汽车等行业。该平台参与商家近500个，注册用户44709个，浏览达352.93万人次，领券数近4万张，核心商圈客流量近200万人次，销售额近2亿元，客流量、销售额实现“双丰收”。制定实施《关于开展小微企业工会经费全额返还工作的通知》，严格小微企业划型标准，明确全额返还操作流程和适用期限，分步实施小微企业工会经费全额返还。返还近70家小微企业工会经费50多万元。经费返还工作一直持续到2021年年底，预计返还金额将达1400多万元。印发《关于设立基层工会疫情防控特殊慰问消费券的通知》，要求各基层工会按每人不超过500元的标准，向全体职工、工会会员发放疫情防控特殊慰问消费券。全区123家基层工会向5894名职工发放消费券193.15万元，加上商家让利返还，释放2000多万元的工会经费，有效拉动会员消费。

【健全帮扶体系】 2020年，丰泽区总工会坚持以职工为中心的工作导向，开展“幸福丰泽·情暖职工”系列活动，提升职工群众幸福感、获得感、安全感。走访慰问泉州市正骨医院等一线医务人员、劳模、工匠和职工30多名，送去6万元慰问金；走访了解19名困难职工脱档后的情况，送去党和政府的关怀。组织开展“幸福返泉”“新丰泽人免费游泉州”活动，减免收取6000多名非公企业职工互助金7万多元，兑现650名职工交通费补助12.4万元和644名职工医疗补助131.07万元。联合区人社部门，发挥中国海峡人才网、泉州人才市场网、大泉州人才网三大线上招聘平台优势，推进实现免费“线上招聘会”常态化，推送企业岗位信息，推广远程面试，打造“就业服务不打烊、网上招聘不停歇”的全天候线上就业服务模式，全方位多维度提升人力资源供需对接成效，提升就业增量。组织开展线上双选招聘活动近50场，为1000多家用工企业发布岗位需求超万个，吸引求职人数近3万人次，实现人力资源对接2545人。采购8万多元的防暑降温物品，看望慰问高温下坚守岗位的一线民警、匹克集团生产车间、重点项目建筑工地工人近5000名。深入泉州移动等企业举办防暑降温应急救护讲座5场次，组队参加市红十字会举办的市应急救护大赛，组织学习相关应急救护知识和技能，推动落实防暑降温措施。全面摸排困难职工档案子女，确认符合助学条件的困难学子14人，发放助学金7.4万元。开办2个“暑托班”，举办国学经典等课程，并购买书籍等学习用品赠给外来务工人员的子女。

2020年，丰泽区工会在全区7所小学试点开展“四点半课后服务”

（区工会 供）

【工会改革】 2020年，丰泽区总工会以“强‘三性’（政治性、先进性、群众性）、去‘四化’（机关化、行政化、贵族化、娱乐化）”为方向，以“不忘初心、牢记使命”主题教育和巡察整改成果为契机，深耕基层、重心下移、资源下沉，在组织体制、管理模式、运行机制和活动方式等方面大胆探索、改革创新、增强活力，持续提升。先后举办《习近平谈治国理政》《习近平在福建》系列丛书，以及中共十九届五中全会精神等学习研讨会、“习语金句”职工书屋诵读会，分享《丰碑》等视听，观看《是什么造就了今天的习近平》《宁德治吏》等微视频，组织参观党内政治生活馆，重温入党誓词，学习中共党内政治生活和党的自我革命史，领悟初心使命，增强党员干部政治纪律和政治规矩意识。在园区工会联合会、“共享职工之家”举办“大学习讲堂”，参观学习福建南方路面机械有限公司工会建设，制作《学习回信精神 强“三性” 去“四化”》课件，分享路遥《平凡的世界》阅读体会，赠送职工书屋《习近平在宁德》等文献，宣讲“幸福源自劳动”“平凡终将伟大”等回信精神。采取“线上+线下”方式，实施职工心理疏导、“花艺培训”、单身职工联谊等为主要内容的“走进职工”系列活动，吸纳优质社会组织提供10项精准服务，满足职工需求。印发《关于开展〈民法典〉宣讲进社区、进企业、进园区活动的通知》，组建以律师团队为骨干的《中华人民共和国民法典》宣讲团，采取基层申报、赠送的办法，先后在南威公司、南埔社区、元件厂电商园等8家基层工会举办婚姻家庭、民事权利等篇目讲座，张贴10多版宣传版面，建设2处宣传长廊，宣讲《中华人民共和国民法典》。

2020年10月17日，区工会举办“缘来你也在这里”单身职工联谊交友活动

（区工会 供）

【经费监管】 2020年，丰泽区总工会推进巡察和审计成果转化，打造“培训—督查—整改”的工会经费收支审查全链条，提升经费审查“最后一公里”质效。主动下沉基层，从财务规范、经费构成、范围边界、审核流程、报销凭证等形成提纲概要，通过举办培训班、座谈和走访等，抓好《福建省基层工会经费收支管理实施办法》《泉州市进一

步加强机关、事业单位和国有企业基层工会经费管理的工作意见》等规定学习运用。分批组织对6个街道、56家社区、18家企业工会主席和财务人员进行培训“充电”。突出10项重点检查内容，先后对6个街道、34家区直机关、12个社区、10家基层站所（学校）开展工会经费“1+X”专项督查，延伸检查“四点半课后服务”等上级工会补助资金使用管理情况，发出26份《“1+X”专项督查整改通知书》，促基层加强监管。分基础会计、构成范畴、专项资金等三项内容，组织对《下沉督查清单》《“1+X”专项督查整改通知书》《基层工会经费审计报告》加以综合评价，分类开列问题清单，明确类型、内容、规定、流程、手续等注意事项，厘清业务流程，规范开支行为，指导加强审核把控。

（杨嘉森撰 蔡国英审）

共青团丰泽区委员会

【概况】 2020年，共青团丰泽区委员会学习领会习近平新时代中国特色社会主义思想和中共十九大，中共十九届三中、四中、五中全会精神，把讲政治、守规矩摆在首位，开展“不忘初心、牢记使命”主题教育，强化党性党纪；落实意识形态责任制，组织青少年学习贯彻习近平新时代中国特色社会主义思想，开展“青年大学习”行动、“学习总书记讲话 做合格共青团员”教育实践、“我的中国梦”“红色基因·我们传承”等主题宣传教育活动。

【思想引领强化】 2020年，共青团丰泽区委员会聚焦有效引领青年思想，在全区共青团实施“青年大学习”行动，指导团员青年学习贯彻习近平新时代中国特色社会主义思想，开展“学习总书记讲话，做合格共青团员”主题团课竞赛、“我的青春我的梦”主题征文、“不忘初心跟党走”网络主题团日活动，举办丰泽区“不忘初心 紧跟党走”新团员入团宣誓仪式暨老团员重温入团誓词仪式，落实“三会两制一课”，推进全面从严治团，“五四”系列活动获得《泉州晚报》、泉州广播电视台等新闻媒体报道；推进品牌活动，以“先锋行动”为统领，组织开展纪念少先队建队71周年“先锋引领 薪火传递”活动、“迎接少代会，争做好少年”“争做新时代好队员”“纪念抗美援朝70周年主题教育活动”演讲朗诵比赛等主题队日活动；推进少先队工作改革，成立21个学校少工委和5个社区少工委，实现家庭、学校、社区“三位一体”，构建青少年良好成长环境，增强少先队组织凝聚力。

【聚英才平台搭建】 2020年，共青团丰泽区委员会以丰泽青商会为载体搭建政、企、研、媒等多方沟通交流及宣传平台，建立“丰泽青商梦想基金”“国际站商业大数据库”“阿米巴小组”，并开展“周五青商日”“创业讲堂”等特色项目活动，在资金、技术、人才、信息等方面服务青年创新创业；区青商会会长张澍楠获得“福建省十大青年创业楷模”称号。深入创业青年开展调研，与黎明大学合作的课题《青年创业公共服务体系构建与完善——以泉州丰泽区为例》获得全国“经济新常态下的人力资源管理变革”征文一等奖，《丰泽区青年国家认同现状及培育策略研究》获得全国面对面课题县级优秀调研报告，《归国留学人员公共服务平台的构建与完善——以福建省泉州丰泽区为例》获得全国“经济新常态下的人力资源管理变革”征文三等奖。成立丰泽区青年商会金融精英俱乐部，定制“丰泽青商青创卡”；发挥丰泽区建设国家级“双创示范基地”和“八大园区”优势，结合《中长期青年发展规划》、泉州市“人才港湾”计划和丰泽区人才政策，实施新兴青年群体“筑梦计划”，举办“高层次人才沙龙”“IT拼客高校征集令”等活动，吸引、凝聚、服务一批青年人才；召开纪念五四运动100周年创业青年座谈会、“学习寄语精神 展现青春担当”优秀青年（集体）事迹分享会，激励和引领全区广大青年青春心向党，建功新

2020年9月18日，丰泽团区委到社区参与抗疫工作　（区团委 供）

时代，投身丰泽区高质量发展。

【特色品牌】 2020年，共青团丰泽区委员会举办丰泽区少年军校，培养青少年的爱国主义情怀，锻炼吃苦耐劳的意志，受家长和社会各界一致好评；举办首届丰泽旅游形象大使大赛、丰泽区大学生歌手赛，开展“闽南文化进校园”系列活动，弘扬宣传海丝文化，为申遗成功加油助威；联合举办“丰台青年共携手 创新创业创未来”——台湾“首来族”青年创业丰泽行、泉州高校“台湾师生同乐会——走进丰泽”等活动，增进丰台青年交流、提升台湾青年来泉就业创业的激情。

【志愿服务开展】 2020年，共青团丰泽区委员会打造青年志愿者品牌，带动全区青年志愿者服务水平的提升，组织开展志愿服务活动1000多场，青年志愿者累计参与5万多人次，累计服务时长20万多个小时，被授予“泉州市创建全国文明城市‘志愿服务工作先进集体’”；《福建日报》头版头条刊登团区委组织的“缅怀革命先烈 祭扫烈士陵园”青少年祭扫烈士墓活动；开展“青春志愿行 温暖回家路”青年志愿者服务春运“暖冬行动”，帮助群众便捷出行、安全出行；开展“暑期乐园”活动，组织活动营200多个，招募青年志愿者1000多人，参加活动的外来务工人员子女学员达10000多人次。

【基层组织建设】 2020年，共青团丰泽区委员会贯彻执行上级团委加快构建“互联网+共青团”工作的要求，树立大抓基层的鲜明导向，以“智慧团建”系统为重要载体，扩大组织覆盖，夯实基础工作，加强队伍建设，提升团的组织力，确保共青团牢牢扎根在青年之中，为做好新时代党的青年群众工作提供坚强的组织保证；整顿梳理团组织树，组织动员团员报到，申领电子团员证；深化“网上共青团”建设，坚持和完善“三会两制一课”制度，运用福建共青团智慧团建系统，开展空心团支部清理和支部整顿工作，进行星级团支部创建和星级团员评定，做好团员报到和团组织关系转接，激发基层团组织活力；贯彻中央、省委、市委、区委关于青年工作的决策部署，召开区青年工作联席会议第一次全体会议，发挥青年工作联席会议办公室的统筹协调作用，建立引导服务青年成长需求引领青年有序参与政治生活和社会治理体工作机制，推动青年发展工作实现新提升。

（团区委供稿）

丰泽区妇女联合会

【概况】 2020年，丰泽区妇女联合会学习贯彻中共十九届五中全会精神，领会习近平总书记的重要讲话，推动百万巾帼大宣讲工作，到丰泽区女企业家联谊会会员企业开展中共十九届五中全会精神巾帼宣讲活动，讲解“十四五”规划和2035年远景目标，展示出中共十九届五中全会对国家今后发展的重要意义。部署实施妇联改革破难行动相关工作，丰泽区妇联召开妇联改革破难行动工作会。利用互联网和新媒体矩阵，及时发布疫情防控相关内容，引导广大妇女正确认识疫情，科学防护，不信谣、不传谣。第一时间组织动员全区妇联组织、广大妇女和家庭立即行动，众志成城，积极投身疫情防控工作一线，为坚决打赢疫情防控阻击战贡献巾帼力量。

【基层组织建设】 2020年，丰泽区妇女联合会夯实联系服务妇女群众工作阵地，从实际需求出发，从服务入手，推动“妇女微家”建设，成立“妇女微家”17家，创建“维权、创业、公益、家庭教育”等各具特色的“妇女微家”，将其打造成妇女群众信赖的“娘家”。推荐丰泽街道妇联、东湖街道铭湖社区妇联、东湖街道少林社区妇联、丰泽区高新产业园区妇女联合会参加泉州妇联开展2020年“三百四有”创建活动暨基层妇联组织特色项目展评活动。

【艺术创作】 2020年，丰泽区妇女联合会开拓群众体验优质文化的参与渠道，推进城区文明建设，展示新时代丰泽艺术创作的新成果、好作品，结合丰泽区创建国家公共文化示范区系列活动，携手区文化馆开展为期一个月的“绘小康蓝图，赞美好生活”陶瓷绘画培训班。

2020年12月16日，丰泽区妇联开展党的十九届五中全会精神宣讲活动

（区妇联 供）

2020 年 3 月 8 日，“妇女微家”组织公益插花活动　（区妇联 供）

【巾帼文明岗创建】 2020 年，丰泽区妇女联合会启动各级“巾帼文明岗”申报创建工作，提升妇女素质，强化服务意识，提高经济社会效益。丰泽区有“巾帼文明岗”124 家，其中国家级 8 个，省级 20 个，市级 18 个，区级 78 个，创建活动在丰泽区各行各业中蓬勃开展。

【表彰推优】 2020 年，丰泽区妇女联合会命名丰泽区三八红旗手、红旗集体，寻找“最美家庭”、命名“平安家庭示范户”，体现妇女凝聚家庭、营造家庭战“疫”氛围的重要作用。推荐命名省级抗疫最美家庭 2 户、省级三八红旗手 1 人，市级三八红旗手 7 人、三八红旗集体 2 个、市级文明家庭 1 户，区级三八红旗手 20 人、三八红旗集体 10 个、最美家庭 10 户，平安家庭示范户 30 户。

【妇女创业】 2020 年，丰泽区妇女联合会召开 6 次座谈会，共同探讨企业的生存与发展，将丰泽区女企业家联谊会成员分为餐饮行业、教育行业、旅游行业、金融行业、文化行业、互联网行业、装修工程行业、绿化景观行业、商贸行业九大类，有针对性地收集资源对接需求表，为有需要的企业牵线搭桥，并组建行业微信群，探索疫情下企业自助互助的发展渠道。开展问卷调查，形成《关于新型冠状病毒感染的肺炎疫情期间帮助企业复工复产的建议》呈阅件递交区领导及相关部门，呼吁更多的部门关心企业的复工复产，并通过公益直播、政策解读讲座等活动，为企业复工达产纾困助力。开发丰泽区女企业家联谊会小程序，将联谊会 111 名会员的企业信息与产品信息录入系统，开拓互联网 + 新渠道，实现“三个一键”，即一键即达、一键了解、一键交易，月交易量 59 笔。联合泉州农商银行丰泽支行在全区推广妇女创业贷款“巧妇贷”，办理妇女创业贷款 37 笔 1082.60 万元，为城区创业妇女提供金融帮扶。开展线上“春风行动”，举办公益招聘活动 3 场，入驻人社平台共 60 家企业，设置 245 岗位。其中巾帼企业 22 家，提供 48 个岗位。招募到 20 名工人，其中女工 9 人。为困难妇女提供公益家政培训 50 人次，共组织家政员线上培训班 25 期 456 人次，培训后就业 388 人，投入

2020 年 7 月 11 日，丰泽区妇联举办陶瓷绘画培训班学习工笔画（区妇联 供）

2020 年 9 月 17 日，丰泽区金融支持女企业家复工复产政策培训（区妇联 供）

资金 22.0384 万元。发动丰泽区女企业家引进项目，通过巾帼众创空间加强对下岗女职工、女大中专毕业生、失业失地妇女的教育培训，提升她们整体素质和创业就业能力。举办女企业家培训班 6 期 156 人次。

【家教阵地拓展】 2020 年，丰泽区妇女联合会拓展家教阵地，成立“四新组织”家长学校，将社区家长学校、儿童之家 100% 覆盖全区 82 个社区，示范家长学校建校率 67.6%。探索“新丰泽人”融合之路，开设“四点半课堂”“周末课堂”等社会教育课堂，聘请专业社工开展活动，提高“新丰泽人”生活的幸福感，体现文明城市软实力。开展家庭教育进社区、学校企业活动 50 余场。年初征集家庭教育教师、社会人士等志愿者，征集课题，由区妇联统一购买服务，把课题下发到社区、学校、企业进行对接，推进家庭教育工作。承接省妇联家庭教育进社区项目、市级为民办实事项目儿童之家、区级为民办实事项目“同心圆”家庭综合服务中心。通过各社区自愿申请、实地走访，指导申报点创建、提高服务水平，确定铭湖社区为省级项目点，北星社区、华大社区为市级项目点，地质社区、高新产业园区、圣湖社区、少林社区、源淮社区、丰泽社区、华丰社区为区级项目点，常态化开展线上各类主题活动、维权讲座、四点半课堂、个案帮扶等公益服务，帮助家长系统掌握家庭教育科学理念和方法，提升辖区家庭教育的能力与水平。参与妇女 5864 人次、儿童 18511 人次。向居民群众和务工妇女及随迁子女提供专业、综合、优质的社会服务。印发 300 本《携手共绘“同心圆”——丰泽区家庭综合服务工作的实践》一书，汇编近年来“同心圆”家庭综合服务中心开展成效，以供后续学习、经验交流使用。

【妇女儿童维权】 2020 年，丰泽区妇女联合会联合区司法局推出妇女儿童维权法律法规有奖问答，为群众接触法、认识法拓宽途径，共吸引到 93060 人次参与。促进区、街道、社区三级妇联婚姻家庭纠纷排查化解工作，加强社区家事纠纷调解室建设，化解纠纷 15 件。

【募捐与帮扶】 2020 年，丰泽区妇女联合会开展“母亲健康 1+1”募捐活动，累计募集善款 55265 元；慰问 25 名“两癌”困难妇女，补助金额 10 万元，并在全区摸底符合条件的 2020 年第二批“两癌”贫困妇女 13 名，为困难妇女争取生活补贴；征集辖区 2 名贫困妇女、残疾妇女的微心愿，为困难妇女争取生活补助，为贫困学子提供接受良好教育的平等机

2020 年 8 月 25 日，丰泽区妇联成立“四新组织”家长学校，举办家教讲座（区妇联 供）

会，联合新东方教育培训机构，为辖区好学、上进的困境儿童开展教育帮扶，提供公益性优质辅导课程。举办庆“六一”我们和留守流动儿童在一起活动，为东星实小的孩子们送去慰问金、书包等物资。

【志愿服务】 2020年，丰泽区妇女联合会每周安排两名干部职工前往挂钩社区参与走访入户，向居民宣传文明城市创建工作，记录对社区建设意见建议，提升社区生活质量，提高居民对生活环境的满意度。提高辖区群众对家庭、家教、家风建设的满意率，分发15000份宣传品，邀请有爱心、能力强的家教讲师团成员开设线上家长学校，每周定期在公众号发布公益家教微课，并发动巾帼文明岗、“同心圆”家庭综合服务中心、“妇女微家”等妇联阵地组织观看，观看量达18643人次。

（柯智慧撰 杜菊梅审）

2020年9月22日，丰泽区科协在源淮社区开展丰泽区全国科普日活动（区科协 供）

丰泽区科学技术协会

【概况】 2020年，丰泽区科协获评泉州市2017—2019年度文明单位，获福建省科协表扬“2020年全国科普日优秀组织单位”，争取上级奖补资金60.8万元，开展创新驱动助力工程，新建1个市级2020年学会创新驱动服务站，认定1个省级院士工作站，19个科技项目获泉州市区贤鲨青少年科技创新大赛奖，39个项目获泉州市科技创新大赛奖，8个项目获福建省科技创新大赛奖，15个项目获第五届泉州市青少年科学影像节作品竞赛奖，组织辖区居民开展福建省全民科学素质网络竞赛，共发动121946人次参加竞赛。开展“不忘初心、牢记使命”从严治党主体责任主题党日活动，配合区委第十五轮巡察整改工作，院士专家工作站审计工作，为科技工作者服务，推动丰泽区科普工作再上一个台阶。

2020年7月1日，丰泽区科协召开丰泽区全民科学素质工作推进会

（区科协 供）

【科普宣传活动】 2020年，丰泽区科协开展基层科普服务能力建设，下达2020年市级基层科普场馆展教工程和科普服务能力建设补助资金13万元，建区第三中心小学物联网中草药实践科研基地，临海小学科学实验班、东凤社区优山美地科普小区。丰富“全国科普日”内涵，9月22日，在丰泽街道云谷小区科普广场开展新时代文明实践——“决胜全民小康 践行科技为民”全国科普日主题广场活动，区委常委、宣传部部长周顺安现场致辞，泉州市科协副主席王建生等领导参加活动，本次活动由泉州市科协、泉州市科技馆、泉州市中心血站、

泉州市科技咨询服务中心、丰泽区科协、工信科技局、关工委、丰泽街道党工委办事处、丰泽街道源淮社区主办，丰泽区第三实小、泉州搭搭乐乐机器人教育中心、品格齿科等单位协办，活动现场设立有奖科普知识问答、“科普护照”伴你行、科技展品体验、科普原理实验、健康科普区，现场还对科学抗击疫情、决胜全面小康、垃圾分类、扫黑除恶等知识和理念进行宣传，主场活动外，区全民科学素质工作领导小组成员单位，街道办事处，社区，基地，学（协）会共开展43场次全国科普日活动，中国科协办公厅表扬丰泽街道丰泽社区为“2020年全国科普日”优秀活动。开展刺桐科学传播学者科普巡讲活动，全区共在街道、社区举办8场次科普讲座，分别在埭头社区举办未成年人传染病预防知识讲座，在源淮社区开展刺桐故事·文化传承讲座，在凤山社区开展新生儿常见病护理知识讲座，在群峰社区、清源街道开展健康生活和合理用药讲座，在华大街道开展科普地质灾害知识及应对措施讲座，在蟳埔社区开展预防糖尿病，享受健康人生讲座，在华丰社区开展心血管疾病的预防与治疗讲座。6月30日召开全区各街道分管科协领导、科协专干会议，7月1日召开区全民科学素质工作领导小组各成员单位联络员会议，会议主要传达中国科协2020年中国公民科学素质调查通知精神，福建省、泉州市公民科学素质网络竞赛有关事宜，部署丰泽区开展2020年福建省全民科学素质网络竞赛实施方案及“十三五”全民科学素质督查迎检准备工作，8月13日省科协科普部二级调研员吴良军、市科协副主席魏隆福一行3人在区科协带领下到丰泽街道源淮社区、清源街道清源社区开展迎接第11次全民科学素质工作调查和福建省全民科学素质网络竞赛工作调研，8月14—15日丰泽区4个社区即清源街道清源社区、北峰街道召集社区、城东街道通海社区、丰泽街道前坂社区接受中国科协委托的零点公司全民科学素质抽样调查，完成调查任务。

【青少年科技活动】 2020年，丰泽区科协推进青少年科技创新活动，首次组织辖区学生参加福建省首届创意编程比赛，丰泽区共有11支队伍获奖，其中2个一等奖、4个二等奖、5个三等奖。组织学生参加第十八届泉州市区贤銮青少年科技创新大赛，共有19个项目获奖，其中1个一等奖、4个二等奖、10个三等奖，2所学校获评优秀组织奖，7名老师获评优秀科技辅导员。组织学生参加泉州市第十七届青少年科技创新大赛，共有39个项目获奖，其中科技创新项目5个一等奖、8个二等奖、12个三等奖，社会实践活动2个一等奖，科幻画1个二等奖、11个三等奖。组织学生参加第35届福建省青少年机器人竞赛共有7个项目获奖，其中科技项目2个一等奖、1个三等奖，科幻画1个二等奖、2个三等奖，科技辅导员科技教育创新成果竞赛1个三等奖。组织学生参加第六届泉州市青少年科学影像节作品竞赛，丰泽区共有15个项目获奖，其中科学探究纪录片4个一等奖、3个二等奖、4个三等奖，科学微电影1个一等奖、2个二等奖、1个三等奖。开展青少年科技教育示范校创建，创建第九批泉州市青少年科技教育示范校3所（泉州九中、丰泽区实验小学、泉州师范学院第二附属小学）。

【人才工作】 2020年，泉州信息工程学院卢秉恒院士工作站、南京大学环保产业研究院张全兴院士工作站通过市级中期考核，南京大学环保产业研究院张全兴院士工作站被认定为省级院士工作站，对建站单位及通过中期考核的单位进行背景审查，配合区审计局开展院士（专家）工作站专项审计，新认定1家市级2020年学会创新驱动服务站，组织辖区企业参加“科创中国”海智专家泉州行对接会，共有9家企业入驻“科创中国”融通服务平台。

【服务科技工作者】 2020年，丰泽区科协开展“全国科技工作者日”系列活动，在云谷小区举办主题活动，通过在现场设置宣传横幅、中国十大科技工作者事迹宣传栏、科普展品展示、科普体验互动、云视频播放、设立咨询台、流动科技馆巡展、八闽健康码宣传等方式向居民群众宣传健康防疫和科普知识，组织居民开展“云沙龙”活动，在“云”上发表一句感言或祝福语，开展建筑科技成就影像作品巡回展（丰泽站）；指导区老科技工作者协会等开展活动，联合地质社区开展“弘扬志愿精神，构建法治社区” 宣传活动，包括普法有奖问答活动，科普《中华人民共和国民法典》知识，电信网络诈骗、

2020年7月22日，丰泽区科协在华大街道办事处开展刺桐科学传播学者巡讲
（区科协 供）

禁毒法治宣传内容，在东凤社区开展“崇尚科学，远离病毒”宣传月活动，通过设置科普宣传咨询台，悬挂标语，发放科普宣传资料等方式开展科普工作。

【科普信息化】 2020 年，丰泽区科协开展科普中国 e 站转型升级工作，保留省级认定的科普中国 e 站 37 个，开展“科普中国”APP 注册认证和转发分享工作，注册 2953 人，分享 6 万多篇科普文章；印发《开展新型冠状病毒感染的肺炎疫情应急科普工作的通知》，通过科普中国 e 站建站单位的微信公众号、微信群、科普智慧大屏等各类信息化手段与线下宣传相结合，开展宣传疫情知识普及，区科协对开展疫情防控科普信息化工作较突出单位给予 10 万元的资金补助，并向全区科技工作者发出《坚决打赢疫情防控阻击战致全区科技工作者的倡议书》；组织各街道办事处、区全民科学素质工作领导小组成员单位、中小学校师生、广大市民参加福建省科协开展的“全民科学素质网络竞赛”，丰泽区参赛人数 10229 人，竞答 121946 人次。

【巡察整改工作】 2020 年，丰泽区科协党支部针对区委第十五轮第一巡察组巡察科协党支部反馈的 34 个问题，坚持“当下改”与“长久立”相结合，制定整改措施 75 条，建立整改落实台账，逐项整改销号，对个性问题以点带面、立行立改、限时办结，对共性问题举一反三、建章立制，健全修订完善各项规章制度 12 项，巡察整改已取得阶段性成效并转入长效阶段。

（罗丽华撰 林淑明审）

2020 年 12 月 5 日，丰泽区侨联开展丰泽区境外大学生文化寻根之旅研学活动

（区侨联 供）

丰泽区归国华侨联合会

【概况】 2020 年，丰泽区归国华侨联合会以习近平新时代中国特色社会主义思想为指导，贯彻中共十九大以来的历次全会精神，学习贯彻习近平总书记关于侨务工作的重要论述，围绕丰泽区经济社会发展大局、抓好侨联组织建设，整合侨务资源，拓宽联谊渠道，提升为侨服务，发挥党委政府联系归侨侨眷和海外侨胞的桥梁纽带作用。

【传递党和政府温暖】 2020 年，丰泽区归国华侨联合会主要领导带队到各街道向 21 名生活困难的归侨发放市侨联“黄仲咸”基金会 10500 元慰问金，配合市级侨联的新春慰问活动，市侨联调研员陈海涛到丰泽区慰问华大社区印度尼西亚归侨 1 名、城东街道越南归侨 1 名、马来西亚归侨 1 名，为印度尼西亚归侨 6 名贫困户申请省贫困侨救助金 13788

2020 年 11 月 21 日，泉州市丰泽区侨联与华侨大学旅游学院共建签约仪式举行

（区侨联 供）

2020 年 7 月 15 日，丰泽区侨联工作人员到迎津社区参与强基促稳·学雷锋志愿服务活动　（区侨联 供）

元。为华大街道 2 名重病侨眷申请福建省华侨事务预算专项经费临时救助 2 万元，为北峰街道 5 人申请泉州市散居困难归侨侨眷生活补助每人每年 2400 元，让华侨感受到党和政府的温暖。

【拓展海外联谊】　2020 年，丰泽区归国华侨联合会强化与华侨合作交流，密切与海外社团联系，涵养新华侨华人、华裔新生代资源，联合泉州那尔多足球俱乐部有限公司举办主题为“海丝少年，一份真情”的 2020 年海丝青少年足球精英赛，以球会友，共促交流，把悠久的“海丝”文化通过体育赛事的感染传遍世界；

联合华侨大学旅游学院于 12 月 5 日开展“一带一路”沿线境外新生泉城寻根之旅研学考察活动，活动以“侨旅一家亲，海丝情义浓”为主题，带领 60 名华侨大学游览泉州华侨历史博物馆、少林寺、晋江五店市等泉州著名景点，让在校境外新生近距离地领略泉州独特的海丝风采与深厚的历史底蕴。12 月 16 日，“亲情中华·为你讲故事”网上冬令营——丰泽营在华侨大学旅游学院举办线上开营仪式，由于疫情原因，冬令营由往年的线下活动改为线上举办，负责教学的教师将每天发布两则故事，内容涵盖名著名人、人文地理、历史溯源、防疫知识等，每两天发布一篇丰泽人文特色的音视频，此外，此次冬令营增加线上开放式互动课堂，除了学习福建名菜、永春白鹤拳、闽茶文化外，营员们还可以线上体验中国剪纸、泉州花灯制作等技艺，学习内容极为丰富，让海外的华裔青少年学习中国故事，了解闽南风情、丰泽区发展情况，加深对中华文化的认识。

【“一站一队”彰显活力】　2020 年，丰泽区归国华侨联合会围绕“打造平台，为侨服务，促进社会和谐”三个方面，侨志愿者先后参加“聚福迎新春　墨香飘满园”迎新春、写春联、送祝福活动、为独居老人过生日暖心活动、“爱护母亲河　巾帼在行动”、参与“创建全国文明城市和省级文明城区”主题活动、举办垃圾分类宣传活动等系列活动，通过开展各类志愿活动着力提升“刺桐花”华侨留守家庭服务示范站和“侨志愿者服务队”两个工作新平台的服务水平，实现“以侨助侨，助人自助”服务理念。

【省级侨胞之家创建】　2020 年，丰泽区归国华侨联合会联按照侨联组织“五有”（有组织、有队伍、有阵地、

2020 年 5 月 26 日，丰泽区侨联第四届第五次会议召开　（区侨联 供）

有经费、有活动）和“五好”（领导班子好、干部队伍好、工作保障好、活动成效好、群众反映好）的标准，指导新秀社区积极开展创建省级“侨胞之家”活动，并拨出专项工作经费支持创建活动，11月新秀社区被省侨联命名为“省级侨胞之家”。

【侨联四届五次全委会召开】 2020年5月26日，丰泽区侨联在泉州市华侨历史博物馆三楼召开丰泽区侨联四届五次全委会，侨联主席黄剑明代表四届全委会作工作报告，并就下阶段侨联工作提出工作意见：围绕主题，加强对侨界群众的思想政治引领，加强为侨服务，彰显侨联工作成效，推进改革创新，推动侨联工作再上新台阶；会议按照《中华全国归国华侨联合会章程》，补选谢立明为丰泽区侨联四届委员会委员、常委、副主席。

【预算专项经费使用管理】 2020年，丰泽区归国华侨联合会组织8个街道侨联学习《泉州市侨联印发〈关于华侨事务预算专项经费使用管理实施方案（试行）〉的通知》文件精神，对照文件要求，进行全面摸底，共上报临时救助对象2人2万元、散居困难归侨侨眷生活补助5人1.2万元、源淮社区等三个省级侨胞之家提升省级侨胞之家专项工作经费1.5万元。

【侨联与侨校携手共建】 2020年，丰泽区归国华侨联合会为贯彻习近平总书记提出的“凝聚侨心侨力 同圆共享中国梦”的重要指示精神，11月21日，泉州市丰泽区侨联与华侨大学旅游学院合作共建签约仪式在泉州万达隆重举行。

【开展招商引资】 2020年，丰泽区归国华侨联合会运用海内海外“两个平台”、侨资侨智“两大资源”优势，配合区发改局、招商办、工商联、贸促会等部门做好招商引资工作，利用元旦、春节期间走访慰问侨领及北美福建侨商总会、美国福建泉州同乡会、菲华青商会、越南福建商会等海外社团，了解投资意向，宣传丰泽区的区位优势和投资环境，可雅娜（福建）游乐园有限公司投资5亿美元、红五星集团有限公司投资1亿元、汉九物联网技术服务有限公司投资5000万元、福建省泰道生物科技有限公司投资2000万元，4家公司落户丰泽区。

（王建雄撰 谢立明审）

丰泽区工商联合会

【概况】 2020年，丰泽区工商联合会加强理想信念教育，引导民营经济人士健康成长。以“对中国特色社会主义的信念、对党和政府的信任、对企业发展的信心和对社会的信誉”为主要内容，突出“守法诚信”，推进民营经济人士理想信念教育实践活动，围绕“亲清润闽商、促进两健康”活动，促进构建新型政商关系，建设一支爱国、敬业、创新、守法、诚信、贡献的民营经济人士队伍。发挥工商联（总商会）桥梁纽带作用，密切与政府相关部门的沟通联系，制定印发《关于营造企业家健康成长环境弘扬优秀企业家精神更好发挥企业家作用的实施方案》《丰泽区党政领导与企业家恳谈会制度、丰泽区非公有制企业诉求受理处置反馈工作机制》，走访联系民营企业，回应企业家的关切和诉求，寓团结引导于解决企业困难、服务企业发展之中。对接泉州市工商联建立的市县互联互通的企业诉求反馈渠道，靠前服务企业、解决企业合理诉求。

【服务企业】 2020年，丰泽区工商联合会发挥桥梁纽带作用，从多方面贯彻落实各级党委政府的决策部署，把疫情给经济社会发展带来的负面影响降到最低程度。加强惠企政策宣传，将各级政府制定的惠企政策进行分类梳理汇总，传送给各所属商（协）会和民营企业，帮助民营企业家在最短时间内消化、吸收，用好用足政策，发布《后疫

2020年10月28日，泉州市丰泽区闽清商会第二届会员大会暨换届庆典大会召开

（区工商联 供）

2020 年 5 月 12 日，丰泽区工商联、丰泽青年商会、领秀文旅集团联合发起“国际护士节感恩行动” （区工商联 供）

情时代企业数字化转型应该怎么做？》《泉州企事业单位复工复产疫情防控措施指南》《泉州出台金融“惠企”七条措施 拿出真金白银力挺复工复产》《同心战疫：线上线下齐联动服务复工复产》等信息 80 余条。加强学习交流，及时通报最新政策资讯，利用微信群等及时发布工作动态，加强商务信息的反馈、交流，开展“构建产才融合体制机制，助力我区高质量发展”“建设人才工作服务平台的思考”“培育和留住“创二代”企业家人才”等重点课题调研活动，帮助企业研判当前形势，既正视挑战，又抢抓机遇，实现创新驱动转型发展。协助人事部门做好非公有制经济技术职称申报评定工作，全年报送高级职称 12 名、中级职称 38 名、初级职称 62 名。宣传民企商会抗击疫情、奉献爱心、复工复产、生产自救的典型案例和经验做法，引导民营企业贯彻稳就业要求，主动承担社会责任，落实好劳动用工、工资待遇、企业减负、指导服务等方面的各项措施。参与三方部门的劳动关系集体协商活动，处理好疫情防控期间劳动关系问题，依法维护员工合法权益，促进劳动关系和谐稳定。联合丰泽区检察院、司法局、人力资源和社会保障局等相关部门出台《关于为辖区企业防控新冠肺炎疫情推进企业复工复产营造良好法治环境的意见》《关于民营企业法治体检方案》等政策。6 月 28 日，联合政法机关召开“亲清”护企营商座谈会；10 月 28 日，组织民营企业家参加“服务‘六稳’ ‘六保’护航民企发展”检察开放日活动。9 月，推荐许志达等 10 位商会成员、行业精英成为区法院商事调解员，化解企业在生产经营管理、劳资关系、知识产权保护等方面的纠纷。

【健全商会网络】 2020 年，丰泽区工商联合会推动各基层街道商会落实工商联（总商会）会长办公会轮值制度，推动街道商会会务活动，激发基层商会活力。开展指导督促任期已满的街道商会、异地商会做好换届工作，9 月 28 日，东海街道商会完成换届工作，选举产生以福建新时颖电子商务有限公司林时乐为会长的第五届理事会。10 月 24 日，丰泽区闽清商会完成换届工作，选举产生以泉州梅江建材有限公司陈孝江为会长的第二届理事会。12 月 22 日，丰泽街道商会完成换届工作，选举产生以泉州市丰泽建筑工程有限公司张毅芳为会长的第二届理事会。支持指导以深圳市瑞奎科技有限公司等 8 家公司为主要发起单位筹建“深圳市福建丰泽商会”，有数十家在深丰泽籍企业加入，同时开展社团登记工作。开展异地商会、海外商会的联谊、沟通和交流，发挥商会及同乡会在地域经济交流中的优势，增进

2020 年 2 月 21 日，丰泽区工商联（总商会）开展“企业共享食堂”公益认购捐赠 （区工商联 供）

友谊和经贸往来。落实稳外贸稳外资政策措施，利用市区两级搭建的招商合作平台，推动海外侨商来丰泽投资兴业，实现“走出去，引进来”的发展策略。促进海外和异地丰泽籍民营企业家之间的合作与交流，加强同商协会所在地政府部门、工商协会、国际组织及包括跨国公司在内的各类企业的联络，扩大联络渠道；为各方企业提供市场需求和劳动力资源信息，为各方企业在经济活动中做好牵线搭桥和服务工作，支持企业拓展多元化国际市场，特别是“一带一路”沿线国家等新兴市场，把中美贸易战、新冠肺炎疫情给经济社会发展带来的负面影响降到最低程度。通过“回归创业”工程招商引进“联鼎新科技园”“联玖熙中国营运总部”等项目，投资总额25.5亿元。

【慈善公益事业】 2020年，丰泽区工商联合会引导民营企业家增强社会责任意识，共建和谐社会，参加发展公益慈善事业等活动，开展新春扶贫济困送温暖活动，赴8个街道看望慰问贫困群众32名，发放慰问金6.4万元，把党和政府的温暖送到困难群众家中；1月16日，组织慰问区政法系统一线干警，发放慰问金20万元。10月25日，区工商联（总商会）、城东街道商会联合开展“九九重阳节·浓浓敬老情”尊老、敬老慰问活动，筹集8万余元及4万余元物资慰问600余名高龄老人。疫情期间，本级商会、基层街道商会多次组织商会慰问团，筹措物资，走访慰问动车站、社区等一线抗疫工作人员，向抗疫工作人员带去商会人的支持和关爱。与丰泽区人民检察院联合成立“丰泽区雨后阳光成长基金”，完善未成年人司法救助体系，为维权方面存在实际困难的未成年人提供司法救助。新冠肺炎疫情期间，联合区青商会、福建省领秀文旅集团发起“企业共享食堂”计划，为避免人员密集就餐，防止群体性聚餐可能引发的风险，发动辖区优质餐饮企业推出集体用餐供配送服务，联结复工企业的员工用餐需求与供餐企业的经营需求，为企事业单位员工安全用餐提供配送，帮助企业与商户解决实际困难。入选“企业共享食堂”供餐企业20家，订单企业上百家，发放套餐数万份。同时，“企业共享食堂”联合泉州晚报社，发起公益认购捐赠活动，号召企业通过公益认购形式给奋战一线的抗疫单位和人员捐赠工作餐，总计认捐9000余份，分成数个送餐小组，送给高速路口、社区、医院等一线工作人员，表达对抗疫工作人员的感谢和敬意。5月12日“国际护士节”期间，丰泽区工商联、丰泽青年商会、领秀文旅集团延续“益起为坚守＋餐”爱心公益行动，联合发起“致谢你的热爱——‘5·12’国际护士节感恩行动”，为泉州市第一医院、福建医科大学附属第二医院、中国人民解放军第910医院、福建中医药大学附属泉州市正骨医院等医院抗疫一线的护士送上一千份定制感恩心意。

（蔡晓蔚撰 吴志远审）

丰泽区文化艺术联合会

【政治理论学习】 2020年，丰泽区文化艺术联合加强干部职工政治理论学习，每月定期召开学习会，学习贯彻 习近平新时代中国特色社会主义思想，中共十九大和中共十九届四中、五中全会精神，学习习近平总书记重要讲话、重要文章、重要指示批示精神，研读《习近平谈治国理政》第一卷、第二卷和《习近平新时代中国特色社会主义思想三十讲》，以及《习近平在福州》《习近平在厦门》《习近平在宁德》等辅导读本，结合文联工作和思想实际，加强马克思主义理论修养，用习近平新时代中国特色社会主义思想武装头脑、指导实践、推动工作；多次在联务会和文联系统工作会议上，组织全体干部职工和各协会班子成员，贯彻落实《中国共产党宣传工作条例》《2019年度丰泽区党委（党工委、党组）落实意识形态工作责任制专题督查情况》《2019年意识形态工作责任制专题督查存在问

2020年2月，丰泽区南音艺术家志愿服务队将募捐款购置防疫慰问物资赠送给学校

（区文联 供）

题整改方案》等文件精神，教育引导广大文艺工作者自觉增强做好意识形态工作的政治意识，夯实思想根基；引导全区文艺工作者学习习近平新时代中国特色社会主义思想，中共十九大，十九届四中、五中全会精神深入人心，增强“四个意识”，坚定“四个自信”，做到“两个维护”，组织全系统深化“大学习大宣讲”活动。

【工作机制健全】 2020年，丰泽区文化艺术联合履行党委（党组）抓意识形态工作责任，成立区文联宣传思想工作领导小组（意识形态工作领导小组），把学习贯彻《条例》作为一项重要政治任务，加强党对宣传思想工作的全面领导，落实“八个纳入”工作要求，做好意识形态工作的领导责任，将意识形态工作纳入重要议事日程，6月5日，召开文联工作推进会议暨全面从严治党工作会议，会议传达学习全国两会精神，颁发《2020年纪律建设责任书》《2020年意识形态工作责任书》《丰泽区文艺家“十不准”》。对意识形态工作进行专题部署，要求班子成员、各协会负责人带头落实意识形态工作责任制，切实履行意识形态工作主体责任；加强对文联系统的意识形态工作阵地建设和管理，确保出版物、文艺作品、论坛讲座、微博微信、坚持正确方向和导向，弘扬主旋律，传播正能量。抓住重要和敏感时间节点，加强意识形态安全预警监测和分析研究，绝不给错误思想和言论提供传播渠道。

【抗疫宣传】 2020年，丰泽区文化艺术联合在“疫情”防控期间，发挥协会优势，围绕区委区政府的决策部署做好政策宣传和舆情引导，引导群众正确理解党中央的防控政策，科学参与防控工作，营造防控“疫情”人人有责的浓厚氛围，组织创作防控“新冠疫情”主题歌曲《天使的微笑》，推送至学习强国，创作抗疫文章100多篇，陆续在《福建作家》、福建文化网、《世界日报》《海峡都市报》《泉州晚报》《海丝商报》《桃源乡讯》《闽西日报》等报刊发表和网络平台推送，创作反映抗击疫情主题书法、美术、摄影等文艺作品100余件，在各级网络平台展示，南音协会创作南音歌曲《赞美你疫情一线的奉献者》和《颂抗疫英雄》，诗词楹联协会共创作收集会员诗词88首、楹联40对并结集出版，《丰泽文学》出版“众志成城·文艺战‘疫’专号”。

2020年2月，丰泽区作家志愿服务队将募捐款购置防疫慰问物资赠送给派出所
（区文联 供）

【精品创作】 2020年，区作协蔡飞跃出版的散文集《心抵万里》在新华网和《人民日报》文创客户端上，听众超过100万人次，区作协主席姚雅丽出版散文集《人间向暖》，区美协理事杨新榕国画《泮宫口》2020年6月被中国华侨历史博物馆收藏，文联出版《丰泽文学》4期；作家协会20余人创作50余篇现实题材文章刊登在《福建日报》《散文百家》《厦门文学》等报刊；书法家协会洪达林、高浩、肖唯佳等13人的书法作品获省级以上比赛、展览奖励50余人次；美术家协会郭子健、黄周玉等3人美术作品获省级比赛奖励，20余人的作品入展市级美术展览。5人举办个人美术作品展。

【主题实践活动】 2020年，丰泽区文化艺术联合会开展“扎根生活沃土、服务基层群众”主题实践活动，开展文化进万家、送欢乐下基层、文艺志愿服务等活动，实施一系列惠民、为民、乐民的文化服务项目；围绕学习宣传贯彻习近平新时代中国特色社会主义思想和中共十九大，中共十九届四中、五中全会精神，贯彻《中国共产党宣传工作条例》、服务创建国家公共文化服务体系示范区、新时代文明实践基地的主题，开展10余场文艺展演活动；开展传统文化进校园活动（在东星小学开展“云读书”，在云谷小学、第四中心小学开展南音培训，在崇德实验小学设立书法工作室），开展书法美术公益活动5场（到永春苏坑等地开展志愿服务活动3场），向区第五中心幼儿园等学校捐赠文学艺术书籍500余本，在《丰泽文学》封底刊登移风易俗宣传图片4期。

（丰泽区文化艺术联合供稿）

2020年1月8—12日，区委宣传部、区文旅局、文联联合举办丰泽区“金秋颂祖国”书画扇面展　（区文联　供）

2020年7月31日—8月，丰泽区委宣传部、区文旅局、区文联在福州举办助力世界遗产大会 促进海峡两岸文化交流——“东南墨韵画展”　（区文联　供）

2020年9月27日，丰泽区作家协会在仕公岭创客会举办2020年“我们的节日·颂祖国·咏中秋节”诗歌朗诵会　（区文联　供）

2020年12月6—13日，丰泽区委宣传部、区文旅局、文联在丰泽区文化馆306展厅举办“菊舞花港·魅力丰泽”艺术作品联展　（区文联　供）

丰泽区国际贸易促进委员会

【企业服务】　2020年，受疫情影响，国际性展销投洽会采取停办或者改为线上举办的方式，丰泽区国际贸易促进委员会主要从贸易政策宣传、法律服务培训、业务能力培训、线上产业对接等方面，组织辖区相关企业参加上级部门组织或举办的多场活动，参加省贸促会主办的线上和线下的“涉外商事法律服务八闽行”系列活动、中国贸促会举办的“中小企业国际经营能力提升系列线上培训”、中国国际经济贸易仲裁委员会和贸促系统等多家单位联合举办的“国际商事合同法律风险防范与应对”线下讲座、省贸促会主办的线上“第十二届海峡论坛暨第二届海峡两岸工商合作论坛”，同时组织三家医美康养企业参加“闽台医美与康养产业对接会”，通过视频方式进行一对一洽谈对接，参加中国国际商会主办、省贸促会和市政府承办的“第六届中国（泉州）海上丝绸之路国际品牌博览会”相关组织活动，带队参加“市场采购贸易助力预包装食品出口推介会”和开幕式，联合区级有关单位举办一场主题为“以典为范、送法进企”的民法惠企沙龙活动，邀请福建致理律师事务所律师，为参会的辖区企业深入浅出地讲解与企业家和企业职工生产和生活密切相关的内容，介绍一系列惠企便民措施，并与在场员工进行互动，解答企业的涉法难题，帮助企业有效预防和化解法律风险。

【中心工作】　2020年丰泽区国际贸易促进委员会执行区委区政府关于“疫情”防控的各项具体措施，选派干部参加企业防疫和复工复产等工作，结合贸促职能向广大企业家发放《致全区广大企业家朋友们的一封信》《致丰泽区广大民营企业家的倡议书》，转发中国贸促会关于有关国家因“新冠肺炎疫情”采取的相关措施提示和惠企政策等信息，引导企业要坚定信心，坚决打赢“疫情”防控阻击战；响应区委号召，克服人员少的问题，选派干部到西华洋滞洪片区征迁项目、南浦山片区改造征迁项目参与工作；利用国际商会平台，加强企业走访力度，收集各方投资者信息，引进厦门二六向荣文化传媒公司在丰泽区奇龙物流大厦投资建设直播基地（一期）工程，选派一名领导干部到区招商办工作；合理安排工作力量，落实网格化工作责任制，参与到社区创城创卫工作中，开展巡查，及时反馈问题，督促协调进行整改；开展新一年“平安单位”创建工作，结合单位职能，将平安宣传融入日常工作中，参加挂钩社区的大型宣传活动、综治入户宣传、扫黑除恶线索排查等各项工作，提升辖区综治“三率”水平。

（丰泽区国际贸易促进委员会供稿）

丰泽区残疾人联合会

【概况】 2020年，丰泽区残联贯彻落实中共十九大，中共十九届二中、三中、四中、五中全会精神，紧扣“全面建成小康社会，残疾人一个也不能少”的目标任务，统筹推进新冠肺炎疫情防控和残疾人工作，全面完成年度工作任务，“十三五”加快残疾人小康进程规划圆满收官，残疾人事业发展取得明显成效，创建残疾预防试验区试点工作做法获得市残联肯定。

【全国残疾预防综合试验区创建】 2020年，丰泽区创建残疾预防综合试验区进入第五年，进入验收评估阶段，区残联对照方案目标自查加压，在残疾预防知识普及和产前筛查诊断方面加大工作力度，筛查、诊断孕产妇人数显著提升，超额完成方案中的目标任务，丰泽区妇幼保健院完成729例产前筛查并诊断，完成残疾报告500例，完成2724人残疾评定，残疾预防知识进一步普及，依托报纸、电视、公交车媒体多举措开展残疾预防宣传，以点带面，示范引领多形式开展残疾预防进社区、进学校、进家庭、进企业、进机关“五进”宣传活动，与卫健局联合印发《关于确保按时完成我去开展残疾预防综合试验区重点干预项目任务的通知》，组织街道社区卫生服务中心开展残疾预防项目推进工作。创建残疾预防综合试验区各项工作取得成效。

【助残项目】 2020年，丰泽区残联完成省级为民办实事残疾人居家托养项目，35名重度智力、精神残疾人得到居家托养（护理）救助，每人补助2000元，共计7万元；完成市低保重度肢体残疾人居家养护补助，56名申请对象得到补助，每人补助1000元，共计5.6万元；开展“一户多残”家庭残疾人困难生活补贴发放工作，对丰泽区家庭经济困难的“一户多残”残疾人家庭发放生活补助，重度残疾人每人每月100元，轻度残疾人每人每月50元，2020年完成困难残疾人“一户多残”生活补贴发放，共250户536人次41.305万元；协助民政部门落实困难、低保残疾人和重度残疾人“两项补贴”全覆盖。

【残疾人工作开展】 2020年，丰泽区残联实施残疾儿童抢救性康复救助项目，深入泉州市儿童医院、泉州市正骨医院、丰泽区盛达儿童自闭症康复启能中心、泉州市康语自闭症儿童服务中心5家残疾儿童康复机构了解儿童康复情况，经申请审核公示，192名0～14周岁的残疾儿童享受到康复救助款共计178.09万元；开展残疾人基本型辅助器具适配服务工作，开展残疾人辅具补贴制宣传，让全社会知晓开展辅具补贴制的意义，提升辅具适配服务的覆盖面，完成36人，48件肢体、听力残疾人辅具适配补贴服务，共计8.58万元；打通最后一公里服

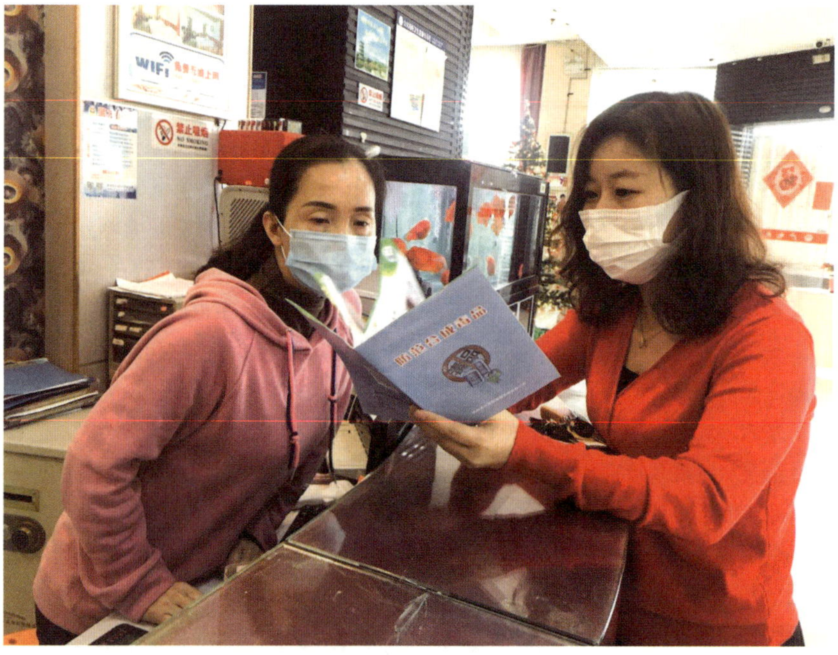

2020年3月11日，丰泽区残联访问盲人推拿服务中心（丰泽新村）（区残联 供）

2020 年 8 月 28 日，丰泽区残联在残疾预防日慰问困难残疾人

（城东浔美社区 万灿滢）

务，与泉州第三医院加强合作，投入近 20 万元开展精神病残疾人康复服药补助工作，有 205 位精神残疾人享受服药康复补贴，补助标准为每人每年 1200 元；结合残疾人就业保障金减免申请的审核、审批工作，加强宣传和促进残疾人就业，审核 31 家企业安置残疾人申请认定，安置残疾人就业 58 人，对符合条件的 135 名自主创业残疾人提供社会养老和医疗保险补贴，共计补助 54.14 万元，创造条件，鼓励残疾人参加职业技能培训，为 14 名持有效中华人民共和国残疾人证、法定就业年龄段内的残疾人举办为期 5 天（30 学时）的残疾人中式烹饪（闽南风味小吃）定向培训班，提高残疾人自主就业创业能力，开展为残疾家庭子女及残疾学生助学活动，补助 51 人，发放补助款 9.85 万元，开展彩票公益金助学，资助丰泽区在园学前残疾儿童 1 名发放资助款 3000 元；继续与“泉州市禾康智慧养老助残服务中心”合作，开展“互联网 +”居家助残政府购买服务，接受服务重度困难残疾人 61 人，居家助残服务工作实行滚动管理，提高服务的成效，纳入援助服务的对象可享受“泉州市禾康智慧养老助残服务中心”提供的助洁、助餐、助浴、助行等服务（每月 2 次，90 分 / 次，每月 100 元），推进全区残疾人基本服务状况和需求数据更新工作，对全区 8 个街道 82 个社区的 110 名调查员进行培训，全区调查完成登记人数 3805 人，全区入户调查率 98.06%，按时序、保质量完成残疾人信息数据动态调查各个阶段、各个环节的工作任务，开展“三代证”换发工作，组织各街道、社区开展残疾人基础信息采集和核查工作，宣传第三代残疾人证服务内容及功能应用，换发率 92%，开展持证残疾人意外伤害险投保工作，为 4295 名持证残疾人购买意外伤害险，参保日期 2020 年 4 月 1 日至 2021 年 3 月 31 日，共计 128850 元，59 名残疾人申报意外伤害险理赔，申报理赔共计 19.89 万元，其中，52 名残疾人获得疾病身故保险理赔，赔付 5.2 万元；1 名残疾人获得意外身故保险理赔，赔付 2.5 万元，6 人次获得意外医疗保险理赔，赔付 12.19 万元，开展法律援助，宣传法律援助的程序和条件，让更多的残疾人受惠于法律援助，做好残疾人的来信来访工作，回复处理“12345”热线残疾人反映的问题，发放残疾人机动轮椅车燃油补贴 6 人，每人每年 260 元，共计 1560 元；在全国助残日、残疾预防日及传统节日开展助残活动，助残日期间区残联开展慰问贫困残疾人工作，共慰问 5 户残疾人，发放慰问金共计 2500 元，走访慰问盲按机构，对符合条件的盲按机构按市级补助标准的 50% 进行区级叠加补助，在全国第四个残疾预防日，结合“疫情”防控要求，开展微信公众号宣传残疾预防小视频，在传统节日开展扶残助残活动，在春节期间开展送温暖走访慰问活动，为残疾人送上新年的祝福，市、区两级残联共计慰问 120 人，发放慰问金 7 万元，在端午节期间联合泉秀新秀社区开展庆祝端午活动，居民同乐包粽子，为贫困残疾人、孤寡老人、低保户等困难群众配送粽子，传递服务社会、奉献爱心的正能量，重阳节期间联合东湖松林社区开展慰问活动，开展“九九重阳节 浓浓敬老情”文艺演出，关爱困难残疾人和空巢老人的生活状况，为残疾送上节日的问候和慰问品，把活跃残疾人健身、文化生活作为残疾人事业的重要内容，开展社区残疾人健身体育和读书活动，加强省级福乐健身站及福乐书屋的建设，完善体育健身设施和书屋的建设，开展残疾人群众性文化体育活动，共享文化资源，在区文化馆举办“决胜全面小康——陶瓷绘画”技艺培训班，在区文化馆老师的带领下，残疾人朋友在陶瓷上勾勒出对美好生活的向往，提升对传统文化艺术的认识。

（肖丽琴撰 刘月婷审）

丰泽区红十字会

【机构健全】 2020 年，区委组织部、编办为区红字会增加一名专职副会长编制，解决 2016 年以来专职副会长空缺问题，增加一名劳务派遣人员，解决博爱驿站选址问题，并协调树脂中心大楼一间办公室作为红十字会办公场所。

【红十字会工作】 2020年，丰泽区红十字会多主体推进红十字志愿服务宣传工作，联合区卫生健康局、教育局、文化体育与旅游局、北峰街道办事处、清源街道办事处等单位，整合各单位资源，共同推进应急救护宣传工作，多次开展水上安全教育暨红十字应急救护宣传进学校、进社区、进企业等。开展4次应急救护知识宣传进街道、社区、学校活动，宣传人数超过2000人，邀请省红十字水上救援队老师走进泉州艺术学校、丰泽区第七中心小学、区第五实验小学、工商旅游学校等开展水上安全教育宣传工作，宣传人数超过2000人次。

【品牌特色亮点】 2020年，丰泽区红十字会多角度推动红十字扶贫济困帮扶工作，采取前期调查摸底，获得困难群众真实困难情况，中期实际走访入户，“送政策、送慰问金、送温暖”给困难户本人的形式，打通和群众沟通的最后一公里，把党和政府的温暖实实在在地送到群众心里，在“9·9”公益日活动期间，宣传发动各系统党委、各街道、社区献爱心，共筹集善款近3万元，参与率及捐款数位居泉州市第三名，共帮扶慰问困难群众35人，送去慰问款物折合人民币4.2万元。

【团结基层组织力量】 2020年，丰泽区红十字会多形式保障红十字“三献”工作，利用红十字基层组织的力量，开展多场次“三献”宣传工作，组织区直各系统党委、街道、社区红十字会开展全区无偿献血工作，开展红十字“三献”宣传工作，采取“线

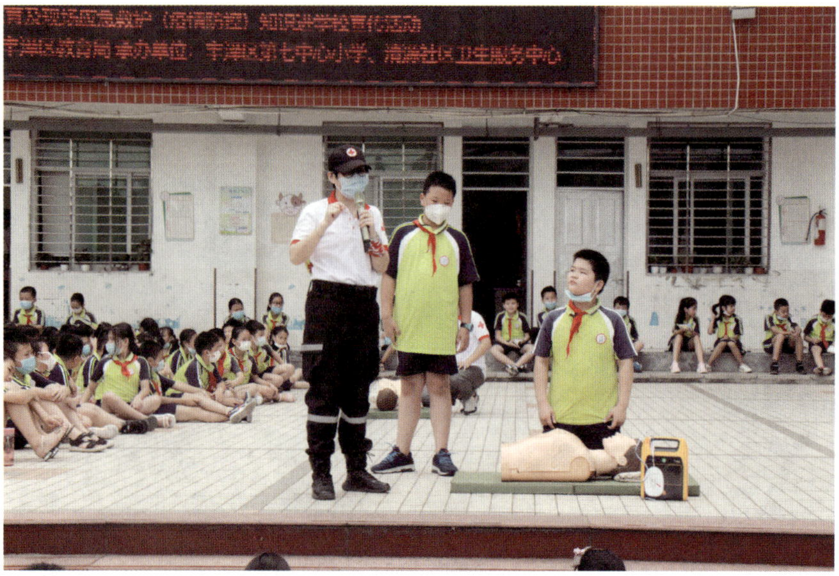

2020年6月3日，丰泽区红十字会在丰泽区第七中心小学开展应急救护、防溺水知识进校园活动 （区红十字会 供）

2020年6月25日，丰泽区红十字会在泉州艺校开展应急救护、疫情期间心理健康、防溺水知识进校园活动 （区红十字会 供）

2020年7月11日，丰泽区红十字会在丰泽区第五实验小学开展应急救护、疫情期间心理健康、防溺水知识进校园活动 （区红十字会 供）

上+线下”的方式，运用公众号、微信、报纸、网络等对无偿献血、遗体器官捐献及造血干细胞捐献知识宣传活动，组织区直单位、街道社区、志愿者开展18场次无偿献血活动，无偿献血量共计3340单位，完成市对丰泽区下达任务的120%以上，受到泉州市政府办的通报表扬，登记记录遗体器官捐献意向人数7人，新成立丰泽区红十字会浔埔渔港海上应急救援志愿服务队，成员40多人。

【开展小天使系列救助】　2020年，丰泽区红十字会遗体器官捐赠登记工作，借志愿者服务活动发放无偿献血、遗体器官捐献、小天使救助等宣传单，向广大群众解释说明相关政策，登记过程中，做到登记前耐心为捐赠人和家属进行相关政策的解释和答疑解惑，登记中，主动做到上门送登记表、与捐赠人进行零距离沟通，登记后，及时做到将遗体器官捐赠卡上门送到捐赠人的手中并表达对捐赠者的尊敬和感谢，以实实在在的真诚服务打通联系群众的“最后一公里”。

【凝聚社会共识】　2020年，丰泽区红十字会多力量保障疫情防控捐赠工作，疫情防控期间，红十字会勇于承担疫情防控接收捐赠资金和捐赠物资的重任，在与区防控指挥部、疾控中心等单位的配合下，多次前往省红会、机场等地接收防疫物资，会同统战等部门联系海外侨胞争取防疫物资支持，向广大市民及海内外通报发出募捐防疫物资与防疫资金的倡议书公告，汇聚多方力量募资募款，最终共为丰泽区募集18笔价值80余万元的防疫物资及防疫资金267.57万元，及时做好“疫情”防控期间社会各界捐赠资金、物资的统计、公示、审计，并上网公示。

（丰泽区红十字会供稿）

2020年8月6日，丰泽区红十字会在丰泽区卫生进修学校举办丰泽区应急救护志愿服务者骨干暨急救员培训班　（区红十字会　供）

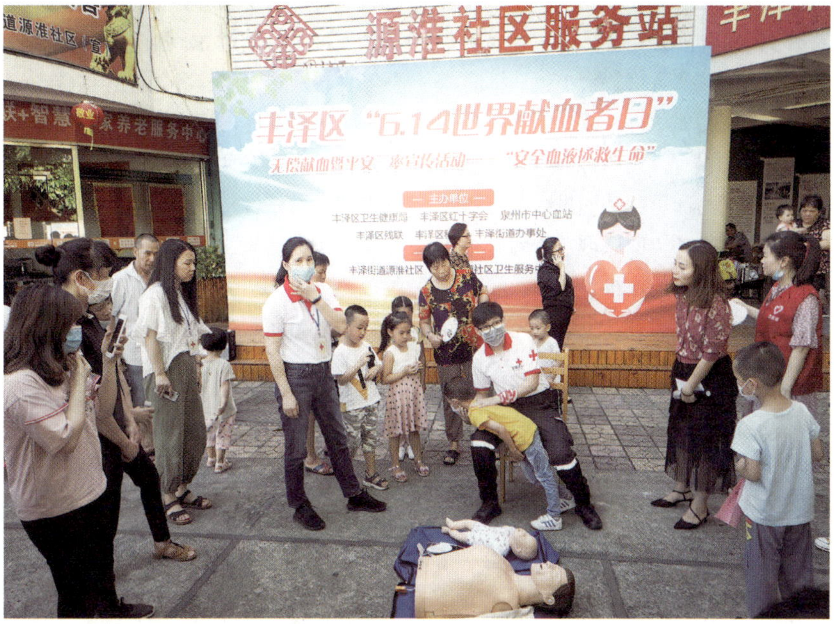

2020年6月14日，丰泽区红十字会在丰泽街道源淮社区开展丰泽区“6·14”世界献血者日暨平安“三率”宣传活动　（区红十字会　供）

丰泽区计划生育协会

【概况】　2020年，丰泽区计生协会以习近平新时代中国特色社会主义思想、中共十九大精神、中共十九届五中全会为指导，贯彻落实中共十九大提出的实施“人口发展”和“健康中国”战略，围绕“六项重点任务”，按照“强化基础，打造特色，提升层次”的工作思路，融入大局，服务计生群众，各项工作扎实有序推进。

【提升队伍素质】　2020年，丰泽区计生协会把学习、宣传、贯彻落实习近平新时代中国特色社会主义思想和中共十九大精神、中共十九届五中全会作为首要政治任务来抓，用理论指导实践，推动计生协会工作；落实机构改革任务，按照省、市计生协会的部署要求，区计生协会向领导汇报，征求区委办、区委编办、区卫健局等相关单位意见后，按程序制定印发《泉州市丰泽区计划生育协会改革方案》，落实区级计生协会改革，街道计生协会也在落实好“三定”工作，健全网络，配强班子，丰泽区街道级计生协会三定工作已全部完成，列入街道社会事务办公室和综合便民服务中心的工作职能；有 6 个街道达到先进街道计生协会标准，占街道总数 75%，有 68 个社区协会基本达到“一流”标准，占社区总数 85%，合格含一流社区协会 83 个，达 100%；全区有 1098 个协会小组，其中 1025 个协会小组达到“五好协会小组”标准，占协会小组总数 93%。城东街道浔美社区加大经费投入，为“协会小组温馨活动室”增设与阅览相关的报纸杂志和书籍新场所，推动“四联创”活动深入开展；北峰、清源街道推广先进，激励后进，组织各社区召开计生协会先进表彰会及“五好计生协会小组”经验交流会，对表现突出的集体和个人给予嘉奖鼓励，增强协会人员的荣誉感和责任感；参与新冠肺炎疫情防控，举办“一元捐”活动，全区发动 6023 名会员共捐款 88689.52 元，所有爱心捐款已全部转账至丰泽区红十字会，用于丰泽区“疫情”防控工作，参与创城创卫中心工作，区计生协会全体人员参与挂钩社区网格、志愿服务等活动，为全市、全区的文明城市、卫生城市创建工作尽力尽责，有三名人员均在一线项目拆迁，支持区委区政府项目拆迁工作。

【宣传工作】 2020 年，丰泽区计生协会以防抗“新冠疫情”为重点，开展宣传工作，全区 82 个社区的计生协会工作人员、志愿者们纷纷加入战斗一线，张贴宣传通告、制作各类宣传横幅，深入各个居民小区向群众宣传防控新冠肺炎疫情知识，发动计生协会全体会员在朋友圈、微信群转载“疫情”防护知识和权威政策信息，并在沿街电子屏滚动播放“疫情”防控口号，做好本职工作，宣传中共路线、方针、政策和国家法律法规，传达贯彻各级政府的决策、决定，利用母亲节、“5·29”会员活动日、“7·11”世界人口日、“12·1”世界艾滋病日等重要宣传日、纪念日开展宣传、慰问服务等活动，发放宣传材料，倡导新型婚育观、优生优育、普及儿童早期发展知识和青春健康知识，“5·29”期间，和市计生协会联合在东海浔埔幼儿园开展“我们的节日”——端午节包粽子传统民俗活动，联合区直单位开展各具特色的宣传服务活动，如与文明办等区直单位在全区开展“暑期乐园”公益志愿服务活动，在社区、企业设立 50 多个活动营，430 多名志愿者参与志愿宣传服务，有 2000 多名外来务工子女和中小学生受到服务，丰泽街道向活动现场的群众分发疫情防控宣传折页、0～3 岁婴幼儿早期发展宣传手册等宣传材料，并为群众提供生殖健康咨询、健康义诊、优生优育指导、免费药具分发等服务。

【生育关怀行动】 2020 年，丰泽区计生协会围绕 0～3 岁婴幼儿家庭的实际需求，以促进儿童健康成长为核心目

2020 年，丰泽区计生协会联合市计生协会在“5·29”会员活动日期间开展具有浔埔特色的儿童早期发展活动

（区计生协会 供）

2020 年，丰泽区计生协会为东湖街道凤山社区低保户胡志钢开展安居工程帮扶

（区计生协会 供）

标，开展儿童早期发展工作，以营养指导，生长发育评价，心理发育指导及发育监测，启蒙教育等特色服务为切入点，重点落实“区指导督促、街道推动落实、社区全面开展、小组参与、项目点运作”的五级联动机制，为0～3岁婴幼儿营造健康成长的环境，各街道开展各种科学育儿讲座、育婴员培训和亲子互动辅导等活动，为广大计生家庭提供优质全面的儿童早期发展科学育儿指导服务，下发省计生协会编印的“育儿宝典”1500多册，累计开展科学育儿知识培训79场，共有1万余名卫计人员、计生协会工作人员、幼儿园老师、儿科医生、协会小组长、协会志愿者、婴幼儿家长受益，8041个家庭学有所获；落实为民办实事等项目，上半年，在全区财政紧张，各单位预算都被大幅削减的情况下，区计生协会与区领导、区财政局沟通，争取更多资金来为计生群众办实事、谋福利，全区共实施安居工程18户，投入资金9万元，实施幸福（致富）工程32户，投入资金9.6万元，实施成才工程94人，发放奖扶金24.2万元，落实计生家庭意外伤害保险1185户，投入保费11.85万元，东海街道依托云谷社区的生殖健康服务基地，建立“家庭健康服务中心”试点，联合市人民医院，整合辖区医疗资源，融宣传教育、义诊咨询、生殖健康促进，综合管理为一体，为群众撑起生殖健康“保护伞”，泉秀街道在华丰社区月嫂培训中心举办2期育婴员培训班，有35名育龄妇女（其中流动人口12人）参加培训，掌握科学育儿知识和服务技能，20名参加培训的育龄妇女找到就业的机会，大部分在学校附近的社区都利用社区资源设立“四点半”学校，为下午不能在放学时间准时接孩子的居民群众提供接送的“最后一公里”民生服务突出关爱帮扶计生特殊家庭，丰泽区有计生特殊家庭190户，其中失独家庭110户，伤残家庭80户，重点深化计生特殊家庭“八位一体”（建立一个暖心家园、开展一次性慰问、实施紧急救助、购买家政服务、定制意外伤害保险、搭建再生育服务桥梁、落实区直单位挂钩帮扶、提供就业帮扶）服务模式，每年都联合社区卫生服务中心免费为计生特殊家庭提供一次免费健康体检，确保计生特殊家庭人员身体健康，做好高龄再生育对象诊疗服务工作，全区共有7户家庭报名进行不孕不育诊疗，有2名对象治疗成效显著，在精神上，对这类群体加强心理辅导，聘请专业心理咨询师，抽调关爱服务队成员，多次深入计生特殊家庭，沟通交流，心理辅导，稳定情绪，给计生特殊家庭送去最好的精神慰藉，丰泽社区创新“医养结合”居家养老服务新模式，使用高技术感应手环穿戴设备，将街道失独家庭成员的血压、血糖等健康指标数据传输给市医高专健康数据平台中心，创建失独家庭健康远程医疗照护中心，对失独家庭成员健康情况实行24小时监控，北峰街道为计生特殊家庭发放印有爱心救助热线、帮扶电话及亲情服务项目的“亲情服务卡”，保证计生特殊家庭在最短的时间内得到救助和服务；开展法律援助工作，全区共建立8个法律援助项目点，全区共受理计生法律援助案件57件，惠及群众7.63万人，挽回经济损失194.62万元，调解民事纠纷287件，协调维护计生户合法权益156件，举办法律援助宣传活动229场次，举办计生法律援助业务培训88场次，丰泽街道源淮社区依托“计生协会法律援助诊所”“法律会客厅”“法律学校”“法治文化公园”等载体，邀请辖区律师、医生、老师、心理咨询师等各行各业的精英志愿者组成社区“法律援助达人团”，拓展计生法律援助工作，为困难计生户、流动人口等提供更专业的维权帮助，对接市、区两级机关单位专业服务人员328名，涉及单位30多个，每年参与志愿服务400多人次，成效显著；开展青春健康教育活动，依托辖区中高等院校举办青春健康进校园活动40场，服务群众43642人，共有28362个家庭受益，泉秀街道华丰社区作为丰泽区青春健康教育项目点，共举办家长沟通之道项目师资培训班5场，培训师资77人，丰泽社区、铭湖社区等结合“关爱流动人口健康”活动，举办形式多样的健康教育讲座，增进流动人口学习、掌握青春健康知识及必要的健康技能，提高辖区育龄群众的青春健康知识知晓率，泉州师范学院还中标中国计生协青春健康高校项目，拓展丰泽区的青春健康教育工作；深化典型示范引领，前期结合全区“疫情”防控、复工复产等工作，培育华大街道华侨大学创新创业园和泉秀街道领袖天地两个园区计生协会作为流动人口计生协会示范点，区和街道已投入建设资金，硬件设施和宣传环境氛围布置已完成，推广东湖街道东凤社区儿童早期发展工作的“1234”（坚持一条服务主线、健全两支服务队伍、融合三大服务阵地、开展四项服务活动）儿童早期发展服务模式，搭建“早教彩虹桥”，为辖区0～3岁婴幼儿提供便民服务，做实东湖幼教集团东海蟳埔幼儿园儿童早期发展项目“五化”（暨儿童早期发展教育环境乡土化、儿童早期发展教育内容本土化、儿童早期发展教育课程生活化、儿童早期发展教育普惠公益化、儿童早期发展生态特色化）服务品牌，推动全区儿童早期发展教育工作有序开展，铺开以“社区+社工+党员楼栋长”为儿童早期发展工作项目点工作路径的丰泽社区模式，以项目点为载体，整合社区幸福家庭活动中心、医高专、中国保健协会等专业资源，推动儿童早期发展工作进社区、进家庭，提高该项工作覆盖面，建立科学育儿宣传倡导、便民服务的志愿队伍，并通过微信公众号、微信群，发送早教资讯、育儿方法等信息。

（郭晓琼撰 沈凤玲审）

丰泽区关心下一代工作委员会

2020年5月29日，丰泽区关工委“六一”国际儿童节慰问区社会福利中心儿童

（区关工委）

【青少年爱国主义教育】 2020年，丰泽区关心下一代工作委员会在暑假期间，组织青少年思想道德建设报告团成员，到15个社区青少年社会教育活动中心开展“我为祖国抗击疫情骄傲，争做新时代优秀青少年”爱国主义主题宣讲活动，9—10月，组织报告活动进学校，通过线上线下结合的形式向青少年讲好抗“疫”故事，让爱国主义精神在青少年心中牢牢扎根，此次报告活动共举办48场，听讲人数约6000人。

【举办主题宣讲活动】 2020年6月，丰泽区关心下一代工作委员会联合区教育系统关工委深入教学一线开展国史党史教育活动，到辖区6所中学举行“新中国的奇迹——红旗渠”主题宣讲，通过视频、数据、表格、照片、文字等珍贵资料，再现50多年前那段激情燃烧的岁月和伟大壮举，号召同学们学习并弘扬红旗渠精神，培养艰苦奋斗的毅力和锐意进步的创造力，各学校通过“班班通在线直播”组织学生在线收看讲座。

【开展“暑期乐园”活动】 2020年，丰泽区关心下一代工作委员会在暑假期间，与区委文明办、教育局、总工会、团区委等部门联合开展“暑期乐园”活动，设立55个活动营，组织社区“五老”志愿者，招募返乡大学生志愿者150多人，开展作业辅导、爱国主义及法治教育、文明礼仪、传统文化、兴趣培养、社会实践等志愿服务，服务外来务工人员子女和小学生约1800人。

2020年8月4日，区关工委在浔美社区青少年社会教育活动中心开展“我为祖国抗击疫情骄傲，争做新时代优秀青少年”爱国主义主题宣讲首场报告会

（区关工委 供）

【开展精准关爱活动】 2020年，丰泽区关心下一代工作委员会加强“关心下一代基金”的管理和使用，得到省、市关工委的肯定，在全省关心下一代基金工作培训班上作典型发言，多次走进丰泽社会福利中心慰问孤残儿童，为小朋友们送上体育器材、玩具和生活、学习用品等爱心物资，与盛达自闭症儿童康复启能中心建立长期帮扶关系，提供1万元物资和康复支持，帮助特殊困难儿童正常生活和学习，与区委政法委、区检察院、丰泽公安分局、教育局等部门，成立未成年人保护联盟，建立未成年人保护联盟工作机制，与区检察院等7个部门联合印发《〈对未成年被害人实行“一站式”取证救助实施办法（试行）〉的通知》，为东星社区、云谷社区的服刑人员未成年子女，以及一名自闭症患儿提供各5000元的帮扶资金。

【开展贫困生助学活动】 2020年，丰泽区关心下一代工作委员会组织对全区特困学生进行上门入户调查摸底，严格把关，落实助学对象，与贫困学生促膝谈心，鼓励勤奋学习，自强不息，以优秀的成绩回报社会，与有关部门沟通，发动社会力量，多方筹措助学资金，有26名助学对象，市、区关工委共同资

2020年12月31日，丰泽区关工委召开“百万大手牵小手”关爱活动联席会议 （区关工委 供）

2020年7月29日，丰泽区关工委召开“基层建设提升年”活动推进会 （区关工委 供）

助10.6万元，全区各级关工委资助贫困生223人，资助金额44.65万元。

【开展志愿服务活动】 2020年12月3日，2020年，丰泽区关心下一代工作委员会在华大街道地质社区开展“我参与、我奉献、我快乐——弘扬志愿精神，构建和谐社区”志愿日服务活动，活动内容包括义诊、义剪、禁毒、电信防诈骗宣传、趣味竞技比赛、普法等活动。

【推进“基层建设提升年”活动】 2020年，是省关工委部署的为期三年的“基层建设提升年”的开局之年，区关工委在全区确立6个联络点：社区4个（泉秀街道华丰社区、丰泽街道源淮社区、东湖街道少林社区、城东街道浔美社区），学校2所（区第二实验小学、湖心实验小学），力求以点带面，深化“党建带关建”工作机制，从班子、队伍、组织建设、工作保障、活动开展等方面，全面推进基层建设。

（梁绍君撰 许贻菲审）

丰泽区慈善总会

【概况】 2020年，丰泽区慈善总会应对经济新常态带来的各种严峻挑战，规范运作，创新资金募集方法，增强慈善实力，收入1211.85万元；“新冠疫情”发生后，总会迅速行动起来，发动和引导总会理监事成员发出倡议书，并得到各位会长、监事长、理事们的积极响应，筹集救灾爱心款261.6万元；配合区委、区政府，发动和引导爱心企业、海外侨胞支持和参与泉州市正骨医院新院区建设，筹集爱心款700万元，并按照捐赠者的意愿，将善款转拨受助方，并督促落实受助项目，向捐赠者反馈，并得到捐赠者信任。

【营造公众慈善】 2020年，丰泽区慈善总会把慈善宣传作为慈善工作的重要内容，围绕慈善工作中心，突出工作重点，丰富慈善内涵，营造慈善氛围，围绕学习贯彻习近平新时代中国特色社会主义思想，开展“不忘初心、牢记使命”主题教育，宣传中共十九届三中、四中全会精神，围绕慈善工作助力脱贫攻坚与民生兜底保障的总基调，找准自身定位，明确职责，加大慈善宣传力度，为丰泽区慈善工作发展提供坚强思想保证；注重加强与泉州电视台、《泉州晚报》等各大新闻媒体的互动合作，宣传中国共产党和国家方针政策，采取多形式、多媒体、多渠道，对慈善活动进行全方位、深层次报道，增加慈善宣传的覆盖面，及时报道为慈善事业做出积极贡献的典型事例和人物，努力营造人人参与慈善、人人关心慈善、个个奉献爱心的浓厚范围。

【完善慈善救助】 2020年，丰泽区慈善总会遵循《中华慈善总会章程》等有关规定，严格把关，围绕“助学、助医、助孤、解困、扶老、助残和社会公益事业”等救助项目，为民所需，救困所急，扩大救助效果，助力扶贫攻坚，惠及困难民众。投入善款1408.34万元；慈善助学支教项目，投入善款129.8万元，支持教育事业项目，投入善款113万元，匹克（丰泽）慈善基金支付60万元、南方路机慈善基金支付20万元、豪威名酒慈善基金支付5万元、梁继进慈善基金支付3万元，支持丰泽区教育基金会；匹克（丰泽）慈善基金支付10万元、中桑慈善基金支付5万元，支持丰泽区关工委开展助学活动；总会支付5万元，支持丰泽区崇德实验幼儿园校园文化建设，总会支付5万元，支持丰泽区第五实验小学装修图书馆；梁继进慈善基金支付12万元，支持泉州市第七中学开展教师节奖教活动；林玉润慈善基金支付善款4.8万元，资助马奕鑫等

6名贫困学子圆大学梦，帮助他们圆上学梦和完成学业；慈善助医项目，投入善款65.6万元，为30名困难危重病人提供医疗和生活补助，支付65.1万元，总会会同农工党丰泽工委会等单位到清源街道环山社区，开展“慈心奉献爱•善行暖人心 ”义诊暨慰问活动，免费发放药品0.5万元；慈善解困项目，投入善款 26.2万元，南方路机慈善基金支付5.4万元，慰问寄养在海印寺、青莲寺、智妙奄等8个寺庙的30名社会孤儿，中桊慈善基金支付12.8万元、匹克（丰泽）慈善基金支付4.56万元、总会支付0.5万元，走村入户，慰问215户低保户、特困家庭、困难职工，总会支付0.8万元，资助丰泽区福利中心用于购置热水器、书本，农行泉州丰泽支行支付1万元，定向结对帮扶泉秀街道新秀社区低保、特困家庭，农行泉州分行支付1万元，定向结对帮扶丰泽街道源淮社区困难户，总会支付0.5万元，会同农工党丰泽工委会，慰问清源街道环山社区5户困难户；社会公益事业项目，投入善款925.14万元，支持老年事业的发展项目，支出善款21万元，匹克（丰泽）慈善基金支付12万元，支持泉秀街道灯洲社区老人协会活动经费，施性任慈善基金支付1万元，支持华大街道华大社区居家养老建设，总会支出1万元，支持泉秀街道灯洲社区老人协会水岸人家分会，开展重阳节慰问老人活动，总会支付1.5万元，支持东海街道云谷社区健身养老设施建设，总会支付2万元，支持城东街道通源社区居家养老建设，总会支付3万元，支持丰泽社区开展九九重阳节敬老活动，南方路机慈善基金支付0.5万元，支持华大街道华城社区开展九九重阳节慰问老人活动，总会支付4万元，支持丰泽盛达自闭症儿童启能康复中心、丰泽天天爱儿童启能康复中心开展助残活动，突发事件扶危济困，支付善款35.14万元，匹克丰泽慈善基金支付6万元，定向资助城东街道凤屿社区3户低保、特困户，疫情期间，根据区政府统一部署，向辖区低保户、孤儿、特困人员等932名困难群众，发放新华都购物券，每人200元，支付善款18.64万元，总会支付0.5万元，资助参与疫情防控志愿服务活动中意外受伤的志愿者，匹克（丰泽）慈善基金支付5万元、梁继进慈善基金支付5万元，资助因公受伤的泉州市公安局丰泽分局民警陈贻聪，其他公益项目，支出善款865万元，民族宗教慈善基金支付10万元，用于资助福清寺等5所贫困寺庙，泉州纵鑫投资有限公司支付20万元、吴冰蕊女士支付15万元，定向资助丰泽区消防大队购置消防摩托车，IOI(厦门)置业有限公司支付700万元、中骏集团控股有限公司支付120万元，支持泉州市正骨医院北峰新院区建设；截至6月28日，总会已支出疫情防控爱心捐款261.6万元。其中：南方路机慈善基金、何燕、吴夏萍捐赠100.3万元，资助5个社区卫生服务中心，用于采购负压救护车，艾格眼科医院、吴为民、叶原原捐赠22.3万元，资助区疾控中心，用于采购防控医疗物资，豪威名酒慈善基金捐赠10万元，定向丰泽区红十字会，用于丰泽区疫情防控，王天助等8位爱心企业家捐赠39万元，定向资助泉州市第一批赴湖北省援助武汉应对新冠肺炎疫情医疗队员13名医护人员，豪威名酒慈善基金捐赠10万元，定向用于资助福建中医药大学附属人民医院赴湖北省援助应对新冠肺炎疫情医疗队员，中桊慈善基金捐赠80万元，资助北峰卫生服务中心用于采购留观点及新建预检门诊检测设备。

（丰泽区慈善总会供稿）

政法与综治

【概况】 2020年，丰泽区委政法委学习贯彻中共十九大，中共十九届三中、四中、五中全会精神及习近平新时代中国特色社会主义思想，按照中央、省、市、区委政法工作会议部署，以建设更高水平"平安丰泽"为总目标，围绕"战疫情、防风险、保安全、护稳定"的总要求，坚持问题导向、目标导向、结果导向相统一，压紧压实工作责任，抓实抓细各项工作。

【社会稳定和谐】 2020年，丰泽区委政法委捍卫国家政治安全，严守"五个坚决防止"底线，推进反颠覆、反渗透、反分裂工作，严防发生影响国家政治安全的重大事件，强化重大活动值守应急，及时启动社会稳定信息"零报告"机制和24小时值班制，实现疫情防控和全国两会、中共十九届五中全会、第三届数字中国建设峰会期间社会稳定"三零"（零上访、零滋事、零失控）目标。化解涉疫风险隐患，制定《丰泽区防控新型冠状病毒感染肺炎疫情期间社会稳定应急处置预案》，印发《全区疫情防控期间维护社会稳定十五条措施》等，妥善处置涉"疫情"劳动关系投诉案件97件。

【治安环境】 2020年，丰泽区委政法委完善小案快侦快破工作机制，部署开展派出所破案打击竞赛活动、"提破案 压警情"百日打击电信诈骗竞赛活动，在全省"飓风肃毒2020"会战暨"净边2020"专项行动视频会议上作典型发言，破案2229起，比上年上升16.1%，破案率52.8%（创近年来新高，超额完成省厅刑侦总队提出全年破案率50%的目标），现行命案、两抢、八类案件破案率均为100%，成功破获省督陈某等人敲诈勒索等一批大要案，打击治理电信网络诈骗犯罪，在全市印制丰泽分局"百日千警进万家"防范电信网络诈骗集中宣传活动网格化工作手册，开展"百日千警进万家"反诈集中宣传活动，压降电诈发案和警情，推进"断卡"行动，打击治理电信网络诈骗犯罪，破获电诈案件445起（其中案值10万元以上案件117起，50万

2020年3月1日，丰泽区委政法委在霞美社区开展疫情防控工作

（区委政法委 供）

2020年3月4日，全区政法工作会议召开　（区委政法委 供）

元以上的案件29起，50万元以上的案件全破），比上年上升262%，抓获犯罪嫌疑人657人，比上年上升226%。逐步完善治安防控体系，整合各类视频监控资源接入各级综治中心，形成全覆盖的“雪亮工程”视频监控体系。完善四级巡逻防控机制，推进三级综治中心标准化建设、实体化运作，整合提升“雪亮工程”视频监控，集成视频监控、指挥调度系统、巡逻车辆信息管理系统等智能化平台，科学布控巡防力量，打造全覆盖立体防控体系，震慑违法犯罪行为。立刑事案件4221起，同比下降10.1%，盗窃、入室盗窃、盗窃电动车违法犯罪警情分别比上年下降46.2%、57.9%和23.8%。决胜扫黑除恶收官战，开展“六清行动”，打赢扫黑除恶收官战，打掉1个涉黑犯罪组织（全市共打掉3个）、3个涉恶犯罪集团、1个涉恶犯罪团伙，查冻扣涉案资产3651万元，收到扫黑线索71条，已办结49条，办结率69%，其中，省部级以上线索15条，已全部办结，查处涉黑涉恶腐败案件2件2人，“保护伞”案件2件2人，其他失职失责案件7件7人，开展住建领域“百日行动”，全区共排查小区476个，业委会218家，相关街道、部门联合解决复杂问题21个，刑拘5名住建领域涉嫌寻衅滋事犯罪嫌疑人，组织对浦西万达等17处重点区域联合开展扫楼行动5场，检查企业200家，现场责令关停、整改的企业27家，公安机关现场带走6名嫌疑人，对40家列入经营异常企业进行重点监管；开展区域性社会治安突出问题重点整治工作，在省级重点整治单位之外，确定7个重点整治社区，铺开整治区域突出社会治安问题，把省级重点单位东海街道作为主要攻坚点，实行项目化清单式工作模式，形成整治项目清单，明确重点整治措施、责任单位、责任人，量化细化工作指标，推动重点整治工作落实落细，东海街道深化涉稳风险隐患排查，共排查出社会稳定隐患33起（其中重点隐患15起），落实稳控措施，建设渔人码头、浔埔女特色调解室，组织发动各调解组织强化对矛盾纠纷的化解，共排查调处纠纷73起，涉及金额达916.01万元，调解成功率100%，打击云谷石埠盗窃电动车重点整治力度，盗窃电动车违法犯罪活动得到明显遏制，电动车被盗案大幅度下降，盗窃电动车发案4起，同比下降43%。

【基层基础稳固】　2020年，丰泽区委政法委强化党委政府负总责的领导体制，成立1个区级、8个街道级、80个社区级平安建设领导小组，配套成立9个专门工作组，由各级党委书记担任组长，建立起区、街道、社区三级权责明晰、高效联动、层层推进的社会治理指挥体系，形成区级统筹协调、街道组织实施、社区有效推动的社会治理链条，贯彻落实《中国共产党政法工作条例》及《中共福建省委贯彻〈中国共产党政法工作条例〉实施方法》，配齐配强街道政法委员，统筹推进综治中心、公安派出所、社区警务站、人民法庭、司法所等基层政法单位建设，形成上下贯通、执行有力的基层政法工作新机制；推进平安建设“三率”提升集中行动，落实“一线五包”工作机制，开展进区入户大走访、平安建设大宣传、社会治安大防控、便民服务大回访，发动全区各方力量参与，形成浓厚创建氛围，累计出动38601人，走访118453户，收集意见1232条，解决问题1027件，街道累计回访1554人次，公安机关累计入户访查128612户，全区组织宣传655场，印制分发《致居民群众一封信》35万张，发放平安建设宣传材料188375份，在2020年上半年全省群众安全感调查测评中，丰泽区群众安全感率98.558%，在全省排名第74位，摆脱全省后十的不利局面；弘扬新时代“枫桥经验”，建立“信访评理”机制，设立三级“信访评理室”（区1个、街道8个、社区79个），各级聘请评理员1057名，对群众诉求合理且相对简单的初信初访进行评理和调解，各街道开展信访评理51件，化解43件；社区开展评理108件，化解103件，拓展、深化行业性专业性调解组织领域，指导成立公安、自然资源等6个行政调解组织，新成立5个物业调委会。总结推广城东街道浔美社区美仙山花园一期“党支部+业委会”治理模式，推动基层矛盾纠纷化解，以8个街道调委会为主导和82

个社区调委会为基础，健全完善涵盖医患、劳动争议、妇女儿童权益保障、旅游景区、征安迁等42个区域性、行业性、专业性调委会的调解网络体系，全区各调解组织共排查调处矛盾纠纷案件2294件，调解成功率100%，化解城东街道蔡某耀、东海街道三峡移民王某堂和泉秀街道陈某平等多年来涉法涉诉案件，得到省委政法委通报表扬；将综治平安保险纳入全区为民办实事项目，斥资200万元为辖区居民群众购买综治平安保险，给利于民，并结合平安建设“三率”入户走访，送卡入户，开展集中理赔宣传活动，宣传引导群众在财产损失时主动理赔，全区共发放平安保险卡108575张，出险223次，出险金额总计42.6万元，提升市民群众幸福感。

【治理创新】 2020年，丰泽区委政法委以督促日常工作落地见效为出发点，制定出台《丰泽区政法工作日常绩效管理考核标准（试行）》，以项目化、清单化的方式，量化分解年度政法重点工作，帮助街道、部门厘清工作思路，明确工作重点，按照考核量化标准，定期组织考核考评，并将考核考评结果作为年底绩效考评的组成部分，推动各街道、部门按时按序落实日常工作部署；推动三级矛盾纠纷多元化解体系建设，成立区级矛盾纠纷多元化解中心，并结合丰泽区地域特点和司法需求，在城东保利城、领SHOW天地、清源山风景区、区工商联、区物业协会等地设立10个“分中心”，将“请进来”和“走出去”相结合，织密矛盾纠纷化解网，搭建起“1+N”多元解纷工作格局，做到“矛盾纠纷在哪里，多元调解延伸到哪里”，通过丰泽区矛盾纠纷多元化解中心及10个“分中心”成功诉前调解案件5456件；建立健全三级网格管理网络，尝试引入第三方服务机构强化网格队伍管理、网格服务管理运作，推进三级网格管理中心实体化、专业化运作，为试点社区配备专用信息采集终端17部，多渠道收集完善社区网格化服务管理平台数据库，已录入常住人口信息255946条，流动人口信息131392条，房屋信息127487条，完善“基础网格+特色网格”叠加运行机制，指导各社区在网格化服务管理的基础上，结合社区工作重点，延伸“综治中心+网格化+N”的内涵和应用，如华丰社区形成“1131”工作模式，实现管理模式由过去被动应对问题向主动发现、解决问题转变，圣湖社区形成“1+3+6”网格化管理模式，以社区党委为核心，组建社区两委、小区业委会、物业管理人员、楼栋长、志愿者、驻区单位六支专兼职网格工作队伍，激发社会治理神经末梢活力，推动社区形成共建共治共享新格局。

【法治体系建设】 2020年，丰泽区委政法委依法惩治犯罪，维护社会安全，区法院严厉打击危害社会治安的犯罪分子，新收各类刑事案件577件，审结544件，结案率94.28%，无超审限案件。加大对严重危害社会治安犯罪的打击力度，判处严重暴力及“两抢一盗”多发性侵财犯罪案件85件97人，遏制毒品犯罪蔓延势头，从严惩处毒品犯罪案件28件42人，营造辖区良好社会风气，净化金融生态环境，妥善审结信用卡诈骗、非法吸收公众存款、集资诈骗等涉及金融领域犯罪案件17件33人；规范司法执法，服务社会民生，强化司法救助力度，为5名案件受害人提供司法救助25万元；公安机关推进办事窗口单位文明执法规范化建设竞赛活动，亮化窗口形象，提升服务水平，打造群众满意窗口，区法院健全司法便民举措，通过加快现代化诉讼服务体系建设、设立24小时自助服务终端、开通网上缴纳诉讼费渠道、推广跨域立案诉讼服务、开展司法救助等工作，帮助困难群众，减轻群众诉累；司法行政机关推行法律援助异地受理机制，推进街道公共法律服务站建设，深化“一社区一法律顾问”工作，做“优”法律服务，区法律援助中心接待咨询1271人次，受理各类法律援助案件635件，为受援人免收法律服务费用241.2万元，挽回经济损失556.25万元；深化司法改革，巩固改革成果，深化“捕诉一体”工作机制改革，构建侦检良性互动关系，侦查活动监督工作更加有力，提前介入案件11件，降低退回补充侦查率，提升办案质效。推进认罪认罚从宽制度适用，区分具体案件性质、情节和对社会的危害程度，做到区别对待、罚当其罪；共适用认罪认罚从宽制度办结案件450件653人，适用率为76%，提升诉讼效率，促进社会矛盾化解和罪犯改造，实行延长审查起诉期限和退回补充侦查负面清单提级审批，挤出诉讼环节中不必要的“水分”，加强受案前置过滤，着重审查案件管辖、犯罪嫌疑人在案情况、追诉时效等办案要素，从源头上减少退查率，对适用速裁程序的简单案件，法院、检察院、公安强化协调沟通，批量集中受理、集中起诉、集中开庭，简化办案流程，缩短办案期限；制定公布区直部门年度普法责任清单，印发《丰泽区国家机关“谁执法谁普法”履职报告评议活动实施办法》，在全省率先开展“谁执法谁普法”履职评议活动对区教育局、区市场监管局、丰泽公安分局三家单位进行评议，4万余人参与网络评议投票，产生数倍叠加的宣传效果，结合疫情防控、民法典、中共十九届五中全会等主题，开展“法律八进”活动，营造浓厚的学法、遵法、守法氛围，推进法治文化阵地建设，完成法务园一期法治体验中心、模拟法庭、西湖法治文化公园等建设项目并投入使用，完成浔美社区美仙山花苑（一期）民法典主题法治文化园修建改造工作，尚园小区、金凤屿小区等一批新的法治公园建设已进入选址和论证阶段；强化《中国共产党政法工作条例》学习贯彻，坚持党对政法工作的绝对领导，发挥区委政法委“刀把子”作用，督促法院、

2020年12月4日，区委常委、区政法委领导开展中共十九届五中全会精神宣讲活动　　（区委政法委 供）

检察院落实重大事项请示报告制度，把政治建设摆在首位，利用“三会一课”、党委中心组理论学习等形式开展政治理论学习，学习贯彻中共十九届四中、五中全会精神及习近平新时代中国特色社会主义思想，用习近平法治思想武装头脑、指导实践，巩固“不忘初心 牢记使命”主题教育、政法队伍廉政教育成果，建设忠诚履职、廉洁自律、担当作为的政法队伍，强化队伍教育培训，通过开展实战大练兵、教育整顿学习、专题讲座、主题宣讲、业务培训等多样化形式活动，提升政法队伍履职能力和水平。

【存在问题】　丰泽区地处泉州中心城区，人员聚集量大，流动性强，给治安管控工作带来巨大压力，金融、电信企业密集，电诈案件警情持续高发，新型业态不断涌现，涉诈银行账户“黑灰产”、网约车、网约房等行业风险加快衍生，治安要素动态管控压力增大，同时城市的快速发展带来不少治安乱点，因安征迁问题引发的社会矛盾凸显，黄赌毒等违法犯罪还没有得到根治、时有反复。

（许惠榕撰　张世昌审）

公安

【概况】　2020年，公安局丰泽分局面对突如其来的新冠肺炎疫情带来的艰巨繁重的安保维稳任务，在安保一线勇于担当，在业务比拼中取得佳绩，在队伍大考中锤炼作风，全局上下拼得很艰辛、干得很漂亮、过得很充实，用汗水浇灌收获硕果，用担当实干赢得赞誉，用奋斗交出合格答卷，丰泽公安分局获得全市县级公安机关2020年度工作综合考评第3名。

【防控疫情】　2020年，面对突如其来的新冠肺炎疫情，全区公安机关发挥公安大数据优势，做好监测预警、人员核查、隔离防护等各项工作，守住海上疫情“零输入”的底线，率先在全市举行进口冷链新冠肺炎疫情防控应急处置演练，为全区抗击疫情斗争取得重大胜利做出重要贡献，丰泽公安分局获得“全区疫情防控和复工复产先进集体”称号。

【维护稳定】　2020年，丰泽公安分局坚持“重点防控、区域预警、联勤联动”，将市行政中心及周边区域划分为三级防控圈，通过圈层设防、多元防控，维护市行政中心安定稳定；创新安保勤务前移机制，治安、巡特、东海、后渚、港区5个基层单位的领导轮值市行政中心警务室，维护社会大局持续保持平稳。

【确保安全】　2020年，丰泽公安分局完成重大警卫12场次（其中一级警卫2场），确保警卫对象绝对安全；完成共建“一带一路”2020年重点工作推进会、市行政中心71周年国庆升旗仪式、2020领SHOW天地魔幻嘉年华、华侨大学建校60周年校庆等多场活动安保任务，平安夜、圣诞节、跨年夜、元旦假期等节点平稳度过；牢树主场主责意识，以细致、精致、极致的标准，做细安保方案、应急预案，强化沙盘实战推演，实施精准安防，完成市两会安全保卫任务。

【做强主业】　2020年，丰泽公安分局决战决胜扫黑除恶收官战，打掉1个涉黑犯罪组织、3个涉恶犯罪集团、1个恶势力犯罪团伙，抓获涉黑恶犯罪嫌疑人59人，查处涉黑恶“保护伞”2件2人。率先在全市编制丰泽公安分局“百日千警进万家”防范电信网络诈骗集中宣传活动网格化工作手册，开展“百日千警进万家”反诈集中宣传活动，推进“断卡”行动，打击电诈犯罪，电诈案件破获数、抓获数呈倍数增长。健全完善小案快侦工作机制，全区刑事发案、破案、刑拘、逮捕、起诉数实现“一降四升”，在全省“飓风肃毒2020”会战暨“净边2020”专项行动视频会议上作典型发言，获得全省公安机关小案快侦比武竞赛区级第3名。

【守护平安】　2020年，丰泽公安分局推进“110”接处警勤务改革，打造“坏人最怕、群众最亲的丰泽110”，实现“发案少、秩序好、社会稳定、群众满意”的目标。全区违法犯罪类警情比上年下降6.6%，刑事发案同比下降10.1%，其中盗窃、入室盗窃、盗窃电动车分别比上年下降46.2%、57.9%、23.8%。部署开展派出所破案打击竞赛活动、“提破案、压警情”百日打击电信诈骗竞赛活动，刑事案件破获率比上年上升16.1%，破案率创近年来新高，现行命案、两抢、八类案件破案率均为100%。

【导向屯警一线】 2020年，丰泽公安分局建立“两一律一建立”警力安排工作机制，除专业岗位需要等特殊情况外，新警一律安排到派出所工作；机关科室队除案件侦办等工作需要外，一律不得从派出所借调警力，往年借调到机关科室的17名民警返回到派出所工作；建立机关民警到派出所定向锻炼培养机制，充实派出所警力。

【强基固本】 2020年，丰泽公安分局结合疫情防控工作，借助党委政府和相关职能部门力量，对全区出租房屋、流动人口进行大起底，共采集流动人口信息120387条、出租房屋信息8765条。推行“四五六”社区警务工作法，深化星级警务室“达标创星”活动，建成规范化警务室60个，建设村居警务室79个，村居覆盖率100%，“一区一警两辅”配备全面完成，社区民警兼任社区居委会班子成员全部到位。开展安全生产大排查大整治百日攻坚行动，全区没有发生重特大安全事故。

【服务民生】 2020年，丰泽公安分局开展办事窗口单位文明执法规范化建设竞赛暨内务条令活动，出台全区公安机关服务和保障企业健康发展十项措施及居住证办理便服四项举措，投入150万元用于派出所户籍窗口自助受理服务，治安业务全部实现“最多跑一趟”。举办首届中国人民警察节系列庆祝活动，开展“110”主题宣传日、平安校园主题宣传。共开展各类主题宣传活动125场次，走访群众9000多户；推广应用“金钟罩”手机防诈小程序，辖区群众累计注册14万多人；发布“丰泽警方”微信、微博信息557篇。

【争先创优】 2020年，丰泽公安分局推动党政重视支持，在全市出台消防安全责任制实施办法，创新出租屋房东协会管理新举措，基层基础更加厚重坚实，分局在全市公安机关保障和提升基层基础工作（晋江）现场推进会上作典型发言，丰泽派出所获得全省首批“枫桥式公安派出所”。组织开展全区公安机关“纠纷可解、命案可防”调研活动，分局调研成果《“民转命”类刑事案件防控机制研究》获得全市优秀奖。开展全警实战大练兵，分局获得2020年全市公安机关全警实战大练兵一线民警现场执法比武优胜单位、警务实战教官教学比武优胜单位，巡特警反恐大队荣获全省公安机关全警实战大练兵标兵集体。

【闭环管理机制】 2020年，丰泽公安分局完善局长办公会、局党委会议事制度，严格落实“三重一大”集体讨论决定，明确立案、取保候审归口管理，做到规范管理、责任到局领导。秉持“无形教育有形化”理念，推进队伍教育整顿，以制度管人管事，出台执法全流程记录监督、派出所和侦查专业部门刑事案件管辖分工及案件移交等10多项制度，实现抓工作、管队伍的闭环，获得全市公安机关“向英模致敬”教育整顿大型主题活动二等奖、优秀组织奖，获评丰泽区首届国家机关“谁执法谁普法”履职评议优秀单位。

（傅秀兰 欧文良 詹婧雯 颜珣如撰 郭锦火审）

检察

【概况】 2020年，丰泽区人民检察院以习近平新时代中国特色社会主义思想为指导，学习贯彻中共十九大和中共十九届二中、三中、四中、五中全会精神，聚焦法律监督主责主业，践行司法为民理念，服务保障“六稳”“六保”。

【服务中心工作】 2020年，丰泽区人民检察院助力打赢疫情防控阻击战。新冠肺炎疫情发生后，主动服务疫情防控大局，提前介入涉疫情犯罪3件3人，批准逮捕并提起公诉11件11人，为全区疫情防控营造良好法治环境。贯彻全区统筹推进疫情防控和经济社会发展部署要求，联合区工商联出台《关于为辖区企业防控新冠肺炎疫情推进企业复工复产营造良好法治环境的意见》，主动为企业复工复产提供司法服务，防控疫情、助力企业复工复产等经验做法得到《法治日报》《检察日报》等中央媒体报道。服务打好“三大攻坚战”，加大力度维护辖区金融安全，共起诉金融领域犯罪案件51件125人，其中，起诉非法集资案件10件17人，涉案金额1.23亿元。助力脱贫攻坚，加大对困难当事人的救助力度，发放司法救助金5.5万元。加强弱势群体权益保护和支持起诉工作，发出支持起诉书2份，获法院裁判支持3件（含积案1件），判赔金额183.4万元；践行“绿水青山就是金山银山”理念，对北渠饮用水源地保护区堆放垃圾等问题，发出诉前检察建议10份，推动生态领域污染治理；深化“守护海洋”公益检察，对非法捕捞水产品、污染环境案提起刑事附带民事公益诉讼，并追偿修复生态、治理环境费；守护民营经济健康发展，学习贯彻习近平总书记在民营企业座谈会重要讲话精神，共起诉侵犯民营企业和民营企业

2020年3月3日，丰泽区人民检察院依法对一涉案民营企业负责人作出相对不起诉决定,保障复工复产（区检察院 供）

家合法权益犯罪11件15人，保障企业合法权益；承办政法机关“亲清护企”座谈会，发挥政法各部门职能，凝聚服务保障民营企业发展合力；在办理民营企业家郭某候等二人虚开增值税专用发票一案时，时值企业复工复产重要时期，犯罪嫌疑人自愿认罪认罚、积极退赃，遂依法对其作出相对不起诉决定，助力企业顺利复工复产，会同区工商联确定15家企业作为常态化提供法律政策咨询服务联系点，帮助企业预防和减少涉法风险。

【维护社会和谐稳定】 2020年，丰泽区人民检察院严厉打击各类犯罪活动，共批准逮捕各类刑事犯罪362件581人，提起公诉561件917人；严惩危害群众生命财产安全犯罪，起诉故意伤害、强奸、强制猥亵等侵犯公民人身权利犯罪72件83人，起诉盗窃、诈骗等侵财犯罪181件316人，起诉“9·11”特大跨国电信诈骗案被告人28人；强化电信网络诈骗犯罪综合治理，推进落实 “断卡”行动，对帮助信息网络犯罪活动、买卖国家机关证件、掩饰、隐瞒犯罪所得等下游犯罪，批捕63件100人，起诉46件86人；严厉打击毒品犯罪，起诉涉毒犯罪14件24人，对运送制毒原料983.98千克的陈某男等二人以制造毒品罪提起公诉。按照扫黑除恶专项斗争“六清”部署要求，推进检察环节办案任务，专项斗争开展以来共起诉涉黑犯罪23人，起诉涉恶犯罪45人，已起诉案件均得到法院的判决支持；与区法院、公安分局会签《关于办理黑恶刑事案件中进一步强化财产查控和执行工作办法（试行）》，对已起诉的涉黑恶案件“回头看”，推进“打财断血”；加强涉黑恶案件线索办理，推进“打伞破网”，共向纪委监委、公安机关移送涉黑恶线索15条；推进重点行业领域专项整治，向有关行业主管单位发出检察建议11份，督促建章立制，强化源头防控；共起诉未成年人犯罪案件及侵害未成年人犯罪案件26件54人，附条件不起诉7人；抓好“一号检察建议”的监督落实，推进未成年人保护联盟工作，形成保护合力；联合区教育局、丰泽公安分局开展教育行业从业申请人员违法犯罪记录信息前置查询工作，严把教职工入口关，完成全区11批次2231人记录查询，共发现1人受过刑事处罚、18人受过行政处罚，教育行业均未予录用；建立未成年被害人“一站式”取证救助机制，完善性侵未成年人案件立案通报、提前介入、快速办理等制度，从制度层面加强未成年人保护；未成年人检察工作成效显著，有关经验做法被省委政法委《平安福建守护者》录制播出，未检团队获评泉州市三八红旗集体；继承发扬新时期“枫桥经验”，做好“群众来信件件有回复”工作，共办理群众来信182件；发挥检察建议作用，参与社会治理，共发出检察建议123份，采纳率100%；在办理陈某磊等3人保险诈骗案时，向涉案保险公司制发检察建议，督促加强内部防范，并推动辖区保险行业开展自查自纠；落实“谁执法、谁普法”的普法责任制要求，举办各类法治宣传活动135场次，在各级媒体开展案例报道272篇，其中中央级媒体30篇；组织干警走进福建电视台、福建广播电台的法治栏目，以案释法增强群众法治观念。

【“四大检察”全面协调发展】 2020年，丰泽区人民检察院加强刑事诉讼活动监督，共监督立案5件6人，监督撤案13件15人，追捕、追诉漏犯各9人，改变侦查机关不当定性46人，发出纠正违法通知书8份、侦查活动监督通知书9份，规范侦查活动；秉持客观公正立场，严把证据关，对不构成犯罪或证据不足的决定不批捕120人、不起诉6人；对证据不足、不符合起诉条件的，同意侦查机关撤回起诉19件25人；强化审判活动监督，依法提出抗诉3件，其中，对被告人蔡某认罪认罚后又反悔上诉案件提出抗诉，市中级人民法院采纳抗诉意见并依法改判；加强刑事执行监督，开展“三类”罪犯财产刑执行专项检察，督促审判机关立案并执行112件，执行到位金额1194.1万元；克服疫情期间罪犯交付执行难的问题，监督收监执行30人；办理上级院交办的司法工作人员职务犯罪线索3件，经调查核实后，认定未构成犯罪不予立案，对

2020年12月29日，丰泽区人民检察院召开全院大会，宣布主要领导调整

（区检察院 供）

办案单位不规范的行为发出检察建议予以纠正。补强民事、行政检察短板，拓宽民事监督渠道，对民事诉讼监督案件实行“一案三查”，受理不服民事生效裁判监督案件15件，向法院发出再审检察建议3份，获法院再审改判支持1件，当事人和解撤诉2件；加强民事行政执行监督，发出检察建议7份；在办理郭某妹民事执行监督案件时，建议区法院将住房公积金纳入执行财产范畴，得到采纳，依法保障当事人的合法权益，有关做法得到省检察院肯定；践行双赢多赢共赢监督理念，办理对行政机关不当履职的监督案件3件，督促行政机关规范执法、依法履职。做强公益诉讼检察工作，立案公益诉讼案件39件，发出行政公益诉讼诉前检察建议37份；聚焦国有财产保护，探索检察监督新模式，开展社区矫正对象违规领取养老金专项检察监督，对专项活动中发现的个别被宣告缓刑的退休人员在缓刑期间违规增调基本养老金的情形，发出诉前检察建议督促追缴基本养老金14万元；办理“残疾人权益保护”等领域公益损害案件，对中心城区盲道、人行道、消防通道被占用及共享单车随意停放等问题，发出检察建议督促整改，促进1500辆共享单车挂牌入市、2处在建工程违规占用路面问题得到整改，助推城市无障碍环境建设和市容市貌提升；推动检察改革创新，推进认罪认罚从宽制度适用，共适用认罪认罚从宽制度办结案件520件761人，适用率为77%，提升诉讼效率，促进社会矛盾化解和罪犯改造；强化与法院沟通配合，统一量刑标准，提升量刑建议精准度，确定刑量刑建议占75%，量刑采纳率96%；注重贯彻宽严相济刑事政策和少捕慎诉慎押司法理念，体现刑法的谦抑与宽容，对无逮捕必要的决定不批捕37人，对犯罪情节轻微的决定不起诉56人；贯彻落实最高人民检察院以案件比为核心的案件质量考评指标要求，挤出诉讼环节中不必要的“水分”，全年案件比为1：1.55，提高办案效率。

【检察队伍建设】 2020年，丰泽区人民检察院坚持党的绝对领导，以习近平新时代中国特色社会主义思想引领检察工作，引导干警持续增强“四个意识”，坚定“四个自信”，做到“两个维护”，贯彻落实好《中国共产党政法工作条例》，及时向区委、区委政法委汇报重大案件办理情况，坚持检察工作正确政治方向，学习研讨《习近平谈治国理政》（第三卷）、习近平法治思想，提升干警政治素质；加强对意识形态工作的领导，通过互联网主页、官方微信等平台及时发布重要案件信息，回应群众司法诉求。提升队伍专业素能，贯彻最高人民检察院工作部署，推进检察官绩效考评工作，推动落实检察官司法责任制。加强干部队伍建设，提拔副检察长1人、

2020年5月8日，泉州市人民检察院党组巡察二组巡察泉州市丰泽区人民检察院党组工作动员会议召开

（区检察院 供）

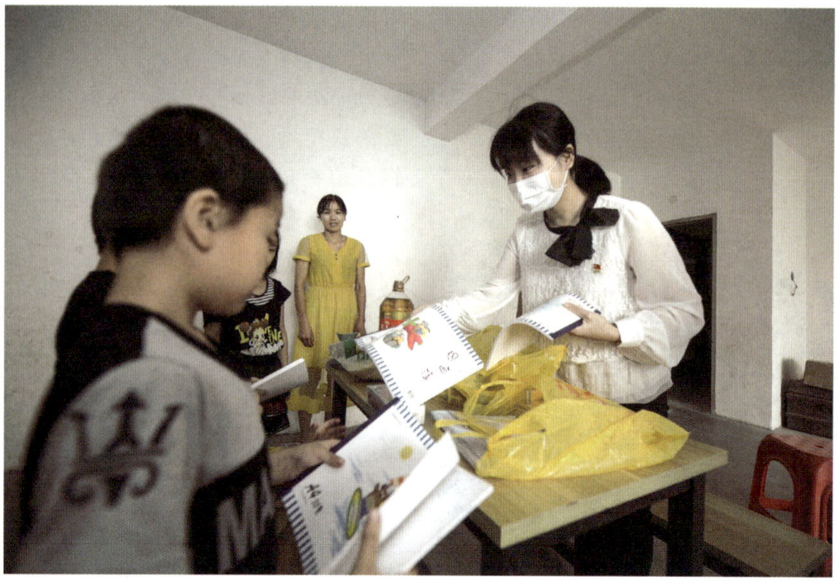

2020年5月29日，丰泽区人民检察院看望慰问4名困难未成年人，帮助解决低保、落户、就学问题　　　　（区检察院　供）

内设机构负责人2人；落实好从优待检工作，推荐2名干警择优选升四级高级检察官，晋升3名干警职级；加强队伍素能建设，组织干警参加各类培训活动634人次，1名干警入选最高人民检察院人才库，1名干警入选省检察院专家库；选派年轻干警到法院交流学习，提升民事检察工作水平；强化创先争优，提升队伍士气，共有8个集体、36名个人受到各级表彰；强化检察理论和实务研究，1篇调研文章获得全国检察机关研讨会征文一等奖，1名干警受邀为全国检察机关作案件管理工作经验分享；加强纪律作风建设，把纪律规矩挺在前面，配合市检察院党组完成对丰泽区检察院开展的巡察工作，按照巡察反馈问题，逐条抓好整改落实；贯彻执行“三个规定”及重大事项记录报告制度，强化办案活动监督管理，加强对检察人员八小时外的监督，增强防腐拒变的思想自觉和行动自觉，组织开展案件评查工作，共评查各类案件123件，严格规范办案行为；自觉主动接受社会各界监督，9月，区人大常委会专项评议丰泽区检察院法律监督工作，测评结果均为满意，既充分肯定了工作成效，也指出了不足和短板，丰泽区检察院按照要求抓好整改工作；自觉接受政协民主监督，向区政协通报上半年检察工作情况，回应政协委员关注的热点问题；邀请12人次人大代表、政协委员参加公开听证会5场，举办“服务‘六稳’‘六保’护航民企发展”等主题检察开放日，听取代表委员和民营企业家的意见建议，增进群众对检察工作的了解和支持；依法保障律师会见、阅卷、调查取证等合法权利，在“12309”检察服务中心设立律师阅卷区，在办理认罪认罚从宽案件中充分听取值班律师的意见。

（王雪婷撰　尤育南审）

法院

【概况】　2020年，丰泽区人民法院高举习近平新时代中国特色社会主义思想伟大旗帜，落实区五届人大四次会议决议，紧紧围绕“努力让人民群众在每一个司法案件中感受到公平正义”目标，坚持服务大局、司法为民、公正司法，忠实履行宪法法律赋予的职责，为统筹推进常态化疫情防控和经济社会发展提供有力司法服务和保障。全年受理各类案件25943件，办结24824件，结案率95.7%，收案数列全省基层法院第五位，结案率位居全市基层法院第五名，均创建院以来新高，员额法官人均结案517件，高出全省均值283件，连续四年保持全市基层法院第一、全省基层法院前列。

【保障司法担当】　2020年，丰泽区人民法院落实“六稳”“六保”要求，

2020年10月30日，丰泽区人民法院召开安盛船务、安通物流第二次债权人会议　　　　（区法院　供）

在防疫物资最吃紧时期，灵活采取保全措施帮助泉州某机械制造公司恢复生产，迅速投入口罩机研发，解决防疫物资供应难题，经验做法得到《人民日报》专门报道。从快从重惩处涉疫情犯罪，对被告人黄某伟假借销售口罩名义实施诈骗的犯罪行为，判处有期徒刑三年三个月；坚持以信息化手段破解疫情期间审判难题，利用“互联网＋法院”新模式，线上立案7421件、线上开庭354件、电子送达2829件，最大限度地减少疫情期间人员流动。运用“福建移动微法院”平台成功调解7万支额温枪买卖合同纠纷案，返还合同款并赔偿相关费用129.4万元。响应区委防控部署号令，选派优秀党员干部参与社区联防联动，用实际行动贡献“法院力量”。纵深推进扫黑除恶“六清”行动，重点突出“案件清结”“黑财见底”，审结黑恶势力犯罪案件14件68人；坚持打深打透、除恶务尽，审结被告人蔡某通等15人恶势力犯罪集团高利放贷、暴力讨债、开设赌场案；铲除黑恶势力经济基础，牵头制定加强黑恶刑事案件财产查控和执行工作办法，执行到位财产刑479.2万元；对张某力等23人黑社会性质组织犯罪一案，联合公安机关开展财产调查，奔赴安徽等地查封房产，动员家属退还赃款、缴纳罚金77万元；广泛营造宣传氛围，扫黑除恶沙画视频被“学习强国”App转载；针对社会治理、行业监管存在的薄弱环节，发出司法建议7份，联合区住建局举办“行业清源”座谈会，促进“沙霸”等乱象长效常治。围绕区委中心工作，在西华洋、南滨江、后埔、南埔山片区征迁指挥部设立法官工作室和巡回审判法庭，接待群众430人次，参与调解85件，提出司法服务意见48次，引导各方配合征迁项目顺利推进；7月，驻点法官妥善调解一起因征迁项目引发的分家析产纠纷，避免母女对簿公堂，当事人赠予“息讼解纷、排忧解难”锦旗；配合开展“两违”综合治理，裁定准予强制执行违法占地行政处罚案件16件，责令退还非法占用土地2.5万平方米。助力“文明城市”创建行动，组织督导挂钩社区、协助交通引导532人次，对“创城”期间某商铺火灾案，迅速组织受灾户与经营者协商赔偿，帮助恢复正常经营；践行习近平总书记“法治是最好的营商环境”重要指示精神，营造企业家放心投资、安心经营的从商环境，审结涉及公司、股权、证券等商事案件365件，结案标的1.26亿元；注重发挥破产重整制度盘活资产、挽救企业作用，审结全市首例涉及A股上市公司安盛船务、安通物流重整案，引进优质央企帮助民营企业化险重生，受到市政府、区政府主要领导批示肯定；加强产权司法保护，依法慎用查封、扣押、冻结等强制措施，避免“办一个案件，垮一个企业”；贯彻善意文明执行理念，妥善执行市区某酒店房屋租赁合同纠纷，促使近百名业主同意以酒店消费卡替代租金，帮助酒店渡过难关；助力企业复工复产，及时审结涉及疫情的合同履行、商铺租赁、劳资关系等案件16件，准确适用不可抗力规则酌情减免租金55万元，引导双方共担风险、共克时艰；坚持金融服务实体经济导向，与市银保监协会、区金融局建立常态化沟通交流机制，审结各类金融纠纷案件4882件，帮助金融机构清收债权7.5亿元，防范化解金融风险。

2020年2月13日，丰泽区人民法院依法通过变更财产保全措施帮助一口罩机生产企业恢复生产 （区法院 供）

【践行维护公正司法使命】 2020年，丰泽区人民法院审结刑事案件535件，判处罪犯804人；克服疫情期间被告人提审困难，联合区人民检察院在泉州市看守所搭建“临时法庭”，确保案件有序审理；铁腕打击暴力犯罪，审结抢劫、强奸、故意伤害等案件71件94人，维护群众生命财产安全；参与禁毒整治“飓风行动”，制定出台工作办法，依法审结运输451千克制造毒品原料案；严惩危害食药安全犯罪，审结被告人詹某娟等4人生产、销售有毒、有害食品案，守护群众“舌尖上的安全”；打赢“断卡”行动攻坚战，从严惩处非法贩卖电话卡、银行卡等犯罪活动，审理相关案件55件106人，审结被告人陈某辉等19人电信诈骗案。贯彻宽严相济刑事审判政策，对社会危害性不大的轻微刑事犯罪，判处非监禁刑181人；审结民事案件12658件，解决争议标的额93.6亿元。围绕老百姓生存发展“头等大事”和日常生活“关键小事”，审结涉及教育、就业、医疗、社会保障等民生领域案件2855件；坚持“房住不炒”定位，审结商品房预售、房屋买卖合同纠纷501件，促进房地产市场健康发展；审结影视明星起诉泉州某医疗美容机构肖像权、名誉权纠纷案件，以社会广泛关注的案例引导树立维权意识；加大对妇女儿童等弱势群体保护力度，坚持在离婚案件中引入心理辅导，妥善审理检察院支持起诉的撤销监护人资格案件；强化司法人文关怀，为刑事被害人、特困申请执行人发放救助款40万元，为生活确有困难的当事人缓、减、免缴诉讼费21.8万元；依法受理市级行政部门和鲤城、洛江区政府为被告的行政案件129件，审查行政非诉执行案件58件；贯彻行政案件跨行政区域管辖改革，审理全市县级以上政府信息公开案件16件；深化司法与行政良性互动，定期召开府院联席会，编发行政审判白皮书，为依法行政提供决策参考，区政府主要领导专门批示肯定；打好防止污染三年攻坚战，设立驻区河长办法官工作室，组织开展“美丽中国，我是行动者”环境日普法宣传活动，深入清源山景区发放宣传手册，共护美丽宜居城市环境；一篇案例获得全国法院环境资源优秀裁判文书三等奖；受理执行案件11835件，执结11367件，同比分别增长14.6%、18.1%，人均执结数695件、执行到位标的额10.9亿元均居全市基层法院首位；完善“一处失信、处处受限”联合惩戒机制，通过LED大型显示屏曝光台、微信公众号发布失信被执行人信息652人次，限制出入境114人，以拒执罪判处5件8人；建立失信修复机制，依法及时“移出黑名单”6358人次，同比上升376%；规范执行作风建设，开展执行整顿活动，重点督查51件群众反映强烈的执行信访案件，逐案提出整改意见；部署护航“六稳六保”专项行动，成功拘传被执行人16人，当场履行12件，人大代表、政协委员、人民法院监督员全程见证监督；打通兑现胜诉权益“最后一公里”，通过京东网公开拍卖财产420宗，成交305宗，成交金额5.96亿元，为全市基层法院最高；疫情期间推出“VR直播”活动，为竞拍者提供情景化、智能化直观看房体验，吸引4万名网友围观点赞。

【司法改革】 2020年，丰泽区人民法院落实“强基促稳”，主动融入共建共治共享社会治理格局，联合司法局、妇联等28个部门建立丰泽区矛盾纠纷多元化解中心，逐步实现诉源治理减量；形成“1+N”多元解纷格局，在市消保中心、区物业协会、法务园等设立10个“分中心”，聘请市、区两级人大代表、政协委员、行业专家和法院退休干部75人担任特邀调解员，成功诉前调解案件1788件；打造多功能视频调解室，成功调解一起跨国离婚案件；全面提升诉讼服务品质，简化诉讼费办理流程，当事人扫描二维码缴纳诉讼费占总数的42%。深化跨域立案诉讼服务3.0版，协助异地跨域立案130件、开具生效证明21份，构建“家门口起诉”新模式；应对疫情形势好转后案件激增态势，突出法官办案主体地位，坚持每月审判质效排名，营造执法办案争优创先浓厚氛围；贯彻优化协同高效原则，顺利完成内设机构改革，科学调岗37人次，推动优质司法资源向办案一线倾斜；落实院（庭）长办案常态化，院（庭）长带头办理案件7607件，占全院办理案件的31%；开展案件质量提升行动，成立案件评查小组，自查二审发回、改判案件231件，确保权责统一、监督有序；加速推进以审判为中心的刑事诉讼制度改革，适用认罪认罚从宽制度审结刑事案件475件，为433名无力聘请律师的被告人提供法律援助，实现刑事案件律师辩护全覆盖；深化司法公开，公开生效裁判文书5128份，运用新浪网等平台庭审直播916场，在线点击量85万人次；落实普法责任制，率先成立全省法院首个民法典宣讲团，精心挑选12名法官深入军营、校园、医院、金融机构、行业协会等地开展宣讲活动25场8000人次，推动形成学法懂法守法的良好氛围；全面推进现代科技在司法领域深度应用，扫描完成历史档案近300万页，随案同步生成电子卷宗14887件，审判类生成率95%，满足群众阅卷调卷需求；发挥人民陪审员通民情、知民意、接地气的优势，联合司法局出台管理规定，落实随机参审、均衡参审要求，131名人民陪审员共参审各类案件1432件。

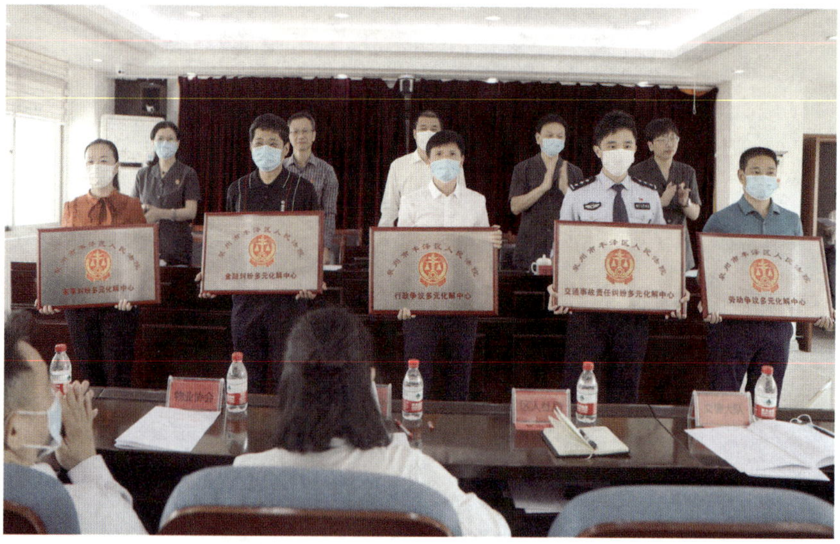

2020年10月30日，丰泽区人民法院召开丰泽区矛盾纠纷多元化解工作推进会，为10个多元解纷“分中心”授牌 （区法院 供）

【锤炼忠诚廉洁司法队伍】 2020年，丰泽区人民法院贯彻中共十九届五中全会精神，坚持用习近平法治思想武装头脑、指导实践，严格落实意识形态工作责任制，引导干警增强“四个意识”，坚定“四个自信”，做到“两个维护”，组织开展“两个坚持”专题教育，坚决执行法院党组向区委、政法委请示报告重大事项制度，确保中共的领导优势转化为司法工作效能；巩固拓展“1263”机制建设成果，增配一名机关党委专职副书记，落实“三会一课”、民主评议等制度，党支部战斗堡垒作用进一步增强；升级改造党员政治生活馆，组织前往永春县林俊德纪念馆开展主题党日活动，着力提升党性修养；坚持正确用人导向，提任审判委员会专职委员2名、中层正职5名、审判员6名；完善人员分类定岗和职级晋升，择优选升三级、四级高级法官2人，按期晋升员额法官12人，其他系列职级晋升11人；加大年轻干部培养选拔力度，推荐区管优秀年轻干部5名；深化精神文明创建，成功获评市级文明单位；落实习近平总书记重要训词精神，持续抓好司法警察执法规范化建设，组织开展“实战训练推进年”活动，提升应对突发事件能力；坚持审判与调研相结合，21篇论文、案例获得实市级以上奖励，一篇论文被评为全国法院系统学术讨论会二等奖，受到市中院通报表扬；把全面从严治党引向深入，配合市委联动巡察一组巡察，自觉将巡察整改作为重大政治任务抓紧抓实；加强公正廉洁法院队伍建设，全面开展“三个规定”执行情况、任职回避和司法作风问题专项整治活动，制定严格的考勤管理规定，对迟到、缺勤等违规情形扣发绩效奖56人次；践行监督执纪“第一种形态”，对16名卷宗久拖未归的书记员逐一提醒谈话，责令限期完成，卷宗归档数同比上升130%；深化“三个以案”警示教育，以2名违规干预过问案件受到党纪政务处分的干警为典型，迅速推动案后整改，用身边事警醒身边人；对新晋四级高级法官、中层正职和员额法官开展任前集体廉政谈话，组织干警参观学习鲤城区廉政警示教育基地，筑牢拒腐防变根基。

【司法公信提升】 2020年，丰泽区人民法院认识到全体法官由人大任命、对人大负责、受人大监督，坚持大会报告制度和专项报告制度，坚决执行会议决议，吸纳代表提出的意见建议；配合市人大常委会开展执行工作专题调研活动，落实区人大常委会金融审判工作专项报告审议意见，专门报告落实情况，高票通过满意度测评；接受区政协民主监督，定期向区政协通报法院工作情况；完善交办、督办、反馈机制，办复人大代表建议1件、政协委员提案4件，办结率、答复率、满意率均为100%；健全定向联络、集中走访、旁听庭审机制，坚持寄送法院信息、工作简报，邀请参加多元调解、执行活动，“零距离”见证监督法院工作；贯彻监察法，自觉接受监察机关对法院工作人员的监督；支持检察机关履行法律监督职责，邀请检察长列席审委会，认真办理检察建议，共同维护司法公正。

（王东飘撰 陈英审）

司法行政

【法治工作】 2020年，丰泽区司法局各级各类调解组织牢记职责使命，强化担当作为，发挥人民调解在维护社会稳定中“第一道防线”作用，把各类矛盾纠纷化解在基层一线、消除在萌芽状态，严防矛盾“外溢上行”；根据各级各类调解组织职责和要求，明确工作责任，严格任务分工，突出时间节点和任务落实，做到人人任务清、人人责任明；对成因复杂、调处难度大的矛盾纠纷，加强与公安等部门协调配合，发挥公调对接、“三所”联调等调解工作联动机制以及行业性专业性调解优势，主动介入，形成工作合力；全区各调解组织共排查调处矛盾纠纷案件2294件，调解成功2294件调解成功率100%；其中，交通事故纠纷1417件，物业纠纷436件，邻里纠纷152件，人身损害赔偿纠纷61件，劳动争议29件，医患纠纷27件，其他纠纷172件；基本实现对矛盾纠纷“早发现、早调处、早解决”，把矛盾纠纷化解在当地、解决在萌芽状态，预防和减少矛盾纠纷；结合“强基促稳”工作，开展人民调解参与扫黑除恶专项斗争工作，组织人民调解员参与近三年来调解成功的人民调解案件“回头看”工作，从近几年来调处办理的治安案件、轻微刑事案件、涉众型经济案件中进行回头看，分析研判、归类梳理，在细微中起获涉黑涉恶线索，为公安机关打击违法犯罪提供帮助；各司法所共组织排查活动193次，调解员参与人数518名，排查调处人数738人次，组织调解宣传活动100次，查阅卷宗330份，在此过程中未发现涉黑涉恶线索，维护基层社会和谐稳定的大环境；成立街道、社区多元纠纷化解中心（室）和特色、品牌调解工作室，由区委政法委牵头，丰泽区矛盾纠纷多元化解中心迁移至区人民法院，7月正式揭牌成立并投入运行；成立8个街道级化解中心和57个社区级化解室，探索行政调解领域，指导成立公安、自然资源等6个行政调解组织；加强拓展、深化行业性专业性和特色调解组织领域，联合区住建局新成立见龙亭等5个物业调委会，由东海司法所指导泉州师院成立“泉州师范学院矛盾纠纷多元化解工作室”，指导成立“东海渔业矛盾纠纷多元化解工作室”，丰富和完善丰泽区多元化解机制和调解组织建设提升工作；加强调解员队伍建设，通过考试形式向社会公开招聘3名行业性专业性专职调解员，充实调解员队伍；根据省、市工作部署，指导各司法所迅速高效对接街道劳保部门，做好辖区 2019 年 10 月至 2020 年 1 月欠薪警情的排查化解工作，省厅下达丰泽区总任务数 442 件，其中已成功化解 250 件，已引导分流 192 件。做好市检察院人民监督员选任工作，此次选任工作市级分配给丰泽区名额 13 个，根据市司法局的工作部署，丰泽区司法局全面做好宣传发动、组织报名、资料收集、资格审核等工作，确保选任工作公平、公正、顺利完成，最终选定 10 名人民检察院监督员。

【社区矫正管理】 2020 年，丰泽区司法局规范丰泽区社区矫正工作，在教育矫正、监督管理、帮困帮扶等方面求突破、创独特，结合新冠肺炎疫情防控工作实际，推行并规范运行 24 小时值班值守、重大事项报告和日报告制度，开展《中华人民共和国社区矫正法》的学习宣传，推进“一学三比”岗位练兵活动，组织社区矫正对象开展涉黑涉恶案件线索排查，引导社区矫正对象坦白检举和“吸毒尿检”等；完善社区矫正中心标准化建设，强化矫正执行监督检查，贯彻落实政府购买社区矫正服务政策要求，推进社区矫正非执法类项目委托服务，并指导协助受委托社会组织开展相关教育服务帮扶活动；帮助老弱病残和生活困难的 22 名社区服刑人员及其 5 名未成年子女解决实际问题与困难，引导社会力量参与矫正，因地制宜复制推广安溪县社区矫正对象就业创业“五个一”机制，先后为 54 名社区服刑人员和安置帮教对象在福建匹克集团、东湖小商品市场及东湖小商品夜市等曙光安置基地实现最初的就业；衔接社区矫正人员按期解矫回归社会；2020 年在册刑满释放人员安置率和帮教率均为 100%，未出现脱、漏管、重大恶性案件，有力推进“平安丰泽”建设。

【法治宣传与督察】 2020 年，丰泽区司法局围绕主题宣传，营造良好氛围，成立以局党组书记、局长为组长、分管领导为副组长、相关科室负责人为成员的法治宣传工作领导小组，明确各股室负责人为第一责任人，分管领导为主抓，其他人员按照分工各负其责，形成齐抓共管的工作局面；强化经费保障，在“七五”普法验收年追加 85 万元用于法治阵地建设和宣传氛围营造等，加上年度普法经费预算 69.96 万元，年度宣传经费超过 100 万元，确保宣传工作的顺利开展；开展“疫情防控·与法同行”宣传活动，印发《中共丰泽区委全面依法治区委员会办公室关于加强〈传染病防治法〉〈突发事件应对法〉等法律法规宣传工作的通知》，通过“丰泽普法”公众号等平台发布疫情法律风险告知书，向广大群众告知疫情期间可能触犯法律的情形；编印《疫情防控工作法律知识问答读本》5000 册进居入户宣传；联合辖区企业在易咨询法律服务平台上线心理危机干预板块，为疫情心理危机和法律咨询提供线上解决方案；不定期推送疫情防控法律知识、资讯，引导公众科学防控，“丰泽司法”头条号累计转发相关信息近 200 条，微信公众号发布 6 期防疫专辑，23 篇，浏览量达 12 万人次；联合区政协、卫健局等单位走进源淮社区举办 2020 年“新春送温暖、普法惠民心”宣传活动，以惠民普法为主题，通过义诊送健康、普法宣传、书赠春联、免费理发等形式为社区群众送上新春祝福；北峰、城东、丰泽司法所走进社区、企业开展消防安全演练、安全生产等法治宣传活动；泉秀、华大、东湖司法所走进社区、集市开展防诈骗、安全生产、禁毒等法律知识宣讲，发放各类宣传材料 6000 余份，解答法律咨询 40 余人次；创新宣传载体，务求宣传实效，率先启动普法履职评议，出台《关于实行国家机关“谁执法谁普法”普法责任制的实施意见》《丰泽区“谁执法谁普法”责任制考核标准》，学习借鉴先进地区履职报告评议活动，制定《丰泽区国家机关“谁执法谁普法”履职报告评议活动实施办法》，召开“谁执法谁普法”新闻发布会，在全省率先启动普法履职报告评议活动；通过自查自评、履职公示、社会评议和现场评议等环节，对丰泽公安分局、区市场监督管理局、区教育局 3 家执法单位进行普法履职评议，7 万人次访问关注，4 万余人参与网络评议投票，4.3 万人次通过泉州网和“泉州通”App 观看现场直播，宣传效果数倍叠加，社会反响强烈；以法律“八进”为抓手，突出《中华人

2020 年 10 月 21 日，丰泽区迎接省“七五”普法总结验收 （区司法局 供）

2020年5月29日，丰泽区在全省率先开展"谁执法谁普法"履职报告评议活动（区司法局 供）

民共和国宪法》《中华人民共和国民法典》宣传，印发《中华人民共和国宪法》《中华人民共和国民法典》等学习材料，为领导干部自学备足"精神食粮"；宪法宣传周期间精心筹备，制作宪法宣传周启动仪式小视频、邀请华侨大学法学院教授王方玉举办宪法专题讲座，通过"丰泽普法"公众号、泉州晚报官微线上直播，穿插播放分会场宪法宣传活动、有奖问答环节等，关注互动人数超6万人次；通过宪法进机关、进学校、进宾馆、进宗教场所、进社区等形式，在全区掀起宪法学习宣传热潮；七五普法验收期间，在K1、22、44路公交车制作12辆车身普法宣传广告，并在K1路车厢内制作宪法主题宣传画及标语，播放法治宣传公益广告视频，扩大宪法学习宣传覆盖面；原创《中华人民共和国民法典》快板词，组织湖心实验小学的小小普法志愿者们自演自唱，运用群众喜闻乐见的快板方式，开展《中华人民共和国民法典》宣传进机关、进学校、进企业、进社区活动，让《中华人民共和国民法典》走进千家万户，该快板视频在"学习强国"平台刊载；以法治阵地建设为依托，丰富拓宽宣传载体，在原有的宪法墙、青莲寺法治文化公园、知识产权主题公园等阵地的基础上，新建成集声光电、VR（虚拟现实）等现代多媒体技术于一体的丰泽区法治体验中心和西湖公园法治文化园，更新浔美社区民法典主题公园；以新媒体普法为手段，提升普法覆盖面，以"3·8"妇女儿童维权为主题，开展"法治奏响家幸福和弦乐"线上有奖竞答，以《中华人民共和国社区矫正法》颁布为契机，开展"新媒体法雨行动"——《中华人民共和国社区矫正法》有奖竞答，活动参与人数近7万人次；"丰泽普法"微信公众号发送疫情防控、安全生产、反诈骗、禁毒、扫黑、道安等各类普法信息、资讯24期，90余篇次，"丰泽司法"头条号累计推送337条，浏览量近18万人次，"丰泽司法"抖音号推送各类普法视频18条，收获粉丝点赞3300余人次，有效提升普法覆盖面；以主流报刊媒体为补充，强化信息宣传报道，在《泉州晚报》分别刊载《落实普法责任制 奏响普法"大合唱"》《多点开花生动实践 丰泽"关键少数"带动学法推动全民普法蔚然成风》《丰泽区"七五"普法有新成效》《丰泽区"七五"普法工作成效显著》4篇报道；在《东南早报》"功夫早茶"栏目开设"法润丰泽"专栏，刊载辖区典型案例进行以案释法，激发广大群众学法热情。

【法制综合】 2020年，丰泽区司法局推进法治政府建设，做好重大行政决策合法性审查，规范性文件管理、推行行政执法三项制度，开展行政执法考试培训、证明事项清理、行政复议及应诉等工作；履行党政主要负责人履行推进法治建设第一责任人职责。完成"党政主要负责人履行推进法治建设第一责任人职责"专项督察迎检工作，明确党委、政府主要负责人在推进法治建设中应当履行的责任；区委、区政府主要负责同志负责协调解决法治建设和法治宣传方式存在的重难点问题，法治建设牵头抓总的"第一责任人"作用日益凸显；转发《泉州市全面推行行政执法"三项制度"考评验收标准》《泉州市行政执法公示规定》《泉州市行政执法全过程记录规定》，全面推行行政执法公示制度、执法全过程记录制度、重大执法决定法制审核制度；印发《泉州市丰泽区司法局关于完善行政执法告知制度和改进行政执法工作的函》，保障执法过程中当事人合法权利，做好行政执法案卷记录归档、行政执法决定事后公示，督促各单位严格执行案卷管理制度，全面系统归档保存执法全过程记录资料，做到所有行政行为有据可查，对于已办结的行政处罚案件及时将处罚决定在"信用中国（福建泉州）""国家企业信用信息公示系统"公布，组织开展行政执法案卷评查工作；依据《丰泽区2020年度行政执法案卷评查工作方案》，组织专业力量对抽取的15件行政执法案卷进行评查，向受检单位出具检查反馈意见书，并将检查结果进行通报；加强行政执法人员的学习培训工作，组织开展丰泽区行政执法考试培训，邀请市中级人民法院行政审判庭副庭长到丰泽区授课，就《中华人民共和国行政处罚法》《中华人民共和国行政许可法》等重点内容结合案例进行讲解，增强行政执法人员运用法治思维和法治方式的能力，提升行政执法人员依法行政意识和严格规范公正文明执法理念，提升规范执法水平；做好行政复议、行政应诉工作，共收到行政复议申请30件，已办结26件，4件正在办理，组织、协调、办理行政诉讼案件8起，行政复议、应诉案件高质量办理完成；坚持重大行政决策法制审核原则，共审核各类涉法文件60余件，作出审查意见20余份，以区政府发布的规范性文件全部经过合法性审查，区司法局列席政府常务会议18次，共审核各类涉法常务会议题71项，提出合法性审查意见7条；坚持区司法局主要负责人列席政府常务会议制度，发挥法制机构在政府决策中的源头把关作用，严格执行规范性文件备案审查制度，以区司法局名义向有关单位发送《关于报送规范性文件备案审查要求的函》，明确规范性文件报备要求，同时制定规范性文件备案审查绩效考评量化表，将规范性文件的相关工作纳入年度绩效考评中，对存在违法情形的，督促整改到位；以区政府和区政府办名义下发的规范性文件共备案6件，完善行政规范性文件清理制度，开展涉及野生动物保护、《优化营商条例》《中华人民共和国民法典》、食品药品安全领域的专项清理行动，未发现与上位法抵触的文件，开展年度规范性文件自查工作，共清理失效的规范性文件19份；推进丰泽区"放管服"改革，开展违反《优化营商条例》的专项规范性文件清理工作，未发现丰泽区存在此类文件；推进丰泽区证明事项告知承诺制工作，公布"丰泽区证明事项告知承诺制政务服务事项目录"(第一批）。

2020年11月6日，区司法局在东海街道后埔片区征迁工作指挥部设立公共法律服务点 （区司法局 供）

【法律援助】 2020年，丰泽区法律援助中心接待咨询1271人次，受理各类法律援助案件635件，其中刑事援助案件305件，民事援助案件324件，行政援助案件6件，为受援人免收法律服务费用241万元，挽回经济损失556万元；制定《关于疫情防控期间申请法律援助相关事项的通告》，通过"丰泽普法"微信公众号等媒体进行宣传，引导群众通过"12348"服务热线平台、微信公众号、App等线上进行法律咨询、申请法律援助，确保群众一般法律咨询电话办、紧急事项"网上办""预约办"，既最大限度地减少人员聚集，又确保援助服务不掉线；推进刑事案件律师辩护全覆盖试点工作，做好扩大通知辩护工作，办理一审适用普通程序未委托辩护人的扩大通知辩护案件178件，为一审适用简易速裁程序未委托辩护人的被告人提供法律帮助192人次，为审查起诉阶段的471名犯罪嫌疑人认罪认罚提供法律帮助并见证签署《认罪认罚具结书》；与区财政局联合发文重新制定法律援助补贴标准，实现办案补贴标准动态调整，并首次规定法律援助值班律师参与法律帮助的补贴标准，将值班补贴从每天100元调整为每天200元。

【律师服务】 2020年，丰泽区共有46家律师事务所，其中合伙所26家，个人所20家；全区律师所共办理各类案件20430件，担任法律顾问1023家，业务收费16549.9万元；配合市司法局、市律协组织对38家律师事务所和399名执业律师进行年度考核，疫情防控期间，区司法局通过"12348"法律服务热线电话、"丰泽普法"微信公众号、"掌上公共法律服务平台"，引导广大律师在网上、线上为有需求的群众、企业提供便捷、高效的公共法律服务；北京市京师（泉州）律师事务所就疫情防控期间存在的诸多法律问题、法律责任进行梳理、分析及总结，从民事法律责任、刑事法律责任、行政法律责任等方面入手，编制《疫情防控法律手册》，为企业、民众提供法律帮助；福建瀛同律师事务所针对企业关心的作息安排、工资待遇、患病待遇、劳动关系、法律责任、应对措施等几类问题，编制新冠肺炎涉及的人力资源法律风险管理七大类55个问题操作指南，区司法局、泉州律师协会丰泽工委会主动向丰泽区复工企业发出《致丰泽复工企业的一封信》，公布疫情防控期间各律师所对外咨询电话，主动为企业有序复工提供法律帮助；组织律师参加论文研讨，丰泽区属律师事务所有22篇论文入编《泉州市律师实务交流与研讨会论文汇编》，3月成立中共泉州市丰泽区律师行业委员会，同时选举产生第一届丰泽区律师行业党委委员；11月、12月，分别在后埔片区、南埔山片区征迁工作指挥部设立后埔片区公共法律服务点、南埔山片区公共法律服务点，

2020 年 12 月 23 日，丰泽区南埔山片区征迁指挥部举行公共法律服务点揭牌仪式
（区司法局 供）

为群众提供法律咨询、公证、调解等法律服务。

（叶英姿撰 蔡清松审）

丰泽区人民武装部

【概况】 2020 年，丰泽区人武部（以下简称区人武部）党委学习贯彻习近平强军思想和上级党委扩大会议精神，扭住强兵备战和国防动员“两个重点”，常态抓防疫，主动求作为，完成年度工作任务，全面建设取得长足进步，呈现稳步推进、向上向好的良好局面。

【党建工作】 2020 年，区人武部党委贯彻新时代党建要求，加强部党委纪委和机关支部建设。组织党委中心组理论学习、纪检监察干部业务集训和区部两级政工干部集训；组织机关党支部换届选举，落实党组织生活制度，领导干部带头交党费；深化政治整训，组织政治领域官僚主义清理整治；贯彻落实党管武装工作制度要求，组织区“四套班子”领导过军事日活动，召开街道党工委书记党管武装工作述职会，组织街道武装部政治教导员任命谈话和专武干部考察测评，完成专武干部资格认证，贯彻全面从严要求，加强纪律建设，组织观看《铁纪强军》、党内重要法规《中国共产党章程》教育录像片，开展《军队党风廉政审核工作规定》学习，完成领导干部个人有关事项报告核查，党员原则性战斗性不断增强，单位环境保持风清气顺。

【思想政治建设】 2020 年，区人武部党委始终坚持把思想政治建设摆在首位，抓学习强引领，跟进学习习主席最新讲话精神，组织研讨《习近平在正定》《习近平在厦门》《习近平在福州》等书籍，开展 4 个季度党委中心组带机关理论学习和“五看五增强”教育，推进两项主题教育，落实形势战备、四反保密、党风廉政和安全警示教育；组织开展疫情防控系列活动和情系官兵走访慰问活动，完成“好课推荐、精品共享”示范课撰稿、拍摄、制作及国防教育、练兵备战 2 个课题调研；深化全面国防教育，组织参加“大国重器、保国利民”国防兵器展，组织参观“纪念中国人民抗日战争暨世界反法西斯战争胜利 75 周年国防教育中国画展”，协调开展“爱我国防”大学生主题演讲比赛；推进政治文化宣传工作，建成应急连青年民兵之家，全年在“学习强国”平台、《中国民兵》期刊、“东南前哨”、“福建征兵”等媒体刊发新闻稿件 20 余篇。

【备战核心能力】 2020 年，区人武部党委贯彻开训动员令，开展练兵备战，抓深做实各项准备。坚持领导带头，以上率下，召开开训动员暨年度国防动员工作会，组织首长机关国防动员业务理论、技能和体能训练、考核；坚持日常战备，落实常态战备值班、常态化疫情防控、常态舆情管理；坚持按纲施训，开展民兵分队集训和民兵“四会”教练员比武考核，突出重大演训，强化作战能力提升，活动受到省军区和军分区表扬。

【国防动员准备】 2020 年，区人武部党委跟进党政机构改革，健全调整国防动员领导小组、成员单位及国动委办公室成员，落实国动委主任述职；坚持任务牵引，以应急力量和新质力量分队组建为重点，推进民兵整组工作，形成平战结合、应急应战一体的民兵力量体系和一套党管武装、组织建设、政治工作、军事训练软件资料成果；着眼战备秩序规范，组织对各类库室、挂牌、图表进行规范，迎接上级规范化建设检查；以动员支前保障任务为牵引，开展国防动员潜力核查和试点工作，制作丰泽区国防动员潜力统计调查工作手册，形成丰泽区国防动员潜力统计调查试行办法；紧跟兵役制度改革步伐，组织“青春汗水洒军营、荣耀返乡立新功”迎接退伍老兵活动和新兵入伍欢送仪式，完成年度新兵征集任务，“五率”考评全市排名第二。

【安全管理】 2020年，区人武部党委开展“学条例、学规范、明遵循”活动和“百日安全竞赛”“四涉问题”专项整治、军营网络安全宣传周、安全大检查大排查活动，落实“疫情”防控、安全保密、法纪警示和教育，组织观看《人生没有彩排》《战疫纪实》录像；围绕关键要素，严格人员管理和制度落实，组织签订安全保密责任书等；落实安全形势分析、安全保密检查、重大活动安全风险评估，组织信息化办公设备和机要密码设备清查，完成楼层检测整修。

【服务保障】 2020年，区人武部党委贯彻落实习主席关于打赢疫情防控人民战争、总体战、阻击战的重要指示精神，严格落实疫情防控应急预案，组织采购疫情防控物资，严格营区营院封闭式管理，落实安全检测、卫生消杀、人员出入登记以及休假人员归队隔离，确保零感染。严格财经管理，落实经费预算，坚持集体理财，落实经费使用审批报告，严格采购制度，加强财务监管，落实3000元以上物品采购3家询价。严格基建项目建设，组织楼层检测整修，完成食堂地砖铺设和整修，协调电梯加装；落实工作、生活场所分开，搞好饮食卫生管理，落实就餐登记，菜价验收、财务公布、食品留样，确保饮食安全卫生。

【双拥共建】 2020年，区人武部党委推进军人荣誉体系建设，组织上门慰问功臣、参加抗灾救灾人员、参加支援武汉疫情防控医护人员、军烈属，为荣立三等功的现役军人送奖牌；推进军人“三后”问题解决，协调落实军转安置和随军家属就业安置，协调解决军人子女入学入园优待；开展拥政爱民和参建支建工作，组织民兵深入动车站和社区进行疫情防控；开展“助学兴教”活动，组织慰问辖区6所学校，投入经费3.6万元；支持地方政法部门重点整治社区建设；支持文明创城活动，组织人员到挂钩社区开展志愿服务，军地关系得到不断深化巩固。

（丰泽区人武部供稿）

消防救援

【概况】 2020年，丰泽区消防救援大队践行训词精神，围绕“六保”“六稳”的工作大局，立足转型升级的队伍实际，抓基层、打基础，守正创新、开拓进取，队伍管理和火灾形势保持“两个稳定”，得到上级和地方党委政府的高度肯定；提振指战员向上向好的高昂士气，学习践行习近平总书记授旗训词精神，开展“践行训词精神，担当神圣使命，坚持五个不动摇”教育实践等活动，承办支队2020年条令纲要知识竞赛，激励全体指战员守初心、担使命、勇奋进，北峰消防站指战员雨中搀扶老人并联系“110”和“120”到场协助的事件，受到中国消防微博、新浪网、腾讯网、福建电视台综合频道、东南早报等各级媒体广泛转载并引发群众点赞，以实际行动践行铮铮誓言，注重抓标杆、树典型，发挥先进典型的示范引领作用，先后有3名指战员立三等功，1名被总队评为优秀共产党员、2名被支队评为优秀共产党员、1人获得丰泽区“五四”青年奖章，17人获得嘉奖；维护全区火灾形势的持续平稳，大队党委抓住“消防安全责任制”这个“牛鼻子”，发挥“主推手”作用，推动区政府出台《关于贯彻落实福建省消防安全责任制实施办法的若干意见》《关于进一步落实消防安全责任制的通知》，完善责任体系、优化部门职能，创新健全消防安全约谈、隐患分级分类处置、火灾延伸调查等制度机制，围绕大排查大整治和三年行动为主线，主动聚焦火灾防控难点，紧盯中心主业，瞄准防控靶心，开展“三合一”、电动自行车、群租房、小作坊小加工厂等系列专项整治，完成全区9处城中村消防安全改造提升工程并在全市现场会上做经验推广，探索出租屋房东协会、“执法+专家”工作机制等创新做法，推动街道、社区微型消防站100%配齐微型消防车，提升基层火灾防御能力，年内火灾起数同比下降25.2%，全区火灾形势持续平稳；树立能打仗打胜仗的战斗力标准，提出“操场就是战场、练兵就是打仗”的训练理念，聘请前奥运举重冠军林清峰担任体能训练教练，制订训练计划和现场一对一指导改进，夯实攻坚打赢能力，共接处警1600余次，抢救和疏散被困人员186人，抢救财产价值约1085.7万元，完成“3·7”欣佳酒店倒塌事故、“4·27”南安市丰州镇石砻村被困悬崖、“4·29”宏毅大厦套房火灾、“7·25”泉港区驿坂高速入口交通事故等一系列重大警情救援工作；特别是在“3·7”坍塌事故救援中大队全体参战人员英勇奋战、表现突出，成功救出3名被困群众，用实际行动践行“救民于水火、助民于危难”的庄重承诺；勤勉创业、久久为功，取得较好的成效，收获发展理念转变的精神财富；大队班子和全体指战员自觉地把功夫下在打基础、补短板、管长远的工作上，不搞面子工程、不做表面文章，真抓实干、埋头苦干，确保每项工作都扎扎实实、每走一步都稳稳当当，经得起历史的检验。

【领导核心】 2020年，丰泽区消防救援大队党委始终把自身建设摆在首位，讲政治、重学习、守纪律、听指挥、敢担当、谋发展，以中共建设带动队伍建设迈出坚实步伐；用习近平新时代中国特色社会主义思想和授旗训词精神引领班子建设，用“四个意识”“四个自信”“两个维护”凝聚集体力量，通过集体学习、专家辅导、参观见学、课题调研、撰写心得体会等方式，落实学习制度，每周半天组织集中学习活动，促进党委班子及成员理论素养和政治素养的提升。先后3次邀请市委党校资深教授来队授课，引领指战员以实践行动贯彻好中共十九届五中全会和习近平总书记系列重要讲话精神；坚持党委统一的集体领导下的首长分工负责制，执行党委议事规则和

2020年，丰泽区大型商业综合体消防安全工作约谈培训会召开

（区消防救援大队 供）

决策程序，完善党委研究“三重一大”事项的内容、程序和方法。全年召开党委会65次，研究议题217项，确保民主集中制和全面从严治党主体责任落到实处。大队党委坚持以身作则，以上率下，带头遵守党纪国法，带头贯彻中央八项规定实施细则和廉洁自律各项规定，自觉接受组织和群众监督，做廉洁从政的表率，大队党委、东海消防救援站党支部被总队评为先进基层党组织；一切工作到支部，推进“帮建支部、帮带干部、帮抓骨干”活动，组织基层党支部书记参加支队培训班，实事求是撰写调研文章，加强基层党组织规范化建设，以“三会一课”制度落实为抓手，促进党内政治生活的严格规范，针对改革转隶后队伍实际，大队主官先后开展谈心谈话20多次，贴近基层和队员实际全面分析、摸排、研判管理教育形势，确保关键时期思想不乱、工作不断。

【锻造过硬队伍】 2020年，丰泽区消防救援大队党委把握政治工作的生命线地位，把政治建设置于队伍建设的首位，强化教育引领、强固政治定力，保证队伍的绝对忠诚、绝对纯洁、绝对可靠，学习贯彻全国两会会议精神和“践行训词精神，担当神圣使命，坚持五个不动摇”主题教育等活动，组织指战员撰写113篇心得体会、12次专题学习、6次专题研讨；坚持学习教育常态化、制度化，配套开展书记授课、士官讲堂、主题讨论、知识竞赛、“微党课”“微电影”等系列活动，增强主题教育活动宣传的创新性和灵活性；发动指战员踊跃参与红门政能量故事会、政教微视频、“学训词、唱红歌、铸忠诚”线上歌咏比赛、纪念中国共产党建党99周年等系列活动，激励广大指战员当先锋、打头阵、作表率；同时针对防疫、重大活动安保等敏感时期，定期邀请泉州师院资深心理学教授来队为指战员开设心理健康知识讲座，与指战员面对面交流谈心，疏导压力情绪，做到思想问题早发现早解决；对消防救援队伍中出现的违纪事件引以为戒，引导指战员加强自我约束监督，管好自己、管好身边人，确保队伍高度安全稳定；紧盯敏感时间，召开元旦、春节、中秋、国庆等节日廉政教育和厉行节约工作动员部署会，杜绝节日期间迎来送往、受贿收礼等不良现象；各队站通过微信平台建立家属群，定期向家属发送助廉短信，起到队站、家庭共同监督的效果，无死角防守建立“反腐倡廉”铜墙铁壁；深化“守初心、严纪律、树新风”专题纪律教育整顿活动，结合“五个不动摇”和“警示教育周”，组织参观廉政教育馆，大队、站组织开展专项活动谈心谈话70余次、开展电子设备应用软件检查，安装“金盾”手机监控软件，开展涉赌涉贷问题专项整治，逐人建立征信档案，逐级进行分析研判，同时制作应知应会手册并组织学习涉及赌博和贷款的政策

2020年7月16日，丰泽消防指战员在招商石化开展灭火实战演练

（区消防救援大队 供）

法规，提升大队全体指战员廉洁守纪意识；遵守上级党委严禁饮酒的铁规矩，通过“人、车、酒”监督前置的方式对周三周四早上归队的报备人员进行酒精测试并做好登记，防微杜渐，从细节抓起打造强硬作风的钢铁之师。

【提升攻坚打赢能力】 2020年，丰泽区消防救援大队以“抓基层、打基础，保稳定、保打赢”为目标，坚持“两严两准”和“五个不动摇”队伍建设总要求，以“两个条令，一个纲要”为指导，加强队伍管理教育，防范和遏制各类事故案件的发生，确保队伍安全稳定；在“3·7”倒塌事故救援中，大队东海、北峰消防站指战员坚守前线、清理生命通道，成功救出3名被困群众；领导每月对挂点消防站开展不少于一次的实地督导检查，开展“五个不发生”创建活动，坚持每个季度召开安全防事故工作分析会、每月召开综合工作形势分析会，组织全员学习各类安全防事故制度规定，开展队伍隐患排查，摸清队伍各项工作存在的薄弱环节和隐患因素，消除潜在的安全因素；常态化邀请区交警大队来队开展交通安全知识讲座，引导驾驶员时刻绷紧“安全”弦，不开“霸王车、赌气车”，促进行车安全，利用营区小广播、黑板报、文化长廊、LED（发光二极管）屏等方式确保指战员安全意识入脑入心；聘请前奥运冠军林清峰担任体能训练教练，制定训练计划和现场一对一指导改进，利用“悦动圈”和“keep”等运动软件，建立“普训+自训”的立体练兵模式；落实练兵工作“每月考核”制度，并将考核成绩直接同指战员成长进步挂钩，落实“不达标，不评优”奖优罚劣的练兵机制，从基础体能、业务技能、协调作战等方面锤炼提升队伍整体实力；组织开展建筑调查摸底、灭火救援预案制定，对辖区高层建筑、大型商业总体开展实战演练，制（修）订227家重点单位的灭火救援预案和十大类型预案，开展灭火救援实战演练百余

2020年3月7日，丰泽消防指战员在“3·7”坍塌事故现场开展救援工作

（区消防救援大队 供）

次，依托支队灭火救援攻坚组、基层指挥员、班长骨干培训，大队1名消防员、1名政府专职消防员参加支队水域救援集训，并取得舟艇驾驶证；东海站1名消防员参加总队为期1个月的卫生员集训，提升队伍卫勤救护能力；1名消防员参加总队分队长集训，促进队伍骨干管理水平的提升，以点带面有效提高全员实战水平。

【强化火灾防控】 2020年，丰泽区消防救援大队围绕消防安全大排查大整治工作主线，以城中村、消防车通道、“三合一”场所、群租房等重点领域排查整治工作为抓手，采取系列严防管控措施，确保辖区火灾形势稳定，连续两年在全市消防工作考评中获得优秀；提请区政府率先在全市出台《关于贯彻落实福建省消防安全责任制实施办法的若干意见》《关于进一步落实消防安全责任制的通知》，优化部门职能，创新健全消防安全约谈、隐患分级分类处置、火灾延伸调查等制度机制，压实街道、区直部门消防安全责任；提请区委、区政府先后召开4次常委会、5次常务会、14次消防工作联席会和专题会部署阶段性消防工作；落实火灾延伸调查制，对正骨医院“5·25”火灾进行督办通报、召开城东街道“9·30”火灾、“10·4”火灾事故约谈会、对“10·9”东海街道浔埔服装厂火灾4名嫌疑人实施行政拘留；创新特色做法，召开两场火灾事故现场警示教育工作会，直击现场、以案示警；区委、区政府主要领导、分管领导常态化带队开展消防安全专项检查督查，督促强化基层组织牢固社会面火灾防控工作基础性工作；围绕大排查大整治和冬春火灾防控工作，多角度全方位开展消防安全专项整治三年行动，先后约谈大型商业综合体、厂房仓库、物流企业、消防安全重点单位人员密集场所等重点领域的消防安全责任人200余人，推动丰泽区全区253个有物业的住宅小区、124个无物业的住宅小区、137栋公共建筑100%完成消防车通道规范画线标志工作；针对“三合一”场所隐患整治容易回潮现象，注重疏堵结合，在“疏”方面，成立专家服务队，指导采取“硬隔离”“增通道”等改造措施，探索闲置宿舍楼共享模式，按市场价减半出租，引导人流外租；在“堵”方面，出台《丰泽区“三合一”场所查处办法》《“三合一”场所整治导则》实现常态化整治，断电查封34家隐患整改不到位的场所；创新推行组建社区消防安全隐患巡更队工作，全区82个社区分别成立一支不少于3人的巡更队，以社区为网格单元，夜间至凌晨打更巡查，及时发现消除隐患；全区共排查整治“三合一”场所3050家，落实每日动态存量清零，该经验做法先后刊登在泉州市人民政府官网、《泉州晚报》、《东南早报》等主流媒体，引起社会面显著反响；着眼丰泽区外来人口多、出租屋群租房体量大、消防条件差的突出隐患，按照市多部门联合印发的《居住出租屋消防安全管理若干规定》执行，对居住30人、100人以上的出租屋进行分类整治；在全市率先试点成立房东协会，全区51个社区成立出租屋房东协会，落实办公场所设置、成立组织架构、制定创建工作方案和系列配套管理制度并实体化运作，实行自治管理，开展出租屋建筑星级评定，对星级评定级别高的优先推荐；推广东湖街道凤山社区城中村整治经验做法，因地制宜推进全区9处城中村开展消防安全改造提升，加强城中村消防安全条件，巩固整治成果，并在全市消防安全整治现场观摩会上介绍东湖街道仁风社区“城中村”整治经验；开展高层建筑专项整治三年行动，推动区政府将部分高层老旧小区消防设施修缮纳入全区老旧小区改造项目中，改善消防安全条件，发动全区618栋高层建筑委托第三方技术服务机构开展全面排查，建立隐患清单和整改计划，将物业服务企业消防安全管理工作纳入年度物业服务星级评定考核项目中，督促落实物业消防管理责任；关注重点行业领域，推动教育、卫健、文体旅游、商务等行业召开消防安全标准化管理现场会，按照“先试先行”原则有序分批开展达标创建工作；全区82个社区、227家重点单位100%建成微型消防站，推动全区82个社区100%配齐微型消防车，实现“一站一车”，目前已配备76辆，覆盖率93.83%；不定期拉动社区、重点单位微型消防站应急演练，锤炼微型站应急前置力量；开展电动自行车违规室内停放和充电“清零”行动，在全区范围内因地制宜选址建设电动自行车集中停放点和智能充电桩679处，安装“智慧用电”系统10439套，预防电气火灾事故发生；为91户孤寡老人安装智能型独立式火灾报警器列入为民办实事项目，从人防物防技防多方面综合施策，坚决遏制弱势群体小火亡人事故，推动举办全区第九届微型消防站业务技能竞赛，以赛促训提升微型站应急处突能力；开展“119消防宣传月”系列活动，组织消防公益团队深入社区、学校开展宣传教育；围绕涉疫场所、高层建筑、大型商业综合体、危化品企业等重点领域开展高密度、专业化应急处置演练110多场次，强化各领域单位应急处突能力；录制《丰泽区居民消防安全提示》和《人员密集场所消防安全提示》普通话、闽南话双语音频，在各街道社区及各类重点场所每天循环播放，让民众在潜移默化中牢固防火安全意识，推动丰泽区东湖街道铭湖社区建立消防VR体验馆，提供全方位沉浸式体验，帮助掌握消防技能。

（王晓笙撰　郑晓松审）

行政事务

行政审批

【概况】　2020年，丰泽区行政服务中心以“人民满意”为目标，学习领会中共十九大会议精神以及习近平总书记系列重要讲话精神，巩固拓展“不忘初心、牢记使命”主题教育成果，贯彻落实省、市、区委“马上就办、真抓实干”工作要求，以“服务群众，促进发展”为宗旨，以“规范、便民、高效、廉洁”为理念，深化“放管服”改革，优化营商环境，提升丰泽区行政审批服务水平，推进各项工作。

【政务服务】　2020年，丰泽区行政服务中心依托“智慧丰泽”建设，全省首创电子一次性告知单服务，全市首创终端填表功能、跨系统“智能表单”服务，推出24小时自助政务服务、掌上政务大厅服务、企业开办“零成本”、周末无休服务等便民利企措施，织密便民利企服务网，打通服务群众、企业的“最后一公里”。截至12月底，进驻中心732项审批服务事项共受理26.8万件，按时办结率100%，提前办结率85.19%。

（丰泽区行政服务中心供稿）

2020年，丰泽区行政服务中心办公楼　（区行政服务中心 供）

2020年，丰泽区行政服务中心行政审批一角　（区行政服务中心 供）

人力资源和社会保障

【概况】 2020年，丰泽区人力资源和社会保障局坚持以习近平新时代中国特色社会主义思想为指导，贯彻中共十九大，中共十九届二中、三中、四中、五中全会精神，做好“稳就业”工作，全面落实“保就业”任务，统筹抓好疫情防控和复工复产工作，聚焦就业创业、人才人事、社会保障、劳动关系、自身建设等方面综合施策、精准发力，全区人社事业发展取得明显成效。

【就业与再就业】 2020年，丰泽区人力资源和社会保障局贯彻实施就业优先战略和更加积极的就业政策，全区城镇新增就业人数26586人，下岗失业人员再就业8443人，就业困难人员再就业132人，城镇登记失业率3.05%，就业形势总体平稳；开展线上线下招聘，依托泉州市大中专毕业生“云招聘”平台及海峡人才网、泉州人才市场网、大泉州人才网等招聘网站开展常态化线上招聘，在泉州信息工程学院和黎明职业大学举办第八届大中城市联合招聘丰泽专场，打造“服务不打烊、招聘不停歇”的线上线下就业服务模式；共组织招聘活动32场，1254家各类民营企业发布招聘岗位17348个，19231人报名参加，达成就业意向3871人；支持返岗复工，“点对点”“一站式”接回省外员工，累计包车接回湖南、云南、江西、四川等地员工400多人，指导企业通过其他渠道接回返岗员工2500多人；鼓励企业员工“以老带新”，吸引劳动力2000多人，为泉州罡晟服装、中建远南集团等14家次辖区企业兑现“点对点”接回员工一次性劳务补助8.5万元，推广使用返岗复工出行服务小程序，动态精准掌握用工返岗需求；推进劳务合作，主动“上门”加强与劳务输出地省市人社部门联系对接，与重庆市彭水县、云南保山市隆阳区、施甸县等劳务输出地签订长期劳务合作框架协议，全力拓宽“家门口就业”渠道，发动辖区人力资源机构和劳务派遣公司累计为辖区企业引进劳动力5000多人，构建政府指导、专业机构参与、市场化运作的人力资源供需对接新格局；推进“共享员工”模式，加强与中国海峡人才市场的合作，推出“共享员工”助推复工复产新模式，启用运行“丰泽区企业人力资源共享平台”。同时依托街道和社区劳动保障工作平台，发挥劳动保障协理员队伍作用，支持企业特别是重点民营制造用工余缺之间短期借用或错峰调配，保障企业短期用工需求；强化岗位兜底，优化就业失业登记服务，以个人求职登记表为基础建立好台账，为失业人员和就业困难人员提供针对性就业公共服务，将公益性岗位作为安置就业困难人员的主渠道，规范公益性岗位开发和管理，开发公益性岗位36个，发布政府购买基层公共管理和社会服务岗位16个，已聘用6人，保管灵活就业人员档案2500份，接收国企退休人员档案3714份；推进山海协作，主动对接顺昌县开展山海协作就业对口帮扶，联合顺昌县人社局开展“2020年泉州市丰泽区网络视频招聘会——顺昌县专场”，发动辖区20家企业参会，共提供就业岗位458个，初步达成就业意向59人。

【人才引进与培养】 2020年，区人力资源和社会保障局优化“绿色通道”，实现高层次人才认定“线上线下”一体化精准服务，制定并实施丰泽区关于泉州市高层次人才（第四、第五层次）申报认定工作方案，打造丰泽区“高精尖缺”人才储备，全区共受理高层次人才申报1695人次，其中314人入选泉州市高层次人才，开展企业自主认定高层次人才工作，丰泽区6家试点企业5人入选自主认定高层次人才，推荐上报省级高层次人才认定13名、省工科类青年专业人才66名，入选2020年智能制造产业集群高端人才8名，推荐福建（泉州）哈工大工程技术研究院申报2020年新设立博士后科研工作站；落实安居保障，兑现丰泽区高层次人才享受购房补助、租房补贴、人才公寓、高层次人才刚需购房申请等安居保障福利，全区共受理高层次人才刚需购房申请147人次，已拨付购房补助区级配套资金93.03万元，多渠道宣传并落实高校毕业生安居保障政策，受理1640名

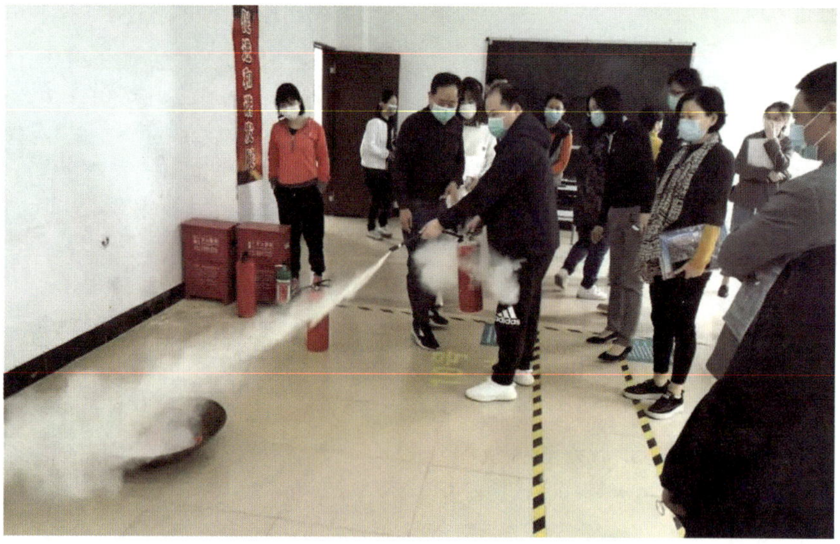

2020年3月21日和22日上午，区人力资源和社会保障局邀请省应急管理专家组成员黄候泰开展消防安全知识大培训大演练 （区人社局 供）

2020 年 11 月 18 日，丰泽区人社局在黎明职业大学成功举办第八届大中城市联合招聘（泉州市丰泽区）高校毕业生专场招聘会暨人社局局长进校园活动

（区人社局 供）

产业急需高校毕业生申报安居补助、租房服务和购房保障，申报人数居全市前列，已拨付第二批高校毕业生安居补助 344.7 万元，涉及 1133 人，兑现租住青年公寓租金优惠资金 1.49 万元；支持创新创业，支持建设省、市级创业孵化基地，丰泽区黎明职业大学青创园被认定为省级创业孵化示范基地并获得一次性奖补 30 万元，领 SHOW 天地文化创意产业园区通过省级创业孵化示范基地复评并获得一次性奖补 20 万元，泉州软件园孵化器被认定为市创业孵化示范基地并获得一次性奖补 30 万元，以疏通自主创业面临的资金梗阻为突破口，释放创业担保贷款扶持政策红利，已为 88 名创业人员发放创业担保贷款 923 万元，间接和直接带动就业 300 多人，发放一次性创业补贴，已为 17 家企业发放补贴 10 万元，实现创业带动就业；助力高校毕业生就业，引导辖区大学生创业企业申报 2020 年省市大学生创业资助项目 36 个，其中 15 个优秀项目获市级资助 37 万元，4 个优秀项目获省级资助 17 万元，申报及获得资助项目数量居全市第一，引进高水平高校毕业生 170 人，引才任务完成率名列全市首位，其中高水平高校博士生 12 人，高水平高校硕士生 68 人，高水平高校本科生 90 人，开发青年就业见习岗位，鼓励支持高校毕业生见习就业，共有 10 家见习单位 79 名高校毕业生申报见习申请，超额完成全年指标任务，已拨付见习补贴 41.796 万元，受理 12 家中小微企业申请一次性吸纳应届高校毕业生就业补贴，发放补贴 5 万元。将丰泽区离校未就业毕业生纳入实名制系统管理，并做好就业状况跟踪服务，保管高校毕业生档案 18986 份，其中人事代理 3036 份。

【职业技能培训】 2020 年，区人力资源和社会保障局推行现代学徒制、企业新型学徒制，开展职业技能提升行动，线上线下共培训各类劳动者 1.5 万余人次，完成年度目标任务，其中“互联网 +”职业技能培训 571 人，已发放培训补贴 30.42 万元，组织安全生产应急管理线上培训 1222 人次，组织 43 家企业开展“以工代训”10976 人次，拟发放补贴 548.8 万元，已发放培训补贴 121.5 万元，受理职业培训“见证补贴”申请 49 人，发放补贴 12.1 万元，为 343 人次发放失业保险技能提升补贴 55.55 万元；培养技能人才，推荐 2 名专业技术人才和 1 名高技能人才申报 2020 年享受国务院政府特殊津贴人选，推荐丰泽区 3 个技能大师工作室参评福建省技能大师工作室，其中林茂安技能大师工作室、杨峰裕技能大师工作室获评“福建省技能大师工作室”称号，建立翔实的高技能人才台账，遴选苏明民等 3 人参评泉州市技能大师，其中苏明民和林扬闻入选泉州市技能大师，推广“以赛代评”“以赛选才”模式，组织开展 2020 年泉州市评茶员职业技能竞赛暨泉州地区市级选拔赛；加强培训管理，做好辖区 10 家职业培训机构的业务指导，有序恢复线下职业技能培训，并督促企业落实安全生产、消防管理、疫情

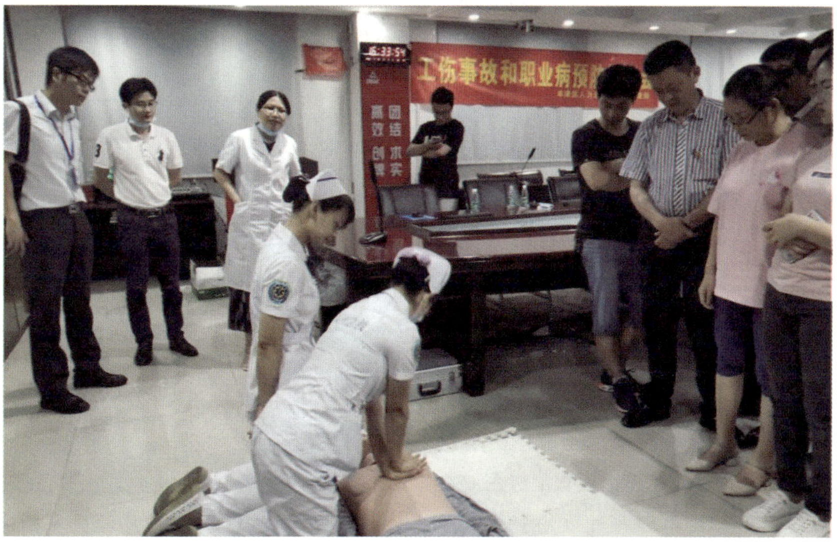

2020 年，丰泽区人社局举办工伤事故和职业病预防宣传培训活动（区人社局 供）

防控、禁毒等主体责任，定期或不定期开展专项督查，对辖区26家人力资源服务机构、15家劳务派遣公司、12家职业培训机构、1家人力资源市场及局办公大楼开展安全隐患大排查大整治，建立健全安全管理长效机制，继续做好辖区内市级实训基地（泉州市信息工程学院）管理和服务工作，牵头配合区政协开展“打造高水平专业化实训基地，着力培养新时期‘丰泽工匠’专题调研座谈活动”，获得政协委员的充分肯定，做好丰泽区小微企业转型升级工作，成功推进2家企业实现“无转有”。

【社会保险体系】 2020年，丰泽区参加城镇职工养老、失业、工伤保险人数分别为16.64万人、12.81万人、13.99万人，城镇居民养老保险参保6.13万人，参保率99.89%，机关事业单位养老保险参保人数6436人（其中在职4700人，退休1736人）。实施“同舟计划”，组织开展以建筑业和小微企业为重点的工伤保险专项扩面行动，为建筑从业人员撑起“保护伞”，全区建设工程项目新参保14个，建筑从业人员新参保4931人。

【社会保障待遇】 2020年，丰泽区人力资源和社会保障局落实社保减免政策，建立人社+税务部门协同工作机制，实现“免填单、免申请”直接主动发起退费，“零操作、零距离”完成2月养老、工伤、失业三项社会保险费退费合计1481.3万元，惠及企业1.8万多家，完成1—10月三项社会保险费阶段性减免共计47178.74万元，惠及企业3.6万多家；兑现资金援企稳岗，拨付5436家2019年度正常企业稳岗返还资金880.94万元，为2020年度2091家困难企业拨付稳岗返还资金15069.78万元，在全市率先为9家保障民生的商贸配送企业发放一次性稳定就业奖补资金440.30万元，兑现疫情一级响应期间不停工和春节当月不停工两项一次性稳定就业奖补225.2万元，惠及22家企业，为疫情防控急需物资生产企业发放一次性用工服务奖补17.695万元，为2家企业招用登记失业半年以上人员发放一次性吸纳就业补贴0.6万元，为93家企业发放吸纳省外贫困劳动力奖补52.45万元；重点抓好失业援助，以失业人员为重点，加强托底安置和帮扶力度，落实失业保险金待遇，确保失业人员应发尽发、应保尽保，累计为7498名失业人员发放失业保险待遇1830.52万元，为5834名失业人员发放失业补助金569.25万元，对登记在册领取失业保险金的人员发放春节价格补贴和临时价格补贴5698人次52.49万元，为1839名灵活就业人员发放社保补贴729.10万元；足额发放社保待遇，疫情期间，确保参保人员依法享受的各项社会保险待遇按时足额正常发放率和社会化发放率均保持100%，累计为5334名企业离退休人员发放养老金13659.22万元，为2.27万名60周岁及以上居民发放基础养老金4466.39万元，为1.96万名符合条件的被征地人员发放被征地养老保障金5373.83万元，为1736名机关事业单位退休人员支付养老金10359.9万元。为97名无力参保集体企业退休人员和70周岁高龄老年职工支付生活保障金83.03万元，工伤保险待遇支出1648.77万元；提升养老保障水平，自2020年1月1日起，被征地人员养老保障金标准提高至每人每月237元，实现六连涨；自2020年7月1日起，城镇居民基础养老金标准提高至每人每月160元，为1695名区直机关事业单位退休人员调整提高养老金，人均月调资202.71元，为4789名企业退休人员提高基本养老保险待遇，人均月调资131.11元，保障丰泽区被征地人员社会保障资金，审核受理征地项目9宗，涉及征用土地面积16.75公顷，征缴被征地人员养老保障金2513.4万元；深化社保重点改革，推进机关事业单位养老保险制度改革，完成对丰泽区482名机关事业单位退休“中人”的退休待遇重核，重算完成率94.7%。

【人事管理规范】 2020年，区人力资源和社会保障局优化干部队伍管理，组织2020年度政府系列事业单位14个岗位16名工作人员招考工作，完成2019年秋季事业单位27名工作人员公开招考聘用，办理事业单位工作人员区外调入4人、区内调整5人、解聘5人，办理劳务派遣临时工审批47人、阶段性用工和退休返聘审批17人，完成政

2020年11月27日，丰泽区人社局组织机关干部职工开展宪法和法律法规宣传教育活动 （区人社局 供）

府系统和街道30家单位、党群系统11家单位工作人员聘用合同签订管理，做好8个街道事业单位233人的调整、核定编制、岗位摸底和上报审批工作，规范奖励表彰审核工作，完成全区专业技术人员继续教育验证370余人次，加强副高级职称人员出入境管理工作，加强事业单位干部职工数据库建设，完善人事信息及数据管理，实现人事信息数据库动态管理；规范退休审批，审核批复机关事业单位工作人员66人退休手续，其中科级干部26人，完成机关事业单位工作人员退（离）休人员病故抚恤金、丧葬费、一次性困难补助及遗属定期定额生活困难补助费发放标准审核25人，会稿教育系统退休批复47人次，死亡抚恤批复19人次，办理满70周岁高龄补贴批复38人，办理满80周岁高龄补贴批复17人；规范工资收入发放，对符合正常晋升级别工资档次条件的机关单位工作人员调整级别薪档825人，事业单位工作人员调整薪级工资3621人，保障义务教育教师工资待遇，在全区开展规范公务员津贴补贴和事业单位实施绩效工资专项督查工作，对全区8个街道开展实地检查，发现部分街道违规发放津贴补贴共计80050元，发出5份整改意见书，落实违规发放津贴补贴清退整改措施，共组织实施有关单位清退违规发放津贴补贴149209元，累计已组织清退2013年6月以来违规发放的津贴补贴共计3273497.30元；推进职称评聘，完成区45个事业单位、11所医疗机构及50所中小学、幼儿园的岗位设置，委托市评审企事业人员206人，通过评审及确认各种任职资格408人（高级职称75人、中级职称153人、初级职称180人，其中企事业人事代理职称确认107人），协调做好区土建、教育两个系列评审委员会开展评审工作，共评审通过中级、初级93人，审批符合聘任条件的区事业单位管理、专技人员781人，续聘约100人，复审卫生及非临床药学类专业技术高中初级考试报名材料753份，动态管理“全区管理及专业技术人员聘任数据库”，办理1名符合市高层次人才条件的教师使用“直聘岗位”聘任，实行人才直聘单列管理，审核办理4名支教、援疆教师申请使用专项岗位事项。

【劳动监察执法】 2020年，区人力资源和社会保障局欠薪源头预防更到位，结合日常巡查、“双随机”抽查、劳动保障监察专项执法检查等，全区累计排查用人单位1100余家，涉及劳动者1.9万余人。发挥基层调解“第一道防线”作用，基层解决率60%，落实疫情防控期间暂缓缴存工资保证金政策，共收工资保证金7笔现金187万元，银行保函460万元，返还工资保证金9笔2071万元，账户余额5515万元，区级应急周转金账户余额204万元。依托“丰泽区欠薪案件处理路线图”职能部门联动机制，共处理由欠薪引起的突发事件2起，涉及劳动者72人、金额约87万元；区本级共处理劳动争议投诉案件1801起，涉及劳动者3015人，追发劳动者工资3625万元（含工程款），案件总体解决率100%，其中，发出劳动监察文书37份，对7家违法企业进行行政处罚（涉及金额6.5万元）。劳动争议调处机制更健全，按照“鼓励和解、强化调解、依法仲裁、衔接诉讼”的原则，构建庭前、庭中、庭后“三位一体”仲裁调解体系，共立案处理劳动争议案件598起，涉及劳动者1090人，当期结案566起（其中调解、撤诉处理312起），调解率为55.1%，为劳动者追回争议金额2416.8万元。强化调解队伍建设，共有区、街道、社区、企业四级劳动争议调解组织150多个，配备调解员300多名，推广在线调解管理平台，实现劳动争议调解仲裁“马上办、网上办、就近办”。规范工伤认定和行政复议案件办理，共受理工伤认定案件419件，其中作出工伤认定案件392件，为2名因履行防疫工作职责受伤的工作人员认定工伤，为一线防控人员保驾护航。企业劳动用工更规范，以构建和谐劳动关系为核心，全区各类企业实行劳动合同覆盖面98.02%。审核审批不定时工时制企业10家，涉及职工354人；综合计算工时制企业4家，涉及职工708人。落实企业守法诚信制度，推行欠薪联合惩戒，加大对用人单位违法行为、失信行为的公开曝光力度，对企业违法行为形成有力震慑，通报2019年度劳动保障守法诚信A级企业30家、C级企业6家、工资支付守信单位44家，严重失信单位1家。辖区劳动关系更和谐，“强基促稳”深化劳资关系和谐专项行动工作有序推进，落实“三项制度”，抓实建设施工项目工人实名制管理、工资专户管理、按月足额支付等建筑领域“无欠薪”长效机制建设，实现对建筑工人信息录入、实名制考勤、工资发放等环节实时数据监管，健全建设施工项目欠薪防范机制，采集建筑工人实名信息27243人（其中5210人已退场）；工资专户建户率100%，通过银行专户为26731人代发工资23945万元，基本实现丰泽区建筑施工项目按月足额支付工资，劳动关系保持和谐稳定。

【强化人社服务职能】 2020年，区人力资源和社会保障局加强作风建设，抓好人社窗口单位业务技能练兵比武和人社服务标兵宣传，实施政务服务“好差评”工作制度，推进“减证便民”，精准精细开展行政审批服务事项细化梳理工作，核发新办人力资源服务许可证6件，核发劳务派遣经营许可7件，劳务派遣分支机构备案2件，未成年工登记备案2件；拓展多元服务模式，推行微信公众服务号、App客户端，突出退管系统人脸识别认证，在省内实现退休人员养老金待遇资格认证工作的“无限制漫游”，对申请办理企业职工退休资格认定的参保人员推出“领证短信服务提醒”，实现“一趟不用跑、最多跑一趟”；加强事中事后监管，完善和落实“双随机”抽查机制，结合开展专项安全检查，对辖区内职业培训学校、劳务派遣公司、人力资源机构开展“双随机、一公开”检查2次，共检查企业60家，并督促问题企业落实整改工作；推进基层平台建设，加强和完善基层社区就业和社会保障公共服务平台建设，推进城镇居民养老和医疗保险社区便民信息化平台的推广应用，打通人社服务“最后一公里”。

（区人社局办公室撰 薛建审）

医疗保障

【多层次保障体系构建】 2020年，泉州市医疗保障局丰泽分局加强沟通协调，成立丰泽区城乡居民基本医保参保缴费工作协调领导小组，负责2021年度城乡居民基本医保参保缴费工作的具体组织协调和日常工作，在总结上年征缴工作的基础上，针对存在的堵点，首次将市公安局丰泽分局、区人武部、区委统战部（区民宗局）、区效能办、区政府督查室等部门纳入领导小组成员，确保更加有力有效推动征缴工作；会同区税务、财政部门印发《丰泽区2021年度城乡居民基本医保参保登记和基金征缴工作方案》，编制《2021年度丰泽区居民医保参保缴费说明手册》，召开参保缴费工作暨业务培训会议，为征缴工作提供政策支持和指导细则；2020年全区基本医疗保险参保人数30.18万人（其中职工医保参保人数14.31万人，比上年增加9.38%；城乡居民医保参保人数15.87万人，比上年增加3.6%），生育保险参保人数12.63万人，比上年增加9.54%。加强部门联动，完善医疗救助工作机制，及时救助贫困群众。一、二类救助对象共2665人，累计救助8658人次，救助金额254.34万元；三、四类救助对象共4人，累计救助5人次，救助金额2.19万元。

【“医保服务提升年”】 2020年，泉州市医疗保障局丰泽分局创新医保服务新模式，前移服务关口，推动辖区8家基层医疗机构实现医保便民服务窗口全覆盖，让群众在家门口就可享受更暖心、更贴心的医保服务；率先在辖区内二级民营医院泉州仁福骨外科医院设立医保服务站，立足窗口外伤办件量中泉州仁福骨外科医院病人量多且意外伤害认定审批权限变更的实际，率先在辖区内二级民营医院泉州仁福骨外科医院设立医保服务站，专门负责提供意外伤害认定服务，实现“不出医院，就能解决群众反映强烈的意外伤害认定审批问题”，实现“一趟不用跑”；每日安排值班员、值班长、总值班长进行窗口值班，同时做好值班工作记录，为改进窗口工作提供依据，由窗口工作人员轮流担任值班员，负责做好群众办事引导咨询、协调处理纠纷投诉等，变被动服务为主动服务，增强群众办事满意度，由管理部门负责人和协助负责人担任总值班长，业务骨干轮流担任值班长，对丰泽区行政服务中心医保窗口工作进行巡查，提升窗口水平；完善服务监督考评机制，以办事群众的现场点评、意见反馈、满意度调查作为评价依据，实施“好差评”制度，同时定期汇总分析通报各窗口群众满意度评价结果，推进经办窗口作风建设，参与窗口满意度评价办事人员月均3130人，日均140人，窗口群众办事非常满意的占98.77%，无不满意；在工作时间由专人接听服务热线的基础上，开通服务热线24小时语音留言服务功能，解决工作时间人工服务忙碌而电话占线和下班时间群众无处诉求的问题，满足群众的咨询需求，做好医保服务热线工作，为进一步方便群众及时了解医保业务办理情况，开通职工医保和生育保险关系转入、城乡居民新参录入办结的短信通知服务；在上海丰泽商会设立异地医保代结报服务站，解决流动人群异地就医费用手工报销不方便的问题；制定窗口服务行为规范“十要”和服务禁忌“十严禁”，组织参加市中心组织的礼仪培训和医保知识测试、竞赛，激发学习热情，强化工作人员服务意识，提升医保服务规范化、标准化水平，分局三个窗口经办服务典型案例得到市医管中心的肯定并转发系统各单位学习；制定出台《泉州市医疗保障局丰泽分局关于印发突发事件应急预案的通知》，加强对应急管理工作的指导、协调和督查，提高对突发事件的应对能力，预防、及时控制和消除紧急突发事件；对市和区行政服务中心管委

2020年3月20日，组织开展“医保服务进万企”活动，落实阶段性“减征、缓征”政策，助力企业复工复产

（区医保分局 供）

会转办的诉求件，由专人登记，定期归纳梳理，及时研讨回复，共受理群众诉求件657件、其中咨询件627件，投诉件30件，办结率100%；开展“医保服务进万企”活动，按街道实行网格化分工，组建6支医保服务队，挂钩联系辖区参保企业近13000家，分发宣传材料13000多份，支持企业复工复产；主动靠前服务，到泉州信息工程学院和福建电力职业技术学院开展“医保服务进学校”活动，现场进行参保动员和政策宣传，了解高校的参保缴费情况并解答大学生参保有关问题；结合支部主题党日活动，到泉淮、源淮社区开展“医保服务进社区”活动，现场进行医保政策宣传，打通医保服务“最末梢”，到丰泽区供销社开展“医保服务进机关”志愿服务活动，现场进行医保政策宣讲、推广宣传医保电子凭证，分发宣传材料，并解答机关工作人员在医保业务办理、待遇兑现方面遇到的普遍性问题，提高医保政策知晓率，提升医疗保障综合服务能力；在辖区全面实现定点药店使用医保电子凭证的基础上，正骨医院在全市率先实现就医使用医保电子凭证，辖区共有正骨医院、爱尔眼科医院、华厦眼科医院等20家医院实现就医使用医保电子凭证，初步实现就医买药不刷卡。

2020年8月20日，泉州市医疗保障局丰泽分局到源淮社区开展“医保服务进社区”政策宣传活动 （区医保分局 供）

【定点医药机构监管】 2020年，泉州市医疗保障局丰泽分局实行网格化管理，做好日常业务对接、医保信息系统大数据分析及现场稽核稽查工作，采取后台监管与现场稽核相结合的方式，做到基金监管全覆盖；开展公立医院违规收费专项治理、打击欺诈骗保专项治理行动等，对辖区内定点医药机构实行多举措、多角度检查，实现全覆盖，同时配合省局、市局交叉检查组完成对丰泽区定点单位的检查工作，做好省、市移交线索问题的核实并及时查处到位；创新定点医药机构分类管理新模式，在辖区定点药店实行“优良”及“一般”分类管理，加强对评级“一般”的定点零售药店的指导并加大检查力度，增加检查频次，突出重点，以点带面，督促定点零售药店加强自我管理、自我约束、自我提升，提高辖区定点零售药店管理水平，立足辖区眼科医院多、收费不够规范统一的实际，组织辖区内眼科医院就老年性白内障收费情况进行协商谈判，建立老年性白内障基础收费目录，并签署补充协议，做好眼科专科医院分类管理，强化医保基金“事前监管”力度；建立医疗保障工作联席会议制度，加强部门之间协调配合，强化监管力度，联合卫健部门开展公立医院违规收

2020年8月13日，泉州市医疗保障局丰泽分局到滨城农贸市场开展“美丽泉州行”文明创城志愿服务活动 （区医保分局 供）

费问题专项治理督查，强化源头管理，保障群众切身利益，共筑监管合力；接到市局稽查科移交的群众举报丰泽区城东街道社区卫生服务中心违规收费的省信访件后，立即开展数据分析、现场核查和回访调查工作，在规定的时限内将线索及相关材料移交丰泽公安分局，协调泉州市公安局丰泽分局相关部门，在鲤城分局、洛江分局的支持下，迅速召开工作部署会议，统一思想、明确分工，组建4个工作组，对城东街道社区卫生服务中心口腔科涉案245人，涉案金额8.52万元的骗取医保基金案件开展调查认定工作，并请泉州市公安局丰泽分局对调查笔录制作规范及要求进行培训，共发出“三函两牌”114张，出动稽核人员252人次，暂停16家次药店医保定点资格，取消1家药店、3家医疗机构医保定点资格，追回医保基金332.65万元，依照协议收取违约金397.73万元，对省、市以及自查发现的医疗机构违规行为全部依法依规依协议第一时间处置到位。

【三医联动改革】 2020年，泉州市医疗保障局丰泽分局贯彻执行第二批国家组织药品集中采购和福建省药品集中带量采购工作，加强内部培训，要求全体干部职工精准掌握政策，做好参保患者解释工作。实地走访了解辖区内公立医疗机构全面落实跟进国家组织药品集中采购和使用试点工作进展情况；做好药品和医用耗材货款医保统一结算工作，药品货款统一结算金额6300.40万元，结算率99.88%；医用耗材货款统一结算金额10273.94万元，结算率79.97%；推进按病种收付费改革，根据《泉州市公立医院第四批按病种收费和支付有关问题的通知》精神，组织辖区内9家公立医疗机构开展第四批按病种收付费工作，辖区内已开展病种数99个，开展病例数1744个。

（林美燕撰 蔡寿英审）

机构编制

【概况】 2020年，丰泽区委编办以习近平新时代中国特色社会主义思想为指导，贯彻落实中共十九大，中共十九届二中、三中、四中、五中全会精神，围绕区委、区政府的工作中心和市委编办的工作安排，抓好街道机构改革、权责清单等重点工作，推进简政放权、政府职能转变，控制和优化配置机构编制，保障重点工作需求，完成区委、区政府赋予的各项任务，为全区经济社会发展提供有力的体制机制保障。

【街道机构改革】 2020年，丰泽区委编办根据中央、省、市有关街道机构改革要求，推进街道机构改革，与市委编办、8个街道反复磋商研究，拟订改革方案并精心组织实施；7月30日完成8个街道“三定”规定制定工作，8月31日完成新机构组建挂牌、岗位设置、人员转隶和定岗定责等各项改革任务；各街道职责进一步优化完善，机构进一步精简，8个街道共设置40个内设机构，事业单位由48个精简到24个，加挂的牌子由72个精简到24个，逐步构建起功能明确、权责清晰、结构优化、运转顺畅、治理有效、服务便民的街道行政管理体制和运行机制。

【综合执法改革】 2019年机构改革后，丰泽区执法队伍只有城市管理综合执法队伍，市场监管、生态环保、文化市场、交通运输、农业执法5支设在市级，区级配合做好市场监管、文化市场、农业等领域的监督。2020年，丰泽区配合上级深入市场监管、城市管理等执法部门进行调研，全面了解综合执法过程中市与区之间在职责分工、双重管理、人员调配、日常监管等执法协调方面的情况，理顺综合执法机构派驻区里执法大队和区直主管部门之间的职责关系；执行上级规定严格锁定人员编制，调查摸底，全面掌握丰泽区执法队伍机构、编制及人员等情况，贯彻落实中央、省、市有关文件要求，按照“执法队伍暂不新进人员和调整职务，待中央明确政策后再开展相关工作”规定，锁定执法队伍人员编制，不增编，不进人；建立基层综合执法协调机制，强化街道的统一指挥和统筹协调职责，推进行政执法力量向基层延伸和下沉；在各街道设置综

2020年7月12日，市委编办到东海街道试点开展权责清单调研（区编办 供）

2020 年 7 月 1 日，丰泽区委编办到东湖公园开展弘扬“孝廉文化”主题党日活动（区编办 供）

合执法协调中心，负责日常巡查并指挥协调辖区内城市管理、市场监督、环境保护与综合整治、城市交通、违法建设、突发事件应急处置、文化教育等领域的行政执法工作，探索建立“街道吹哨、部门报到”制度，推进综合行政执法体制改革在基层落地见效。

【权责清单修订】　2020 年，丰泽区委编办围绕“放管服”中心任务的逐级部署，对照国务院、省、市取消和下放的行政审批事项并结合机构改革、综合执法改革等进程持续协调，督促各职能部门对本级本单位的权责清单做好动态更新和管理，截至 2020 年 12 月 31 日，梳理公布 27 个区直部门权责事项 3135 项；推进东海街道权责清单全市试点修订工作，先后开展两次征求、四次调研和一次座谈会，8 月，区委编办牵头组织区司法局、市场监管局和城管局 3 个派驻部门开展区直部门派驻街道权责事项清单拟定工作，此次试点修订工作共调整优化更新事项名称及依据 75 项，删除大小事项 37 项，新增 11 项，修订后的街道权责事项仅保留 152 项（其中行政权力 34 项，公共服务 36 项，其他权责 82 项；各街道办事处都有的共性权责事项 128 项，差异性事项 24 项）；修订后的委托下放事项清单有 11 项，属地管理事项清单 36 项，派驻事项清单 441 项（其中街道城管执法中队 260 项、派出所 102 项、市场监管所 70 项、司法所 9 项）；权责清单试点修订工作圆满完成，健全完善街道权责清单、街道行政审批和公共服务事项清单，探索梳理区街“属地管理”责任事项清单，明确街道权责边界，为推进街道依法履行职能提供制度保障。

【经营类事业单位改革】　2020 年，丰泽区委编办按照中央、省、市关于从事生产经营活动事业单位改革的要求和有关程序规定，推进区商务局、发改局下属 3 家生产经营类事业单位转企改制工作，撤销“泉州市丰泽区对外加工装配公司”和“泉州市丰泽区对外贸易有限公司”事业单位，收回事业编制，完成人员转企过渡工作。

【机构编制管理】　2020 年，丰泽区委编办按照中央、省、市关于控编减编的总体要求和部署，根据《泉州市丰泽区控编减编工作方案》（泉丰委编办〔2016〕8 号）文件精神，坚持“严控总量、盘活存量、增减平衡”原则，对全区党政群机关和街道的行政、事业编制进行动态管理、统筹使用，严格控编减编，确保“两个总量不突破”；在合理使用编制资源的同时，统筹调整区人大、区住建局等单位编制，调整部分小学幼儿园教职工编制，重点保障改革需求及重点领域、重大民生公益事业发展的用编需求，把有限的编制资源用在“刀刃”上，从而提高编制效用，控制全区机构编制总量，巩固控编减编成果；另外，创新管理机制，重点保障民生需求，探索实行“编

2020 年 7 月 17 日，市委编办到丰泽区委编办开展机构编制调研（区编办 供）

外互补”，核定教师编外人员控制数1013名以补充教职工编制资源的不足，缓解教育编制资源供需矛盾，保障基础教育发展需求；核定正骨医院编外人员700名，为基层卫生事业发展提供保障，满足老百姓日益增长的医疗需求；分别对区融媒体中心和福建海西国家广告产业园区（泉州园）管委会进行“三定”，对区融媒体中心和福建海西国家广告产业园区（泉州园）管委会的机构性质、机构职能、内设机构、人员编制、领导职数等进行明确，健全其体制机制；调整原村集体“三资”监管职责，牵头协调区民政局和区农业农村和水利局，就原村集体“三资”监管职责归属进行协商，并将协商结果报区委编委会研究同意，将丰泽区56个原村改社区的“三资”监管职责由区民政局划入区农业农村和水利局，理顺原村集体“三资”监管职责隶属关系。

【事业单位登记管理】 2020年，丰泽区委编办事业单位法人年度检验和日常管理有序推进，丰泽区事业单位法人年检工作，早谋划、早部署，完成全区事业单位法人网上年检工作；应年检事业单位180家，年检合格率100%。办理变更登记41家，新增1家，并根据区委、区政府干部调整情况及时办理统一社会信用代码赋码证的变更，变更9家；建立事中事后监管机制，落实“双随机、一公开”制度，先后组织开展两次“双随机”抽查，共抽查事业单位18家，被抽查事业单位均能按《事业单位登记管理条例》及国家有关法律法规开展工作；加强中文专用域名注册和网站“挂标”工作，加强与省政务和公益域名注册服务中心的沟通联系，做好区级机关、区属事业单位政务、公益域名的日常审核、检查、监督工作；全区党政群机关、事业单位和社会团体共注册域名298个，已加挂标识254个。

（白冰冰撰 陈超审）

民 政

【低保工作】 2020年，丰泽区民政局落实低保标准自然增长机制，低保标准从1月起调整提高至每人每月720元，从10月起又调整至每人每月775元，开展特殊困难群众摸排，做好支出型贫困家庭低保工作，累计发放低保资金536户640万元。

【特困人员供养救助】 2020年，丰泽区民政局提高特困人员救助供养标准，做一年一次的复核认定工作，对不符合条件的予以调整清退，将符合条件的纳入，并相应更新系统信息，累计发放特困人员供养资金57人约80万元。

【专项救助】 2020年，丰泽区民政局落实重新修订的临时救助政策，发现救助对象，优化救助流程，建立分级审批制度，设立街道备用金制度，应对寒潮，要求发挥临时救助街道级备用金作用，加大“救急难”临时救助工作力度，对有需求的困难群众救助，累计发放临时救助金136万元。加强政策宣传，通过掌握残疾人身份、残疾等级变动以及家庭经济状况、户籍变迁和死亡减员等情况，将不符合条件的清退、符合条件的纳入，加强“残疾人两项补贴信息系统”管理使用，实现数据信息动态共享，累计发放残疾人两项补贴约255万元，做好33名集中供养孤儿、2名散居孤儿和33名集中养育孤儿救助，审核24个事实无人抚养儿童，每个月按照散居孤儿标准发放生活补助资金，从12月起，集中养育和散居孤儿生活补助标准从每人每月1500元和900元，提高到1800元和1400元。启动社会救助和保障标准与物价上涨挂钩联动机制，累计发放价格补贴和春节期间价格补贴60多万元。做好困难群众和儿童福利机构的疫情防控工作。

【养老工作】 2020年，区民政局通过政府公开招标方式，财政出资购买居家养老信息化服务，为户籍在丰泽区的“特困供养人员、低保对象、重点优抚对象、计划生育特殊家庭成员、重度残疾人”中的60周岁及以上老年人提供服务，每人每月20元，全区服务对象3500多人，全年投入购买资金近100万元；修订完善《居家社区养老服务照料中心运营补助方案》《支持专业组织运营居家社区养老服务照料中心补助方案》，投入运营补助资金85万元；下拨补助资金28万元，对5个新建居家社区养老服务站提供建设补助，下拨全国居家和社区养老服务改革试点补助223万元到丰泽、城东、泉秀街道，按时完成丰泽街道居家社区养老服务照料中心（迎津社区）建设和城东街道居家社区养老照料中心（浔美社区）提升，购买3台宣泄系统，下拨2020年度养老服务设施（微型消防站）建设市级补助资金18万元，对8个街道居家社区养老服务照料中心和1个社区居家养老服务站提供完善微型消防站建设补助；开展社区助老员设置工作，104万元补助资金用于街道购买26个社区助老员岗位，对丰泽区特困（低保）完全失能老年人提供每人每月300元护理补助，累计发放30多万元，做好养老服务场所疫情防控和安全生产工作。

【婚姻收养登记】 2020年，丰泽区婚姻登记处共办理婚姻登记2569件。其中国内结婚登记1571件，离婚登记763件，补领婚姻登记证235件；包含涉外结婚登记3件，离婚登记2件，补领婚姻登记3件。解除收养登记1件。

【社会组织】 2020年，丰泽区民政局动员全区社会组织积极助力疫情防控，发出助力疫情防控工作的倡议书，引导各社会组织有序参与新型冠状病毒感染的肺炎疫情防控工作，有14家社会组织在疫情期间捐献现金2733716

元，捐赠口罩10000只，其他社会组织发挥自身专业优势，开展疫情防控宣传、免费心理咨询、深入防控新型冠状病毒一线等工作。多举措引导社会组织参与脱贫攻坚工作，发出倡议书，动员社会组织积极参与脱贫攻坚，营造社会组织参与脱贫攻坚的良好氛围并树立先进典型，建立激励机制，参与脱贫攻坚的社会组织11个，开展扶贫项目22个，制订扶贫工作计划22 个，投入资金623.96万元，投入人员1000人，受益人口2265人；完成行业协会商会脱钩改革工作，制定脱钩实施方案，对全区脱钩改革工作进行精心部署，建立以上率下、部门联动、全区“一盘棋”工作机制，按照“五分离、五规范”要求，全区20家行业协会商会在规定时间内完成脱钩改革工作，完成率100%；开展清理整顿行业协会商会违规收费专项整治行动，促进行业协会商会健康发展，下发部署通知，督促各行业协会商会重点围绕“五个严禁”进行全面清查，集中行业协会商会收费清单向社会公示，接受社会监督；依法登记，做好社会组织日常登记审批工作，共新成立社会组织9家、变更社会组织信息15家、注销社会组织6家，认定慈善组织1家，年度检查社会组织203家，开立临时存款账户10家，银行和印章备案 9家。

【殡葬管理】 2020年，区民政局按照区民政局、文明办、财政局《关于发放文明治丧基本殡葬服务费的通知》精神，推进丰泽区文明治丧和惠民殡葬工作，累计审核发放文明丧葬资金712000元。

【区划地名与勘界】 2020年，区民政局制作出版《丰泽区行政区划图》，批复设立东海街道滨海社区、北峰街道万科城社区，共有8个街道83个社区居委会；开展全国不规范地名清理整治摸排工作，共摸底排查22处不规范地名，根据省、市政府及上级民政部门的统一部署，开展丰泽区“二普”补查补更工作，补查成果通过国家“二普办”验收，完成编撰丰泽区《中华人民共和国标准地名志》第一部分和《中华人民共和国标准地名词典》第二至第八部分，核准万科城市之光等8处商住小区名称备案，批复东海街道18条道路名称；按照国务院《行政区域界线管理条例》要求，开展实施全省第四轮丰泽—南安县级平安边界建设工作。

【基层政权与社区建设】 2020年，区民政局创新社区治理，丰泽区丰泽社区和圣湖社区被列为泉州市重点社区，丰泽社区“1357”工作法获评福建省第一批优秀社区工作法，圣湖社区书香圣湖工作法获评福建省第二批优秀社区工作法，浔美社区获评首批市级社会工作专业人才基地，召开丰泽区2020年社区治理现场会，分享交流社区治理经验，并汇编成册，发挥重点示范效应，指导推动丰泽和圣湖两个市级重点社区创建工作，每个社区补助15万元，实施华丰、华大、浔美3个市级“共建共享”新型社区治理试点项目，每个社区补助10万元，强化《关于加强居务公开及决策、监督制度规范建设的通知》文件贯彻落实，推动各类社会主体参与社区治理，强化以社区为平台、社会组织为载体、社会工作为支撑的“三社联动”工作机制，累计投入78万元用于购买社工服务，其中灯星社区、源淮社区分别被列为省级、市级三社联动试点。社会工作人才队伍不断壮大，目前全区持证人员共331人，持证总人数居全市第二；健全社区服务体系，完成仁风社区、东涂社区2个泉州市城乡社区服务站建设项目，共投入40万元（市级补助资金20万元，省级福利保障资金20万元），推进“智慧社区”各项工作，11月，依托智慧城市（泉州丰泽）运营管理有限公司“i丰泽”App上线发布社区在线学习平台“社区大学堂”，对全区社区工作者进行培训，开设法律法规政策、业务知识、疫情防控、优秀社区风采等实用课程，总培训达858人次；加强和完善社区队伍建设，推动各类社会主体参与社区治理，强化以社区为平台、社会组织为载体、社会工作为支撑的“三社联动”工作机制，累计投入78万元用于购买社工服务，其中灯星社区、源淮社区分别被列为省级、市级三社联动试点，社会工作人才队伍不断壮大，目前全区持证人员共331人，持证总人数居全市第二。

【区社会福利中心工作】 2020年，丰泽区社会福利中心旧址（丰泽区北峰街道霞美社区原霞美小学）纳入泉州市西华洋滞洪片区项目征迁范围将被整体拆除，4月1日起搬迁至泉州江南老年颐乐园6号楼3—5层合计1590平方米作为过渡住所，开展孤弃儿童的养育工作。

（黄耀河 刘祖信撰 黄国金审）

退役军人事务工作

【概况】 2020年，丰泽区退役军人事务局（以下简称区退役军人事务局）围绕“让退役军人和其他优抚对象成为全社会尊重的人，让军人成为全社会尊崇的职业”的工作目标，落实 习近平总书记关于退役军人工作重要论述和重要批示指示精神，完成优抚安置、军地双拥共建和规范服务中心（站）建设任务。

【优抚安置】 2020年，区退役军人事务局做好现役士兵优待工作。春节期间走访慰问被评为优秀士兵、获得三等功的现役士兵家属，送立功喜报上门，发放奖励金。对新普查认定的年满60周岁的农村籍退役士兵，从2020年1月起发放老年生活补助。提高重点优抚对象抚恤补助标准，抓好重点优抚对象抚恤补助标准自然增长工作，发放重点对象优抚款、退役士兵一次性地方生产

2020年12月20日，区退役军人事务局举办“丰泽区部分退役军人拜师学艺”协议签订仪式　　（区退役军人事务局 供）

生活补助金。解决好重点优抚对象医疗难问题，对重点优抚对象给予大病医疗补助，缓解其医疗困难。推进城镇退役士兵保险接续工作，主动协调医保、社保、税务、财政等部门，接收256件，全部办结。帮助退役军人就业创业，发动退役军人企业家参与泉州市首届退役军人创业创新大赛，选送5个项目参选，获得优胜奖1名；组织城镇退役士兵参加免费职业教育和技能培训；组织退役士兵及家属参加退役军人暨随军随调家属专场“云招聘”，配合人社部门发布就业信息。为烈属、军属和退役军人等家庭悬挂光荣牌。

【服务中心（站）建设】　2020年，丰泽区退役军人事务局根据《2020年全国示范型退役军人服务中心（站）创建活动实施方案》，确定区退役军人服务中心、东海、城东、北峰、华大、泉秀6个单位为创建单位。区服务中心、东海、城东、北峰、泉秀5个单位已完成场所建设，并对照标准化工作台账，充实规范。完成区、街道、社区退役军人服务中心（站）地理位置信息及办公电话电子地图采集录入。落实信息化管理，基本实现各街道服务站专门计算机、VPN（虚拟专用网络）专线全覆盖，组织做好信息采集工作。

【军地双拥共建】　2020年，丰泽区退役军人事务局开展慰问走访活动，走访慰问重点优抚对象、丰泽籍二等功臣并发放慰问金；疫情期间，逐户走访慰问援鄂一线医务人员家属16户，发放慰问金4.8万元；走访慰问参加九江、淮海抗洪救灾的军属，代表军地发放慰问金并详细了解战士家庭的实际情况。丰泽社区退役军人服务站、邮储丰泽支行双拥工作联络站、长江支队主题公园作为丰泽区爱国主义教育基地代表泉州市创建全国双拥模范城迎检点在5月下旬全国考评中获得良好的成绩。

（区退役军人事务局供稿）

财政

【概况】　2020年，丰泽区财政局以习近平新时代中国特色社会主义思想为指导，贯彻落实中共十九大，中共十九届二中、三中、四中、五中全会精神，以及中央、省委、市委、区委经济工作会议决策部署，坚持稳中求进工作总基调，坚持新发展理念，统筹推进常态化“疫情”防控和经济社会发展，克服“疫情”影响，做好“六稳”工作，落实“六保”任务，用好中央直达资金，严控支出保民生保重点，实现财政安全平稳运行。

【财政收支】　2020年，丰泽区一般公共预算总收入25.65亿元，完成预算34.6亿元的74.1%，同比下降22.3%。其中：地方一般公共预算收入16.08亿元，完成预算20.29亿元的79.3%，同比下降19.8%；全区一般公共预算支出27.03亿元（含上级转移支付、特殊转移支付、上年结转和新增地方政府一般债券安排的支出），同比增长14.6%。主要支出项目执行情况：教育支出62763万元，比上年增长1.9%，占一般公共预算支出的23.2%，教育经费投入两个“只增不减”，主要用于保障合同制教师待遇支出；支持中小学、幼儿园基础设施建设和扩班支出等；科学技术支出10969万元，比上年增长9.0%。主要用于扶持企业转型升级和“智慧丰泽”平台建设；其中，扶持企业发展、补助企业研发、技改支出5328万元，“智慧丰泽”（一期）建设费用4794万元；科技相关专项经费659万元；文化旅游体育与传媒支出6028万元，比上年增长77.1%。主要用于区图书馆建设、公共文化服务体系建设和文体产业发展；社会保障和就业支出19330万元，比上年增长16.2%，主要用于保障惠民项目，其中，城镇居民养老保险支出5087万元；稳就业相关支出2887万元，优抚救助支出1653万元，退役安置支出583万元；残疾人救助支出561万元；卫生健康支出27389万元，比上年增长16.4%，主要用于新冠肺炎疫情防控，实施基本公共卫生服务均等化，推进“健康丰泽”建设；其中，新冠肺炎疫情防控资金7100万元（含抗疫特别国债支出），公共卫生服务支出7339万元，正骨医院北峰院区建设2635万元；节能环保支出7275万元，比上年增长3.3%，主要用于推进城市卫生保洁，落实晋江、洛阳江上游水资源保护补偿机制；城乡社区支出24886万元，比上年下降25.9%，主要是量力安排、压减项目支出，其中，城市保洁支出5013万元，保障社区运转及改造3972万元，交通基础设施建设2150万元；交通运输支出10116万元，比上年增长30.5%，主要用于省级海船提前报废更新补助及配套市级泉州港航运政策奖励；资源勘探工业信息等支出11936万元，比上年下降30.5%，主要用于兑现各级惠企政策，减支主要是部分惠企政策资金通过盘活资金解决；住房保障支出23297万元，比上年增长1808%，主要是中央财政保障性安居工程补助资金，用于城镇老旧小区改造；灾害防治及应急管理支出2447万元，比上年增长36.2%，主要用于消防、防汛、地震预警等应急事务。

【财政管理】　2020年，丰泽区财政局落实积极财政政策，激发市场主体发展信心，落实减税降费政策，全年减税降费109042万元（其中，减税39685万元、降费69357万元），减轻市场主体负担；推进“六稳”“六保”工作，疫情期间，发放就业创业补助金2714万元，拨付援企稳岗资金2402万元，减免中小企业、个体工商户租金758万元，调优帮扶政策，出台各类小微园区、楼宇经济等政策措施，经济平稳运行，兑现各级惠企政策，支持市场主体经济发展18890万元，支持航运业发展12900万元，支持产业园区建设7132万元，支持建筑业发展3296万元；抓实抓细财政收入，提升财力保障服务水平，落实收入主体责任，紧盯年初收入目标，定期召开收入工作分析调度会，加强工作协调，分解收入计划，做好收入预测分析，解决存在问题，促进组织收入工作更好开展，依法组织收入，一方面，全面落实减税降费政策，该减则减、该免则免；另一方面，加强对企业依法纳税监管和指导，防范税收流失，应征尽征，收入工作做细做实，做好增值税免抵调库工作，争取更多调库资源，梳理非税收入项目，确保收入及时入库；强化细化资金统筹，支持疫情防控民生保障，加大存量资金盘活力度，统筹收回部门结转结余 9494 万元，主要用于保障新增事项及兑现扶持企业政策资金需求，调入资金 15095 万元确保政府债务到期还本，统筹资金落实疫情防控和助企纾困，全区统筹拨付疫情防控经费 7568 万元（含社会捐助款 468 万元），抗疫特别国债安排助企纾困 2402 万元，争取上级资金保民生，争取中央财政保障性安居工程补助资金 21048 万元，保障老旧小区改造，争取政府债券转贷资金 25215 万元，保障卫生、教育基础设施建设及生态环保整治；严格预算执行约束，严肃财政支出监督监管，政府继续带头过“紧日子”。应对疫情、减税降费等因素对财政收支影响，坚持厉行节约过紧日子，按压减要求梳理和下达预算单位一般性支出控制数，推进预算绩效管理，制订年度工作计划，纳入绩效管理财政资金 5.97 亿元，外聘第三方完成重点评价项目 3 个，完成部门整体绩效评价试点 1 个，开展自评抽查工作，上线预算绩效管理系统，加强财政资金监督监管，资金拨付全面实施电子化管理，区级社保资金定期存款采取公开招标竞争性存放方式，对 11 个区直单位开展“1+X”专项检查，落实政府采购领域监管，转发上级有关政策文件，为疫情防控期间政府采购活动提供有效指导和监管，加强市政工程资金预结算审核，预算审核项目 56 个，核减造价 1081 万元；结算审核项目 17 个，核减金额 519 万元；完善国有资产管理，深化国有企业改制改革，完善国有资产管理，编制国有资产管理情况综合报告，向区人大常委会报告行政事业性国有资产管理情况，出台《丰泽区国有不动产划转移交和管理工作实施方案》，审核区属两大国有集团投融资计划情况报告，加强国有资产收益管理，实行“收支两条线”，督促业主单位履行职责，防止国有资产流失，落实国有企业退休人员社会化管理，按期完成退休人员人事档案、党组织关系移交等工作，深化国有企业实体化改革，落实《国企改革三年行动方案》，把党的领导融入国有企业治理各环节，完成区属粮油全民所有制企业公司制改制，国有资产配置更加优化；规范债券项目申报，积极争取更多债券资金，加强债券资金申报工作，制定《关于做好地方政府债券资金申报的工作方案》，规范地方政府债券分类、使用范围、债

2020 年 7 月 16 日，丰泽区财政局协同浔美社区开展“爱国卫生”志愿服务活动，清理违规停放的共享单车
（区财政局 供）

2020 年 9 月 24 日，丰泽区财政局组织干部职工开展“孝廉文化”研学活动
（区财政局 供）

券申报和使用管理，按专项债券申报要求整理准备6个项目，为下一步丰泽区争取更多专项债券额度做好准备，争取上级更多债券资金支持，全年申报新增一般债券25560万元，申报新增专项债券25848万元，申报再融资债券15075万元，争取到位资金总额40206万元，保障重点项目建设资金需求和地方政府债券到期按时归还。

（杨苹撰 苏恒审）

金融

【概况】 2020年，丰泽区金融局按照中央、省、市关于做好新型冠状病毒感染的肺炎疫情防控工作决策部署，发挥金融服务保障作用，引导各在丰金融机构全力支持辖区企业共克时艰，在推动产业转型升级、增强实体经济活力等方面奋发作为。

【金融政策支持引导】 2020年，丰泽区金融局制定关于应对疫情支持企业共度时限的十二条措施，强调严格迅速执行中央、省、市出台的有关税收、金融、劳动保障等方面的支持政策，加码金融支持举措；加大企业、社区、街道企业办对接宣传，推广利用“金服云”平台申请200亿元省中小微企业纾困专项资金，帮助受疫情影响而产生暂时流动性困难的中小微企业获得授信4.4亿元，放款3.46亿元，排名全市第4位；联合行业主管部门制定《关于进一步做好金融服务 全力保障防控新型冠状病毒感染肺炎疫情工作的通知》，梳理各级多项惠企金融政策和重点扶持的“白名单”企业，明确各部门保障措施，加大信贷投放实体经济；特别是梳理汇总15家银行机构关于疫情防控企业及受困企业的金融支持政策，结合企业疫情防控和复工复产工作服务加强宣传，争取用好用活各金融机构支持政策。

【金融“六稳六保”措施】 2020年，区金融局推出全市首份“复工复产企业疫情防控综合保险”，由区政府出资统一对风险承担能力较弱的2.4万家小微企业购买疫情防控险，通过市场化手段防范企业因员工感染新冠肺炎造成的人员工资、集中隔离、防疫、水电等费用损失，保障企业复工复产；5家企业8月份获得12.8万元停业损失和防疫费用保险赔付；建立政银企联动机制，用好疫情防控专项再贷款、贷款贴息、临时性延期还本付息、信贷支持小微企业等金融政策，做好生产型出口企业资金保障。区属企业应急资金帮助200家次企业转贷16亿元；区属政策性融资担保机构开展担保业务2.46亿元，帮助中小企业融资“增信”。

【实施贷款提升工程】 2020年，丰泽区金融局开展“行长进企业”活动，完善企业金融顾问制度，推动区金融党建联盟、金融服务企业专业小分队下沉工作重心，对存量授信客户、未发生授信关系及受疫情影响严重的中小企业开展走访活动，做好助企、援企金融政策宣传解读，送金融产品入企业，企业复工复产以来，已开展政府国有集团、软件园、建筑产业3场银企对接会，金融机构累计走访企业超过2000家次。建立金融支持民营企业“白名单”，加强对制造业、高新技术、外贸行业及重点项目等领域金融服务，制定综合金融服务方案，根据民营企业实际需求发放1年期以上中长期贷款。推动落实跨境电商、华创园的定制融资产品，推广“集采通宝”“科创贷”等做大规模，强化打造企业金融扶持闭环。11月末，银监口径丰泽区各项贷款余额396.53亿元，较2020年年初增长8.2亿元。

【企业直接融资渠道】 2020年，丰泽区金融局推进企业挂牌上市工作，帮助南方路机厘清历史遗留问题，A股上市材料获得证监会受理；泉州银行、南方路机、蓝深环保等7家企业获评市级上市后备企业，奇鹭物联、师傅邦网络等5家企业获评市级场外市场挂牌后备企业；组织南方路机、奇鹭物联、欣欣文化申报市级上市及场外市场挂牌奖励资金计111.88万元，泉州首个市级基金小镇（泉州海丝基金小镇）启动一年多来，已入驻和正办理入驻手续的基金类企业达60家，资金管理规模62亿元，基金企业有效聚集发展，多元化投融资体系初步建立。

【金融风险】 2020年，丰泽区金融局按照时间节点，摸底季末续贷及还息困难企业，分行业列出企业清单，提前介入了解企业生产经营、财务状况，督促银行业机构不抽贷、不压贷、不断贷，协调银行业机构综合运用展期、续贷、应急转贷、延期支付利息等方式“一企一策”帮扶处置；年末不良贷款率降至1.3%以内；通过司法重整及市场化手段，帮扶上市公司安通控股引进产业和财务投资者，化解近200亿元债务危机及上市公司股权、债权风险，重整成功创下多项第一，成为上市公司重整方案赞成率最高、化解违规担保和资金战胜金额最高、2020年全国首家重整成功企业；推进存量2家网贷平台清理整顿工作，引导品尚电子商务有限公司转型全国性网络小额贷款公司，推进对“海星宝”平台软着陆，守住不发生区域性金融风险底线；结合类金融机构日常监管，聘请会计师事务所做好辖区21家类金融机构依法合规经营及非法集资排查工作；开展现场检查核查5次，检查企业20余家，现场关停企业14家，查处4家非法金融机构，报送涉黑涉恶举报线索1条给公安机关（已立案）；在浦西万达、中骏广场开展2场涉金融类扫黑除恶和防范非法集资宣传活动，通过移动公司发送11万条宣传彩信，联合市金融监管局在全市1300多辆公交车上投放扫黑除恶工作宣传广告，以法律条款、非法金融案例等风险警示内容为宣传重点，取得较好宣传效果。

（蔡雅婷撰 吴端长审）

税务

【概况】 2020年，丰泽区税务局贯彻落实“六稳六保”决策部署，按总局“四力”要求，聚焦主业、聚责履职、聚智改革、聚守初心，在危机中育新机，于变局中开新局，积极拓新，打造“丰泽探索”品牌，推动各项工作稳中有序、稳中向好。

【完善内外联动】 2020年，丰泽区税务局应对疫情影响和外部环境冲击，落实各项减税降费政策，支持实体经济发展，与财政局、各街道建立良好沟通机制，创新出台街道社区协税护税奖励方案，做好行业税收与重点税源变动的分析，跟踪重点税源，深化税收与经济调研，围绕丰泽区产业发展规划，对结构调整、科技创新、小微企业、房地产等方面开展调研，培植新的税源增长点，促进税收政策与地方产经项目有效衔接、税收工作与区域经济社会发展有机融合；强化会计核算日常管理，注重会统报表数据的分析利用，按月对各行业税款的入库情况进行分析比对，夯实税源分析基础数据，通过发票开具户数、金额、地区、行业等高频数据分析，对复工复产情况进行动态监测，累计向区政府上报6篇复工复产分析供领导决策参考，开展全国税收调查工作，对丰泽区上市公司、集团企业、重点税源企业、“营改增”企业和加工贸易等497户纳税人开展税收调查，优化退税服务，完善与国库联系机制，确保纳税人应退税款及时到位；加强全口径预算管理，更新基础信息，探索会计核算与预算指标有效衔接，从严控制“三公”经费和会议费，按照中央过“紧日子”要求，优化支出结构，推广网上采购，保障重点项目支出和单位正常运转，降低行政运行成本，加强同地方财政部门沟通协调，落实落细经费保障体制，执行国库集中支付管理制度，关注集中支付资金动态监控，做好国有资产有偿使用和处置收入收缴和财政票据管理工作，针对财务管理的薄弱环节和关键领域，对各项管理制度、业务流程和工作标准进一步细化补充，切实增强防控风险的能力；落实疫情防控、复工复业及扩大内需等相关税收政策，共有12617户次纳税人享受税收优惠金额35988.13万元，完成339户增值税一般纳税人清册行业代码核实工作及7户成品油经销企业信息维护，做好出口退税申报新系统上线前各项相关工作，完成出口退税审核系统数据迁移预演工作，按照数据迁移和核实口径对6类数据进行核实确认和清理；区税务局个税改革领导小组统筹推进工作任务的落实，层层分解任务，每日通报工作进度，完成首度个税年度汇算工作攻坚战，共有9328户扣缴单位12.66万名纳税人进行综合所得年度汇算清缴申报，其中补税已缴款4789人，补税税款合计950.69万元，申报退税38834人，退税税款合计1441.88万元，补税进度完成134.24%，退税进度完成106.83%。完成企业所得税年度汇算工作，2019年度已汇算清缴36970户，申报率100%，应缴税款10.72亿元，享受所得税优惠户数12478户，弥补以前年度亏损2.72亿元；制定《国家税务总局泉州市丰泽区税务局关于规范纳税评估工作的通知（试行）》，规范税收执法行为，防范和及时应对涉税风险，下达风险应对任务12993户次，跨区域协作任务4户次，完成1520户次个税汇算异议申诉风险任务处理情况专项自查工作，完成13068户次自然人异议申诉的处理工作，按时完成自然人电子税务局税务端账号绑定、岗责配置等相关维护工作，保证系统正常上线运行，防虚打骗，推进稽查协查工作，移送一起涉嫌骗税案件，处理异地协作平台协查71户次，接受外地公安、税务部门“来人来函”调查共58人次。

【组织建设】 2020年，丰泽区税务局坚定理想信念，把学习宣传贯彻习近平新时代中国特色社会主义思想作为首要政治任务，巩固“不忘初心、牢记使命”主题教育成果，通过中心组理论学习会、“三会一课”、学习强国等形式，组织学习习近平新时代中国特色社会主义思想，同时将意识形态、国家安全、安全生产、党内法规、生态文明、警示教育、中共十九届五中全会精神等专题纳入学习内容，推进“学习强国”平台的学习与运用，每周通报制度，人均学习日积分超过40分，在区直十一个系统党委中名列前茅；组织开展非职务违法违纪案件专项教育、以案明纪教育活动和“净化风清气正用人环境 营造山清水秀政治生态”专题学习教育，组织党员参观浔美社区家风家训文化馆，开展“扬优良家风、树清廉党风”主题党日活动，组织观看《泉州市移风易俗典型案例交流》视频，签订干部、职工“倡扬文明新风、深化移风易俗”承诺书，在党员中营造家风好、税风正、党风纯、政风清的良好氛围。召开“庆祝中国共产党成立99周年”纪念大会，收看“我们身边的先进典型”宣讲活动，重温入党誓词；组织开展“学习党史、坚定信念”主题教育活动；加强疫情防控期间思想政治工作，制定下发《关于深入贯彻落实习近平总书记重要指示精神充分发挥党组织和党员、干部积极作用坚决打赢疫情防控阻击战的通知》，向全局干部发出《凝心聚力克时艰、众志成城战疫情——致丰泽区税务局全体干部职工及退休干部的一封信》及《让党旗飘扬在防控疫情第一线——致丰泽区税务局各党支部及全体党员的一封信》，组织党员开展“战‘疫’有我、我承诺”线上承诺活动和我的战“疫”报告主题党日活动，组织党员捐款154人，累计捐款金额12860.4元；与丰泽区清源街道非公企业党委和泉州市中小微企业联合会携手，在泉州市元件厂电商园联合推进建设“旋木互联非公党建平台”，加大对疫情防控和复工复产帮扶力度，梳理帮扶企业影响力大、适用面广的一系列税收优惠政策，分门别类列出享受主体、优惠内容、享受条件和政策依据，并借助泉州市元件厂电商园网红培训基地的软硬件设施，线上开设“小微问税”税务知识小讲堂，以实景对话微视频直播形式，帮助个体工商户了解最新的减税减费政策，召开税企座谈会，介绍税务机关防控疫情的主要措施和各项税收优惠政策，回应和解决企业复产复工过程中遇到的各类问题和困难，确保企业诉求得到及时有效解决；学习贯彻《全国税务系统党的建设工作规范（试行）》，理顺党建工作体系，强化横向联通，实现党建与党风廉政建设、人事、监督、教育培训、考核考评相互协作，凝聚工作合力，探索建立条块协同机制，与丰泽区党工委、纪委监委、组织部、宣传部、文明办等相关部门的工作沟通，完善党建工作领导体制及协作配合机制，实施2020年基层党支部建设质量提升行动，开展“四强”党支部创建、参与支部规范化建设申报、主题党日活动评比等活动，推进党支部标准化规范化建设。

【税收营商环境】　2020年，丰泽区税务局强化全员服务意识，落实首问责任、一次性告知等服务制度，为纳税人提供更优质的服务，建立固定导税和流动导税相结合的导税预审机制，确保纳税人咨询有人答、疑难有人解、业务有人办，优化办税厅功能布局，纳税人平均等候时间大幅度压缩88.16%，解决办税厅拥堵、减少办税厅人流量，疫情期间对接本地企业与湖北地区企业，逐户了解企业在原材料采购等方面存在的困难，利用税收大数据分析加强帮扶精准纾困；聚焦疫情期间办税缴费的堵点、难点和痛点，健全制度完善流程，拓宽“非接触式”办税缴费渠道，精心谋划实施服务品牌“e×1=E”，宣传推广总局、省局网上办清单及“19项线上线下融合办清单”和“16个线下预约办清单”，引导纳税人“跑网路不跑马路”，组建“非接触式”纳税服务团队，为纳税人实时在线提供远程辅导服务，引导纳税人运用电子税务局、手机App、自助办税终端等途径“零障碍”自助操作，拓展跨区域（建安）业务全程网上办，以及360日以内的逾期申报、简易处罚网上办理。网上申报率98.23%，网上办理率87.05%，均远高于全省和全市平均值；以公开促落实以公开促服务，优化“阳光退税”工作制度，加快外贸企业出口退税审批工作和生产企业出口退税办理进度，在出口退（免）税申报无疑点或疑点可排除的情况下，做到“随到、随审、随办、随退”，促进企业资金加快回笼，提高税收营商环境，助力企业复产复工，共为4342户次企业办理出口退税125075.86万元；加强部门间信息互通，共同推进优惠政策落实，与人社、医保等相关部门沟通顺畅，信息共享及时，及时跟踪多征应退数据情况，了解掌握退费进度，成立工作专班，制定区局落实阶段性减免企业社会保险费工作任务清单，对标对表抓好各项工作，简化退费流程，拓展“非接触式”缴费服务，推进网上办税（费）各种涉税、费事项，不能网上办理的采取首问责任制和一次性告知制，预约窗口办理，实现一窗通办，减少上门办理涉税、费事项的数量，共办理13385户，减免三项社保费6.23亿元；做好疑点数据整理推送核实工作，及时跟进最新政策，归集整理和推送规费相关优惠政策，跟踪监控平台疑点数据，处理多缴费金，确保企业单位应享尽享，确保优惠政策落实到位，抓好社会保险费降费率工作，推动建立区政府主导，税务、财政、人社、医保等部门联动的工作协调机制，统筹协调社保费降率与社保费征管职责划转期间的工作衔接，梳理降率政策实施后可能发生的风险点和防范措施，加强运维工作，提升运维效率；在持续宣传减税降费政策的基础上，与丰泽区商务局强化工作联动，完善税商企联络员制度，采取“线上+线下”的双轨机制，扩大外资企业税收优惠政策的宣传面，以丰泽区外资企业微信联络群为依托，通过制作新媒体作品结合在线辅导的形式，进行“一对多”的政策宣传，对20余户重点企业，上门对财务人员进行“一对一”宣传辅导，与区商务局联合组成台资企业服务小组，并在办税大厅开通

2020年，丰泽区税务局办税大厅一角　　（区税务局 供）

台商服务办税绿色通道，为台商提供个人所得税的纳税咨询、办税辅导、政策宣传、提醒等个性化服务，完成46户企业服务贸易等项目对外支付税务备案及4户非居民纳税人享受税收协定待遇后续管理审核工作，相关企业享受税收协定优惠待遇1889.61万元。

【税收协同治理】 2020年，丰泽区税务局对接税收共治宣传服务中心（泉州）的职能，统筹融合税务、海关、商务、工信、人行等部门的要素资源，推行优势互补、连锁互动的集成化服务，全方位助力企业达产促销，融入市局"易税"服务体系与地方政府的"一件事"集成套餐服务体系，并强化与地方政府的互动协作，与市代理记账行业协会建立起优势互补、连锁互动的集成化协作机制，凝聚税收共治合力，完善"党政领导、部门合作、社会协同、公众参与"的税收共治体系；按照"作出百分之百的努力，确保政策不折不扣地落到每一户企业"的工作目标，围绕"宣传辅导到位、操作准备到位、核算分析到位、监督考核到位"，落实各项税费优惠政策，推动稳企业、稳就业，在工作推进过程中，注重加强与地方党政的汇报沟通，强化与财政、社保、医保、工信等部门以及各街道、社区的协调合作，提升税企线上互动频率和效率，确保小微企业在第一时间实打实地享受税收优惠政策；在上市公司重整案件中，作为区政府清算组成员，与法院协作，开展税款债权的清偿和重整期间涉税事项的指导，同时监督管理人在重整期间继续做好生产经营工作，确保管理人以企业名义按规定申领开具发票，克服无先例可循且案件涉及法务、金融等专业复杂操作的困难，全省首创税款债权清偿优化方案，成功将税款债权4010.45万元全部追缴到位，并对403万元滞纳金以上市公司股权支付形式完成追缴，协同法院探索完善对民间借贷纠纷案件自然人利息收入相关税费的联合征管机制，优化执行流程和法院代征机制，征收财产执行相关税收20.26万元；与高校联合承办泉州市"减税费优服务、助复产促发展"的新媒体作品创作大赛，比赛共征集到300余件各具创意的作品，优秀作品在福建日报新媒体平台、福建税务、泉州税务官微进行展播，通过"云赛事"的举办，生产一批优质税收宣传作品，丰泽局税收宣传作品先后在央视新闻联播、《经济日报》、新华网、总局官微、《中国税务报》、《福建日报》等各级各类媒体刊发稿件超200篇，展现丰泽区税务局服务保障减税降费和落实"六稳六保"的创新举措和成效；各分局与街道办事处主动对接，了解街道办事处在防控疫情工作中的需求，配合，主动回应和解决各类税收工作问题，宣传税务机关防控疫情的主要措施和各项税收优惠政策，与丰泽区多个部门联合推出"企业共享食堂"计划，向辖区企业及机关、事业单位、团体提供集体用餐供配送服务保障，税管员一对一远程辅导供餐企业，确保"企业共享食堂"涉税事项服务的跟进和发票供应，帮助"企业共享食堂"计划解决启动初期的涉税难题。

【干部队伍发展】 2020年，丰泽区税务局落实总局贯彻《2019—2023年全国党政领导班子建设规划纲要的实施意见》，坚持严管和厚爱结合、激励和约束并重的原则，建立和完善科学合理的干部职务与职级并行、选拔交流、鼓励激励、容错纠错机制，营造风清气正的政治生态，树立正确的用人导向，做深做细思想政治工作，回应广大干部关切，首轮职级晋升工作期间，区局召开净化政治生态专题会议和党委书记专题党课，开展三轮谈心谈话共215人次，严肃纪律，交流思想，消除矛盾，防范风险，强化绩效管理和数字人事结果运用，把数字人事与个人绩效、公务员考核、领导干部选拔任用、职务职级晋升等工作有机结合；区局党委从严政治纪律、组织纪律、干部人事纪律、机构编制纪律、保密纪律，落实中央政策规定和上级党委要求，严守"四个不得""一个绝不允许"的要求。深入基层进行调查摸底和问题排查，听取意见和建议，立足工作实际，健全机制、明确口径、规范流程，领会和准确把握职务与职级并行政策执行标准，把握工作重心，聚焦主要矛盾，精心组织，周密安排，开展首轮职级晋升，共完成39名干部44人次晋升工作，释放职务与职级并行制度的改革效应，拓宽基层公务员职业发展空间；每月发布《廉政心语》《党风廉政建设警示教育案例》《扫黑除恶警示教育案例》。针对纳税人满意度调查薄弱环节，开展"内外同步推进"的廉洁自律警示教育，对内发出《驰而不息构筑"清廉清正丰泽税务"倡议书》，对外发出《国家税务总局泉州市丰泽区税务局致纳税人、缴费人的一封信》，开展"纪律教育月"活动和"清风拂心、心存敬畏、行而知戒"专题纪律教育活动，构筑"清廉清正丰泽税务"，开展违规收送礼品礼金、私车公养问题专项整治工作和违规操办婚丧喜庆事宜专项整治工作；利用内控系统的指标过错清册功能，指派专人每日监控执法过错产生情况，及时推送整改，共消除"未准期申报未责令限改""达到增值税一般纳税人标准未发放税务事项通知书"等执法过错上千条，做到防患于未然，降低执法风险，对2020年支持疫情防控和企业复工复产指标内容进行逐项梳理分解并制定专项内容纳入绩效考核，推进行政执法公示制度信息化建设，对13项内容进行公示共5737户次，推行执法全过程记录制度，落实重大执法决定法制审核制度，建立多层级审核工作机制；贯彻国家税务总局《关于在税务系统培育和践行社会主义核心价值观的意见》，开展培养社会主义核心价值观活动、谈心谈话、志愿服务、文明创建等经常性思想政治工作情况，关注税务干部心理健康，创建第十届省级文明单位，健全完善相关设施，营造同心协力、人人参与创建的良好氛围，提升创建成效，发挥工会、共青团、妇委会等群团组织的作用，推动志愿服务常态化，组织开展“战‘疫’有你有我、携手共克时艰”志愿服务活动，组织开展“创城创卫机关党员在行动”活动和“健康母亲1+1”捐款活动，做好先进典型的培育和宣传工作，推进税务文化建设，参与省局“文明之光”计划。

发展和改革

【概况】 2020年，丰泽区发展和改革局贯彻落实中央、省、市一系列决策部署和全省经济工作会议以及市、区党代会精神，围绕全区工作大局，发挥综合部门的参谋助手作用，推进全区经济社会持续健康发展。

【统筹强化经济调度】 2020年，丰泽区发展和改革局制订年度计划，围绕区人大审议通过的2020年国民经济和社会发展主要预期目标，深入基层，开展调查研究，分解下达2020年度主要经济指标，下发《关于分解下达2020年国民经济发展主要指标的通知》，明确各街道各部门工作责任，以确保全年任务的完成；受疫情影响丰泽区主要经济指标下行压力仍然较大，面对经济新常态，发挥牵头部门的组织、协调作用，抓好重点行业、重点企业、重点税种和规模以上工业产值、限额以上社会消费零售总额、固定资产投资等指标运行情况的跟踪监测工作；针对丰泽区主要经济指标的表现，剖析存在的深层次问题，提出针对性的意见建议，为上级领导决策提供重要依据，根据丰泽区经济发展形势，梳理省、市及区里相关政策文件，抓紧落实已经出台的一些政策措施，为丰泽区经济发展提供政策指导支持。

【巩固提升双创成果】 2020年，丰泽区发展和改革局助推双创项目做大、做强，主动靠上对接，争取上级资金扶持，为2个项目争取到中央预算内投资双创支撑平台专项剩余资金1500万元，其中“蜻蜓停车”项目已完工，进入验收阶段；“华创园”二期新规划建设3个公共技术服务平台，项目累计完成投资1571.33万元，约占3个平台总投资的93.36%，完成三大检测中心设备安装调试培训基本完成，进入试运行；发挥“双创”带动就业作用，围绕家政服务等就业潜力大、社会亟须的服务领域，启动社会服务领域“双创”带动就业示范工作，征集蓝企鹅、乐意帮、师傅邦等6个社会服务领域双创带动就业示范项目上报国家发改委，带动更多市场主体贴近强大国内市场需求大胆创新、积极创业、带动就业；深化与智库、研究机构合作，委托深圳投石智库调研《科研创新赋能全市产业转型升级暨2020—2022年行动方案》，通过问卷调查、实地访谈、文献研究、城市对比等方式调研“生产系统”“运营系统”“应用系统”三大系统的现状、存在问题以及政府政策对其的影响作用，分析丰泽区科创系统的发展机遇与挑战，提出相关的政策建议；推介丰泽双创典型经验，做好国家级媒体与国字号基地两个优势的融合，与中国新闻社、国家发展改革委中国经贸导刊杂志社等媒体开展全面合作，宣传和营造创新创业创造良好环境，《中国新闻》两会特刊专版刊登《泉州丰泽：海丝新城 双创高地》《中国经贸导刊》专版刊登《丰泽：培育双创沃土 激发双创活力》。

【发展数字经济】 2020年，丰泽区发展和改革局做好数字产业规划，聘请第三方机构泉州市计算机学会编制《丰泽区数字经济产业发展规划（2020—2022年）》，规划已通过专家组评审；加快打造数字经济特色楼宇示范点，组织开展2019年度区促进数字经济发展若干措施兑现申报工作，打造丰泽区数字经济小微园区，制定印发《丰泽区加快数字经济园区集聚发展规定》；做好第三届数字中国建设峰会宣传发动工作，邀请28名企业嘉宾参会，征集6个近期签约数字经济项目，推荐3个项目现场签约，推动第二届数字中国建设峰会签约项目、泉州市数字经济推进大会在谈、招商、签约项目以及获得过省数字经济专项资金扶持的项目共26个，纳入福建省项目动态管理平台数字经济项目库，落实按月调度跟踪；推动泉州软件园等5个项目入选2020年度省级重点数字经济项目名单，总投资56.5亿元，已完成投资33.9亿元；组织7个项目申报2020年省数字经济发展专项资金，宏科电力的物联网创新产品进入公示、争取200万元补助，组织19个项目（案例）申报2020年度省数字经济深度应用场景，数量居全市前列。

【强力推进重点项目】 2020年，丰泽区发展和改革局按照疫情防控和安全生产相关工作要求，做好“六稳”“六保”工作任务，推进重点项目复工复产；抓好重点项目跟踪管理、协调调度、督促落实，牵头深入开展“春季攻坚行动”“项目攻坚2020”等活动，推动全区上下集中力量、集中资源，强化项目保障、化解实施障碍，推前期、抓进度、保投产、促征迁，重点项目建设有序推进：1—8月，97个区级在建重点项目完成投资133.3亿元，占年度计划的70.3%，超序时进度3.6个百分点；丰泽区宝盖安置区建设项目、泉州东海悦华酒店、泉州菲莉喜来登酒店等13个项目新开工建设；丰泽中介服务产业园（一期）、泉州银行总部大楼、悦智中心、梦想公寓等10个项目建成（或部分建成）；其中，丰泽区分级管理的26个列入市级在建重点项目完成投资63.8亿元，占年度计划的74.6%，超序时进度7.9个百分点，进展态势良好；完成房屋征迁34.8万平方米、土地征收32.42公顷、坟墓迁移115个、回迁安置2193平方米，东海片区经八路北段及支十四路延伸段市政道路工程、东海片区支十五路至十八路市政道路工程、泉州师范学院第二附属小学扩建用地项目等8个项目全部完成征迁任务，特别是西华洋片区（丰泽段）征迁工作取得重大进展，已签订协议1704宗，完成99.47%，保障辖区内省、市重点项目的顺利推进。

【强化政策谋划对接】 2020年，丰泽区发展和改革局做好第三产业复工复产调查统计、困难摸排、意见收集等工作，跟踪监测第三产业重点项目实施情况，牵头制定《丰泽区第三产业提质扩量行动重点扶持企业工作推进方案》，协调推进38家省重点扶持企业和153家市重点扶持企业增产增效；出台《丰泽区关于应对疫情支持中小微企业共度时艰的十二条措施》《丰泽区关于加快小微企业转型升级的若干措施》《丰泽区推进平台经济加快发展实施意见》等政策措施，组织开展现行创意产业、楼宇经济、总部经济和应对疫情扶持措施等政策兑现的申报审核工作，审核确认奖补事项21项、兑付奖补资金138.19万元；重点做好东海片区总部、楼宇经济发展谋划研究工作，起草加快建设东海片区滨海总部区的工作建议、推动东海片区繁荣发展方案、促进东海片区楼宇经济提质发展三年行动计划等，通过抓好商务楼宇招商引资和管理服务，推动高端要素聚集，带动东海片区繁荣发展；做好重大产业招商项目的策划编制工作，筛选汇编15个推介项目入列市重点招商项目名录，抓好招商引资项目对接跟踪，协调推进项目签约、建设等落实转化工作，已报送招商项目10个，完成区下达招商任务；按省、市第十八届“6·18”创交会部署要求，制定丰泽区筹备工作方案，开展技术成果对接、企业技术需求征集、典型对接项目编报、专场对接活动组织、创新展品展示等各项筹备工作。

【整合优化审批服务】 2020年，丰泽区发展和改革局推进行政审批服务事项“五级十五同”。牵头协调区直各单位，在前期行政审批服务事项“四级四同”基础上，配合省市主管部门，细化梳理行政审批服务事项，推动实现省、市、区、街道、社区各级行政审批服务事项的事项名称、事项颗粒度、基本编码、实施编码规则、事项类型、设立依据、申请材料、办事流程、业务经办流程、事项办理深度、承诺时限、表单格式、审查要点、办理条件、收费项目15个方面实现全省范围内规范统一；探索“一窗受理、集成服务”改革，在工程建设领域分阶段设置4个综合受理窗口，由发改、自然资源、住建局牵头开展本阶段并联审批工作，在企业开办领域推出企业设立登记、医社保参保登记、免费印章刊刻、免费证照快递“一条龙”服务，企业群众在同一层政务大厅即可“一站式”完成新设立企业需办理的一系列手续，新设立企业仅需1个工作日即可领取营业执照、食品经营许可证（仅销售预包装食品）及企业印章；推进政务服务“好差评”管理，按照《福建省政务服务“好差评”管理办法（试行）》总体要求，结合辖区实际，研究制订政务服务“好差评”制度，组织自建权力运行系统、政务服务系统、实体政务大厅、服务点和自助服务终端等改造，按规范新增或改造办事评价功能模块，实现政务服务“好差评”线上全覆盖、线下全联通，并与省、市“好差评”系统对接，及时归集“好差评”数据；深化“最多跑一趟、一趟不用跑”改革，各部门结合省网“五星级”事项、通过国家或者省级系统、

2020年9月15日，丰泽区发改局领导带队检查丰泽区平价商店运营情况 （区发改局 供）

2020年9月17日，丰泽区发改局领导带领粮储股负责人检查应急储备、各应急网点的粮油供应、粮源调运及疫情防控宣传工作情况 （区发改局 供）

预约上门服务、快递收取快速送达、网上受理快递送达、移动终端自助办结六种方式，挖掘“一趟不用跑”事项480项，占比65.3%。全区97%以上审批和服务事项实现网上预审和网上办理。

【持续严把投资立项】 2020年，丰泽区发展和改革局1—9月共受理投资项目审批事项109个，其中：政府投资项目立项20个、可行性研究报告批复8个、企业投资项目核准2个、固定资产投资项目节能评估和审查项目2个，内资企业备案项目71个、外资企业投资备案 6个，提前或按时办结率达100%；受理政府投融资项目概算20个，审批概算金额143412.01万元。同时加强工程设计变更管理，会同区财政、住建、审计等部门对1个工程项目中的1个子项目的设计变更内容现场实地察看、集体研究审核，严格把关工程设计变更。

【全面落实物资储备】 2020年，丰泽区发展和改革局落实粮食储备规模，组织召开“银企座谈会”，落实政策性储粮收购、轮换等资金，实施储备粮轮换1508万千克，新增应急成品粮储备60万千克，确保地方粮食储备规模4090万千克，满足辖区粮食储备需求；加强粮食产销协助，引导鼓励粮食企业参与“中国好粮油”“泉州好粮油”行动计划，参加中国粮食交易大会、福建省粮食产销协作洽谈会等展会活动，做好疫情期间辖区粮油市场保供稳价和产销协作工作，兑现国有房产租金减免45.6万元，惠及企业37家；加强应急救灾物资管理，落实区级救灾物资采购共计19种品类2162件，完善粮食应急供应体系，鼓励企业积极调度粮源投放市场，增强市场应急保障能力，使用应急资源管理平台做好救灾物资信息的录入，加强救灾物资出入库等日常管理，确保应急状态时调得动、用得上。

（丰泽区发展和改革局供稿）

统计

【国民经济核算统计】 2020年，丰泽区全年实现生产总值764亿元，增长3.9%。其中：第一产业增加值1.7亿元，增长8.6%；第二产业增加值148.8亿元，下降0.5%；第三产业增加值613.5亿元，增长5.0%。三次产业的比例为0.22 ∶ 19.47 ∶ 80.31。

【工业统计】 2020年，丰泽区全年实现工业增加值83.6亿元，下降2.1%；106家规模以上工业企业产值246.8亿元，下降4.7%。在规模以上工业中，轻工业产值102.6亿元，下降13.2%；重工业产值144.2亿元，增长2.5%。轻重工业比重为41.6 ∶ 58.4。全年产值超亿元工业企业数量44家，实现产值223.7亿元，占全区规模以上工业产值的90.6%，下降2.8%。在规模以上工业中，纺织服装、包袋鞋业、机械制造、树脂工艺品等支柱行业完成产值112.4亿元，占全区规模以上工业产值的45.5%，下降7.6%，其中树脂工艺品业实现产值15.0亿元，增长3.8%；纺织服装业实现产值39.7亿元，下降13.7%；机械制造业实现产值23.4亿元，增长9.9%；包袋鞋业实现产值34.2亿元，下降14.2%。规模以上工业企业经济效益综合指数250.2%，比上年提高19.9个百分点。其中，总资产贡献率12.3%，提高0.5个百分点；资本保值增值率107.9%，提高24.0个百分点；资产负债率51.9%，下降1.9个百分点；全员劳动生产率21.9万元/人，提高1.4万元/人；流动资产周转率1.98次，下降0.05次；工业产品销售率91.6%，提高6.1个百分点；成本费用利润率9.5%，提高1.9个百分点。全年规模以上工业企业实现利润总额14.0亿元，增长16.6%。

【第三产业统计】 2020年，丰泽区第三产业增加值613.5亿元，增长5.0%。分行业看，交通运输、仓储及邮政业增加值41.9亿元，占比6.8%，增长6.8%；批发零售业增加值110.5亿元，占比18.0%，增长4.0%；住宿餐饮业增加值16.2亿元，占比2.6%，下降9.1%；金融业增加值110.7亿元，占比18.0%，增长5.9%；房地产业增加值118.6亿元，占比19.3%，增

2020年4月28日，丰泽区东海街道人口普查综合业务培训会（泉州师范学院专场）召开 （区统计局）

2020 年 11 月 1 日，第七次全国人口普查小组到丰泽区入户普查

（区统计局 供）

长 10.7%；营利性服务业增加值 121.9 亿元，占比 19.9%，增长 3.6%；非营利性服务业增加值 93.6 亿元，占比 15.3%，增长 4.0%。

【批发零售住宿餐饮业统计】 2020 年，丰泽区全年社会消费品零售总额 412.1 亿元，下降 0.7%。其中 195 家限额以上企业实现零售额 163.4 亿元，占全社会零售额的 39.7%，增长 0.4%；限额以下企业完成零售额 248.7 亿元，占全社会零售额的 60.3%，下降 1.4%。在限额以上批发零售业零售额中，家用电器和音像器材类增长 26.3%；粮油、食品类增长 23.5%；文化办公用品类增长 15.2%。年销售额超亿元的企业 27 家，实现零售额 128.8 亿元，增长 9.2%，拉动限额以上社会消费品零售额增长 6.6 个百分点。179 家限额以上批发业企业实现销售额 581.7 亿元，增长 8.8%。

【固定资产投资统计】 2020 年，丰泽区全年 190 个项目完成固定资产投资（不含省反馈铁路）比 2019 年下降 14.8%。其中 104 个城镇项目完成投资占固定资产投资比重的 43.4%，下降 4.2%；86 个房地产开发项目完成投资占固定资产投资比重的 56.6%，下降 21.4%。在固定资产投资中，第三产业占固定资产投资总额的 94.2%，下降 16.0%。其中文化、体育和娱乐业增长 141.2%；交通运输、仓储和邮政业增长 76.2%；信息传输、软件和信息技术服务业增长 55.2%。第二产业占固定资产投资总额的 5.8%，增长 11.6%。其中制造业下降 61.4%；电力、热力、燃气及水的生产和供应业增长 16.6%。全区 2020 年投资超亿元的项目 49 个，合计完成投资同比下降 20.1%，占固定资产投资的 82.9%。其中房地产开发项目 27 个，完成投资比上年下降 22.1%；城镇项目 22 个，完成投资下降 16.2%。

【城市居民住户调查】 2020 年，丰泽区居民人均可支配收入 60100 元，比上年增长 2.9%，居民人均消费支出 33940 元，比上年下降 2.0%。

（柯凌强撰 洪秀省审）

审 计

【概况】 2020 年，丰泽区审计局以习近平新时代中国特色社会主义思想为指导，贯彻中共十九大和十九届二中、三中、四中、五中全会精神，贯彻执行中央、省、市、区关于新冠肺炎疫情防控工作各项部署，落实习近平总书记关于审计工作的重要指示批示，围绕区委、区政府工作中心，依法全面履行审计监督职责，做好常态化“经济体检”工作，加强疫情防控资金监督，并在重大政策落实、财政资金、权力运行、民生改善等方面下功夫，为全区经济社会健康发展做出贡献；共完成审计项目 13 个，其中：预算执行审计项目 2 个（含省、市、县三级联动实施数据全覆盖分析和共同核查、联动实施 205 职业教育等 5 个科目审计）、国家重大政策措施落实情况跟踪审计 2 个、财政财务收支审计 5 个、经济责任审计项目 1 个、领导干部自然资源资产离任（任中）审计 1 个、专项调查 2 个，查出管理不规范金额 179 万元，发现非金额计量问题 105 个，共出具审计报告和专题审计调查报告 14 篇，被批示审计报告和专项审计调查报告 35 篇次，提交审计信息 76 篇，被采用审计信息 33 篇次，向被审计单位提出审计建议 31 条，被采纳审计建议 31 条，占提交建议总数的 100%。区审计局先后被市委、市政府评为 2017—2019 年度文明单位。

【预算执行审计情况】 2020 年，丰泽区本级 2019 年度预算执行情况审计工作于 2020 年 3 月全面展开，6 月底完成，开展对区财政局及相关单位的 2019 年度区本级预算执行情况及其他财政收支情况审计，把审计监督着力点放到财政政策提质增效和政府过“紧日子”情况、中央八项规定及其实施细则精神贯彻落实情况、预算分配、资金安全和绩效情况，以及地方政府债券、部门决算草案编制、其他财政收支等方面情况，促进国家重大决策部署和省市区重点工作贯彻落实，推动建立现代财政制度，促进国家财政经济安全和财政资金规范高效运行。在区本级预算执行审计中完成128个一级预算单位数据采集、转换工作，并建立数据分析模型上报审计厅，实现区一级预算单位数据分析审计全覆盖。针对审计发现的问题，提出进一步提高贯彻《中华人民共和国预算法》及其实施条例的水平、进一步规范专项资金的使用和管理、加强基本建设项目竣工财务决算管理、采取有效措施促进国有资产保值增效的意见建议。9月28日区政府召开专题会议，研究部署2019年度区本级预算执行和其他财政收支审计整改工作，听取区财政局等单位整改情况汇报，肯定取得的整改效果，指出存在问题，促进各相关单位认真落实整改主体责任，做好审计“后半篇文章”。

【重大政策措施落实情况跟踪审计】 2020年，丰泽区审计局加大重大政策落实跟踪审计力度，以推动党中央重大决策部署、省市区委政策举措得到贯彻落实，促进资金到位、项目落地、政策生效为目标，重点关注“六稳”“三促进”、财力财源挖掘、创新驱动发展等政策措施落实情况，促进经济持续健康发展，发挥审计在增加政策效应的监督和促进作用。开展应对疫情、“六稳”措施落实情况跟踪审计，根据上级审计机关的统一部署，省市县三级联动，全年全过程跟踪，重点关注应对疫情、“六稳”措施落实情况，开展新型冠状病毒感染的肺炎疫情防控财政资金和捐赠款物专项审计，重点关注各级财政安排的疫情防控专项资金分配拨付、管理使用，社会捐赠款物的接受、分配使用、管理和重点保障企业贴息贷款的分配管理使用情况，开展“三促进”专项审计，包括促进就业优先政策落实、促进财政资金提质增效、促进优化营商环境三个方面内容，省、市、县三级联动，全年全过程跟踪，开展挖掘财力财源专项调查，开展国有资产和资本运营管理情况调查，重点关注2019年盘活收回以前年度财政和部门结余结转资金及统筹使用情况，行政事业单位出租、闲置资产情况，各类安置房闲置情况，地方政府股权投资情况，提出盘活财政存量资金和国有存量资产增加地方政府财力的意见，开展两江流域生态保护和修复专项审计调查，重点关注2020年晋江、洛阳江流域水环境综合整治专项资金的筹集、管理和使用情况，以及重点整治项目建设与运营情况，开展泉州市丰泽区第二实验小学东海校区化解投资趋缓的专项审计调查，通过对投资趋缓建设项目建设管理情况开展审计调查，发现建设项目建设管理中存在的问题，深入分析原因，揭示堵点痛点难点问题，提出审计建设性意见建议，促进建设项目按计划有序推进，确保政府投资及时发挥效益。

【经济责任审计和自然资源资产离任（任中）审计】 2020年8月份，丰泽区审计局对东海街道党工委书记黄文耀、办事处原主任李晓灿开展任期经济责任审计，统筹审计力量，同步实施领导干部自然资源资产离任（任中）审计，经济责任审计重点关注贯彻执行党中央决策部署、省市区的政策举措，以及预算执行和财政财务管理、重大决策和内部控制制度执行、资金管理使用的真实性、合法性、效益性情况，贯彻落实中央八项规定精神以及领导干部遵守廉洁从政规定情况等，促进领导干部履职尽责，推动依法行政，自然资源资产离任（任中）审计重点关注自然资源资产管理和开发利用过程中，贯彻执行生态文明建设决策部署、遵守法律法规、重大决策、目标任务完成、履行监督责任情况等，全面反映自然资源资产管理和生态环境保护责任情况，促进自然资源资产节约集约利用和生态环境安全。

【财政财务收支审计】 2020年7月份开始，丰泽区审计局安排对东湖街道办事处、区委文明办、区文体旅游局、区总工会等单位2019年度财政财务收支进行审计，重点检查单位资金管理使用的真实性、合法性、效益性以及部门结余结转资金情况，“三公”经费、会议费、培训费、津贴补贴等公务支出和公款消费管理使用情况、机构编制管理、专项资金的管理使用和国有资产管理、出租和闲置情况等，促进遵守财经法规、规范财政财务管理、合理高效使用财政资金。

【专项审计调查】 2020年，丰泽区审计局对丰泽区学前教育经费管理使用情况审计调查，重点调查区属幼儿园的财务管理情况，学前教育经费支出是否合理、合规，专项资金是否专款专用，收费是否严格执行收费标准，是否擅自提高收费标准或扩大收费范围，促进单位规范财政财务管理、提高财政资金的使用绩效，对科协院士（专家）工作站等专项资金管理使用情况审计调查，重点调查院士（专家）工作站的申报是否符合规定，专项补助资金是否按规定专款专用，推动中央八项规定精神深入落实“1+X”专项审计，根据省、市审计机关统一部署，按照《泉州市审计局关于印发2020年深入推动中央八项规定精神“1+X”专项审计工作方案的通知》（泉审行〔2020〕7号），结合年度各类审计项目实施，对东海街道办事处、东湖街道办事处、区总工会、东湖街道社区卫生服务中心、区文体旅游局、区委文明办6个审计项目单位开展推动中央八项规定精神深入落实“1+X”专项督查审计，将“三公”经费、会议费、培训费等公务支出和公款消费管理使用情况作为2020年度各审计项目的必审内容，重点关注部门单位贯彻执行中央八项规定精神情况、“三公”经费、会议经费、培训经费、津贴补贴等公务支出和公款消费管理使用情况；审计表明，6个部门单位在“三公”经费和会议费、培训费管理手续等方面较完备，公务接待费支出附有接待公函和《公务接待审批单》。

（颜鑫泉撰 黄仁义审）

市场监管

【概况】 2020年，丰泽区市场监管局以习近平新时代中国特色社会主义思想为指导，贯彻执行区委、区政府各项决策部署，迎难而上、勇于担当，抓好疫情防控，做好“六稳”工作，落实“六保”任务，各方面工作取得了新成效。

【市场主体登记数据】 2020年，丰泽区新设立企业12213户，比上年增长19.78%；个体工商户11199户，比上年下降72.27%；核发食品经营、药械、食品加工生产小作坊、特种设备等许可证9805张，全区经济户口16万户，排名全市第三。

【加强政策引导】 2020年，丰泽区市场监管局推进“多证合一”“两证整合”改革，共核发加载统一社会信用代码营业执照4万多份、电子营业执照3万枚、“两证整合”个体工商户营业执照7万多户；落实全程电子化登记，个体工商户在全程智能化系统自助打印执照713张，实现不见面审批；办理有纸全程电子化企业设立登记5115家，落实住所（经营场所）申报制改革，2万多户市场主体受益，核准2139家企业、202户个体工商户简易注销登记，推进小微企业“四转”工作，指导个转企62家，引导“无转有”企业19家；在泉州市网商（虚拟）产业园开设电商登记专窗，新登记市场主体4145户，园区共有经济户口4.96万户；引导45家非金融机构入驻海丝基金小镇、61家建筑企业入驻泉州市建筑服务产业园，实现企业开办“一窗通办”，压减企业开办环节至2个、开办时间至1个工作日，接受咨询4万次，推行开办企业“零费用”和便民“服务礼包”，免费发放印章2.68万个，为企业节省费用644.05万元；完成2019年泉州市企业产品标准监督抽查评审后处理，指导2家相关企业做好修订工作，引导1家企业申报省级标准专项补助资金，引导相关企业制定企业标准5份。聚力“六稳”“六保”增添动能，指导1294家涉及防控产品企业办理证照，适用先证后查措施发放药械经营许可证44张，受理动产抵押登记36起，融资金额7.75亿元，指导泉州市宇润文化传播有限公司申请福建省中小微企业纾困专项资金300万元，个体工商户年报时间由6月底之前延长至年底，指导4家防疫物资生产企业核实CE证书及FDA认证。

【知识产权保护提升】 2020年5月，国家知识产权局正式批复同意建设中国（泉州）知识产权保护中心，为福建省首个国家级知识产权保护中心，园区着手建设知识产权保护、科创研发、技术转移、中试推广、检验检测中心，知识产权公共服务平台，知识产权服务业集聚区，已签约落地1个实验室、2个研究院创新平台、16个涵盖智能科技、知识产权运营和服务等领域的重大项目，总投资约11.3亿元，认定省、市高层次人才121人，全区专利申请数4041件，授权数3080件，每万人口发明专利拥有量23.4件，居全市第二位；新核准商标9941件，全区累计有效商标5.38万件，已兑现2019年度商标品牌项目奖励资金、知识产权护航计划优惠政策、高价值专利项目补助、知识产权补助等资金共计392.15万元；开展知识产权宣传周活动，组织知识产权服务业宣讲培训1场，走访指导8家企业，南威软件股份有限公司、泉州迪特工业产品设计有限公司获得2019年度国家知识产权优势企业称号，指导福建南方路面机械有限公司通过省知识产权优势企业复核，加强知识产权代理机构监管，约谈9家专利代理机构，核查3家涉嫌无资质代理专利行为，组织94家商标代理机构对照“蓝天”行动重点治理事项自查整改并签订信用承诺书，省市场监管局书记严效东调研海西广告产业园（泉州园），充分肯定区市场监管局工作；开展虚假违法广告专项整治，牵头建立丰泽区整治虚假违法广告联席会议工作制度，开展清理整治含有“软色情”等低俗庸俗媚俗广告专项行动，共监测并处理各类广告违法线索69条；开展清理整治使用领导人形象进行商业营销活动，共检查企业72家，6家已整改，开展非法集资风险排查专项整治，依托各类宣传媒介发布公益广告1万多次，发放宣传资料6700份，检查10家企业，暂未发现相关违法行为；扶持广告产业健康发展，开展全国广告业统计工作，全区共有广告企业79家，排查重点扶持广告企业10家，其中2家列入全市第三产业提质扩量行动重点扶持企业，累计营收3086万元，完成全年目标90.7%以上。

【疫情防控】 2020年，丰泽区市场监管局紧盯防疫物资和重要民生商品价格、野生动物交易等重点，探索“互联网+”消费维权调解模式，累计出动执法人员7182人次，巡查各类经营主体1.88万家次，检测食材1.08万批次，劝导经营户599家次、614人次，责令整改258家次，发现并消除食品安全隐患问题166个，移送案件线索97起，妥善处理疫情相关申诉、信访件223件，督促相关经营者签订并张贴承诺书1877份，发放宣传材料2.46万份，收集餐馆核酸检测花名册8211人次，组织开展食品经营单位核酸检测605家次，加强购买退热止咳药品人员信息登记，收集信息13.49万条，落实中央财政支持应急物资保障体系建设补助资金细化方案；加强进口冷链食品疫情防控，强化市场巡查频度、力度，紧盯辖区5家冻库、10家大型商超、10家星级酒店、85家中大型餐饮企业等重点单位，累计出动执法人员352人次，检查食品生产、经营主体864家，签订承诺书139份，查处4批产品并立案，其中3起案例作为典型案例曝光，12月5日丰泽区集中监管仓开仓运行，已受理2家企业申报的3批次3188千克的进口冷链食品进行入仓核验、采样及消毒，入仓货品核酸检测结果均为阴性。

【企业信用监管】 2020年，丰泽区市场监管局牵头开展小作坊小加工厂安全隐患排查处置专项工作，排查542家，引导办照301家，关停78家，已排查小作坊小加工厂营业执照方面处置率、办照率均为100%。推进“双随机、一公开”监管，抽查企业1920家，个体户125家，开展“1+X”专项督查整治，暂未发现相关违法线索，多举措开展企业年报催报，2019年度辖区企业年报率90.34%。加强无证无照经营监管，牵头成立区查处无证无照经营工作领导小组，完善综合治理工作机制和长效监管机制，移送案件线索3起；做好企业经营异常名录管理，辖区企业被列入经营异常名录5742条，移出2238条，被列入严重违法失信企业672家；开展2018—2019年度省、市、区级守合同重信用企业公示，共推荐、接受332家企业申报。

【价格监管】 2020年，丰泽区市场监管局开展防疫涉及重点物资和基本民生物资检查，督促大型商超向社会承诺保供稳价，2家企业获得省市场监督局表彰；查处涉及利用疫情损害消费者利益的违法行为3起，开展转供电主体落实电价降价政策监督检查，责令相关主体退还加收费用8.82万元，向全区18家转供电企业推广使用“转供电费码”；开展清理整治涉企收费工作，对辖区降费减负和治理违规收费情况进行评估。

【食品安全严管】 2020年，丰泽区市场监管局开展食品快检车进市场、进社区检测活动24次，快速检测730批次，完成食品流通、生产、餐饮环节抽检1800批次；开展中高考期间食品安全保障、包装饮用水生产加工企业专项监督检查、食品生产小作坊专项整治、端午节专项执法检查、“两会”食品安全保障等行动，累计出动执法人员632人次，出具责令改正通知书11份；督促生产企业落实主体责任，自查报告率98%；加强对网络订餐第三方平台监管，入网餐饮服务单位证照公示率99%以上，证照合规率95%以上；发放食安封签910万张、食安餐盒6000多个，推动商户自行印制食安封签；推进“一品一码”全程追溯体系建设，全区329家食品生产经营单位录入追溯数据1391.15万条；落实食安办工作职责，牵头做好市、区两级人大对丰泽区“一法一例”实施情况检查，完成区政府审议意见办理情况报告，牵头拟定《泉州市丰泽区深化改革加强食品安全工作实施方案》《2020年全区治理“餐桌污染”建设“食品放心工程”工作方案》《丰泽区食品安全委员会工作规则》。

【药械化安全监管】 2020年，丰泽区市场监管局提升药品满意率，开展中药饮片、药品网络销售违法违规行为、医疗器械“清网”、无菌和植入性医疗器械监督检、禁毒、美容美发机构经营使用化妆品安全等专项整治，检查药械化经营和使用单位2446家次，责令整改108家，移送案件线索3起；完成年度药品、化妆品、医疗器械监督抽验96批次，其中药品抽检合格率100%，审核评价提交药品、化妆品、医疗器械不良反应报告1169份，完成138家药品零售企业及60家医疗器械经营企业许可现场验收。

【特种设备安全监管】 2020年，丰泽区市场监管局开展检验不合格特种设备“清零”行动，全区特种设备登记在册1.02万台（套），使用单位1966家，在用8505台（套），其中电梯7098台，占比83.5%，全区定期检验特种设备一次性检验合格7215台，不合格871台，其中电梯781台，召开集中约谈7场次，发出责令整改通知书174份，建立月度不合格设备整改跟踪台账，已整改复检合格789台，检验总合格率超98%；强化重要环节安全排查整治，共检查各类场所（单位）85家次，抽查各类设备210台（件），发现并督促解决各类设备安全隐患42条，开展中央空调附属压力容器扫尾整治，已完成2家单位的改造及注册登记，对历史遗留未办证快开门式压力容器补检验登记6家7台，整治全区在用55台锅炉使用单位，完成管道设备现场摸排，“打非治违”行动中联合拆除取缔3台土制升降设备，查封存在安全隐患特种设备18台，跟踪直至整改到位或自行停用、拆除。

【质量安全监管】 2020年，丰泽区市场监管局检查相关机动车安全技术检验机构5家，覆盖率100%，对发现的问题责令督促整改，强化计量基础，检查获证企业30家次，引导12家涉及自我声明和工许转强制的获证企业按规定时间接点进行转换，全年共接到国家、省、市及外省市市场监管局转办的不合格报告14份，11家企业已完成整改。

【消费者权益保护】 2020年，丰泽区市场监管局全年共收到投诉举报12980件，同比增长121%，办结率92.29%，设立局行政调解委员会，参与丰泽区矛盾纠纷化解工作联席会议，局退休干部党支部成立老干部消费调解工作组；创新形式纪念国际消费者权益日，定向3000块电梯显示屏、15万户经营者和5万名消费者微信朋友圈投放“3·15”宣传片，加强疫情期间消费者合法权益保护，探索“互联网+”消费维权调解新模式，相关做法先后获得中国经济报、中国市场监管报、中国消费报等媒体和政务网转载报道；组织消费维权志愿者开展“绿色家装”线下消费体察活动，妥善化解群体性消费纠纷11起，开通

6家ODR企业用户账号，收到并处理32条企业自行和解诉求件，推进扫黑除恶专项斗争，完成已移送公安部门的11条涉黑涉恶线索"回头看"，开展涉电信及网络诈骗犯罪银行账户黑灰产进行打击整治行动，为公安部门提供13个批次相关涉案企业登记情况，列入经营异常市场主体约1800家，发送预防犯罪内容的短信累计11万条，摸排"欺行霸市"等涉黑涉恶、"保护伞"有关线索，访谈市场开办主体110余户，做好全国人大常委会对《中华人民共和国反不正当竞争法》执法检查迎检工作，开展疫情防控物资出口企业不正当竞争行为加强监管执法检查。

按企业类型登记分类情况表

表3

企业类别	企业类型	本期设立（户）	注册资本（万元）
内资企业	公司	9133	3399326.61
	分公司	455	0
	企业法人	0	0
	非公司企业分支机构	1	0
内资企业	非法人企业	0	0
	合伙企业	95	201425.93
	合伙企业分支机构	0	0
	个人独资	2365	3645.20
	个人独资分支机构	2	0
	农民专业合作社	4	2008.00
	小　　计	12055	3606406.00
外资企业	外资公司	27	82270.12
	外资分支	15	0
	外资办事	0	0
	外国（地区）企业常驻代表机构	0	0
	小　　计	42	82270.12

按行业门类登记分布情况表

表4

企业类别	行业门类	本期设立（户）	注册资本（万元）
内资企业	农、林、牧、渔业	22	9368.00
	采矿业	0	0
	制造业	204	74747.00
	电力、煤气及水的生产和供应业	11	54800.00
	建筑业	660	599256.00
	交通运输、仓储和邮政业	93	159575.00
	信息传输、计算机服务和软件业	863	316682.26
	批发和零售业	6740	796793.66
	住宿和餐饮业	150	38460.60
	金融业	19	25310.00
	房地产业	246	171259.00

续表 4

企业类别	行业门类	本期设立（户）	注册资本（万元）
内资企业	租赁和商务服务业	1231	626258.53
	科学研究、技术服务和地质勘查业	973	497245
	水利、环境和公共设施管理业	10	8060
	居民服务和其他服务业	175	39158.69
	教育	15	2720.00
	卫生、社会保障和社会福利业	27	7179.00
	文化、体育和娱乐业	616	179533.00
	小　　计	12055	3606406.00
外资企业	外资公司	27	82270.12
	外资分支	15	0
	外资办事	0	0
	外国（地区）企业常驻代表机构	0	0
	小　　计	42	82270.12
个体工商户	农、林、牧、渔业	7	37.50
	采矿业	0	0
	制造业	691	5387.70
	建筑业	10	73.60
	交通运输、仓储和邮政业	23	185.50
	信息传输、计算机服务和软件业	43	404.10
	批发和零售业	6372	48286.70
	住宿和餐饮业	2380	18850.68
	金融业	2	20.00
	房地产业	2	12.00
	租赁和商务服务业	208	1778.20
	科学研究、技术服务和地质勘查业	36	516.50
	水利、环境和公共设施管理业	2	13.00

食品药品行政许可一览表

表 5　　单位：件

许可项目	新办
食品经营许可	6181
食品销售	2823
餐饮服务	3309
单位食堂	49
药品经营许可	15
（其中四证合一）	0
第三类医疗器械经营许可证	22
（其中体外诊断试剂经营许可）	4

续表 5

许可项目	新办
第二类医疗器械备案	133
药品零售企业 GSP 认证	0
食品生产加工小作坊生产条件核准证书	11
医疗器械网络销售信息备案	55

（陈俊伶撰 张永聪审）

工业信息化与科学技术

【概况】 2020 年，丰泽区工信科技局贯彻落实区委区政府工作部署，做好“六稳”工作，落实“六保”任务，战“疫”和发展“两手抓、两不误”，推进服务企业、科技创新、两化融合等各项措施，保障工业经济平稳运行。

【复工复产帮扶】 2020 年，丰泽区工信科技局在年初防疫物资极端紧张的情况下，为 20 多家企业免费提供口罩 4200 余个，为 10 余家企业提供测温枪 20 把，协调各有关部门为企业开具生产防控物资所需设备及原辅材料运输相关证明，为星勇纺织、康臣等 8 家转产口罩的企业做好服务（上述企业口罩日产量最高可达 300 万只），组织辖区中小微企业申请福建省中小微企业纾困专项资金贷款，88 家企业完成申报，万象春等 16 家企业已获纾困贷款，授信金额 1.17 亿元，累计放款金额 9064 万元；表彰 160 家财政贡献大户和自营进出口贡献大户，认定 224 家区级重点企业，坚定企业发展信心，编印并向企业发放 1000 本《支持复工复产政策摘编》和 700 本《省市区惠企政策汇编》，帮助企业了解最新最全的惠企措施，兑现上级惠企政策资金 3744 万元（含市级要求区级配套资金），汇总兑现区级惠企政策奖励资金 1250 万元；支持柳培忠等 5 名高层次人才作为项目负责人，实施区级科技计划高层次人才创新创业项目。推动兵器装备集团特种机器人研发中心建设，组建 50 人的人才队伍。

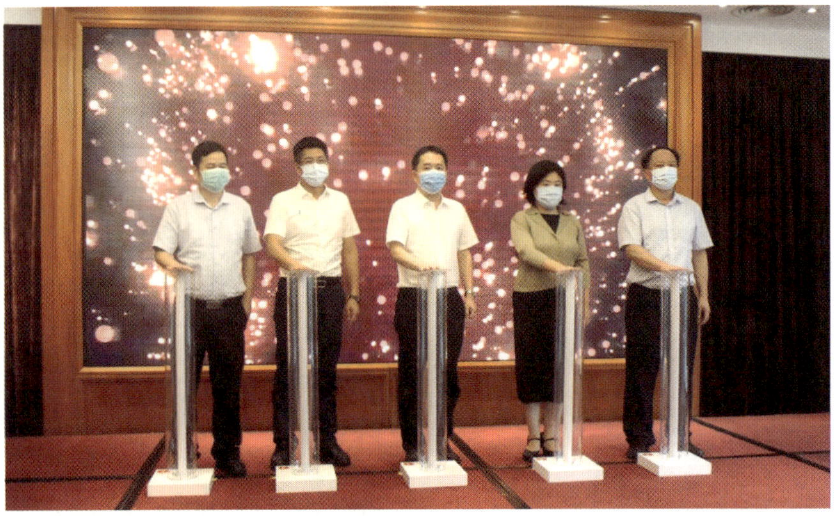

2020 年 8 月 15 日，泉州市首届“刺桐杯”国际设计大赛在丰泽区正式启动

（区工信科技局 供）

【企业焕发新动能】 2020 年，丰泽区工信科技局加大技术改造力度，1—11 月，全区累计完成工业技改投资 9.64 亿元，同比增长 39.3%，并有 2 个项目纳入 2020 年市级重点技改项目，科立讯专网通信设备智能制造改造、华润雪花酿造包装生产线及环保技术改造 2 个技改项目已陆续开工建设，匹克、南方路机生产线改造 2 个技改项目已投产，新增产值 2300 万元；抓好“两化”融合贯标体系推广，一鸣交通、匹克体育等 5 家公司获得“两化”融合贯标体系并获评当年度市级龙头企业，南方路机企业经营智能分析平台、科立讯专网通信设备智能制造改造项目等 6 个“两化”融合项目建设稳步推进，项目总投资金额 1.7 亿元；推动创新主体加强新产品研发，“匹克态极运动鞋”被列入 2020 年度第一批福建省工业和信息化重点新产品推广目录，南方路机、鸿益机械 2 家企业 5 个产品列入 2020 年泉州市“数控一代”示范项目产品。

【典型带动产业培育】 2020 年，丰泽区工信科技局培育发展龙头企业，南威软件、安通物流被列入 2020 年省级龙头企业，南方路机、匹克鞋业等 9 家企业被列入市级龙头企业名单，匹克等龙头企业与中小企业开展协作配套、产能对接，对接产能超 3000 万元；新增锋冠科技等 4 家省级科技小巨人领军企业，新增蓝深环保等 9 家泉州市瞪羚企业，科立讯被评为 2020 年市级企业技术中心，推荐财智信息等 93 家企业申报 2020 年 2 批国家高新技术企业（复

2020年3月5日，区工信科技局走访规上工业企业，实地检查企业疫情防控工作 （区工信科技局 供）

评20家、新认定73家），推荐申报省级高新技术企业备案95家，数量居全市第2位；精准招商促转型，落地招商项目17个，完成任务数170%，总投资27.21亿元，在谈项目9个，总投资22亿元，谋划项目2个，总投资6.5亿元。

【发展新平台经济】 2020年，丰泽区工信科技局构建以服务生产性企业为核心的公共平台，华中智能制造研究院等5家单位列入市级服务型制造示范名单，讯网网络等4家单位被评为年度十佳服务型制造企业，哈工大工研院列入省级工业设计中心名单，举办首届“刺桐杯”国际设计大赛，征集作品10733件，其中境外（含台港澳）作品1866件，作品覆盖剑桥大学等国内外优秀设计院校269所；1—9月，30家规模以上企业主营业务收入约13.8亿元，同比增长的有15家企业，体现丰泽区规上软件信息企业发展的后劲和韧性。鼓励企业上云，促进工业与信息化深度融合，上半年有15家中小企业申报“上云上平台”扶持项目；培育工业互联网平台项目，培育联誉信息水电站生态流量监测平台等9个公共服务平台、环宇通医护对讲设备运营维护App等5个工业App和佳乐电器人脸识别的楼宇对讲系统等工业互联网项目，总投资超5000万元，加快推进以数字城市为核心的智慧丰泽5G网络建设，累计完成703个5G基站建设开通；“智慧丰泽”建设成效显著，项目作为全面实践新型智慧城市模式，在智慧城市统筹、管理和运营等创新发展指数方面，及公共安全建设成效，均达到全国领先水平，教育服务建设成效亦实现全国领先，被中国信息协会授予“2020政府信息化管理创新奖”。

【电子政务建设应用】 2020年，丰泽区工信科技局多渠道推广宣传闽政通App，闽政通App资源对接工作成效居全市前列；加快推进政务数据中心整合及数据汇聚，梳理出8个单位22套系统（含智慧丰泽14套系统），并已在9月底完成19套系统的对接，截至11月20日，丰泽区政务数据汇聚完成率95%，排名全市第一；推广“八闽健康码”助力疫情防控，辖区已有近3万家个体工商户、企业全面实行亮码核验管理，申领“八闽健康码”突破51万人次，申领使用率位居全市第3，推广成效显著。

【科技创新发展】 2020年，丰泽区工信科技局推进华侨大学（丰泽）创新创业园建设，华创空间获评国家备案众创空间，新增雀幸联合等5家市级众创空间，支持小米谷仓“科技+消费”孵化基地建设，引进入驻企业15家；实施2020年度丰泽区科技计划项目34个，安排补助资金407.8万元，全区规模以上工业企业2019年度研发经费3亿元，比2018年度增长26.9%，占规模以上工业增加值比重的5.24%（位居全市第二位）；引进西安交通大学国家技术转移泉州中心落户泉州软件园，鼓励第三方技术转移机构推动高校、创新平台的科技成果在丰泽区转化应用，促进技术合同认定登记，1—10月丰泽区共认定登记技术合同73项，技术合同成交金额共2.2亿元(其中技术交易额1.58亿元)，居全市第一位。

（刘如婷 林文章 许晓华 张跃婷 吴建龙 蔡晶晶撰 章嵘坚 陈永清 李娟 杜培玉审）

商务与外贸

【商业】 2020年，丰泽商务局优化消费环境，助力经济发展，为应对突发其来的新冠疫情，年初，在省内率先启动丰泽区首届线上购物节，联合线上大平台，通过直播等途径帮助商贸企业迅速复工复产；4月，又全市创新首发“丰泽区千万消费券”“五一”国际劳动节期间，就拉动商圈消费近2亿元；5—6月，丰泽区又针对餐饮、汽车等消费不振情况，发行“餐饮百万消费券”“百万汽车消费券”等第二轮消费券，拉动商贸消费复苏。为贯彻落实“加快形成国内大循环为主体、国内国际双循环相互促进的新发展格局”的新要求，落实《福建省促消费行动方案》，全方位激发消费潜力，多举措加快消费回补，9月底启动“丰泽区乐购嘉年华系列活动”，行业覆盖商贸、文旅等行业，带动丰泽区消费全面回流。其中，第八届丰泽购物节举行中秋国庆狂欢购物嘉年华、丰泽区夜经济文化节、第七届丰泽区婚博会、2020汽车文化节、发行丰泽乐购嘉年华消费券、寻味泉州50道网红名菜等系列活动。在“全闽乐购促消费行动”中，丰泽区商务局获得省商务厅颁发的“优秀组织奖”；增强商贸业对丰泽区经济的拉动作用，出台《关于促进商贸业发展的若干措施》，引导大型重点商贸企业转型升级，保持消费稳定增长，助力商贸企业健康发展。同时加大电商政策扶持力度，出台《丰泽区关于加快电子商务发展的若干措施》，支持“网红直播带货”“老总直播带货”等新业态发展，搭建一批直播电商平台基地，构建“丰泽网红”品牌，推动丰泽区直播电商产业发展，丰泽区全社会消费品零售总额412.4亿元，下降0.7%，高于全市1.6个百分点，位居全市第4位。其中限额以上社会消费品零售总额163.4亿元，增长0.4%，增幅高于全市4.6个百分点，位居全市第6位。

【外资利用】 2020年，丰泽商务局开展招商引资工作，自春节疫情以来，主动通过电话、微信、邮件等形式加强与境外客商、商协会的联系与沟通，对有意向到丰泽投资兴业的则指派专人全程跟踪，解决项目落地实际问题和困难，同时，宣传落实《中华人民共和国外商投资法》和省、市出台的稳外资政策，打造市场化、法治化、国际化营商环境，提升丰泽在国内外的知名度和吸引力，增强外商投资的信心，全年丰泽区新引进外资项目38个，其中，繁荣昌盛（福建）生物科技有限公司、可雅娜（福建）游乐园有限公司、欧客航空货运有限公司、马瑞（泉州）进出口贸易有限公司4个项目投资总额超亿元，福建港联建设工程有限公司、泉州昌昌向荣电子商务有限公司、福建慧金信息科技有限公司等11个项目投资总额超千万元，在量与质两方面均取得较好成效，完成2020“厦洽会”市下达丰泽区利用外资任务，该届“厦洽会”丰泽区对接繁荣昌盛（福建）生物科技项目和可雅娜（福建）游乐园项目，总投资17500万美元，拟利用外资17500万美元，完成市下达目标任务的109.37%，其中，合同利用外资9000万美元，完成市下达目标任务的112.5%，同时，繁荣昌盛（福建）生物科技项目参加泉州市外资项目集中签约活动，该项目由香港繁荣昌盛（国际）集团生物科技有限公司投资，投资总额9000万美元，合同利用外资9000万美元，项目选址在丰泽区东湖街道，主要从事生物基材料和生物化工产品技术研发、专用化学产品销售、日用百货销售、酒店管理、货物进出口等业务，实际利用外资22869万元，完成市下达任务的101.2%，同比增长1.1%；合同外资490271万元，同比增长819.8%，合同外资绝对值和同比增长率均排名全市第一位。

【跨境贸易】 2020年，丰泽商务局落实好跨境电子商务综合试验区实施方案，推进东海跨境电商生态圈建设，完善东海跨境电商生态圈基础设施配套，突出产业集群优势，为企业提供载体支撑，打造产品供应链服务中心、人才培训创孵服务中心等，推动跨境电商企业规范发展，引导企业通过“9610”海关监管模式申报出口，将跨境电商交易数据纳入海关统计，壮大跨境电商出口规模，生态圈区域内已集聚700余家跨境电商企业，交易规模超50亿元，从业人数超5000人，年物流发货量超9000万件，年销售额上亿元的企业超10家。针对海外主要市场的疫情持续升级和消费萎缩，鼓励企业参加省、市组织的线上线下对接活动；组织匹克鞋业、海日星等90家企业参加在线上举办的第127届、128届广交会，利用网上推介、供采对接、在线洽谈，保订单、拓市场，组织新时颖电子商务、源讯电子等37家企业与环球资源网对接。1—7月，全区外贸进出口总额55.91亿元，同比下降10.4%，其中：出口53.73亿元，同比下降6.6%；进口2.18亿元，同比下降55.1%。

（卜燕婷 陈鸣煌 骆昕撰 林平 黄宗敢审）

供销合作

【概况】 2020年，丰泽区供销合作社学习习近平新时代中国特色社会主义思想，贯彻落实习近平总书记关于“三农”工作、供销社工作的系列重要指示和中华全国供销合作总社第七次代表大会精神，按照省、市供销社和丰泽区委、区政府的工作部署，抓工作落实，推进综合改革，做好新冠肺炎疫情防控、助力企业复工复产、安全生产管理等工作。全系统实现利润总额3115.89万元（含开放办社企业数据），完成年计划的107%；其中，系统本级实现利润488.86万元，完成年计划的120.70%，比上一年同期增加5.8%；完成商品销售总额41.989亿元，完成年计划的122.76%，较上一年同期增长22.76%。

【减租免租】 2020年，丰泽区供销合作社按照各级政府关于疫情防控期间为企业减免租金，做好“六稳”“六保”工作和支持中小微企业生产经营的文件要求，由各承租户提交书面减租申请，基层单位与承租户自主协商，根据受疫情影响程度和从事经营业态的不同，进行差异化减免租金，最多减免一个月的租金，由区社资产运营管理中心将协商结果汇总，经区供销社主任办公会研究确定后实行，并做好租金减免材料的整理归档工作。全系统共计减免租金100

余万元。

【安全生产管理】 2020年，丰泽区供销合作社建立安全生产双重预防机制，细化安全生产目标任务，开展“百日攻坚行动”，吸取“3·7”和“8·8”火灾事故教训，区社分管领导带队深入90余个商铺、办公场所、公寓和仓库等开展安全生产大排查大整治，各单位全年自查发现一般隐患127处、区社督导发现一般隐患8处，均已整改到位，3处危房已腾空并封锁现场，待办理相关手续后再彻底整改；6月23日，在北峰社召开安全生产工作现场会，与会人员汇报安全隐患大排查大整治工作情况，并参观北峰社消防喷淋系统、烟感器及电动车智能充电系统等，全年共投入资金近45万元，组织观看安全生产警示教育片27场、207人次参加，开展消防演练和消防安全知识培训127场次，以及安装消防喷淋系统、改造智慧用电、修缮加固危房、购置消防设施和维护停车场机械等。

2020年10月29日，丰泽区供销社传达学习习近平总书记对供销合作社工作作出的重要指示精神及省委常委会会议、市委常委会会议、区委常委会会议精神（区供销社 供）

【社有资产管理】 2020年，丰泽区供销合作社举办法律顾问聘请签约仪式暨《中华人民共和国民法典》主题普法讲座活动，全系统联合聘请常年法律顾问，为各公司和基层社在项目投资、资产租赁、产权及经济纠纷等行为提供法律服务，共开展法律咨询服务9场次；健全企业财务管理制度，修订主任办公会议事规则，规范大额资金使用过会审核程序，统筹全系统闲置资金，进行定期存款，每年可增加利息收入50余万元，组织开展内部审计和财务专项检查，审查各企业2019年度的财务会计核算、各项经济活动及收支情况、物业租金收取方式和工会经费开支情况等，检查11个单位、发现财务问题16个，均按要求整改到位；出台《关于进一步规范供销系统资产出租的实施意见（试行）》，草拟《区供销社系统建设项目工程管理暂行规定（试行）》，健全完善资产招商招租和项目建设监督管理体系，由区社资产运营管理中心和东海社牵头，与合作建设方理顺外代大厦3841平方米社属资产的确权工作，提前介入开展该部分资产的招商招租工作，出租率约50%；城东供销社位于华城小区4000多平方米的写字楼于2019年3月由泉州市宜家装饰有限公司承租。

2020年12月30日，丰泽区供销社召开全面从严治社工作会议（区供销社 供）

【为民服务活动】 2020年，丰泽区供销合作社做好农资储备、供应服务，开展送肥送药下乡290人次、各类化肥324000千克，惠及菜农、果农、花农355户，指导防治病虫害262人次，提供咨询服务565人次，刊登农情信息84期，发布农产品价格信息263期，维修农机具267件；针对蔬菜种植大户因疫情导致农产品严重滞销，第一时间发起“助农销售供销在行动”活动，无偿帮助农户销售西红柿5000多千克、金额近4万元，并指导农户加入泉州农产品产销联盟，为产品提供稳定销售渠道；推广提升“阳台农业”，东海社“沃土空间”农民专业合作社5月份举办品牌招商推介暨首届“都市农夫”种植研讨会，获得省农科院“数字农业科技示范基地”称号，该合作社正与南威软件公司商谈合作建设智慧社区共享平台业务，强化品牌推广提升。

【规范管理】 2020年，丰泽区供销合作社针对丰供电子商务公司和城东社企业经济负担重、经营困难等情况，开展企业人员分流，调整8人，2020年6月两家企业实现扭亏止损；多举措增加车辆入驻率，集兴停车场公司增设一个约5平方米的LED广告牌，滚动播放停车场剩余泊位数量和收费标准等信息，与“嗒嗒用车”“联动云”开展共享汽车投放业务合作，增加停车场车辆入驻率，2020年下半年比上半年增收12.1万元，增长42.84%；宣传报道全区供销系统工作动态情况，展现供销人的精神面貌，学习宣传中央、省、市党委和政府有关供销社工作的政策和法规，畅通供销系统上下联动渠道，由分管办公室领导牵头负责，组建专班，进行微信公众号的筹建和管理工作，并于2020年7月底开通“丰泽供销”微信公众号。

（姚红儿撰 洪文阅审）

园区建设

丰泽区高新产业园区

【概况】 2020年，丰泽区扶持和优先发展高新技术产业，构筑加快发展高新技术产业服务平台，在区高新产业园区投资建设区高新技术企业孵化基地（即海西电子信息产业育成基地，简称“育成基地”），专门成立孵化基地建设领导小组，将整个育成基地作为“数字通信产业化基地”来建设。作为市、区两级的重点项目，为优化育成基地资源，推动数字通信产业的发展，自2015年7月1日起由原区高新产业园区管理委员会（更名为“区高新产业园区服务中心”，简称“园区服务中心”）统一负责育成基地的运营、招商和管理工作。

【招商选资】 2020年，丰泽区高新产业园区服务中心加大育成基地的招商宣传力度，育成基地入驻企业由2010年的5家增加到2020年12月的57家，如国内数字对讲机主要生产企业科立讯通信，方案解决企业力健通信息、纵拓通信和鼎旭信息，智能安防企业环宇通信息、智能电网企业宏科科技等相关配套企业，入驻率100%。随着企业的新增及产业聚集，育成基地的整体纳税额从2011年的300多万元增加到2020年的3543万元，每年的增长率都在10%以上，发展势头良好。在各地经济受疫情影响的情况下，园区服务中心加大业态调整力度，对一些效益较差、税收少、与育成基地产业定位不相符合的企业进行整合，优化育成基地的发展载体空间， 3月、4月、5月分别引进了1家、2家、1家企业入驻育成基地，同时也整合出8家企业。

【复工复产】 2020年，丰泽区高新产业园区服务中心严抓疫情防控工作，从2020年大年初二起，园区服务中心及物业公司工作人员就开始抓紧排查育成基地宿舍入住人员情况，及时掌握未回家过年入住人员的基本情况，并严格按照有关文件要求落实防控主体责任，制定并实施疫情防控预案，严抓重点地区按时消杀、食堂分餐订餐送餐、员工体温测量建档、企业员工管理等防控重点任务；指导企业有序复工，在2020年春节假期后期几天，园区服务中心与物业公司制定整个育成基地的疫情防控预案，针对育成基地的特点制定详细的操作流程，帮企业做好复工复产的应急预案，指导企业填写复工申请材料；2月10日开始接受企业复工复产的申请，对企业提出的复工复产申请给予及时答复，在防疫物资、防疫措施到位的情况

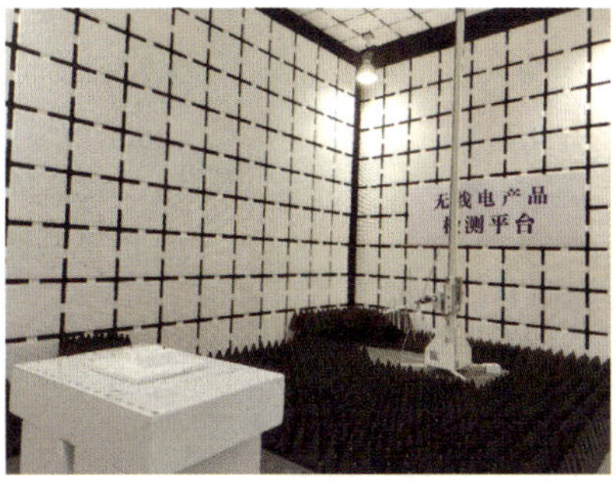

育成基地无线电产品检测平台

育成基地智能配电网设备检测平台

智能安防公共检测平台

（区高新产业园区 供）

下，做到“当日申请、当日审核、次日复工”；截至3月1日，育成基地54家企业均已复工复产， 3月底到岗复工率100%；解决企业后顾之忧，园区服务中心及物业公司主动作为，走访企业，了解疫情防控、复工复产情况，协调解决企业遇到的困难，检查其疫情防控物资和人员佩戴口罩情况等事项；通过多种渠道帮企业购买口罩、消毒液、额温枪等防疫物资的同时，也发动育成基地企业通过多种渠道、方式采购防疫物资，为企业复工复产提供充足的防疫物资保障。同时，及时把区政府组织的网上招聘信息发布在“育成基地园区企业交流平台”公众号，并在育成基地大门口搭架遮阳棚，设置面试点，方便企业线下招工，以保障企业的正常生产，取得较好的效果。

【产业培植】 2020年，丰泽区高新产业园区育成基地现已入驻50多家数字通信关联企业，其中不仅有市无线电对讲机协会、市安全技术防范协会，还有国内数字对讲机主要生产企业科立讯通信，方案解决企业力健通信息、纵拓通信和鼎旭信息，智能安防企业环宇通信息、智能电网企业宏科科技等相关配套企业，形成集软件开发、终端解决方案、整机装配、贴片生产、配件生产、工业设计等各环节的数字通信产业链；配合市、区相关部门做好国家知识产权保护中心入驻育成基地的前期工作，参与知创产业园的产业发展规划。

【扶持政策】 2020年，园区在防控疫情期间，尽早通知企业尽快提交疫情期间房租减免、2019年租金补助的申请材料，以便尽快审核兑现，尽快尽量减轻企业因疫情造成的损失；已向宏科、一互、德威、新磐基等4家企业兑现2019年租金补助64.8953万元。

【安全生产与平安园区建设】 2020年，丰泽区高新产业园区服务中心在做好企业疫情防控、复工复产工作的同时，根据区委、区政府《全区房屋安全“百日大整治”行动方案》，成立园区房屋安全隐患大排查大整治指挥部，制定并实施疫情防控期间安全生产和消防工作大排查大整治方案，强化企业安全生产管理和安全发展理念，组织对育成基地各入驻企业进行安全生产大检查，从严检查，从细整治，确保园区安全生产持续稳定； 6月12日，园区服务中心联合相关部门、入驻企业在育成基地举行2020年“安全生产月”“消除事故隐患，筑牢安全防线”主题系列活动，6月24日，园区服务中心在育成基地举行“我们的节日‘粽’情六月，禁毒有我 ”的主题系列活动，使广大企业职工深入了解中华传统节日文化，认清毒品的危害，提高识毒、防毒、拒毒意识，增强抵御毒品的能力。

【“3个检测平台”项目】 2020年，丰泽区高新产业园区华创园二期建设项目的“无线电产品检测平台”“智能配电网设备检测平台”“智能安防公共检测平台”于1月20日网上发布招标公告，分别于2月19日、20日开标，2月26日通过邀请招标的方式确定3个检测平台监理服务的监理单位；3个检测平台有不少设备是进口设备，受疫情的影响，交货期受到严重滞后，截至2020年年底，3个检测平台已完成测试并试运营。

【国家知识产权保护中心项目】 2020年，丰泽区高新产业园区整合7家入驻企业，腾空给国家知识产权保护中心入驻建设使用，做好国家知识产权保护中心的图纸方案设计及招投标等前期建设工作。

（钟三阳撰 苏国伟审）

福建海西国家广告产业园区（泉州园）

【园区简介】 海西国家广告产业园区（泉州园）系由20世纪80年代初期开发建设的老旧工业区改造而成，2014年由原国家工商行政管理总局认定命名，规划改造建设约占地42公顷，核心区为领SHOW天地创意，2010年，为顺应中心城市东扩和产业“退二进三”的需要，在市、区两级党委政府的主导下，由福建泉州兴世纪旅游文化有限公司按文化

2020年4月11日，福建海西广告产业园区管委会引导客商旧厂房改造平面图
（园区管委会 供）

广告创意产业园定位投资改造建设并负责运营管理，10多年来，累计改造建设38栋旧工业厂房，建筑面积21万平方米，已具规模并产生良好的社会经济效应；2012年国务院总理温家宝视察时，赞许为“旧厂房开辟新天地”，园区改造严格遵循“政府主导、政策引导、市场主体”的模式，由民营企业在“三不变”（用地性质不变、建筑结构不变、物业权属不变） 的前提下，按照城市控规要求，通过政府引导、企业主体、平台支撑、多方参与，培育发展广告文化创意、影视传媒、美学艺术培训、电商直播等产业，赋予园区新的生命和活力；园区现在是国家小微型双创示范基地、福建省双创示范中心、福建省文化产业重点园区等，入驻企业300多家，成功孵化皇品微电影、讯网科技等新三板挂牌企业，吸引北京字节跳动、上海分众传媒、喜马拉雅FM、番茄科技、速腾科技等一批行业领军企业进驻；园区产业区配套有综合服务中心、创客空间、影像中心等公共服务平台，常年策划不同主题文化沙龙、艺文策展，举办广告创意论坛、双创等活动，为年轻人创新创业提供支撑服务，吸引上万人在园区创业，其中70%是年轻人，为园区持续注入朝气和活力；园区作为城市时尚潮流引领者，主打文化、特色、配套服务夜间经济三重奏，打造夜间经济文化的生态圈，每年组织跨年夜、新春妙会、城市嘉年华、圣诞夜、决战领SHOW竞场（电竞）、闽南原创音乐节、夜间集市等大型“夜文化”城市IP活动，打造一个集创意、人文、生活为一体的24小时“产·城·人”生态社区，成为泉州市丰泽区对外经济文化交流的窗口和市民体验泉州现代生活方式的理想去处。

【疫情防控】　2020年，海西国家广告产业园区管委会会同属地街道和区直相关部门，敦促指导园区运营商落实疫情防控主体责任，加强日常巡查，全力抓好园区疫情防控和复工复产工作，指导帮助帮助企业加速复工复产复市。落细属地街道、园区管委会、运营商三级常态化网格管理，做好宣传动员、普及防控知识、加强公共区域卫生消毒等工作，时刻绷紧疫情防控链条。整合市、区两级招工引才政策及支持中小企业发展的各项措施，通过园区公众号、广播及运营业主群，加强政策宣传；推动运营商实施好“灯塔行动”计划，打好“自救—帮扶—赋能”组合拳，千方百计帮助支持企业加速恢复生产经营活动，配合市场监督管理局做好园区商户的核酸检测工作，园区商户应检尽检人群共检测2500人，推广“八闽健康码”，落实“绿色健康码+测体温+戴口罩”的常态化“疫情”防控措施，张贴宣传海报450张，入企指导500余家次，在园区2个入口加强入园核验，保障园区经营秩序正常运转。

【招商引资】　2020年，福建海西国家广告产业园区管委会引导做好招商引资，突出招商重点，围绕园区有广告传媒产业，协助运营商有针对性地开展延链补链招商，引进新媒体广告等品牌企业，如志腾网络技术有限公司、泉州巧传真实广告有限公司、悦心文化传媒等；加强园区宣传推介，应邀入刊《中国市场监督管理年鉴（2020）》，反映园区建设成效；加强摸排和政策宣传，增强企业纳税意识，新增税性企业飞奇信息科技、星趣文化等20余家；园区共入驻企业总数311家（其中，文化传媒类56家，互联网服务类159家，咨询服务类52家，其他类44家），配套商户141家，出租率85%左右，其中，1—12月新入驻企业114家，企业纳税约1800万元，指导园区企业申请失业保险支持稳岗返还补助、创意产业政策奖励金、楼宇经济发展政策奖励金共100万余元，园区荣膺“国家小型微型企业创业创新示范基地”称号；推动成州工业区改造和招商，成州工业区已投入使用的有9幢，分别为雀幸联合·上东区（宝龙大厦）、5号楼、“禾丰·沃客”（8号楼）、亿昌11号楼、法务园、“家文化体验中心”（雅豪家居）、东时区、马甲楼和青年创意中心（3号楼领东联合），约8万平方米，入驻企业120多家；雀幸联合启动泉州首个高品质科创社区和泉州产业加速器、“知创福建”泉州领秀科创园工作站，通过资源联合、创新联合、价值联合，实现产业互联、集群效应；全年引进3个重点招商项目青年创意中心、海西生活美学中心、宝洲财富科创中心。

【园区公共服务平台】　2020年，福建海西国家广告产业园区管委会推动园区运营商整合完善7个服务平台（综合服务展示平台、“创客领SHOW”众创空间、“互联网+智慧园区”模式的智慧领SHOW公共服务平台、文创人才发展平台、泉州影像中心、“短视频”+直播基地、“新媒体·轻学堂”线上公共学习培训平台）；综合服务平台在疫情期间，简化政企业务交流，为准备复工复产的园区企业提供高效报备效率，达到园区企业诉求马上就办、一次就成的效果，累计服务园区企业800多家次；“创客领SHOW”众创空间继续围绕“创客社区—创客平台—创客空间—创客体”，为创客提供政务、生活、资金、集群、人才等五大配套服务，全年吸纳新入驻的创业企业21个，服务创业团队数量25个；依托“智慧领SHOW”，免费开放园区创联空间共享会议室，服务园区企业200多次；实施“共享食堂”“共享员工”等计划，76家企业加入“共享员工”计划；丰富人才服务平台，携手投石智库创办“领SHOW学院”，由线上培训延伸至线下，打造领SHOW精英人才，为园区人才储备、专业素养提升等提供全方位服务，举办“不眠之夜音乐节”、闽南音乐节等主题活动20多场，丰富园区人才业余生活；探索泉州影像中心高效运营途径，优化平台运营模式，建立泉州影像中心资产管理平台，参与或筹办了多项

2020年11月7日，福建海西国家广告产业园（泉州园）园区一角（园区管委会 供）

城市文宣内容生产，承接拍摄姐姐的“爱乐之城（泉州站）”、泉州文旅集团旅游商品大赛宣传片等；1—12月，泉州影像中心提供场地租赁70场，设备租赁1000多次，影棚租赁90多场；搭建“新媒体•轻学堂”线上公共学习平台，帮助园区电商文创企业提升直播销售员专业素养，重点为园区20多家有市场、新入驻的广告文创新媒体（含电商直播）企业员工提供免费在线学习服务；同时，会同园区运营商、尚宝科技、华大经济金融学院启动“黑马直播孵化营”专题培训活动，首场公开课参加人数200多人次，同时，举办园区企业中高层管理人员线下专题培训班，先后开讲直播营销、公司法、人力资源规划与招聘、领导力提升等5期专题讲座，共培训企业员工500多人次。

【打造“短视频+直播”基地】 2020年，海西国家广告产业园区管委会通过三赋能打造“短视频+直播”基地，对速腾网络、爱甜甜母婴用品、玛莎电子等140家电商企业代理品牌进行精准分类，为直播企业提供货源；打造网红直播楼宇，通过悦心传媒、洪小鹏美学文化创意有限公司、菲林影视等企业孵化直播红人，打造主播工会，提升直播人才归属感；完成园区5G信号全覆盖，为入驻直播企业提速优质网络服务，提升泉州影像中心公共服务平台的战略作用，通过提供设备、场地及技术支撑，服务直播企业，园区通过对54家涉及直播的企业进行资源整合，形成产业闭环，实现“产、学、播、销”一体化。

【夯实安全和谐园区基础】 2020年，海西国家广告产业园区管委会贯彻落实市、区安全隐患大排查大整治“百日攻坚”部署要求，管委会多次召集园区运营商、各独立栋业主召开会议，层层传导压力，要求园区运营商、各独立栋业主落实好主体责任，对园区安全隐患进行再排摸，再加固、再提升，并做好房屋结构性安全和消防安全鉴定，对存在隐患的楼栋进一步加快整改进度，园区管委会与运营商建立会商制定，组织运营商、业主对园区37栋房屋进行安全隐患排查，做好表格记录和登记造册，建立“一栋一档”纸质档案，园区产业区房屋于2019年年底完成房屋安全使用鉴定检测，制定印发《园区安全生产专项整治三年行动实施方案》，督促运营商、独立栋业主做好2个专题实施方案和2个专项实施方案的落实，在上年底园区消防安全隐患整改通过评估验收的基础上，继续敦促运营商、独立栋业主落实好主体责任，优化完善基础设施，将消防安全隐患整改到位，督促园区运营商及各楼栋业主在旧厂房使用性鉴定的基础上，按照上级要求，做好园区旧厂房结构性安全鉴定，做好安全整改工作，园区37幢旧厂房已全部进行结构安全性鉴定，开展安全生产宣传活动，开展2次消防演练，不断强化安全生产意识。

（园区管委会供稿）

泉州软件园

【概况】 泉州软件园是国家级高新区——泉州高新技术产业开发区“一区十园”之一，是泉州市发展软件与信息服务业的核心园区；园区位处泉州市丰泽区北峰街道，规划占地约67.85公顷，由泉州市、丰泽区两级政府共有共建，是市、区重点建设项目；园区总占地面积67.85公顷，其中一期33.33公顷，二期34.52公顷，此外还有约10.41公顷平衡用地用于出让以平衡园区建设支出；其中，政府投建部分为研发启动区，其余用地按规划建设要求切块招商，由企业自建。研发启动区于2009年12月启动建设，2014年1月26日投入使用，分为研发启动区、商务配套区、软件企业总部基地。

【招商工作】 2020年，泉州软件园区落实区委、区政府关于招商引资工作的部署，克服疫情影响，对接引进各类优质数字经济企业入驻；入驻率达71.3%，共入驻企业和平台140家，涵盖软件信息、工业互联网、人工智能、智慧城市行业应用、大数据、集成电路等数字经济领域，其中包含1家国家级专精特新企业，20家科技型中小企业，33家高新技术企业，10家“规上企业”，4家科技小巨人企业，4家“瞪羚企业”，8家海峡股权交易中心挂牌企业，4家研发机构，1家省级院士工作站和1家市级院士工作站，1家国家小型微型企业创业创新示范基地。自8月参与泉州市“新基建新经济基地比拼”活动以来，管委会采取“以商招商、平台招商”等方式，吸引人工智能、工业互联网等产业链项目落地，共新签约项目44个，新增开工项目31个，新增投产项目16个，总投资约1.38亿元，实现税收2174.94万元。

【后续开发】 2020年，泉州软件园区管委会推动泉州软件园二期开发建设各项前期工作，完成泉州软件园二期控制规划调整论证，将原本建筑总量指标从31.31万平方米调整为37.47万平方米，总体容积率从0.72调整为0.87，限高从60米调整为70米，5个地块开发强度微调，提高二期土地利用价值，目前控规论证调整最终稿已通过市资规局上报市政府，启动剩余土地的征迁净地工作；目前已确定将在二期地块内落地建设丰泽区机器人产业园项目，总投资2亿元，占地约47.48公顷。

【精准服务】 2020年，泉州软件园区完善内部各类生活配套设施建设，相继完善“人才之家”、文体活动中心、瑜伽室等文体娱乐设备，同时加强园区文艺装饰设计，提升园区文化氛围；筹备建设软件园展厅，选址园区综合楼1楼建设，占地面积约910平方米，用于展示园区工作成效；深化入园企业服务，扩展“智慧园区”综合管理平台应用，加入疫情防控、政策宣传等功能。

【人才工作】 2020年，泉州软件园区管委会落实人才直接联系点工作，开展人才引进、人才培训、人才服务工作，落实定期下企业挂钩调研人才需求；园区从业人员超2000人，共有36人被认定为泉州市高层次人才，哈工大工研院、南京大学环保产业园研究院等5个团队被认定为高层次人才团队，加强行业交流合作，联合相关单位举办线上人才招聘会、线上企业沙龙、“IT拼客”高校征集令活动、“泉软悟享汇”、“天九讲堂”、军警装备后勤成果展等线下活动，泉州市软件行业协会已正式入驻园区。

（潘登撰 侯侨海审）

2020年7月17日，泉软悟享汇之政策解读座谈会举办（泉州软件园 供）

2020年11月9日，泉州软件园第五届“IT拼客”高校征集令活动举行（泉州软件园 供）

11月24日，泉州中国兵器装备集团特种机器人研发中心及福建新诺机器人自动化有限公司举行揭牌仪式（泉州软件园 供）

12月10日，泉州市软件与工业设计基地招商项目举行集中签约仪式（泉州软件园 供）

农业与农村

【概况】 2020年，丰泽区农业农村和水利局贯彻习近平新时代中国特色社会主义思想和中共十九大精神，按照中央、省、市农村工作会议的安排部署，以实施都市型乡村振兴战略为总抓手，聚焦山海协作、产权改革、“三资”监管等重点领域，统筹抓好疫情防控和复工复产，推进农水渔事业高质量发展。全年实现农林牧渔总产值3.47亿元，同比增长1%。

【“疫情”防控和复工复产】 2020年，丰泽区农业农村和水利局成立疫情防控工作领导小组，取消周末休假，到农企、农户、渔船等生产经营主体宣传和协助抗“疫”工作，发放宣传材料2000多份，按规定在集中防控期间落实停产停业措施，实施禽畜动物防疫和场所消杀。

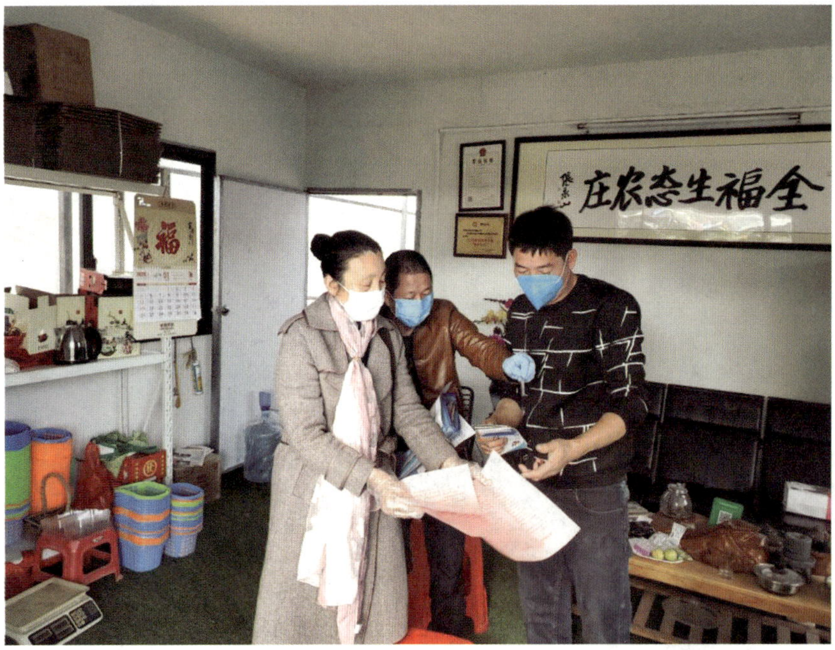

2020年1月31日，丰泽区农业农村和水利局农业中心到清源街道企业开展疫情防控宣传 （区农水局 供）

疫情稳定后，协助辖区内生产经营主体复工复产，18家涉农企业复工复产，复工率100%。2月21日允许渔船复工出海作业，制定渔船复工复产的表格和流程，组织复工前检查，现场核对船员身份证信息、身体情况等，监测船员体温，督促渔船落实防护措施，发放口罩1500个。严防海上疫情输入，采取分组每天不间断进行岸线巡查，出动执法人员845人次，登临渔船830艘次，检查渔业从业人员2610人次；联合海事处、边防派出所、街道等开展海上巡查25次，巡查岸线1098.16千米，海域980.5千米。

【放管服改革】 2020年，丰泽区农业农村和水利局对“不再重复提交”证照应用和生成事项进行梳理，涉及应用事项115个，生成事项80个；配合行政服务中心对行政服务平台的改造工作，加快泉州市“互联网+政务服务”一体化行政服务平台在县（市、区）的推广应用。驻区行政服务中心窗口已受理完成行政许可审批事项共355件，办结354件，退件1件。收取14个项目的水土保持补偿费35.1717万元；收取水资源费5家2.30万元；收取308艘渔船渔业资源费32.13万元。

【稳产保供】 2020年，丰泽区农业

农村和水利局制定《2020年粮食生产指导性计划》，分解下达丰泽区45.93公顷粮食生产任务。全年完成早稻种植面积6.73公顷，晚稻种植面积4公顷，产量6.2万千克；春花生种植面积33.93公顷，产量7.45万千克；蔬菜种植面积212.47公顷，产量446.2万千克；水产品总量1321.1万千克，其中海洋捕捞为1147.4万千克，海水养殖为170万千克，淡水捕捞7000千克，淡水养殖3万千克；制定《关于支持农业复工复产八条措施》文件，支持泉州西畴农业有限公司、泉州市丰泽永鹏2家企业申请新增应急叶菜种植补助20.65万元，裕园茶业有限公司申请生产经营性贷款贴息补助资金15万元。帮助西红柿种植基地、丰蕈园菌菇培植中心联系销路，解决滞销问题；签订异地供应协议，在顺昌县建立生猪养殖基地，协议专供规模养猪场7个，最低保有量6.53万头，确保在生猪调运紧缺时，由顺昌县协调优先供应给丰泽区。

【农产品质量安全检测】 2020年，丰泽区农业农村和水利局承接省农业农村厅下达3500份的农残检测任务，依托5个农残速测点和2个区级检测中心开展快检工作，完成6136个样品检测，合格率99.80%。开展市、区两级监督抽检，抽样豆芽、草莓、食用菌、茶业等特色农产品158个样品分送市农业检测中心和第三方检测单位检测，合格率100%。推行合格证信息化管理，共有3个蔬菜基地种植户开具使用合格证（召集社区蔬菜基地、大坪社区蔬菜基地、西福社区蔬菜基地），建档并开具合格证的散户数40户，共开具合格证2000张，总重量3万千克。新增3家农产品生产企业全部纳入福建省农产品可追溯系统（总纳入数21家），健全农产品生产经营主体信用档案。

【防控农业面源污染】 2020年，丰泽区农业农村和水利局使用绿色防控和专业化统防统治技术，设立4个绿色防控示范区61.33公顷，1个化肥减量增效示范片，化学农药比2019年降低3.47%（目标值2%）化肥使用量比2019年降低3.55%（目标值2%）；开展耕地土壤环境质量类别划分，调查辖区内安全利用类污染耕地214个地块，共708公顷。完成安全利用整治708公顷，其中石灰调节37.07公顷，综合治理33.73公顷，受污染耕地安全利用率100%，完成编制《丰泽区受污染耕地安全利用项目效果评估报告》；推广秸秆综合利用技术，严禁农户禁烧秸秆污染空气。

【调整农业产业结构】 2020年，丰泽区农业农村和水利局指导企业谋划项目争取资金，共获取项目补助资金45万元，推荐裕园茶业、茗山茶业申报省级龙头企业储备项目，裕园茶业年产15000千克优质茶叶精制加工项目申报省级产业化龙头企业贷款贴息项目，裕园茶业申报省级农业产业化联合体财政资金项目，推荐华大鲜花港申报市级休闲农业发展项目；组织12期农村实用技术远程培训，纳入区级人才工作重点项目，拨付2019年市级农村实用人才奖励补助资金1万元，推荐1名农业人才参评2020年度市级农村实用人才。

【落实惠农惠渔政策】 2020年，丰泽区农业农村和水利局围绕国家渔业产业政策，引导辖区渔民淘汰老旧渔船，提升作业效率；开展2019年国内捕捞渔船油价补贴发放工作（渔船157艘、功率20734.7千瓦），发放补助资金864.705万元；落实2019年度国内捕捞渔船减船转产补助发放工作，共发放渔船1艘（核减功率339千瓦），补助资金169.5万元。完成2015年度至2018年度国内海洋捕捞渔船更新改造补助资金（第三批）发放工作（渔船11艘，补助资金262.6万元）；发放大中型水库移民后期扶持直补资金30人1.8万元。

【农业展会对接】 2020年，丰泽区农业农村和水利局组织裕园茶业参加第十三届海峡两岸（泉州）农产品采购订货会暨2020年泉州市农民丰收节、泉州市品牌农产品展销对接会，2家企业参加福建省2020年农民丰收节展销活动、2家企业参展“泉州乡村好货展——石

2020年1月31日，丰泽区农业农村和水利局在清源街道全福农场开展新冠肺炎疫情防控工作的宣传

（区农水局 供）

2020年7月23日，丰泽区农业农村和水利局工作人员到武陵农场查看作物生长情况 （区农水局 供）

狮站”、9家企业参展“泉州乡村好货展——丰泽站”，提高丰泽农业品牌知名度及影响力。

【山海协作与对口帮扶】 2020年，丰泽区农业农村和水利局制定《泉州市丰泽区与南平市顺昌县2020年山海协作对口帮扶工作协议》，于5月18日拨付顺昌县对口帮扶资金1200万元；受新冠肺炎疫情影响，双方党政领导及相关部门于10月28日开展线上互访交流，新引进福建省炘炘昊森工贸有限公司和中磊家居（福建）有限公司2家企业；推介爬梯等8家网红公司给顺昌县企业，帮助企业通过直播带货解决订单和库存问题，食达康公司在农贸市场设置扶贫专区，为受疫情影响而滞销的顺昌贫困农户提供农产品销售渠道，减少贫困农户的经济损失；顺丰共建产业园区总体规划扩容至8.23平方千米，推进元坑、郑坊镇与郑坊园区顺西片区产城融合集镇群建设，打造产城高度融合的省级工业园区和顺昌城市次中心，自建设产业园区以来，共引入企业13家；开展线上线下大型专题招聘会3场，共提供1000多个岗位，实施家庭服务职业技能提升项目，双方教育部门签订《2020年丰泽区与顺昌县基础教育对口帮扶工作计划》，区教育局选派2名骨干教师到顺昌县二中支教（为期一个学年），正骨医院运用泉州市正骨医院骨伤专科联盟微信群平台，为顺昌县医院进行网络培训及专家指导共享；在东南网、今日头条、闽南网等推送“抓实三项机制，共谱山海新篇”，在《海峡卫视》全球直播“福建省第六届海峡两岸（福建顺昌）齐天大圣情境诵读会”活动，提升山海协作影响力；强化精准脱贫综合措施，制定《关于调整区领导区直单位挂钩帮扶贫困户的通知》，从实施发展产业脱贫、转移就业脱贫、低保兜底脱贫、医疗保险救助及健康脱贫、助学助灾脱贫、文化扶贫、人居环境建设、社会力量参与扶贫8大方面，所有贫困户均完成脱贫；顺昌县已于2019年6月退出省级扶贫开发工作重点县，顺丰共建园区于2020年5月获得“全省扶贫重点县园区联合考评”第2名。

【农村集体产权制度改革】 2020年，丰泽区农业农村和水利局推进集体资产年度清查，于4月24日开展2018年度、2019年度资产清查业务培训，组织街道做好2018年度、2019年度资产清查，完成区级审核并上报，选择丰泽街道东美社区作为丰泽区居委会事务和经联社事务分离工作试点社区，对该社区工作进展过程碰到的问题向上请示汇报，予以指导，组织印制4

2020年4月30日，丰泽区农业农村和水利局到城东海堤新南闸进行安全生产检查 （区农水局 供）

万本股权证，由街道按各原村集体上报户数发放至各社区。

【原村集体“三资”监管】 2020年，丰泽区农业农村和水利局制定《丰泽区2020原村集体“三资”监管整治专项行动工作方案》，分别于4月21日、6月29日召开“三资”监管专项整治部署会、推进会，指导推进“建立健全资产资源台账、开展合同清理、建立健全工作队伍”三大任务；清理非法侵占集体资产资源1件，涉及面积9960平方米；清理合同1509份，发现问题合同128份，完成整改112份，合同清理率100%，整改率87.5%。组织壮大原村集体经济专题调研，完成专题调研报告，并总结典型做法形成《推行“345”工作法助推原村集体经济健康发展》作为强基促稳工作经验进行推广。

【动植物疫情防控】 2020年，丰泽区农业农村和水利局全面完成春、秋防免疫任务，应免畜禽免疫密度达到100%。配合市动物疫病预防控制中心到农贸市场采集125份病原棉拭子，开展农贸市场疫病防控风险排查，应对非洲猪瘟疫情，严密防范疫情传入丰泽区，确保猪肉及制品质量安全；加强红火蚁和草地贪夜蛾防控，调查面积690.4公顷，防除面积571.57公顷，防治蚁巢数为15311个，3个监测点边监测边防控，共监测面积18670亩次。组织5个涉农街道进行草地贪夜蛾地毯式调查，调查面积176.27公顷，未发现害虫发生。

【美丽社区建设】 2020年，丰泽区农业农村和水利局按照“集中力量办大事”的美丽社区建设要求，选定东海街道蟳埔民俗文化村、华大街道城东社区、丰泽街道东美社区、东湖街道仁风社区四个社区作为2020年度不同类型“美丽社区”的培育对象，挂钩城东社区，重点实施城东社区治安安全防控、下队道路拓宽、后路、碗窑自然村环境整治、华园北路右拐至鲜花港道路及两侧提升建设等项目，完成投资额350万元，财政补助200万元，基本完成年度计划任务。

水利与海洋

【水利设施安全运行】 2020年，丰泽区农业农村和水利局开展“一库一清单”整改工作回头看，通过省水利厅小型水库安全运行管理督查，落实安全鉴定工作补助经费，督促各项工程业主单位按期完成安全鉴定工作，委托设计单位编制水利工程管理与保护范围划定实施方案并通过专家评审，落实小型水库物业管理，落实管护资金，编制招投标方案，确定中标物业化企业兴禹公司，9月底启动水库物业化管护工作。

【渔船管控】 2020年，丰泽区农业农村和水利局落实24小时值班制度，加强在册渔船监控，做到早发现、早预警、及时召回，配合街道、社区排查习惯赴敏感海域作业渔船，对掌握的重点船只、人员建档立卡，明确监管责任人，防止漏管失控，结合季度安全生产工作会，举办3次政策宣讲，培训渔业从业人员150人次，举办普通渔业船员培训班13班，培训渔业船员417人，经考核通过398人，举办职务船员培训班6班，培训并考核通过55人。

【落实河长制工作】 2020年，丰泽区农业农村和水利局制定《2020年度河湖长制工作计划》《2020年度东干渠水质提升整治计划》《2020年丰泽晋江流域蟳埔断面暨内河入江口水质提升工作计划》，在全市范围内率先颁布丰泽区1号河长令，落实区、街道两级河长（副河长）河道监管巡查制度，至2020年年底各级河长巡河1390次、河道专管员巡河9023次，7月启动河道专管员巡河第三方社会化服务，共发现处理906个问题，推动河湖四乱治理、工业污染源管控和内沟河环境整治落到实处，完成北峰段河道滩地乱倒垃圾、乱种植蔬菜以及赤山水库违填侵占库区等10个问题整改并接受上级部门督察复核，启动对重点沟渠实施多项治污截污工程，改善水质，推动全民参与治河护河，利用微视频广告、电视互动云等方式宣传爱水节水、爱河护河和建设美丽河湖内容，组织“保护母亲河”巾帼护河主题月志愿活动和“文明创城志愿同行、净滩行动”保护泉州湾志愿活动，推出丰泽美丽河湖系列报道，策划泉州市广播电视台“幸福河水声——晋江西溪丰泽白水公园段”专题播报。

【生态资源保护】 2020年，丰泽区农业农村和水利局保护和合理利用水资源，完成水资源简报、公报及水资源管理相关平台系统等各类数据的采集、录入和上报工作指导督促5家区管取水户完成福建省水资源管理系统填报工作，完成河道外已发证的取水工程核查工作，实施年度伏季休渔制度，全区329艘渔船（60马力以下刺网渔船271艘，60马力以上拖网渔船58艘）自5月1日起进入集中休渔期，落实移泊报告制度，实行渔船定点泊船、不定时点船，推进水土流失综合治理，完成北峰群石社区山院坝、东海街道后亭社区水土流失综合治理项目，封禁治理16.67公顷，获得市级补助资金10万元，区级财政补助2.5万元。

【水资源】 2020年，丰泽区年用水总量1.2795亿立方米，其中地表水1.0791亿立方米，地下水0.1194亿立方米，其他水源0.0810亿立方米。

【水产资源】 2020年，丰泽区水产品生产中，鱼类产量734.1亿千克，甲壳类产量407亿千克，贝类产量163亿千克，头足类产量17亿千克。其中海洋捕捞主要为近海海域捕捞为主，主要捕捞品种为海鳗、鲅鱼（马鲛鱼）、梭鱼、带鱼、方头鱼、鲳鱼、鮸鱼、蓝圆鲹、鳀鱼、马面鲀等近海鱼类；虾、梭子蟹、蟳等甲壳类；乌贼、鱿鱼等头足类；海水养殖主要为海湾滩涂养殖，主要养殖品种为蛏、牡蛎等贝壳类。

（蔡嘉乐撰 苏益梁审）

2020年8月16日，泉州市丰泽区建筑行业协会第一届第一次会员大会召开

（区住建局 供）

城市规划建设与交通运输

【概况】 2020年，丰泽区住建局统筹协调疫情防控和经济社会发展工作，加速推进西华洋、城东南滨江、东海后埔、华大南埔山等改造项目的征迁工作。人居环境不断改善，继续推进高铁、高速及重要通道沿线环境整治及迎接世中会环境品质提升工程，整治提升40个老旧小区。开展房屋安全“百日大整治”行动，对辖区45661栋房屋进行全面排查，对存在重大安全隐患的房屋予以集中整治。牵头创建泉州市建筑服务产业园，出台《建筑服务产业园招商规定》，吸纳建筑企业入驻园区。成立辖区建筑行业协会和物业管理协会，加强行业监管力度。对辖区花港路、霞新路、霞福路等多条农村公路开展交通设施及路面整治。

【新冠疫情防控落实】 2020年，丰泽区在“泉州”（西福）和“泉州北”两个高速公路路口设置交通检疫站，截至2月21日24时检疫站撤离，2个高速口累计检查入丰车辆87106辆次，额温检测167396人次。参与海上入境管控，泉州后渚港累计到港货船251艘，船员2719人次，无船员上岸，未发现偷渡人员。为落实物业小区疫情防控，在全市率先要求物业项目实行“小区临时出入通行门票”制度，按照“一天一户一人一票”原则发放并落实管理措施，该做法得到《泉州晚报》《东南早报》、今日头条等媒体的推广报道。

2020年7月11日，泉州市丰泽区物业管理协会成立 （区住建局 供）

【片区征迁】 2020年，丰泽区住房和城乡建设局做好西华洋滞洪片区改造项目征迁扫尾工作，总任务为1713宗，累计签订协议1704宗，完成99.47%。推进城东南滨江片区改造项目（前头社区石改）征迁工作，总任务为253宗，累计签订协议227宗，完成率89.72%，签约总面积66526.44平方米，腾空房屋226宗，拆除房屋110宗。东海后埔片区改造项目征迁工作于2020年12月12日启动正式签约，截至12月28日完成签约558宗，完成任务数的50.59%，腾空462宗，腾空率82.8%，拆迁面积25.2万平方米。南埔山片区项目需拆迁房屋705宗、面积约43.13万平方米。12月26日，首签完成152宗，完成率22%，签约面积约10.93万平方米。

【城建项目落地】 2020年，泉州市促“六稳六保”追赶行动城建专项攻坚丰泽区牵头的项目中，开工项目5个，完成投资12951万元，占年度计划投资的31%；提速建设项目4个，完成投资34738万元，占年度计划投资的 49.63%；完工项目 10 个，完成投资 32721 万元，占年度计划投资的 52.93%。丰泽区城乡民生基础设施补短板项目完成投资 50155 万元，占年度计划投资的 101.5%。

【人居环境整治】 2020 年，丰泽区完成高铁沿线裸房整治 23 宗，平改坡 18 宗，拆违 18 处，清乱 32 处，绿化提升 5 处。完成高速沿线裸房整治 84 宗，平改坡 35 处，拆违 32 处，清乱 1 处，绿化提升 2 处。完成重要通道沿线裸房整治 100 宗，平改坡 59 宗，拆违 291 处，清乱 13 处，整治沿线广告、店招 672 个。迎接世中会城市品质提升项目中，S307 省道（丰泽区部分）、城华路—坪山路、新华路（丰泽区部分）、津淮街 4 个环境品质提升工程共需改造 392 栋，已完工 257 栋，完成投资 7520 万元。

【房屋安全隐患整治】 自 2020 年 3 月 17 日至 6 月 23 日，丰泽区依托房屋安全隐患大排查大整治指挥部综合协调组开展“百日大整治”，对辖区 45661 栋房屋开展全面排查。共排查出重大(结构和消防）安全隐患房屋 1168 栋，其中已封房 1060 栋、加固 53 栋、消防整改 22 栋、拆除 33 栋；存在重大安全隐患的人员密集场所房屋 36 栋，其中已拆除 5 栋、加固 9 栋、重新鉴定为可安全使用 3 栋、采用物理隔离确保安全并报市指挥部综合协调组同意销号 19 栋。涉及需重点鉴定的 5 种类型房屋 175 栋，其中已出鉴定报告 114 栋，另有 61 栋销号。

【住房保障政策落实】 2020 年，丰泽区共有 436 户正在轮候的保障家庭参与保障性住房选房分配，丰泽区另推出 47 套公租房房源参与此轮选房。该 436 户住房保障轮候家庭中，309 户参选租赁型的保障房，其中选取区级房源 35 套、市级房源 6 套；163 户参选销售型的保障房，其中选取限价房源 123 套、经济适用房源 11 套；22 户租转购的保障家庭，6 户选取到经济适用房源。此次选房分配解决大多数住房困难家庭的住房问题。符合公租房货币化保障的家庭有 7 户，发放补贴 3.104 万元。将外来务工人员纳入住房保障范围，承租工业园区公租房的外来务工人员 1025 户。深入推进住房分配货币化，申报 2020—2021 年高龄退休人员住房补贴的共 28 人，核定发放住房补贴 61.74 万元。

【泉州市建筑服务产业园建设】 2020 年 7 月 23 日，泉州市建筑服务产业园正式开园。丰泽区制定出台《建筑服务产业园招商规定》，为企业入驻园区开通一站式服务，鼓励和吸引施工总承包、专业承包、工程设计监理、招标代理、工程检测、施工劳务等建筑业企业入驻。园区引进 90 家建筑业企业入驻，其中区外企业 22 家，区内企业 68 家，园区 8—11 月纳税总额 234.83 万元。8 月 16 日成立泉州市丰泽区建筑行业协会，首批会员 138 家。此外，中骏·国金中心二期（12-A 号、12-BC 号、16 号楼及相对应地下室）、泉州莱福仕广场 2 个项目获得“刺桐

泉州市建筑服务产业园

（区住建局 供）

2020 年 7 月 23 日，泉州市建筑服务产业园开园仪式现场 （区住建局 供）

杯”优质工程奖。

【老旧小区整治】　2020年，丰泽区住房和城乡建设局对丰泽区2000年以前建成的187个老旧小区分三批次实施改造，争取中央及省、市财政补助资金共计2.16845亿元。第一批40个老旧小区，涉及泉秀、东湖、清源、东海、丰泽街道及云谷小区（省级示范）6个工程项目已动工建设，2020年年底已基本完成老旧小区改造任务，完成总投资7500万元，正在组织验收。第二批42个老旧小区，已按街道划分（泉秀、东湖、清源和华大、东海、丰泽）6个工程项目，目前已完成招投标工作，春节后全面开工，计划2021年上半年竣工验收。第三批105个老旧小区，已完成项目立项并进行可行性研究报告的编制，总投资预算2.3765亿元，待市发改批复后组织方案设计等前期工作，计划2021年年底前全面开工。

【物业管理水平提升】　2020年7月11日，丰泽区住房和城乡建设局成立丰泽区物业管理协会，出台《泉州市丰泽区物业管理协会章程》《泉州市丰泽区物业管理协会会费缴纳标准与管理办法》等相关制度，协会已吸引辖区120家物业企业和供应商加入。成立见龙亭小区、华城小区、北峰万科城等10个物业纠纷调解委员会，配合区委政法委和区法院搭建“1+N”多元解纷工作格局，在城东保利城、区物业协会设立多元解纷分中心。丰泽区水墨兰庭、御淮华庭、御花园二期等5个物业管理项目被授予“泉州市物业管理达标示范项目”称号。

【人防工作】　2020年，丰泽区住房和城乡建设局按照综合应急保障、信息防护、医疗防护、心理防护、运输专业组建属地人防队伍，提高丰泽区应急救援机制。组织8个街道、9所中学参加“9·18”防空试鸣暨人口疏散演练活动。核准更新丰泽区交通战备基础潜力。

【春运工作】　2020年春运从1月10日开始，到2月18日结束，共40天。丰泽区春运工作围绕“安全第一、保障有力、方便快捷、服务至上”的春运总体要求，各职能部门严密组织，健全机制，精心部署，密切协同，全力以赴投入春运工作。据统计，截至2月16日，丰泽区各客运站总计输送旅客15.97万人次，其中投入客运车辆924辆，51056座次；投入旅游包车85辆，4554座次。

【农村公路管养】　2020年，丰泽区住房和城乡建设局共出动Ⅰ类人员（县区路长办工作人员）和Ⅱ类人员（县区路长办工作人员、乡村道专管员）累计巡查1470次，巡查有效里程乡道2187千米、村道3750千米。开展农村公路交通设施及路面整治：完善东海街道生态路交通设施（增设交通导视牌、公路反射镜、减速带等）及修剪周边绿化，整治农村公路急弯陡坡及绿化环境问题；推进华大街道城东社区“鲜花港”整体园区改造，对园区内花港路进行“白改黑”，提升园区农村公路整体路况和安全等级；在城东街道东星实验小学出入口规划热熔标线225平方米、振动热熔标线110平方米，增设交通指示牌和反光镜，整治校园周边师生及家长出行安全隐患；对北峰街道博东路301号学生街外市政污水井盖旁路面塌陷及积水问题进行维护；对清源街道埭内路、清朋路10余处391.5平方米破损路面进行整治；对城东街道霞新路、霞福路14处643.4平方米破损路面进行整治。

（林静雯撰　洪钟冠审）

2020年，丰泽区铁路沿线南侧夹角绿地整治前后对比图　（区住建局　供）

2020 年，沈海高速秋季新增立面改造前后对比图　　（区住建局 供）

2020 年，生态路画振动热熔标线前后对比图　　（区住建局 供）

2020 年，丰泽区城东街道霞新路路面破损修复前后对比图　　（区住建局 供）

城市管理

【概况】 2020年，丰泽区城管局以习近平新时代中国特色社会主义思想为指导，贯彻中共十九大和中共十九届历次全会精神，落实区委、区政府的决策部署，围绕国家卫生城市复审迎检、全国文明城市总评、“两违”治理“百日大整治”、安全生产大排查大整治、强基促稳、民生“XIN”行动、省级文明城区总评迎检等重点任务，齐心协力，攻坚克难，为全方位推动丰泽区高质量发展超越作出积极贡献。

【亲民城管】 2020年，丰泽区城管局开展占道经营整治，组织各街道对董埭路物流占道、泉秀街泉州银行门口、金帝花园永辉超市周边、浦西万达广场对面流动摊点占道经营等群众反映强烈的市容乱象进行集中治理，共查处、纠正流动摊点、店外店等占道经营行为18278起，实施行政处罚49起，罚款14100元；开展渣土车“滴洒漏”整治，联合区渣土办、交警等部门开展治理行动，对土方车“滴洒漏”现象从重打击、从严惩处，查处渣土车“滴洒漏”12起，罚款52000元；开展建筑工地噪声污染整治，坚持24小时值班制度，纠正和查处建筑工地不按规定施工的违规行为，查处建筑工地噪声污染19起，罚款42300元；开展共享单车整治，在市局的组织下，对浦西万达广场周边、金帝花园永辉超市周边、田安路丰泽商城至武夷花园段、客运中心站、淮秀路周边等重要地段的共享单车占道乱象进行专项整治，累计暂扣共享单车（电单）3000余部；开展户外广告整治，制定印发《2020年丰泽区户外广告专项整治行动方案》，组织各街道对辖区内存在安全隐患及违规设置的户外广告开展全面整治行动，确保消除安全隐患，共摸排并整治存在安全隐患及违规设置的户外广告设施168块；开展“两违”专项治理，按照省、市工作部署要求，制定《关于“两违”治理“百日大整治”工作方案》《关于违法建设“百日大整治”行动全面消除安全隐患工作方案》，推进“百日大整治”工作，全区共拆除“两违”501宗，面积23.01万平方米，完成丰泽区2020年22万平方米“两违”综合治理目标任务的104.59%；推进市政设施管理精细化，针对市政设施历史欠账问题，在应急反应、精细化、提质耐用上下功夫，提升修缮标准，主动找问题、主动案件生成，修复损坏的城市部件，共处理案件1220起，其中人行道整治修复244处，约1150平方米，道路路面破损修复206处，约1100平方米，雨污井盖破损更换111处，更换破损雨水箅61个，清淤堵塞井口413个，疏通管道4250米，11条路安装防坠网，挂网145个，推进“数字城管”案件处理精细化，发挥信息技术的优势，优化“数字城管”平台，在区直有关部门、街道办事处、社区设立终端，通过专网与市级平台连接，建立起“监督、指挥、处置、联动”的运行体系，确保城市问题事事有人管、件件有着落，让城管指令快速响应，高效落实，采集立案173565件，其中已处置案件数172804件，案件处置率99.56%；推进日常考评精细化，以提升人居环境为中心，加强日常巡查，推动疫情期间考评常态化、精细化，对区主次干道、社区、集贸市场、内沟河、海岸带、公厕、占道经营等项目开展日常考评49期，2—3月，还针对主次干道、社区、内沟河污水横流等问题及农贸市场环境卫生、人员防护、体温检测等情况开展巡查45期，发现问题1000余处，督促整改落实，提升丰泽区环境卫生水平；实施道路畅通工程，为进一步提升道路密度和通达性，打通“断头路”，完善城市主次干道路网，实施美桐街、湖美酒店东侧道路、丰泽区第三实小周边市政道路打通工程3条断头路改造工程，均已动工建设，处于收尾阶段，持续推进防洪排涝工程，因地制宜，精准施策，开展东海泰禾、东海隧道宝秀小区门口、云鹿路津淮街交叉口积水整治，正在进行施工图设计；推进八拦坝排洪沟工程建设，解决安吉路变电站路口积水，正在进行渠道和护坡以及管道建设；开展民生“XIN”行动，加快中心城区背街小巷道路破损修补，解决一些影响百姓日常出行和影响城市环境的道路、街巷问题，提升现代化城市核心区品质品位，滚动生成61个项目，完成项目34个，完成投资210万元，完成年度目标任务；深化“厕

2020年“12·4”国家宪法日，丰泽区城管局通过引导群众关注“丰泽城管”微信公众号普及宣传城市管理法律法规 （区城管局 供）

所革命”，按照2019年公厕改造提升方案，经现场实地勘察，将丰泽区云谷社区山兜等6座公厕列入2020年改造提升项目，并对浦西路灯洲新村等8座公厕进行整修，全部完成公厕改造任务和其他公厕的整修工作。

【“绿色”城管】　2020年，丰泽区城管局根据泉州市政府关于人居环境整治工作部署要求，确定丰泽区实施项目为泉州市农村人居环境绿化整治工程（高速2号地、高速3号地）、泉州动车站铁路沿线绿化提升工程。高速工程已完成整治工作，总投资200多万元，新增绿化面积1000平方米；动车站绿化工程项目原定由区城管局组织实施。已完成工程招标工作，后经肖厝社区申请，区领导同意，工程已转由肖厝社区组织实施；已完成东干渠滕王阁截污改造工程和东干渠现代家居截污改造工程，并完成大部分排放口的整治，法石水闸出水口已连续多月达标，做好排放口排查工作，做到即知即改；针对普查发现的管道功能性、结构性缺陷进行修复，分期开展区管道路配套管网修复工程，主要开展区管道路配套管网修复工程二期项目，修复普查出的重要节点的三级、四级管道缺陷及打通部分断头管，完善中心城区地下雨污水管网，累计完成65处破损点位修复，已完工并验收；在浔美渠、庄任社区水塘、义成沟、排洪渠C段完成工程整治措施的基础上，按照《丰泽区黑臭水体长效机制实施方案》加强水体养护，建立长效的管理机制，同时开展黑臭水体后期管养工作外包服务，已完成后期管养采购工作，进行为期3年的专业、系统养护工作，以巩固黑臭水体整治成效，实现城市河流（水体）长治久清，改善城市水环境；加强对主干道机械化清扫保洁监督工作，配合各街道开展清洗道路工作，对工作中存在的问题进行协调，确保机械化保洁和清洗道路工作开展顺利，对中心市区开展早上一班、中午一班洒水降尘工作，每天达到2次洒水降尘作业，做好防尘降尘工作，启动抑尘车喷洒道路，每天早上9点、中午12点和下午3点各一次，降低道路扬尘污染；结合41个老旧小区改造完善垃圾分类前端硬件设施设备，并进行人员管理培训、入户宣传等落实垃圾软件服务，其中丰泽街道从完善硬件设施、做好宣传引导、加强队伍建设、规范作业处置等方面入手，创建省级生活垃圾分类示范片区，另外，泉秀街道引进第三方企业，发挥企业人力、物力优势，免费提供硬件，打造具有示范意义的真分类、实分类、可持续的垃圾分类“泉秀模式”，已陆续在40多个小区投入分类收集亭、分类宣传屋，完善分类硬件设施。

2020年4月10日，丰泽区城管局组织部分干部职工参加全民义务植树活动

（区城管局 供）

【法治城管】　2020年，丰泽区城管局聘请泉州立行律师事务所张艳律师担任常年法律顾问，发挥法律顾问在解决行政争议、制定重大行政决策、推进依法行政中的积极作用，共参与行政复议2起、行政诉讼10起，为区城管局重大决策、重大行政行为提供法律意见3次；加强卷宗审核，做好处罚信息公开，结合每月的督查考评及卷宗审核，总结、纠正各中队行政处罚卷宗常见的失误，共审核案卷92宗，处罚金额161800元，并及时将行政处罚信息公示在“信用泉州”网；发挥基层立法联系点作用，配合市城管局、区司法局做好《泉州市市容和环境卫生管理条例（草案）》《泉州市露天烧烤管理办法（草案）》《泉州市中心市区电动自行车管理办法（草案）》等地方性法规的立法调研工作，提出相关立法意见建议；按照《信访条例》规定的办理时限、规范的答复文本和信访路线图，对省、市、区信访部门转（交）办件进行处理，跟踪福建省信访系统平台，对平台上的案件进行认领、办理、反馈、扫描、录入、提交国家信访局交换文档，按要求在信访办理期限内结案，共受理各类信访件2074件，截至2020年年底已办结2032件，正在处理42件。共收到区政府督查室交办区五届人大四次会议代表建议34件，均已按要求完成办理及答复代表，其中33件代表“满意”、1件代表“基本满意”；收到区政协五届四次会议委员提案18件，其中17件办理满意，1件办理基本满意。

【创建平安丰泽】　2020年，丰泽区城管局在春节期间，深入东海街道东梅、蟳埔、金崎3个社区以及东湖街道仁风社区看望慰问生活困难户和计生特殊家庭户，为生活困难户送去真挚的关怀和温暖，特别是2月，划拨给予挂

2020年疫情防控期间，丰泽区城管局联合辖区街道开展流动宣传及巡查劝导
（区城管局 供）

钩帮扶的东海街道东梅、蟳埔、金琦3个社区各1万元的经费，用于支持其在疫情防控期间开展环境卫生整治工作。根据区委政法委工作部署要求，从5月中下旬开始到7月31日，开展平安建设“三率”提升集中行动，3个挂钩社区帮扶共建小组每周不少于两次深入挂钩联系的东海街道东梅、蟳埔、金崎3个社区，参与、支持社区入户走访、平安建设“三率”宣传活动，相关股（室）、中队梳理“12345”便民服务平台以外的渠道收集的来访、来电、来信诉求件，特别是重复投诉、重复来访的，形成回访清单，开展重点回访，做好群众的释疑解惑工作，提升群众的满意率。7月中旬至9月初，协调组织人员每天深入3个挂钩社区参与挂钩社区的创城工作；利用学习例会，每个月组织一次学习上级关于扫黑除恶工作的部署要求，引导全体干部职工继续提升政治站位，防止产生松懈麻痹心理，做好3件由区扫黑办、区公安分局等部门移交的问题线索案件的核查处置工作，局领导亲自研究部署，亲自把关核查处置报告，确保问题线索核查处置到位；吸取“3·7”酒店坍塌事故的经验教训，落实安全生产工作责任制，组织开展城市管理领域和燃气行业安全生产隐患大排查大整治行动，会同各街道共摸排“两违”501宗23.01万平方米，拆除违法建设501宗23.01万平方米；检查液化气供应站点129家次，排查督改隐患203项，开展入户检查706家，检查餐饮场所249家，落实隐患问题整改368个；开展对东海中学、泉州九中等13所中学校园食堂燃气安全检查，督促学校对发现的隐患问题进行整改；检查渣土运输企业13家，对发现的问题责令业主单位立即进行整改。

【理论学习】 2020年，丰泽区城管局每周通过集中学习和个人自学的形式，组织全体干部职工学习《习近平谈治国理政》第三卷、《习近平在厦门》《习近平在宁德》《习近平在福州》采访实录以及法律法规等内容，并做好学习笔记，引导全体党员、入党积极分子、发展对象学好用好“学习强国”平台，培育学习新风尚；抓好部署落实，局党组在3月底分别召开党建工作、意识形态、2019年度全面从严治党主体责任3场专题会议，总结2019年党建工作、意识形态、全面从严治党主体责任工作情况，并对2020年相应的工作进行部署。5月11日，在局党组会议上传达2019年度丰泽区委（党工委、党组）落实意识形态工作责任制专题督查情况，研究部署区城管局2019年意识形态工作责任制专题督查存在问题整改措施；党组书记切实担负起党风廉政建设工作“第一责任人”责任，做好表率、带好队伍，并督促其他领导班子成员认真落实“一岗双责”，以局党组的名义向各股（室）、中队，局下属事业单位下发落实全面从严治党主体责任制清单；坚持挺纪在前，推进源头治理，把握运用“四种形态”，加强教育提醒，提高廉政约谈、廉政谈话和诫勉谈话的

2020年9月26日，丰泽区城管局组织志愿者在新车站口袋公园开展迎中秋庆国庆志愿服务活动 （区城管局 供）

针对性和实效性，完善谈话和约谈工作机制，发现苗头及时谈话，指出危害，查找原因，提出要求，把问题消灭在萌芽状态，推动党风廉政建设向一线延伸，共效能问责1人、函询谈话1人、政纪处分2人。10月28日，区城管局总支部委员会、第二支部委员会以及第三支部委员会分别召开党员大会，分别补选总支部委员会委员、第二支部委员会委员以及第三支部委员会委员、第三支部副书记，保证各个支部工作的有序开展，各支部定期组织召开支部党员大会、支委会，及时传达贯彻上级有关会议、文件精神，部署推进党建工作，总支部书记和各支部书记带头上党课，党员领导干部积极以普通党员身份参加所在支部的组织生活，共同推动落实“三会一课”制度。

（方智敏撰 朱金绪审）

环境质量与保护

环境质量

【空气质量】 泉州市丰泽区空气质量功能区为二类区，评价标准是《环境空气质量标准》（GB 3095—2012）表1二级标准。2020年丰泽区空气质量状况总体良好，空气质量优良以上天数为355天（其中优天数为193天），占全年总监测天数（365天）的97.3%。2020年，丰泽区空气首要污染物为臭氧（O_3）。

【地表水质量】 2020年，丰泽区地表水环境质量及饮用水水源地水质均能按功能分区稳定达标。其中：北渠地表水评价标准是《地表水环境质量标准》（GB 3838—2002）表1中Ⅱ类标准（总氮、粪大肠菌群不参与评价），地表水水质达标率100%；饮用水水源评价标准是《地表水环境质量标准》（GB 3838—2002）表1中Ⅲ类标准（总氮、粪大肠菌群不参与评价）及《地表水环境质量标准》（GB 3838—2002）表2中集中式生活饮用水地表水源地补充项目标准限值，北水厂饮用水水源达标率均为100%。

【噪声监测】 2020年，丰泽区区域环境噪声监测结果为年平均值昼间56.4分贝，可达区域环境噪声2类区标准。交通噪声监测结果为昼间69.0分贝，稳定在交通噪声二级以上水平。

环境保护

【概况】 2020年，丰泽生态环境局贯彻省、市、区生态环境保护工作会议精神，以打好污染防治攻坚战为重点，以强化环境执法为抓手，以改善区域环境质量、保障群众环保权益为目标，监管与服务并举，依法行政与强化治理并重，推进全区环境综合整治，突出重点，攻坚克难，有序推进各项环保工作。

【中央生态环保督察整改】 2020年，丰泽生态环境局发挥区环委办作用，协调推动第一轮中央环保督察剩余2件信访件办结销案，并获得省市认可。落实第二轮中央督察重点信访件区领导挂钩督办机制，定期通报验收销号进度，特别是在关键时间节点每日通报督促销号进度，强力推动信访件整改落实，丰泽区第二轮中央督察66件信访件已全部办结，验收销号65件（仅1件未销号：水木春天小区周边火车鸣笛噪声扰民问题），销号率98.5%。针对第二轮中央督察组反馈意见涉及丰泽区的8项全省共性问题，制定实施《丰泽区贯彻落实第二轮中央生态环境保护督察反馈意见整改方案》，督促各项目牵头责任单位制定整改子方案，每月调度整改进展情况。

【应对疫情环境风险防控】 2020年，丰泽生态环境局落实疫情环境风险防控应急机制，第一时间成立局新型冠状病毒肺炎疫情环境风险防控工作领导小组，落实应急值班值守制度，规范内部人员动态跟踪管理，抽调3名干部派驻晋江参与协助村（社区）疫情防控一线工作，加强医疗废物环境风险监管，疫情防控工作开展以来，丰泽生态环境局共出动400余人次，采取现场、视频

2020年2月7日，城东隔离点进行余氯监测 （区生态环境局 供）

等方式检查定点医院及隔离观察点200余家次，对定点医院、隔离点、接收定点医院的污水处理厂废水及集中式饮用水水源地进行余氯监测共106家次，辖区环境空气、地表水环境质量未发现受疫情处置影响的情况，强化进口冷链食品拆卸外包装物垃圾处置监管，督促进口冷链食品集中监管仓企业落实主体责任，规范拆卸的纸箱等包装物垃圾处置等工作。

【大气污染防治】 2020年，丰泽生态环境局开展餐饮油烟污染、动力油品质量升级等8个专项整治行动，及时响应空气质量预警预测，发出17份预警函，加强大气联防联控联治，对辖区工业集聚区和餐饮油烟、露天烧烤集中区域挥发性有机物（VOCs）污染问题进行走航快速检测10天，强化大气污染执法监管，约谈辖区内涉VOCs企业，制定出台《城华南路两侧及周边涉VOCs企业环境污染综合整治实施方案》，重点开展城华南路空气监测点位周边涉气企业专项整治。共完成大气减排精准治理项目10个，立案查处涉气案件4件，实施VOCs管控70家，出动执法人员150人次，抽查企业50家次。2020年，丰泽区环境空气质量超标天数10天（颗粒物超标2天，臭氧超标8天），较2019年下降54.5%。

【水环境综合整治】 2020年，丰泽生态环境局强化流域水环境精细化治理，推动精准治理项目等重点任务，完成35个入河排污口整治任务，落实资金33.977万元，通过招标程序签订入海排污口委托合同，完成入海排污口查、测、溯工作，并将成果汇总、提交市生态环境局，保持北渠饮用水水源水质达标率100%。

【土壤污染防治】 2020年，丰泽生态环境局配合市局开展重点行业企业用地土壤污染状况调查，丰泽区重点行业企业调查均判定为低风险。督促重点监管单位做好拆除活动中的土壤污染防治，提交备案自行监测报告及有毒有害物质报告，督促疑似污染地块土地使用权人落实场地调查评估工作，丰泽区污染地块原永丰树脂地块已完成土壤环境调查报告和备案，《风险评估报告》已通过专家评审，正在推进土壤修复工程。全面摸清辖区地下水型饮用水源和重点污染源基本情况，形成“双源”清单。

2020年4月28日，全区生态环境保护工作推进会召开 （区生态环境局 供）

【环境监管】 2020年，丰泽生态环境局开展小作坊小加工厂安全隐患排查工作，严厉打击环境违法行为，加大对辖区内重污染企业污染治理设施的监督监管力度，落实网格化环保监管工作，深化“放、管、服”，提高服务质量。共检查重点污染源企业52家次，出动执法933人次，查处群众投诉件311件，办结率100%，投诉件数量相较去年同期下降33.97%，办理环境违法案件4起，处罚金8万元，依法查封扣押10家，网格化APP录入环境事件信息1650条、巡查信息5680条。审批环境影响评价报告书2份、报告表20份，企业自行网上备案环评登记表291家，同意夜间施工82次，完成固定污染源排污登记1162家，发放排污许可证38家（简化管理34家、重点管理4家），下达排污许可证限期整改1家，办理排污许可证延续、变更6家，出具监测报告51份，其中水49份（监督性监测32份、执法性监测8份、比对1份、其他2份、地表水6份）、噪声2份（执法性监测）。

【第二次全国污染源普查】 2020年，丰泽生态环境局完成第二次全国污染源普查收尾工作，此次污染源普查丰泽区共摸排调查工业源企业1804家（运行企业1601家、关闭企业7家、全年停产企业5家、其他类企业191家）、集中式污水处理厂4家、农业源综表5份、生活源锅炉7家、加油站21家、入河排污口83个、入海排污口8个。5月7日，省普查验收组对丰泽区普查工作和档案管理工作进行现场核查验收。9月27日，丰泽生态环境局被国务院全国第二次污染源普查领导小组办公室表彰为表现突出集体，并有3人被评为表现突出个人。

2020年6月5日，“‘6·5’世界环境日”环保进社区宣传活动（区生态环境局 供）

【环境保护宣传】 2020年，丰泽生态环境局在“‘6·5’世界环境日”当天组织开展2场宣传活动，共计发放宣传材料1000余份，设置展板35块，悬挂条幅5条，现场解答群众咨询60余人次。结合世界水日、“‘3·15’国际消费者权益日”、“创城”“创卫”等工作联合相关区直单位开展各类环保宣传活动，发挥“丰泽环保”微信公众号等新媒体作用，全年共整理编辑发布微信公众号48期，240篇。

（陈斯远撰 张琪福审）

自然资源管理

【自然资源】 2020年，丰泽区土地总面积129.25平方千米，陆地面积113.24平方千米，城市建成区面积55.54平方千米，有森林蓄积量23.16万立方米，森林覆盖率30.73%，林地面积3170公顷。省级自然保护区总面积1179.24公顷，省级以上森林公园1个、面积380公顷。

【造林绿化】 2020年，丰泽区自然资源局完成造林绿化7.87公顷，其中：完成“三沿一线”森林生态景观带提升2.87公顷，占任务的100%；完成人工促进天然更新5公顷，占任务的100%；完成森林抚育10公顷。

【森林防火】 2020年，丰泽区自然资源局森林防火工作通过提前部署，加强宣传，健全消防队伍建制，加大护林员巡查力度，严管野外火源，完善森林防火设施等措施。投入资金添置、补充各类森林防火物资，抚育生物防火林带和清理防火隔离带27.7千米（25米宽）。没有发生森林火灾。

【林业有害生物防治】 2020年，丰泽区自然资源局完成松枯死木择伐面积606.73公顷，采取熏蒸和烧毁处理方式不下山处理1847株，伐桩处理1847个；施放白（绿）僵菌防治松墨天牛，防治面积666.67公顷，挂设诱捕器诱杀松墨天牛，挂诱捕器560个，诱捕松墨天牛20047只；噻虫啉防治松墨天牛187.07公顷；释放76万只肿腿蜂、花绒寄甲成虫8610对和卵卡2870卡防治松墨天牛189.93公顷。

林业有害生物松墨天牛

（区自然资源局 供）

林缘空地烧毁马尾松疫木

（区自然资源局 供）

喷洒噻虫啉防治松墨天牛

（区自然资源局 供）

【林业执法】 2020年，查处滥伐林木，擅自改变林地用途等案件6起，处罚人民币23.092万元，打击破坏森林资源的违法行为，保护丰泽区森林资源。

【生态公益林管护】 2020年，丰泽区自然资源局完善生态公益林管护机制，加强对2415公顷省级生态公益林的保护工作，发放生态公益林补偿金91.3214万元。

【野生动物保护】 2020年，丰泽区自然资源局宣传贯彻新修订的《中华人民共和国野生动物保护法》《福建省湿地保护条例》，普及科普知识，弘扬生态文明理念，提高社会公众对保护森林、湿地和野生动植物资源重要性的认识，倡导文明、绿色的生活方式和消费模式，拒绝非法来源的野生动植物工艺品，引导全社会参与生物多样性保护，形成人与自然和谐共处的局面。

【围填海历史遗留问题】 2020年，丰泽区自然资源局按省、市自然部门要求，沿海各设区市自然资源主管部门需开展围填海历史遗留问题处理工作。泉州市丰泽区共有历史遗留问题20宗，总面积66.53公顷，分为2类4种情形。已批准类1个，为已批准尚未完成围填海。未批准类19个、其中未批准填而未用4个，未批准已填已用15个。丰泽区委托自然资源部东海局上海东勘院，对与海交界形成新岸线的13宗围填海历史遗留问题，编制围填海项目生态评估报告与生态保护修复方案，并在生态评估的基础上制定《泉州市丰泽区围填海历史遗留问题处理方案》上报市自然资源和规划局，该方案已并入省历史遗留问题处理总方案上报自然资源部报备。

2020年，丰泽区自然资源局对申请增设电梯进行现场踏勘（区自然资源局 供）

【围填海现状调查】 2020年，全区围填海调查项目25宗，全区围填海总面积106.08公顷。

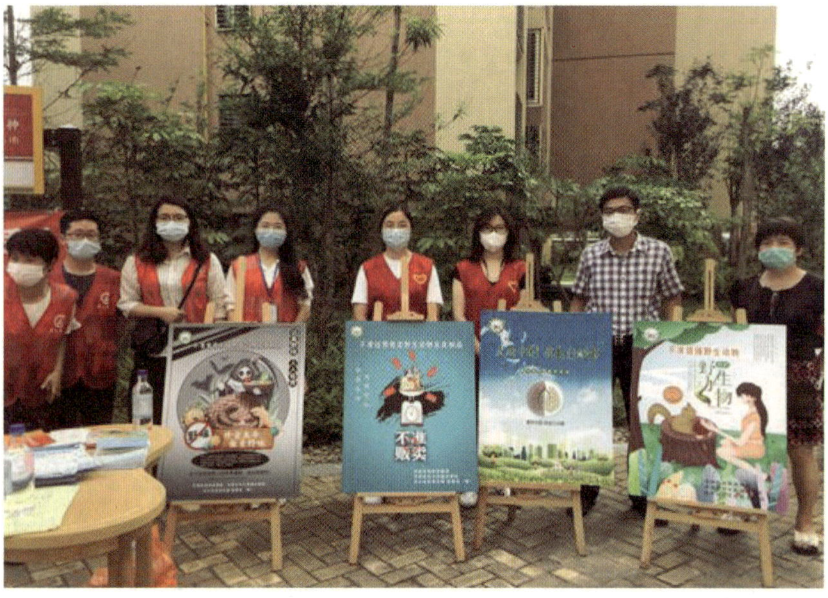

2020年，丰泽区开展《森林法、野生动物保护法》宣传 （区自然资源局 供）

【用地审批服务】 2020年，丰泽区自然资源局印发《丰泽区城市既有住宅增设电梯的实施意见》，对既有住宅增设电梯实施原则进行细化，明确和简化申报程序，实行联合踏勘做法，创新协商解决机制，强化施工安全管理等，使丰泽区老旧小区加装电梯办理手续更趋顺畅，方便市民群众。累计核发既有住宅增设电梯建设工程规划许可证56件，先后组织12次由申请单位与各相关职能部门参加的现场联合踏勘，累计踏勘95个项目，并在踏勘过程中收集政策执行过程中遇到的各种问题，研究并提出解决方法。针对城市既有住宅增设电梯方案设计的难点、要点，于8月起试行“开卷式”审批工作，通过形成审查要点、一次性告知单等向社会群众公布，接受群众监督，为了让市民了解“开卷式”审批工作，将“一次性告知单”和“审查要点”制成海报放置于区行政服务中心显著位置，并同步于LED大屏幕上进行滚动播放，同时通过市级新闻媒体进一步宣传报道“开卷式”审批工作。

【项目用地报批】 2020年，丰泽区自然资源局共完成19个项目土地地类及权属认定，因《中华人民共和国土地管理法》的修订等原因，上半年省政府暂停建设项目农用地转用和土地征收报批工作，加强对项目用地的前期指导，参与项目选址、可行性论证，指导项目单位按照新的《中华人民共和国土地管理法》要求，准备用地报批有关材料。

【耕地保护】 2020年，丰泽区自然资源局根据《丰泽区人民政府2020年耕地保护目标责任书》，2020年市政府下达丰泽区耕地保护责任目标，耕地保有量不低于465亩（31公顷），基本农田保护面积不低于463亩（30.87公顷）。区政府结合实际情况与街道办事处、社区逐级签订《耕地保护目标责任书》，确定街道耕地保护责任目标，并作为考核街道耕地保护责任目标指标，街道办事处主要负责人为第一责任人。同时要求街道办事处对社区部署耕地、基本农田保护工作，签订责任状，落实巡查机制。根据最新土地变更调查成果显示，丰泽区实际耕地面积330.64公顷，基本农田保护面积463.91亩（30.93公顷），均高于上级下达的耕地保有量指标。

【地质灾害防治】 2020年，丰泽区自然资源局制作并发放“两卡”（地质灾害防灾避险明白卡和地质灾害防灾明白卡）；编制《泉州市丰泽区人民政府办公室关于印发2020年丰泽区地质灾害防治方案的通知》（泉丰政办综〔2020〕13号），并要求有关街道和社区编制地质灾害应急预案和群众转移预案；督促相关街道及社区制作地质灾害隐患点警示标志；加强宣传工作，制作地质灾害防灾减灾工作宣传材料，分发给相关街道及社区，进行普及地灾防治知识宣传；4月24日上午，邀请闽东南地质大队专家，召开由相关街道分管领导、社区防灾责任人、地灾点监测人员及区自然资源局有关工作人员参加的培训工作会议，科普防灾知识；聘请闽东南地质大队为丰泽区地质灾害防治技术支撑队伍；准备汛期地质灾害防护物资（雨衣、雨鞋、手电筒等）；7月15日上午，联合区应急管理局、东海街道、东海街道大坪社区、闽东南地质大队开展地质灾害应急演练。

2020年10月20日，丰泽区自然资源局工作人员实地排查地质灾害隐患点
（区自然资源局 供）

【第三次全国国土调查】 2020年，丰泽区为全省第二批经省级检查合格并报国家核查的县区、全省第一批上报三调统一时点更新调查成果的县区，均受到省三调办的通报表扬。截至2020年年底，丰泽区三调统一时点更新调查成果已通过国家级核查。

（余艳莹撰 陈青青审）

教 育

学前教育

【概况】 2020年，丰泽区学前教育工作以《福建省人民政府关于学前教育发展的意见》《福建省幼儿园管理规范（试行）》《丰泽区第三期学前教育发展三年行动计划》为指导，贯彻落实国家、省、市关于加快学前教育发展的若干要求，立足实际，规范幼儿园办园行为，以保教质量为核心提高幼儿园办园水平，优化幼教队伍，推进幼教改革，促进幼儿全面健康和谐发展。

【公办教育资源增质增量】 2020年，丰泽区教育局采取新建、扩建等多种方式，因地制宜建设公办幼儿园，基本建成广覆盖、保基本、有质量的学前教育公共服务体系，在财政投入、规范管理、师资配备、保教质量等方面不断发展，学前三年幼儿园入园率超过98%，全面解决“入园难”问题；加大财政投入，确保公办性质幼儿园年生均公用经费财政补助标准达650元，第二实验幼儿园、实幼光明城分园加快建设中，国投集团旗下的博泽领海幼儿园于2020年秋季顺利开园，是丰泽区第一家公办性质的国企办园；截至2020年秋季，全区各级各类幼儿园共有114所，其中公办29所（含2所市直、4所集体办幼儿园、7所无机构代码分园、1所市直特殊教育学校附设点），全区在园幼儿数25650人，幼儿园总学位数基本满足全区适龄儿童的入学需求，公办幼儿园通过扩容、改建、新建等增加约2827个学位，公办在园幼儿数9156人，就读公办性质幼儿园在园幼儿数占35.7%。

【普惠教育资源达标均衡】 2020年，丰泽区教育局根据《丰泽区普惠性幼儿园管理规定》（泉丰政综〔2019〕47号），针对有条件申报普惠性幼儿园的园所进行指导，完成普惠率85%的任务指标，其中普惠性民办园62所（在园幼儿13411人），普惠性幼儿园覆盖率87.98%。

【“活力幼教”成果】 2020年，丰泽区学前教育的第三期三年行动的结束年，推动全区幼儿园保教质量和办园水平的提高，5月迎接泉州市教育局公开督导的检查，得到高度认可，5月20日至6月20日开展以“特殊的时光，不一样的陪伴”为主题的学前教育宣传月活动，带给孩子们不一样的成长体验，巩固“活力幼教”片区管理模式，以片区为单位，结合年检工作，由龙头园成立评估小组对民办幼儿园的办学条件、教育教学质量等进行评估。

【各级示范评估】 2020年，丰泽区教育局支持保教质量好、社会信誉高的幼儿园作为示范园，以扩大优质学前教育范围，使社会力量办园学有方向，做有目标，多渠道宣传树立办园典型。开展各级示范幼儿园评估前指导，组织开展对申报市示范幼儿园的丰泽区第一中心幼儿园、丰泽区第五中心幼儿园、第三实验幼儿园，拟申报区级示范幼儿园的冠亚凯旋门幼儿园进行评估前的指导，12月11日、12月18日第五中心幼儿园、第三实验幼儿园分别通过市示范幼儿园的评估验收，贯彻落实《幼儿园教育指导纲要（试行）》和《3～6岁儿童学习与发展指南》精神，发挥市级、区级示范幼儿园的示范、辐射和带动作用，12月29日、30日，区第三实验幼儿园、第五中心幼儿园分别面向全区开放，促进全区幼儿园保教质量的提升。

【教育教学水平】 2020年，丰泽区教育局贯彻落实《3～6岁儿童发展与学习指南实施方案》，全区采取集中与分散相结合的形式实施培训实验计划，提升3～6岁儿童的教养水平，营造全社会关注、重视与支持儿童学习与发展的良好氛围，参加线上各级各类培训活动。9 月，开展保育员培训工作，促进学前教育保教专业化。10 月，举行幼儿园“教坛新秀”评选活动，完善依法治校与依法治教，深化民办教育的日常监管，推动学前教育优质均衡发展，针对薄弱园开展办园行为督导检查，杜绝“小学化”倾向。12 月，区娃娃兵幼儿园迎接省级保教改革建设园中期评价工作，获得评委专家好评。

【学前教育信息系统】 2020 年，丰泽区教育局重视“全国学前教育信息系统”的培训工作，完成在园幼儿学籍信息导入工作，建立健全幼儿学籍档案，促进幼儿学籍管理工作规范化、制度化。

【无证幼儿园专项整治】 2020 年，丰泽区人民政府办公室制定出台《关于妥善解决存量无证民办幼儿园办证事宜的通知》，教育、住建、消防公安等部门联合推动丰泽区大儒宝贝、常春藤、艾乐堡等第三批 9 所无证幼儿园的专项整治，规范社会力量办园。

义务教育

【学校的创建与评估】 2020 年，丰泽区“义务教育管理标准化学校”创建工作安排，区教育局共创建 5 所（崇德实验小学、第五实验小学、东星实验小学、海滨实验小学、临海小学）福建省义务教育管理标准化学校，开展区级评估工作，10 月中旬，5 所小学（东星实小、海滨实小、五实小、崇德实小、临海小学）顺利接受义务教育管理标准化市级评估验收，至此，丰泽区已有 22 所小学通过省义务教育管理标准化验收，占比达 66.67%，创建通过率达 100%，居全市第一、全省前列；小学新生生员数以外来新生生员占比 49.22%，初中新生生员数以外来新生生员占比 51.15%，在职教职工总数 3334 人，离退休人员数 47 人。

【疫情期间教学工作】 2020 年，区教育局在疫情期间，教学工作采取停学不停课线上教学系列活动，配合区防控疫情工作小组做好安全督导和各学校复学工作。

【招生工作】 2020 年，丰泽区教育局贯彻落实省、市有关招生工作的文件精神，做好适龄儿童的摸底、统计等调研工作，推进民办中小学（电脑摇号）招生改革，制定本区招生工作实施意见加强政策宣传，落实预案，加强维稳，保障招生工作平稳有序。2020 年秋季幼儿园招收新生共 11177 人，其中外来随迁子女 7265 人，占招生总数的 65%；小学招收新生 8156 人，其中进城务工随迁子女 4014 人，占招生比例的 49.22%；初中招生数 6698 人，其中进城务工随迁子女 3426 人，占招生比例的 51.15%。

【小学课后服务】 2020 年，丰泽区教育局继续推进小学课后服务工作的开展，开展中小学生课后延时服务，建立健全小学课后服务体系，缓解学生家长的后顾之忧，在 2019 年秋季开展的 5 所课后延时服务试点校的基础上，2020 年秋季至 2021 年春季继续开展 13 所课后延时服务试点校工作，参与人数 4092 人，提高参与比例；并列入 2021 年为民办实事项目，保证课后延时服务资金。

【教育改革】 2020 年，丰泽区教育局继续推进小学省级基础教育改革发展实验区相关创建工作，发挥教改示范校龙头作用，对片区 7 所实验校开展中期评估，开展片区联合教研和教改实验推广活动，确保通过省中期督查，探索多种校际联合模式，2019 年三实小与丰泽区第三中心小学、群石实小建立小片区联合教研活动，推进教改示范校课题研究；2020 年二实小与东星实小、二中心开展联合教研活动，初具成效；2020 年第三期领航校长张桂英组织与临海小学、第七中心小学、云山小学开展团队合作，举办系列校长论坛，影响深远；湖心实验小学与菲律宾华校缔结姐妹学校。

【教育教学质量】 2020 年，丰泽区教育局落实教学常规，加强质量监测，开展师生教学比赛（语文、数学、英语、教坛新秀等），接受省、市艺术监测，泉州九中、北峰中学、丰泽区第三实验小学、浔江小学接受省质量监测；开展区级艺术监测专题培训会第一中心小学、第三实验小学、泉州九中、东海中学接受市级质量监测提升教育教学质量；对 2019 年义务教育科学、道德与法治、体育三个学科存在问题进行反馈，制定整改方案，开展区市教坛新秀评比活动，46 名青年教师角逐丰泽区教坛新秀，37 人获得区教坛新秀称号，其中 4 名教师代表丰泽区参加市级比赛，在语文、数学、科学、心理学科取得优异成绩，获得泉州市教坛新秀的称号；开展区中小学钢琴比赛和小合唱比赛，并选拔优秀选手参加市级比赛，成绩优秀。

【学籍规范管理】 2020 年，丰泽区教育局加强学籍规范管理，开展“放管服”改革，推进网上信息化公开，一站式服务，对民办中小学的学籍问题展开调研，如实验中学附属小学、华创中学、刺桐中学和北师大附中，完成转学、缓学的审批，保证良好的教学秩序。

【特教成果巩固】 2020 年，丰泽区教育局开展教育融合活动，参加市特教会议和交流，1 名教师获得特教基金奖励。加大投入 50 多万元，在二附小建设资源教室一间，在海滨小学建立融合教育点一个，在全区各校开展随班就读，目前有 82 名学生在读。开展送教上门活动督查，并对教师的送教活动进行补贴和奖励。

【教学综合工作】 2020 年，丰泽区教育局重视科普活动，申报市级科技示范校，丰泽实小、二附小、泉州九中获得第九届泉州市科技示范校称号；开展文体活动，在疫情期间，组织开展市级小学组、初中组、高中组足球联赛，东海湾实小、二附小、群石实小等取得优异成绩。

（区教育局供稿）

2020 年 8 月 28 日，丰泽区图书馆举办“书香丰泽 素馨花开”丰泽区图书馆文化服务活动签约仪式　（区文体旅游局 供）

文化、体育、旅游

【文化文艺】　2020 年，丰泽区文体旅游局开展抗击疫情主题书画作品网络展、“声”援抗疫朗诵作品特辑、“‘童’心协力，共抗疫情”丰泽区抗击疫情少儿主题美术作品微信展、“拥抱春天”的线上朗诵活动等抗击疫情主题系列线上文化活动 14 项，共计 46 场次，出品抗疫原创公益歌曲《天使的微笑》；会同区文联、区社科联、区图书馆联合举办“阅读的力量”云论坛暨纪念第 25 个“4•23”世界读书日主题活动；成立区图书馆云读书会，每周举办一次读书会活动；举行“书香丰泽　素馨花开”丰泽区图书馆文化服务活动签约仪式，面向高层次人才推出图书馆礼遇服务；在文化设施允许逐步开放后，对外免费开放文化馆一楼阅览室、三楼展厅和文化广场等部分场馆，指导各街道文化站有序开放，恢复举办“文化有约”公益讲堂及公益培训、各类书画艺术展，并做好现场防控，举办 16 项公益培训班、39 期公益讲堂，12 场线下展览（联展）。

【文化设施建设】　2020 年，丰泽区文体旅游局构建覆盖全区、“三位一体”的公共文化服务体系，完成区图书馆建设；完成区文化馆改造提升工程；东湖、泉秀街道文化站完成独立站址建设；完成丰泽街道东美社区及北峰街道群峰社区 2 个市级社区综合性文化服务中心示范点建设。

2020 年 12 月 15 日，丰泽区文化馆完成改造提升　（区文体旅游局 供）

【文化遗产保护】　2020 年，丰泽区文体旅游局文物保护方面，完成 12 处国家级、省级文物保护单位保护范围和建设控制地带的定线落图工作；完成市级以上文物建筑单位智慧用电系统建设，强化文物安全技防措施；推动省自然文化遗产保护“六个一批”项目，完成泉州港古建筑真武庙安防工程施工；完成施琅墓道碑周边电线落地工程，提升文物本体保存环境；非遗保护方面，丰泽区非遗项目泉州古琴艺术、泉州正骨医院吊膏、泉州正骨疗法（张氏）、了乙膏贴、泉州锡雕艺术（林氏锡雕艺术）5 个项目入选泉州市市级非遗代表性项目名录和扩展项目名录；陈长贤等 5 人被列为泉州市级非遗代表性传承人。

【文化产业扶持】　2020 年 12 月 4 日

至7日，第十三届海峡两岸（厦门）文化产业博览交易会在厦门开幕，丰泽区组织泉州市茶叶公司、墨匠（福建）文化创意有限公司、泉州簪花围文化传播有限公司3家企业，1个投融资项目、3个签约项目，通过7个展位展出。

【全民健身活动】 2020年，丰泽区文体旅游局组织、指导辖区各体育协会、俱乐部等开展2020“启梦杯”第二届青少年足球冠军赛、“穿越宋元蹴鞠 体验足球生活”亲子嘉年华、2020海丝青少年足球精英赛、2020“加油！那小子”幼儿亲子足球嘉年华等全民健身活动；市民居家防疫期间，组织宣传发动居民参与2020泉州市全民健身线上运动会，鼓励辖区居民积极参与体育锻炼，培养健康生活习惯；组织承办8月8日泉州市第十二个全民健身日启动仪式及全民健身系列活动；组织人员参加各级社会体育指导员培训。

【体育设施建设】 2020年，丰泽区文体旅游局建设市级为民办实事项目多功能运动场4个（华大街道华城社区、清源街道环山社区、北峰街道群山社区、东海街道北星社区）、全民健身驿站3个（东海街道宝山社区洋店小组、北峰街道见龙亭社区、东海街道宝山社区东宝花苑）。

【旅游服务设施】 2020年，丰泽区文体旅游局落实3座AAA级旅游厕所建设工作，开展旅游厕所电子地图上线工作，新标注22座A级旅游景区厕所，为游客提供更好的服务；做好2020清源山景区大山门至老君岩景观提升、景区标识导览系统优化提升工程项目进展情况跟踪，拨付清源山景区提升项目资金8万元；培育“六大旅游产品”建设，筛选上报“泉州伯勒小镇”“领SHOW天地乐其道酒吧咖啡”“清源茗山茶文化园”，并指导企业开展创建工作，邀请专家进行初评；组织辖区旅游企业参评2019泉州市“十佳诚信旅行社”，泉州康辉国际旅行社有限公司、福建泉州宝中国际旅行社有限公司、泉州建发国际旅行社有限公司获评；指导泉州湖美大酒店评选创建2020年泉州市文明行业工作先进单位；联合东湖街道、区纪委等部门策划精品研学旅游线路，整合辖区急公尚义坊、少林寺、七里庵、二公亭、东湖亭、苏氏家庙等资源，打造市区首条孝廉文化旅游线路。

【旅游推介宣传】 2020年，丰泽区文体旅游局利用媒体、微信公众号，使用全省统一宣传标识“全福游，有全福”开展宣传，组织发动旅游企业参加“全福游•有全福”最美福建•旅游产品创意设计大赛，推选“旅游精品线路•最靓风景线”共计15条，组织泉州迎宾馆和泉州市茗山清源茶院度假山庄参评“旅游住宿地•最甜好梦乡”创意设计大赛；组织文旅企业参加“闽西南e家亲”旅游产品发布会及公众销售会；配合市文旅局推出“刺桐花开•山海生色”漫游泉州系列旅游产品和“5•19”中国旅游日活动。

【文化旅游发展】 2020年，丰泽区文体旅游局以文旅产业复工复产为重点，面对疫情对文旅行业整体带来的冲击，探索服务方式，帮扶解决困难，推动文旅产业达产满产；支持审核福建好客国际旅行社有限公司、泉州市美途国际旅行社有限公司申报福建省中小微企业纾困专项资金；落实辖区30家旅行社银行质保金暂退工作，暂退质保金528万元；鼓励旅行社大力开展地接业务，扩大客源市场，拉动旅游消费，联合财政指导辖区旅行社申请地接奖补，拨付旅行社地接奖补资金131.3万元；联合有关单位举行第八届东海玩聚场、“丰泽区百万餐饮、酒店消费券”活动，鼓励景区、旅游企业开展优惠活动，带动消费回暖，协助做好提质增效满产达产，促进丰泽区餐饮业、酒店业发展。

（丰泽区文体旅游局供稿）

卫生与健康

【概况】 2020年，丰泽区卫健局以习近平新时代中国特色社会主义思想为指导，按照各级党委政府决策部署要求，聚焦卫生健康工作重点难点问题，纵深推进公立医院综合改革，组织实施加大医疗资源配置、提升基层医疗卫生服务能力、公立医院“暖心服务”三年行动，做实做强做精中医药服务和社区卫生服务，加强重大传染病防控及应急处置工作，推进卫生健康各项重点工作，各项目标任务顺利完成，部分工作成效明显；丰泽区卫健局获得“福建省抗击新冠肺炎疫情先进集体”称号，全区卫健系统2人获得“福建省抗击新冠肺炎疫情先进个人”称号，泉州市正骨医院通过2019年度全省三级中医医院评价考核，全国三级公立中医医院绩效考核国家监测指标位列专科医院第九名，总分数位列全市三级公立中医医院第一名。全区社区卫生服务发展迅猛，基层门急诊量逐年增长，北峰、东海街道社区卫生服务中心医疗收入突破2000万元，基本公共卫生和卫生人才工作也成效斐然，2019年度卫生人才和基本公共卫生年度市级绩效考核均获全市第一名，丰泽街道社区卫生服务中心与华侨大学医学院签订早期接触临床实践基地合作协议。

【改善基础建设】 2020年，丰泽区卫健局加快区重点项目建设，正骨医院北峰院区门诊综合楼已完成主体封顶，住院楼、科研楼及康复楼完成建设至主体第四层，完成投资2.2亿元，累计完成投资2.9亿元，区疾控妇幼综合楼已于2019年11月封顶，主体墙面已装修完毕，正在安装电梯、空调等配套设施，推进市区两级为民办实事项目建设，如期完成正骨医院文化馆、区疾控中心实验室改造提升及基层医疗卫生机构设备添置工作。

【公立医院改革】 2020年，丰泽区卫健局聚焦公立医院改革，推进“三医”（医疗、医药、医保）联动改革，全面实施公立医院院长聘任制、年薪制和岗位目标管理责任制，完成正骨医院院长2019年度绩效考核，兑现目标年薪，重新梳理完善正骨医院内部的定编定岗管理手册，科学规范地编制岗位数量与结构，修订完善各岗位任职条件与关键绩效指标，明确在编人员与人事代理人员同等条件竞争聘任、同岗同酬同待遇，专技人员需在内部竞聘基础上申请专技职务聘任，做到专技岗位动态管理，完善正骨医院专技岗位聘任管理制度，通过施行部分双肩挑院领导申请使用附设岗位政策，研究生学位学历和高层次人才通过直聘、单列聘任，不受本单位岗位总量、最高等级和结构比例限制等方式，创新选人用人新机制，同时为提前做好正骨医院北峰院区投用前的人才储备和梯队培养工作，11月经区医管委研究同意将正骨医院的人员控制总数从700名增至980名，同时拟建立人才培养发展专项资金加强人才储备队伍的培养，落实医改配套经费，拨付2020年基公卫经费补助3528万元，贯彻执行“药价保”联动改革，基层医疗机构全面推行医保门诊统筹、职工医保基本药物费用免起付线和居民大病保险制度，贯彻落实基本医疗保险支付方式改革，其中正骨医院实施临床路径病种数136种。

【权力清单和公共服务事项】 2020年，丰泽区卫健局优化调整卫生行政权力清单和公共服务事项300项，行政审批和公共服务事项进驻行政服务“窗口”92.3%，将公共场所卫生行政许可改为承诺制，办理时限由10个工作日改为即时办结，加大医疗行业综合监管，共检查医疗机构556家次，立案查处医疗机构19起，其中警告2起，罚款17起，罚款金额18.6万元；立案查处医师14人，警告5人，罚款9人，罚款金额9万。

【打击非法行医】 2020年，丰泽区卫健局打击非法行医行为，从严查处“黑诊所”、游医、假医和非法开展医疗美容服务等行为，共立案查处“黑诊所”8户，没收违法所得5600元，罚款24.7万元，聘请安全生产专业技术人员参与行业监督检查新举措，排查医疗机构安全隐患1565条，落实生态环保责任制，全区医疗废物规范处置率100%。

【重点传染病防控与监测】 2020年，丰泽区卫健局加强重点传染病防控与监测，强化区、街道、社区三级公共卫生队伍网络建设，推进重点传染病防控、慢性病综合防控和基本公共卫生服务等工作，建立健全“大数据+网格化”及条块结合的重大传染病联防联控机制，织密织牢防控网，结合新冠肺炎疫情防控工作需要，筛选124名执业医师、351人“民营医院后备队”、148名社区人口健康助理员组成防控医护梯队库，组建区、街道、社区公共卫生服务队伍732人，调整充实疫情处置应急队伍30人，保障做好疫情防控、流调、疫点消杀、采样送检等应急处置工作。

【重大疫情防控救治】 2020年，丰泽区卫健局加快补齐基层重大疫情防控救治体系短板建设，提前规划正骨医院北峰院区的标准化发热门诊、感染科隔离病房等功能区布局，做好应对突发公共卫生事件应急处置需要；改造提升区疾控中心PCR（基因扩增）实验室和正骨医院实验室建设，推进区管民办二级以上医院临床检验实验室能力提升；全区设置5个核酸检测集中采样点，同时引入信息化手段，建设区级核酸检测信息化平台，提升常态化核酸检测智能化管理水平，确保快速高效承接核酸检测任务结合疫情防控和创城等工作，组织开展爱国卫生运动，整治城区环境，组织开展21次统一消杀行动，拨付各街道除“四害”、省级卫生社区创建、农贸市场专项整治等工作补助经费共39万元，分发各街道、部门鼠药8425千克、氯氰菊酯3540千克、杀虫热雾剂860千克、杀虫颗粒剂180千克，灭鼠筒15000个。

【社区卫生和妇幼保健】 2020年，丰泽区卫健局健全完善社区卫生服务

2020年3月，丰泽区卫健系统组织党员干部开展疫情防控宣传工作（区卫健局 供）

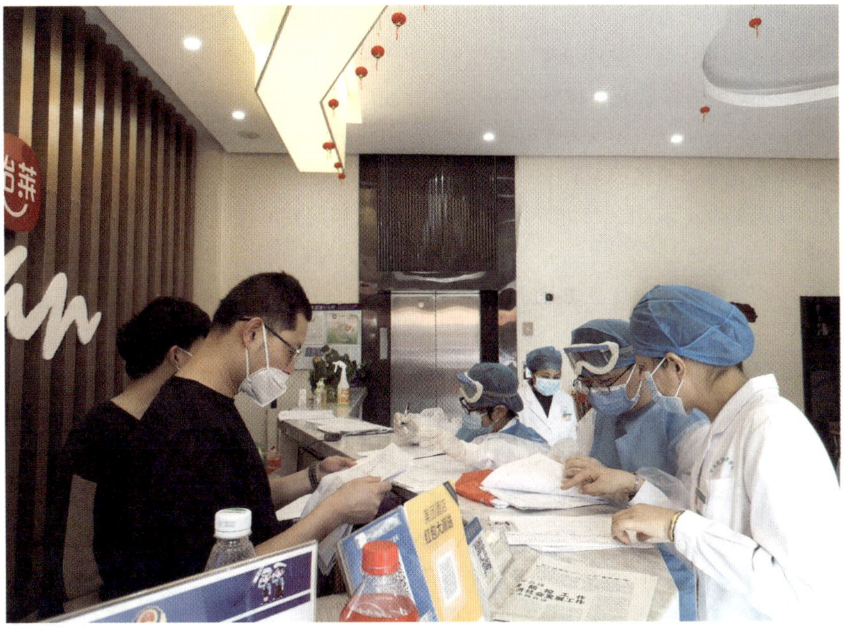

2020年10月，丰泽区卫健系统组织党员干部开展疫情防控宣传服务工作

（区卫健局 供）

功能和内涵建设，开展“基层医疗卫生服务能力提升”和“优质服务基层行”活动三年行动，全区已累计建立居民健康档案48.27万份，电子建档率80.06%，规范管理高血压和2型糖尿病患者3.17万人，组建家庭医生签约服务团队57个，签约12.04万人；推进松散型医联体建设工作，上级医生累计下基层提供诊疗服务5547人次，提供“双向转诊”1175人次；提高妇女儿童健康服务水平，推进2020年适龄妇女“两癌”筛查、免费产前筛查诊断、地中海贫血筛查等妇幼重大公共卫生任务，1000例妇女“两癌”筛查工作和800例免费产前筛查诊断已全部完成，加强预防“艾梅乙”母婴传播工作，辖区内助产机构孕产妇“艾梅乙”检测率100%，孕期检测率98.09%，无艾滋病感染产妇，全区孕产妇和儿童系统保健管理率分别为92.51%、94.21%。

【老年健康和人口家庭】　2020年，丰泽区卫健局实施“银龄安康工程”，为5157名全区80周岁及以上老年人统一购买意外伤害保险，共计15.471万元，推进高龄营养补贴发放工作，发放80周岁以上老年人第一至第三季度高龄营养补贴264.772万元，第四季度高龄营养补贴正在发放中，开展关爱女孩“五项工程”“计生特殊家庭”关爱行动等为民办实事项目，完成“安居工程”18户、发放9万元；“幸福工程”32户、发放9.6万元；“成才工程”94户、发放24.2万元；“亲情工程”407人，发放73.7万元；“保障工程”贡献奖励帮扶312人、城镇独生子女奖励帮扶4416人、原农村二女奖励帮扶847人、计生低保帮扶1751人次，已共计发放1329.5497万元。

【传承中医药发展】　2020年，丰泽区卫健局推进中医“四名”建设，巩固提升正骨医院的中医特色重点学科及创“双高”临床重点专科建设成果，提升骨伤专科联盟、专家（名医）工作站、名老中医工作室、正骨学术流派传承工作室运行实效，召开林玉芬全国基层名老中医专家工作室推进会1场，专家（名医）工作站进站专家团队采取线上指导等方式，共指导疑难病例百余例，门诊会诊病例60余例，指导高难度手术十余台；推进医疗科研工作，申报科研项目，正骨医院申报各级各类科研课题项目21项，获得市级科研项目立项1项，区级科研项目立项3项，福建中医药大学校管课题立项8项，组织开展中医适宜技术、中医护理继续教育培训和技能竞赛，提升基层医疗机构医务人员和护

2020年10月15日，丰泽区卫健局在浦西草埕花园举办“邻里同心同梦、家园共治共享”巩固疫情防控成果，保障妇幼健康义诊宣传活动　（区卫健局 供）

理人员的业务素质和中医药服务能力，举办丰泽区医师节“药食同源，关爱天使”药膳节、“冬令识养生，膏方促健康”膏方文化节以及2期暑期走进正骨中医药活动，扩大中医药文化宣传。

【区域信息化管理】 2020年，丰泽区卫健局推进世行贷款医改项目促进基层信息化建设，与医高专附属人民医院签订医联体信息化协议，运用世界银行贷款医改促进信息化项目，搭建各社区卫生服务中心与人民医院间的双向转诊信息化平台，建设任务已顺利完成；推进智慧丰泽二期“智慧医疗”项目，该项目2019年已完成总体方案设计，区政府统一部署安排推进；优化完善正骨医院医院信息系统，升级临床路径管理系统、放射科影像系统，优化“互联网+医疗”就医体验，探索“人脸就医”新模式，提升群众就医体验，同时聚焦信息安全工作，正骨医院HIS、LIS、PACS、EMR及“互联网医院系统”五大系统顺利通过三级等保测评。

【人才培养】 2020年，丰泽区卫健局利用丰泽、北峰、东海等社区卫生服务中心作为福建省全科医生规培基层实践基地、中医类别全科医生规范化培养基地等有利载体，加强基层人才队伍培养，推动提升丰泽区基层全科医生队伍综合服务水平，促进“小病在社区，康复回社区”就医格局进一步形成，依托正骨医院作为福建中医药大学附属医院的教学医院培训基地作用，做实做细基层卫生人才能力提升项目的线下培训和实践带教工作，以提升社区基本医疗服务能力为导向，重点培训常见病、多发病、急诊急救技能、中医药适宜技术和院感管理、护理管理等；多渠道加大全科医生培养，应培尽培，丰泽区注册全科医生数量104名，每万名居民1.72名全科医生，完善高端人才引进制度，提升医疗机构能力水平，区属医疗机构共引进医学博士2人，医学硕士1人，完成招考工作，引入新鲜“血液”，新招考卫健系统工作人员33人，其中，局机关公务员1名、医疗卫生事业编制人员4名、正骨医院人事代理25名（已到位21名），推进高层次人才申报工作，提升人才层次，全区已累计获评高层次人才认定34人，其中2020年新增获评高层次人才认定2人。

（区卫健局供稿）

安全生产监督管理与地震工作

【概况】 2020年，丰泽区应急管理局贯彻落实党中央、国务院、省、市的有关工作要求，强化安全生产责任制建设，推动企业进一步落实主体责任；实行区级指挥部体系，开展安全生产大排查大整治和安全生产专项整治三年行动；创新引入第三方监管服务、探索成立房东协会、实施区领导挂钩重大隐患销案制、全面推进智慧用电系统建设、推广“5+2”城中村改造等典型经验做法，推动一批安全生产“老大难”问题解决；健全安全生产基层基础建设，在2019年率先完成区域评估辨识报告的基础上，2020年下半年深化风险辨识分级管控、隐患排查治理“双重预防机制”，委托第三方机构对辖区风险点进行动态更新，巩固提升辖区本质安全水平；推进安全生产和应急常识“五进”工作，加强宣传教育，在市级组织的竞赛中取得第一名；顺应机构改革，理顺防火防汛抗旱救灾职能转变，平稳度过汛期，顺利度过2020年清明、中秋、国庆和2021年元旦、春节、省市两会等森林防火重要节点，完成6个避灾点巩固提升；强化应急救援力量建设，做足应急准备，全区开展各行业应急救援演练近200场，一系列举措有力保障辖区安全生产形势稳定。全区发生生产安全事故12起，比上年下降45.4%，死亡10人，比上年下降23%，伤6人，同比持平，连续6年未发生较大以上生产安全事故，全区安全生产形势总体平稳。2月，市委、市政府授予丰泽区“攻坚2019”安全生产和消防工作年度目标责任制优秀集体荣誉称号。10月，市政府表彰丰泽区政府为完成2019年度安全生产和消防安全目标责任制“双优秀”单位。

【监管服务】 2020年，丰泽区应急管理局采取企业委托管理、政府购买服务、企业协作互助、部门专家联合会诊等多种模式开展社会化服务工作。与中介服务机构签订3个专项合同，分别是服务企业疫情期间复工复产隐患排查、服务辖区四大重点工业企业隐患排查、委托2家安全生产技术服务机构包案服

2020年6月23日上午，丰泽区2020年危险化学品突发事故应急演练在华大街道中石化顺达加油站举行 （区应急管理局 供）

务8个街道。同时，研究相关政策、总结试点经验、报批工作方案、签订服务协议、制定管理制度等，加快探索安全生产专家工作站模式。12月，区安全生产专家站正式成立，经合同约定，服务第一轮从12月1日起至3月31日，服务机构为安科公司，可配合安全生产监管人员参与隐患排查及整改指导服务，这是丰泽区进一步发挥社会服务功能、提升辖区本质安全的又一重要举措。

【物防技防】 2020年，丰泽区应急管理局以区安委会名义印发《2020年丰泽区智慧用电建设方案》，向辖区各街道及有关部门下达建设任务目标及指导意见。在2019年试点成果基础上，全面推进“智慧用电”系统、电动车智能充电桩系统建设。全区安装智能型电气火灾监控系统3053套（任务数1125套），投入经费395.2万元；电动自行车智能充电场所679个（任务数631个）、系统10439套、充电口21234个。辖区“智慧用电”建设项目作为“强基促稳”典型案例上报。

【突出职能定位】 2020年，丰泽区应急管理局着眼危化、工商贸行业领域，指导企业从“人、设备、环境、制度”四方面入手优化生产经营全过程，探索“本质安全型企业”建设提升（本质安全，就是通过追求企业生产流程中人、物、系统、制度等诸要素的安全可靠和谐统一，使各种危害因素始终处于受控制状态，进而逐步趋近本质型、恒久型安全目标）。对辖区1042家工业企业，44家危险化学品生产、经营（充装、加油站及零售店面）等企业开展全覆盖检查，对涉氨制冷、粉尘涉爆、有限空间、使用危化品企业，重点开展对标检查及安全培训，对其技术服务、工艺水平、安全设施、机制体制等开展指导提升〔如建议华润雪花啤酒（中国）有限公司福建分公司麦芽仓库立仓和糖化投料除尘系统车间原有的普通电机全部更换为防爆电机〕，探索“本质安全型企业”标杆。5月11日，“本质安全”理念被省政府办公厅《今日要讯》第55期收录刊登。

2020年6月23日，丰泽区2020年危险化学品突发事故应急演练在华大街道中石化顺达加油站举行 （区应急管理局 供）

【监管执法】 2020年，丰泽区应急管理局采取“两汇报”（日报排查数据、周报隐患清单）制度，对排查出的问题隐患实行清单销号管理，分阶段完成重点工业企业、自然灾害、危险化学品、渔业船舶等行业（领域）“清零”任务，切实解决一批存量隐患，累计整改隐患5000余条，梳理典型案例11起，停产停业64家企业、取缔关闭20家企业、罚款近200家企业，罚款额共计60.11万元，纳入安全生产“黑名单”企业6家。组织查处安全生产责任事故4起，已结案3起，做出处罚决定金额151.84万元，移送公安机关立案1人。9月以来，辖

2020年6月23日，丰泽区开展防汛应急演练 （区应急管理局 供）

区建筑施工领域接连发生事故，造成不良社会影响，区安办立即对区住建部门发出警示告知函，要求高度警醒，深刻吸取事故教训，狠抓建筑施工领域隐患排查整治。

【防震减灾能力建设】 2020年，丰泽区应急管理局加强地震信息网络建设，增强地震监测和预警能力，签约地震预警信息点建设148处，安装147处，超额完成任务；加强地壳所DRSW-II型水温水位综合观测仪管理使用，全年运行正常稳定，通过省地震局专家组的验收；启动前兆观测台站标准化建设，对包括不间断电源、悬挂式灭火装置、井口固定装置、监控摄像头、外墙粉刷、电器线路、设备迁移等项目进行增减和改造。在上述设备的保障下，做好数据的观测、统计工作，对异常数据进行汇总，编制周、月、半年会商报告，提高丰泽区的地震监测水平。

（陈颖冰撰 陈其林审）

2020年11月1日，丰泽区开展防灭火应急演练 （区应急管理局 供）

东海街道

【概况】东海街道位于泉州市区东部，泉州市行政中心位于东海街道北星社区，于2003年3月由原东海镇改制而成，是古代海上丝绸之路的重要起点，依山面海，素有“两江”（晋江、洛阳江）夹“两山”（大坪山、桃花山）之誉。辖区面积30.5平方千米，下辖大坪、云谷、云山、法石、宝山、后厝、后亭、北星、后埔、东梅、金崎、浔埔、滨城、宝珊花园、海景、滨海、千亿17个社区，总人口约15万人，是“大泉州”发展规划八大组团之一，功能定位为“集行政、商务、旅游、教育、会展、商住、生产性服务业为一体的聚集区、崭新的行政文化商贸中心”。2020年，东海街道发挥区位优势，聚焦转型升级、项目攻坚、生态环保，全面推进经济、文化和社会各项事业协调发展。

【经济发展】 2020年，东海街道以轻纺鞋服、电子机械等传统工业和信息技术、现代物流、跨境电商、总部楼宇、金融服务等现代城市经济为支撑，现代服务业等第三产业快速推动发展；完成一般公共预算总收入7.33亿元，完成一般公共预算收入4.11亿元。完成规模以上工业产值55.7亿元，完成限额以上社会消费品零售额37.72亿元，完成限额以上批发业销售额46.63亿元，完成固定资产投资74.17亿元，完成资质内建筑业产值8.28亿元。完成规模以上其他营利性服务业营业收入14.82亿元；结合街道的区位优势，利用各项惠企政策开展招大商、大招商，重点抓好45栋主要楼宇的招商工作，谋划发展总部经济、跨境电商、软件信息、中介服务、金融服务、高端酒店等城市经济新业态，培育鲲鹏、嘉信大厦、南威等6栋楼宇成为纳税超千万楼宇。签约项目16个，其中重大项目9个，总投资31.74亿元，是预期的1.14倍；加快建筑产业园招商工作， 引进10家企业进驻产业园，挖掘辖区产业园区，策划、培育发展小微园区，生成京闽金融小微园区、东海网红经济小微产业园、丰泽中介服务小微产业园区、环球城夜经济小微园区4个小微园区；宣传东海总部区、中介服务产业优惠政策，推动东海总部区楼宇业主提供6.5万平方米楼宇与区政府合作，签订1～2年免租期；完成东海商会换届，与泉州师范学院、泉州黎明职业大学、泉州幼儿高等专科学校就人才培养及输送合作事项进行签约，10家银行提供总授信额度100亿元，推动东海商会会员企业相互合作、相互促进；在疫情防控期间，联合区直有关部门，由街道、社区网格员共同组成联合审核组，采取上门服务指导等方式开展实地审核，助力企业迅速落实健康管理、食宿管理、场所管理等系列复工复产工作，特别是针对企业物资保障不足等问题，及时协调帮扶89家企业共计解决4.56万个口罩需求，协助远景五金包车赴贵州接回30名老员工、中建远南包车赴湖南接回15名老员工等；主动帮助企业开展核酸检测工作，为19家企业、项目工地1263名员工进行核酸检测。针对东海大街、滨城大街、鸿利达大街等街区小微企业、跨境电商和个体工商户较多的实际，建立“党员责任街”制，即每条街由1名社区“两委”党员全面负责，1名社区“两委”党员+1名社区工作者（城市基层党建工作者）+1名街道挂点干部+1名市、区抽调下派干部，联合包干沿街的小微企业、商铺店面，“定人、定岗、定责”开展企业复工复产核查、疫情防控跟踪服务，“企企铺铺有党员”帮助解决急难问题。

【城市建设与管理】 2020年，东海街道发挥丰泽辖区“大发展、大改革”的新模样，提高东海街道经济建设水平，提升辖区内市容市貌环境，强化社区建设水平，推动街居环境日益优美；集中精力，做好后埔片区征迁工作，抽

2020年12月12日，东海后埔片区改造项目征迁签约首日 （东海街道 供）

调100多名干部职工，以老带新传帮带组建13个动迁小组，由1名有征迁经验的党政领导带领1名年轻党政领导，同时各党政领导带领1名社区主干及多名干部职工作为动迁工作组成员，梳理已测量房屋信息，健全完善一户一档，加强摸排社会关系，做好入户动员工作，为征迁启动做足准备工作，落实专人对接，按照一项目一领导，主动与市新城办对接后渚片区、云山片区、金崎片区等片区改造前期工作，配合宝盖安置区项目做好进场施工工作，协调做好施工建设通行问题。加快泉州师院三期项目征迁扫尾工作，全部完成龙眼树测量及补偿工作，加快动员房屋征迁及坟墓迁移工作，完成支十五路至支十八路涉及土地2.13公顷征地工作及12宗民房征迁工作；整合城管、治违两支协管队伍，建立网格化绩效考核制度，以创城创卫为契机，提升改善街道辖区城市管理水平和文明水平，累计投入200多万元做好创城创卫迎检工作，增设机动车位950处、非机动车位2860处，加强云谷桥头、永辉超市、森林公园、丰海路、东海大街、东海泰禾等重点区域环境卫生保洁工作及占道经营整治工作，在东海泰禾广场、北师大附中边建立2个临时便民摊点，加大资金投入，整治道路安全隐患，投入20余万元完成丰海路绿化缺口整治、津宝路、森林公园路口等交通安全隐患，结合全市房屋大排查大整治行动，开展“两违”综合治理“百日大整治”“扫雷行动”等专项整治行动，截止到11月23日，省平台“两违”系统平台数据录入112宗，面积62559.13平方米，完成任务数88.98%，开展“两违”综合治理“2020年春季攻坚战”，拆除“两违”建筑237宗积30359平方米，处理“两违”卫星图斑案件2368件，结案率97.17%。落实河长制、责任制，每年投入200余万元用于河岸、海岸带、河道保洁和渠道清淤工作，投入50余万元清理转运浔埔社区海蛎壳，每日及时清理转运，加大东干渠两侧大排档整治力度，改善沿河河道周边“四乱”情况；保障社区良好运转，做好滨海、千亿社区成立筹备工作，提前介入做好滨海片区服务管理工作，结合滨海片区实际，开展入学摸排、疫情防控摸排、建筑施工安全检查、劳资纠纷摸排化解等各项民生保障工作，确保民生服务保障工作高效运转，下拨60万元办公经费支持滨海、宝珊花园等4个纯社区建设，落实社区运转保障，提升多方综合力量，充分发挥工会、妇联、团工委、侨联等多方力量作用，加强社会服务保障，特别是在疫情期间困难人员的服务保障工作，开展“母亲健康1+1”公益募捐活动，动员辖区企事业单位和居民踊跃捐款，关爱救助罹患“两癌”的贫困母亲，共募捐爱心款8351元，走访贫困归侨侨眷、台胞及眷属慰问46人次23900元。

2020年12月13日，后埔片区改造项目启动选房顺序号抽取工作（东海街道 供）

【社会事业】 2020年，东海街道统筹发展各项事业，在疫情期间加强疫情防控排查及宣传工作，发展文化事业，加强社会保障工作，切实提高群众生活水平，成立新冠肺炎防控工作一线指挥部，弘扬“不畏艰苦、坚守一线、连续作战”的“东海民兵”精神，组建战疫民兵队，全面实行准军事化管理，按照“营、连、排、班、组”的组织编制，建立“街道营、片区连、社区排、小区班、哨点组”的五级联防联控网络，发动15个社区党组织及各非公企业党组织、辖区退休党员、居民小组长、人大代表、政协委员自发参与疫情防控工作，24小时轮岗参与各社区疫情防控服务点体温测量、出入登记等各项工作，除对重点人员日常巡查“日报告”、电话随访、张贴温馨提示外，还在其居家出入口安装视频监控，接入街道社区综治管控中心，并通过智能手环定位、人脸识别系统等技术手段，实行24小时监控，确保14天健康管理落实到位，被省委省政府评为“福建省抗击新冠肺炎疫情先进集体”；将文明城市创建宣传工作作为街道工作的重点，把社会主义核心价值观教育融于学习宣传中，加强公民思想道德建设，以丰泽区争创国家公共文化服务示范区为契机，健全完善街道文化站和社区综合文化服务中心设施设备，并向居民免费开放，开工建设北星社区多功能运动场，丰富居民群众文化生活，招募47名返乡大学生志愿者，开展“暑期乐园”15场次，281名小学员参加，通过“大手拉小手”的模式，开展辅导作业、开展图书交流会、科学小实验、创城小小志愿者等活动；每季度对辖区低保户经济收入情况进行核查，及时更新辖区低保户信息，经核查取消低保6户8人，新增低保户2户4人，真正实现有进有出，全街道154户、239人纳入最低生活保障，每月发放低保金141690元，特困户11户11人，每月发放特困救助金13250元，建立“救急难”对象主动发现机制和信息共享机制，防止“重复救助”和“遗漏救助”，帮助低保困难居民、低保边缘户71人申请临时救助款约117040元。

2020年2月，法石社区党总支部组织委员黄丽君（右）不顾家里8个月大孩子，坚守抗疫阵地（东海街道 供）

【社会综合治理】 2020年，东海街道突出以人为本和服务为先，加强社会稳定管理，提高依法治理水平与服务社会能力，和谐稳定的社会环境为经济社会全面发展提供强有力的保障，将辖区划分为89个网格，并发动网格专职员、121名治安巡逻队员、380名平安志愿者等群防群治力量作为网格信息员，收集网格信息事件，形成全民参与社区网格治理的良好氛围，开展扫黑除恶专项斗争，深化打击云谷石埠盗窃电动车重点整治力度，继续把云谷石埠多条街巷，350余户出租房作为治乱重点，召集重点户谈心、深入访谈，明确出租户管理责任，在治乱重点位置新增的执勤岗亭处不间断更换宣传标语，盗窃电动车违法犯罪活动得到明显遏制，电动车被盗案大幅度下降，强化对吸毒人员的管控，落实网格管理，定期随访监控，确保吸毒人员在管在控，开展全民禁毒宣传月活动20场次，开展平安建设“三率”提升集中行动，发放平安保险卡21994张，收集意见建议119条，已解决反馈79条，入户回访21次，电话回访42次；在浔埔渔人码头和法石文兴渡设有两处固定的执勤点，配齐警示标识，日夜守护在海岸线上，起到警示震慑作用，同时组织民警、联防队员、干部职工不定期开展巡防布控。强化渔船摸排登记，对所有船只逐船登记造册，共有64艘60马力以上渔船（包括10艘石狮牌），121艘60马力以下有证船只，181艘“三无”船只。对所有船只完成编刷识别号和重新发放“东海街道渔船出入港通行证”，签订不参与偷私渡承诺书；以纠纷调解为手段，疏矛盾促稳定，全街道共办理省、市、区转办、交办信访件132起，处理泉州市“12345”便民服务平台诉求件560起，组织发动各调解组织强化对矛盾纠纷的化解，共排查调处矛盾纠纷71起，涉及金额达879.55万余元，调解成功率100%，维护本辖区的安定稳定；安全生产落实到位，成立东海街道房屋安全、消防工作和安全生产大排查大整治工作总指挥部，抽调9名干部进行集中办公，落实“每日一会商、每周一例会”和“挂图作战”制度，明确“党政同责、一岗双责”，动员所有党员干部抓安全、治隐患，将街道划分为89个网格，组织街道、社区党员干部进行拉网式地毯式全面摸排，实行街道党政领导、各社区每日一报排查情况、每周一报工作小结的工作机制，组织由街道、社区、派出所、市监所等多部门组成的工作力量，对复工复产企业进行“回头看”，建立安全生产工作台账；联合第三方专家，对27家重点工贸企业进行安全生产隐患排查整治，开展自建房加工场所消防安全整治攻坚行动，摸排自建房改用为生产经营场所和仓库109幢，涉及经营主体119家，后埔社区针对城中村隐患多的问题，强化技防措施，安装喷淋设施、烟感器150套，沿街店面安装“5+1”简易消防设施320套，严格落实防汛防台工作责任制，修订2020年街道、社区防汛应急预案、辖区内4座小（2）型水库防汛应急预案，整理补充防汛应急物资，完善充实街道防汛应急队伍，开展汛前安全大检查，发现隐患7处并落实整改到位。

【基层党建】 2020年，东海街道落实全面从严治党，强化党风廉政建设，提高党组织的凝聚力和战斗力，利用学习强国、微信群等网络平台，开展党员学习教育，街道党工委“学习强国”学习平台人均积分位列全区第三、各街道首位。围绕疫情防控，组织辖区各党组织开展“我的战‘疫’报告”主题党日活动，聚焦疫情防控，立足岗位实际，汇报个人在疫情防控、复工复产第一线积极担当、主动作为的表现情况，激励党员切实发挥先锋模范作用，接续奋斗，夺取战“疫”的全面胜利。组织党工委中心组及各社区党（总）支部开展《习近平在宁德》《习近平在厦门》《习近平在福州》《习近平在福建》采访实录学习讨论会18场次，在北星社区海星小区试点开展党员楼栋长制，选取有责任心、热心公益的居民党员作为楼栋长，通过公示党员身份、细化服务内容，组织、引导小区党员主动参与管理、服务小区居民群众，当好小区治理“红色助手”。在疫情防控中，海星小区36个党员楼栋长发挥党员先锋模范作用，利用熟悉楼栋情况的优势，参与入户摸排、宣传引导，以及为隔离对象测量体温、传送物资等服务，推进“一核引领·多元一体”党建工作机制，构建以党组织为核心、党员群众为主体、社会组织和驻区单位共同参与的区域党建联席会，搭建资源共享、优势互补的活动平台，累计开展共建活动25场，先后受到泉州晚报等媒体宣传报道10余次，发挥共建单位资源优势，建成浔埔综治中心、滨城社区党建长廊，发挥南威软件集团党委的典型引领作用，提升街道非公党建工作水平，新培育泉州燃气公司党委作为丰泽区党建入章示范点，指导泉州燃气党委建设党建文化展馆；立足“街道纪工委委员＋社区纪检员＋各社区党风廉政舆情员”的链条监督机制，聚焦贯彻落实上级决策部署、聚焦重点节假日、重点部门、重点领域开展监督检查，围绕街道党工委、办事处中心工作开展专项工作督查，对疫情防控、安全生产隐患排查整治等工作进行督查，牵头开展1次1+X综合督查检查，每个社区形成一份问题清单，责令各社区按要求进行整改，并按时报送整改报告，紧盯疫情防控责任落实，开展各类现场监督检查37次，22次通报问题近200个，约谈街道干部社区干部21人，通报批评8人，谈话函询4人，立案处理1人。

（孙燕萍撰 林巧梅审）

2020年2月，后亭社区居委会主任陈培芬（左三）带队检查抗疫情况（东海街道 供）

城东街道

【概况】 丰泽区城东街道东临洛阳江，南与东海毗邻，西依清源山，北与洛江区双阳街道接壤，因地处泉州市老城区东郊而得名，总面积23平方千米，下辖东星、霞美、埭头、前头、浔美、凤屿、金屿、庄任、西福、通海、通源、泉铁、新前等13个社区，总人口5.07万人，其中常住人口3.14万人，流动人口1.93

万人。

城东三面环山、一面近海，区位优势独特，辖区内既有“祭十班”、万提督民俗等底蕴深厚的非物质文化遗产，也有乌屿古渡、桃花山、大坪山、候鸟生态保护区等风光秀丽的旅游资源，地方特色浓郁，人文积淀深厚。其中，始建于北宋大中祥符四年（1011年）的青莲寺历史悠久，迄今已有千年历史，是泉州海上丝绸之路起点的见证之一。

城东还是泉州重要的交通枢纽，交通便捷、生活便利、物流发达，是一个宜居宜业的城市新区。辖区内“五纵”（铁路、高速公路、国道324线、安吉路、丰海路）、“五横”（城东街、体育街、通源街、毓才街、山海路）贯穿全境，构筑起了四通八达的交通网络，为泉州海峡箱包物流商城和丰泽智慧物流园区等现代高端物流产业的高速发展奠定了基础。此外，城东至北峰快速通道的建设也正如火如荼进行，即将竣工，该项目将进一步加强城东与其他片区的联系，缓解泉州市区的交通压力。

【经济发展】 2020年，城东街道财税收入完成2.39亿元，年度完成2.5亿元，占年计划的58%；规模以上工业产值累计完成21.21亿元，占年计划的75%，同比减少10.7%；限额以上社会消费品零售总额累计完成7.12亿元，占年计划的79%，同比减少0.3%；限额以上批发业销售额累计完成26.95亿元，占年计划的85%，同比减少7.5%；固定资产投资累计完成25.82亿元，占年计划的57.3%；规上营利性服务业营业收入1—11月累计完成11365万元，年度完成12365万元，超年度任务4865万元，占年计划的190.23%，同比增加177%。

2020年，城东街道把传统企业转型升级作为经济建设的突破口和有效路径，集中力量打造具有城东特色的“五园一基地”（云玳智能设计园区、协泰教育学园、虎都建筑创意园、盛荣产业园、海纳文化创意产业园，华创园·智慧产业科创基地）项目集群，加速完善产业布局；主动与企业沟通对接，做好项目跟踪服务，帮助协泰晖泰、顺通艺品、虎都服饰等企业加快旧厂房改造项目，帮扶企业尽快实现创收增收；加大招商引资的力度与深度，深入宣传“双创政策包”，让惠企政策真正走进企业，完成招商项目10个，其中，引入泉州星光耀商务营运中心、奇龙网红直播大厦、全季酒店、柏年研究院等企业入驻，动员泉州市金帆工程机械有限公司、福建省东城建设工程有限公司等6家企业入驻建筑产业园，苗府寨子美食城拟于近期签约，截至2020年年底，仍有松霖家居、福昇消防等4个项目在谈；对浔美工业区62栋厂房楼宇、329家入驻企业进行全面摸底，配合园区改造；发展健康医药产业，扶持沃丰健康产业基地、悦程宝贝妇产医院、怡月月子中心等健康企业发展壮大，支持国药控股、利康药业扩大业务，提升市场占有率，加快建设家装建材、箱包辅料等专业市场，引导丰泽家装建材市场、仕公岭创客汇、城东商城等项目合作共赢，提升集聚力和吸引力，延伸产业链。把服务重点项目建设作为促进城区发展的重要举措，推进项目征迁，南滨江片区征迁工作快速推进，项目前期准备工作按时完成，街道选调人员组成10个动迁组沉入一线开展动迁，全体征迁人员取消双休日，全天候入驻征迁指挥部，经常夜间加班签约、腾空至12点，快速推进征迁工作，项目正式签约自11月10日启动，至12月累计取得232宗房屋签约，完成总任务的92.4%。南埔山片区项目有序铺开，全力配合项目前期工作，协助开展项目规划、资金筹备、法规公示等前期准备，完成街道指挥部建设，在办事处内选址设立街道指挥部，综合组、测量队、动迁公司等有关人员及时进驻，选拔精干人员组成2组征迁专班，全面启动宣传动员和房屋测量工作。项目扫尾取得成效，街道合理安排、精心布局，解决各项目征地拆迁难题及历史遗留问题。南埔山A地块及安置房征收项目，剩余8宗房屋、3260.09平方米建筑面积征迁任务全部完成；城北快线一期，完成索福足球场、烈士陵园周边新增补偿迁移任务约8座坟墓征收，征用冠亚凯旋门绿地0.4438公顷、洛江土地局用地约0.6公顷，二期签约房屋24宗、面积1958.72平方米，快线2020-8号、9号地块实现净地，完成拍卖出让；广电总部项目，拆除剩余1宗约400平方米违章建筑，遗留问题全部攻克；城东片区金凤屿征迁

2020年11月10日，城东南滨江片区改造项目第一批次抽取选房证顺序号现场

（城东街道 供）

2020年11月13日，动迁组入户做征迁工作　（城东街道 供）

地块，完成2宗1443.05平方米遗留问题征收；浔美社区四期，2宗房屋因星光耀爆破受损，提前予以征收；八拦坝项目，因施工需要，征迁企业1宗，面积约400平方米；东星路、玉兰渠项目，完成建邦水泥及部分民房建筑物7宗、4009.72平方米征迁任务。多个遗留项目完成“临门一脚”，扫除项目落地最后障碍。

【社会综合治理】 2020年，城东街道全力防控新冠肺炎疫情，第一时间成立疫情防控工作一线指挥部，采取每日会商、即时协商的快速协调机制，形成“一二三工作法”，搭建立体化防疫体系。实施精细化网格管理，将辖区13个社区网格进一步细化为80个网点，把各项防控措施落细落小落实，以反海上偷私渡为重点，制定《城东街道防控新冠疫情海上入境管控工作方案》，统筹公安、边防、各职能部门和沿海社区，组建6个专门工作小组，设立3个检查登记执勤点，严格落实“分段管控、分兵把守”管控措施，团结社会力量共同参与疫情防控，街道累计收到20家企业、个人捐赠防疫物资18批、款项2万元，并根据防控工作需求，向辖区各社区、幼儿园、小学以及重点防控小区划拨物资26批次，防疫期间，辖区涌现出西福、泉铁社区老党员和通海社区“90后”志愿服务队等一批优秀个人、团体，事迹被“学习强国”、人民网、泉州通等媒体刊载。疫情防控进入常态化后，街道及时调整，组建服务专班，指导企业有序复工复产，保障经济社会生产经营秩序持续恢复。深入开展安全隐患大排查大整治，按照市、区统一部署，通过采取一系列坚决果断措施，严厉遏制和打击各领域中的违法、违章、违规现象，深入摸底、铁腕整治各项安全隐患，确保人民群众生命财产安全，创新工作机制，采取上下结合、全面摸排、群众举报、大数据对比、专家参与等方式，深入开展安全隐患“地毯式”排摸建档，实行无缝隙衔接、无死角整治，与辖区内所有企业、商铺签订消防安全责任书，及时发放承诺书、宣传手册等有关材料，科学分类处置，坚持以消防安全评估和建筑结构安全鉴定为依据，对存在重大安全隐患的房屋坚决采取先行撤离人员、整治措施随后跟上的办法，确保排查整治横到边、纵到底，“不漏一房一户”，铁腕重拳整治，对存在安全隐患的海峡优悦游泳健身会所立即进行封房处理，责令业主按整治方案要求进行整改加固并接受验收，联合区城管局、市城建国投公司等单位对丰海路大排档违法占地搭盖实施连片清除，共出动人员63人、各类机械车辆10余台，拆除违章搭盖约2000平方米。对浔美工业区、世界城、万达广场等公寓、宿舍、出租房、人员密集场所进行重点检查、督促整改，街道2019年“三合一”场所百日整治排查登记91家单位全部清零，2020年85家新增“三合一”场所全部整改到位，整改率100%，大排查大整治工作取得阶段性成效。保持高压态势全面推进禁毒工作，建立成员单位联席会议制度，健全完善工作机制，组建禁毒志愿者队伍和禁毒帮扶队伍，促进工作提质增效，加大资金预算，设立有奖举报制度，年度投入禁毒经费55万元，发挥公安主力军作用，统筹辖区安保力量签订共建协议，2019年来辖区派出所共破获涉毒案件24起，刑拘涉案人员56人，查处吸贩毒人员81人，乌屿边防派出所破案数连续9个月位居全区第一，加大禁毒品牌社区创建，投入15万元建设街道戒毒社区康复管理工作站，率先引进专业诊疗机构签订《戒毒康复宣传工作共建协议》，打造禁毒宣传“一条街”，通过建立吸毒人员动态管理数据库，提高对在册吸贩毒人员动态管控能力，工作站累计接收戒毒人员9人。2020年来，工作站3次被区禁毒办列为省市检查、督导、验收备检单位。维护社会面安定稳定，发挥浔美社区“枫桥经验”试点作用，形成以“社区综治中心”+“网格化”+“多元力量参与”的立体化平安社区治理体系，促进市域社会治理现代化，突出综治中心在社会治理中网格化运作、协同联动作战的优势，加强社会面动态管控，提升网格化服务管理能力，实行每日党政领导带班接访，变群众上访为领导下访，主动回应群众诉求，共办结省网系统交办信访件41件、人民网领导信箱件16件、“12345”在线诉求412件，提升应急处突能力。

【社区居务建设】 2020年，城东街道全力推进创城创卫工作，成立由创城办公室和10个职能组组成的创城工作攻坚指挥部，明确部门和社区工作责任，对13个大网格、83个小网格实时细化管理，对涉及的考察内容进行细化量化，确保顺利通过各级创城检查。多样宣传齐抓，通过微信公众号、党员微信联系群等现代媒介推送创城创卫有关内容100多条，印制分发宣传单、操作手册、文明手册1万余份，开展系列志愿服务活动17场次，参与人数约800多人。强化卫生环境整治，结合数字城管采集平台、路长巡查工作机制及城管日常巡逻开展专项巡查，建立卫生保洁常态化机制，更新垃圾桶、收集车等系列卫生保洁设施，修缮维护公厕26座，完善各类工作保障，坚持日常保洁与定期整治相结合，开展卫生专项整治行动17场次，消除各类卫生死角，社区环境卫生得到明显改善。加强城区精细化管理，开展“两违”全方位动态监管，拆除“两违”102宗、面积26475平方米，处置“两违”卫星图斑1220宗，完成率98.93%，全年拆违任务提前3个月完成，优化人居环境，重点整治沿街道路及各学校周边市容环境，集中整顿一批历史遗留大排档问题（丰海路大排档）、一处违规聚集小集市（美仙山花苑二期旁占地摆摊集市），推动老旧小区改造，对建成20余年的泉铁社区员工生活区实施“三供一业”改造，投入300余万元全面提升和完善小区硬件基础及配套设施，坚持堵疏结合，与业主签订“门前三包”责任书和“门前三包”责任牌3000余份，新增设3处便民摊点集中规范点、共计169个临时便民摊点，加强辖区占道经营规范管理。注重倾听民声民意，发动街居干职、网格员、志愿者广泛入户走访，解决前头社区居民反映强烈的“吃水难”问题，为前头社区103户居民安装自来水、完成分户到家，一批群众关心的热点、难点问题被妥善解决。推动移风易俗落实显效，制定《城东街道深化移风易俗三年行动方案》，建立移风易俗工作台账制度，各社区设立民俗台账，对辖区内“红白事”、民俗活动实行“一事一登记”，实现移风易俗常态、长效，居民文明新风尚逐步养成，加大宣传力度，6月在各社区开展“看视频、学案例、做承诺、抓共建”移风易俗活动，现场签订承诺书200余份。

【社会保障】 2020年，城东街道保障和改善民生，疫情期间，街道通过电话、上门等多种方式了解困难人员生活状况，及时予以救助，累计发放救助金641590元，受理“救急难”临时医疗救助申请105人次，发放补助188720元。加强和规范社区原村集体“三资”监管，责成各社区对“三资”存在的问题逐项限期整改，共清理执行中合同206份，对6份租金拖欠合同实行追缴，已追缴其中3份、金额1.45万元，剩余合同通过法律程序继续追缴。注重倾听民声民意，发动街居干职、网格员、志愿者广泛入户走访，解决前头社区居民反映强烈的“吃水难”问题，为前头社区103户居民安装自来水、完成分户到家，一批群众关心的热点、难点问题被妥善解决。保障劳动者切身权益，筹建创业服务中心项目，按照“大市场、小政府”的理念，为辖区居民打造创业平台，帮助创业居民有效解决创业过程中遇到的实际问题。充实基层劳动争议调解体系，成立劳资纠纷联调室，街道劳保所、司法所、工会及社区警务处、社工各司其职，深入治理劳资纠纷，受理劳资纠纷共87起，涉及人数642人，涉及金额3523万元，调解成功84起，工伤事件13起，调解金额279.5万元，调解成功率96%。

【基层党建】 2020年，城东街道坚持从严治党，树立正气清风，强化主体责任落实，及时传达贯彻各级从严治党主体责任检查和会议精神，强化班子成员主体责任意识的构建，规范检举控告工作程序，结合街道实际情况，编印《城东街道检举控告指南》，引导群众通过合理渠道表达合理诉求，扩大问题线索来源，建立合作机制，走访乌屿边防派出所、城东派出所、丰泽法院等单位，摸排辖区内党员违法犯罪情况，严肃监督执纪，共开展谈话提醒9件18人次，发出纪律检查建议书3份，接收各类问题线索25件，均按要求按时核实办结，通过走访排查，立案3件3人次，将问题党员剔除出队伍，持续净化党内风气。坚守使命初心，强化队伍建设，持续推进党员教育体系化、党员教育系列平台

2020年11月30日，泉州市学习宣传中共十九届五中全会精神“微宣讲+志愿服务”示范活动丰泽区专场

（城东街道 供）

一体化工作，创新方式载体、突出党性培养，增强党员教育的穿透力和吸引力，抓企业党组织书记队伍建设，健全激励保障机制，培育一批“讲政治、懂企业、懂党建”的带头人队伍，持续抓好非公企业“党建入章”工作，帮扶华润雪花党支部打造“八闽‘雪’锋”特色党建品牌，引导易嘉房地产党支部将党建工作与企业文化深度融合，打造商圈“红色名片”，引导中骏世界城、城东万达两大商圈发挥党员先锋模范作用，建设商圈党员驿站、流动党员联络点等活动阵地，举办党建共建活动。做好人才服务文章，发挥人才工作联络员作用，动员辖区人才做好高层次人才申报，努力打造辖区人才高地，人才总量由2019年的15人增至62人。推行“红色党建”，创新社区治理。结合丰泽区组织工作“末端落实精耕年”部署，以美仙山花苑（一期）小区为试点，在各楼栋设立楼栋长，把党员议事制度写入业委会章程，巩固和提升“一切工作到支部”工作模式，将基层党建与小区管理系统性结合，在通海社区裕景湾小区率先实践“党建引领城市基层治理创新服务”工作机制，通过选优配强党员楼栋长，推动更多工作力量和服务资源下沉到居民小区，实现社区问题快速响应、快速处置，全面提升城市基层管理水平，在辖区搭建居民群众民主议事协商平台和党员常态化服务平台，为社区群众提供多元化、精细化、个性化的服务，解决困扰群众生产生活中的实际问题。

（洪建坤撰 林春梅审）

北峰街道

【概况】 北峰街道地处泉州市区西北部，清源山南麓，西湖之滨，街道总面积19.35平方千米，常住人口28527人，流动人口21887人，党工委下辖党组织117个，党员1216人，街道共有12个社区居委会，辖区交通发达，基础设施日臻完善，307省道、站前大道、江滨路金潘段贯穿而过，朋山岭隧道连接洛江区，泉州高铁火车站、泉三高速南惠支线玉井出入口位于北峰—丰州组团北面，是泉州发展规划中北峰—丰州组团的中心组成部分。

【经济发展】 2020年，北峰街道一般公共预算总收入24078万元，完成年度计划的83%；规模以上工业产值239683万元，完成年度计划的77.3%，同比下降10.7%；限额以上社会消费品零售总额13517万元，完成年度计划的92.6%，同比增长4.8%；限额以上批发业销售额19423万元，完成年度计划的94.7%，同比增长5.0%；固定资产投资额262037万元；规模以上服务业营业收入完成26273万元，完成年度计划的62.6%，同比增长7.2%。用好《促进楼宇经济发展若干措施》《鼓励总部企业若干措施》，以及疫情期间扶持企业的相关惠企政策，加大宣传，利用辖区闲置楼宇、厂房，引进一批有潜力、税性好的优质企业、项目，继续加快造园行动，利用泉州软件园、北峰峰慧园、北峰数控园3个“官办园区”以及体育文创园、YOHO188文创园、博睿商务园等20个“民办园区”载体，1个国家级数控一代展示中心、4家科研机构及“三旧改造”、北峰工业区政策，组建招商专班，协调有关问题，促进招商项目落地投建投产，发挥效益。总投资16亿元的北峰东海湾城市综合体，项目一签约落地，街道协调水利水电局、文体局、供电公司等部门，及时做好旧防洪堤、地上考古、高压线迁移等工作，为企业顺利开工提供良好条件。北峰街道新办企业595家，注册资金62406万元，其中注册500万元以上101家。区下达北峰街道全年重大招商项目16个，其中亿元招商任务4个，已签约5个，投资额26亿元；其余12个重大招商项目已完成18个，提前完成全年招商任务。

【重点项目】 2020年，北峰街道服务促进项目建设，搞好全程“保姆式”服务，主动介入、主动服务，千方百计帮助在建项目解决问题，辖区内共有区级在建项目11个，年度计划投资186500万元，完成投资156680万元，

2020年，西华洋项目旧片区一角　　（北峰街道 供）

2020 年，西华洋项目征迁工作照　（北峰街道 供）

完成年度投资计划的 84%，已完工投产正祥丰屋、万科麓城 2 个项目，新开工建设力标·新都汇、2019-4 号地块 2 个项目；推进安征迁工作，紧抓西华洋片区征迁扫尾工作，按照西华洋片区指挥部部署安排，北峰街道对应原 6 个分指挥部，抽调街道党政、机关及社区干部组成 8 个动迁组，细化明确余下动迁任务的推进人员，抓紧对接前期各分指挥部动迁情况，加速解决西华洋征迁扫尾存在问题，做好正祥丰屋选房安置工作。

【城市建设与管理】 2020 年，北峰街道制止和查处“两违”行为，共拆除“两违”72 宗，面积 84269 平方米。收到区转办件 30 件，及时完成 30 件，完成率 100%，做好“创卫”工作，完善环卫基础设施，及时更换主干道及社区垃圾桶 208 个，组织开展环境卫生大扫除活动，彻底整治背街小巷卫生死角 971 处，清理排水排污沟 3050 米，平整路面 7500 平方米，清运建筑垃圾、工业垃圾 4400 立方米，整治辖区主次干道市容市貌，共取缔流动摊点 1010 个，规范店外店经营商户 210 家，清除占道广告牌 86 个，规范停车点 109 处，纠正运输车辆“滴、洒、漏”现象 18 起，处罚 3 起；打好蓝天保卫战，在春节、清明等民俗节日期间，严格落实烟花爆竹禁燃工作和制止焚烧垃圾行为，加大餐饮油烟污染整治，对辖区餐饮业油烟、烧烤污染等监督管理，督促餐饮行业全面安装油烟净化装置并定期清洗保证正常运行，减少油烟污染扰民及对环境空气质量的影响，对辖区内乱摆摊设点、烧烤摊、大排档等污染源进行排查整治；打好碧水保卫战，落实河湖长制，做好北高干渠水源保护工作，做好渠道周边环境卫生保洁工作，加大对辖区沿渠两侧企业排污、卫生环境的监督和管理，确保渠道周边环境卫生的整洁干净，落实河长制工作“一月一抽查”和河道巡护制度，做好巡河记录，及时处理发现问题。

【公共卫生服务】 2020 年，北峰街道全面推进健康北峰行动，巩固“国家慢性病综合防控示范区”创建成果，普及健康知识，更新 4 期共 27 块健康教育宣传栏，内容覆盖“新冠肺炎”、控烟、慢性病防治等健康知识，组织 4 场次无烟日、职业病防治、急救知识等内容的宣传服务活动，和社区卫生服务中心配

2020 年，北峰街道制止“两违”工作照　（北峰街道 供）

合，做好辖区群众的家庭医生签约、健康档案建档、老年人健康体检、育龄妇女“两癌”筛查、产后随访等工作，使居民逐步享有均等化的公共卫生服务，完成349名育龄妇女“两癌”筛查，完成上级下达的妇女“两癌”检查目标任务，加强对计生特殊家庭的帮扶，“两节”期间，慰问计生困难户149户，送去慰问金7.98万元，为4户计生困难户申请安居工程补助款，为2名计生贫困母亲申请幸福工程补助款，为24户原农村二女、纯女户申请助学金，组织为计生家庭购买意外伤害保险，为计生特殊家庭提供医疗救助。加强对突发公共卫生事件的应急处理，开展以除害灭病为中心的爱国卫生运动，促进各项卫生措施的落实，共出动人员6257人次，清理积水2871处，清除卫生死角、堆积物3293处，消杀面积121万平方米，重新安装老鼠筒 1500个，发放灭鼠药615千克。

【民生保障】 2020年，北峰街道做好低保、优抚、救助、助残等工作，执行动态管理，加强分类管理、定期入户调查，保障弱势群体基本生活，发放最低生活保障金91.36万元、残疾人两项补贴（生活补助、护理补贴）44.90万元、特困人员救助供养金40.08万元、孤儿及事实无人抚养儿童救助金4.10万元、五老救助金2.85万元、托管退休金及遗属生活补助金7.38万元、残疾人补助金（“一户多残”家庭残疾人生活补贴）5.83万元，临时救助71人11.752万元，区慈善救助6人1万元。

【社会综合治理】 2020年，北峰街道走村入户，进厂入企，发放宣传资料，小规多频开展宣传活动，通过张贴悬挂标语、LED显示屏播放、微信群推送、发送平安建设短信等多种方式进行宣传，营造浓厚宣传氛围，提升群众知晓率，共出动4360人次，走访5295户，收集意见建议55条，已解决反馈55条，对信访平台诉求件不满及平时掌握潜在不满意群众、西华洋征迁片区群众等进行回访22人，电话回访24人，发放平安保险卡9127张，开展平安宣传活动81场次；发挥社区综治中心平台作用，运用智慧丰泽治安监控平台助推巡防，街道、派出所和社区联防常态化开展“大联防小联巡”活动，落实三级联防工作，会同北峰派出所建立“案情当天分析”机制，实现当天案件详情当天明了；对辖区内的违法犯罪活动以“零容忍”态度予以坚决打击和处理，共破获2起以网上销售防疫物资为幌子的诈骗案件，涉案金额共88万余元，抓获犯罪嫌疑人2名，查获不按规定登记承租人信息的案件7起，查获1起拒不执行紧急状态下的决定、命令案，查获违法人员2名；共计办理泉州“12345”便民服务平台诉求件276件，群众满意率99%，办理福建省网上信访信息系统平台信访件62件，开展信访评理工作，街道9起，社区19起，共计28起，均已化解完毕，党政领导接访56次，接访群众436人次。

2020年，北峰街道工作人员下社区做抗疫工作 （北峰街道 供）

【精神文明建设】 2020年，北峰街道将迎检工作融入基层治理，形成文明创建长效机制，成立创城工作指挥部和工作职能小组，并结合街道实际制定创城工作实施方案，明确工作目标、工作要求和进度安排，依据创城网上材料申报具体要求，逐项对照指标落实材料整理、图片收集等，按时报送区创城办，强化督查指导，促进文明城市（区）创建工作有序开展，迎接文明城市综合测评，落实好“文明天气图”信息管理平台的工作，推动各社区主动补齐总评迎检短板，提升氛围营造、城市管理、环境整治等工作水平；加强活动阵地建设，落实好市级2020年为民办实事项目招贤社区未成年人文体活动设施、场所的建设任务，完善拒洪、群石、招丰等社区未成年人活动中心建设，完善见龙亭、群山社区体育设施建设，组织开展活动，开展“我们的节日”主题文化活动，在新春之际慰问走访空巢老人、困难群体等，结合“疫情”防控，清明节期间倡导文明祭拜，发动市民和未成年人居家参与“网上祭英烈”签名寄语活动；加强移风易俗宣传工作，利用黑板报、宣传栏、标语、微信群等形式进行广泛宣传，印发移风易俗倡议书，提高群众对移风易俗“三率”工作的支持，发挥社区"一约四会"自治作用，引导群众自我教育、自我管理、自我服务、自我提高，指导各社区结合实际建立和修订红白喜事等规程，实现有人管事、有章程理事，在疫情警报尚未解除，严格落实省、市、区禁止人员聚集的相关要求，辖区内共有"白事"92起，基本做到"白事简办"，"红事"21起，推迟或俭办，共节省开支约272.5万元，杜绝喜事丧事大操大办的现象。

【基础党建】 2020年，北峰街道学习贯彻习近平新时代中国特色社会主义思想，加强意识形态领域工作，基层党组织和党员干部紧跟新时代新思想，"四个意识""四个自信"不断增强，着重培养街道现有的年轻干部，注重在项目建设、基层一线培养、锻炼、推荐干部，积极向上级推荐表现优秀的干部，对在一线工作中表现优秀的社区级后备力量、青年人才、社区居民小组长等，加大培训培养力度，纳入2021年社区"两委"换届后备力量，强化责任监督，开展廉政谈话5人次，围绕疫情防控、森林防火、安全大排查大整治等中心工作，开展监督检查35次，批评教育4人次，提出意见建议8条，疫情防控期间，受理关于防控工作信访举报来电信访件1件，给予办结，协助区纪委五室办理问题线索1件，针对群石、北峰社区在安全生产工作中履职不到位，发生多起火灾，对2名相关人员进行廉政提醒谈话，向北峰社区发出监督建议书1份；推动社区党组织向小区延伸，构建"街道党工委—社区党总支—网格（小区、街区)党支部—楼栋党小组—党员中心户"五级组织体系，确保党的组织和工作向城市小区（街区）、楼栋延伸覆盖，在健全完善社区党委、党总支的基础上，建立2个小区党支部和12个党群议事会，引领、主导社区治理，12个社区党组织建立"一核引领·多元一体"城市基层党建联席会议机制，与46家驻区单位联席共建，共同研究、推进区域党的建设和基层治理，完善社区党建网格责任机制，选优配强57名党员网格长、街巷长、楼栋长，明确网格责任，提高社区工作精细化水平；抓好机构改革，根据《泉州市丰泽区街道机构改革实施方案》要求，完成街道"三定"设置，完成街道内设机构及职能设置，初步完成街道人员转隶，优化社区后备干部结构，开展社区党组织"三个一遍"建设工作，按照"政治优、品德好、业绩好、口碑好"原则，培育选拔社区党组织书记后备人选12名、社区"两委"后备人选17名。

（欧阳诗琪撰 杨建良审）

华大街道

【概况】 华大街道地处泉州市丰泽区北大门，东傍东海，西倚国家名胜风景区清源山，南接泉州市中心区域，北邻洛江区，是泉州市城东（华大）组团的重要组成部分，辖区土地总面积10.94平方千米，下辖城东、南埔、新铺、法花美、华大、地质和华城7个社区，街道总人口18115人，其中常住人口8963人（不含华大学生），流动人口9152人。华大街道自古以来是泉州市的重要交通枢纽之一，地理位置优越，交通十分便捷，基础设施完善，国道324线穿越境内，福泉、泉厦高速公路入口处和泉州火车站邻近辖区，泉州汽车东站在区域内。辖区内历史古迹丰富，有唐代开闽王沈邦墓、宋元东门碗窑遗址、七里庵古地、梁克家墓遗址、黄凤翔墓遗址、元朝魏九郎墓遗址、明代寡妇墓群遗址、梁丞相夫人墓遗址、施琅墓道碑等，著名高等学府华侨大学位于辖区内，还有华大附中、省一级达标城东中学、泉州市盲聋哑学校、丰泽区第八中心小学、第八中心幼儿园等学校。辖区旅游资源丰富、开发价值高，有泉州鲜花港、宏源生态园、猎鹰户外基地、西畴耕读（新农夫集市）、友邦山庄、武陵农场、辣木生态园、华大学生街等休闲旅游场所。

【经济发展】 2020年，华大街道以发展为第一要务，立足城东（华大）组团建设，加快丰泽区华大片区改造建设步伐，衔接中心城区发展空间，服务好丰泽区建设现代化科工贸文化旅游区和现代化城市核心区，围绕丰泽区知创产业基地建设，华大街道积极推进高新创新产业发展步伐，辖区有企业1400多家，其中"四上"企业56家，辖区内不仅建设有海西育成基地、华侨大学（丰泽）创新创业园、华大电子商务产业园、海归E谷创业园、宜家智能家装产业园、伯勒文化创意产业园等各类产业园区，还推进华大泰禾广场、润柏·大都会、绿创·山语城等大型商圈初步形成，已成为丰泽区发展知创产业、高新产业和现代商贸服务业的重要区域；街道一般公共预算总收入完成9793万元，规模以上工业总产值完成220693万元，限额以上社会消费品零售额完成170170万元，限额以上批发业销售额完成119457万元，规模以上服务业完成18909万元，城镇固定资产投资完成34458万元，建筑业产值完成8364万元；坚持街道党政领导挂钩企业联系帮扶制度，对辖区内65家上年度纳税50万元以上企业，组织街道党政领导逐家走访沟通，定期与企业保持沟通联系，掌握了解企业经营状况，推进企业复工复产，设定专人传达惠企扶持政策，开展送奖牌、送政策活动，深入企业宣传惠企政策，引导企业用足用好政策，兑现政策奖励55.62万元，协助企业开展帮扶申请，组建经济工作专班，协调帮扶企业解决在科研创新、项目对接、技改增资、营商创业、企业员工子女就学、人才政策等方面的难题，协助22家企业申请区级2020年科技项目立项，引导科研投入1600万元，主动对接华创园、育成基地、南方路机等人才聚集园区及龙

2020年2月17日，市人大常委会主任陈灿辉（前排右二）到华大街道城东社区调研新型冠状病毒感染的肺炎疫情防控工作和企业复工情况，并看望市人大常委会下派干部，街道党工委书记郑永强（前排右一）陪同调研　（华大街道　供）

头企业，累计推荐入选泉州市高层次人才39名，帮助协调解决21名重点企业员工子女就学；梳理腾空园区落后产业，整合闲置工厂、商业楼宇，进行载体整合，梳理筛选树脂工艺等传统产业23家，分类分批进行动员迁出或者关闭，腾出载体空间约7万平方米，加快形成新兴产业，突出发挥区位优势、高校优势和交通优势，加强招商政策宣传推荐，实现招商企业新增注册342家，注册资本9.47亿元，其中，科技、文创、商贸、服务等新兴创新产业占70%以上，亿元以上重大招商产业项目4项，分别为鸿杰科技智慧生态圈、升龙建筑信息服务平台、宜家智能家装产业园、福建垃圾分类研究中心和数据平台，计划总投资5亿元，推动支柱产业提质增效，引导南方路机、宏科电力、鸿益机械等智能制造骨干企业，拓展装备新业务，研发投入，做大做强，拓展挖掘国内市场潜力，宏科电力成功入选2020年省数字经济领域瞪羚创新企业，南方路机与山西路桥建设集团2020年3月签署战略合作协议，将在固废资源综合利用领域开展合作，10月产值同比增长4.8%；主动牵线加强特色园区招商建设，推进丰泽海归E谷项目改造，引导伯勒文创园举办各类时尚文化活动，带动招商文创产业35家，推进宜家智能家装产业园完成改造装修及开园，引进宜家装饰、大师界上、云巢汇等品牌相继入驻，建设集展示、建材供应链、家装人才培训、校企实业基地为一体的智能家装产业园。主动搭桥推进科创园区发展壮大，依托丰泽高新产业园、华创园、华大电商园、育成基地等科创园区的招商建设，创新确立“产业平台+产业内容+社群服务”三位一体的发展模式，以“技术”和“人才”为抓手，聚集一批新材料、智慧能源、环保科技、工业设计、物联网、智能制造等新兴产业企业，培育壮大南方路机、科立讯、环宇通等科技产业龙头，带动吸引更多科技型企业入驻创新创业，辖区有科技创新企业300多家，主动挖掘谋划生成重大产业项目，整合辖区建筑产业资源，支持泉州市升龙建筑咨询有限公司研发建设建筑信息模型（BIM）技术、咨询及服务的综合平台项目，借助周边华大高校资源，促成华侨大学计算机学院与广州市分类得环境管理有限公司，合作建设福建垃圾分类研究中心和数据平台项目；加快推进校地产研结合，对接华侨大学（丰泽）创新产业园，协助华创园区与华侨大学建立合作机制，设立华侨大学驻华创园创新创业联络点，带动引进华侨大学福建省石墨烯粉体制备与应用技术中心、华侨大学应用化学

2020年3月29日下午，区委书记、区总指挥部总指挥长黄景春带队到华大街道大排查大整治工作总指挥部、科技路、宇源轻工等地，检查疫情防控和安全生产工作。区委常委、纪委书记、监委主任、区总指挥部副总指挥长林添盛参加

（华大街道　供）

2020年3月26日下午，区长、总指挥部指挥长高金全（右四）现场察看南方路机及华创园疫情防控、复工复产和安全生产工作情况，督导华大街道大排查大整治工作。区领导曾国家及街道办事处主任、指挥部指挥长邵凡参加（华大街道 供）

研究所等协同创新中心、科研机构完成进驻，拓展企业电子商务渠道，支持华大电商园整合周边工业企业，引导企业生产与销售分离方式，将生产部分外移至临近的洛江区、台商区，引进销售部门入驻电商园区，设立电子商铺，拓展企业生产销售平台，推进企业开展境内外销售，新增设立电商产业13家，新增销售3300多万元，发挥党建引领销售优势，引导新铺社区党支部立足自身实际，建立“党建＋合作社＋农户”的模式，与西畴农场等农业龙头企业合作，拓展电商、微商、实体店等多平台销售渠道，帮助蜂农破解瓶颈，打通蜂蜜销路，创收利润10万余元。

【街区建设】 2020年，华大街道办事处以“美丽社区”建设、华大社区“社区营造”、垃圾分类试点为契机，推进城市“双修”项目，优化社区环境，提升服务管理水平，确定城东社区作为美丽社区建设单位，已累计投资357万元完成花港路“白改黑”等4个项目建设，通源街、浔美渠改造全面完成，南埔山片区改造全面启动房屋征收，抽调105名精干人员，成立27个动迁小组，开展南埔山片区房屋征迁工作，截至2021年1月12日完成签约187宗，签约完成率21%，累计签约面积122238.62平方米，腾空房屋78宗，南埔山片区安置房建设项目，完成投资1.18亿元，已完成24栋安置房建设，正进入绿化及配套设施建设阶段；高压态势狠抓网格化管理，健全市容市貌环境卫生保洁长效机制，开展土方车“滴、洒、漏”行为整治、占道经营专项整治、城市“牛皮癣”整治和违规广告牌整治等工作，“双创”期间投入22万元对南埔农贸市场进行整治提升，硬件设施和卫生环境得到极大改善，城市管理力度明显提升，“两违”现象得到有效遏制，共拆除“两违”建筑21宗，拆除面积约1.02万平方米；数字城管案件数5082件，实现处置率100%；环境卫生综合考评始终保持次中心城区第一名；华城小区安置水木春天24套房屋，完成“两图一表”、安置证明的出具，协调中超公司开具不动产增值税发票，办证材料已提交指挥部待统一办理，完成绿创山语城公益性配套服务用房的移交工作，指导东方花园城小区业委会完成换届选举工作，协调指导润柏小区业委会完成对小区物业公司的新老交替，共协调处置物业信访件13宗，化解物业产生的矛盾纠纷。

【社会事业及综合管理工作】 2020年，华大街道办事处按照区委、区政府统一部署要求，多措并举，全面开展房屋安全隐患、消防工作和安全生产大排查大整治工作，深入各社区民房、企业、个体经营户、可能存在安全隐患场所开展拉网式清查排查，严厉查处和整治各类违法违规行为，为广大人民群众筑起安全屏障，共排查房屋2269栋，排查率100%，排查重大安全隐患75处（较上年新增68处），已处置落实到位75处，处置率100%，组建信息核查处置专班，快速处置核查各类信息。共收到省市区转交办信息44条，落实反馈率100%。共摸排旅馆酒店4家，发放整改通知书4份，关闭2家，“三旧”改造项目7个，发放整改通知书7份，封房1处，已委托结构性安全鉴定4宗，钢结构建筑物96栋，已排查96栋，发放整改通知书52份，人员密集型场所611栋，已排查611栋，发放整改通知书274份。利用此次整治契机，共拆除“两违”建筑2处，拆除面积约1350平方米，特别是前林老人活动房的拆除，解决征迁历史遗留问题。建立健全“党政同责、一岗双责、齐抓共管”的责任体系，细化分解《2020年安全生产责任书》，组织对各相关行业、领域进行多层次、全方位、拉网式的排查，发现危及人身安全隐患实行立查立改，对排查出的所有问题隐患进行登记，限期整改到位，做到动态闭环管理，共组织检查组386个，检查单位1417家次，查出隐患893处，已整改隐患875处。累计排查“三合一”场所175处，已整改175处，“三合一”场所消防安全专项治理工作取得阶段性的成果。累计排查群租房232家次，排查火灾隐患86处，均已整改；累计摸排“五废”场所19家，火灾隐患22处，均已整改；排查辖区75家工贸企业，发现一般隐患262处，均已整改（其中停业停产2家）。实行低保户动态管理，确保做到“一个不漏、一个不错、应保尽保”，每月按时足额发放低保金，截至12月，街道低保户共29户61人，每月发放最低保障金3.13万元；做好社会救助救济工作，累计帮助21户重病患家庭申请医疗救助3.67万元；协助申请残疾人护理补贴和重度困难残疾人生活补助12人次。继续推广“i丰泽”APP，推动政务一体机普及，使居民享受更多便捷政务服务，以推进“基层基础基本建设年”“思想政治工作年”活动为契机，结合开展“五比五看”创“五有”先进单位，整合1间办公室规范建设街道退役军人服务站，指导社区同步开展，实现服务退役军人“全覆盖”。推进城乡居民养老保险和医保工作，养老保险、医疗保险缴费率均为95%。养老保险认证率98%，落实各项奖扶措施，奖扶对象145例共计43.77万元。开展贫困母亲、特殊家庭户、计生困难户等慰问活动，发放慰问金4.34万元。完成孕前优生健康检查64对，地中海贫血筛查58对，产前筛查项目20人，完成妇女“两癌”筛查100人，协助80岁及以上居民办理人身意外险476人，发放高龄补贴158人，协助办理老年人优待证31本，开展形式多样、内容丰富的养老孝老敬老系列活动。紧盯中央生态环保督察信访件整改验收销号，并加强日常跟踪反馈，杜绝回潮反弹，涉及本街道的4件督察件已基本通过市级验收销号，严格落实大气管控措施，加大在建工程、露天烧烤、焚烧垃圾秸秆的巡查力度，对餐饮业油烟排放、企业散乱污情况加强监管，共制止取缔12处烧烤摊，劝阻10处焚烧垃圾、麦秸行为，规范餐饮业油烟排放24处，落实河湖长制，加大北渠华大段饮用水水源地保护，定期组织城东、南埔、华城3个社区开展浔美渠华大段、北渠华大段两侧雨污分离及企业排污情况排查，指定专人每日对渠道卫生、污水排放口情况进行巡查，并做好巡查记录，开展动物疫病防控工作，确保不发生区域性重大动物疫情，完成农产品监测任务500个，严格落实防汛及森林防火责任，落实24小时值班和领导带班制度，组织开展隐患排查5次，保障人民群众生命财产安全。推进东门古窑址的省级文保申报工作，规划碗窑遗址公园，做好文物点的保护工作。窑址被列入省级文保单位申报名录，配合做好丰泽区图书馆EPC改造项目的施工、建设，该项目已完工入驻。成功举办2020鲜花港“菊花节”暨丰泽区汽车“花海”嘉年华，累计吸引游客总数逾10万人次。坚持共建共享，统筹做好改善民生工作，社会事业协调发展，取得丰硕成果，先后获得福建省关心下一代工作先进集体、泉州市文明单位、泉州市先进基层党组织、泉州市社会治安综合治理和平安建设先进集体、泉州市全民健身先进单位、泉州市“平安家庭”先进集体、丰泽区年度工作先进集体、丰泽区经济工作先进单位、丰泽区政法（综治）工作先进单位、丰泽区人口和计划生育工作先进集体、丰泽区安全生产先进集体、丰泽区创安先进集体、丰泽区信息工作先进单位等100多项省、市、区荣誉，“宜商宜居宜游”的“新华大”已逐渐呈现在人们面前。

【平安建设】 2020年，华大街道办事处深化扫黑除恶专项打击行动，落实每月综治月例会、每季度治安稳定分析会和入户访视常态化、案件回访等制度，强化重点整治，在辖区重要部位、案件多发场所和重要时段囤警守望，始终保持严打高压态势，遏制刑事发案，1—10月，累计发案数91件，比2019年下降31.58%，刑事发案保持低位运行，加强特殊群体管控，现辖区内有21名刑释人员，帮教率100%，无重新违法犯罪现象，现有社区矫正人员4人，情况均较为稳定，提升综治“三率”攻坚行动，开展网格化服务管理整合提升专项行动，选定城东和新铺作为街道推进网格化服务管理规范化动作的试点社区，整合街居群防群治队伍，建立三级巡防队伍联动机制，打造全覆盖、立体化、多元化、高效化的社会治安防控网络，开展“大联防、小联巡”逾300场次，提升街面见警率和管事率。注重宣传再发动，利用移动、电信、微信等媒介发送14万条平安建设宣传短信息，确保宣传全覆盖、无盲区；坚持街道每半月、社区每周召开一次矛盾纠纷排查调处分析例会，提高预警处置能力。7月底挂牌设立华大街道矛盾纠纷多元化解中心，依托社区人民调解委员会或社区司法行政工作室设立7个社区矛盾纠纷多元化解工作室，实现街道和社区的全覆盖，调解民间矛盾纠纷41起，涉案金额88万元。落实街道每半月信访联席会议和党政领导每日排班接访制度，共受理信访案件44件，办结41件，网上信访及时查阅率、转办率100%，参评率100%，满意率100%，全面推行“最多投一次”阳光信访工作机制，“12345”便民服务平台共受理信访件103件，办结98件，及时回复率、及时查阅率100%，沟通率100%，满意率98.8%，解决劳动争议，共受理投诉、举报案件16起，涉款金额258万元，其中已成功调解13起，引导申请劳动仲裁或法院起诉的3起，同比下降18%，较好地维护了辖区劳动者权益。加大效能督查，在日常考勤、在岗在位情况督查的基础上，围绕中心工作，紧盯重点难点，定期深入社区开展督查，及时反馈真实情况，对工作不落实的严厉追责，以责任倒逼机制推动工作开展，对6名工作人员实行效能问责，其中1名效能警示、4名效能通报、1名效能诫勉。规范街道、社区便民服务中心标准化建设，严格执行审批服务工作制度，推行“一趟不用跑”“最多跑一趟”办事清单，抓好便民服务一体化平台推广应用，开展市级政务公开标准化规范化创新示范点工作，梳理街道政务公开标准目录，主动公开信息17条，并将公开文件送交档案馆，按时保质编制信息公开工作年度报告，提高政府信息公开规范化、标准化、信息化水平；科学制定《华大街道2020年普法依法治街工作要点》，强化组织保障、确保经费到位，深化学法用法，制定年度《华大街道机关学法安排》和《华大街道社区（含青少年）、企事业单位学法安排》，将学法纳入街道中心组学习和党团活动中，组织机关干部参加各类法治学习培训与知识讲座，开展“法律八进”活动，开展“148”法律服务工作，组织开展各类法治宣传活动44场次，推进法治文化阵地建设，开展基层法律服务工作，实现法律顾问全覆盖，通过律师加入社区工作微群，线上为居民群众提供法律服务，解决法律需求，实现“一社区一法律顾问”，确保行政决策的合法性，建立健全党务政（居）务公开，推进阳光运行，推行社区民主法治建设“十条标准”，提高社区的依法治理工作水平。

（林旗猛撰 陈青苗审）

东湖街道

2020年9月13日，丰泽区领导（前左一）调研东湖街道疫情防控工作

（东湖街道 供）

【概况】 东湖街道成立于1992年12月，面积5.06平方千米，总人口6.03万人，有侨乡体育中心、东湖电影院、海交馆、博物馆、南少林寺、东湖公园、清源山、灵山、湖美、荣誉、花园等酒店、田安综合街、湖心建材街、东湖文体街、丰泽金融街、清源里旅游街，丰泽广场—南益广场都市商贸圈、南少林寺—侨乡体育馆文体旅游经济圈，还有较多的楼宇总部优势、省、市直属单位聚集的行政资源优势，辖区共有市级以上行政、企事业单位59家（泉州税务局、泉州移动、人民保险公司、证券公司、金融总部及重要网点等均在该辖区）。

2020年，是全面建成小康社会、实施“十三五”规划的收官之年，东湖街道深入贯彻落实中央及省、市、区决策部署，推进“强基促稳”三年行动，助力防抗疫情、复工复产、安全生产、经济发展、项目攻坚、民生建设等工作，辖区未出现漏查、漏排、漏访对象及疑似或确诊病例，保持区级“平安街道”荣誉称号，“学习强国”平台、《人民日报》、《福建日报》、《先锋泉州》、《泉州通讯》、《侨区快讯》等中央、省、市、区级媒体刊物宣传报道东湖街道、社区的经验做法和成效。

【安全大排查大整治】 2020年，东湖街道推进房屋安全、消防工作和安全生产大排查大整治工作，开展各行业领域安全隐患排查和清零行动，全力找问题、补短板、堵漏洞，建立“六个一批”滚动处理机制，按轻重缓急分批次推进房屋安全隐患整治，落实问题整改交账销号制度，并成立督导指导组，全面督查整改实效，建立会商化解机制，街道指挥长牵头组织各分指挥部负责人和街道挂点党政领导进行会商，研究、制定化解措施，推进解决冷冻厂宿舍（危房D级）、大修厂、齐云路破损路段、东湖夜市等一批重要隐患，推进3个“城中村”出租屋消防安全整治，全面净化辖区消防安全环境，建立联动协作机制，坚持街道、派出所、执法中队、市场监

市领导参观东湖街道仁风社区微型消防站 （东湖街道 供）

督管理所与社区上下联动，对不配合的商铺、出租房业主等进行综合执法，督促落实整改措施，创新宣传形式，创作《东湖街道安全隐患大排查大整治宣传教育闽南四句》，开展“以案释案”宣传，用群众“身边事”进行教育提醒，加强对城中村租户租客双向宣传引导，通过张贴“危房牌”“平安牌”，外来人员租住安全房屋。累计排查单位场所1642家次、各类房屋3324栋，摸排整改安全隐患775条、重大安全隐患房屋75栋、“三合一”场所276家、清除易燃易爆品、旧货物堆放地1008处，拆除“两违”建筑28宗1935平方米，

2020年3月21日，丰泽区领导（右二）检查东湖街道安全生产、房屋、消防安全大整治大排查情况 （东湖街道 供）

关闭无证照废品收购站4家，完成48个无物业住宅小区消防车通道画线标识，累计配备“5+2”设施1620栋、“3+1”设施475家，完成48个无物业住宅小区消防车通道画线标识，打通无物业老旧小区“生命通道”。

【经济发展】 2020年，东湖街道完善全员抓经济工作机制，开展企业“大走访、大服务”活动，强化经济运行调度，经济运行呈逐步回升态势，加强对辖区刺桐港商业中心、鑫都大厦、光明城、南洋壹号、铁塔公司5G机站建设、丰泽区第一中心小学等重点项目的跟踪服务，及时采取补缺措施，拉动固定资产投资，促进财政收入增长。抓好远兴数字园区、南益金融中心2个小微园区建设，促进数字科技、金融服务产业聚集。跟踪辖区内南益广场5A写字楼、鑫都大厦、光明城、刺桐城里、侨乡体育馆文旅创意园、泉州双创广场等新建成或在建经济发展载体招商引资情况，加大服务和保障力度，力促尽快产生效益，实现实际利用外资3635万元，完成年计划的104%，位居全区第一，一般公共预算总收入27354万元，完成年计划的80.45%，位居全区第四，其中：一般公共预算收入15190万元，完成年计划的83.46%，位居全区第四。固定资产投资105036万元，完成全年任务数的100%，位居全区第一，南益广场引进28家金融、证券、会计师事务所等，打造总部经济、金融行业大楼，招商签约项目14个（其中重大项目4个），提前完成区下达任务数，完成率100%，新办企业846家，其中注册资金1000万元以上的94家，注册资金2000万元以上的6家，3000万元以上的3家，1亿元以上的1家。

【社会治理】 2020年，东湖街道创建工作典型，推进少林、禁毒品牌社区标准化建设，探索引导辖区出租房业主引进第三产业服务业态，铲除黄丑现象滋生土壤，以圣湖、凤山社区为试点开展网格化服务专项提升行动，建立起常住人口家庭成员与房屋信息的关联，打通人防技防关键节点，全覆盖、保质保量做好综治平安保险卡送卡入户，累计分发15305户16786人，抓好重点人员、重点群众稳控工作，确保疫情期间、“两会”等重大活动期间社会稳定，坚持两委带班巡逻制度，开展大小联巡活动，最大限度亮警街面，全年刑事发案数同比下降60.27%，深化矛盾纠纷多元化解“三个三”工作模式，及时化解矛盾纠纷，累计办理上级及“12345”平台交办的各类问题406件，办结406件，调解各类社会矛盾纠纷75起，调解率100%。

【城市管理】 2020年，东湖街道围绕城乡接合部综合整治及文明城市、卫生城市创建等中心工作，常态化抓好市容环境卫生、“两违”治理、占道经营整治、基础设施改造、交通安全等工作，累计拆除“两违”建筑65宗8360平方米、清除临时摊点280多摊、取缔占道经营360起、处理“数字城管”2万余件、修复道路破损点60处、新增画线车位891个，并以东凤、圣湖为示范社区开展垃圾分类全覆盖推广，改造提升东湖农贸市场，整治关停东湖小夜市，推进东湖新村（市级示范点）等10个老旧小区改造、仁风美丽社区建设及东凤社区营造工作。

【文明创建】 2020年，东湖街道做细做实社会主义核心价值观和意识形态工作，累计各级各类媒体宣传报道205篇，设置公益广告、宣传栏、海报等1806处，推进志愿服务工作常态化，疫情期间组织各志愿服务队协助社区开展疫情排查、防疫宣传、生活扶助等服务。推进移风易俗工作，发挥社区“四会”职能作用，及时介入红白事136次，节省开支94万元，建成功能齐全的东湖街道综合文化站，完善提升街道、圣湖、铭湖3个开放式“百姓书屋”，满足群众多层次的文化需求，落实整改市、区创城工作指挥部办公室和区文明天气图检查发现的问题594条，整改率100%。

【生态环保】 2020年，东湖街道建立健全街道环保机构，落实网格巡查制度，建立环境信访应急处理机制，抓好第二轮中央环保督察组交办的4件信访件整改，已全部销号，定期对已办结信访件“回头看”，落实烟花爆竹禁燃工作和制止焚烧垃圾行为，督促餐饮行业全面安装油烟净化装置，安装率95%，采取日常及错时交叉轮班制，对辖区乱摆摊设点、烧烤摊、大排档等大气污染源进行排查整治，加强对辖区4个在建工地扬尘的监管，督促开发商设置施工现场全封闭围挡墙绿色施工，加强饮用水源保护，督促保洁公司、社区做好北高干渠水源保护工作，实时监控河道排水、排污现象，处理湖美路口一处从雨水管道直排北渠的污水。

【民生保障】 2020年，东湖街道贯彻执行最低生活保障、临时救助、残疾人扶助和优抚安置等各项惠民政策，共发放低保金、价格补贴、慰问金等153万元，开展社区居家养老服务，为462名老人提供居家养老信息化服务，联合东湖街道社区卫生服务中心定期为社区老年人免费体检。落实关爱女孩“五项工程”，累计入户慰问计生特殊、困难家庭51户，贫困母亲10人，城镇独生子女奖励帮扶918人，原农村二女奖励扶助94人，特殊家庭帮扶41人，幸福工程3户，安居工程1户，成才工程3人（市级奖学1人、市级助学1人、区级助学1人），妥善处理劳动争议纠纷，接待劳动争议纠纷案件20起，调解20起，涉及人员275人，追回欠薪金额762.63万元。

【社区建设】 2020年，东湖街道健全完善社区协商机制，推进凤山、圣湖等5个城乡社区协商示范点建设，协调、促成凤山上坑便民停车场、圣湖小区24幢电梯加装工程等项目，推进圣湖社区“泉州市重点社区”创建，按照“八大提升工程”整体培育优化，打造社区建设泉州样板。探索实施“小社区大物业”管理模式，合并仁风、河岸两个自然村自建房住户，成立“仁风河岸片区

2020年，东湖街道仁风美丽社区建设 （东湖街道 供）

业主委员会”，成立全市首个自建房业主委员会，破解城中村管理难题，探索社区共治新模式，圣湖社区借鉴“枫桥经验”，建立居委会、业委会及物业三方联席会议制度，打造“平安物业小区”。

【基层党建】 2020年，东湖街道建立健全机关和社区干部年度绩效积分考核办法及周例会、月报告、季考核、年述职等制度，实施干部教育“三项工程”“3+1+3”静思会制度、服务阵地攻坚等“三大工程”，解决管党责任压力传导不够、基层基础保障不力等问题，落实党内组织生活制度，深化拓展主题教育成果，抓实抓细检视问题和整改落实情况，健全“问题、责任、整改”三张清单，同时通过开展大学习交流会、理论知识测试等，提高党员干部的政治素质，“四个意识”不断得到锤炼，创建“一社区一品牌”，将8个社区定位为经济型、共建型、书香型等六种特色类型，探索实施“睦邻家园”社区治理模式及城中村“四化融合”治理模式，为全区城中村治理提供“样板”借鉴，搭建“一网四中心”平台，选优配强79名“党员街巷长、楼栋长”，组建全市首个自建房红色业委会、2个红色物业公司，经验做法被《中国应急报》、先锋泉州、《泉州晚报》等主流媒体刊载报道，开展“强党建·促发展”联合行动，巩固和丰富“两新”组织党建内涵，新成立党支部1个、按期换届20个，坚持严管与厚爱相结合，用好鼓励激励、容错纠错、能上能下“三项机制”，建立街道机关工作人员、社区专职工作者绩效考核机制，将日常工作实绩同年终考核紧密挂钩，激发干部工作积极性，引导干部把精力集中到推动发展上，1名干部入选丰泽区“担当作为好干部”候选人，新任免股级干部3人，新发展党员4人，评选星级党组织11个、优秀党员154人，按时序进度完成街道机构改革，结合疫情防控、安全隐患大排查大整治、创城等重点工作，发挥社区党风廉政建设舆情员监督前哨作用，把监督“探头”深入小区、居民楼，发现问题立即“吹哨”，开展一线督查53次，落实、反馈问题36条，推出市区首条孝廉文化研学路线（东湖亭——二公亭——苏氏家庙——急公尚义坊——南少林寺——七里庵），将泉州古城的历史积淀、人文资源、传统风尚进行创造性转化和教育性传承，并依托该路线开展辖区党员干部孝廉教育，得到《福建日报》《泉州晚报》等主流媒体刊载报道。

（王舒芸撰 李立审）

丰泽街道

【概况】 丰泽街道地处泉州中心市区，东临坪山路，南接泉秀路，西到温陵路与鲤城区毗邻，北至丰泽街，区域总面积2.7平方千米，下辖丰泽、迎津、前坂、霞淮、东涂、源淮、东美、东淮8个社区。2020年辖区常住人口6.25万人，流动人口4.9万人。街道区位优势得天独厚，经济繁荣，交通便利，丰泽街、津淮街、田安路和温陵路等七条商贸繁华的市区主干道贯穿辖区，交通、通信、金融等各项服务体系配套完善，投资软硬件设施完备，是购物、旅游、经商、居家兴业的首选之地。2020年，街道党工委被市委授予“全市先进基层党组织”荣誉称号，此外，被福建省第四次全国经济普查领导小组评为省级先进集体，获评“福建省生活垃圾分类示范片区”。

【经济发展】 2020年，丰泽街道坚持稳中求进工作总基调，以提高经济增长质量和效益为中心，主动对标对表，咬定下达的每月财税任务和四上指标，定期分析研判经济形势，强化运行调度，在做好主要支撑项目跟踪服务的同时，注重零星小项目的收集整合打包上报，做到抓大不放小、应统尽统，经济运行稳中向好。一般公共预算总收入18202万元，同比下降8.7%，完成年度计划的86.3%；限额以上社会消费品零售额65.51亿元，同比增加13.3%，完成年度计划的99.6%；限额以上批发销售额51.13亿元，同比下降26.8%，完成年度计划的66.6%；固定资产投资4.55亿元，完成年度计划的70%；规模以上营利性服务业营收3.97亿元，同比增加30.2%，完成年度计划的119.3%；建筑业产值11.58亿元，同比下降6.5%。多个月份街道主要经济指标综合完成率超100%并位居全区前列。跟紧盯牢泰和广场、成东书香苑和盛冠海富国际等重点项目，泰和广场项目主、附楼均已封顶，成东书香苑处于主体施工阶段，盛冠海富国际项目也正进行桩基施工。同时以明鑫中心综合楼（丰泽街313-7号）为载体，深化街道、社区、楼宇业主三方合作，打造明鑫大学生创业筑巢基地，有针对性地吸引创新创业企业以及财税和指标贡献大户入驻。深入挖掘、整合辖区楼宇资源，借助看丰泽等平台加大对辖区田安大厦等共计3万多平方米闲置楼宇资源的招商推介力度。除了推介自身资源外，对丰泽区建筑服务产业园、基金小镇、网商虚拟产业园等园区和相应配套政策也大力加以宣传，尽力网罗、留住项目，截至年底已动员4家建安企业入驻建筑服务产业园。完成招商项目12个，其中重大项目3个，超额完成区下达的任务，新设立企业1284家。

【城市管理】 2020年，丰泽街道围绕“外防输入、内防反弹”不放松为工作重点，健全完善信息联络机制、安全接转机制、隔离观察机制、教育引导机制、服务保障机制，做好常态化防控当中的各项工作。用好“线上”“线下”两个平台，成立8支流动宣传队，在小区、商超、农贸市场等人员密集场所配备148个广播，引导居民群众正确对待疫情，营造群防群治的宣传氛围。按照

2020年，丰泽街道作为全市唯一街道入选福建省首批生活垃圾分类示范片区创建名单。图为2020年9月丰泽社区垃圾分类环保分类站　（丰泽街道 供）

“地毯式摸排、网格化管理”要求，吸纳片警、物业工作人员、中心户长、居民代表、群众志愿者等辅助力量503人参与到辖区254个网格的摸排管控中，实行24小时闭环管理，所有人员出行一律实行“一码一测一口罩”管理。推进“疫情”防控和复产复工复学工作，做到“硬核”监管、精准服务。以迎接创城、创卫检查为契机，坚持每日对中心客运站、东美菜市场、中闽百汇、后坂菜市场等重点区域开展环境卫生重点整治，在东涂、源淮社区探索实施“便民摊车”项目，缓解占道经营问题，相关做法得到市主要领导的充分肯定并在全市推广。在2019年生活垃圾分类实现全覆盖的基础上，2020年丰泽街道作为全省首批（15个）、全市唯一街道，通过省级生活垃圾分类示范片区创建验收。加大人力物力投入，购买高压水枪、烟雾器等设备，每周定期喷杀蚊虫、消杀下水道，规范安置灭鼠筒2000个，补全鼠药300公斤，做好夏季“四害”病媒防治工作。同时加强对农贸市场、超市、餐饮等重点场所的清理消毒，利用晚上时间出动农用车辆17辆共处理垃圾大约60吨、84消毒水100升，对辖区农贸市场、住宅小区等开展预防性消毒。发动环卫工人、志愿者等近600人，出动环卫车5辆、二轮斗车3辆，保洁车辆25辆，清除垃圾10多车，清理绿化带1000多平方米，清洗小广告14处300多张。完善社区管理体系，创建2个创新社区治理示范社区，建成4个省级、4个市级社区综合服务站。推进民生“XIN”行动，完善路长制考核机制，对前坂街修复整改，投入资金143.5万元对前坂新村西区进行老旧小区改造，完成智能停车场、小区监控系统升级、小区大门改造，岗亭建设等项目。以创建公共文化服务示范区为契机，投资4万元对街道文化站进行外立面改造，对各功能室进行规划完善、资源整合。结合“我们的节日”“暑期乐园”“移风易俗”等系列主题，组织开展群众性文体娱乐活动180多场次，推进精神文明建设和移风易俗工作。把关爱困难群众作为工作常态，时刻关心困难群众的生产生活，开展走访慰问、帮扶救助、送温暖等活动，发放各类社会救助、慰问、助残资金、低保金共计39.94万元。

【社会综合治理】 2020年，丰泽街道围绕“四类重点场所”“七个重点问题”，采取上下结合、全面摸排、群众举报、大数据比对、专家参与等方式一栋不漏开展排查，建立台账信息，形成责任清单，逐一落实处置。共出动排查人数210人，排查各类房屋2690栋，发现存在重大安全隐患房70栋，已处置70栋（封房55栋，加固修缮12栋，拆除

2020年12月，丰泽街道稳步推进老旧小区改造，源淮社区云谷小区2020年被列为省级老旧小区改造项目　（丰泽街道 供）

2020 年，丰泽街道全力织牢织密疫情防控网，做好疫情防控各项工作。图为 2020 年 2 月东美社区严格落实封闭式管理 （丰泽街道 供）

3 栋）；辖区内人员密集场所 839 栋，其中重大安全隐患 1 宗（已封房），暂无安全隐患 111 栋，一般安全隐患 727 栋，向存有安全隐患房屋的业主送达《丰泽区房屋结构安全隐患排查整改通知书》。围绕群租房、住宅小区、仓库厂房、“九小”场所、电气火灾、人员密集场所等重点场所、领域，重点纠治违规使用易燃可燃保温材料、违规住人、违规用火用电取暖等问题，严查严处消防安全违法行为，组织开展密集式消防宣传，预防亡人火灾。同时，社区组建 8 支巡更队，强化后半夜巡查力度，提高排查整治的广度、深度和密度。对排查出的安全问题隐患，均做到定人、定点、定时间、定责任、定措施，实行清单销号管理，确保一抓到底。截至目前，街道已摸排“三合一”、群租房、厂房仓库、人员密集场所、“五废”等各类单位、场所 1755 家，排查出各类安全隐患 1005 个，已完成整改 1005 个，整改率达 100%。以“强基促稳”三年行动为抓手，做好普法依法治理工作，开展形式多样、内容丰富的法治宣传活动。深入践行枫桥经验，创新基层调解模式，提升丰泽社区夕阳红调解室、东涂社区校区调解室、源淮社区法律诊所等法治阵地建设。接收各类信访件 588 起，其中“12345”便民平台诉求件 510 件，已办结 507 件，办理中 3 件；省信访系统 78 件，受理办结 58 件，未发生有影响的信访突出问题和群体性事件。推进扫黑除恶专项斗争，加大迎津、霞淮和东美 3 个乱象整治区域的打击力度，遏制涉黄、涉赌的乱象蔓延。深入开展禁毒工作，选址东涂社区新建社区戒毒社区康复管理工作站，依托东美社区中远名城建设禁毒宣传走廊，打造东涂社区禁毒宣传一条街。

【基层党建】 2020 年，丰泽街道以主题教育常态化制度化为载体，掀起中共十九届四中全会精神，以及《习近平在厦门》《习近平在宁德》《习近平在福州》等采访实录“大学习”热潮，在共产党员网、今日头条等媒体先后登载经验做法、学习心得 6 篇。疫情防控期间，率先探索并在全区推广党员“红色电子承诺书”，街道党工委作为全区唯一一个基层党组织被市委、市政府通报表扬，涌现出全国抗击疫情先进个人、全国优秀共产党员杨婷婷等优秀党员代表。贯彻落实干部培养“选育管用”全链条培养机制，确定社区治理智库、“头雁领航”工程、丰泽社区三创基地服务联盟等 3 个人才工作重点项目，增强社会活力。健全完善干部、党员、民警挂钩联系网格制度，因地制宜划定片区 254 个网格，发挥网格在“疫情”防控、创城创卫等工作中作用。《党员干部全天值守，254 个网格抗疫无死角》等经验做法先后在泉州电视台、泉州通讯登载。街道社区与 158 家驻区单位党组织联席共建，通过组织联建、党员联管、活动联办、服务联享、品牌联创“五联工作法”，深化“双联双争”服务行动，推动“百家”共享文化、教育、金融等资源，结对帮扶困难党员群众 124 名，形成东美社区“微心愿”、东涂社区“红色驿站”、霞淮社区党员激励关怀帮扶救助站等共建品牌，做大党建联盟。深化“双联双争”服务行动，深入开展“党旗飘扬·党徽闪亮”活动。1855 名在职党员、下派干部和网格“七类人员”，依托“承诺、践诺、评诺”载体，形成党员“工作在单位，活动在社区，奉献双岗位”局面。《党旗插在第一线 党员挺在最前沿》《一名社区党员的“得”与“失”》等经验做法在学习强国、省委组工信息登载。确定东涂社区经典名门作为全市小区党建典型点，确定太平富邦物业服务有限公司党支部为全市非公企业“党建入章”示范培育点，试点建设“近邻党建”模式，引导“红色小区”“红色物业”和“红色业委会”“三红”同步建设、同频共振，探索创新“三事分流七步议事”工作法，有关经验做法在侨区快讯、市级强基促稳专刊登载，得到省委组织部的调研肯定。以丰泽、源淮 2 个全国文明社区为样板，对接东涂、东美 2 个社区连点成线，不断健全完善“社区大党委—网格党支部—楼栋党小组”组织体系。巩固提升“党建引领社区治理创新”成果，全面推广“党员街巷长制”“党员楼长制”，用好“双报到”“三诺”“三清单”等载体，搭建居民群众民主议事协商和党员常态化服务平台。巩固和发展爱国统一战线，重视和加强同民主党派、无党派人士的合作共事，做好民族、宗教、侨务外事和对台工作。发挥人大代表活动室的平台作用，开展代表学习、视察和监督活动，积极提高代表履职能力。同时，做好档案、保密、方志、政协、老龄老干、国防动员、民兵预备役、工会、青少年、妇女儿童等工作，均取得新成效。其中，答复人大建议协办4件，答复政协提案分办2件，协办2件，均已按时完成。聚焦主责主业，压紧压实全面从严治党主体责任，做好省、市、区主体责任检查反馈问题以及区委第十四轮社区巡察反馈问题的整改工作，督促推动8个社区党组织已完成社区巡察反馈问题整改219个，整改完成率100%。抓好警示教育，加强对节假日期间“四风”突出问题明察暗访力度，重点检查违规发放津补贴、公款吃喝、公车使用等情况，督促党员干部强化纪律观念和规矩意识，严守中央八项规定。创新拓宽监督载体，整合社区监督力量，探索设立“社区监督组”，紧盯社区小微权力，打通基层监督“最后一公里”。发现和处置问题线索10件次，其中业务内6条，给予函询处置2件，立案3件3人次，其中自办案件2件2人次，截至2020年12月所有线索均已办结。

（丰泽街道供稿）

泉秀街道

【概况】 泉秀街道位于泉州丰泽中心市区，区域面积约3平方千米，辖7个社区（泉淮、新秀、成洲、沉洲、灯星、灯洲、华丰），人口8.5万人，是连接中心城区与市行政中心的重要通道、泉州城市环湾沿江发展最繁荣的区域之一。街道获得全国经济普查先进集体、全国婚育新风进万家先进街道、福建省先进基层党组织、福建省文明单位、全省征兵工作先进单位、省级“安全社区”、省级“侨胞之家”、省级劳动关系和谐街道、泉州市创建全国文明城市创建工作先进集体等荣誉，先后迎接温家宝、李克强两任国务院总理考察。

【经济发展】 2020年，泉秀街道健全挂钩联系企业、项目机制，每月走访并协调解决困难，疫情防控期间，依托85个网格组建250多人“小分队”沉下去收集问题需求3000余条并及时予以协调解决，落实“稳企12条”等惠企政策，对浦西时尚商业街区运营商等租赁国有资产企业减免租金，引导领SHOW天地园区率先推出“共享食堂”“共享员工”等系列创新措施。“四上”企业实现100%复工，零售、餐饮等服务业行业有序复市；做好“六稳”“六保”工作，对接“造园、兴楼、旧改”行动，拓展高端业态发展空间，领SHOW天地园区更加专注业态提升并获评国家小型微型企业创业创新示范基地、省首批创业孵化示范基地，浦西安置房底层商店成功打造为时尚商业街区，领SHOW天地、浦西万达广场等两大商圈成为泉州城市新地标、消费新高地；基金小镇引进银行、保险、融资租赁、金融科技等金融配套产业企业80多家，资金管理规模达80亿元，初步形成“一站式”金融产业集群，金控融资租赁、小额贷款、中化高端化工基金以及华仓芯创系列基金正式入驻，年纳税有望超4000万元，中骏·国金中心金融总部聚集效应显现，先后入驻恒丰银行、太平洋人寿保险、招商银行、中信银行4家区域性总部企业，年纳税有望达6000万元，建筑服务产业园开园并入驻企业90家，网商（虚拟）产业园、法务综合产业园、富城数字经济产业园、蜂巢中心直播电商生态园等小微园区先后建成并投入运营，“夜浦西”“夜色领秀”等特色商业点培育为市级地标性夜间经济示范区，力争打造全省夜间经济示范区，品尚、锋冠科技等龙头企业获评国家高新技术企业称号；招商引资方面，年度任务12个，破解发展空间不足瓶颈，引进交发集团国资阳光集中采购平台、浦西商务中心等项目，签约落地14个（其中重大招商项目8个），总投资18.74亿元，完成率117%，工作质效位列全区招商责任单位前茅，摸排确定新增“四上”企业15家，超额完成区下达的8家任务数，重点项目方面，12个重点项目年计划投资12.85亿元，其中，刺桐壹号、宝洲壹号院、银领国际中心竣工验收，时颖跨境电商总部、先进国际等8个项目按时序推进，征迁安置方面，凌霄小区改造项目启动仅3天就完成100%签约，并多渠道克服临近春节群众搬迁困难，3天全部完成群众集中腾空，刷新“丰泽速度”，获评“2020年度全省和谐征收示范项目”，泉州大桥扩改工程征迁目前签约率95%，顺利完成选房号摇取，并敲下房屋拆除“第一锤”，成建制抽调骨干力量推进西华洋、后埔片区征迁，西华洋片区完成征迁扫尾、后埔片区101宗已签约58宗并腾空45宗（签约率57.43%、腾空率77.59%），完成浦西、田安路南拓等5大市级项目130万平方米安置房选房交房工作，每月节省过渡费1200多万元，3号地块、6号地块成功出让（出让价超10亿元），在历年高基数高增长基础上，街道经济运行主要指标每月按照综合率调度要求完成任务，随着消费稳步复苏、持续回升，限额以上批发额、规模以上服务业营收等指标降幅收窄、缺口逐渐缩小，但一般公共预算总收入（完成2.1亿元）、社会消费品零售额（完成25.9亿元）降幅较大，固投项目虽然存量不足（完成7.45亿元），争取市级项目投资额约5亿元。

【城市建管】 2020年，泉秀街道优化基础配套，滚动实施“XIN”行动，启

2020 年 10 月 23 日上午，泉秀街道泉淮社区开展大人群核酸检测应急演练　（泉秀街道 供）

动浦西农贸市场改造，争取泉淮等小区列入市级老旧小区整治试点，协调推进新秀社区 750 户电改，以华丰社区为试点推行“拆墙并院 + 引进物业管理”模式，促进老旧小区连片改造提升、规范管理，让居民得实惠并获市委主要领导肯定，推动解决困扰群众几十年的沉洲路、成洲工业区道路城市内涝问题，舒缓宝洲街浦西万达周边交通“主动脉”拥堵顽疾，路网畅通度明显提高，落实“河长制”，实施晋江下游生态整治、大淮渠截污工程等项目，净化“城市血脉”；优化城市管理，坚持“数字城管 + 网格管理”有效融合模式，深化“创卫”“创城”，在市、区两级市容卫生、占道经营整治、河段保洁等考评中名列前茅。特别是重点整治交通秩序，对浦西万达交通乱象多次联合集中整治，取缔并拆解非法运营电动三轮车，常态纠正乱停放的共享单车，专人专责实行占道整治网格管理，尤其是组织在泉秀街永相逢、泉州汽车站周边等节点联巡联控，杜绝“回潮”，巩固整治成效；优化人文环境，结合国家公共文化服务体系示范区创建，投入 50 多万元改造提升基层综合文化服务中心 3 个，打造居民家门口的“文化客厅”，实施文化惠民工程，在浦西时尚商业街区、领 SHOW 天地园区等常态化开展文化展演、主题活动 42 场，满足群众个性化文化需求，巩固省级文明单位创建成果，引导“文明家庭”“文明单位（社区）”创建，深化“家 + 文化”建设，推进“文明餐桌”“文明出行”行动，建成基层“身边故事、共同铭记”主题文化公园 4 个，推动核心价值观落细落小，提升居民文明素养、文明程度，“勇破陋习树新风”做法被列为市级移风易俗典型案例，深化社会信用体系建设，13 家企业入选区“守合同重信用”企业，推动文化与旅游、科技等融合发展，培育浦西网红时尚基地、萨瓦直播等新型在线文娱文化业态，领秀文旅集团获评“中国最佳文旅产业服务商”。

【社会综合治理】　2020 年，泉秀街道疫情防控常态落实，全时空组织布控、全阶段严防死守、全方位宣传引导，探索“以房管人”和“警格 + 网格”等警社联动模式，并支持辖区智德尚法矫正服务、蓝天瑞格心理咨询等团队发挥专

2020 年 12 月 31 日，国道 G342 线泉州大桥及接线扩宽改造工程丰泽段项目举行选房顺序号摇取，此次参与抽取选房顺序号的对象为已签订房屋征收安置补偿协议并腾空房屋的 67 户被征收户　（泉秀街道 供）

业优势为疫情心理危机和法律咨询提供线上解决方案，街道省级居家养老服务照料中心开展“医养结合”公益服务，慎终如始抓社区防控常态化工作；安全隐患常态整治，推进房屋安全、消防工作和安全生产大排查大整治，落实“一岗双责”，构筑群防群治的隐患排查严密防线，房屋总数2046栋，其中重大安全隐患52栋已完成处置（封房49栋、拆除3栋），需鉴定一般安全隐患房屋92栋，其中已出具报告85宗、拆除1宗、申请销号6宗，人员密集场所891栋，其中重大安全隐患8栋已封房5栋、拆除2栋、加固1栋，特殊建房3栋，经鉴定可正常使用，开展安全生产大检查，检查单位和场所1357家，发现隐患1425条并落实整改，针对“三合一”场所、电动车、“城中村”、群租房、自建房加工场所等隐患以“会商、联巡、通报”等制度落实分类处置、清单销号，通过“扫雷”“清零”强化闭环管理，购置微型消防车，投用“智慧用电”系统，试点设置智能充电桩，规划“生命通道”，推进交通安全“四项”专项整治，确保安全态势保持平稳；强基促稳常态推进，完成7个社区综治中心和司法所规范化建设，发挥泉秀司法所获评“全国先进基层司法所”的优势，拓展司法所、派出所、律师事务所“三所共建”内涵，完善公安、治安、保安“三安联巡”机制，在全区率先开展“大联巡”行动，每周二、四与辖区派出所常态化开展联巡行动，发案率明显减少，群众安全感和满意率大幅提高，群众安全感率99.25%，为历年最高，投入100多万元建设2个社区戒毒康复管理站、设置禁毒宣传一条街，解除禁毒警示。加强社会面矛盾纠纷排查，控增量、化存量，成立专班成功化解宝洲花苑业主、群兴八户、田安路南拓三期、陈赞平等信访问题，4件历史积案全部化解、清零，办结省市区转、交办信访件77件，办结率96.25%，办结市“12345”平台信访件461件，办结率99.14%，重大会议和活动期间重点信访对象没有发生进京赴省脱管失联、失控情况，举办法律法规宣传咨询活动26场次，受理调解89起案件全部完成，矛盾纠纷调解率100%，保持扫黑除恶高压态势，对万达甲写等“套路贷”“美容贷”重点隐患区域加强线索排查，落实“马上就办”，推行“最多跑一趟”改革和“一窗通办”，受理群众反映的问题和诉求400余件，提升服务质量和效能，办结率和群众满意率均100%，自觉接受各级人大、政协民主监督，办结人大建议8件、政协提案3件，满意率或基本满意率100%，获得全省征兵工作先进单位，推进社会民生事业（救助、就业、教育、文体旅游、科技、健康、爱卫、食品安全、妇女儿童、老龄）、武装、防汛、应急救援、退役军人事务（双拥）、道路交通整治、信息化、依法行政、法治政府建设、第七次人口普查和国企退休人员社会化管理等以及关工委、共青团、工会、人大、政协、统战（民族宗教、侨务、商会）等工作取得实效。

【基层党建】 2020年，泉秀街道认真履行党管治党主体责任，研究部署意识形态、党风廉政建设等工作，落实理论学习中心组制度，用好“学习强国”学习平台，抓好区委巡察问题整改落实，以街道机构改革为契机，开展“日进千企、夜访万家”活动，疫情防控期间组建8个一线党员突击队、83名在职党员到社区参与志愿服务，715名党员开展安全生产隐患大排查大整治自查自纠，全年举办2期法治专题讲座、组织党员干部集中学法4次，强化作风建设，对疫情防控、创城攻坚等工作中执行不力、作风不实的19名党员干部进行问责，通报曝光典型问题5起，深化中央八项规定精神“1+X”专项督查，运用监督执纪“四种形态”13人次，其中第一种形态10人次，给予效能处理19人次，立案3件，给予党纪处分3人；抓特抓优强基层，按照“末端落实精耕年”要求，注重特色亮点挖掘，街道获评省级劳动关系和谐街道（全市仅2个），街道综合便民服务中心获评“泉州市五一先锋号”，灯星社区获评省级“三社联动”试点社区、新秀社区获评省级“侨胞之家”、华丰社区获评泉州市“共建共享”新型社区治理示范社区，打造街居联动“面、片、点”相结合的基层监督网络，创新“街道纪检专干+社区纪检委员+事务监督委员”街居监督链条，经验做法获《人民日报》、“中国经济网”等主流媒体报道；抓新抓实强治理，以“党建+”为统揽，构建区域化大党建新格局，在社区推行“六个家园”（管理机制科学的阳光家园、公共服务完备的爱心家园、生活环境和美的康乐家园、文化风尚多彩的学习家园、社会平安稳定的和谐家园和先锋模范引领的红色家园）党建工程，在“两新”组织推广“五度”（优化组织设置建“制度”、强化服务意识升“温度”、推动队伍建设强“力度”、深化多元参与拓“宽度”、注重示范带动筑“高度”）工作法，把党建的优势转化为基层治理的强大效能，形成一批以“党建网格化”“民生党建”为代表的社区党建品牌和以网商（虚拟）产业园“红掌柜服务专区”、圆梦义工“三会一课”创新做法为典型的“两新”组织党建精品。

（吴鸿斌撰 林慧真审）

清源街道

【概况】 清源街道于1999年8月8日成立，地处泉州中心城区西北部，面积15.813平方千米，下辖10个社区。2020年，清源街道以后发赶超的铿锵步履和气势如虹的发展态势，统筹推进常态化疫情防控和经济社会发展，全方位推动高质量发展超越，为全区、全市发展大局作出应有贡献。全年完成财政总收入5751万元，其中地方级财政收入3268万元，比2019年增长9.8%；实现规模以上工业产值70918万元，比2019年增长10.1%；实现限额以上社会消费品零售额34766万元，比2019年增长5.9%；实现限额以上批发业销售额16838万元，比2019年增长21%；实现固定资产投资额4310万元；实现规模以上服务业营业收入8647万元；引进注册资金5亿元的泉州市政排水公司等10个优质项目，其中超亿元重大项目4个，总投资10亿多元。

【经济发展】 2020年，街道统筹抓好常态化疫情防控和经济发展，砥砺奋进，挖掘潜力，拓展新源，经济发展呈现持续向好态势；聚巢生态园，进驻特种养殖制品等企业十几家，发展成集自然生态、科普体验、旅游度假等多种功能为一体的生态综合体；海裕创业园，现有泉州供电、东万晟进出口、兴祥裕机电等入驻企业近30家，体量持续扩大；元件厂电商园，现入驻阿蕾格啦、尚闽电子商务等企业近100家；伯勒七星村，吸引玛卓尼商贸总部、JLBK文化传播等企业约10家，正打造具有浓厚文化艺术气息的“文创村”；主抓六个领域，致力做大优势产业，文化旅游产业是清源街道产业发展的特色优势，以环清源山文化旅游产业带、环西湖休闲服务产业带为重点，主动对接市文旅集团，整合清源山主景区、闽台缘博物馆、西湖公园、原锦绣庄民间艺术园、泉州歌舞剧团、清源山花博园等丰富的文化旅游资源，打造集休闲、生态文化旅游为一体的文化旅游产业；水电产业，引导泉南水厂、泉州供电等7家水电类企业做大产业规模，鼓励引进配套、关联企业，形成较为集中的水电产业群；工艺美术产业，引导新达五金、海日星等81家工艺美术企业，运用现代新技术、新工艺、新材料，做大做强做活工艺美术产业；装备制造产业，引导诚益模具、镒科智能等企业，加快技术改造和设备更新，做大企业体量；软件信息产业，扶持汉海科技、小森林、豪亿、同生网络等近100家小微企业，形成软件信息产业的集聚发展效应；物流快递产业，引导诚德物流、祥辉物流等7家物流快递企业规范发展，争创物流星级企业；盘活闲置资源，充实发展载体，挖掘整合辖区闲置楼宇和旧厂房，用以充实丰富街道发展载体，为街道经济发展提供载体支持，盘活商务楼宇，利用北峰模具商务楼、贸鑫大厦、西湖紫荆广场、金碧大厦等闲置楼宇，引进镜山文创园、泉州市政排水有限公司、匠营酒店等商贸服务业296家，总投资近10亿元；盘活闲置旧厂房，把泉州元件厂、中源大厦等厂房，打造成招商引资新载体，新引企业20多家；推动原锦绣庄民间艺术园再整合，配合泉州文旅集团，协助移交原锦绣庄民间艺术园至福建清源山旅游投资公司，并作为清源山景区的文化旅游配套服务设施，增强景区文化

2020年2月17日，泉州市纪委监委二室检查辖区新冠肺炎疫情的防控情况
（清源街道 供）

2020年2月17日，泉州市纪委监委二室了解辖区新冠肺炎疫情的具体防控措施
（清源街道 供）

2020年6月28日，区委常委、宣传部部长周顺安（报告席左二）与清源山管委会、清源街道、清源社区等单位负责人及景区部分经营业主代表一起，在清源山管委会专题研究部署清源山风景区（齐云路）夜间开放及疫情防控工作（清源街道 供）

休闲旅游服务功能。

【项目征迁建设】 2020年，清源街道干部职工勇于担当、主动作为，奋力推进项目征迁建设，加强城市管理，提升辖区宜居品质；清源街道大部分区域处于清源山风景区保护控制区范围内，重点建设项目较少，固定资产投资总额一直处于较低的水平，街道克服不利条件，主动作为，加快推进项目建设，服务保障好城东至北峰快速通道清源段建设，服务推进清源山污水处理、西湖公园拆墙透绿、小滞洪区、老旧小区改造、泉山路绿化四个项目建设；选派街道干部和社区工作人员40多名，以“不破楼兰终不还”的气势和决心，连续作战，先后推进西郊片区棚户区改造项目，签订协议118宗，城东至北峰快速通道项目征迁，签订协议238宗，西华洋滞洪片区改造项目，签订企业协议34宗，三大项目全部完成征迁任务，不留下尾巴，在东海后埔片区改造中，清源分指挥在12月12日首签中，便完成近30%（总指挥部原定任务为20%），完成超过70%，在四个征迁分指挥部中，一直居于领先位置；狠抓城市管理，提升城市精细化管理水平、文明城区创建水平，加大对辖区城中村、城郊接合部“五乱”现象整治，出动环境卫生管理、社区和综合执法中队人员3500余次，清理已征未建地块上的垃圾120余吨，数字城管立案数10665件，按时处置数10625件，按期处置率99.62%，数字城管工作连续9个月稳居全市第一，加大对渣土车“滴撒漏”查处，每月组织3次夜间巡查，严控各个工地出入车辆的监控，加大对普明夜市大排档等整治，每天夜班专门配备一组城管队员进行管控。

【社会综合治理】 2020年，清源街道多措并举，推进社会综合治理，打造和谐稳定的社会环境，社会治安好转，社会大局稳定和谐，大排查大整治方面，排查房屋4686栋，封房、撤离人员121栋，排查辖区内出租房屋587户，责令初步验收不合格的9家群租房、公寓停止营业，排查辖区内人员密集性场所483家，4栋重大安全隐患均已封房，427栋一般安全隐患人员密集性场所均进行房屋结构安全性鉴定；安全生产方面，排查安全隐患421条，整改398条，整改率95%，危化品使用企业方面，查处隐患47条，全部整改到位，消防安全方面，排查整治“三合一”场所276家，整改276家，整改率100%；“智慧用电”体系建设方面，安装电气火灾监控系统安装77套，电动自行车智能

2020年2月19日，丰泽区组织部领导到街道检查疫情防控及复工复产情况（清源街道 供）

2020年2月24日，丰泽区委书记黄景春（背面左一）到辖区检查疫情防控准备工作及了解安全复工复产情况（清源街道 供）

充电桩180套；创新社区出租房管理模式，7月底，城口社区在全区首先成立社区出租屋房东协会，探索租屋管理办法和增设出租屋服务内容，以城口社区为样板，在其他社区推广开展，以点带面，提升清源街道房屋出租管理和服务水平，同时，该模式在全区推广；推进环山社区“一定五化”社区治理工作新机制，把社区管理和服务作为创新社会治理的重要内容和突破口，打造“活力环山”，并被评为省第二批城乡社区协商示范点和“一定五化”示范点，全面推广环山社区“一定五化”新机制，提升社区治理水平；完善多元调解机制，健全“访调对接”联席会议制度，会商信访、矛盾纠纷热难点，研究制定应对措施，健全调解组织网络，及时发现纠纷苗头，提前介入化解，确保“小事不出社区，大事不出街道”，推行“3+X”调解模式，利用社区法律公共服务平台，运用“3+X”调解模式，高效化解矛盾纠纷，妥善化解辖区内某企业复产复工中员工中毒身亡的赔偿事件和辖区内某农场经营者意外溺水身亡补偿纠纷，促进辖区稳定；落实“12345”诉求件日常处理，提高“12345”诉求件满意率，收到诉求件178件，已处理168件，处理中10件，满意率98%，加大信访件处理，收到信访件28件，已处理28件，满意率100%。

2020年2月24日，丰泽区区长高金全（正面右二）到辖区检查疫情防控准备工作及安全复工复产情况（清源街道 供）

【社会事业】 2020年，清源街道以改善民生、发展民生为重点，发展社会事业，打造生态宜居优美环境，提高居民生活品质，增强群众幸福感、获得感，解决清源社区通自来水民生问题，清源社区系中心市区唯一一个没有通自来水的社区。2020年年初，清源街道党工委主动联系市自来水公司、清源山管委会，三方鼎力合作，利用清源山消防用水工程建设契机，帮助清源社区安装自来水工程，该项目总投资600多万元，将解决清源社区8个自然村1000多名社区居民一直以来的吃水大难题，受到社区居民一致好评；1—9月，发放低保金460917元，低保老年人高龄津贴8100元，特困人员救助供养支出49860元，残疾人两项补贴155825元，开展临时救助工作，为61户困难户申请办理临时救助，发放救助金236560元，按规定调整提高抚恤补助标准，街道共有重点优抚对象34人，发放参战退役人员生活补助、农村籍退役士兵老年生活补助、伤残抚恤、带病回乡退伍军人补助等抚恤金；加强教育、文化、信息公开、行政服务、信息服务、妇女儿童、科普、残疾人、农业等工作。

【基层党建】 2020年，清源街道党工委把抓党建作为最大政绩，以党的政治建设为统领，落实全面从严治党主体责任，推进党建引领发展、强化担当作为意识，为清源街道各项事业发展提供坚强保障，坚持以上率下，街道党工委书记主持召开党政会和党建专题会，学习贯彻全区党建、组织工作会议精神，研究部署街道党建工作，确保街道党建工作与区委的要求一致，压实党建责任，将党建具体任务分解落实到岗、责任到人，形成党工委统一领导、层层抓落实的工作格局，坚持“书记抓、抓书记”，年初听取社区党组织书记述职并进行测评，督促整改，确保年度党建任务的有效落实，总结街道党建经验做法，《清源街道“六臂”抓党建　合力促发展》、城口社区《“四会”共同驱动　促进社会善治》在《泉州晚报》刊登；把中共政治建设摆在首位，压紧压实管党治党政治责任，深化廉政教育，激发党风廉政建设的内生动力，推进正风肃纪，组织开展“1+X”专项督查、扫黑除恶等领域专项治理，推动“强基促稳”，全力保障街道和谐稳定；与泉州银行合作，开展“党建共建”暨“整村授信”行动，为社区集体授信，助力社区发展；深化“红色助企”行动，在元件厂电商园建设“互联网＋党建”云生活综合服务平台，服务助力园区企业及其他中小企业员工培训、人才引进和学习生活等；深化一线工作法，把街道机关干部尤其是科级干部，推到疫情防控、项目征迁建设、经济发展一线去工作锻炼，街道干部综合素质、班子整体战斗力进一步提升，街道党工委呈现出团结一致、精诚创业的良好氛围。

（清源街道供稿）

人物名表

2020年度福建省百岁及以上老年人简明情况登记表

表6

序号	社区	姓名	性别	出生年月	周岁年龄	民族	婚姻情况	文化程度	健康状况	联系人	联系电话	身份证号	居住地（通信地址）	城市	农村	新增
1	北峰霞美	梁锥娘	女	1915年2月	105岁	汉族	丧偶	文盲	残疾	曾玉丽	18965661289	35050019150225402X	普贤路1438号巷16号	√	—	—
2	北峰群山	杨　贵	女	1918年2月	102岁	汉族	丧偶	文盲	一般	林永发	15860331505	350500191802194022	丰泽区普泽路114号	√	2020年1月25日过世	2018年2月新增
3	北峰招贤	吴荣源	男	1917年11月	103岁	汉族	已婚	初中	失能	吴永富	15860907378	350500191711074017	丰泽区贤宏路23号	√	—	2019年1月新增
4	北峰招丰	林玉霞	女	1919年10月	101岁	汉族	已婚	小学	半自理	吴志强	15160331469	350500191910074028	丰泽区莲池路7号	√	2020年3月2日过世	2019年10月新增
5	泉秀泉淮	李　茅	女	1915年12月	105岁	汉族	丧偶	文盲	失聪	林祖坤	22570991	350500191512010029	泉秀路431号西区34幢101室	√	2020年6月6日过世	—
6	泉秀灯星	林店娘	女	1919年3月	101岁	汉族	初婚	小学	一般	蔡星火	13905973882	350500191903133026	草埕花园11栋201	√	—	2019年3月新增
7	灯星	施淑和	女	1920年5月	100岁	汉族	丧偶	小学	良好	庄祖镭	13505926039	35050019200515302X	宝洲路浦西花园4-802	√	—	2020年5月新增
	沉洲	王刺娘	女	1920年5月	100岁	汉族	丧偶	文盲	卧床	林卫东	13850720457	350500192005123023	与孙子同住沉洲花园5-1404	√	2020年2月过世	2020年5月新增
8	东湖社区	何　省	女	1916年11月	104岁	汉族	丧偶	文盲	差	苏洪水	22193875	35050019161122302X	丰泽区东湖社区水蔡16号	√	2020年8月9日过世	—
9	东海浔埔	陈淑云	女	1916年10月	104岁	汉族	丧偶	文盲	一般	黄允商	22904615	35050019161015304X	丰泽区东海浔浦社区	√	—	—

续表 6

序号	社区	姓名	性别	出生年月	周岁年龄	民族	婚姻情况	文化程度	健康状况	联系人	联系电话	身份证号	居住地（通信地址）	城市	农村	新增
10	东海金崎	黄下晟	女	1918 年 5 月	102 岁	汉族	丧偶	文盲	一般	谢秀川	13905988055	350503191805052520	东海金崎社区	√	—	2018 年 5 月新增
11	东海后亭	蔡流心	女	1919 年 11	101 岁	汉族	丧偶	文盲	一般	陈雄森	13599934867	350500191911073027	后渚路 66 号	√	—	2019 年 11 月新增
12	后厝	许　宝	女	1920 年 4 月	100 岁	汉族	丧偶	文盲	半自理	曾玉春	13395957622	350500192004043000	后厝路 113 号	√	—	2020 年 4 月新增
13	东梅	黄　却	女	1920 年 10 月	100 岁	汉族	丧偶	文盲	一般	杨荣国	13960399785	350500192010123028	丰泽区下塘路 178 号	√	—	2020 年 10 月新增
14	宝山	吴　心	女	1920 年 11 月	100 岁	汉族	丧偶	文盲	瘫痪	庄鸿员	13055806991	350500192011243000	丰泽区通港西街 56 号巷 63 号	√	—	2020 年 11 月新增
15	东梅	李店甩	女	1920 年 12 月	100 岁	汉族	丧偶	文盲	一般	吴平根	13505033774	350500192010123048	丰泽区文塘路 149 号	√	—	2020 年 12 月新增
16	丰泽前坂	吴淑琴	女	1918 年 9 月	102 岁	汉族	丧偶		一般	陈燕鹏	13505023885 22570577	350500191809062022	丰泽前坂社区	√	2020 年 5 月 18 日过世	2018 年 9 月新增
17	丰泽霞淮	陈　训	女	1919 年 10 月	101 岁	汉族	丧偶	小学	半自理	叶敏	22592713	350500191910233025	霞淮街 65 号	√	2020 年 1 月 31 日过世	2019 年 10 月新增
18	庄任	魏　京	女	1920 年 5 月	100 岁	汉族	丧偶	小学	良好	林嵩山	13906991589	350500192005052528	泉州市丰泽区毓秀 292 号	√	—	2020 年 5 月新增
19	凤屿	梁　接	女	1920 年 9 月	100 岁	汉族	丧偶	文盲	一般	王海良	13960285509	350500192009152542	丰泽区凤屿路 342 号	√	—	2020 年 9 月新增

注：1.“城市”、“农村”和当年新增百岁老人请分别在“城市”“农村”“新增”栏内打“√”。2. 百岁夫妻加以注明。3. 健康状况可按健康、一般、半自理、瘫痪、失明（视力差，影响日常生活）、失聪（听力差，影响日常生活）、残疾（四肢骨关节疾病和脊柱异常）来说明。

2020 年逝世人物表

表 7

姓名	性别	籍贯	出生年月	逝世年月	原工作单位及职务	备注
郑瑞云	女	台湾省台北市	1974 年 11 月	2020 年 1 月	丰泽区科协副主席	—
林祖泽	男	泉州	1936 年 1 月	2020 年 3 月	原区交通局局长	—
林向红	女	平潭	1967 年 10 月	2020 年 3 月	丰泽区司法局副局长	—
傅祖顺	男	福建仙游	1923 年 8 月	2020 年 9 月	北峰中学教师	离休干部
蒋福赐	男	鲤城	1947 年 12 月	2020 年 9 月	丰泽区人民法院刑庭原副庭长	—
曾焕乙	男	鲤城	1964 年 4 月	2020 年 11 月	丰泽区纪委常委	—

注：收录 2020 年逝世的曾在丰泽区担任过副科级以上领导职务或仕外回丰泽籍贯地（行政职务副处级以上的）的人员。

2020年高级专业技术职务名表（1）

表8

序号	姓名	性别	籍贯	工作单位	技术职务	获任职资格时间
1	张惠松	女	惠安	泉州市丰泽区审计举报中心	高级审计师	2019.12.30
2	阮秀聪	女	鲤城	泉州市丰泽区市政建设管理中心	土建专业高级工程师	2019.12.25
3	吴景诏	男	惠安	泉州市丰泽区新型建筑材料推广管理中心	土建专业高级工程师	2019.12.25
4	龚清燕	女	鲤城	泉州市东海中学	副高级教师	2020.8.28
5	王清南	男	南安	泉州市东海中学	副高级教师	2020.8.28
6	洪珊枞	男	南安	泉州市东海中学	副高级教师	2020.8.28
7	庄怀琪	女	鲤城	泉州市东海中学	副高级教师	2020.8.28
8	林清香	女	丰泽	泉州市东海中学	副高级教师	2020.8.28
9	秦荣榕	女	丰泽	泉州市东海中学	副高级教师	2020.8.28
10	董丰文	男	金门	泉州市东海中学	副高级教师	2020.8.28
11	王海龙	男	丰泽	泉州市东海中学	副高级教师	2020.8.28
12	林宝莲	女	丰泽	泉州市东海中学	副高级教师	2020.8.28
13	刘文溪	男	永春	泉州市北峰中学	副高级教师	2020.8.28
14	刘丽花	女	安溪	泉州市丰泽区实验小学	副高级教师	2020.8.28
15	谢丽群	女	惠安	泉州市丰泽区实验小学	副高级教师	2020.8.28
16	吴娇容	女	晋江	泉州市丰泽区实验小学	副高级教师	2020.8.28
17	林国师	男	德化	泉州市丰泽区实验小学	副高级教师	2020.8.28
18	王东剑	男	丰泽	泉州市丰泽区实验小学潘山校区	副高级教师	2020.8.28
19	叶阿云	女	安溪	泉州市丰泽区第二实验小学	副高级教师	2020.8.28
20	庄婷婷	女	泉港	泉州市丰泽区第二实验小学	副高级教师	2020.8.28
21	潘亚婷	女	永春	泉州市丰泽区第三实验小学	副高级教师	2020.8.28
22	李春梅	女	安溪	泉州市丰泽区第三实验小学	副高级教师	2020.8.28
23	蔡艳红	女	鲤城	泉州市丰泽区第五实验小学	副高级教师	2020.8.28
24	黄少清	女	南安	泉州市丰泽区第五实验小学	副高级教师	2020.8.28
25	黄雅玲	女	南安	泉州市丰泽区第五实验小学	副高级教师	2020.8.28
26	李芳芳	女	南安	泉州市丰泽区湖心实验小学	副高级教师	2020.8.28
27	兰荆平	女	宁德	泉州市丰泽区湖心实验小学	副高级教师	2020.8.28
28	柯晓玲	女	泉港	泉州市丰泽区湖心实验小学	副高级教师	2020.8.28
29	庄伟雄	男	丰泽	泉州市丰泽区崇德实验小学	副高级教师	2020.8.28
30	魏培红	女	鲤城	泉州市丰泽区海滨实验小学	副高级教师	2020.8.28
31	李千金	女	石狮	泉州市丰泽区第二中心小学	副高级教师	2020.8.28
32	刘月红	女	惠安	泉州市丰泽区第三中心小学	副高级教师	2020.8.28
33	汪钊锋	男	惠安	泉州市丰泽区第三中心小学	副高级教师	2020.8.28
34	出培阳	男	泉港	泉州市丰泽区第八中心小学	副高级教师	2020.8.28
35	谢思杭	男	南安	泉州市乌屿小学	副高级教师	2020.8.28
36	叶连发	男	永春	泉州市第九中学	正高级教师	2020.6.14

续表 8

序号	姓名	性别	籍贯	工作单位	技术职务	获任职资格时间
37	傅树明	男	鲤城	泉州市丰泽区文化馆	副研究馆员	2020.9.20
38	李小芳	女	三明	泉州市丰泽区北峰街道社区卫生服务中心	副主任医师	2020.12.21
39	肖万萍	女	重庆	泉州市丰泽区疾病预防控制中心	副主任医师	2020.12.21
40	颜红仪	女	晋江	泉州市丰泽区疾病预防控制中心	副主任医师	2020.12.21
41	黄星辉	男	南安	泉州市玛珂迩妇产医院	副主任医师	2020.12.21
42	林增辉	男	南安	泉州市玛珂迩妇产医院	副主任医师	2020.12.21
43	郑尤辉	男	永春	泉州市正骨医院	中医副主任医师	2020.12.21
44	洪友谊	男	晋江	泉州市正骨医院	中医副主任医师	2020.12.21
45	魏志勇	男	泉州	泉州市正骨医院	中医副主任医师	2020.12.21
46	刘建芳	男	龙岩	泉州市正骨医院	中医副主任医师	2020.12.21
47	李艺彬	男	南安	泉州市正骨医院	中医副主任医师	2020.12.21
48	蔡金表	男	晋江	泉州市正骨医院	中医副主任医师	2020.12.21
49	郑国良	男	德化	泉州市正骨医院	中医副主任医师	2020.12.21
50	苏霄乐	男	泉州	泉州市正骨医院	中医副主任医师	2020.12.21
51	林汉强	男	南安	泉州市正骨医院	中医副主任医师	2020.12.21
52	蔡妮娜	女	永春	泉州市玛珂迩妇产医院	副主任护师	2020.12.21
53	肖桂平	男	三明	泉州市丰泽区北峰街道社区卫生服务中心	副主任护师	2020.12.21
54	郑琴珠	女	永春	泉州市丰泽区泉秀街道社区卫生服务中心	副主任护师	2020.12.21
55	黄妙萍	女	惠安	泉州市丰泽区华大街道社区卫生服务中心	副主任护师	2020.12.21
56	苏锦治	男	南安	泉州市正骨医院	副主任护师	2020.12.21
57	魏彩虹	女	泉州	泉州市正骨医院	副主任护师	2020.12.21
58	唐海燕	女	重庆	泉州市正骨医院	副主任护师	2020.12.21
59	邱美芳	女	泉州	泉州市正骨医院	副主任护师	2020.12.21
60	刘淑琼	女	泉港	泉州市正骨医院	副主任护师	2020.12.21
61	徐宝珍	女	德化	泉州市正骨医院	副主任护师	2020.12.21
62	林玉燕	女	永春	泉州市正骨医院	副主任护师	2020.12.21
63	李艳燕	女	吉林	泉州市正骨医院	副主任护师	2020.12.21
64	庄琼霞	女	泉港	泉州市正骨医院	副主任护师	2020.12.21
65	苏春华	男	永春	泉州师范学院医疗室	副主任护师	2020.12.21
66	庄秋萍	女	丰泽	泉州市丰泽区疾病预防控制中心	副主任技师	2020.12.21
67	阮伏龙	男	惠安	泉州市丰泽区北峰街道社区卫生服务中心	副主任药师	2020.12.21
68	苏美娥	女	南安	泉州市丰泽区东湖街道社区卫生服务中心	基层副主任护师	2020.12.21
69	丁红腊	女	晋江	泉州市玛珂迩妇产医院	主任医师	2020.11.15
70	吴松一	男	丰泽	泉州爱尔眼科医院	主任医师	2020.11.15
71	翁文水	男	安溪	泉州市正骨医院	中医主任医师	2020.11.15
72	金青青	女	鲤城	泉州市董酒销售有限公司	高级会计师	2020.11.15
73	许建水	男	惠安	福建安踏投资有限公司	高级会计师	2020.11.15

2020 年高级专业技术职务名表（2）

表 9

序号	姓名	性别	工作单位	技术职务	获任职资格时间
1	李小芳	女	泉州市丰泽区北峰街道社区卫生服务中心	副主任医师	2020.12.21
2	肖万萍	女	泉州市丰泽区疾病预防控制中心	副主任医师	2020.12.21
3	颜红仪	女	泉州市丰泽区疾病预防控制中心	副主任医师	2020.12.21
4	黄星辉	男	泉州市玛珂迩妇产医院	副主任医师	2020.12.21
5	林增辉	男	泉州市玛珂迩妇产医院	副主任医师	2020.12.21
6	郑尤辉	男	泉州市正骨医院	中医副主任医师	2020.12.21
7	洪友谊	男	泉州市正骨医院	中医副主任医师	2020.12.21
8	魏志勇	男	泉州市正骨医院	中医副主任医师	2020.12.21
9	刘建芳	男	泉州市正骨医院	中医副主任医师	2020.12.21
10	李艺彬	男	泉州市正骨医院	中医副主任医师	2020.12.21
11	蔡金表	男	泉州市正骨医院	中医副主任医师	2020.12.21
12	郑国良	男	泉州市正骨医院	中医副主任医师	2020.12.21
13	苏霄乐	男	泉州市正骨医院	中医副主任医师	2020.12.21
14	林汉强	男	泉州市正骨医院	中医副主任医师	2020.12.21
15	蔡妮娜	女	泉州市玛珂迩妇产医院	副主任护师	2020.12.21
16	肖桂平	男	泉州市丰泽区北峰街道社区卫生服务中心	副主任护师	2020.12.21
17	郑琴珠	女	泉州市丰泽区泉秀街道社区卫生服务中心	副主任护师	2020.12.21
18	黄妙萍	女	泉州市丰泽区华大街道社区卫生服务中心	副主任护师	2020.12.21
19	苏锦治	男	泉州市正骨医院	副主任护师	2020.12.21
20	魏彩虹	女	泉州市正骨医院	副主任护师	2020.12.21
21	唐海燕	女	泉州市正骨医院	副主任护师	2020.12.21
22	邱美芳	女	泉州市正骨医院	副主任护师	2020.12.21
23	刘淑琼	女	泉州市正骨医院	副主任护师	2020.12.21
24	徐宝珍	女	泉州市正骨医院	副主任护师	2020.12.21
25	林玉燕	女	泉州市正骨医院	副主任护师	2020.12.21
26	李艳燕	女	泉州市正骨医院	副主任护师	2020.12.21
27	庄琼霞	女	泉州市正骨医院	副主任护师	2020.12.21
28	苏春华	男	泉州师范学院医疗室	副主任护师	2020.12.21
29	庄秋萍	女	泉州市丰泽区疾病预防控制中心	副主任技师	2020.12.21
30	阮伏龙	男	泉州市丰泽区北峰街道社区卫生服务中心	副主任药师	2020.12.21
31	苏美娥	女	泉州市丰泽区东湖街道社区卫生服务中心	基层副主任护师	2020.12.21
32	丁红腊	女	泉州市玛珂迩妇产医院	主任医师	2020.11.15
33	吴松一	男	泉州爱尔眼科医院	主任医师	2020.11.15
34	翁文水	男	泉州市正骨医院	中医主任医师	2020.11.15
35	金青青	女	泉州市董酒销售有限公司	高级会计师	2020.11.15
36	许建水	男	福建安踏投资有限公司	高级会计师	2020.11.15

2020 年先进单位（含成果获奖单位）名表

表 10

省委、省政府及部级单位颁奖

获奖单位	奖励名称	颁奖单位	表彰文号或获奖时间
区统计局	第四次全国经济普查先进集体	国务院	国经普办〔2020〕1 号
泉州市丰泽区第三实验小学	2019 年度国家防震减灾科普示范学校	中国地震局	中震函（2020）39 号
东海街道党工委	福建省抗击新冠肺炎疫情先进集体	中共福建省委 福建省人民政府	2020 年 11 月
丰泽区卫健局	福建省抗击新冠肺炎疫情先进集体	中共福建省委 福建省人民政府	2020 年 11 月
东海街道党工委	福建省抗击新冠肺炎疫情先进集体	中共福建省委 福建省人民政府	2020 年 11 月

市委、市政府及厅级单位颁奖

获奖单位	奖励名称	颁奖单位	表彰文号或获奖时间
丰泽区卫生健康局	泉州市 2017—2019 年度文明单位	中共泉州市委 泉州市人民政府	泉委〔2020〕52 号
中国人民财产保险有限公司泉州市丰泽支公司	泉州市 2017—2019 年度文明单位	中共泉州市委 泉州市人民政府	泉委〔2020〕52 号
丰泽区丰泽街道办事处	泉州市 2017—2019 年度文明单位	中共泉州市委 泉州市人民政府	泉委〔2020〕52 号
泉州市正骨医院	泉州市 2017—2019 年度文明单位	中共泉州市委 泉州市人民政府	泉委〔2020〕52 号
中共丰泽区委政法委员会	泉州市 2017—2019 年度文明单位	中共泉州市委 泉州市人民政府	泉委〔2020〕52 号
中共丰泽区委区直机关工作委员会	泉州市 2017—2019 年度文明单位	中共泉州市委 泉州市人民政府	泉委〔2020〕52 号
政协丰泽区委员会机关	泉州市 2017—2019 年度文明单位	中共泉州市委 泉州市人民政府	泉委〔2020〕52 号
丰泽区农业农村和水利局	泉州市 2017—2019 年度文明单位	中共泉州市委 泉州市人民政府	泉委〔2020〕52 号
丰泽区商务局	泉州市 2017—2019 年度文明单位	中共泉州市委 泉州市人民政府	泉委〔2020〕52 号
丰泽区工业信息化和科技局	泉州市 2017—2019 年度文明单位	中共泉州市委 泉州市人民政府	泉委〔2020〕52 号
丰泽区烟草专卖局	泉州市 2017—2019 年度文明单位	中共泉州市委 泉州市人民政府	泉委〔2020〕52 号
丰泽区妇幼保健院	泉州市 2017—2019 年度文明单位	中共泉州市委 泉州市人民政府	泉委〔2020〕52 号
丰泽区审计局	泉州市 2017—2019 年度文明单位	中共泉州市委 泉州市人民政府	泉委〔2020〕52 号
丰泽区教育局	泉州市 2017—2019 年度文明单位	中共泉州市委 泉州市人民政府	泉委〔2020〕52 号
丰泽区供销合作社联合社	泉州市 2017—2019 年度文明单位	中共泉州市委 泉州市人民政府	泉委〔2020〕52 号
丰泽区总工会	泉州市 2017—2019 年度文明单位	中共泉州市委 泉州市人民政府	泉委〔2020〕52 号

续表 10

获奖单位	奖励名称	颁奖单位	表彰文号或获奖时间
丰泽区丰泽街道社区卫生服务中心	泉州市 2017—2019 年度文明单位	中共泉州市委 泉州市人民政府	泉委〔2020〕52 号
丰泽区卫生局卫生监督所	泉州市 2017—2019 年度文明单位	中共泉州市委 泉州市人民政府	泉委〔2020〕52 号
丰泽区疾病预防控制中心	泉州市 2017—2019 年度文明单位	中共泉州市委 泉州市人民政府	泉委〔2020〕52 号
丰泽区人力资源和社会保障局	泉州市 2017—2019 年度文明单位	中共泉州市委 泉州市人民政府	泉委〔2020〕52 号
丰泽区妇女联合会	泉州市 2017—2019 年度文明单位	中共泉州市委 泉州市人民政府	泉委〔2020〕52 号
丰泽区行政服务中心管理委员会	泉州市 2017—2019 年度文明单位	中共泉州市委 泉州市人民政府	泉委〔2020〕52 号
丰泽区应急管理局	泉州市 2017—2019 年度文明单位	中共泉州市委 泉州市人民政府	泉委〔2020〕52 号
泉州市振兴交通运输有限公司	泉州市 2017—2019 年度文明单位	中共泉州市委 泉州市人民政府	泉委〔2020〕52 号
共青团丰泽区委员会	泉州市 2017—2019 年度文明单位	中共泉州市委 泉州市人民政府	泉委〔2020〕52 号
丰泽区民政局	泉州市 2017—2019 年度文明单位	中共泉州市委 泉州市人民政府	泉委〔2020〕52 号
中共丰泽区委老干部局	泉州市 2017—2019 年度文明单位	中共泉州市委 泉州市人民政府	泉委〔2020〕52 号
中共丰泽区委机构编制委员会办公室	泉州市 2017—2019 年度文明单位	中共泉州市委 泉州市人民政府	泉委〔2020〕52 号
中国建设银行股份有限公司泉州丰泽支行	泉州市 2017—2019 年度文明单位	中共泉州市委 泉州市人民政府	泉委〔2020〕52 号
丰泽区统计局	泉州市 2017—2019 年度文明单位	中共泉州市委 泉州市人民政府	泉委〔2020〕52 号
丰泽区东海街道社区卫生服务中心	泉州市 2017—2019 年度文明单位	中共泉州市委 泉州市人民政府	泉委〔2020〕52 号
丰泽区北峰街道社区卫生服务中心	泉州市 2017—2019 年度文明单位	中共泉州市委 泉州市人民政府	泉委〔2020〕52 号
中国电信股份有限公司泉州分公司丰泽区分公司	泉州市 2017—2019 年度文明单位	中共泉州市委 泉州市人民政府	泉委〔2020〕52 号
泉州市茶叶公司	泉州市 2017—2019 年度文明单位	中共泉州市委 泉州市人民政府	泉委〔2020〕52 号
泉州市北峰供销合作社	泉州市 2017—2019 年度文明单位	中共泉州市委 泉州市人民政府	泉委〔2020〕52 号
丰泽区残疾人联合会	泉州市 2017—2019 年度文明单位	中共泉州市委 泉州市人民政府	泉委〔2020〕52 号
丰泽区住房和城乡建设局	泉州市 2017—2019 年度文明单位	中共泉州市委 泉州市人民政府	泉委〔2020〕52 号
泉州市公安局交通警察支队丰泽大队	泉州市 2017—2019 年度文明单位	中共泉州市委 泉州市人民政府	泉委〔2020〕52 号
丰泽区市场监督管理局	泉州市 2017—2019 年度文明单位	中共泉州市委 泉州市人民政府	泉委〔2020〕52 号

续表 10

获奖单位	奖励名称	颁奖单位	表彰文号或获奖时间
丰泽区人民法院	泉州市 2017—2019 年度文明单位	中共泉州市委 泉州市人民政府	泉委〔2020〕52 号
泉州市土产日杂公司	泉州市 2017—2019 年度文明单位	中共泉州市委 泉州市人民政府	泉委〔2020〕52 号
中国移动泉州分公司丰泽区营销中心	泉州市 2017—2019 年度文明单位	中共泉州市委 泉州市人民政府	泉委〔2020〕52 号
丰泽区自然资源局	泉州市 2017—2019 年度文明单位	中共泉州市委 泉州市人民政府	泉委〔2020〕52 号
丰泽区东湖街道社区卫生服务中心	泉州市 2017—2019 年度文明单位	中共泉州市委 泉州市人民政府	泉委〔2020〕52 号
丰泽区金融工作局	泉州市 2017—2019 年度文明单位	中共泉州市委 泉州市人民政府	泉委〔2020〕52 号
丰泽区退役军人事务局	泉州市 2017—2019 年度文明单位	中共泉州市委 泉州市人民政府	泉委〔2020〕52 号
丰泽区人民政府信访局	泉州市 2017—2019 年度文明单位	中共泉州市委 泉州市人民政府	泉委〔2020〕52 号
丰泽区泉秀街道社区卫生服务中心	泉州市 2017—2019 年度文明单位	中共泉州市委 泉州市人民政府	泉委〔2020〕52 号
中共丰泽区委党史和地方志研究室	泉州市 2017—2019 年度文明单位	中共泉州市委 泉州市人民政府	泉委〔2020〕52 号
丰泽区城东街道社区卫生服务中心	泉州市 2017—2019 年度文明单位	中共泉州市委 泉州市人民政府	泉委〔2020〕52 号
丰泽区文化体育和旅游局	泉州市 2017—2019 年度文明单位	中共泉州市委 泉州市人民政府	泉委〔2020〕52 号
丰泽区人民政府办公室	泉州市 2017—2019 年度文明单位	中共泉州市委 泉州市人民政府	泉委〔2020〕52 号
中共丰泽区委党校	泉州市 2017—2019 年度文明单位	中共泉州市委 泉州市人民政府	泉委〔2020〕52 号
丰泽区华大街道办事处	泉州市 2017—2019 年度文明单位	中共泉州市委 泉州市人民政府	泉委〔2020〕52 号
丰泽区科学技术协会	泉州市 2017—2019 年度文明单位	中共泉州市委 泉州市人民政府	泉委〔2020〕52 号
中共丰泽区委统一战线工作部	泉州市 2017—2019 年度文明单位	中共泉州市委 泉州市人民政府	泉委〔2020〕52 号
泉州市华兴物业管理有限公司	泉州市 2017—2019 年度文明单位	中共泉州市委 泉州市人民政府	泉委〔2020〕52 号
福建太平富邦物业管理有限公司	泉州市 2017—2019 年度文明单位	中共泉州市委 泉州市人民政府	泉委〔2020〕52 号
泉州市冠祥物业管理有限公司	泉州市 2017—2019 年度文明单位	中共泉州市委 泉州市人民政府	泉委〔2020〕52 号
丰泽区东湖街道东凤社区	泉州市 2017—2019 年度文明村镇	中共泉州市委 泉州市人民政府	泉委〔2020〕52 号
丰泽区东湖街道铭湖社区	泉州市 2017—2019 年度文明村镇	中共泉州市委 泉州市人民政府	泉委〔2020〕52 号
丰泽区东湖街道松林社区	泉州市 2017—2019 年度文明村镇	中共泉州市委 泉州市人民政府	泉委〔2020〕52 号

续表 10

获奖单位	奖励名称	颁奖单位	表彰文号或获奖时间
丰泽区泉秀街道成洲社区	泉州市 2017—2019 年度文明村镇	中共泉州市委 泉州市人民政府	泉委〔2020〕52 号
丰泽区泉秀街道灯星社区	泉州市 2017—2019 年度文明村镇	中共泉州市委 泉州市人民政府	泉委〔2020〕52 号
丰泽区泉秀街道新秀社区	泉州市 2017—2019 年度文明村镇	中共泉州市委 泉州市人民政府	泉委〔2020〕52 号
丰泽区泉秀街道灯洲社区	泉州市 2017—2019 年度文明村镇	中共泉州市委 泉州市人民政府	泉委〔2020〕52 号
丰泽区城东街道浔美社区	泉州市 2017—2019 年度文明村镇	中共泉州市委 泉州市人民政府	泉委〔2020〕52 号
丰泽区城东街道新前社区	泉州市 2017—2019 年度文明村镇	中共泉州市委 泉州市人民政府	泉委〔2020〕52 号
丰泽区华大街道华大社区	泉州市 2017—2019 年度文明村镇	中共泉州市委 泉州市人民政府	泉委〔2020〕52 号
丰泽区华大街道地质社区	泉州市 2017—2019 年度文明村镇	中共泉州市委 泉州市人民政府	泉委〔2020〕52 号
丰泽区华大街道新铺社区	泉州市 2017—2019 年度文明村镇	中共泉州市委 泉州市人民政府	泉委〔2020〕52 号
丰泽区华大街道南埔社区	泉州市 2017—2019 年度文明村镇	中共泉州市委 泉州市人民政府	泉委〔2020〕52 号
丰泽区华大街道城东社区	泉州市 2017—2019 年度文明村镇	中共泉州市委 泉州市人民政府	泉委〔2020〕52 号
丰泽区华大街道法花美社区	泉州市 2017—2019 年度文明村镇	中共泉州市委 泉州市人民政府	泉委〔2020〕52 号
丰泽区东海街道云谷社区	泉州市 2017—2019 年度文明村镇	中共泉州市委 泉州市人民政府	泉委〔2020〕52 号
丰泽区清源街道北门社区	泉州市 2017—2019 年度文明村镇	中共泉州市委 泉州市人民政府	泉委〔2020〕52 号
丰泽区清源街道田边社区	泉州市 2017—2019 年度文明村镇	中共泉州市委 泉州市人民政府	泉委〔2020〕52 号
丰泽区北峰街道群石社区	泉州市 2017—2019 年度文明村镇	中共泉州市委 泉州市人民政府	泉委〔2020〕52 号
丰泽区北峰街道消厝社区	泉州市 2017—2019 年度文明村镇	中共泉州市委 泉州市人民政府	泉委〔2020〕52 号
丰泽区北峰街道群山社区	泉州市 2017—2019 年度文明村镇	中共泉州市委 泉州市人民政府	泉委〔2020〕52 号
丰泽区丰泽街道东美社区	泉州市 2017—2019 年度文明村镇	中共泉州市委 泉州市人民政府	泉委〔2020〕52 号
丰泽区丰泽街道东淮社区	泉州市 2017—2019 年度文明村镇	中共泉州市委 泉州市人民政府	泉委〔2020〕52 号
丰泽区丰泽街道霞淮社区	泉州市 2017—2019 年度文明村镇	中共泉州市委 泉州市人民政府	泉委〔2020〕52 号
丰泽区	泉州市 2017—2019 年度文明校园	中共泉州市委 泉州市人民政府	泉委〔2020〕52 号
丰泽区第六中心小学	泉州市 2017—2019 年度文明校园	中共泉州市委 泉州市人民政府	泉委〔2020〕52 号

续表 10

获奖单位	奖励名称	颁奖单位	表彰文号或获奖时间
丰泽区第三中心小学	泉州市 2017—2019 年度文明校园	中共泉州市委 泉州市人民政府	泉委〔2020〕52 号
泉州市第九中学	泉州市 2017—2019 年度文明校园	中共泉州市委 泉州市人民政府	泉委〔2020〕52 号
丰泽区第一中心小学	泉州市 2017—2019 年度文明校园	中共泉州市委 泉州市人民政府	泉委〔2020〕52 号
泉州东湖中心幼儿园	泉州市 2017—2019 年度文明校园	中共泉州市委 泉州市人民政府	泉委〔2020〕52 号
丰泽区第四中心小学	泉州市 2017—2019 年度文明校园	中共泉州市委 泉州市人民政府	泉委〔2020〕52 号
泉州市东海中学	泉州市 2017—2019 年度文明校园	中共泉州市委 泉州市人民政府	泉委〔2020〕52 号
泉州市泉秀幼儿园	泉州市 2017—2019 年度文明校园	中共泉州市委 泉州市人民政府	泉委〔2020〕52 号
泉州市师范学院附属中学	泉州市 2017—2019 年度文明校园	中共泉州市委 泉州市人民政府	泉委〔2020〕52 号
泉州市丰泽机关幼儿园	泉州市 2017—2019 年度文明校园	中共泉州市委 泉州市人民政府	泉委〔2020〕52 号
泉州市丰泽区东美幼儿园	泉州市 2017—2019 年度文明校园	中共泉州市委 泉州市人民政府	泉委〔2020〕52 号
泉州市师范学院第二附属小学	泉州市 2017—2019 年度文明校园	中共泉州市委 泉州市人民政府	泉委〔2020〕52 号
丰泽区第五中心小学	泉州市 2017—2019 年度文明校园	中共泉州市委 泉州市人民政府	泉委〔2020〕52 号
丰泽区湖心实验小学	泉州市 2017—2019 年度文明校园	中共泉州市委 泉州市人民政府	泉委〔2020〕52 号
丰泽区第八中心小学	泉州市 2017—2019 年度文明校园	中共泉州市委 泉州市人民政府	泉委〔2020〕52 号
丰泽区第七中心小学	泉州市 2017—2019 年度文明校园	中共泉州市委 泉州市人民政府	泉委〔2020〕52 号
泉州市丰泽区第三实验幼儿园	泉州市 2017—2019 年度文明校园	中共泉州市委 泉州市人民政府	泉委〔2020〕52 号
丰泽区东星实验小学	泉州市 2017—2019 年度文明校园	中共泉州市委 泉州市人民政府	泉委〔2020〕52 号
丰泽区第三实验小学	泉州市 2017—2019 年度文明校园	中共泉州市委 泉州市人民政府	泉委〔2020〕52 号
丰泽区海滨实验小学	泉州市 2017—2019 年度文明校园	中共泉州市委 泉州市人民政府	泉委〔2020〕52 号
泉州市临海小学	泉州市 2017—2019 年度文明校园	中共泉州市委 泉州市人民政府	泉委〔2020〕52 号
丰泽区第五实验小学	泉州市 2017—2019 年度文明校园	中共泉州市委 泉州市人民政府	泉委〔2020〕52 号
丰泽区见龙亭实验小学	泉州市 2017—2019 年度文明校园	中共泉州市委 泉州市人民政府	泉委〔2020〕52 号
泉州市云谷小学	泉州市 2017—2019 年度文明校园	中共泉州市委 泉州市人民政府	泉委〔2020〕52 号

续表 10

获奖单位	奖励名称	颁奖单位	表彰文号或获奖时间
泉州市北峰中学	泉州市 2017—2019 年度文明校园	中共泉州市委 泉州市人民政府	泉委〔2020〕52 号
戴梅颖家庭	泉州市 2017—2019 年度文明家庭	中共泉州市委 泉州市人民政府	泉委〔2020〕52 号
李奕鑫家庭	泉州市 2017—2019 年度文明家庭	中共泉州市委 泉州市人民政府	泉委〔2020〕52 号
林荣灿家庭	泉州市 2017—2019 年度文明家庭	中共泉州市委 泉州市人民政府	泉委〔2020〕52 号
谢建农家庭	泉州市 2017—2019 年度文明家庭	中共泉州市委 泉州市人民政府	泉委〔2020〕52 号
王文聪家庭	泉州市 2017—2019 年度文明家庭	中共泉州市委 泉州市人民政府	泉委〔2020〕52 号
郑建森家庭	泉州市 2017—2019 年度文明家庭	中共泉州市委 泉州市人民政府	泉委〔2020〕52 号
泉州市丰泽区总工会	2019 年全省工会财会工作先进单位	福建省总工会	2020 年 9 月 4 日
丰泽区人民政府	完成年度安全生产目标责任制优秀单位	市政府	泉政文（2020）36 号
丰泽区人民政府	完成年度消防安全目标责任制优秀单位	市政府	泉政文（2020）36 号
中共泉州市丰泽区消防救援大队委员会	2020 年先进基层党组织	福建省消防救援总队	闽消党〔2020〕64 号
中共泉州市丰泽区委老干部局	2019 年全省老干部信息工作突出单位	中共福建省委老干部局	闽委老〔2020〕3 号
丰泽区	第四批全国“少数民族流动人口服务管理示范城市”	国家民委办公厅	民办发〔2020〕79 号
泉州市公安局丰泽分局	2019 年度绩效评估优秀单位	中共泉州市委 泉州市人民政府	泉委〔2020〕30 号
泉州市公安局丰泽分局	2019 年度全省公安机关执法质量优秀单位	福建省公安厅	闽公综〔2020〕57 号
指挥情报中心	集体二等功	福建省公安厅	闽公令〔2020〕42 号
泉州市公安局丰泽分局政工室	福建省公安民警英烈基金工作成绩突出集体	福建省公安厅政治部、福建省公安民警英烈基金会	闽公政〔2020〕114 号
泉州市公安局丰泽分局经侦大队	全省“猎狐 2019”成绩突出集体	福建省公安厅	闽公综〔2020〕76 号
少林社区团支部	福建省五四红旗团（总）支部	共青团福建省委	2020 年 5 月
圣湖社区离退休支部委员会	首批省级离退休示范党支部	中共福建省委离退休干部工作委员会 中共福建省委老干部局	2020 年 7 月
丰泽区东海供销合作社	全省供销合作社系统先进集体称号	福建省人力资源和社会保障厅 福建省供销合作联合社	闽人社表彰〔2020〕36 号
丰泽区人民政府泉秀街道办事处	2018-2019 省级劳动关系和谐街道	福建省人力资源和社会保障厅 福建省总工会	闽人社文〔2020〕56 号
丰泽区泉秀街道武装部	全省征兵工作先进单位	福建省征兵领导小组	闽征〔2020〕6 号
丰泽区凌霄中学教育宿舍小区改造项目	2020 年度全省和谐征收示范项目	福建省住房和城乡建设厅	闽建办房函〔2020〕10 号

续表 10

获奖单位	奖励名称	颁奖单位	表彰文号或获奖时间
丰泽区泉秀街道新秀社区侨联	省级“侨胞之家”	福建省归国华侨联合会	闽侨联〔2020〕48 号
丰泽区泉秀街道华丰社区	福建省基层对台交流示范点	福建省委台港澳工作办公室	闽委台港澳办〔2020〕84 号
丰泽区委宣传部	全省宣传系统先进集体	福建省委宣传部 福建省人力资源和社会保障局	闽人社表彰 〔40〕号

注：收录丰泽区于 2020 年获泉州市委、市政府和省厅级以上单位颁发证书表彰的各种先进单位。

2020 年先进个人（含成果获奖个人）名表

表 11

省委、省政府及部级单位

姓名	工作单位	奖励名称	奖励单位	表彰文号或获奖时间
陈政实	丰泽区委统战部	福建省抗击新冠肺炎疫情先进个人	中共福建省委 福建省人民政府	闽委〔2020〕48 号

市委、市政府及厅级单位

姓名	工作单位	奖励名称	奖励单位	表彰文号或获奖时间
陈家庆	泉州市丰泽区总工会	福建省优秀工会工作者	福建省总工会	2020 年 12 月
黄文耀	丰泽区东海街道党工委	省征兵工作先进个人	福建省征兵办公室	2020 年 11 月
蔡其表	丰泽区农业农村和水利局	全省农业农村系统先进工作者	福建省人力资源和社会保障厅、农业农村厅	闽人社表彰〔2020〕37 号
郭锦火	泉州市公安局丰泽分局指挥情报中心	个人二等功	福建省公安厅	闽公令〔2020〕48 号
陈伟志	泉州市公安局丰泽分局法制大队	福建省公安民警法制知识竞赛个人优秀奖	福建省公安厅	2020 年 11 月
庄文平	泉州市公安局丰泽分局经侦大队	全省“猎狐 2019”成绩突出个人	福建省公安厅	福建省公安厅
柯燕芹	泉州市丰泽区东湖街道铭湖社区	疫情防控阻击战中表现突出的先进个人	泉州市委、市政府	2020 年 2 月
褚慧芬	泉州市丰供电子商务有限公司	全省供销合作社系统先进工作者	福建省人力资源和社会保障厅、福建省供销合作联合社	闽人社表彰〔2020〕36 号
周碧锦	泉秀街道华丰社区	福建省五一劳动奖章（抗疫专项）	福建省总工会	闽工〔2020〕68 号
梁超毅	泉州市丰泽区人民法院	2019—2020 年度全省法院先进个人	福建省高级人民法院、福建省人力资源和社会保障厅	2021 年 1 月
洪秀省	丰泽区统计局	第四次全国经济普查省级先进个人	福建省第四次全国经济普查领导小组	2020 年 4 月
许世杰	丰泽区统计局	第四次全国经济普查省级先进个人	福建省第四次全国经济普查领导小组	2020 年 4 月
陈白璇	丰泽区统计局	第四次全国经济普查省级先进个人	福建省第四次全国经济普查领导小组	2020 年 4 月

注：收录丰泽区于 2020 年获泉州市委、市政府和省厅级以上单位颁发证书表彰的各种先进模范人物。

2020年丰泽区处级领导人名表

表12

机构名称	职务	姓名	性别	籍贯	任职起止时间
中共丰泽区委	书记	黄景春	男	鲤城	至2020年11月
中共丰泽区委	副书记	高金全	男	安溪	续任
中共丰泽区委	常委	韩卫华	男	江苏淮安	续任
中共丰泽区委	常委	陈政实	男	鲤城	续任
中共丰泽区委	常委	吴毓舟	男	鲤城	续任
中共丰泽区委	常委、纪委书记	林添盛	男	永春	续任
中共丰泽区委	常委、组织部部长	林希妍	女	鲤城	至2020年8月
中共丰泽区委	常委、统战部部长	陈政实	男	安溪	续任
中共丰泽区委	常委、宣传部部长	周顺安	男	惠安	续任
中共丰泽区委	常委、政法委书记	邱朝阳	男	石狮	至2020年12月
中共丰泽区委	常委	黄琪金	男	南安	续任
中共丰泽区委	常委	张　雄	男	宁德周宁	续任
丰泽区人大常委会	主任、党组书记	林建扬	男	长乐	续任
丰泽区人大常委会	主任、党组书记	刘烨明	男	浙江宁波	2020年12月起
丰泽区人大常委会	副主任（正处级）、党组成员	林世川	男	洛江	续任
丰泽区人大常委会	副主任、党组成员	张维斌	男	鲤城	续任
丰泽区人大常委会	副主任	蔡宁波	男	石狮	续任
丰泽区人大常委会	副主任、党组成员	叶春泉	男	南安	续任
丰泽区人民政府	区长、党组书记	高金全	男	安溪	主任、党组书记
丰泽区人民政府	副区长、党组成员	谢希圣	男	惠安	主任、党组书记
丰泽区人民政府	副区长	洪奕蓉	女	晋江	续任
丰泽区人民政府	副区长、党组成员	曾国家	男	南安	续任
丰泽区人民政府	副区长、党组成员	柯晓晖	男	南安	主任、党组书记
丰泽区人民政府	副区长、党组成员	黄泽鹏	男	鲤城	主任、党组书记
丰泽区人民政府	挂职副区长、党组成员	葛　超	男	安徽和县	主任、党组书记
丰泽区政协	主席、党组书记	上官蓝波	男	安溪	续任
丰泽区政协	副主席（兼）	戴在平	男	宁德霞浦	续任
丰泽区政协	副主席、党组成员	李木火	男	安溪	续任
丰泽区政协	副主席（兼）	许志达	男	鲤城	续任
丰泽区政协	副主席	赖尾兴	男	泉港	续任
丰泽区人民法院	院长、党组书记	杨武能	男	鲤城	至2019年8月
丰泽区人民法院	院长、党组书记	庄能宗	男	泉港	2019年12月起
丰泽区人民检察院	检察长、党组书记	许金约	男	南安	续任
丰泽区人民检察院	检察长、党组书记	林志铭	男	南安	2020年12月起

注：收录2020年丰泽区在职的副处级（不含非领导职务）以上的领导人。

2020 年丰泽区科级领导人名表

表 13

机构名称	职务	姓 名	性别	籍 贯	任职起止时间
中共丰泽区委办公室	主任	黄队强	男	南安	续任
中共丰泽区委办公室	室务会成员、档案馆馆长	林宏志	男	永春	续任
中共丰泽区委办公室	副主任、机要局局长	郑建扬	男	翔安	续任
中共丰泽区委办公室	副主任	肖　勇	男	江西万安	续任
中共丰泽区委办公室	副主任	周建城	男	安溪	2020 年 4 月起
中共丰泽区委办公室	党群系统党委专职副书记	康　良	男	江西泰和	续任
区档案馆	副馆长	周美清	女	安溪	续任
丰泽区委组织部	副部长、公务员局局长	王峰华	男	安溪	续任
丰泽区委组织部	副部长	黄建石	男	江苏海门	续任
丰泽区委组织部	副部长	陈　胄	男	惠安	续任
丰泽区委组织部	部务会议成员	曾华国	男	洛江	续任
丰泽区委组织部	部务会议成员	廖明磊	男	鲤城	续任
丰泽区委组织部	部务会议成员	王林春	男	鲤城	续任
中共丰泽区委宣传部	常务副部长	郑巍萍	女	惠安	续任
中共丰泽区委宣传部	宣传系统党委专职副书记	沈　毅	女	清濛	续任
社科联	主席	林江河	男	安溪	续任
区融媒体中心	副主任	上官惠琨	女	晋江	续任
区委统战部	部长	陈政实	男	安溪	续任
区委统战部	常务副部长、区侨办主任	陈旭东	男	晋江	续任
区委统战部	副部长、区工商联党组书记	李水龙	男	晋江	续任
区委统战部	副部长、区民宗局局长	吴锦辉	男	南安	续任
区委老干部局	局长	尤咏鲤	女	永春	续任
区委老干部局	副局长	张桂发	男	龙岩武平	续任
区信访局	局长	张　彬	男	台投区	至 2020 年 11 月
区信访局	副局长	洪志强	男	丰泽	续任
区直党工委	常务副书记	张国兴	男	洛江	续任
区直党工委	副书记、区直纪工委书记	林美莲	女	丰泽	续任
区直党工委	委员、区直武装部部长	翁革连	男	丰泽	续任
区直党工委	委员	郑　娴	女	南安	续任
区委文明办	主任	林永宝	男	泉港	续任
区委文明办	副主任	陈少平	男	鲤城	续任
丰泽区委党校	常务副校长	卢祖宁	男	宁德寿宁	至 2020 年 3 月
丰泽区委党校	常务副校长	刘志伟	男	洛江	2020 年 3 月起
丰泽区委党校	副校长	郭新申	男	泉港	续任
丰泽区委党校	副校长	苏彩莲	女	丰泽	续任
区委档案局	局长	黄队强	男	南安	续任

续表 13

机构名称	职务	姓 名	性别	籍 贯	任职起止时间
区委档案馆	馆长	林宏志	男	永春	续任
区委档案馆	副馆长	周美清	女	安溪	续任
区委党史和地方志研究室	主任	李美泽	女	南安	续任
区委党史和地方志研究室	副主任	王春玲	女	山东荣成	续任
区委党史和地方志研究室	副主任	李顺聪	男	安溪	续任
丰泽区委编办	主任	洪丽萍	女	鲤城	续任
丰泽区委编办	副主任	庄诗滢	女	晋江	至 2020 年 8 月
丰泽区事业单位登记管理局	局长	傅永生	男	丰泽	至 2020 年 6 月
丰泽区事业单位登记管理局	局长	陈超	女	晋江	2020 年 9 月起
丰泽区纪律检查委员会 丰泽区监察委员会	书记 主任	林添盛	男	永春	续任
丰泽区纪律检查委员会 丰泽区监察委员会	副书记 副主任	江　伟	男	漳州龙海	续任 续任
丰泽区纪律检查委员会 丰泽区监察委员会	副书记 副主任	李达发	男	南安	续任 续任
丰泽区纪律检查委员会	常委	陈丽敏	女	洛江	续任
丰泽区纪律检查委员会	常委	曾焕乙	男	鲤城	至 2020 年 11 月
丰泽区纪律检查委员会 丰泽区监察委员会	常委 委员	何泽云	男	泉港	续任 续任
丰泽区纪律检查委员会	常委	黄色金	女	南安	续任
丰泽区监察委员会	委员	阮传阳	男	鲤城	续任
丰泽区监察委员会	委员	何扬舟	男	惠安	续任
丰泽区纪律检查委员会	办公室主任	李晓川	男	南安	续任
丰泽区纪律检查委员会	组织和宣传部部长	林佳如	女	丰泽	2020 年 4 月起
丰泽区纪律检查委员会	党风政风监督室主任	谢宝增	男	丰泽	续任
丰泽区纪律检查委员会	信访室主任	林文睿	男	安溪	续任
丰泽区纪律检查委员会	案管室主任	黄舒歆	女	鲤城	续任
丰泽区纪律检查委员会 丰泽区监察委员会	第一纪检监察室主任	陈良聪	男	泉港	续任
丰泽区纪律检查委员会 丰泽区监察委员会	第二纪检监察室主任	王福东	男	南安	2020 年 4 月起
丰泽区纪律检查委员会 丰泽区监察委员会	第三纪检监察室主任	杨小英	女	惠安	续任
丰泽区纪律检查委员会 丰泽区监察委员会	第四纪检监察室主任	李小斌	男	湖南安仁	续任
丰泽区纪律检查委员会 丰泽区监察委员会	第五纪检监察室主任	易雷镇	男	安溪	续任
丰泽区纪律检查委员会 丰泽区监察委员会	案件审理室主任	苏雁威	男	鲤城	续任
丰泽区纪律检查委员会 丰泽区监察委员会	驻区委办公室纪检监察组组长	苏翔鹏	男	南安	续任

续表 13

机构名称	职务	姓 名	性别	籍 贯	任职起止时间
丰泽区纪律检查委员会 丰泽区监察委员会	驻区委组织部纪检监察组组长	曾华国	男	洛江	续任
丰泽区纪律检查委员会 丰泽区监察委员会	驻区委宣传部纪检监察组组长	许维瓦	男	南安	续任
丰泽区纪律检查委员会 丰泽区监察委员会	驻区委统战部纪检监察组组长	黄华虹	女	南安	续任
丰泽区纪律检查委员会 丰泽区监察委员会	驻区委政法委纪检监察组组长	沈潜挺	男	南安	续任
丰泽区纪律检查委员会 丰泽区监察委员会	驻区人大机关纪检监察组组长	罗玉廉	男	莆田荔城	续任
丰泽区纪律检查委员会 丰泽区监察委员会	驻区政府办纪检监察组组长	张锦江	男	惠安	续任
丰泽区纪律检查委员会 丰泽区监察委员会	驻区政协机关纪检监察组组长	陈秋文	女	永春	续任
区委巡察机构	区委巡察办主任	赖友谊	男	洛江	续任
区委巡察机构	区委巡察组组长	余永固	男	永春	续任
区委巡察机构	区委巡察组组长	庄鸿芸	女	晋江	续任
区委巡察机构	区委巡察组副组长	杨　嘉	男	鲤城	续任
区委巡察机构	区委巡察办副组长	肖锦春	男	泉港	续任
区委巡察机构	区委巡察办副主任	黄劲雄	男	丰泽	2020 年 6 月起
区人大常委会办公室	主任	柯子强	男	丰泽	至 2020 年 2 月
区人大常委会办公室	主任	苏墨林	男	南安	2020 年 2 月起
区人大常委会办公室	副主任	翟智君	男	河北玉田	续任
区人大常委会内司委	主任	柯子强	男	丰泽	2020 年 2 月起
区人大常委会内司委	副主任	林木临	女	德化	续任
区人大常委会经济委	主任	凌荣剧	男	南安	续任
区人大常委会经济委	副主任	何　芳	女	鲤城	续任
区人大常委会人事代表委	主任	曾　颖	男	鲤城	至 2020 年 7 月
区人大常委会人事代表委	主任	施　莹	女	晋江	2020 年 7 月起
区人大常委会人事代表委	副主任	吴艳莉	女	丰泽	续任
区人大常委会教科文卫委	主任	郭汉清	男	泉港	续任
区人大常委会	委员	吴炳阳	男	丰泽	续任
区人大常委会教科文卫委	副主任	郑剑文	男	南安	2020 年 5 月起
区人大常委会环城委	主任	李　俭	男	鲤城	续任
区人大常委会环城委	副主任	黄升阳	男	丰泽	至 2020 年 9 月
区人大常委会华侨民宗委	主任	白梅芬	女	安溪	续任
区人大常委会华侨民宗委	副主任	许开兴	男	莆田仙游	2020 年 5 月起
区政府办	副主任	车云鹏	男	丰泽	续任
区政府办	副主任	刘德孟	男	鲤城	续任
区政府办	副主任	刘仲栋	男	泉港	续任

续表 13

机构名称	职务	姓 名	性别	籍 贯	任职起止时间
区政府办	副主任	魏映钦	男	丰泽	续任
区人力资源和社会保障局	局长	许琼瑶	女	永春	至 2020 年 2 月
区人力资源和社会保障局	局长	曾　颖	男	丰泽	2020 年 2 月起
区人力资源和社会保障局	副局长	薛　建	男	南安	续任
区人力资源和社会保障局	党组成员	林涓华	男	宁德福安	续任
区人力资源和社会保障局	党组成员	洪万芳	男	南安	续任
区人力资源和社会保障局	党组成员	邱熙莲	女	丰泽	续任
区机关事业单位社会保险中心	主任	陈姝娜	女	丰泽	至 2020 年 9 月
区机关事业单位社会保险中心	主任	赖黎君	女	南安	2020 年 9 月起
区就业和人才人事公共服务中心	主任	李舒霞	女	南安	续任
泉州市医疗保函局丰泽分局	局长	陈劲文	男	丰泽	续任
泉州市医疗保函局丰泽分局	副局长	蔡寿英	女	宁德寿宁	续任
泉州医疗保障基金管理中心丰泽管理部	主任	洪奕芳	女	晋江	续任
区行政服务中心	主任	杨　权	男	鲤城	续任
区行政服务中心	副主任	陈雅斌	女	宁德福安	续任
区卫健局	局长	邱朝晖	男	石狮	续任
区卫健局	副局长	曾昭阳	男	惠安	续任
区卫健局	副局长	郭向川	男	鲤城	续任
区卫健局	副局长	史丽萍	女	莆田仙游	续任
区卫健局	副局长	林雪婷	女	丰泽	续任
区卫健局	区流管站站长	戴惠聪	女	南安	续任
泉州市公安局丰泽分局	局长	谢希圣	男	惠安	续任
泉州市公安局丰泽分局	政委	刘光宇	男	惠安	续任
泉州市公安局丰泽分局	副局长	庄辉煌	男	晋江	续任
泉州市公安局丰泽分局	副局长	骆华林	男	惠安	续任
泉州市公安局丰泽分局	副局长	洪山源	男	石狮	续任
泉州市公安局丰泽分局	纪委书记党委委员	颜光中	男	永春	2020 年 7 月起
泉州市公安局丰泽分局	刑侦大队大队长	李　勇	男	辽宁抚顺	2020 年 3 月起
泉州市公安局丰泽分局	政工室主任	贺建安	男	惠安	续任
丰泽区消防救援大队	大队长	陈去非	男	宁德福安	至 2020 年 12 月
丰泽区消防救援大队	大队长	郑晓松	男	泉港	2020 年 12 月起
丰泽区消防救援大队	副大队长	郑晓松	男	泉港	至 2020 年 12 月
丰泽区消防救援大队	政治教导员	陈良生	男	莆田仙游	2020 年 12 月起
丰泽区人民检察院	党组书记	许金约	男	南安	至 2020 年 12 月
丰泽区人民检察院	党组书记	林志铭	男	南安	2020 年 12 月起
丰泽区人民检察院	检察长	许金约	男	南安	续任

续表 13

机构名称	职务	姓 名	性别	籍 贯	任职起止时间
丰泽区人民检察院	副检察长	吴炯明	男	南安	至 2020 年 11 月
丰泽区人民检察院	副检察长	洪志强	男	泉港	续任
丰泽区人民检察院	副检察长	郑小玲	女	永春	续任
丰泽区人民检察院	纪检组长	胡丽双	女	鲤城	续任
丰泽区人民检察院	政治处主任	柳　琦	女	惠安	续任
丰泽区人民检察院	专职检委	陈继伟	男	南安	续任
丰泽区人民检察院	专职检委	谢嘉明	男	鲤城	续任
丰泽区人民检察院	侦监科科长	陈炳森	男	鲤城	续任
丰泽区人民检察院	公诉科科长	陈加华	男	惠安	续任
丰泽区人民检察院	民行科科长	吴东昱	女	鲤城	续任
丰泽区人民检察院	控申科科长	林丹红	女	永春	续任
丰泽区人民检察院	办公室主任	尤育南	男	南安	续任
丰泽区司法局	局长	李黎萌	女	鲤城	续任
丰泽区司法局	副局长	刘丽丽	女	洛江	续任
丰泽区司法局	副局长	蔡清松	男	丰泽	续任
丰泽区司法局东海司法所	所长	陈道伦	男	四川	2020 年 7 月起
丰泽区司法局城东司法所	所长	蔡达佳	男	晋江	续任
丰泽区司法局丰泽司法所	所长	范声瑜	男	江西赣州	续任
丰泽区司法局东湖司法所	所长	马东星	男	河北	续任
丰泽区司法局泉秀司法所	所长	张　朴	男	湖南长沙	续任
丰泽区司法局华大司法所	所长	庄冬萍	女	晋江	续任
丰泽区司法局清源司法所	所长	吴心影	女	鲤城	续任
丰泽区司法局北峰司法所	所长	赖天才	男	洛江	续任
区政法委	常务副书记	林电机	男	南安	续任
区政法委	副书记	薛　晋	男	鲤城	续任
区政法委	副书记	陈若平	男	鲤城	续任
区政法委	系统党委副书记	陈永清	男	鲤城	至 2020 年 5 月
丰泽区人民法院	党组副书记副院长审委	郭鹏飞	男	永春	续任
丰泽区人民法院	党组成员副院长审委	黄卿堆	男	南安	2020 年 11 月起
丰泽区人民法院	党组成员副院长审委	陈　翔	男	惠安	续任
丰泽区人民法院	党组成员副院长审委	陈建聪	男	丰泽	续任
丰泽区人民法院	党组成员纪检组长	陈笃平	女	丰泽	续任
丰泽区人民法院	党组成员政治部主任	吕南章	男	南安	续任
丰泽区人民法院	党组成员审监庭庭长审委	庄亚飚	男	台投区	续任
丰泽区人民法院	党组成员立案庭庭长审委	张美蓉	女	鲤城	续任
丰泽区人民法院	审委会专委	林　劼	女	惠安	2020 年 6 月起
丰泽区人民法院	审委会专委	胡剑涛	男	惠安	2020 年 6 月起

续表 13

机构名称	职务	姓 名	性别	籍 贯	任职起止时间
丰泽区人民法院	政治处副主任	黄聪永	男	惠安	续任
丰泽区人民法院	民二庭庭长审委	谢朝晖	男	洛江	续任
丰泽区人民法院	监察科科长	蔡赛英	女	惠安	续任
丰泽区人民法院	金融庭庭长审委	杨　伟	男	鲤城	续任
丰泽区人民法院	刑二庭庭长审委	林　劼	女	惠安	至 2020 年 6 月
丰泽区人民法院	行政庭庭长	黄　婷	女	鲤城	续任
丰泽区人民法院	东海法庭庭长	张丽娥	女	惠安	续任
丰泽区人民法院	纪检组副组长	周永强	男	惠安	续任
丰泽区人民法院	执行庭庭长审委	胡剑涛	男	惠安	至 2020 年 6
丰泽区人民法院	刑一庭庭长	吕挥锷	男	南安	续任
丰泽区人民法院	法警大队大队长	郭军彪	男	福州福清	续任
丰泽区人民法院	东湖法庭庭长	卢玉婷	女	鲤城	至 2020 年 4
丰泽区人民法院	民一庭庭长	卢玉婷	女	鲤城	2020. 4 月起
丰泽区人民法院	立案庭副庭长	张慧颖	女	鲤城	至 2020 年 7
丰泽区人民法院	立案庭庭长	张慧颖	女	鲤城	2020 年 7 月起
丰泽区人民法院	刑一庭副庭长	吴静华	女	鲤城	续任
丰泽区人民法院	金融庭副庭长	陈　英	男	三明尤溪	续任
丰泽区人民法院	行政庭庭长	李丽琼	女	晋江	2020 年 7 月起
丰泽区人民法院	行政庭副庭长	李丽琼	女	晋江	至 2020 年 7 月
丰泽区民政局	党组书记、局长	叶煌辉	男	丰泽	续任
丰泽区民政局	党组成员、副局长	黄单向	男	丰泽	至 2020 年 8 月
丰泽区民政局	党组成员、副局长	吴英姿	女	丰泽	续任
退役军人事务局	局长	叶伟廷	男	泉港	续任
退役军人事务局	副局长	王维新	男	安溪	续任
丰泽区财政局	局长	吴志聪	男	洛江	续任
丰泽区财政局	副局长	苏　恒	女	永春	续任
丰泽区财政局	副局长	李　威	男	宁德福鼎	续任
丰泽区财政局	国库支付中心主任	唐　毅	男	泉州	续任
发展和改革局（物价局）	党组书记、局长	辛楚阳	男	惠安	续任
发展和改革局粮储局	副局长	王鸿榔	男	台投区	续任
发展和改革局粮储局	副局长	柯天贵	男	泉港	续任
发展和改革局粮储局	副局长	施庆松	男	洛江	续任
丰泽区统计局	局长	王俊毅	男	鲤城	续任
丰泽区统计局	副局长	刘志云	女	南安	续任
丰泽区统计局	副局长	汪全城	男	安溪	续任
丰泽区社会经济调查队	队长	吴达娜	女	晋江	至 2020 年 6 月
丰泽区统计局	党组成员	尤渊明	男	南安	续任

续表 13

机构名称	职务	姓 名	性别	籍 贯	任职起止时间
丰泽区统计局	党组成员	洪秀省	女	晋江	续任
丰泽区社会经济调查队	队长	许世杰	男	鲤城	2020 年 7 月起
丰泽区审计局	局长	苏玉明	男	安溪	续任
丰泽区审计局	副局长	陈宝华	女	鲤城	续任
丰泽区审计局	副局长	黄仁义	男	洛江	续任
丰泽区应急管理局	局长	许贵勇	男	漳州诏安	续任
丰泽区应急管理局	副局长	谢益民	男	洛江	续任
丰泽区应急管理局	副局长	李　红	男	江西莲花	续任
丰泽区应急管理局	副局长	黄金聪	男	洛江	续任
丰泽区应急管理局	防震减灾中心主任	庄子珩	男	鲤城	至 2020 年 9 月
丰泽区应急管理局	防火防汛抗旱和救灾中心主任	许育雄	男	永春	2020 年 7 月起
丰泽区应急管理局	防震减灾中心主任	沈瑞远	男	安溪	2020 年 9 月起
区工业信息化和科技局	局长	陈继红	女	南安	续任
区工业信息化和科技局	副局长	章嵘坚	男	三明大田	续任
区工业信息化和科技局	副局长	杜培玉	女	洛江	续任
区工业信息化和科技局	副局长	周建城	男	安溪	至 2020 年 5 月
区工业信息化和科技局	副局长	李　娟	女	南安	2020 年 5 月起
区工业信息化和科技局	副局长	李　靖	男	山东费县	续任
丰泽区商务局	局长	黄海峰	男	南安	续任
丰泽区商务局	副局长	林　平	男	永春	续任
丰泽区商务局	副局长	黄宗敢	男	莆田仙游	续任
丰泽区商务局	系统常委专职副书记	郁　宏	女	上海金山	续任
区高新园区管委会	主任（兼）	苏国伟	男	南安	续任
泉州软件园管委会	主任	侯侨海	男	南安	续任
泉州软件园管委会	副主任	李凌峰	男	南安	续任
福建海西国家广告产业园区（泉州园）管委会	主任	陈一峰	男	莆田仙游	续任
区自然资源局	局长	翁哲雄	男	鲤城	续任
区自然资源局	副局长	黄子俊	男	鲤城	续任
丰泽区农林水局	局长	方杰平	男	泉港	续任
丰泽区农林水局	副局长	林永水	男	永春	续任
丰泽区农林水局	副局长	苏红红	女	丰泽	续任
区海洋与渔业执法大队	大队长	吕华笃	男	永春	续任
区市场监督管理局	局长	林生泉	男	永春	续任
区市场监督管理局	党组书记	康招传	男	永春	续任
区市场监督管理局	副局长	张峰灿	男	鲤城	续任
区市场监督管理局	副局长	张俊峰	男	丰泽	续任

续表 13

机构名称	职务	姓 名	性别	籍 贯	任职起止时间
区市场监督管理局	副局长	庄学明	男	惠安	续任
区市场监督管理局	副局长	詹彩云	女	南平建阳	续任
区市场监督管理局	副局长	蔡安莉	女	鲤城	续任
区市场监督管理局	党组成员	张永聪	男	鲤城	续任
区市场监督管理局丰泽监督管理所	所长	陈贵鹏	男	泉州	2020 年 5 月起
区市场监督管理局丰泽监督管理所	政治指导员	郑希阳	男	惠安	续任
区市场监督管理局泉秀监督管理所	所长	陈培养	男	晋江	续任
区市场监督管理局泉秀监督管理所	政治指导员	倪建忠	男	惠安	续任
区市场监督管理局东海监督管理所	所长	欧少雄	男	南安	续任
区市场监督管理局东海监督管理所	政治指导员	杨天居	男	鲤城	续任
区市场监督管理局清峰监督管理所	所长	廖建明	男	龙岩永定	续任
区市场监督管理局清峰监督管理所	政治指导员	许海明	男	湖北仙桃	续任
区市场监督管理局东湖监督管理所	所长	倪闽晋	男	南安	续任
区市场监督管理局东湖监督管理所	政治指导员	陈爱榕	女	鲤城	续任
区市场监督管理局城东监督管理所	所长	吴灿煌	男	晋江	续任
区市场监督管理局城东监督管理所	政治指导员	白玉兰	女	丰泽	续任
丰泽区住房和城乡建设局	局长	李锋钒	男	晋江	至 2020 年 2 月
丰泽区住房和城乡建设局	局长	陈晓龙	男	鲤城	2020 年 2 月起
丰泽区住房和城乡建设局	副局长	郑其城	男	安溪	续任
丰泽区住房和城乡建设局	副局长	骆永灿	男	惠安	续任
丰泽区住房和城乡建设局	副局长	洪钟冠	男	南安	续任
丰泽区住房和城乡建设局	城建系统专职副书记	傅孙锋	男	南安	续任
丰泽区城市管理局	党组书记、局长	林长青	男	鲤城	续任
丰泽区城市管理局	党组成员、副局长	唐国光	男	江西吉安	续任
丰泽区城市管理局	党组副书记、副局长	刘剑峰	男	洛江	2020 年 9 月起
丰泽区城市管理局	党组成员、副局长	黄幸林	男	南安	续任
丰泽区城市管理局	党组成员、副局长	吴景诏	男	惠安	续任
丰泽生态环境局	局长	傅建龙	男	鲤城	续任
丰泽生态环境局	副局长	张琪福	男	台投区	续任
丰泽生态环境局	副局长	翁小湘	女	福州平潭	续任
丰泽区教育局	局长	李晓灿	男	鲤城	续任
丰泽区教育局	副局长	陈君璇	女	南安	续任
丰泽区教育局	副书记	郭亚华	女	安溪	续任
丰泽区教育局	副局长	郑德胜	男	南安	续任
丰泽区教育局	副局长	张 昀	女	鲤城	2020 年 5 月起
丰泽区人民政府教育督导室	主任	苏毅民	男	南安	续任

续表 13

机构名称	职务	姓 名	性别	籍 贯	任职起止时间
丰泽区人民政府教育督导室	督学	吴良必	男	南安	续任
区文化体育和旅游局	局长	王少容	女	晋江	续任
区文化体育和旅游局	副局长	郑剑文	男	南安	至 2020 年 5 月
区文化体育和旅游局	副局长	杨晓兰	女	泉州	2020 年 5 月起
区文化体育和旅游局	副局长	徐显光	男	龙岩	续任
丰泽区税务局	局长	黄雅莉	女	晋江	续任
丰泽区税务局	副局长	陈成立	男	南安	续任
丰泽区税务局	副局长	郭　峰	女	泉州	续任
丰泽区税务局	副局长	黄星泰	男	永春	续任
丰泽区税务局	纪检组长	林　俊	男	莆田	续任
丰泽区税务局	公办室主任	林贻雄	男	南安	续任
丰泽区税务局	法制股股长	颜智勇	男	泉州	续任
丰泽区税务局	税正一股副股长	朱俊毅	男	惠安	续任
丰泽区税务局	税正二股股长	林朝武	男	泉州	续任
丰泽区税务局社会保险费和非税收入股	股长	郭金炼	男	南安	续任
丰泽区税务局收入核算股	副股长	苏智火	男	永春	续任
丰泽区税务局纳税服务股	股长	林　慧	女	南安	续任
丰泽区税务局增收管理股	股长	杨德胜	男	泉州	续任
丰泽区税务局风险管理股	股长	谢文照	男	安溪	续任
丰泽区税务局财务管理股	股长	陈慧茹	女	泉州	续任
丰泽区税务局人事教育股	股长	林　伟	男	泉州	续任
丰泽区税务局	机关党委副书记	刘慧芳	女	永春	续任
丰泽区税务局	纪检组副组长	施志明	男	泉州	续任
丰泽区税务局第一税务分局	局长	连伟聪	男	泉州	续任
丰泽区税务局第二税务分局	局长	李铿虹	男	泉州	续任
丰泽区税务局东海税务分局	局长	杨佳健	男	泉州	续任
丰泽区税务局城东税务分局	局长	吴璇毅	女	泉州	续任
丰泽区税务局北峰税务分局	局长	何　伟	男	泉州	续任
丰泽区税务局东湖税务分局	局长	蔡荣坤	男	永春	续任
丰泽区税务局东湖税务分局	局长	苏春风	男	南安	续任
丰泽区金融工作局	局长	吴端长	男	鲤城	续任
丰泽区金融工作局	副局长	王　祎	男	鲤城	续任
丰泽区供销社	系统党委书记主任	卢祖宁	男	宁德寿宁	续任
丰泽区供销社	系统党委专职书记	黄启初	男	南安	续任
丰泽区供销社	副主任	黄克昌	男	鲤城	续任
丰泽区供销社	副主任	董剑明	男	莆田仙游	续任

续表 13

机构名称	职务	姓 名	性别	籍 贯	任职起止时间
区政协办公室	主任	王　锐	男	陕西	续任
提案与社会文史办公室	主任	杜荣华	男	洛江	续任
港澳台侨与民族宗教办公室	主任	林亚琨	女	泉州	至 2020 年 7 月
港澳台侨与民族宗教办公室	主任	黄单向	男	丰泽	2020 年 7 月起
经济法制与人口资源环境办公室	主任	黄国富	男	泉州	续任
提案与社会文史办公室	副主任	黄亚雄	男	南安	续任
区政协办公室	副主任	杜月兰	女	洛江	续任
台港澳侨与民族宗教办公室	副主任	陈妹娜	女	丰泽	续任
经济法制与人口资源环境办公室	副主任	潘广藤	女	永春	续任
区政协办公室	副主任	李志强	男	洛江	续任
丰泽区总工会	党组书记、常务副主席	陈家庆	男	南安	续任
丰泽区总工会	党组成员、副主席	蔡国英	男	南安	续任
丰泽区总工会	党组成员	施海宏	男	晋江	续任
共青团丰泽区委员会	书记	詹　燚	男	惠安	续任
共青团丰泽区委员会	副书记	苏怡灵	女	江苏南通	续任
丰泽区妇女联合会	主席	裴华蓉	女	浙江平阳	续任
丰泽区妇女联合会	副主席	杜菊梅	女	洛江	续任
丰泽区科学技术协会	主席	林淑明	女	南安	续任
丰泽区科学技术协会	副主席	郑瑞云	女	台湾台北	至 2020 年 1 月
丰泽区侨联	主席	黄剑明	男	南安	续任
丰泽区侨联	副主席	谢立明	男	永春	2020 年 5 月起
区计生协会	会长	苏解放	男	南安	续任
区计生协会	常务专职副会长	沈凤玲	女	泉港	续任
区计生协会	专职副会长	陈　静	女	鲤城	续任
丰泽区贸促会	会长	刘仲栋	男	泉港	续任
丰泽区关工委	专职副主任	陈素燕	女	永春	续任
丰泽区红十字会	专职副会长	詹志鹏	男	鲤城	202 年 6 月起
区工商联（总商会）	主席（会长）	许志达	男	泉州	续任
区工商联（总商会）	专职副主席（副会长）	吴志远	男	丰泽	续任
区工商联（总商会）	专职副主席（副会长）	黄舜贤	男	南安	续任
丰泽区慈善总会	会长	叶　恒	男	泉州	续任
丰泽区慈善总会	副会长	杜跃进	男	洛江	2019 年 7 月起
丰泽区残疾人联合会	理事长	陈源秀	女	南平政和	续任
丰泽区残疾人联合会	副理事长	刘福忠	男	鲤城	续任
区文学艺术联合会	主席	陈东升	男	南安	续任
民革丰泽区工委会	主委	陈冬梅	女	广东普宁	续任
民革丰泽区工委会	副主委	王铮楠	女	泉州	续任

续表 13

机构名称	职务	姓 名	性别	籍 贯	任职起止时间
民革丰泽区工委会	副主委	洪　宏	男	泉州	续任
民革丰泽区工委会	副主委	李丽琼	女	泉州	续任
民革丰泽区工委会	副主委	邱立祖	男	鲤城	续任
民盟丰泽区工委会	主委	曾聪明	男	泉州	续任
民盟丰泽区工委会	副主委	林木临	女	德化	续任
民盟丰泽区工委会	副主委	郑妙玲	女	南安	续任
民盟丰泽区工委会	副主委	黄艳梅	女	泉州	续任
民盟丰泽区工委会	副主委	庄毅平	男	漳州南靖	续任
民建丰泽区工委会	主委	张保强	男	泉州	2018 年 7 月起
民建丰泽区工委会	副主委	黄清华	男	鲤城	2018 年 7 月起
民建丰泽区工委会	副主委	庄毅堃	男	泉州	2018 年 7 月起
民建丰泽区工委会	副主委	陈卫东	男	泉州	2018 年 7 月起
民进丰泽区工委会	主委	庄婉珠	女	晋江	续任
民进丰泽区工委会	副主委	叶源峰	男	南安	续任
民进丰泽区工委会	副主委	郭荣锋	男	南安	续任
民进丰泽区工委会	副主委	梁　琳		泉州	续任
农工党丰泽区工委会	主委	庄刚毅	男	泉州	续任
农工党丰泽区工委会	副主委	刘国雄	男	泉州	续任
农工党丰泽区工委会	副主委	蔡榕年	男	泉州	续任
农工党丰泽区工委会	副主委	傅志迎	女	泉州	续任
致公党丰泽区工作委员会	主委	黄晓良	男	泉州	续任
致公党丰泽区工作委员会	副主委	吴阿如	女	泉州	续任
致公党丰泽区工作委员会	副主委	张百龙	男	泉州	续任
致公党丰泽区工作委员会	副主委	陈　静	女	泉州	续任
九三学社丰泽工作委员会	主委	郑凤华	女	泉港	续任
九三学社丰泽工作委员会	副主委	卢坚放	男	鲤城	续任
九三学社丰泽工作委员会	副主委	沈艺程	男	安溪	续任
九三学社丰泽工作委员会	副主委	伍国诞	男	南平松溪	续任
台湾民主自治同盟丰泽区工委会	主委	王鸿燕	女	台湾台中	续任
台湾民主自治同盟丰泽区工委会	副主委	林希璇	女	台湾基隆	续任
台湾民主自治同盟丰泽区工委会	副主委	颜少芬	女	台湾桃园	续任
台湾民主自治同盟丰泽区工委会	副主委	洪文章	男	台湾台北	续任
台湾民主自治同盟丰泽区工委会	副主委	陈　宇	男	台湾花莲	续任
东湖街道办事处	党工委书记	杜谋宗	男	洛江	续任
东湖街道办事处	党工委副书记、主任	蔡和杰	男	南安	续任
东湖街道办事处	人大工委主任	黄琳琳	女	南安	续任
东湖街道办事处	党工委副书记	邵　凡	女	山东垦利	至 2020 年 4 月

续表 13

机构名称	职务	姓 名	性别	籍 贯	任职起止时间
东湖街道办事处	党工委副书记	郑晓峰	男	鲤城	续任
东湖街道办事处	纪工委书记	上官渊源	男	安溪	续任
东湖街道办事处	党工委组织委员	黄加福	男	洛江	续任
东湖街道办事处	宣委、副主任	曾凡俊	男	湖南衡阳	续任
东湖街道办事处	武装部部长	荣向阳	男	安徽霍邱	续任
东湖街道办事处	副主任	丁友林	男	晋江	续任
东湖街道办事处	副主任	王志坚	男	安溪	续任
东湖街道办事处	司法所所长	马东星	男	河北邢台	续任
东湖街道办事处	综合便民服务中心主任	李　立	女	南安	2020 年 7 月起
东湖街道办事处	社会事务服务中心主任	洪清霞	女	晋江	2020 年 7 月起
东海街道办事处	党工委书记	黄文耀	男	洛江	续任
东海街道办事处	主任	苏伟强	男	安溪	续任
东海街道办事处	人大工委主任	王显宗	男	石狮	续任
东海街道办事处	党工委副书记	刘志伟	男	洛江	续任
东海街道办事处	党工委副书记	林良星	男	德化	2020 年 1 月起
东海街道办事处	党工委副书记	王集华	男	广东大埔	2020 年 1 月起
东海街道办事处	纪工委书记	张诗强	男	丰泽	续任
东海街道办事处	组织委员	傅永生	男	丰泽	2020.6 月起
东海街道办事处	宣传委员	苗欣露	女	山西长治	2020 年 4 月
东海街道办事处	统战委员、秘书	林七梅	女	丰泽	续任
东海街道办事处	非公专职副书记	林　立	男	鲤城	续任
东海街道办事处	副主任	黄志峰	男	鲤城	续任
东海街道办事处	综合便民服务中心主任	吕仕淮	男	南安	2020 年 7 月起
东海街道办事处	综合执法协调中心主任	上官顺结	男	安溪	2020 年 7 月起
丰泽街道办事处	党工委书记	林清宏	男	南安	续任
丰泽街道办事处	办事处主任	王娇茵	女	晋江	续任
丰泽街道办事处	人大工委主任	黄冬青	女	南安	续任
丰泽街道办事处	党工委副书记	杜海峰	男	洛江	续任
丰泽街道办事处	党工委副书记	林心州	男	惠安	续任
丰泽街道办事处	统战委员、秘书	黄丽媛	女	丰泽	续任
丰泽街道办事处	宣委、副主任	陈小帆	男	南安	续任
丰泽街道办事处	党工委委员、纪工委书记、监察组组长	黄双阳	男	晋江	续任
丰泽街道办事处	党工委组织委员	万志雄	男	丰泽	续任
丰泽街道办事处	党工委委员人武部部长	李　秋	男	湖南邵阳	续任
丰泽街道办事处	党工委委员、派出所所长	陈鋆涯	男	泉州	2019 年 5 月起
丰泽街道办事处	办事处副主任	戴惠聪	女	南安	2020 年 6 月起

续表 13

机构名称	职务	姓 名	性别	籍 贯	任职起止时间
丰泽街道办事处	非公专职副书记	郑乐增	男	永春	续任
丰泽街道办事处	司法所所长	范声瑜	男	江西上犹	续任
丰泽街道办事处	综合执法协调中心主任	黄炜玮	男	鲤城	2020 年 7 月起
丰泽街道办事处	社会事务服务中心主任	黄萍惠	女	晋江	2020 年 7 月起
丰泽街道办事处	综合便民服务中心主任	陈能歼	男	南安	2020 年 9 月起
泉秀街道办事处	党工委书记	吴志福	男	丰泽	续任
泉秀街道办事处	党工委副书记办事处主任	白志雄	男	丰泽	续任
泉秀街道办事处	人大工委主任	许秋菱	女	鲤城	续任
泉秀街道办事处	党工委副书记	郑焕闽	男	泉港	续任
泉秀街道办事处	党工委副书记	黄建南	男	南安	续任
泉秀街道办事处	纪工委书记	包恩华	男	湖北大悟	续任
泉秀街道办事处	党工委委员武装部部长	陈贤斌	男	惠安	续任
泉秀街道办事处	党工委组织委员	李惠嫌	女	鲤城	续任
泉秀街道办事处	党工委统战委员、秘书	林慧真	女	惠安	续任
泉秀街道办事处	办事处副主任	林　容	男	永春	续任
泉秀街道办事处	办事处副主任	王琳娜	女	鲤城	2020 年 6 月起
泉秀街道办事处	综合便民服务中心主任	周瑞丽	女	南安	2020 年 7 月起
泉秀街道办事处	综合执法协调中心主任	马耿伟	男	丰泽	2020 年 7 月起
北峰街道办事处	党工委书记	黄泽鹏	男	鲤城	至 2020 年 1 月
北峰街道办事处	党工委书记	陈景博	男	南安	2020 年 2 月起
北峰街道办事处	主任	张　勇	男	丰泽	2020 年 2 月起
北峰街道办事处	人大工委主任	董永忠	男	丰泽	续任
北峰街道办事处	党工委副书记	陈庆华	男	安溪	续任
北峰街道办事处	党工委副书记	林春晓	男	南安	续任
北峰街道办事处	纪工委书记	魏连红	女	丰泽	续任
北峰街道办事处	党工委组委	林新福	男	泉港	续任
北峰街道办事处	党工委宣委	杨俊雄	男	丰泽	2019 年 4 月起
北峰街道办事处	统战委员、党秘	胡志坚	男	丰泽	续任
北峰街道办事处	派出所所长	李梓坚	男	南安	续任
北峰街道办事处	办事处副主任	蔡翠云	女	丰泽	续任
北峰街道办事处	办事处副主任	吴　斐	女	丰泽	续任
北峰街道办事处	派出所长	赖天才	男	洛江	续任
北峰街道办事处	综合便民服务中心主任	张桑辉	男	泉州	2020 年 6 月起
北峰街道办事处	社会事务服务中心主任	黄　扬	女	丰泽	2020 年 7 月起
华大街道办事处	党工委书记	郑永强	男	福州鼓楼	续任
华大街道办事处	办事处主任	邵　凡	男	山东	2020 年 2 月起
华大街道办事处	人大工委主任	胡旭东	男	鲤城	续任

续表 13

机构名称	职务	姓 名	性别	籍 贯	任职起止时间
华大街道办事处	党工委副书记	吕阳辉	男	丰泽	续任
华大街道办事处	党工委副书记	叶美兰	女	丰泽	续任
华大街道办事处	纪工委书记	肖癸水	男	永春	2020 年 4 月起
华大街道办事处	党工委组委	尤培枝	男	洛江	续任
华大街道办事处	统战委员、党秘	陈青苗	男	丰泽	续任
华大街道办事处	办事处副主任	潘志林	男	南安	续任
华大街道办事处	办事处副主任	庄璐玲	女	泉港	续任
华大街道办事处	办事处副主任	邱秋霖	男	南安	2020 年 4 月起
华大街道办事处	科技副主任	胡润蓉	女	泉州	续任
华大街道办事处	非公副书记	潘愉辉	男	漳州	续任
华大街道办事处	司法所所长	庄冬萍	女	晋江	续任
华大街道办事处	社会事务服务中心主任	陈登胜	男	南安	2020 年 7 月起
华大街道办事处	综合执法协调中心主任	林旗猛	男	丰泽	2020 年 7 月起
城东街道办事处	书记	杨式链	男	晋江	续任
城东街道办事处	主任	褚江波	男	南安	续任
城东街道办事处	人大工委主任	陈小宝	男	南安	续任
城东街道办事处	副书记	车朝晖	男	丰泽	续任
城东街道办事处	副书记	林松姿	男	南安	续任
城东街道办事处	纪工委书记	黄清福	男	丰泽	续任
城东街道办事处	组织委员	黄丁山	男	洛江	续任
城东街道办事处	宣委、副主任	林美珠	女	泉港	续任
城东街道办事处	党秘、统战委员	林春梅	女	丰泽	续任
城东街道办事处	副主任	唐　颖	女	鲤城	续任
城东街道办事处	副主任	彭国土	男	洛江	续任
城东街道办事处	非公副书记	程远扬	男	鲤城	续任
城东街道办事处	社会事务服务中心主任	黄海燕	女	泉州	2020 年 9 月起
城东街道办事处	综合执法协调中心主任	侯文聪	男	南安	2020 年 9 月起
清源街道办事处	党工委书记	颜晓雄	男	晋江	续任
清源街道办事处	办事处主任	王聪义	男	鲤城	续任
清源街道办事处	人大工委主任	刘仁琦	男	晋江	续任
清源街道办事处	党工委副书记	陈　燕	女	泉港	续任
清源街道办事处	党工委副书记	王文猛	男	南安	2020 年 3 月起
清源街道办事处	纪工委书记	陈奕葭	女	丰泽	续任
清源街道办事处	组织委员	蔡鹏举	男	晋江	续任
清源街道办事处	宣传委员、副主任	蔡　挺	男	丰泽	2020 年 5 月起
清源街道办事处	党工委委员、秘书	王文猛	男	南安	至 2020 年 3 月
清源街道办事处	统战委员、党秘	杜天祥	男	洛江	2020 年 6 月起

续表 13

机构名称	职务	姓 名	性别	籍 贯	任职起止时间
清源街道办事处	党委委员、武装部长	刘富源	男	龙岩长汀	2020 年 5 月起
清源街道办事处	办事处副主任	刘富源	男	龙岩长汀	至 2020 年 5 月
清源街道办事处	办事处副主任	吴清凉	男	洛江	续任
清源街道办事处	办事处副主任	王嘉滨	男	丰泽	2020 年 5 月起
清源街道办事处	综合便民服务中心主任	林端辉	男	福州鼓楼	2020 年 7 月起
清源街道办事处	社会事务服务中心	傅志迎	女	安溪	续任
清源街道办事处	综合执法协调中心主任	庄雄龙	男	丰泽	2020 年 7 月起

注：本表收录 2020 年丰泽区直各单位、各街道办事处、驻区各单位在职的副科级（不含非领导职务）及以上的领导人。

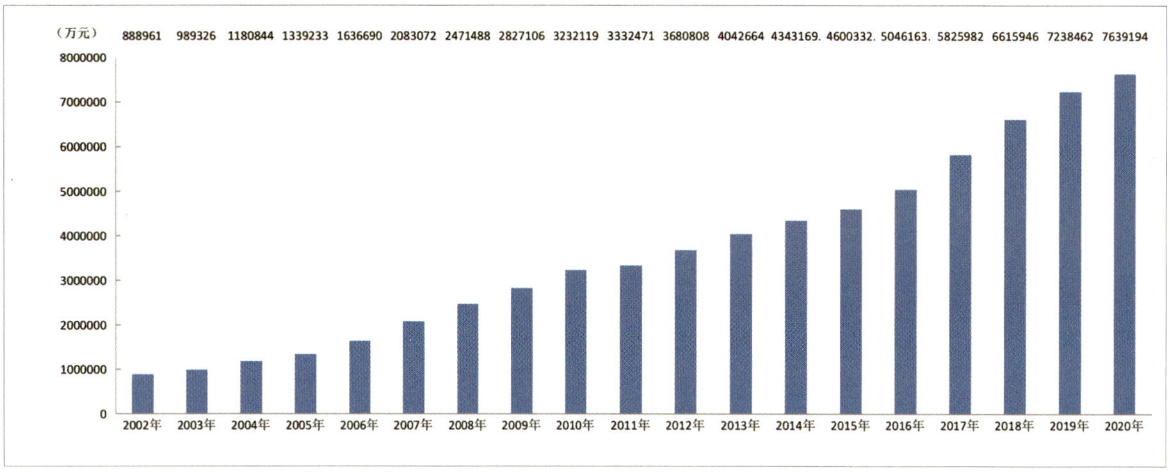

图 1　2002—2020 年丰泽区生产总值

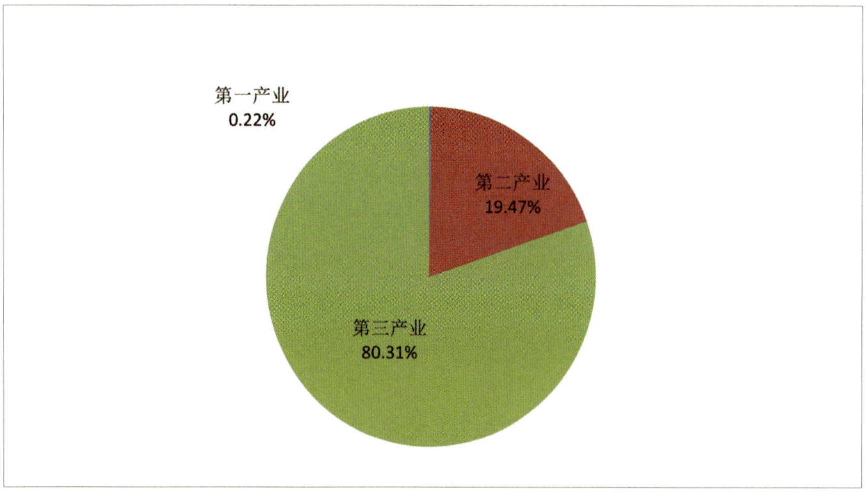

图 2　2020 年丰泽区三次产业比重

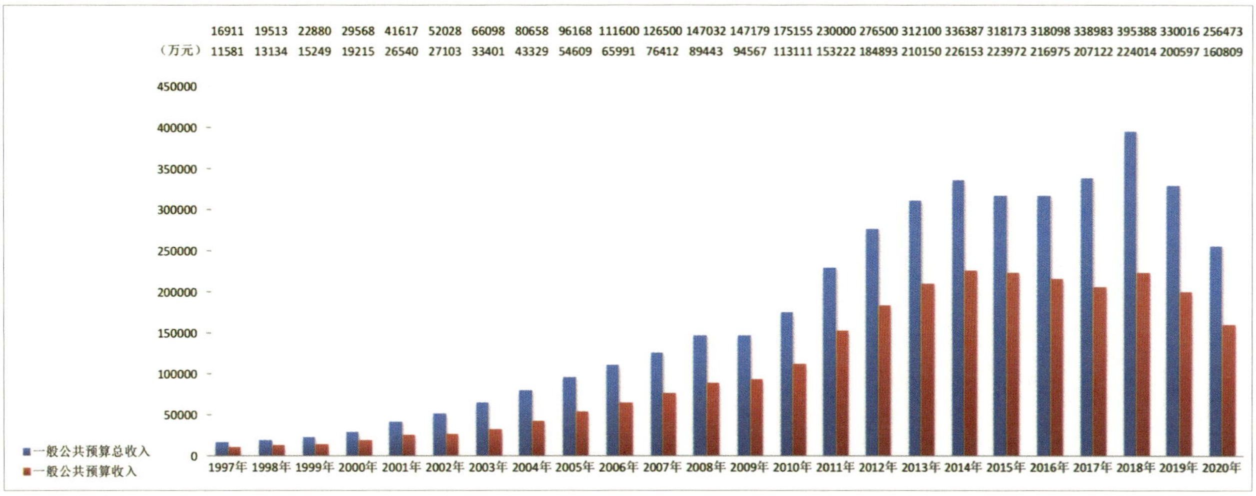

图 3 1997—2020 年丰泽区一般公共预算总收入及一般公共预算收入

泉州市丰泽区
2020 年国民经济和社会发展统计公报

泉州市丰泽区统计局

2021 年 4 月 12 日

一、综　合

经济增长：初步核算，全年实现生产总值 763.9 亿元，增长 3.9%。其中：第一产业增加值 1.7 亿元，增长 8.6%；第二产业增加值 148.8 亿元，下降 0.5%；第三产业增加值 613.5 亿元，增长 5.0%，对地区生产总值增长的贡献率为 102.3%，拉动地区生产总值增长 3.9 个百分点。第二产业比重有所下降，第三产业持续上升，三次产业的比例调整为 0.22 ∶ 19.47 ∶ 80.31。

人口：全区户籍人口 299298 人，其中：男性 143516 人，女性 155782 人，城镇化率 100%。

就业：全区城镇新增就业人数 26586 人，下岗失业人员再就业 8443 人，就业困难人员再就业 132 人，城镇登记失业率控制在 3.05%。

价格：居民消费价格总水平比上年上涨 2.5%。其中：消费品价格上涨 3.6%，服务项目价格上涨 0.6%。在八大类居民消费价格中，食品烟酒类价格上涨 7.5%，衣着类上涨 0.1%，居住类上涨 1.2%，生活用品及服务类上涨 1.1%，交通和通信类下降 3.4%，教育文化和娱乐类上涨 0.7%，医疗保健下降 0.1%，其他用品和服务类上涨 4.8%。

2020 年市辖区居民消费价格比上年涨跌幅度表

表 1　　单位：%

指标	价格涨跌幅度
居民消费价格总水平	2.5
食品烟酒	7.5
衣着	0.1
居住	1.2
生活用品及服务	1.1
交通和通信	-3.4
教育文化和娱乐	0.7
医疗保健	-0.1
其他用品和服务	4.8

财政收支：2020 年一般公共预算总收入 256473 万元，比上年减收 73543 万元，下降 22.3%。其中：地方一般公共预算收入 160809 万元，比上年减收 39788 万元，下降 19.8%；上划中央收入 95664 万元，比上年减收 33755 万元，下降 26.1%。一般公共预算支出 270333 万元，比上年增支

34541 万元，增长 14.6%。

二、农林牧渔业

全年农林牧渔业总产值 40399 万元，增长 9.6%。其中：农业产值 13407 万元，增长 29.7%。林业产值 23 万元，下降 5.6%。畜牧业产值 1122 万元，增长 22.9%。渔业产值 25830 万元，增长 2.5%。农林牧渔服务业产值 17 万元，下降 2.4%。

三、工业和建筑业

工业：全年实现工业增加值 83.6 亿元，下降 2.1%。其中 106 家规模以上工业产值 246.8 亿元，下降 4.7%；实现销售产值 230.9 亿元，出口交货值 26.7 亿元，下降 16.0%。在规模以上工业中，轻工业产值 102.6 亿元，下降 13.2%；重工业产值 144.2 亿元，增长 2.5%，轻重工业比重为 41.6：58.4。全年产值超亿元工业企业数量 44 家，实现产值 223.7 亿元，占全区规模以上工业产值的 90.6%，下降 2.8%，拉低规模以上工业 2.5 个百分点。在经济类型中，股份制企业产值 162.6 亿元，增长 0.6%；外商及港澳台商投资企业产值 84.2 亿元，下降 13.5%。

2020 年规模以上工业产值主要分类情况表

表 2

指标	绝对数（万元）	占比（%）	比上年增长（%）
规模以上工业产值	2468073	—	-4.7
其中：股份制企业	1626120	65.9	0.6
外资企业	841953	34.1	-13.5
其中：轻工业	1026224	41.6	-13.2
重工业	1441849	58.4	2.5

在规模以上工业中，纺织服装、包袋鞋业、机械制造、树脂工艺品等支柱行业完成产值 112.4 亿元，占全区规模以上工业产值的 45.5%，下降 7.6%，拉低规模以上工业产值 3.5 个百分点，其中纺织服装业实现产值 39.7 亿元，下降 13.7%；包袋鞋业实现产值 34.2 亿元，下降 14.2%；机械制造业实现产值 23.4 亿元，增长 9.9%；树脂工艺品业实现产值 15.0 亿元，增长 3.8%。

2020 年规模以上工业中传统及电子制造业产值表

表 3

指标	绝对数（万元）	比上年增长（%）
规模以上工业产值	2468073	-4.7

续表 3

指标	绝对数（万元）	比上年增长（%）
其中：传统产业	1124268	-7.6
纺织服装	397396	-13.7
包袋制鞋	342365	-14.2
机械制造	234098	9.9
树脂工艺品	150409	3.8
其中：电子制造	87434	-6.2

规模以上工业企业经济效益综合指数 250.2%，比上年提高 19.9 个百分点。其中，总资产贡献率 12.3%，提高 0.5 个百分点；资本保值增值率 107.9%，下降 24.0 个百分点；资产负债率 51.9%，下降 1.9 个百分点；全员劳动生产率 21.9 万元／人，提高 1.4 万元／人；流动资产周转率 2.0 次，下降 0.05 次；工业产品销售率 91.6%，提高 6.1 个百分点；成本费用利润率 9.5%，提高 1.9 个百分点。全年规模以上工业企业实现利润总额 14.0 亿元，增长 16.6%。其中：股份制企业利润总额 9.2 亿元，增长 31.0%；外商及港澳台投资企业利润总额 4.8 亿元，下降 3.7%。

建筑业：全社会建筑业增加值 65.2 亿元，增长 2.1%。全区资质等级以上建筑企业 146 家，完成建筑业总产值 143.7 亿元，增长 0.3%。全区资质等级以上房屋建筑企业施工面积 365.8 万平方米，其中，本年新开工面积 176.6 万平方米；房屋竣工面积 129.6 万平方米，房屋竣工产值 31.2 亿元。建筑业产值超亿元企业 21 家。

四、固定资产投资

全年 190 个项目完成固定资产投资（不含省反馈铁路）同比下降 14.8%。其中：104 个城镇项目完成投资占固定资产投资比重 43.4%，下降 4.2%；86 个房地产开发项目完成投资占固定资产投资比重 56.6%，下降 21.4%。

2020 年固定资产投资情况表

表 4　　单位：%

指标	比上年增长
固定资产投资	-14.8
按构成分	
项目投资	-4.2
房地产开发投资	-21.4
按产业分	
第一产业	—

续表 4

指标	比上年增长
第二产业	11.6
其中：工业	11.6
第三产业	-16.0

在固定资产投资中，第三产业占固定资产投资总额的 94.2%，下降 16.0%。其中：文化、体育和娱乐业增长 141.2%；交通运输、仓储和邮政业增长 76.2%；信息传输、软件和信息技术服务业增长 55.2%。第二产业占固定资产投资总额的 5.8%，增长 11.6%。其中：制造业下降 61.4%；电力、热力、燃气及水的生产和供应业增长 16.6%。

2020 年固定资产投资分行业情况表

表 5　　单位：%

行业	比上年增长
总计	-14.8
农林牧渔业	—
其中：农业	—
制造业	-61.4
其中：酒、饮料和精制茶制造业	-72.1
纺织业	—
皮革、毛皮、羽毛（绒）及其制品业	-86.4
印刷业和记录媒介的复制 医药制造业	-100.0
专用设备制造业	-59.3
计算机、通信和其他电子设备制造业	-99.9
电力、热力、燃气及水的生产和供应业	16.6
其中：电力、热力的生产和供应业	54.4
燃气的生产和供应业	-83.9
水的生产和供应业	-100.0
批发和零售业	-100.0
交通运输、仓储和邮政业	76.2
住宿和餐饮业	—
信息传输、软件和信息技术服务业	55.2
金融业	-37.4
房地产业	-22.2
租赁和商务服务业	-20.0
科学研究和技术服务业	—
水利、环境和公共设施管理业	-39.0

续表 5

行业	比上年增长
教育	-8.3
卫生和社会工作	-16.5
文化、体育和娱乐业	141.2
公共管理和社会组织	—

全区 2020 年投资超亿元的项目 49 个，合计完成投资同比下降 20.1%，占固定资产投资的 82.9%。其中：房地产开发项目 27 个，完成投资同比下降 22.1%；城镇项目 22 个，完成投资下降 16.2%。

房地产开发投资额 104.1 亿元，下降 21.4%，其中住宅投资 59.4 亿元，下降 15.8%；土地购置费 28.2 亿元，下降 1.6%。房屋施工面积 926.8 万平方米，下降 9.0%，其中：住宅 462.3 万平方米，下降 12.6%。商品房销售面积 150.0 万平方米，增长 25.0%，其中：住宅 112.6 万平方米，增长 37.6%。商品房销售额 144.1 亿元，下降 11.9%。

2020 年房地产开发和销售主要指标完成情况表

表 6　　单位：%

指标	单位	绝对数	比上年增长
投资完成额	亿元	104.1	-21.4
其中：住宅	亿元	59.4	-15.8
土地购置费	亿元	28.2	-1.6
房屋施工面积	万平方米	926.8	-9.0
其中：住宅	万平方米	462.3	-12.6
房屋新开工面积	万平方米	120.2	-0.9
其中：住宅	万平方米	57.9	-18.5
房屋竣工面积	万平方米	176.3	225.1
其中：住宅	万平方米	100.8	174.0
房屋销售面积	万平方米	150.0	25.0
其中：住宅	万平方米	112.6	37.6
本年资金来源	亿元	151.2	-3.2
其中：自筹资金	亿元	40.5	32.7
个人按揭贷款	亿元	44.8	7.7

五、国内贸易

全年社会消费品零售总额 412.1 亿元，下降 0.7%。其中：195 家限额以上企业实现零售额 163.4 亿元，占全社会零售额的 39.6%，增长 0.4%；限额以下完成零售额 248.7 亿元，占全社会零售额的 60.4%，下降 1.4%。

在限额以上批发零售业零售额中，家用电器和音像器材类增长 26.3%；粮油、食品类增长 23.5%；文化办公用品类增长 15.2%。年销售额超亿元的企业 27 家，实现零售额 128.8 亿元，增长 9.2%，拉动限额以上社会消费品零售额增长 6.6 个百分点。

179 家限额以上批发业企业实现销售额 581.7 亿元，增长 8.8%。

六、对外经济

全年新设立外商投资企业 38 家，合同外资 490271 万元，比增 819.8%。新设立外商投资企业 90% 投向第三产业。外商实际到资 22869 万元，比增 1.1%。

七、交　通

完成社区公路维护 5 条，修复面积约 8369.9 平方米，总投资 92.3 万元；争取上级补助 138.3 万元。

完成水上运输货运量 4265 万吨，水上运输周转量 7227360 万吨公里，分别增长 10% 和 7%。

新增交通运输企业 45 家，新增营运车辆 275 辆，2954.2 吨，542 座位。全区共拥有营运车辆 3802 辆，其中：货运车辆 2166 辆，26874.6 吨，客运车辆 190 辆，8346 座位；营运船舶 71 艘，122.6 万吨。

八、人民生活和社会保障

居民生活：居民人均可支配收入 60100 元，增长 2.9%，居民人均消费支出 33940 元，下降 2.0%。

社会保障：全区参加城镇职工养老、失业、工伤保险人数分别达到 16.64 万人、12.8 万人、13.99 万人；城镇居民养老保险参保 6.13 万人，参保率 99.89%，缴费 32280 人、缴费率 92.23%；机关事业单位养老保险参保人数 6398 人（其中在职 4637 人，退休 1761 人）。

社会福利：确定低保标准为每人每月 775 元，80 周岁及以上低保老年人每人每月增发低保金 100 元，全区 543 户 882 人累计发放低保金 636.64 万元。确定特困人员分散供养基本生活标准为 1010 元；集中供养基本生活标准 1210 元；分散供养照料护理标准全自理的每人每月 172 元、半自理的每人每月 430 元、全护理的每人每月 688 元；集中供养照料护理标准全自理的每人每月 206 元、半自理的每人每月 516 元、全护理的每人每月 826 元，全区特困人员 56 人发放特困人员救助供养资金 85.03 万元。做好 35 个集中和散居孤儿救助工作；及时将 24 个事实无人抚养儿童纳入保障，每个月按照散居孤儿标准发放生活补贴资金。全年累计发放临时救助金 136 万元，累计发放残疾人两项补贴 255 万元。

九、教育和科学技术

教育：辖区内有华侨大学、泉州师范学院、黎明大学、福建电力职业技术学院、泉州幼儿师范高等专科学校、泉州信息工程学院 6 所大专以上院校；中职学校 9 所，教师进修学校、特教学校各 1 所。普通中学有 13 所，其中：区属公办中学 5 所，均通过福建省义务教育管理标准化学校验收。泉州市城东中学被确认为福建省首批示范性高中。小学 34 所，其中有 22 所小学通过福建省义务教育管理标准化学校验收。幼儿园 113 所，其中公办幼儿园 25 所，省示范幼儿园 6 所，市示范幼儿园 9 所，区示范幼儿园 28 所。全区幼儿园在园生数 25650 人，小学在校生数 45181 人，初中在校生数 21116 人。全区公办、民办中小学、幼儿园专任教师共 5080 人。

科学技术：全年新增国家级众创空间 1 家、市级众创空间 5 家、市级星创天地 1 家。79 家企业通过国家高新技术企业认定，新增省级高新技术企业 81 家、省级科技小巨人领军企业 4 家。新增省级技术转移机构 1 家、市级新型研发机构 3 家。实施国家、省级、市级科技计划项目分别为 1 个、2 个、15 个，实施 2020 年度区级科技计划项目 34 个。获得 2019 年度福建省科技进步奖三等奖 1 项。技术合同交易登记 118 项，合同成交总金额 2.5 亿元，其中技术交易额 1.9 亿元。

全区拥有国家级、省级、市级众创空间分别为 6 家、12 家、22 家；国家高新技术企业 136 家、省级高新技术企业 145 家、省级科技小巨人领军企业 36 家；省级重点实验室 1 家，省级企业工程技术研究中心 4 家，省级技术转移机构 2 家，省级、市级新型研发机构分别为 1 家、11 家。

十、文化、卫生和体育

文化：辖区内群众艺术馆 1 个、文化馆 1 个、公共图书馆 1 个、博物馆 4 个、街道文化站 8 个。改造提升区文化馆，新建 2 个社区文化示范点。举办“文化有约”公益培训班 16 项、公益讲堂 39 期，依托区文化馆等艺术场馆开展各类文艺展览共 12 场。疫情期间，开展防控抗击疫情主题系列线上文化活动 14 项共计 46 场次，出品抗疫原创公益歌曲《天使的微笑》；举行区图书馆文化服务活动签约仪式，成立区图书馆云读书会；发布丰泽区文化旅游宣传曲《素馨》。

医疗资源：至 2020 年底，丰泽辖区现有各级各类医疗机构 361 家，其中：辖区省、市属公立医疗卫生机构和军队医疗机构共 14 家、市管民办医院 2 个（东南医院、艾格眼科）、区管公立医疗机构27家、民营医疗机构318家(包括医院15家、门诊部68家，服务站14家，诊所154家，过渡执业原村卫生所67家）。截至2020年年底，辖区（不含省市部队属机构）内开放床位数2413张，千人均床位数4.0张。辖区共有8家助产机构，每千人分娩床位数达32.9张。完善基层医疗卫生服务体系，新增医疗机构41家，改造提升2家区级核酸检测机构，在丰泽街道社区卫生服务中心设立首个市第三医院精神卫生专科联盟+老年人心理卫生服务点。

疾病预防控制和妇幼保健：2020年，丰泽区按照科学防治、精准施策和“外防输入、内防反弹”“人、物同防”等新冠肺炎疫情防控总体部署要求，全面抓好常态化新冠肺炎疫情防控各项工作，累计确诊的4例新冠肺炎病例全部康复出院，无发生死亡病例和二代病例，累计开展核酸检测133349人，其中应检尽检115379人。新建10支卫生应急队伍、50名专业流调队伍；200支核酸采样队伍、80支社区“1+8”采样网格工作组、8支街道流调工作小组。国家扩大免疫规划、疫苗接种率均为99%以上。全区孕产妇系统保健管理率94.36%，高危孕产妇筛查率67.77%，高危孕产妇管理率100%，孕产妇死亡率为0；儿童系统保健管理率95.83%，高危儿筛查率3.88%，高危儿管理率100%，5岁以下儿童死亡率3.19‰，婴儿死亡率2.13‰。新生入园体检10009人、口腔保健25517人次、眼保健25143人次。

体育：新建4个市级多功能运动场建设点、3个市级健身驿站。组织、指导辖区各体育协会、俱乐部等开展2020“启梦杯”第二届青少年足球冠军赛、“穿越宋元蹴鞠 体验足球生活”亲子嘉年华、2020海丝青少年足球精英赛、2020“加油！那小子”幼儿亲子足球嘉年华等全民健身活动，组织承办8月8日泉州市第十二个“全民健身日”启动仪式。组织辖区体育企业参加2019年上海体博会。推荐泉州泓岳体育文化发展有限公司参评2020年福建省体育产业示范项目。

十一、环境保护和安全生产

环境保护：以打好污染防治攻坚战为重点，以强化环境执法为抓手，以改善区域环境质量、保障群众环保权益为目标，监管与服务并举，依法行政与强化治理并重，深入推进全区环境综合整治，有序地推进各项环保工作。落实2020年度党政领导生态环境保护目标责任书获得良好等次。加强北高干渠饮用水源地保护，持续加强对水环境陆地周边工业企业监管，严厉查处超标、违规排污行为，有效应对疫情环境风险防控，加强医疗废物环境风险监管，出动400余人次，采取现场、视频等方式检查定点医院及隔离观察点200余家次，对定点医院、隔离点、接收定点医院的污水处理厂废水及集中式饮用水水源地进行余氯监测106家次，辖区环境空气、地表水环境质量未发现受疫情处置影响的情况；辖区地表水环境质量及饮用水源地水质均能按功能分区稳定达标，北水厂饮用水源达标率100%；蟳埔断面水质平均达III类标准。空气质量状况总体良好，空气质量优良率97.1%，超标天数较2019年下降54.5%。全年共查处群众生态环境投诉件311件，办结率100%，投诉件数量相较2019年下降33.97%；办理环境违法案件4起，处罚金8万元；依法查封扣押10家；审批环境影响评价报告书2家，报告表20家，企业自行网上备案环评登记表291家，同意夜间施工82次；完成固定污染源排污登记1162家，发放排污许可证38家（简化管理34家，重点管理4家），下达排污许可证限期整改1家，办理排污许可证延续、变更6家；出具监测报告51份，其中水49份，噪声2份。

安全生产：2020年，全区发生生产安全事故12起，同比下降45.4%，死亡10人，同比下降23%，伤6人，同比持平。全年未发生较大以上生产安全事故。

注：

1.本公报中财政收支数据来自财政局；对外经济数据来自商务局；交通数据来自住建局；教育数据来自教育局；科技数据来自工信科技局；文化、体育数据来自文体旅游局；卫生数据来自卫健局；社会保障、就业数据来自人社局；社会福利数据来自民政局；环境保护数据来自生态环境局；安全生产数据来自应急管理局；其他数据来自统计局。

2.本公报所列数据为初步统计数，部分合计数或相对数由于单位取舍不同而产生的计算误差，均不做机械调整。

3.本公报地区生产总值、各产业增加值按现行价格计算，增长速度按可比价格计算。

4.本公报未涉及常住人口相关数据，常住人口数据待第七次全国人口普查公报正式公布。

丰泽区建区以来国民经济主要指标表

表 7

	计量单位	2020 年	
		绝对额	增长（%）
生产总值	万元	7639194	3.9
第一产业	万元	16916	8.6
第二产业	万元	1487571	-0.5
第三产业	万元	6134707	5.0
全区户籍人口	人	299298	—
农林牧渔业总产值	万元	40399	9.6
规模以上工业产值	万元	2468073	-4.7
一般公共预算总收入	万元	256473	-22.3
一般公共预算收入	万元	160809	-19.8
一般公共预算支出	万元	270333	14.6
社会消费品零售总额	万元	4121227	-0.7
固定资产投资总额	万元	—	-14.8
新批“三资”企业	个	38	—
外商投资总额	万元	490271	—
企业实际到资	万元	22869	1.1
海关出口总值	亿元	—	—
居民人均可支配收入	元	60100	2.9
居民人均消费支出	元	33940	-2.0
居民消费价格总指数	%	102.5	—

2020 年丰泽区国民经济主要指标表

表 8

	计量单位	2020 年	增长（%）
全区总面积	平方千米	129.25	—
#陆地面积	平方千米	113.73	—
海域面积	平方千米	15.52	—
总人口（户籍口径）	人	299298	—
#男性	人	143516	—
女性	人	155782	—
总户数	户	99870	—
生产总值	万元	7639194	3.9
农业总产值	万元	40399	9.6
规模以上工业产值	万元	2468073	-4.7
一般公共预算总收入	万元	256473	-22.3
#一般公共预算收入	万元	160809	-19.8
一般公共预算支出	万元	270333	14.6

续表 8

	计量单位	2020 年	增长（%）
社会消费品零售总额	万元	4121227.128	-0.7
全社会固定资产投资	万元	—	-14.8
#项目投资	万元	—	-4.2
房地产开发投资	万元	—	-21.4
建筑业总产值（资质以上）	万元	1436910.5	0.3
新批外资 项目数	个	38	—
合同利用外资	万元	490271	—
实际利用外资（验资口径）	万元	22869	1.1
居民人均可支配收入	元	60100	2.9
居民人均消费支出	元	33940	-2.0
居民消费价格总指数	%	102.5	—

2020 年丰泽区国民经济主要指标表

表 9

	计量单位	2020 年
大专及以上院校	所	6
中等职业学校	所	9
普通中学	所	13
普通小学	所	34
幼儿园	所	113
教师进修学校	所	1
特殊教育学校	所	1
初中及以下学校在校生	人	91947
各类学校专任教师	人	5080
科技项目（市级以上）	项	18
高新技术产业工业企业	个	47
专利申请数	项	4497
授权专利数	项	3322
医疗卫生机构数	个	361
病床数	张	2413

丰泽区行政区划一览表

表 10　　单位：个

8 个街道办事处　83 个社区居委会

街道办事处名称	社区居委会	
丰　泽 （津淮街）	8	霞淮、丰泽、东美、迎津、东涂、前坂、源淮、东淮
东　湖 （东湖街）	8	少林、东湖、仁风、凤山、东凤、圣湖、铭湖、松林

续表 10

8 个街道办事处 83 个社区居委会		
街道办事处名称	社区居委会	
泉 秀 （田安南路）	7	泉淮、华丰、灯洲、沉洲、灯星、成洲、新秀
华 大 （花港路）	7	城东、华大、地质、法花美、新铺、南埔、华城
清 源 （北清东路）	10	普明、城口、西门、北门、西宝、环清、环山、田边、清源、后茂、
东 海 （通港西街）	17	法石、大坪、后亭、云山、宝山、北星、后厝、后埔、东梅、金崎、蟳埔、云谷、滨城、宝珊花园、海景、千亿、滨海
城 东 （城华南路）	13	新前、西福、庄任、浔美、霞美、前头、埭头、东星、金屿、凤屿、泉铁、通源、通海
北 峰 （丰惠路）	13	北峰、群峰、群山、霞美、群石、招联、招丰、招集、招贤、拒洪、肖厝、见龙亭、万科城

丰泽区金融单位营业点一览表

表 11

序号	网点名称	地址
1	泉州农商行营业部	东湖街 800 号
2	泉州农商行东湖支行	武夷花园 10 号永康大厦
3	泉州农商行北峰支行	城西环路北五区 1 号楼
4	泉州农商行北门支行	泉山路朝天门圆盘
5	泉州农商行见龙亭支行	见龙亭小区
6	泉州农商行泉秀支行	灯洲商业城 A 幢 833 号
7	泉州农商行宝洲支行	宝洲花园 E2 号 20 ～ 23 号门面
8	泉州农商行津淮支行	津淮街 535 ～ 541 号
9	泉州农商行云谷支行	铭人世家 2 号楼 108 ～ 111 号
10	泉州农商行金典支行	祥远路云谷商贸大厦一层
11	泉州农商行丰泽支行	云鹿路西侧天瑞腾王阁
12	泉州农商行青年支行	丰泽区东海大街俊园小区泉州农商银行
13	泉州农商行东海支行	丰泽区东海法石村长美新村集资楼 B 幢 22 ～ 25 号
14	泉州农商行临海支行	丰泽区浔埔路 419 号
15	泉州农商行后厝支行	丰泽区东海街道东滨路后厝村路口综合楼
16	泉州农商行海峡支行	安吉路与体育街交汇处人民日报社泉州海内外记者联谊中心大楼
17	泉州农商行城东支行	浔美工业区 E-6 号浔文路兴业通讯大楼 1 楼
18	兴业银行泉州分行营业部	泉州市丰泽街兴业大厦一层
19	兴业银行津淮支行	丰泽区津淮街 653 ～ 657 号
20	兴业银行东湖支行	湖心街西段南侧星湖雅苑 1 号楼 13 ～ 14 号店
21	兴业银行丰泽支行	丰泽区津淮街国际华城 1 号楼 26 号、2 号楼 19 ～ 25 号
22	兴业银行东海支行	丰泽区东海大厦 A 栋地下一层

续表 11

序号	网点名称	地址
23	兴业银行田安支行	丰泽区田安路祥泰商城 13 ～ 16 号店铺
24	兴业银行泉秀支行	市泉秀路巴里印象 1 层
25	兴业银行广场支行	泉州市丰泽街兴业大厦
26	兴业银行福华社区支行	丰泽区泉秀路福华商业中心一号楼一层 140 号
27	兴业银行西湖社区支行	新华北路元泰花苑 7 号楼
28	兴业银行国际星城社区支行	东海滨城东海大街南侧东海湾和园 2 号楼 20 ～ 21 号店
29	兴业银行东海湾社区支行	丰泽区东海滨城东海大街南侧东海湾和园 2 号楼 20 ～ 21 号店
30	兴业银行裕景湾社区支行	丰泽区中骏裕景湾 19 幢 28 号店
31	兴业银行和昌社区支行	丰泽区和昌商城 1 ～ 09 号店面
32	兴业银行万达社区支行	浦西万达广场商业综合楼 4 号建筑（室外步行街）4 幢 S168、S169
33	海峡银行泉州分行营业部	丰泽区泉秀路 496 号
34	海峡银行泉州丰泽街社区支行	丰泽街北侧香江花苑 6 号店面
35	厦门国际银行泉州分行	丰泽区宝洲路 288 号
36	厦门银行泉州分行营业部	丰泽区湖心街 474 号
37	厦门银行泉州城东支行	丰泽区安吉南路中骏柏景湾 980-8 号
38	泉州银行刺桐支行	泉秀路恒祥大厦 1 楼
39	泉州银行成洲支行	宝洲路明洲大厦
40	泉州银行泉秀支行	泉秀路五矿大厦西侧
41	泉州银行见龙亭社区支行	丰泽区见龙亭小区瑞龙苑 3 号楼 08 ～ 11 号店面
42	泉州银行丰泽区域支行营业部	湖心街鲤中大厦 1 楼
43	泉州银行武夷社区支行	田安北路武夷花园明德阁 01 号店面
44	泉州银行华大社区支行	华大街道华大社区华城小区 1 号楼
45	泉州银行田安支行	田安路老年干部活动中心 1 楼
46	泉州银行东海支行	东海大街东海湾文园 1 号楼一层
47	泉州银行浔浦社区支行	丰泽区浔浦路 138 号
48	泉州银行圣湖支行	丰泽街东丰园 A 幢 103 ～ 106 店面
49	泉州银行东凤社区支行	丰泽区圣茂南侧湖心苑 8 幢 20 ～ 22 号店面
50	泉州银行祥远路社区支行	丰泽区祥远路 175-2 店面
51	中国农业发展银行泉州市分行	田安南路丰盛花苑 328 号
52	工商银行营业部	丰泽街 610 号
53	工商银行东美支行	丰泽区津淮街东段北侧国际华城 15 ～ 18 号店
54	工商银行丰泽支行	田安路金帝大厦一楼
55	工商银行滨城支行	泉秀路东段（大自然酒店隔壁）
56	工商银行泉秀支行	丰泽区泉秀路绿榕苑店面 706 ～ 708
57	工商银行津淮支行	津淮街中段 F1（59 ～ 60 号）
58	工商银行友谊支行	田安路广益花园 A2 座 78 号

续表 11

序号	网点名称	地址
59	工商银行刺桐支行	丰泽街地税大楼一楼
60	工商银行东海湾支行	丰泽区东海湾文园 5 号楼 49 ～ 54 号店面
61	工商银行湖心街支行	湖心街节日湖景 1 ～ 6 号
62	工商银行万达支行	宝洲路中段海警对面
63	工商银行华城支行	丰泽区华侨大学校门旁
64	工商银行安吉路支行	丰泽区安吉路中骏裕景湾 19 号楼 29 ～ 30 号
65	工商银行东海支行	丰泽区通港西街宝珊花园大门旁
66	工商银行行政中心支行	丰泽区海星街 100 号东海大厦 C 幢 1 楼
67	农业银行泉州分行营业部营业厅	丰泽区泉秀路中段农行大厦一楼
68	农业银行科技支行	东海湾俊园 1 幢 1 ～ 10 号
69	农业银行城东支行	华大片区 324 国道与城东街交汇处华大泰禾广场 B 地块
70	农业银行丰泽支行营业厅	丰泽区泉秀路运通大厦一层
71	农业银行丰泽福新支行	丰泽区丰泽街与刺桐路交叉口福新花园城 1 号、2 号、3 号楼底层 A-16、17、18
72	农业银行丰泽北峰支行	泉州市北峰西湖豪庭 6 号楼 4 ～ 9 号店
73	农业银行丰泽津淮支行	丰泽区津淮街东段丰泽大酒店一楼
74	农业银行丰泽东湖支行	丰泽区东湖市场北侧
75	农业银行丰泽滨城支行	丰泽区通港西街辉达大厦 B6-10 号
76	农业银行丰泽田安路支行	田安路广益花园 A2 号 14 ～ 17 号店面
77	农业银行丰泽宝洲支行	宝洲路中段南侧泉州浦西万达广场超高层住宅北区 8、9 号楼商铺北 026 ～ 032 店面
78	中国银行泉州分行营业部	丰泽街中银大厦
79	中国银行丰泽支行营业部	田安路广益花园 A2-3 号
80	中国银行刺桐支行	国际华城 1 号楼店面 52 号、53 号、55 号、56 号
81	中国银行滨城支行	东海镇法石宝洲路口一层店面
82	中国银行泉秀支行	泉秀路运通大厦 11 ～ 14 号店面及二楼
83	中国银行宝洲支行	宝洲街万达广场西北侧 S25-27，S110 号
84	中国银行田安支行	田安北路武夷花园文昌大厦一层 107 ～ 108 店面
85	中国银行西湖支行	新华北路三远花园 14 ～ 16 号
86	中国银行圣湖支行	冠亚城市花园 5 ～ 7 号
87	中国银行东海支行	东海大街东海湾雅园 4 号楼 37 ～ 43 店面
88	中国银行清源支行	泉山路 491 号
89	中国银行华大支行	华侨大学财务处一楼
90	中国银行洛江支行营业部	安吉南路滨海华庭
91	建设银行分行营业部	丰泽街 608 号
92	建设银行丰泽支行	田安北路 303 号
93	建设银行安吉支行	安吉路东侧泉州第一医院城东新址南侧中骏裕景湾 3 号楼

续表 11

序号	网点名称	地址
94	建设银行云鹿路支行	云鹿路天瑞滕王阁 2 号楼
95	建设银行湖心街支行	湖心街东段登湖楼一层
96	建设银行华大支行	迎宾北路润柏大都会地上商业 6 号楼
97	建设银行北峰支行	新华北路与北清东路交叉口宝德凯莱西湖名仕会酒店 A 栋
98	建设银行浦西支行	泉秀路时代华庭光合居
99	建设银行圣湖支行	丰泽街毅达大厦 6 ～ 10 号
100	建设银行新城支行	泉秀路中远名城 31 ～ 35 号店面
101	建设银行丰泽新村支行	田安北路 99 号、97 号
102	建设银行东海支行	疏港路东海泰禾广场 1 号楼
103	建设银行田安支行	田安路祥泰商城 1 ～ 3 号
104	建设银行宝洲支行	宝洲路 384 号、386 号
105	建设银行凯旋门支行	丰泽城华南路冠亚凯旋门 5 号楼
106	建设银行泉州行政中心支行	海星街 100 号东海大厦 C 栋一楼
107	建设银行滨城支行	东海大街东海湾俊园 1 号楼 15 ～ 24 号
108	建设银行新城支行	丰泽区田安北路 99 号、97 号
109	交通银行分行营业部	宝洲街浦西万达广场商业综合楼 4 号建筑 01 号商铺
110	交通银行丰泽支行	国际华城
111	邮政储蓄银行丰泽区支行	丰泽街人民银行大厦
112	邮政储蓄银行湖心街支行	湖心街星际大厦一楼
113	邮政储蓄银行津淮支行	东美花苑综合楼一楼
114	中信银行泉州分行营业部	泉州市丰泽区丰泽街 336 号
115	中信银行津淮支行	津淮街 715 号
116	中信银行东湖支行	东湖街湖景苑 1 ～ 2 层
117	中信银行东海支行	云鹿路海泰御景仟禧汇大厦
118	招商银行分行营业部	江滨北路 180 号招银大厦一楼
119	招商银行金融街支行	丰泽街煌星大厦
120	招商银行泉秀支行	泉秀路晶都国际
121	招商银行丰泽支行	云鹿路鲲鹏国际中心（麦德龙正对面）
122	招商银行东海支行	东海大街南侧东海湾一和园 5 号楼 51 号
123	民生银行分行营业部	丰泽区田淮街 90 号
124	民生银行田安路支行	丰泽区田安北路 113 ～ 117 号
125	光大银行泉州分行营业部	田安北路 288 号泉州青年大厦 1 楼
126	光大银行丰泽支行	丰泽区泉秀路巴黎印象
127	光大银行冠亚社区支行	丰泽区城东街道冠亚凯旋门
128	光大银行鑫亿西湖社区支行	丰泽区清源街道西湖小区
129	光大银行裕达社区支行	丰泽区津淮街裕达小区

续表 11

序号	网点名称	地址
130	华夏银行宝珊社区支行	东海泰禾广场 9 号楼商业 01 ～ 02 号
131	平安银行营业部	丰泽区滨海街 109 号连捷国际大厦
132	平安银行丰泽支行	丰泽区丰泽街 311 号君逸大厦一楼
133	平安银行城东支行	丰泽区安吉路中骏裕景湾一楼
134	平安银行津淮街社区支行	丰泽区津淮街国际华城 2 号楼 23 ～ 25 号
135	平安银行湖心街社区支行	丰泽街湖心街西段星湖雅苑 1 层
136	浦发银行泉州分营业部	泉州市丰泽街 29 号
137	恒丰银行泉州分行营业部	江滨北路 368 号中骏国际中心
138	广发银行泉州分行营业部	丰泽区津淮街 25 号燃气大厦 A 栋一层
139	广发银行泉州田安路社区支行	丰泽区田安北路 128 号
140	广发银行泉州湖心街社区支行	丰泽区湖心街星湖雅苑一号楼
141	首都银行泉州分行	丰泽街 666 号南益广场 1302 ～ 1303 单元
142	渤海银行泉州分行营业部	泉州市宝洲街 494 号

说 明

一、本索引采用主题词分析法，按主题词首字汉语拼音字母顺序排列。
二、栏目、分目标题用黑体字。“特载”“年度焦点热点”“大事记”“人物名表”“统计表、统计公报”内容不作索引。
三、索引主题词后的数字表示页码。
四、空一字起排的款目为上一主题的“附见”。

D

F

G

K

L

M

T

W

X